MATEMÁTICA FINANCEIRA DEFINITIVA

para Concursos

ALEX LIRA
ALEXANDRE MEIRELLES

MATEMÁTICA FINANCEIRA DEFINITIVA

para Concursos

2021

EDITORA JusPODIVM
www.editorajuspodivm.com.br

EDITORA *Jus*PODIVM
www.editorajuspodivm.com.br

Rua Canuto Saraiva, 131 – Mooca – CEP: 03113-010 – São Paulo – São Paulo
Tel: (11) 3582.5757
• Contato: https://www.editorajuspodivm.com.br/sac

Diagramação: Ideia Impressa Design *(ideiaimpressadesign@gmail.com)*

Capa: Ana Caquetti

A553m Lira, Alex.
Matemática Financeira Definitiva para Concursos / Alex Lira, Alexandre Meirelles – São Paulo: Editora JusPodivm, 2021.
736 p.

Inclui bibliografia.
ISBN 978-65-5680-646-4.

1. Matemática. I. Lira, Alex. II. Meirelles, Alexandre. III. Título.

CDU 51

1.ª ed., *2.ª tir.:* abr./2025; *3.ª tir.:* jul./2025; *4.ª tir.:* dez./2025.

Dedico este livro a todos os ***alunos*** *para os qsuais tive o prazer de ministrar aulas ao longo da minha carreira como professor, tanto em sala de aula como em cursos on-line: Concurseiro 24Horas, Atitude Concursos, Exponencial Concursos, Estratégia Concursos e Gran Cursos Online. A docência é uma das mais enriquecedoras atividades que existe, pois ao mesmo tempo que ensinamos, aprendemos muito com nossos alunos!*

Alex Lira

Dedico este livro aos milhares de concursandos que desde 2006 confiam no meu trabalho de ensiná-los a estudar melhor. Também dedico aos milhares de leitores dos meus seis livros anteriores, que me deixaram muito realizado pelo imenso retorno com elogios às obras, incluindo centenas de aprovados. A todos vocês deixo o meu eterno agradecimento e o desejo de que conquistem logo seus cargos tão sonhados. Ao meu saudoso pai, Luiz, um engenheiro com dois diplomas de Engenharia pela UFRJ, que sempre me incentivou a realizar cálculos matemáticos rapidamente de cabeça e me tornar um amante da área de exatas. Se não fosse por ele, muito dificilmente teria escrito este livro, pois as muitas horas de minha vida dedicadas à Matemática começaram na minha infância, por influência dele.

Ao Victor, meu filho nascido em janeiro de 2014, que veio ao mundo para que eu descobrisse novos sentimentos de amor, alegria e realização como homem. É muito difícil conseguir repartir o tempo entre as tarefas de pai, marido, fiscal, autor e mentor, mas só de tê-lo ao meu lado brincando comigo faz todo o esforço valer a pena.

Alexandre Meirelles

AGRADECIMENTOS

Agradeço ao **meu Deus Jeová** pela vida, pela saúde e por ter me dado as condições necessárias para enfrentar a desafiadora missão de ser coautor deste livro.

Agradeço aos **meus pais Ednalva e Florêncio** pela educação, pelos valores e pelo cuidado que sempre tiveram comigo.

Agradeço a **minha amada esposa Josiane** pelo companheirismo em todos os anos de nossa feliz união, pelo apoio fundamental e pela compreensão diante do enorme tempo que deixei de estar ao seu lado ou a ajudando em alguma tarefa da casa enquanto escrevia este livro.

Agradeço ao **meu coautor, Alexandre Meirelles**, pelo exemplo que deu a mim e a milhares de concurseiros na sua vencedora trajetória nos certames da área fiscal, por compartilhar de forma tão generosa seus conhecimentos e experiência por meio do famigerado Manual do Concurseiro e depois pelo livro Como Estudar para Concursos e pelo honroso convite para escrevermos juntos este nosso terceiro livro.

Agradeço aos **coordenadores dos cursos** nos quais tive o prazer de atuar como professor, especialmente Gabriel Granjeiro (Gran Cursos Online), Ricardo Vale (Estratégia Concursos), Lucas Salvetti (Exponencial Concursos) e Fernando Miguel (que me deu a primeira oportunidade no antigo Concurseiro 24Horas).

Alex Lira

São tantas pessoas para agradecer que não seria o caso mencionar centenas de nomes aqui. Mas, em especial, agradeço:

A Deus, por ter me dado saúde e paz para estudar e trabalhar durante todos esses anos, assim como por ter me colocado no mundo no meio de família e amigos maravilhosos.

Aos meus pais, três irmãos, quatro sobrinhos, diversos tios e primos, que foram meus maiores referenciais, sempre acreditando no meu sucesso. A eles devo tudo e serei eternamente grato. Em especial ao meu saudoso pai, Luiz, e à minha mãe, Cida, por sempre terem me dado todas as condições para vencer na vida por meio dos estudos. Graças à educação recebida dos meus pais, que chamo carinhosamente de meus "coroas", somos uma família muito unida, amorosa e bem-sucedida.

À Andrea, minha esposa e principal incentivadora, com a qual espero passar o resto dos meus dias ao lado de nosso filho, Victor, e de minha enteada, Natalia. Assim como a sua família Trujillano, agora também minha família.

Às dezenas de amigos que possuo, desde os meus 13 anos de idade, quando descobri o que era estudar realmente e decidi prestar concursos para escolas militares e posteriormente para os fiscos.

Ao Vauledir e aos demais colegas da Editora Juspodivm, por terem acreditado no meu potencial como autor e coordenador de outras obras.

Ao Alex Lira, um amigo que conheci primeiramente pelos agradecimentos ao meu trabalho como mentor, mas que depois de aprovado em concursos muito concorridos tornou-se um ótimo professor e autor na área de exatas. Este é nosso terceiro livro escrito juntos, espero que venham outros.

Alexandre Meirelles

APRESENTAÇÃO

Sabemos que conseguir sucesso em concursos públicos hoje em dia constitui um grande desafio. De fato, os certames apresentam um elevado grau de dificuldade em suas provas, além do alto nível dos candidatos. Por isso, torna-se necessária uma preparação com planejamento, muita disciplina e esforço genuíno.

A rotina de estudos do candidato não deve se limitar à simples leitura do material. O nível de preparação dos concorrentes não permite mais que você seja aprovado em algum certame apenas livrando a nota de corte. É necessário fazer a diferença naquelas matérias chave.

E nesse cenário a Matemática Financeira é fundamental, pois além de estar presente nos concursos mais atrativos, representa um dos diferenciais da prova, já que a maioria dos candidatos não têm afinidade com essa disciplina.

Portanto, é imprescindível que você disponha de um material com qualidade excelente para enfrentar esse desafio. Assim, garantimos que você tem em mãos um excelente livro de Matemática Financeira, escrito por professores com a necessária experiência de anos em sala de aula, que colecionam aprovações nos certames mais concorridos do Brasil e que têm ajudado milhares de concurseiros a alcançarem a aprovação.

Por meio de pesquisa minuciosa em **dezenas de manuais da disciplina**, procuramos trazer tudo de mais atualizado que há sobre cada tópico abordado, contando com o instrumento relevante que é a internet. Assim, ao longo do livro você perceberá que buscamos explorar de forma didática e diversificada os conteúdos mais relevantes para a sua aprovação.

Você logo notará que a **linguagem utilizada** no decorrer dos capítulos será de fácil compreensão. Buscamos atuar de forma que você possa ter a sensação de que a escrita do livro é parecida com uma aula ou uma conversa ao seu lado.

O livro conta com mais de **600 questões comentadas** minuciosamente, das maiores bancas organizadoras de concursos, resolvidas após a apresentação dos assuntos ao longo da teoria ou ao final do capítulo, com mais outras que por suas peculiaridades as chamamos de *Questões-Desafio*. Salientamos que buscamos inserir em todos os capítulos questões bem recentes de 2020 e 2021, que foram os anos em que terminamos esta primeira edição.

No início de cada capítulo, inserimos uma **introdução** em que apresentamos uma visão geral do que será estudado, o grau de frequência com que o assunto é cobrado, o que esperamos de você ao final do capítulo e outros termos que os editais costumam utilizar para se referir ao tópico.

A teoria é detalhada e didaticamente apresentada em **nove capítulos**, com dezenas de **esquemas, macetes e quadros sinóticos**.

Salientamos que o primeiro capítulo (Porcentagem) é o mesmo que consta do nosso livro *Matemática Básica Definitiva para Concursos*, pois é um assunto fundamental para o seu bom desenvolvimento em ambas as disciplinas, que pode aparecer nos editais de ambas as matérias.

Ainda, para auxiliar na sua revisão do que estudou, preparamos um **resumo** dos principais pontos estudados ao final de cada capítulo.

Por fim, inserimos **três apêndices**: o primeiro contém as tabelas mais comuns da Matemática Financeira, que às vezes são incluídas nos cadernos de provas dos concursos. O segundo contém uma tabela com a incidência de cobrança de cada assunto pelas principais bancas examinadoras. Salientamos que excluímos o tópico Porcentagem da análise porque a incidência de questões é tão grande, por cair em quase todos os concursos, incluindo os de nível fundamental e médio, que distorcia toda a análise. Além de não fazer parte propriamente da Matemática Financeira, servindo de fundamento para o estudo dessa disciplina. E no terceiro ensinamos dicas para que você possa realizar cálculos mais rapidamente, que podem fazer a diferença em sua nota final.

Este livro se destina àqueles que estão iniciando sua jornada nos certames ou para os que têm dificuldade com a Matemática Financeira, em razão da didática que buscamos implementar na forma de explicar os assuntos de cada capítulo e na explicação minuciosa da resposta de cada questão. Ele também é útil para candidatos de concursos públicos mais experientes, diante da enorme quantidade de questões que servirão de treino e dos didáticos resumos que preparamos.

A escolha dos assuntos presentes nos capítulos que compõem o livro é resultado de um extenso levantamento que fizemos nos conteúdos programáticos constantes de **editais** dos mais diversos concursos realizados no país. Então, trata-se de material 100% focado no que tem sido cobrado pelas bancas examinadoras.

Esperamos que a busca incansável que fizemos para disponibilizar o melhor material de Matemática Financeira para concursos faça com que a sua relação com essa disciplina seja mais pacífica, frutífera e eficiente após o estudo desta obra.

Temos a certeza de que os conceitos, os macetes, os esquemas, a evidente ênfase na prática de cada tópico e o foco na cobrança da matéria de acordo com o perfil dos concursos ajudarão você a **aprender Matemática Financeira definitivamente!**

Para isso, esperamos que o seu estudo seja realizado implementando as seguintes orientações:

1) **faça resumos**, se possível com base nas técnicas ensinadas no famoso livro do Alexandre Meirelles;
2) **resolva mais questões**, além das presentes no livro;
3) **deixe a calculadora guardada na gaveta** e resolva as questões na mão. Na Matemática Financeira você precisará ter uma ótima capacidade em resolver multiplicações e divisões com números decimais, mais do que em qualquer outra disciplina;
4) **reveze** os estudos deste livro com os de outras disciplinas;
5) **não passe ao próximo capítulo** antes de ter a segurança de que aprendeu o atual, de preferência.

Estamos abertos a receber sugestões, críticas e elogios ao nosso livro. Pode enviar para livrosalexs@gmail.com. Ficaremos muito felizes com seu contato! Também gostaríamos muito de ver uma foto sua postada nas redes sociais estudando com nosso livro, a qual faremos questão de repostá-la em nossos perfis.

Forte abraço e bons estudos.

Os autores.

SOBRE OS AUTORES

ALEX LIRA

Ocupa, desde 2014, o cargo de **Auditor-Fiscal da Receita Federal do Brasil.**

Foi Servidor do **Ministério Público Federal.**

É graduado em Matemática pela Universidade Federal da Paraíba.

Foi professor da rede estadual de ensino da Paraíba, tendo ministrado aulas de matemática para alunos do ensino fundamental e médio.

Autor dos livros "Matemática Básica Definitiva para Concursos" e "Raciocínio Lógico Definitivo para Concursos" pela Editora Juspodivm, em coautoria com Alexandre Meirelles.

Atua como professor em cursos online de Raciocínio Lógico, Matemática, Estatística e Matemática Financeira, com passagens pelo Exponencial Concursos, Estratégia Concursos e Gran Cursos Online.

Foi instrutor da antiga Escola de Administração Fazendária (ESAF).

Foi aprovado nos seguintes concursos:

- Auditor-Fiscal da Receita Federal do Brasil (2014);
- Técnico-Administrativo do Ministério Público da União;
- Técnico Legislativo da Assembleia Legislativa do Rio Grande do Norte;
- Auxiliar Judiciário do Tribunal de Justiça do Estado da Paraíba;
- Oficial Administrativo da CAGEPA/PB.

Caso fique com dúvidas ou queira simplesmente bater um papo, entre em contato e me siga nas redes sociais:

✓ **Email**: professoralexlira@gmail.com

✓ **Instagram:** @professoralexlira

✓ **Youtube**: Professor Alex Lira

ALEXANDRE MEIRELLES

Ocupa, desde 2006, o cargo de **Agente Fiscal de Rendas do Estado de São Paulo**, cargo mais conhecido pelos concurseiros como "Fiscal de ICMS de SP".

Ex-aluno da Escola Preparatória de Cadetes do Exército.

Graduado em Matemática – Informática pela UFRJ.

Especialista em Matemática e Estatística pela UFLA.

Mestre em Estatística pela UFMG.

Especialista em Direito Tributário pela Rede LFG/Anhanguera.

Aprovado nos seguintes concursos:

- Agente Fiscal de Rendas do Estado de São Paulo – 2006.
- Auditor-Fiscal da Receita Federal do Brasil – 2005.
- Auditor Fiscal da Receita Estadual de Minas Gerais – 1993.
- Auditor Fiscal de Tributos Municipais da Prefeitura de Belo Horizonte – 1992, cargo que exerceu por 11 anos.
- Técnico de Finanças e Controle do Ministério da Fazenda – 1993, cargo que exerceu por menos de um ano.
- Professor de Matemática do Estado de Minas Gerais, concurso em que obteve a 2ª colocação na disciplina de Matemática.

Professor de Matemática para vestibulares e concursos em diversos cursos preparatórios desde 1989 no Rio de Janeiro, Belo Horizonte e São Paulo, incluindo a Rede LFG.

Autor de um dos textos mais conhecidos sobre concursos, o "Manual do Concurseiro", provavelmente o texto mais lido do mundo dos concursos, e dos livros "Como Estudar para Concursos", "Manual de Legislação Tributária Estadual", "Matemática Básica Definitiva para Concursos" e "Raciocínio Lógico Definitivo para Concursos" pela Editora Juspodivum e "Concursos Fiscais" pela Editora Método/Gen, hoje um e-book distribuído gratuitamente no site do Gran Cursos Online.

Desde maio de 2020 coordena a área fiscal do Gran Cursos Online, no qual utiliza seu canal do YouTube para fornecer dicas de estudo semanais.

✓ **Email**: alexmeirelles@gmail.com

✓ **Instagram**: @profalexandremeirelles

✓ **YouTube:** Prof. Alex Meirelles

SUMÁRIO

SIGLAS UTILIZADAS NESTE LIVRO:

AFR – Agente Fiscal de Rendas

AFRE – Auditor Fiscal da Receita Estadual

Cespe – Centro de Seleção e de Promoção de Eventos da UNB (atualmente, Cebraspe)

Consulplan – Instituto Consulplan

Esaf – Escola de Administração Fazendária

FCC – Fundação Carlos Chagas

Fepese – Fundação de Estudos e Pesquisas Sócio Econômicos

FGV – Fundação Getúlio Vargas

FJG – Fundação João Goulart – RJ

Fundatec – Fundação Universidade Empresa de Tecnologia e Ciências

IBFC – Instituto Brasileiro de Formação e Capacitação

Idecan – Instituto de Desenvolvimento Educacional, Cultural e Assistencial Nacional

Quadrix – Instituo Quadrix

TCU – Tribunal de Contas da União

Vunesp – Fundação para o Vestibular da Universidade Estadual Paulista

CAPÍTULO 1

PORCENTAGEM

1. INTRODUÇÃO

O QUE VEREMOS

Com certeza você já viu o símbolo de **Porcentagem** antes: **%**. Ele aparece bastante em provas, sobretudo em Matemática Financeira, além de estar presente em vários aspectos da nossa vida cotidiana.

Neste capítulo, estudaremos o conceito da operação de porcentagem, conheceremos as várias formas de representar o número percentual, aprenderemos como calcular a porcentagem de um número, analisaremos como este assunto está relacionado a operações sobre mercadorias e trataremos de formas práticas para determinar aumentos e descontos percentuais.

COMO APARECE NOS EDITAIS

Geralmente, este assunto aparece de maneira bem evidente nos editais. As bancas simplesmente trazem no conteúdo programático a abrangente expressão "Porcentagem", de modo que o candidato precisará estar apto a resolver questões que abordem qualquer aspecto do tópico.

COMO É COBRADO NAS PROVAS

Geralmente, a identificação deste assunto nas provas de concursos é bem óbvia, pois aparecerão no enunciado valores em termos percentuais, será exigido o cálculo da porcentagem de uma determinada operação ou exigirá a variação percentual (aumento ou redução) de certos valores.

OBJETIVOS

Os nossos objetivos ao final deste capítulo é que você consiga:

1) entender as formas de representar um valor percentual;

2) calcular a porcentagem de um número, bem como o aumento ou redução percentual correspondente;
3) aplicar os conceitos e cálculos apresentados às operações sobre mercadorias;
4) compreender a variação percentual existente nas mais diversas situações.

2. PORCENTAGEM

Inicialmente, precisamos compreender a **ideia da porcentagem**. Entender bem isso vai ser fundamental no seu progresso deste assunto. A boa notícia é que se trata de um conceito simples e prático. Bem, imagine uma notícia num jornal televisivo informando que o custo de vida no Brasil aumentou 16%. Ora, isso indica que a cada R$ 100,00 houve um aumento de R$ 16,00. Da mesma forma, a cada R$ 200,00 existe um acréscimo de R$ 32,00. E assim por diante. Desse modo, temos que a expressão 16% significa 16 a cada 100.

Da mesma forma, suponha, agora, que uma loja está oferecendo um desconto de 12% em todas as suas mercadorias. Isso significa que a cada R$ 100,00 em compras o cliente terá um desconto de R$ 12,00.

BIZU!

A expressão p% significa p a cada 100.

2.1. Formas de representação

Podemos dizer que **Porcentagem** é toda **razão** cujo consequente é 100, conhecida como **razão centesimal**. De fato, a expressão **por cento** quer dizer **dividido por cem**.

Além disso, o símbolo **%** sempre vem depois de um número. Ele quer dizer apenas que este número está dividido por 100.

Por exemplo, se escrevemos 20%, que é uma **taxa percentual**, isto significa que o número 20 está sendo dividido por 100, ou seja, 20% é igual a $\frac{20}{100}$, que também pode ser escrito na **forma unitária** 0,20.

Assim, fica claro que toda fração com denominador igual a **100** pode ser lida na forma de **porcentagem**. Para exemplificar, a fração $\frac{27}{100}$ corresponde a 0,27 e em termos percentuais fica 27%. Similarmente, temos que:

$$\frac{53}{100} = 0,53 = 53\%$$

$$\frac{237}{100} = 2{,}37 = 237\%$$

Portanto, existem três maneiras de **representar** o número percentual:

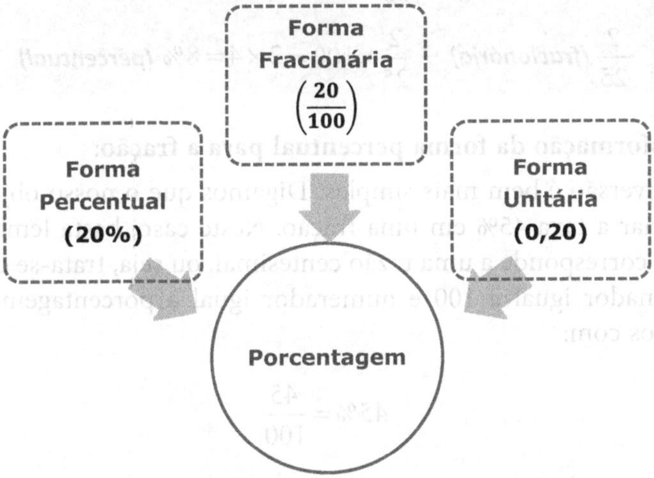

Agora que conhecemos as principais maneiras de representar o valor percentual, é muito importante também que saibamos **transformar uma forma de representação em outra**!

- **Transformação da forma fracionária para a percentual**:

Suponha que num bairro a cada 4 meninos, 3 jogam futebol. Vamos determinar a porcentagem de meninos que jogam futebol.

Perceba que temos uma **razão**, em que no denominador sempre vai estar representado o total (4) e no numerador ficará a quantidade de partes do total que estamos lidando (3):

$$\frac{3}{4}$$

Agora queremos saber a qual porcentagem corresponde essa fração. Neste caso, basta formar uma ***proporção*** na qual a primeira razão é igual à própria fração dada e a segunda razão é igual a $\frac{x}{100}$, em que $\boldsymbol{x}$ será a porcentagem procurada. Logo:

$$\frac{3}{4} = \frac{x}{100}$$

Multiplicando cruzado, obtemos:

$$4x = 100 \times 3 \Rightarrow \boldsymbol{x} = \frac{300}{4} = 75\%$$

Portanto, 75% dos meninos do bairro gostam de jogar futebol.

Veja outros exemplos a seguir:

$$\frac{1}{4}\ \textbf{(fracionária)} \rightarrow \frac{1}{4}=\frac{x}{100} \rightarrow x=\frac{100}{4} \rightarrow x=25\%\ \textbf{(percentual)}$$

$$\frac{2}{25}\ \textbf{(fracionária)} \rightarrow \frac{2}{25}\times 100=2\times 4=8\%\ \textbf{(percentual)}$$

- **Transformação da forma percentual para a fração:**

Esta conversão é bem mais simples. Digamos que o nosso objetivo consiste em transformar a taxa 45% em uma fração. Neste caso, basta lembrar que uma porcentagem corresponde a uma razão centesimal, ou seja, trata-se de uma fração com denominador igual a 100 e numerador igual à porcentagem apresentada. Assim, ficamos com:

$$45\%=\frac{45}{100}$$

Assim, **da forma percentual para a fracionária**, basta tornar a própria porcentagem o **numerador** da fração, ao passo que 100 será o **denominador**. Em seguida, simplificamos a fração resultante, caso seja necessário.

$$35\ \%\ \text{(percentual)} \rightarrow \frac{35}{100}=\frac{7}{20}\ \text{(fracionária)}$$

$$4\ \%\ \text{(percentual)} \rightarrow \frac{4}{100}=\frac{1}{25}\ \text{(fracionária)}$$

- **Transformação da forma percentual para a decimal:**

Esta conversão é ainda mais fácil. Suponha que queiramos saber qual é o número decimal correspondente à taxa de 21%. Ora, simplesmente fazemos a divisão de 21 por 100, que <u>não requer cálculo</u>, isto é, basta eu movimentar a vírgula duas casas para a esquerda:

$$21\%=\frac{21}{100}=0,21$$

2.2. Cálculo da porcentagem de um número

Apresentaremos a seguir formas práticas de resolução para determinar o **cálculo da porcentagem de um número**.

Imagine uma prova com 40 questões, sendo que cada uma delas vale 1 ponto. Se fiz 18 pontos, qual foi o meu desempenho em termos percentuais?

Vamos aplicar na resolução deste problema um artifício interessante, simples e bem objetivo para obtermos um **percentual**. Consiste em dividir a **parte** pelo **todo** e multiplicar o resultado pelo **total**:

$$\frac{\textbf{Parte}}{\textbf{Todo}} \times \textbf{Total} = \textbf{Percentual}$$

Aplicando isso ao caso que estamos tratando, o "todo" é a quantidade máxima de pontos que alguém pode conseguir na prova. Por sua vez, a "parte" é o quanto acertei do "todo". E o "total" é 100%, já que o enunciado não impôs limite quanto ao número de questões que estamos lidando. Logo:

$$\frac{18}{40} \times 100\% = \frac{18}{40} \times 1 = 0,45 = 45\%$$

Assim, nessa prova consegui acertar **45%** dos pontos possíveis.

Dado o **percentual**, para achar a quantidade referente à **parte**, basta multiplicar o percentual pelo **todo**.

Parte = Todo x Percentual

Embora não seja a única, essa comparação de **parte** e **todo** é a utilização mais frequente da porcentagem.

Agora vamos determinar quanto é 45% de R$ 5.000,00.

Inicialmente, perceba que 45% é igual a 45/100. Em seguida, note que a expressão "DE" corresponde a uma **multiplicação**. Assim, temos:

$$45\% \textbf{ de } R\$\ 5.000 = \frac{45}{1\cancel{00}} \times 5.0\cancel{00} = R\$\ 2.250,00$$

Desse modo, dizemos que R$ 2.250,00 representam 45% de R$ 5.000,00.

TOME NOTA!

Dados dois números, ***A*** e ***B***, dizemos que ***A*** é igual a ***p%*** de ***B*** quando o valor ***A*** é igual a ***p/100*** de ***B***.

A é p% de B $\leftrightarrow$ A = $\frac{p}{100}.B$

Também poderíamos solucionar o problema por meio de uma regra de três:

Quantia	Porcentagem
R$ 5.000,00	100%
x	45%

Multiplicando as diagonais, obtemos:

$$100X = 5.000 \times 45 \Rightarrow \mathbf{X} = \frac{225.000}{100} = \mathbf{R\$2.250,00}$$

Adicionalmente, precisamos saber efetuar o **cálculo de um número dada uma porcentagem**. Neste sentido, imagine uma prova em que 9 alunos reprovaram, os quais representam 36% do total de alunos. Esta turma é composta por quantos alunos?

Um caminho de resolução consiste no uso de uma **regra de três simples**, em que 9 corresponde a 36% e o total de alunos (T) refere-se a 100%:

Alunos	Porcentagem
9	36%
T	100%

Multiplicando as diagonais, obtemos:

$$36T = 100 \times 9 \Rightarrow \boldsymbol{T} = \frac{900}{36} = 25$$

Assim, há 25 alunos na turma.

Outra maneira de resolvermos o problema é por meio do conceito de porcentagem. De acordo com as informações apresentadas, temos que 36% do total de alunos corresponde a 9 alunos. Ou seja:

$$\frac{36}{100} \times T = 9$$

Passando o número 100 multiplicando para o outro lado, obtemos:

$$36T = 9 \times 100 \Rightarrow \boldsymbol{T} = \frac{900}{36} = 25$$

Chegamos ao <u>mesmo resultado</u>, mas a aplicação dos nossos conhecimentos de porcentagem mostra-se **bem mais prática** quando comparada ao artifício da regra de três.

Veja como esse assunto já foi cobrado!

QUESTÃO 01 (CESGRANRIO – Liquigás/Ass Adm/2013) Em janeiro de 2013, uma empresa demitiu 12 de seus 150 empregados e teve 3 empregados licenciados por motivos de saúde. Qual o índice de desligamentos do mês?

a) 15% b) 12% c) 10% d) 8% e) 5%

RESOLUÇÃO:

Temos que a razão entre os desligamentos e o total de empregados é igual a:

$$\frac{12}{150} = 0,08$$

E podemos escrever esse número decimal encontrado como:

$$0,08 = 0,08 \times \frac{100}{100} = \frac{8}{100} = 8\%$$

Gabarito: D.

OBSERVAÇÃO: Apesar da questão ser simples, há uma pegadinha aqui. Poderíamos ficar tentados a considerar que houve 12 + 3 = 15 desligamentos, mas não podemos fazer isso! Afinal, os 3 funcionários em licença saúde não foram desligados da empresa.

QUESTÃO 02 (COSEAC – UFF/Aux Adm/2014) Uma loja de sapatos ofereceu um desconto de 40% na compra de qualquer produto. O valor do desconto de um sapato de R$ 560,00 é de:

a) R$ 210,00. b) R$ 224,00. c) R$ 404,00. d) R$ 336,00. e) R$ 260,00.

RESOLUÇÃO:

O desconto, D, será dado por:

$$D = 560 \times 40\% \quad \rightarrow \quad D = \frac{560 \times 40}{100} \quad \rightarrow \quad \mathbf{D = R\$224,00}$$

Gabarito: B.

QUESTÃO 03 (ESAF – Ag Exec/SUSEP/2006) Em um concurso, de cada 100 candidatos, 60 eram mulheres e 40 homens. Considerando que a porcentagem de aprovação entre os candidatos mulheres foi de 20% e entre os homens foi de 15%, calcule a porcentagem de aprovação em geral entre os candidatos, independentemente do sexo.

a) 15% b) 17% c) 18% d) 19% e) 20%

RESOLUÇÃO:

Digamos que são apenas 100 candidatos, sendo 60 mulheres e 40 homens. Vamos trabalhar com cada informação fornecida pelo enunciado

20% das mulheres foram aprovadas.

Logo, multiplicando o percentual pelo ***todo***, o número de mulheres aprovadas é:

$$\frac{20}{100}.60 = 12$$

Assim, ***doze mulheres foram aprovadas.***

15% dos homens foram aprovados.

Logo, multiplicando o percentual pelo ***todo***, o número de homens aprovados é:

$$\frac{15}{100}.40 = 6$$

Assim, ***doze mulheres foram aprovadas.***

Somando homens e mulheres, a quantidade de aprovados é *12 + 6 =* ***18***. Logo, temos 18 aprovados em um total de 100 pessoas, de forma que o percentual geral de aprovados é:

$$\frac{\textbf{\textit{Parte}}}{\textbf{\textit{Todo}}} = \frac{18}{100} = 18\%$$

Gabarito: C.

QUESTÃO 04 (ESAF – Auditor-Fiscal do Trabalho/MTE/2010) Em uma universidade, 56% dos alunos estudam em cursos da área de ciências humanas e os outros 44% estudam em cursos da área de ciências exatas, que incluem matemática e física. Dado que 5% dos alunos da universidade estudam matemática e 6% dos alunos da universidade estudam física e que não é possível estudar em mais de um curso na universidade, qual a proporção dos alunos que estudam matemática ou física entre os alunos que estudam em cursos de ciências exatas?

a) 20,00%. b) 21,67%. c) 25,00%. d) 11,00%. e) 33,33%.

RESOLUÇÃO:

Vamos supor que são 100 alunos.

56% estudam humanas.

56% de 100 = ***56***

44% cursam exatas

44% de 100 = ***44***.

Destes 44, temos:

- 5 estudam matemática (=5% do total)
- 6 estudam física (=6% do total).

O número de alunos que estudam matemática ou física é igual a 11.

Assim, ***de cada 44 alunos de exatas, 11 estudam matemática ou física.***

O percentual procurado, levando em conta a comparação da parte pelo todo, é de:

$$\frac{11}{44} = 25\%$$

Gabarito: C.

QUESTÃO 05 (CESPE – Ana Adm/IBAMA/2013) Uma extensa região de cerrado é monitorada por 20 fiscais do IBAMA para evitar a ação de carvoeiros ilegais. Dessa região, a vegetação de 87 km^2 foi completamente arrancada e transformada ilegalmente em carvão vegetal. Os 20 fiscais, trabalhando 8 horas por dia, conseguem monitorar toda a região em 7 dias.

A partir dessa situação hipotética, julgue o item seguinte, considerando que os 20 fiscais são igualmente eficientes.

Se a parte devastada por carvoeiros ilegais corresponder a 15% da área da referida região, então a região tem mais de 575 km^2 de área.

RESOLUÇÃO:

Seja x a área total da região de cerrado.

O enunciado afirma que a parte devastada por carvoeiros ilegais, 87 km^2, corresponde a 15% de x. Ou seja:

$$\frac{15}{100}.x = 87$$

$$x = \frac{87.100}{15} = 580$$

Assim, a área total da região de cerrado é de 580 km², o que é superior a 575 km².

Gabarito: Certo.

2.3. Operações sobre mercadorias

Suponha que o dono de uma fábrica de sapatos receba de um comerciante uma encomenda de 1.000 pares. Como fazer para calcular o preço de *um par*?

Ora, sabemos que para fabricar pares temos que levar em consideração as matérias primas (couro, linha, tinta e outras), os salários dos funcionários, a energia consumida e outras despesas.

Portanto, se dividirmos o capital gasto com esses itens por 1.000 pares de sapatos, então teremos o *custo de um par* de sapatos.

Na hora de vender esses sapatos, obviamente terá que ser acrescentada sobre o preço de custo certa porcentagem, pois nas transações comerciais podem ocorrer 3 situações:

Lucro	•Valor da venda (V) é **maior** que o custo (C) para produzir a mercadoria (**V > C**)
Prejuízo	•Valor da venda (V) é **menor** que o custo (C) para produzir a mercadoria (**V < C**)
Sem lucro ou prejuízo	•Valor da venda é igual ao custo para produzir a mercadoria (**V = C**)

Em qualquer caso, a venda será calculada com base na seguinte fórmula:

$$V = C \pm L$$

Em que o **lucro** ou o **prejuízo** será uma porcentagem calculada sobre o preço de **custo** ou sobre o preço de **venda**.

Como assim, professores?

É que diversas questões de prova (e mesmo nas atividades comerciais) abordam esse lucro ou esse prejuízo ocorrendo nessas duas situações percentuais diferentes: sobre a **venda** ou sobre o **custo**. Esta distinção é muito importante, porque caso apliquemos a taxa indicada sobre a grandeza errada, encontraremos como resultado um valor incorreto.

Nesse sentido, se o lucro ou o prejuízo ocorre **sobre a venda**, então o percentual incide sobre a **venda**:

$$\mathbf{V = C \pm i\% \times V}$$

Além disso, a venda corresponderá aos **100%** na configuração de uma regra de três.

Por outro lado, se o lucro ou o prejuízo for sobre o custo do produto, o percentual incide sobre o **custo**:

$$\mathbf{V = C \pm i\% \times C}$$

Similarmente, dizemos que o custo corresponderá aos **100%** na montagem de uma regra de três.

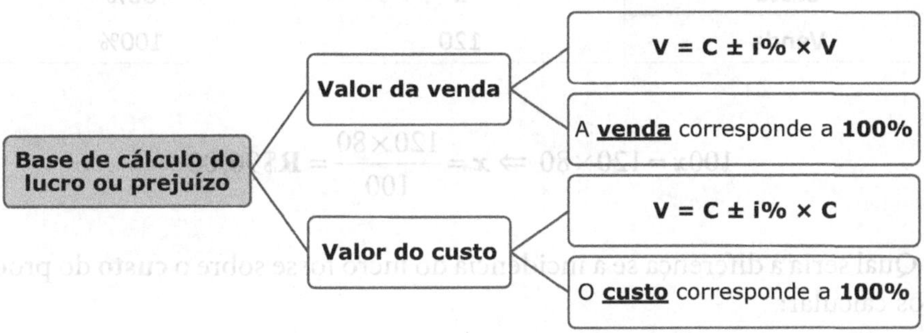

Essas definições ficarão bem mais fáceis de entender ao resolvermos os exemplos a seguir.

Digamos que certa mercadoria custa R$ 9.000,00. Qual seria o preço da venda para que haja um lucro de 10% sobre o mesmo?

Note que a incidência da taxa de lucro ocorre sobre a venda. Então, temos:

$$\mathbf{V = C + i\% \times V}$$

$$V = 9.000 + 10\% \times V \Rightarrow V - 0{,}1V = 9.000 \Rightarrow 0{,}9V = 9.000$$

$$\mathbf{V} = \frac{9.000}{0{,}9} = \mathbf{R\$10.000{,}00}$$

Portanto, a venda deve ser realizada por **R$ 10.000,00**.

Suponha que um comerciante vendeu uma mercadoria por R$ 120,00, tendo um lucro de 20% sobre a venda. Qual é o preço de custo dessa mercadoria?

Como a venda foi de R$ 120,00 e o lucro foi de R$ 20% sobre a venda, temos:

$$120 = \text{Custo} + \frac{20}{100} \times 120$$

$$\textbf{Custo} = 120 - 24 = \textbf{R\$}96,00$$

Assim, o **custo** da mercadoria foi de **96 reais.**

Outra forma de resolvermos o problema é utilizando o artifício da regra de três. Veja que o **lucro** incidiu sobre a **venda**, de modo que ela será a nossa base de cálculo (100%). E se estou vendendo por 100 e tive lucro de 20, então comprei por 80. Logo:

	Quantias	Percentuais
Custo	x	80%
Venda	120	100%

$$100x = 120 \times 80 \Rightarrow \boldsymbol{x} = \frac{120 \times 80}{100} = \textbf{R\$}96,00$$

Qual seria a diferença se a incidência do lucro fosse sobre o **custo** do produto? Vamos calcular:

$$120 = \text{Custo} + \frac{20}{100} \times \text{Custo}$$

$$120 = \text{Custo} + 0,2 \times \text{Custo}$$

$$120 = 1,2\text{Custo}$$

$$\textbf{Custo} = \frac{120}{1,2} = \textbf{R\$}100,00$$

Repare que encontramos valores distintos. No lucro sobre a **venda**, o valor referente ao lucro é sempre MAIOR que no lucro sobre o **custo**. De fato, no primeiro exemplo, o comerciante comprou por R$ 96,00 e vendeu por R$ 120,00, tendo um lucro de R$ 24,00. Ao passo que no segundo, comprou por R$ 100,00 e vendeu pelos mesmos R$ 120,00, obtendo um lucro de apenas R$ 20,00.

Agora imagine que uma mercadoria foi vendida por R$ 120,00 com um prejuízo de 20% sobre o custo. Nessa situação, qual é o preço da mercadoria?

O cenário mudou. Infelizmente, o empresário teve um **prejuízo**, que está sendo aplicado sobre o **custo** da mercadoria. Se o caminho adotado para a resolução do problema for regra de três, então o custo será a nossa base de cálculo (100%). E como estou comprando por 100 e tive um prejuízo de 20, então é porque vendi por 80. Logo:

	Quantias	Percentuais
Custo	x	100%
Venda	120	80%

$$80x = 120 \times 100$$

$$\boldsymbol{x} = \frac{12000}{80} = \mathbf{R\$}150{,}00$$

Assim, o **custo** da mercadoria foi de **150 reais.**

No entanto, é bem mais simples recorrermos à porcentagem para solucionarmos o problema. De fato, como a venda foi de R$ 120,00 e o prejuízo foi de R$ 20% sobre o custo, temos:

$$120 = \text{Custo} - \frac{20}{100} \times \text{Custo}$$

$$120 = \text{Custo} - 0{,}2 \times \text{Custo}$$

$$120 = 0{,}8\text{Custo}$$

$$\textbf{Custo} = \frac{120}{0{,}8} = \mathbf{R\$}150{,}00$$

E se a incidência do prejuízo fosse sobre a venda da mercadoria?

Aí o preço do produto seria bem diferente. Veja:

$$120 = \text{Custo} - \frac{20}{100} \times 120$$

$$120 = \text{Custo} - 24$$

$$\textbf{Custo} = 120 + 24 = \text{R\$}144{,}00$$

Assim, o **custo** da mercadoria seria de **144 reais.**

Perceba que prejuízo sobre a venda e prejuízo sobre o custo são situações diferentes. No prejuízo sobre o **custo**, o valor referente ao prejuízo é sempre MAIOR que no prejuízo sobre a **venda**. De fato, no primeiro caso, o comerciante comprou por R$ 150,00 e vendeu por R$ 120, tendo um **prejuízo de R$ 30,00**. Já no segundo, comprou por R$ 144,00 e vendeu pelos mesmos R$ 120,00, mas teve um **prejuízo de R$ 24,00**.

⇧ **LUCRO**

- É sempre MAIOR quando a referência é a **VENDA**

⇩ **PREJUÍZO**

- É sempre MAIOR quando a referência é o **CUSTO**

Por fim, considere que um produto custa R$ 200,00 para ser fabricado e é vendido por R$ 250,00. Qual é a taxa percentual de lucro para o preço da venda e o preço do custo?

Primeiramente, vamos determinar o valor do lucro:

$$\mathbf{Venda = Custo + Lucro}$$

$$250 = 200 + \text{Lucro}$$

$$\mathbf{Lucro} = 250 - 200 = \mathbf{R}\$50,00$$

Agora para calcularmos as taxas percentuais de lucro para o preço da **venda** (i_V) e o preço de **custo** (i_C), basta resolvermos as seguintes razões:

$$\mathbf{i_V} = \frac{\text{Lucro}}{\text{Venda}} = \frac{50}{250} = 0,20 = 20\%$$

$$\mathbf{i_C} = \frac{\text{Lucro}}{\text{Custo}} = \frac{50}{200} = 0,25 = 25\%$$

Veja como esse assunto já foi cobrado!

QUESTÃO 06 (FCC/FUNAPE/Ana em Gestão Prev/2017) Uma motocicleta foi vendida por R$ 18.500,00, com lucro de 8% sobre a venda. O custo desta motocicleta foi de

a) R$ 16.480,00.

b) R$ 17.340,00.

c) R$ 18.010,00.

d) R$ 16.760,00.

e) R$ 17.020,00.

RESOLUÇÃO:

Note que o lucro ocorre **sobre a venda**, então o percentual incide sobre a **venda**:

$$\mathbf{V = C + i\% \times V}$$

$$18.500 = C + 0{,}08 \times 18.500 \;\Rightarrow\; \mathbf{C} = 18.500 - 1.480 = \mathbf{R\$17.020{,}00}$$

Repare que para saber o **custo** da motocicleta reduzimos do valor de venda a porcentagem referente ao **lucro.**

Gabarito: E.

QUESTÃO 07 (FUNIVERSA – ADASA/Advogado – 2009) Uma revendedora de automóveis usados tem a política de revender o veículo adquirido com 15% de lucro sobre o valor da venda. Um veículo foi adquirido por R$ 24.000,00. Assinale a alternativa que apresenta o intervalo em que está o valor, em reais, de venda do veículo.

a) 24.000 – 25.000

b) 25.000 – 26.000

c) 26.000 – 27.000

d) 27.000 – 28.000

e) 28.000 – 29.000

RESOLUÇÃO:

Fique muito atento à referência sobre a qual vamos calcular a porcentagem!! Aqui, a questão nos pede o lucro sobre o **preço de venda**!

$$\mathbf{V = C + i\% \times V}$$

$$V = 24.000 + 0{,}15V \Longrightarrow 0{,}85V = 24.000 \Longrightarrow \mathbf{V} = \frac{24.000}{0{,}85} = \mathbf{R\$\,28.235{,}29}$$

Gabarito: E.

QUESTÃO 08 (Quadrix – SERPRO/Técnico – 2014) A Distribuidora de Automóveis "Pé na Tábua" vendeu um automóvel por R$ 31.050,00, obtendo um lucro correspondente a 15%. Qual foi o custo desse automóvel?

a) R$ 25.785,00

b) R$ 26.392,50

c) R$ 27.000,00

d) R$ 27.607,50

e) R$ 28.215,00

RESOLUÇÃO:

Como a seguradora teve um lucro de 15%, o preço de venda foi 15% superior ao preço de custo. Assim, a nossa base de cálculo (100%) é o custo da mercadoria. Logo:

$$\mathbf{V = C + i\% \times C}$$

$$\mathbf{31{,}050 = C + 0{,}15 \times C \Rightarrow C = \frac{31.050}{1{,}15} = R\$27.000{,}00}$$

Outra forma de resolver a questão é por observar que para **aumentar** um preço em **15%** basta **multiplicá-lo por (1+15%)**. Assim,

$$P.(1+15\%) = 31.050 \quad \rightarrow \quad P.(1+0{,}15) = 31.050$$

$$P.1{,}15 = 31.050 \quad \rightarrow \quad P = \frac{31.050}{1{,}15} \quad \rightarrow \quad \boldsymbol{P = R\$}27.000{,}00$$

Gabarito: C.

2.4. Aumentos e descontos percentuais

Suponha que uma loja queira fazer uma queima de estoque e decida reduzir os preços de suas mercadorias. Imagine que ela faça a divulgação da promoção da seguinte forma: **"20 reais de desconto em todos os produtos"**. Você acha que essa é uma boa oportunidade para comprar ou não?

Fica difícil de falar qualquer coisa, não é mesmo? Se for uma loja que vende carros de luxo, de R$ 500.000,00 a R$ 1.000.000,00 cada um, um desconto de 20 reais não é lá grandes coisas, concordam? Mas se for uma loja que vende livros, com preços em torno de 50 a 100 reais, já fica mais interessante. Por que isso?

Porque estamos interessados em valores relativos e não em valores absolutos. Analisamos os **descontos** – e os **aumentos** – com base no valor inicial do produto para sabermos se é um **desconto** – ou um **aumento** – alto ou baixo.

Uma maneira de passar todas as informações necessárias para analisarmos a situação é usando a **porcentagem** para representar os descontos e os aumentos, pois ela guarda a relação de **proporção** com o preço inicial do produto.

Quando você recebe a notícia de que seu salário terá um aumento de 20% você certamente fica feliz, não? ☺

E como trabalhar com essas porcentagens então? Digamos que um produto vale 100 reais e sofrerá um **reajuste** de 10% em seu valor. Qual será esse novo valor?

Vamos calcular primeiro o valor do reajuste:

$$100 \times 10\% = 100 \times 0,10 = 10 \text{reais}$$

Assim, o valor após o **reajuste** será igual ao seu valor inicial (100) mais o valor do reajuste (10), ou seja, será de:

$$100 + 10 = 110 \text{reais}$$

Essa foi fácil! Será que conseguimos fazer isso de uma forma genérica? Seja **Vi** o valor inicial do produto e considere que esse valor será reajustado em **X%**. Qual será o valor final **Vf**?

Primeiro, calculamos o valor do **reajuste:**

$$\boldsymbol{V_i.X\%}$$

Em seguida, somamos ao valor inicial o valor do **reajuste** para obter o valor final:

$$V_f = V_i + V_i.X\%$$

$$\boldsymbol{V_f = V_i.(1 + X\%)}$$

Portanto, para **aumentarmos um valor em X%**, basta multiplicar esse valor por **(1 + X%)**. Vamos testar no nosso exemplo anterior?

$$100 \times (1 + 10\%) = 100 \times 1,10 = 110 \text{reais}$$

Fantástico, funcionou! E perceba um detalhe que ajuda ainda mais. **Aumentar algo em 10% é o mesmo que multiplicar por 1,1.** E isso vale para qualquer outro aumento. Aumentar algo em 30% é o mesmo que multiplicar por 1,3. E assim por diante.

Tenho certeza que você já está imaginando como seria a situação contrária, ou seja, e se a grandeza sofrer uma redução no seu valor em X%? Como fazer?

Digamos que um produto vale 100 reais e sofrerá um **desconto** de 10%. Qual será seu novo valor? Vamos calcular primeiro o valor do desconto:

$$100 \times 10\% = 100 \times 0{,}10 = 10 \text{reais}$$

Assim, o valor **após o desconto** será igual ao seu valor inicial menos o valor do desconto, ou seja, será de:

$$100 - 10 = 90 \text{reais}$$

Será que conseguimos fazer isso de uma forma genérica, como fizemos para o aumento?

Seja **Vi** o valor inicial do produto e considere que esse valor será **descontado** em **X%**. Qual será o valor final **Vf**?

Bem, primeiro calculamos o valor do **desconto**:

$$V_i.X\%$$

Em seguida, o subtraímos do valor inicial para obter o valor final:

$$V_f = V_i - V_i.X\%$$

$$V_f = V_i.(1 - X\%)$$

Portanto, para **reduzirmos um valor em X%**, basta multiplicar esse valor por **(1-X%)**. Vamos testar no nosso exemplo anterior?

$$100 \times (1 - 10\%) = 100 \times 0{,}9 = 90 \text{ reais}$$

Agora observe que **diminuir algo em 10% é o mesmo que multiplicar por 0,9**. E isso vale para qualquer outro desconto. Logo, diminuir algo em 45% é o mesmo que multiplicar por 0,55 (= 1 – 0,45).

Os valores **(1 + X%)** e **(1 – X%)** que usamos para aplicar os aumentos e descontos são chamados **fator multiplicativo de aumento** e **fator multiplicativo de desconto**, respectivamente.

Resumindo:

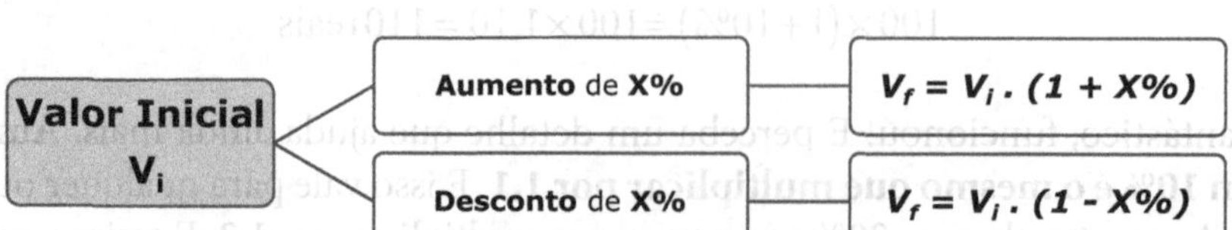

Vamos ver alguns casos importantes:

	Aumentar em	Equivale a	Multiplicar por	
	10%	→	1,10	
	20%	→	1,20	
	25%	→	1,25	
⇧	**50%**	→	1,50	×
	100%	→	2	
	200%	→	3	
	300%	→	4	
	400%	→	5	
	500%	→	6	

	Reduzir em	Equivale a	Multiplicar por	
	10%	→	0,90	
	20%	→	0,80	
⇩	**25%**	→	0,75	×
	50%	→	0,50	
	100%	→	0	

Veja como esse assunto já foi cobrado!

QUESTÃO 09 (CESPE – Polícia Rodoviária Federal/2013)

Considerando os dados apresentados no gráfico, julgue o item seguinte.

O número de acidentes ocorridos em 2008 foi, pelo menos, 26% maior que o número de acidentes ocorridos em 2005.

RESOLUÇÃO:

Bem, **aumentar algo em 26% é o mesmo que multiplicar por 1,26**. Assim, em 2005 tivemos 110 mil acidentes. Aumentando esse valor em 26%, temos:

$$110.000\, x 1,26 = 138.600$$

Se em 2008 tivéssemos exatamente 138.600 acidentes, então o aumento teria sido de 26%. No entanto, o número foi de 141 mil, que é maior do que 138.600, de forma que o aumento foi de mais de 26%.

Gabarito: certo.

QUESTÃO 10 (RBO – Contador/IPMO Ourinhos/2021) Um comerciante reajustou os preços de suas mercadorias para compensar possíveis perdas com as oscilações financeiras. Um produto que custava R$ 250,00 passou a custar R$ 360,00. Neste caso, o aumento foi de

a) 12% b) 25% c) 44% d) 50%

RESOLUÇÃO:

O preço do produto foi reajustado de R$ 250,00 para R$ 360,00, de modo que houve um **aumento** de 360 - 250 = R$ 110,00.

Em termos de **porcentagem**, esse valor representa:

250 ________ 100%

110 ________x

$$250 \,.\, x = 110 \times 100$$

$$x = 11000 \div 250 = 44\%$$

Portanto, foi aplicado um aumento de 44% em relação ao preço original do produto.

Gabarito: C.

QUESTÃO 11 (FCC – Tec Adm/Cam Mun-SP/2014) O preço de uma mercadoria, na loja J, é de R$ 50,00. O dono da loja J resolve reajustar o preço dessa mercadoria em 20%. A mesma mercadoria, na loja K, é vendida por R$ 40,00. O dono da loja K resolve reajustar o preço dessa mercadoria de maneira a igualar o preço praticado na loja J após o reajuste de 20%. Dessa maneira o dono da loja K deve reajustar o preço em

a) 20%. b) 50%. c) 10%. d) 15%. e) 60%.

RESOLUÇÃO:

Como os valores são simples, a maneira mais fácil de resolver a questão é calculando o preço final da mercadoria na loja J ($P^{f,J}$). Como o reajuste é para ***aumento***, consideraremos uma taxa ***positiva*** (+20%):

$$P_{f,J} = 50 \cdot (1 + 0{,}20) = 50 \cdot 1{,}2 = 60$$

Agora, basta calcularmos qual a taxa de ***aumento*** suficiente para fazer o preço na loja K sair do valor inicial (40) para o mesmo valor da loja J (60):

$$P_f = P_i \cdot (1 + i) \Rightarrow 60 = 40 \cdot (1 + i) \Rightarrow (1 + i) = \frac{60}{40} = 1{,}5 \Rightarrow i = 0{,}5 = 50\%$$

Gabarito: B.

QUESTÃO 12 (CESPE/TCE-PB/Auditor/2018) Em novembro de 2016, João comprou 10 kg de uma mercadoria e, um ano depois, ele comprou 11 kg dessa mesma mercadoria, mas pagou 21% a mais que em 2016. Se a inflação do período tiver sido a única responsável pelo aumento de preço da mercadoria, então a inflação desse período foi de

A) 7,9%. B) 10,0%. C) 11,0%. D) 12,1%. E) 18,9%.

RESOLUÇÃO:

Vamos chamar de **Q** a quantia gasta por João em novembro de **2016**.

De acordo com as informações do enunciado, o preço da mercadoria em 2016 fica:

$$\mathbf{P_{2016}} = \text{quantia gasta/quilos comprados} = \mathbf{Q/10}$$

Já em 2017, o preço da mercadoria teve um aumento devido à inflação no período, passando para:

$$\mathbf{P_{2017}} = \text{quantia gasta/quilos comprados} = 1{,}21Q/11 = 0{,}11Q$$

Como 0,11 = 1,1/10, temos:

$$\mathbf{P_{2017}} = 1{,}1Q/10 = 1{,}1 \times P_{2016} = \mathbf{(1 + 10\%) \times P_{2016}}$$

Assim, houve **aumento de 10%** no preço da mercadoria.

Gabarito: D.

2.5. Aumentos e descontos percentuais sucessivos

Suponha que uma mercadoria de R$ 100,00 teve aumentos sucessivos de 20%, 10% e 5%. Qual será o valor final dessa mercadoria?

Observe que temos aumentos que acontecem sucessivamente sobre o valor da mercadoria. Quando tivermos **acréscimos ou descontos sucessivos**, basta multiplicarmos o valor da grandeza inicial por cada **fator de multiplicação** obtidos a partir de cada taxa de **aumento** ou **redução**, assim:

$$\mathbf{V_f = V_i.(1 \pm i_1).(1 \pm i_2).(1 \pm i_3)...}$$

Em que o valor de ***i*** deve ser **positivo** (+) quando temos uma taxa de **aumento** e deve ser **negativo** (-) quando temos uma taxa de **desconto**.

Esquematizando, temos:

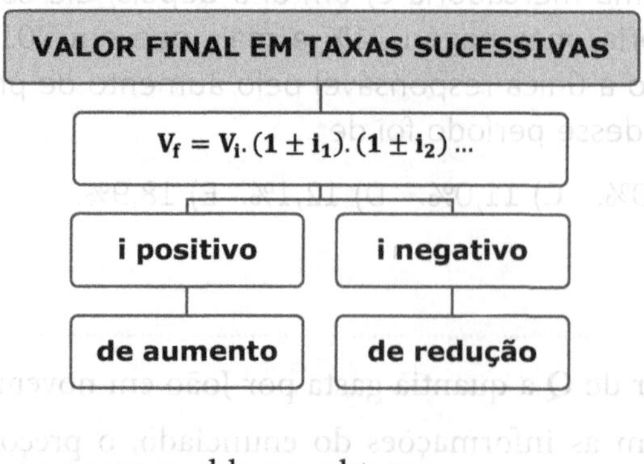

Aplicando isso ao nosso problema, obtemos:

$$V_f = 100 \times (1 + 0{,}2) \times (1 + 0{,}1) \times (1 + 0{,}05) = 100 \times 1{,}2 \times 1{,}1 \times 1{,}05 = \mathbf{R\$\ 138{,}60}$$

Portanto, a mercadoria passou a custar **R$ 138,60,** de modo que incidiu sobre o seu valor inicial um aumento total de **38,6%**, que é a **taxa resultante** da operação.

Note que essa taxa (38,6%) é diferente do simples somatório das taxas de aumentos sucessivos aplicadas sobre a mercadoria (20% + 10% + 5% = 35%). Qual é a razão para essa diferença? É porque cada uma dessas taxas individuais tem como valor de referência quantias diferentes!

De fato, a primeira taxa (20%) está relacionada ao valor inicial da mercadoria, resultando em 100 x 1,2 = R$ 120,00. Por sua vez, a segunda taxa (10%) não deve mais ser aplicada sobre os R$ 100,00 iniciais, mas sim incidir sobre o novo valor de R$ 120,00. Similarmente, a última taxa deve ser aplicada sobre outra quantia.

Fique ligado!

Quando uma porcentagem se refere a um número que está relacionado com *outra porcentagem*, **não podemos adicionar as porcentagens**. Devemos primeiro aplicar uma porcentagem e, sobre o resultado obtido, aplicar a outra.

Imagine que um objeto de arte teve seu preço aumentado, sucessivamente, em 20% e 50%, passando a custar R$ 1.440,00. Qual era o preço desse objeto antes desses aumentos?

Mais uma vez temos operações sucessivas. Porém, nesse caso precisamos obter o **valor inicial** conhecendo o valor final, após a incidência dos acréscimos. Logo:

$$1.440 = V_i \times (1+0,2) \times (1+0,5) \Rightarrow 1.440 = V_i \times 1,2 \times 1,5 \Rightarrow 1.440 = V_i \times 1,8$$

$$\mathbf{V_i} = \frac{1.440}{1,8} = \mathbf{R\$800,00}$$

Agora digamos que um homem recebe um salário hipotético de R$ 1.000,00. Em seguida, ele recebe um aumento de 20% num determinado mês e no seguinte um desconto de 20%. Quanto ele passará a receber após esses dois meses?

Bem, o **aumento de 20%** será aplicado com um **fator de aumento (1 + 0,20)**, enquanto que o **desconto de 20%** será aplicado com um **fator de desconto (1 – 0,20)**. Podemos aplicar os fatores sucessivamente, multiplicando o valor inicial do salário (R$ 1.000,00) por ambos os fatores:

$$V_F = 1000 \times (1+0,20) \times (1-0,20) = 1000 \times 1,2 \times 0,8 = \mathbf{R\$960}$$

Portanto, o salário final será de **R$ 960,00.**

Fique ligado!

Aumentar algo em i% e depois reduzir em i% do novo valor, **não dá na mesma**!

Temos outro meio para realizar esse cálculo, de forma que em uma situação envolvendo ***aumentos*** ou ***descontos sucessivos***, podemos calcular o ***aumento*** (ou ***desconto***) resultante. Assim:

$$(1+i_R)=(1\pm i_1).(1\pm i_2).(1\pm i_3)\dots$$

Se o resultado de ***iR*** for ***positivo***, teremos um ***aumento***. Por outro lado, se o resultado der um número ***negativo***, trata-se de um ***desconto***.

Assim, podemos substituir na equação vista anteriormente:

$$\underbrace{V_F = V_I.(1\pm i_1).(1\pm i_2)\dots}$$

$$V_F = V_I.(1+i_R)$$

Esquematizando, temos:

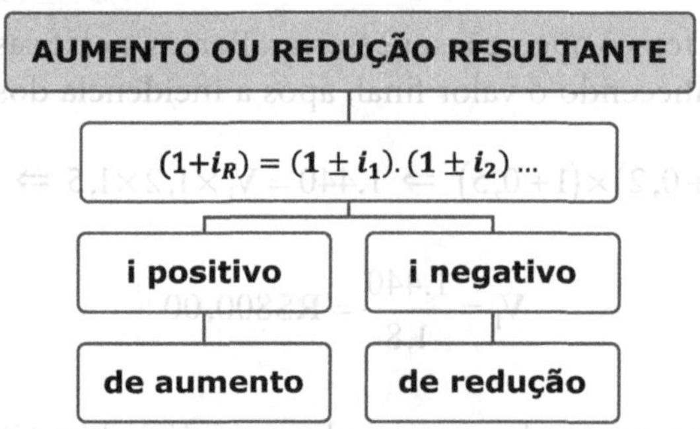

Veja como esse assunto já foi cobrado!

QUESTÃO 13 (CESPE/TCE-PB/Auditor/2018) Se um lojista aumentar o preço original de um produto em 10% e depois der um desconto de 20% sobre o preço reajustado, então, relativamente ao preço original, o preço final do produto será

A) 10% inferior.

B) 12% inferior.

C) 18% inferior.

D) 8% superior.

E) 15% superior.

RESOLUÇÃO:

Seja **P** o preço original do produto. Após o aumento, ele passará a ser de (1 + 0,10) × P = **1,10P**.

Todavia, o enunciado informa que o preço reajustado foi **reduzido em 20%**. Então, em relação ao preço inicial, o **preço final** será:

$$(1 - 0,20) \times 1,10P = 0,80 \times 1,10P = 0,88P = \mathbf{(1\text{-}0,12)P}$$

Assim, a redução final foi de **12%**.

Gabarito: B.

QUESTÃO 14 (ESAF – Ag Faz/Pref RJ/2010) O PIB de um país que entrou em recessão no fim de 2008 tinha crescido 10% no primeiro trimestre de 2008, 5% no segundo trimestre, tinha ficado estável no terceiro trimestre e tinha caído 10% no último trimestre daquele ano. Calcule a taxa de crescimento do PIB desse País, em 2008.

a) 1,25%. b) 5%. c) 4,58%. d) 3,95%. e) -5%.

RESOLUÇÃO:

Suponha que o PIB era inicialmente de 100,00. Primeiro ele aumentou 10%. Logo:

$$100 \times 1,1 = 110$$

Depois aumentou 5%. Daí:

$$110 \times 1,05 = 115,5$$

Depois caiu 10%:

$$115,5 \times (1 - 0,1) = 115,5 \times 0,9 = \mathbf{103,95}$$

Assim, no geral, o ***PIB aumentou de 100 para 103,95***. Trata-se de um aumento (taxa de crescimento) de ***3,95%***.

Gabarito: D.

QUESTÃO 15 (VUNESP/TCE-SP/AGENTE DE FISC/2017) O aumento na produção da empresa A, em 2015, foi de 20% em relação ao ano anterior, e, em 2016, foi de 30% em relação ao ano anterior. O aumento na produção da empresa B, em 2015, foi de 28% em relação ao ano anterior. Para que o aumento na produção da empresa B superasse em 4 pontos percentuais o aumento obtido pela empresa A, nesses dois anos, ao final de 2016, essa empresa B deveria apresentar, em relação ao ano anterior, um aumento de

a) 25%. b) 27%. c) 22%. d) 21%. e) 24%.

RESOLUÇÃO:

Suponha que ambas as empresas produziam 100 unidades em 2015. Com isso, temos:

Empresa A: com o primeiro aumento de 20%, ela foi para **120** unidades. Com o segundo aumento de 30%, ela foi para 1,30 × 120 = **156**.

Empresa B: com o aumento de 28%, ela chegou a **128**. Precisamos que ela chegue a 160, para superar em 4 pontos percentuais a empresa A. Portanto, o aumento percentual "p" deve ser tal que:

$$128\times(1+p)=160$$

$$1+p=1,25$$

$$p=0,25=25\%$$

Gabarito: A

QUESTÃO 16 (CESPE – FUB/Administrador – 2009) Em uma concessionária de veículos o preço de determinado modelo é R$ 32.000,00. Com a queda nas vendas, o proprietário da concessionária criou vários planos de venda para atrair novos clientes e tentar vendê-lo. A partir dessa situação, julgue os itens a seguir.

Considere que um comercial de TV anunciava a venda daquele modelo com 20% de desconto se o pagamento fosse à vista, mas que o proprietário havia aumentado seu preço de forma que, mesmo vendendo com o desconto anunciado, ele ainda obteria os R$ 32.000,00. Nesse caso, o proprietário aumentou o preço do modelo em 20%.

RESOLUÇÃO:

Pelo que acabamos de ver, já poderíamos ter **marcado direto a resposta ERRADO**, não é mesmo? A questão diz, em resumo, que o aumento de 20% compensou o desconto de 20%, o que já sabemos que não ocorre. Na hora da prova é importante fazer esse tipo de análise.

De qualquer forma, vamos calcular qual deveria ter sido o aumento prévio que o proprietário deveria ter aplicado no preço do carro para compensar o desconto de 20%.

Vamos considerar que um **aumento** inicial de **X%**, seguido de um **desconto** de **20%**, mantiveram o preço do carro inalterado, ou seja, igual a 32.000. Assim, temos que:

$$P' = (1+X\%).(1-20\%).P \Rightarrow 32.000 = (1+X\%).(1-20\%).32.000$$

$$32.000 = (1+X\%).0,8.32.000 \Rightarrow (1+X\%) = 1,25$$

$$X\% = 0,25 \Rightarrow X\% = 25\% \neq 20\%$$

Gabarito: Errado.

QUESTÃO 17 (FGV/Auditor do Estado/Controladoria Geral-MA/2014) O prefeito de certo município exerceu seu mandato nos anos de 2009 a 2012. Em cada um dos anos de 2010, 2011 e 2012 as despesas de custeio da administração municipal aumentaram em 20% em relação ao ano anterior. Então, as despesas em 2012 superaram as de 2009 em, aproximadamente,

A) 60%. B) 68%. C) 73%. D) 80%. E) 107%.

RESOLUÇÃO:

Pelo exposto no enunciado, vemos que houve 3 aumentos (em 2010, 2011 e 2012), sendo que cada um deles foi de 20% em relação ao ano anterior. Logo, estamos diante de um caso de ***aumentos sucessivos***, em que nosso objetivo consiste em saber qual foi o aumento resultante, ou seja, o aumento do último ano (2012) em relação ao ano inicial (2009).

Utilizando a fórmula vista anteriormente, temos:

$$(1+\boldsymbol{i_R}) = (1+\boldsymbol{i_1}).(1+\boldsymbol{i_2}).(1+\boldsymbol{i_3})\ldots$$

Em que $i_1 = i_2 = i_3 = 0,2$. Substituindo esses valores, temos:

$$(1+\boldsymbol{i_R}) = (1+0,2).(1+0,2).(1+0,2) = 1,2.1,2.1,2$$

$$(1+i_R) = 1,728 \approx 1,73$$

$$i_R = 1,73 - 1$$

$$\boldsymbol{i_R} = 0,73 = 73\%$$

Gabarito: C.

2.6. Percentual incluído

Digamos que um produto foi comprado por R$ 134.400,00, incluindo despesas no valor percentual de 12%. Qual é o valor do produto sem as despesas?

Perceba que o problema indica que no valor que o produto foi vendido está **incluído** um percentual referente a algumas despesas. O que isso significa?

Ora, isso quer dizer que nesse valor estão incluídos não só os 100% do valor sem as despesas, mas também o referido valor percentual.

Assim, para quaisquer casos em que tivermos um percentual incluído relacionado a impostos, taxas ou despesas, teremos a seguinte configuração do valor:

Valor com percentual = Valor sem o percentual + Valor percentual

Aplicando isso ao nosso problema, sabendo que a **base de cálculo** para a incidência da taxa de despesas é **valor do produto sem as despesas** (100%), ficamos com:

$$134.400 = X + 12\%X \Rightarrow 134.400 = 1{,}12X \Rightarrow \boldsymbol{X} = \frac{134.400}{1{,}12} = \mathbf{R\$120.000}$$

Dessa maneira, o valor da mercadoria sem as despesas é de **R$ 120.000,00.**

Todavia, na hora da prova é mais fácil você resolver este tipo de questão aplicando o **fator multiplicativo**. Note:

$$\mathbf{V_f = V_i \times (1 + i\%)}$$

$$134.400 = V_i \times (1 + 12\%) \Rightarrow \mathbf{V_i} = \frac{134.400}{1{,}12} = \mathbf{R\$120.000}$$

2.7. Variação Percentual

Suponha que o número de acidentes de carro por mês em um determinado trecho de uma rodovia tenha subido de 10 para 12 acidentes. Qual foi a variação percentual desse aumento?

Intuitivamente, faríamos a seguinte conta: temos 2 acidentes a mais, frente aos 10 que tínhamos inicialmente. Logo,

$$\frac{2}{10} = 0{,}2 \times 100\% = 20\%$$

O que fizemos, afinal, foi calcular, em percentual, a razão entre os novos acidentes e o total de acidentes na rodovia.

Assim, podemos definir a variação percentual como sendo:

$$\textbf{Variação Percentual} = \frac{\textbf{Valor Final} - \textbf{Valor Inicial}}{\textbf{Valor Inicial}} \times 100\%$$

No nosso exemplo, teríamos:

$$\textbf{Variação Percentual} = \frac{12-10}{10} \times 100\% = 20\%$$

Podemos simplificar ainda mais nossos cálculos aplicando o seguinte procedimento prático:

$$\textbf{Variação Percentual} = \frac{\textbf{Valor Final}}{\textbf{Valor Inicial}} - 1$$

Por exemplo, imagine que o aluguel que uma pessoa paga por um apartamento passou de R$ 500,00 para R$ 700,00. Vamos determinar a porcentagem de aumento e o índice de atualização do aluguel da época.

O aumento foi de:

$$\frac{V_f}{V_i} - 1 = \frac{700}{500} - 1 = 1{,}4 - 1 = 0{,}4 = 40\%$$

Dessa maneira, concluímos que o aumento do aluguel foi de **40%**.

Quanto ao **índice de atualização (I_a)**, para obtê-lo basta dividir o valor final pelo valor inicial:

$$I_a = \frac{V_f}{V_i}$$

$$I_a = \frac{7\cancel{00}}{5\cancel{00}} = 1{,}40 = 140\%$$

E se em vez de um aumento tivéssemos uma redução do valor do aluguel?

Certamente tudo mudaria! Digamos que a pessoa fez uma excelente negociação com a proprietária do imóvel, de modo que o aluguel passou de R$ 700,00 para R$ 500,00. Nesse caso, a **redução percentual** foi de:

$$\frac{500}{700} - 1 = 0,174 - 1 = -0,286 = -28,6\%$$

Qual o índice de atualização aplicado? Foi o seguinte:

$$I_a = \frac{5\cancel{00}}{7\cancel{00}} = 0,714 = 71,4\%$$

Portanto, se aplicássemos essa taxa ao valor inicial do aluguel, chegaríamos ao novo valor que a pessoa pagaria, isto é, R$ 500,00.

Veja como esse assunto já foi cobrado!

QUESTÃO 18 (IBADE - Agente Censitário/IBGE/2020) A empresa de ônibus numa cidade aumentou o preço da passagem em 100%. Como tal percentual de aumento não estava previsto em contrato, o valor da passagem retornou ao valor antes do aumento. Com relação ao valor aumentado aconteceu a seguinte percentagem de redução:

a) 75% b) 50% c) 100% d) 0% e) 2%

RESOLUÇÃO:

Suponhamos que o preço inicial da passagem era de R$ 100,00.

O enunciado informa que houve um aumento de 100%, de modo que a passagem passou a custar R$ 200,00.

O nosso objetivo consiste em determinar qual o percentual relativo à redução que leva esse valor voltar a ser igual a R$ 100,00. Para isso, basta calcular:

$$\frac{VF}{VI} - 1$$

$$= \frac{100}{200} - 1$$

$$- 0,5 - 1$$

$$= - 0,5 = - 50\%$$

Portanto, em relação ao valor aumentado foi aplicada uma **redução de 50%.**

Gabarito: B.

QUESTÃO 19 (VUNESP - Assist Social/AVAREPREV/2020) Considere a tabela a seguir:

Ano	Taxa de mortalidade infantil no Brasil (por mil)
1940	146,6
2018	12,4

Com relação a 1940, em 2018 houve uma diminuição percentual na taxa de mortalidade infantil de, aproximadamente,

a) 91,5% b) 84,4% c) 46,8% d) 9,2% e) 8,5%

RESOLUÇÃO:

Veja que a redução na taxa de mortalidade infantil foi de 146,6 (valor inicial) para 12,4 (valor final). Percentualmente, isso representa:

$$\frac{12,4}{146,6} - 1$$

$$\approx 0,085 - 1$$

$$\approx -0,915 \approx \mathbf{-91,5\%}$$

Portanto, a redução da mortalidade foi de, aproximadamente, **91,5%**.

Gabarito: A.

3. RESUMO

A expressão p% significa p a cada 100.

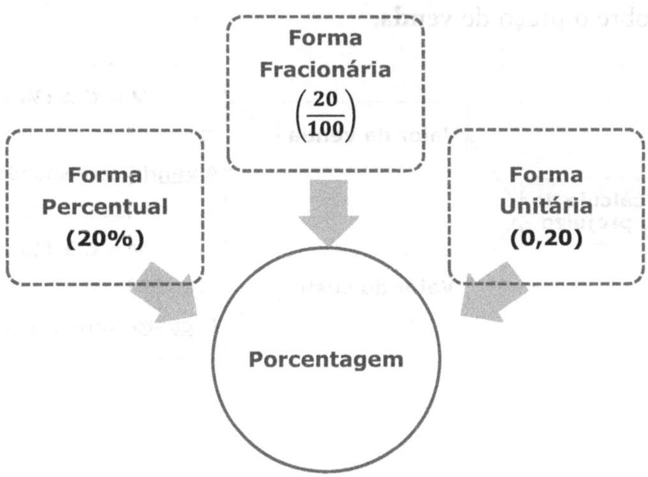

CÁLCULO DA PORCENTAGEM DE UM NÚMERO

$$\frac{\textbf{Parte}}{\textbf{Todo}} \times \textbf{Total} = \textbf{Percentual}$$

Dados dois números, ***A*** e ***B***, dizemos que ***A*** é igual a ***p%*** de ***B*** quando o valor ***A*** é igual a ***p/100*** de ***B***.

$$A \text{ é } p\% \text{ de } B \leftrightarrow A = \frac{p}{100}.B$$

OPERAÇÕES SOBRE MERCADORIAS

Lucro	•Valor da venda (V) é **maior** que o custo (C) para produzir a mercadoria (**V > C**)
Prejuízo	•Valor da venda (V) é **menor** que o custo (C) para produzir a mercadoria (**V < C**)
Sem lucro ou prejuízo	•Valor da venda é igual ao custo para produzir a mercadoria (**V = C**)

Em qualquer caso, a venda será calculada com base na seguinte fórmula:

V = C ± L

Em que o **lucro** ou o **prejuízo** será uma porcentagem calculada sobre o preço de **custo** ou sobre o preço de **venda**.

Base de cálculo do lucro ou prejuízo

- **Valor da venda**
  - **V = C ± i% × V**
  - A **venda** corresponde a **100%**
- **Valor do custo**
  - **V = C ± i% × C**
  - O **custo** corresponde a **100%**

LUCRO

- É sempre MAIOR quando a referência é a **VENDA**

PREJUÍZO

- É sempre MAIOR quando a referência é o **CUSTO**

AUMENTOS E DESCONTOS PERCENTUAIS

Valor Inicial V_i

- **Aumento** de **X%** → $V_f = V_i \cdot (1 + X\%)$
- **Desconto** de **X%** → $V_f = V_i \cdot (1 - X\%)$

AUMENTOS E DESCONTOS PERCENTUAIS SUCESSIVOS

VALOR FINAL EM TAXAS SUCESSIVAS

$$V_f = V_i . (1 \pm i_1).(1 \pm i_2) \ldots$$

- **i positivo** → **de aumento**
- **i negativo** → **de redução**

Quando uma porcentagem se refere a um número que está relacionado com *outra porcentagem*, não podemos adicionar as porcentagens. Devemos primeiro aplicar uma porcentagem e, sobre o resultado obtido, aplicar a outra.

Aumentar algo em i% e depois reduzir em i% do novo valor, não dá na mesma!

AUMENTO OU REDUÇÃO RESULTANTE

$$(1+i_R) = (1 \pm i_1).(1 \pm i_2) \ldots$$

- **i positivo** → **de aumento**
- **i negativo** → **de redução**

PERCENTUAL INCLUÍDO

Valor com percentual = Valor sem o percentual + Valor percentual

VARIAÇÃO PERCENTUAL

$$\text{Variação Percentual} = \frac{\text{Valor Final}}{\text{Valor Inicial}} - 1$$

4. MAIS QUESTÕES COMENTADAS

QUESTÃO 20 (CESPE – Aux Jud/TRT 6/2002) Se um trabalhador ganha R$ 800,00 líquidos por mês, gasta 25% de seu salário em alimentação, 30% em aluguel, 25% em outras despesas e aplica o restante em uma caderneta de poupança, então o valor aplicado mensalmente é maior que R$ 150,00.

RESOLUÇÃO:

Se somarmos aluguel, alimentação e outras despesas, teremos:

$$25\% + 30\% + 25\% = 80\%$$

Assim, sobram apenas 20% de seu salário. Ou seja:

$$20\% \, x 800 = 160$$

Logo, ele aplica por mês R$ 160,00.

Gabarito: Certo.

QUESTÃO 21 (VUNESP/TCE-SP/AGENTE DE FISC/2017) Uma enquete demonstrou que 17% das empresas devem algum tipo de imposto do ano anterior, e, desse grupo, são 13% que devem algum tipo de imposto dos últimos dois anos. Em relação ao total de empresas da enquete, a porcentagem das empresas que devem apenas os impostos do ano anterior é de, aproximadamente,

a) 14,8. b) 13,7. c) 14,3. d) 15,6. e) 13,9.

RESOLUÇÃO:

Das 17% de empresas que devem algum imposto do ano anterior, sabemos que 13% devem imposto dos últimos dois anos. Assim, 87% das 17% devem impostos apenas do ano anterior:

$$0,87\,x17\% = 14,79\%$$

Gabarito: A

QUESTÃO 22 (FCC – CETAM/Técnico TI – 2014) Com sua promoção no trabalho, Renato teve um aumento de 16% no seu salário, passando a receber R$ 2.807,20. O salário, em reais, que Renato recebia antes do aumento era um valor compreendido entre

a) 2.350,00 e 2.360,00.

b) 2.415,00 e 2.425,00.

c) 2.395,00 e 2.415,00.

d) 2.375,00 e 2.395,00.

e) 2.425,00 e 2.440,00.

RESOLUÇÃO:

Vamos chamar de **S** o salário de Renato antes do aumento. Sabemos que **aumentar um valor em 16%** significa multiplicá-lo pelo fator de aumento **1,16**, resultando no novo salário de Renato (S'). Logo:

$$S' = S \times 1,16$$

$$2.807,20 = S \times 1,16 \Rightarrow \boldsymbol{S} = \frac{2.807,20}{1,16} = 2.420$$

Gabarito: B.

QUESTÃO 23 (FGV – COMPESA/Aux de Saneamento – 2014) Em certa loja, um forno elétrico custa R$ 300,00 e está sendo anunciado, com desconto, pelo preço de R$ 255,00. O percentual de desconto é de

a) 12%. b) 15%. c) 18%. d) 20%. e) 25%.

RESOLUÇÃO:

Sabemos que dar um **desconto de X%** significa multiplicar o valor pelo fator de desconto **(1 – X%)**. Assim, temos que:

$$300 \times (1 - X\%) = 255 \quad \rightarrow \quad 1 - X\% = \frac{255}{300} \quad \rightarrow \quad 1 - X\% = 0,85$$

$$X\% = 0,15 \quad \rightarrow \quad X\% = 0,15 \times 100\% \quad \rightarrow \quad \boldsymbol{X\% = 15\%}$$

Gabarito: B.

QUESTÃO 24 (CESPE – ATA/MIN/2013) Determinada construtora emprega 200 empregados na construção de cisternas em cidades assoladas por seca prolongada. Esses empregados, trabalhando 8 horas por dia, durante 3 dias, constroem 60 cisternas. Com base nessas informações e considerando que todos os empregados sejam igualmente eficientes, julgue o item que segue.

Considere que, de 1.250 cisternas construídas, 8% delas tiveram de ser refeitas por apresentarem defeitos de várias naturezas. Considere, ainda, que, das cisternas que apresentaram defeitos, 15% foram refeitas por terem apresentado vazamentos. Em face dessa situação, é correto afirmar que, das 1.250 cisternas construídas, menos de 1,3% delas foram refeitas por apresentarem vazamentos.

RESOLUÇÃO:

Sabemos que foram 1.250 cisternas construídas. No entanto, 8% tiveram defeito:

$$0,08\,x 1.250 = 100$$

Assim, havia **100 cisternas com defeito**. Dessas, 15% tiveram vazamento:

$$0,15\,x 100 = 15$$

Logo, foram 15 cisternas com vazamento.

A fim de calcularmos quantos por cento essas 15 representam em relação ao total, basta dividirmos as duas quantias (parte pelo todo):

$$\frac{15}{1.250} = 0,012 = 1,2\%$$

De fato é um **valor inferior a 1,3%**.

Gabarito: Certo.

QUESTÃO 25 (MS Concursos – IF-AC/Aux Adm/2014) Um determinado produto sofreu duas variações de preços sucessivas, na primeira, desconto de 15%; na segunda, um aumento de 15%. Analise cada uma das afirmações a seguir e marque a alternativa correta.

I – O produto voltou ao preço original.

II – Após as variações, o produto ficou 2,25% mais caro.

III – O produto passou a custar 2,25% a menos.

a) I, II e III são verdadeiras.

b) Somente a I é verdadeira.

c) Somente I e II são verdadeiras.

d) Somente a III é verdadeira.

RESOLUÇÃO:

Já podemos **descartar a afirmativa I**, pois sabemos que um aumento de 15% não anula um desconto de 15%. E isso já seria o suficiente para marcarmos a **alternativa D**, pois é a única que não contém a afirmativa I como verdadeira. Mas vamos às contas!

Temos um **aumento** inicial de **15%**, seguido de um **desconto** de **15%**. Vamos usar a técnica que aprendemos e considerar o preço inicial do produto igual a 100 reais. Logo:

$$P' = (1+15\%).(1-15\%).100 \Rightarrow P' = 1{,}15.0{,}85.100 \Rightarrow P' = 97{,}75\ reais$$

Portanto, houve uma variação de 97,75 – 100 = – **2,25 reais**. O que corresponde a uma **redução de 2,25%** no preço do produto.

Gabarito: D.

QUESTÃO 26 (FCC/Ana Leg – ALERN/2013) O preço de uma mercadoria é controlado pelo governo. Durante um mês esse preço só pode ser reajustado em 22%. Na primeira semana de um determinado mês, um comerciante reajustou o preço em 7%. Após cinco dias, o mesmo comerciante queria reajustar o preço novamente de forma a chegar ao limite permitido de reajuste no mês. O reajuste pretendido pelo comerciante é de aproximadamente

A) 15%. B) 12%. C) 19%. D) 13%. E) 14%.

RESOLUÇÃO:

Lembrando que se tivermos **variações sucessivas**, basta multiplicarmos os ***fatores de multiplicação*** para obtermos a variação resultante, assim:

$$(1+i_R) = (1+i_1).(1+i_2)$$

$$(1+0{,}22) = (1+0{,}07).(1+i_2) \Rightarrow (1+i_2) = \frac{1{,}22}{1{,}07} = 1{,}14 \Rightarrow i_2 = 0{,}14 = 14\%$$

Gabarito: E.

QUESTÃO 27 (ESAF – AFRFB/2009) Em uma repartição, 3/5 do total dos funcionários são concursados, 1/3 do total dos funcionários são mulheres e as mulheres concursadas correspondem a 1/4 do total dos funcionários dessa repartição. Assim, qual entre as opções abaixo, é o valor mais próximo da porcentagem do total dos funcionários dessa repartição que são homens não concursados?

a) 21% b) 19% c) 42% d) 56% e) 32%

RESOLUÇÃO:

Suponhamos que a repartição tem ***60 pessoas***.

Vamos às traduções das informações do enunciado:

3/5 dos funcionários são concursados.

Ou seja:

$$\frac{3}{5}\times 60 = 36$$

Logo, 36 funcionários são concursados.

1/3 do total de funcionários são mulheres.

$$\frac{1}{3}\times 60 = 20$$

Logo, 20 funcionários são mulheres. Consequentemente, o número de homens é 40, visto que o total de pessoas é 60.

1/4 dos funcionários são mulheres concursadas.

$$\frac{1}{4}\times 60 = 15$$

Logo, 15 mulheres são concursadas. Já sabemos que o total de concursados é 36. Assim, o número de homens concursados é 21 (=36 – 15).

Como temos 40 homens e, desses, 21 são concursados, então 19 homens não são concursados.

O percentual de homens não concursados, em relação ao total de funcionários, é (dividindo a parte pelo todo):

$$\frac{19}{60} = 31,66\%$$

Portanto, **31,66% dos funcionários são homens não concursados.**

Gabarito: E.

QUESTÃO 28 (CESPE – ANAC/Ana Adm/2009) A taxa percentual de aumento sobre o preço original de um produto que foi submetido a um aumento de 30% seguido de um desconto de 20% é superior a 5%.

RESOLUÇÃO:

Vamos representar por P o preço original do produto. Inicialmente esse preço sofreu um aumento de 30%. Como sabemos que **aumentar 30%** é o mesmo que **multiplicar por (1 + 30%)**, temos:

$$P' = P.(1+30\%) \Rightarrow P' = P.(1+0,30) \Rightarrow \boldsymbol{P' = 1,3.P}$$

Após esse aumento, o preço sofreu um desconto de 20%. Também sabemos que **reduzir em 20%** é o mesmo que **multiplicar por (1-20%)**. Assim,

$$P'' = P'.(1-20\%) \Rightarrow P'' = 1,3.P.(1-0,20) \Rightarrow P'' = 1,3.P.0,8 \Rightarrow \boldsymbol{P'' = 1,04.P}$$

Como vimos antes, poderíamos ter chegado a esse valor multiplicando diretamente o preço inicial pelos dois fatores de aumento e desconto, ou seja:

$$P'' = (1+30\%).(1-20\%).P \Rightarrow P'' = 1,3.0,8.P \Rightarrow \boldsymbol{P'' = 1,04.P}$$

Mas, e agora? Sabemos que o preço final corresponde a 1,04 vezes o preço inicial, mas quanto é isso em percentual? Podemos notar que:

$$1,04.P = (1+0,04).P = \left(1+\frac{4}{100}\right).P = (1+4\%).P$$

Portanto, multiplicar por 1,04 o preço original corresponde a um **aumento de 4%**, pois o estamos multiplicando por (1+4%). Como 4% < 5%, a afirmativa está **ERRADA**.

Gabarito: Errado.

QUESTÃO 29 (CESPE – TRT 17/Ana Jud/2009) Se, ontem, um produto custava X reais e hoje o preço desse produto sofreu um aumento de 60%, então, para comprá-lo hoje pelo mesmo preço de ontem – X-, será preciso que esse produto sofra um desconto superior a 40%.

RESOLUÇÃO:

Precisamos achar o valor de **p%** que faz com que o valor final do produto fique igual ao inicial. Vamos usar a técnica de considerar o preço inicial do produto igual a 100. Como não queremos que haja variação, o preço final também será igual a 100. Assim,

$$100.(1+60\%).(1-p\%)=100$$

$$1,6.(1-p\%)=1$$

$$1-p\%=\frac{1}{1,6} \Rightarrow 1-p\%=0,625 \Rightarrow p\%=0,375 \Rightarrow \boldsymbol{p\%=37,5\%<40\%}$$

Gabarito: Errado.

QUESTÃO 30 (FGV – Pref. Paulínia/Guarda Municipal – 2015) Francisco compra e vende terrenos em um determinado condomínio. Certa semana ele comprou dois terrenos, um por 15.000 reais e outro por 25.000 reais, e, na semana seguinte, Francisco vendeu o primeiro com lucro de 40% e o segundo com lucro de 8%.

Em toda a operação, o lucro de Francisco em relação ao capital investido foi de:
a) 20%; b) 22%; c) 24%; d) 26%; e) 28%.

RESOLUÇÃO:

Para nos ajudar a resolver essa questão, vamos construir a seguinte tabela:

Terreno	Valor de Compra	Lucro	Valor de Venda
A	15.000	40%	15.000.(1+40%) = 21.000
B	25.000	8%	25.000.(1+8%) = 27.000
Total	**40.000**	**L%**	**48.000**

Da tabela, podemos ver que o valor total de venda dos terrenos foi de 48.000 reais. Para calcular o lucro percentual de Francisco, fazemos:

$$40.000\times(1+L\%)=48.000$$

$$1+L\%=\frac{48.000}{40.000} \Rightarrow 1+L\%=1,20 \Rightarrow \boldsymbol{L\%=0,20=20\%}$$

Também poderíamos resolver a questão calculando o lucro total e dividindo-o pela valor de compra, ou seja:

$$L\% = \frac{15.000 \times 40\% + 25.000 \times 8\%}{40.000} = 20\%$$

Gabarito: A.

QUESTÃO 31 (VUNESP - Inspetor de Alunos/Pref São Roque/2020) Rafael contratou um pedreiro para realizar uma pequena obra em sua casa. O pedreiro cobrou R$ 200,00 por dia de serviço e trabalhou durante 40 dias na obra. Sabendo-se que o gasto total dessa obra foi de R$ 20.000,00, a porcentagem que Rafael gastou com pedreiro corresponde a

a) 25% do total da obra.

b) 30% do total da obra.

c) 35% do total da obra.

d) 40% do total da obra.

e) 42% do total da obra.

RESOLUÇÃO:

O enunciado informa que o pedreiro cobrou R$ 200,00 por dia de serviço e trabalhou durante 40 dias. Então, ele recebeu ao todo 40 × 200 = 8.000 reais.

É dito que o total gasto por Rafael na obra foi R$ 20.000,00. Logo, a porcentagem gasta com o pedreiro é dada pela divisão entre o valor gasto com ele e o valor total da obra:

$$\frac{8.000}{20.000} = 0{,}4 = \mathbf{40\%}$$

Gabarito: D.

QUESTÃO 32 (ESAF – SEFAZ-PI/Auditor – 2001) O valor de uma máquina, a cada ano que passa, diminui 10% em relação ao valor do ano anterior. Se o valor dessa máquina é, hoje, igual a R$ 100,00, então, daqui a três anos a percentagem equivalente à desvalorização total no período desses três anos será igual a

a) 10,42% b) 27,10% c) 30% d) 32,20% e) 40%

RESOLUÇÃO:

Após 3 anos, o novo valor da máquina será de:

$$P' = (1-10\%).(1-10\%).(1-10\%).100 \Rightarrow P' = (1-10\%)^3.100 \Rightarrow P' = 0,9^3.100 = R\$72,90$$

Como o valor inicial da máquina era de 100 reais, houve uma desvalorização de:

$$\frac{72,90-100}{100} = 27,10\%$$

Gabarito: B.

QUESTÃO 33 (CESGRANRIO – Petrobrás/Téc Adm/2012) Considere que carros novos, 0 km, desvalorizam 20% no primeiro ano e 10% nos anos seguintes. Uma pessoa comprou dois carros, um básico 0 km e um completo com 1 ano de uso. Daqui a dois anos, ela deve vender os dois carros pelo mesmo preço. Qual a razão entre o preço do carro 0 km e o preço do carro usado comprado por essa pessoa?

a) 8/9 b) 9/8 c) 7/8 d) 8/7 e) 13/12

RESOLUÇÃO:

Temos a seguinte situação:

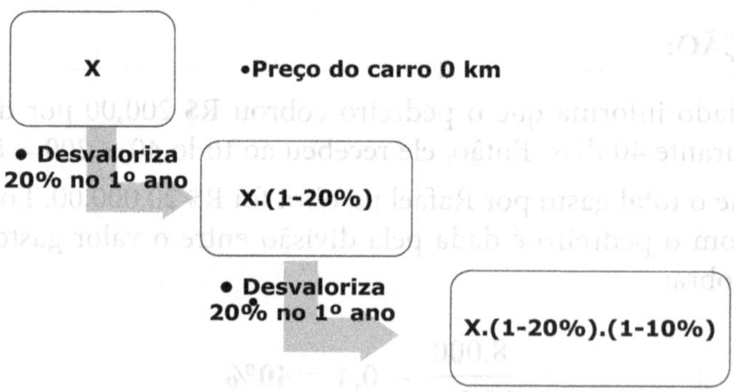

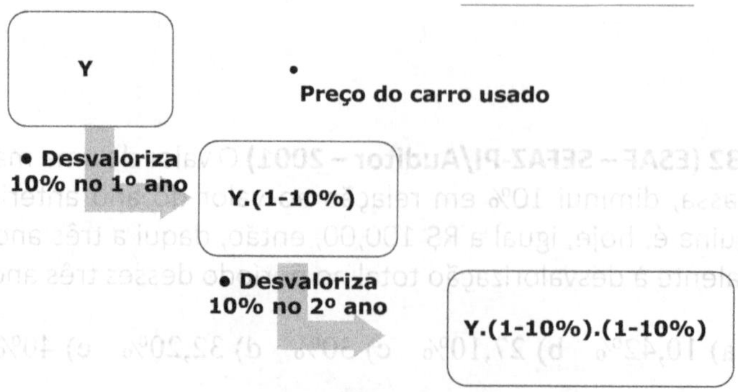

O enunciado nos diz ainda que o preço dos dois carros, ao final de dois anos, é o mesmo. Assim,

$$X.(1-20\%).(1-10\%) = Y.(1-10\%).(1-10\%)$$

$$0,8.X = 0,9.Y \quad \rightarrow \quad \frac{X}{Y} = \frac{0,9}{0,8} \quad \rightarrow \quad \frac{X}{Y} = \frac{9}{8}$$

Gabarito: B.

QUESTÃO 34 (CESGRANRIO – Petrobrás/Téc Adm/2012) Uma churrascaria oferece desconto de 10% nos jantares em relação ao preço do almoço. Nessa churrascaria, aniversariantes têm desconto de 20% no almoço ou jantar. Fábio foi comemorar seu aniversário no fim de semana seguinte ao seu aniversário com um almoço nessa churrascaria e, como não era o dia do seu aniversário, pagou o preço integral. Se Fábio tivesse comemorado no dia de seu aniversário com um jantar nessa churrascaria, teria economizado quantos por cento do preço que pagou?

a) 32 b) 30 c) 28 d) 18 e) 15

RESOLUÇÃO:

Fábio pagou o preço integral do almoço. Caso tivesse comemorado seu aniversário, teria um desconto de 20%. Se fosse num jantar, ainda teria um desconto de 10%. Sendo assim,

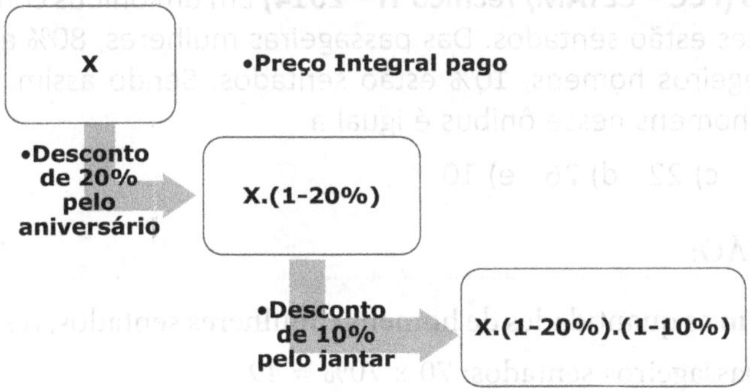

Fábio teria pago, então:

$$X.0,80.0,90 = 0,72.X = (1-28\%).X$$

Portanto, Fábio teria um desconto de 28%.

Gabarito: C.

QUESTÃO 35 (FGV – SEFAZ-RJ/Analista – 2011) Um indivíduo apresenta um valor X na sua conta corrente, que não rende juros nem paga taxas. Desse valor, ele retira em um dia 20%. Do valor resultante, ele retira 30%. O valor restante, como percentual do valor original X, é

a) 45%. b) 46%. c) 50%. d) 54%. e) 56%.

RESOLUÇÃO:

Temos a seguinte situação:

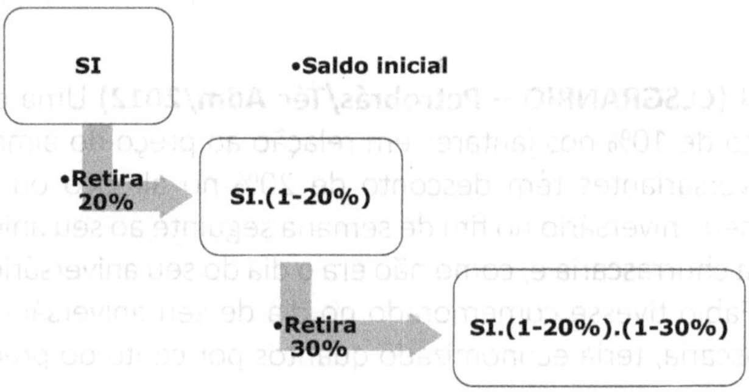

Logo, seu saldo final (SF) será de:

$$SF = SI \times 0,8 \times 0,7 \quad \rightarrow \quad SF = 0,56.SI \quad \rightarrow \quad \boldsymbol{SF = 56\%.SI}$$

Gabarito: E.

QUESTÃO 36 (FCC – CETAM/Técnico TI – 2014) Em um ônibus com 70 passageiros, 70% deles estão sentados. Das passageiras mulheres, 80% estão sentadas e, dos passageiros homens, 10% estão sentados. Sendo assim, o número de passageiros homens nesse ônibus é igual a

a) 12 b) 15 c) 22 d) 26 e) 10

RESOLUÇÃO:

Sejam **h** e **m** as quantidades de homens e mulheres sentados, respectivamente.

Total de passageiros sentados: 70 x 70% = 49

Total de mulheres sentadas: m x 80% = 0,8.m

Total de homens sentados: h x 10% = 0,1.h

Assim, temos que:

m + h = 70 (há 70 passageiros no ônibus)

0,8m + 0,1h = 49 (há 49 passageiros no ônibus)

Multiplicando a primeira equação por 0,8, temos:

$$0{,}8m + 0{,}8h = 56$$

$$0{,}8m + 0{,}1h = 49$$

Subtraindo uma equação da outra, temos:

$$0{,}7h = 7 \quad \rightarrow \quad \mathbf{h = 10\ homens}$$

Gabarito: E.

QUESTÃO 37 (FGV – Pref. Osasco/Atendente – 2014) O preço de determinado produto, ao longo de dois meses consecutivos, sofre aumentos de 10% e 20%, respectivamente. No terceiro mês, o preço cai e retorna ao valor original, antes dos aumentos. Em relação ao preço aumentado do produto, o percentual que mais se aproxima da redução ocorrida no terceiro mês é:

a) 20%; b) 25%; c) 30%; d) 70%; e) 75%.

RESOLUÇÃO:

Vamos considerar o preço inicial do produto igual a P. Como o enunciado nos diz que o preço final é igual ao preço inicial, temos:

$$P = (1+10\%).(1+20\%).(1-x\%).P$$

$$1 = 1{,}10.1{,}20.(1-x\%) \Rightarrow 1-x\% = \frac{1}{1{,}10.1{,}20} = 0{,}7575 \Rightarrow \boldsymbol{x\% = 0{,}2425 = 24{,}25\%}$$

Gabarito: B.

QUESTÃO 38 (IADES – SEAP-DF/2014) Uma enchente reduziu em 25% a área de uma lavoura, restando 75.000 hm^2. A área inicial da lavoura, em hm^2, é

a) menor que 82.000.

b) maior que 82.000 e menor que 92.000.

c) maior que 92.000 e menor que 102.000.

d) maior que 102.000 e menor que 112.000.

e) maior que 112.000.

RESOLUÇÃO:

Sabemos que **reduzir** uma quantidade em **25%** é o mesmo que multiplicá-la por **(1 - 25%)**. Logo, chamando a área inicial da lavoura de A, temos:

$$A.(1-25\%)=75.000$$

$$0,75.A=75.000 \quad \rightarrow \quad A=100.000\,\boldsymbol{hm^2}$$

Gabarito: C.

QUESTÃO 39 (CS/UFG – CELG/Administrador – 2014) Segundo a FAO, a produção mundial de alimentos terá que crescer bastante até 2050 para suprir as crescentes necessidades da população mundial. A entidade estima que haverá 2,3 bilhões de pessoas a mais para alimentar em 2050. Por exemplo, a produção de carne terá que ser elevada de 270 milhões de toneladas para 470 milhões de toneladas.

Disponível em: <http ://economia.estadao.com.br/noticias/geral,producaomundial-de-alimentos>. Acesso em: 6 set. 14. (Adaptado).

Segundo o texto, a taxa de crescimento da produção de carne dos dias atuais até 2050 será, aproximadamente, igual a:

a) 70% b) 74% c) 170% d) 174% e) 200%

RESOLUÇÃO:

A taxa de crescimento, ou taxa de variação, será dada por:

$$\frac{valor\ final}{valor\ inicial}-1=\frac{470}{270}-1=1,74-1=0,74=74\%$$

Gabarito: B.

QUESTÃO 40 (VUNESP – Câmara Jaboticabal/Servente – 2015) Uma criança ganhou um pacote com 60 balas. Comeu 4 balas e deu 25% das balas restantes para seu irmão. Retirou 5/6 das balas que ainda ficaram no pacote para comer mais tarde. O número de balas que sobrou dentro do pacote foi

a) 5. b) 6. c) 7. d) 8. e) 9.

RESOLUÇÃO:

Após comer 4 balas, sobram no pacote 60 – 4 = 56 balas. Dessas 56 balas, a criança tirou 25% para dar a seu irmão, ou seja, ficou com 75% x 56 = 0,75 x 56 = 42 balas.

Por fim, retirou 5/6 das 42 balas do pacote, ou seja, restaram **1/6 x 42 = 7 balas** no pacote.

Gabarito: C.

QUESTÃO 41 (IBFC – SAEB-BA/Analista de Registro de Comércio – 2015) Maurício gastou 3/7 de 42% de seu salário em compras no shopping e 5/41 do restante com alimentação e ainda lhe restaram R$ 1.800,00. Nessas condições, o valor do salário de Maurício é igual a:

a) R$3.700,00

b) R$2.500,00

c) R$ 1.800,00

d) R$2.578,00

e) R5 3.400,00

RESOLUÇÃO:

Seja S o salário de Maurício. Assim, temos que 3/7 de 42% de seu salário é igual a:

$$\frac{3}{7}.42\%.S = 18\%.S$$

Essa foi a quantia gasta por Maurício com compras. Assim, restaram 100%-18%=82% de seu salário, ou seja, **82%.S.**

Desse valor, Maurício gastou 5/41 com alimentação. Restaram, então 36/41. Assim,

$$\frac{36}{41}.82\%.S = 1.800 \Rightarrow 72\%.S = 1.800 \Rightarrow \boldsymbol{S = R\$}2.500,00$$

Gabarito: B.

QUESTÃO 42 (UTFPR – UTFPR/Assistente – 2015) Comprando à vista uma televisão que custa R$ 1.500,00, obtém-se um desconto de 20%. O valor desse eletrodoméstico à vista, em reais, é de:

a) 1.200,00. b) 630,00. c) 1.480,00. d) 300,00. e) 1.900,00.

RESOLUÇÃO:

Dar um **desconto de 20%** corresponde a multiplicar o preço do produto por **(1 – 20%)**. Assim,

$$P = (1-20\%).1.500$$

$$P = 0,8.1.500 \quad \rightarrow \quad \boldsymbol{P} = 1.200\ \boldsymbol{reais}$$

Gabarito: A.

QUESTÃO 43 (IADES – EBSERH/Engenheiro – 2015) Uma loja possui duas unidades (pontos) de venda. Em determinado momento, o gerente percebeu que o mesmo produto era vendido, na unidade 1, com preço 50% superior ao da unidade 2. Com o objetivo de vender o produto com o preço da unidade 2, o desconto a ser concedido, no preço da unidade 1, deve ser

a) maior que 55%.

b) entre 55% e 45%.

c) entre 45% e 35%.

d) entre 35% e 25%.

e) menor que 25%.

RESOLUÇÃO:

Sejam P_1 e P_2 os preços do produto nas unidades 1 e 2, respectivamente. Como o preço na unidade 1 era 50% superior, temos:

$$P_1 = (1 + 50\%).P_2$$

Temos que achar o valor de um desconto (x%) que, aplicado ao preço P_1, faça-o igualar-se a P_2, ou seja:

$$(1 - x\%).P_1 = P_2$$

Substituindo o valor de P_1 da primeira equação na segunda, temos:

$$(1 - x\%).(1 + 50\%).P_2 = P_2 \Rightarrow (1 - x\%).1,5 = 1 \Rightarrow 1 - x\% = \frac{1}{1,5} \Rightarrow x\% = 33,3\%$$

Gabarito: D.

5. QUESTÕES-DESAFIO

QUESTÃO 44 (UTFPR – UTFPR/Assistente – 2015) Num colégio, o fluxo de alunos, numa série do ensino médio, é calculado ao final de cada ano letivo, dividindo-se o número de alunos aprovados pelo número total de alunos matriculados naquela série, multiplicando-se o resultado obtido por 100%. Em 2013, naquele colégio, o fluxo da 1ª série do ensino médio foi de 60%, o da 2ª série foi de 70% e o da 3ª série foi de 80%. Em relação ao ensino médio daquele colégio, em 2013, pode-se afirmar que:

a) o fluxo médio foi de 72%.

b) o fluxo médio foi de 70%.

c) o fluxo médio foi um valor entre 70% e 80%.

d) o fluxo médio é igual à média dos fluxos.

e) o fluxo médio é igual à média dos fluxos, somente se o número de alunos matriculados na 1ª, na 2ª e na 3ª séries do ensino médio daquele colégio for igual.

RESOLUÇÃO:

Ficamos tentados a fazer **a média aritmética dos fluxos** das séries para calcularmos o fluxo do colégio:

$$Média\,dos\,fluxos = \frac{60\% + 70\% + 80\%}{3} = 70\%$$

Mas como sabemos que se trata de valores expressos em porcentagem, **isso não pode ser feito**, pois não resultará no fluxo do colégio.

Sejam A, B e C as quantidades de alunos na 1ª, 2ª e 3ª séries, respectivamente. Assim, temos que a quantidade de alunos nas 3 séries é igual a: A + B + C.

A quantidade de alunos aprovados nas 3 séries será dada por:

$$60\%.A + 70\%.B + 80\%.C = 0,6.A + 0,7.B + 0,8.C$$

Assim, o fluxo do colégio será dado pela razão entre o número de alunos aprovados pelo número de alunos total, ou seja:

$$Fluxo = \frac{0,6.A + 0,7.B + 0,8.C}{A + B + C}$$

Note que se não soubermos a quantidade de alunos em cada série, não conseguimos calcular o fluxo médio.

No entanto, caso a quantidade de alunos fosse igual em cada série, teríamos A = B = C:

$$\boldsymbol{Fluxo} = \frac{0,6.A + 0,7.A + 0,8.A}{A + A + A} = \frac{2,1.A}{3.A} = 70\%$$

Sendo assim, o fluxo médio é igual à média dos fluxos, somente se o número de alunos matriculados na 1ª, na 2ª e na 3ª séries do ensino médio daquele colégio for igual.

Gabarito: E.

QUESTÃO 45 (ESAF/ATRFB/2009) Em um determinado período de tempo, o valor do dólar americano passou de R$ 2,50 no início para R$ 2,00 no fim do período. Assim, com relação a esse período, pode-se afirmar que:

a) O dólar se desvalorizou 25% em relação ao real.

b) O real se valorizou 20% em relação ao dólar.

c) O real se valorizou 25% em relação ao dólar.

d) O real se desvalorizou 20% em relação ao dólar.

e) O real se desvalorizou 25% em relação ao dólar.

RESOLUÇÃO:

Sabemos que:

$$Variação\ Percentual = \frac{Valor\ Final - Valor\ Inicial}{Valor\ Inicial} \times 100\%$$

$$Variação\ do\ dólar = \frac{2,00 - 2,50}{2,50} \times 100\% = -20\%$$

O sinal negativo nos indica uma redução. Assim, podemos dizer que **o dólar se desvalorizou 20%** frente ao real.

Como não há nenhuma opção com essa resposta, o que fazemos? Será que posso dizer que o real se valorizou em 20% frente ao dólar? **NÃO!!!!**

Muito cuidado com esse raciocínio, pois os percentuais não seguem essa lógica. Veja:

$$1\,dólar = 2,00\,reais \quad \rightarrow \quad \frac{1}{2,00}\,dólares = 1\,real$$

$$1\,dólar = 2,50\,reais \quad \rightarrow \quad \frac{1}{2,50}\,dólares = 1\,real$$

Logo,

$$Variação\ do\ real = \frac{\frac{1}{2,00} - \frac{1}{2,50}}{\frac{1}{2,50}} \times 100\% = 25\%$$

O sinal positivo nos indica um aumento. Assim, podemos dizer que **o real se valorizou em 25% frente ao dólar**.

Gabarito: C.

QUESTÃO 46 (ESAF – RFB/ATRFB – 2009) Em um determinado curso de pós-graduação, 1/4 dos participantes são graduados em matemática, 2/5 dos participantes são graduados em geologia, 1/3 dos participantes são graduados em economia, 1/4 dos participantes são graduados em biologia e 1/3 dos participantes são graduados em química. Sabe-se que não há participantes do curso com outras graduações além dessas, e que não há participantes com três ou mais graduações. Assim, qual é o número mais próximo da porcentagem de participantes com duas graduações?

a) 25% b) 33% c) 40% d) 50% e) 57%

RESOLUÇÃO:

Vamos chamar de N o número de estudantes do curso de pós-graduação. Assim, se somarmos os estudantes de cada um dos 5 cursos, teremos:

$$\frac{N}{4}+\frac{2N}{5}+\frac{N}{3}+\frac{N}{4}+\frac{N}{3}=\frac{15N}{60}+\frac{24N}{60}+\frac{20N}{60}+\frac{15N}{60}+\frac{20N}{60}=\frac{94N}{60}$$

Note que o valor que achamos é **maior do que N**, o número de alunos total. Isso se deve ao fato de que **há alunos matriculados em mais de um curso**. Como o problema nos diz que não há alunos com 3 ou mais graduações, concluímos que **o excesso que observamos é devido aos alunos que estão matriculados em exatamente 2 cursos**, ou seja, podemos determinar a quantidade de alunos inscritos em dois cursos fazendo:

$$\frac{94N}{60}-N=\frac{94N}{60}-\frac{60N}{60}=\frac{34N}{60}=0,57.N=57\%.N$$

Gabarito: E.

QUESTÃO 47 (ESAF – SEFAZ-SP/Ana de Fin e Con/2009) Suponha que um carro perde por ano 20% de seu valor em relação ao ano anterior, uma moto perde por ano 30% de seu valor em relação ao ano anterior e uma bicicleta perde por ano 10% de seu valor em relação ao ano anterior. Além disso, suponha que o carro custa o dobro de uma moto e uma moto o dobro de uma bicicleta. Sendo assim, ao final de 5 anos:

a) nenhum dos 3 valerá nada.

b) o carro valerá mais que a moto e a moto valerá mais que a bicicleta.

c) apenas a bicicleta valerá algo.

d) a bicicleta valerá mais que o carro.

e) a bicicleta valerá mais que a moto.

RESOLUÇÃO:

Vamos chamar de **P** o preço da **bicicleta**. Assim, o preço da **moto** será igual a **2.P** e o preço do **carro** será igual a **4.P**. Após 5 anos, os novos preços serão:

$$P'_{bicicleta} = (1-10\%).(1-10\%)\ldots(1-10\%).P = (1-10\%)^5.P$$

$$P'_{bicicleta} = 0,9^5.P \approx 0,59.P$$

$$P'_{moto} = (1-30\%)^5.2P = 0,7^5.2P \approx 0,34.P$$

$$P'_{carro} = (1-20\%)^5.4P = 0,8^5.4P \approx 1,31.P$$

Vemos então que os preços estão na seguinte ordem:

$$0,34.P < 0,59.P < 1,31.P$$

Portanto, o preço da **moto** é menor do que o preço da **bicicleta** que, por sua vez, é menor do que o preço do **carro**.

Gabarito: E.

CAPÍTULO 2

JUROS SIMPLES

1. INTRODUÇÃO

O QUE VEREMOS

Neste capítulo, estudaremos o assunto **Juros Simples**, o qual tem forte relação com a **Matemática Financeira**, razão pela qual destinamos um tópico específico para falar um pouco sobre essa disciplina, de modo a te proporcionar uma verdadeira introdução ao mundo financeiro.

Veremos como o dinheiro se comporta ao longo do tempo, conheceremos os elementos presentes numa operação de juros simples, as equações relacionadas e os principais tipos de taxas presentes neste regime de capitalização e a regra universal da Matemática Financeira. Finalizaremos apresentando temas específicos do assunto para que você tenha uma visão bastante ampla dele.

COMO APARECE NOS EDITAIS

Geralmente, este assunto aparece de maneira bem evidente nos editais. As bancas simplesmente trazem no conteúdo programático a abrangente expressão "*Juros Simples*", de modo que o candidato precisará estar apto a resolver questões que abordem qualquer aspecto do tópico. Mas também já vimos ser cobrado nos seguintes termos: "*Juros simples e compostos: capitalização e desconto*"; "*Juros simples: montante, juros e taxas equivalentes*".

Para ajudar você, resolveremos dezenas de questões cobradas em concursos, o que trará uma visão prática do assunto, e traremos diversos esquemas didáticos para tornar mais fácil a visualização do que é estudado.

COMO É COBRADO NAS PROVAS

Praticamente toda questão de Matemática Financeira descreve uma operação com valores monetários (dinheiro). Dentro desse universo, a identificação de uma questão de Juros Simples é feita de duas formas: será dito expressamente que trabalharemos com o regime de capitalização simples ou mencionará que a taxa aplicada na operação é do regime de juros simples.

Daí, o enunciado apresenta uma determinada situação, com alguns dados e pedirá para o candidato calcular um dos elementos que compõem a operação de juros. Para isso, você precisará recordar as fórmulas que trabalharemos, aplicá-las corretamente e saber resolver operações de multiplicação e divisão de números decimais com bastante agilidade.

OBJETIVOS

Os nossos objetivos ao final deste capítulo é que você consiga:

1) aplicar corretamente as equações dos juros simples, sabendo identificar numa questão de prova a qual elemento cada dado se refere;
2) entender bem a diferenciação entre os regimes de capitalização existentes;
3) analisar adequadamente os tipos de juros e taxas que lhe forem apresentados.

2. ANÁLISE DA COBRANÇA DO ASSUNTO EM PROVAS

Observe a seguir os percentuais de incidência nos últimos anos do assunto deste capítulo em relação ao volume de questões de todos os temas analisados na nossa matéria. Lembramos que quanto maior o percentual de cobrança de um dado assunto, maior sua importância.

ASSUNTO	CEBRASPE	FCC	DEMAIS BANCAS
	% de cobrança	% de cobrança	% de cobrança
Juros Simples	**10,41%**	**29,87%**	**27,66%**

É possível perceber que em quase todas as organizadoras o presente tópico possui uma importância **muito alta**, especialmente para a **FCC**, mas nem tanto para o Cebraspe.

E o que é mais cobrado dentro deste assunto, professores?

Considerando os tópicos que compõem este capítulo, possuímos a seguinte distribuição percentual:

ASSUNTO	CEBRASPE	FCC	DEMAIS BANCAS
	% de cobrança	% de cobrança	% de cobrança
Equações de Juros simples	83,61%	68,94%	93,07%
Juros exatos, bancários e comerciais	3,28%	0,00%	1,11%

ASSUNTO	CEBRASPE % de cobrança	FCC % de cobrança	DEMAIS BANCAS % de cobrança
Taxas equivalentes e proporcionais no regime simples	11,48%	30,43%	4,99%
Capital médio, taxa média e prazo médio	1,64%	0,62%	0,83%

Repare que todas as bancas gostam demais de cobrar em suas provas as **Equações de Juros Simples**, de modo que você precisará dar uma maior atenção nos seus estudos a esse tópico.

3. A MATEMÁTICA FINANCEIRA

O tema deste capítulo é estudado numa área denominada **matemática financeira.** Ela tem por função analisar as várias formas de **evolução do valor do dinheiro no tempo**. A partir dela podemos gerar análise e comparações que nos permitam definir as melhores alternativas para a aplicação ou obtenção de recursos financeiros. Sim, meus amigos, mais do que em qualquer outro momento de nosso curso, trabalharemos com "finanças", com valores monetários. Não encontraremos uma só questão dessa matéria em que não esteja envolvido DINHEIRO ou TÍTULOS, como uma duplicata, uma nota promissória, um cheque, etc.

Imagine que você deseje adquirir alguns livros e não disponha de dinheiro (o que é muito normal nessa fase momentânea da vida rsrs). Nessas condições você pode efetuar a compra a prazo ou tentar um empréstimo em uma instituição financeira.

Bem, em qualquer um desses casos você geralmente pagará também uma quantia ao seu **credor**, a título de **juros**. A cobrança é justificada pelo **prazo** obtido para o pagamento ou pelo "aluguel" do **capital** emprestado. À soma desses dois valores dá-se o nome de **Montante.**

Da mesma forma que na operação de crédito, os juros podem se aplicar a uma operação de **investimento**. Quando você realiza uma aplicação financeira, o capital investido gera juros, produzindo um montante ao final do período de investimento.

Como os juros são a remuneração do capital, é comum dizer-se que os juros formam o **custo do capital**. É quanto o **credor quer receber** para deixar de usar aquele capital pelo prazo do empréstimo e quanto o **tomador aceita pagar** para fazer o uso de um determinado capital.

Juros

Remuneração ou **custo** do capital

Por exemplo, suponha que uma pessoa pegue 1.000 reais emprestados em um banco. Depois de algum tempo, quita essa dívida pagando ao banco 1.010 reais. Quais foram os juros dessa operação?

Vimos que o Montante (M) é igual à soma do Capital (C) e dos Juros (J), ou seja:

$$M = C + J$$

Nessa operação, C = 1.000 e M = 1.010, logo:

$$1.010 = 1.000 + J$$
$$\mathbf{J = 10\ reais}$$

Muito tranquilo, não é mesmo?

Será que conseguimos determinar o valor percentual a que esses juros correspondem em relação ao capital? Para isso, fazemos:

$$\frac{J}{C} = \frac{10}{1.000} = 0{,}001 = 1\%$$

Portanto, os juros pagos no nosso exemplo corresponderam a **1% do capital**.

Vocês saberiam dizer se esses juros são altos ou baixos? Reflitam um pouco sobre isso.

Refletiram? Altos ou baixos? Acertou quem disse que **depende do prazo**. Para ver isso, vamos imaginar duas situações:

(a) o empréstimo teve prazo de **1 ano**;

(b) o empréstimo teve prazo de **1 dia**.

Tenho certeza que no caso "a" todos considerariam os juros bem baixos, mas que no caso "b" os considerariam bem elevados. Estou certo?

No caso "a" tivemos juros de **1% ao ano**; no caso "b" tivemos juros de **1% ao dia**. Vemos, então, que para avaliar os juros é preciso conhecer o prazo a que se referem.

Os juros de uma operação podem, portanto, serem expressos como um percentual do capital em um determinado prazo. A essa forma de expressar os juros chamamos de **TAXA DE JUROS**.

Daí meus amigos, podemos concluir que na matemática financeira **o dinheiro está sempre vivo**!

Em todas as questões de matemática financeira uma característica é marcante, aliás é uma verdadeira **Lei: o dinheiro está sempre em movimento**!

Qual é a consequência disso?

Ora, isso significa que se hoje tenho R$100,00 guardado numa poupança, amanhã já possuirei um valor um pouco (bem pouco mesmo) maior que isso! Por outro lado, se hoje devo R$100,00 no cheque especial da minha conta, a minha dívida amanhã já será outra! Nessa operação o seu banco calcula os juros todo mês e incorpora-o ao montante que você vai resgatar ao final da aplicação. A essa operação, damos o nome de **capitalização**.

Na **capitalização**, os juros são calculados a cada período de tempo decorrido e adicionados ao montante. Na situação descrita acima, os juros são anuais e a capitalização é mensal. Ela também poderia ser uma capitalização diária, semestral, bimestral etc.

Os **Regimes de Capitalização** determinam a forma como os juros são calculados nos períodos de capitalização, ou seja, são os **métodos pelos quais os capitais são remunerados.**

Até aqui tudo bem? Esperamos que sim! Então, vamos adiante.

3.1. Os Regimes da Matemática Financeira

Podemos comparar a matemática financeira ao que aconteceu com países como a Coreia, que foi dividida em duas: Coreia do Norte e Coreia do Sul. De fato, a nossa disciplina também é dividida, só que em dois blocos, denominados **regimes de capitalização: Regime Simples** e **Regime Composto**.

Sim, toda e qualquer questão de matemática financeira inevitavelmente se enquadrará em um desses regimes. Daí o primeiro passo que daremos nos exercícios que solucionaremos é **definir em qual dos regimes estamos trabalhando**, se no regime simples ou no composto!

E se eu não der atenção a isso?

Simples, **errará a questão**, pois quando o enunciado for de Juros, por exemplo, se esta operação estiver no regime simples, encontraremos uma resposta para o problema; se estiver no regime composto, a resposta será diferente!

Ok, professores. Entendi isso. Mas, o que diferencia um regime do outro?

Bem, na **capitalização simples somente o valor principal rende juros**, ou seja, o percentual de juros incidirá apenas sobre o capital inicial, e nunca sobre os juros que são produzidos a cada período de aplicação. Em outras palavras, **não é gerado juro sobre juro.**

Já na **capitalização composta, o percentual de juros incidirá sobre o capital inicial acrescido dos juros** que são produzidos a cada período de aplicação, **gerando assim juro sobre juro.**

TOME NOTA

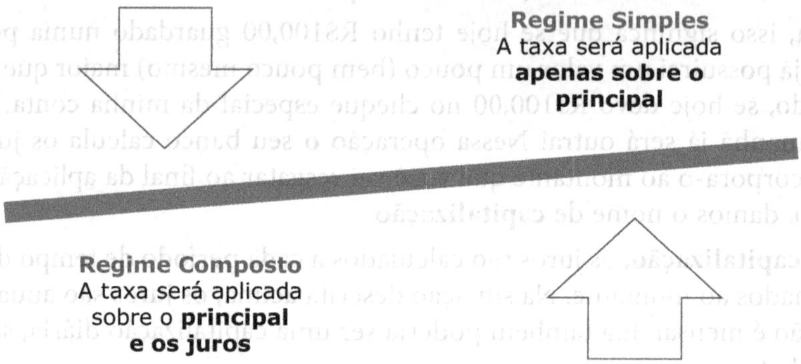

Neste capítulo, nos concentraremos no regime simples.

Veja como esse assunto já foi cobrado!

QUESTÃO 01 (CESPE – FUB/Contador – 2011) No regime de juros simples, não ocorre capitalização.

RESOLUÇÃO:

A **capitalização** é a incorporação do juros ao capital. Há dois regimes de capitalização: **simples** e **composto.**

No regime **simples,** os juros são calculados sempre sobre o valor inicial, não ocorrendo qualquer alteração da base de cálculo durante o período de cálculo dos juros.

No regime **composto,** os juros produzidos num período serão acrescidos ao valor aplicado (sofrerão capitalização) e no próximo período também produzirão juros, formando os 'juros sobre juros".

Portanto, capitalização acontece em Juros Compostos, apenas.

Gabarito: Certo.

3.2. Fluxo de Caixa

O **fluxo de caixa** é uma representação de **entradas** e **saídas** de recursos em **diferentes instantes de tempo**. Pode ser apresentado em forma de uma **tabela** ou por meio de uma representação gráfica.

Uma tabela que representa um fluxo de caixa deve conter as **datas** das movimentações financeiras e os **valores** das **entradas** e **saídas** correspondentes. Exemplo:

Data	Fluxo
01/01/2017	-100,00
01/02/2017	+50,00
01/03/2017	+60,00

A tabela nos mostra que no dia primeiro de janeiro houve um desembolso (**saída**) de 100 reais. Em compensação, em primeiro de fevereiro houve um recebimento (**entrada**) de 50 reais e em primeiro de março outra **entrada** de 60 reais.

A representação gráfica do **fluxo de caixa** utiliza uma linha do tempo, com **setas para cima** indicando **entradas** de recursos e **setas para baixo** indicando **saída** de recursos. Os tamanhos das setas são proporcionais aos valores correspondentes. O fluxo da tabela acima ficaria representado assim:

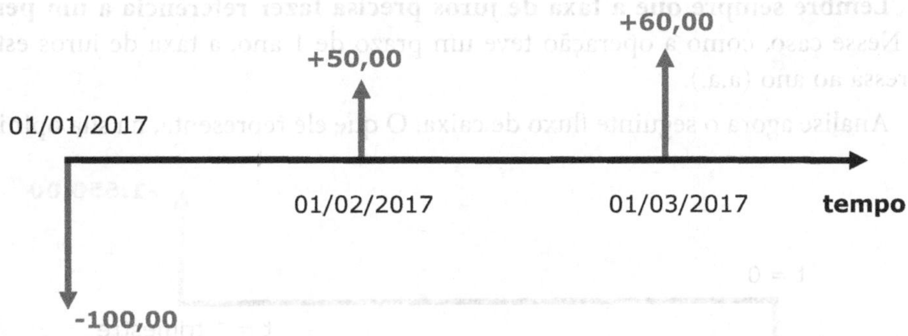

Quando falarmos de equivalência financeira (ou de capitais), séries de pagamentos e análise de investimentos, usaremos bastante essa representação.

Uma operação simples de crédito, em que uma pessoa toma emprestados 1.000 reais e paga ao banco 1.100 reais após 1 ano, pode ser representada pelo seguinte fluxo de caixa:

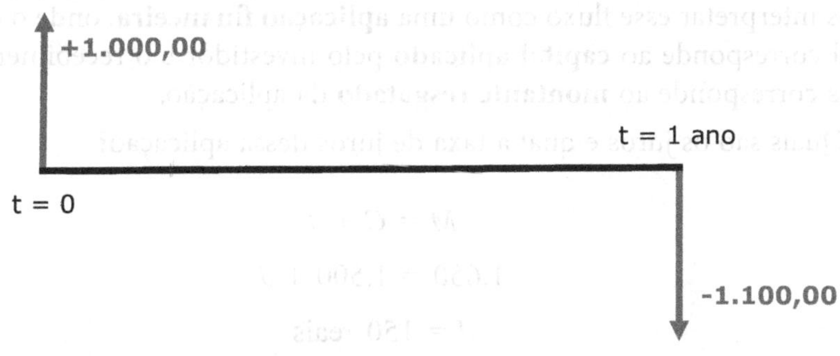

Notem que no instante inicial (t=0) a pessoa recebe um capital de 1.000 reais (entrada de 1.000 reais) e ao final da operação, paga o montante de 1.100 reais ao banco para quitar a dívida (saída de 1.100 reais). Qual o valor dos juros pagos? Qual a taxa de juros?

$$M = C + J$$

$$1.100 = 1.000 + J$$

$$J = 100 \text{ reais}$$

Para calcular a taxa de juros da operação, fazemos:

$$i = \frac{J}{C}$$

$$i = \frac{100}{1.000} = 0,10 = 10\% \; a.a.$$

Lembre sempre que a taxa de juros precisa fazer referência a um período! Nesse caso, como a operação teve um prazo de 1 ano, a taxa de juros estará expressa ao ano (a.a.).

Analise agora o seguinte fluxo de caixa. O que ele representa, na sua opinião?

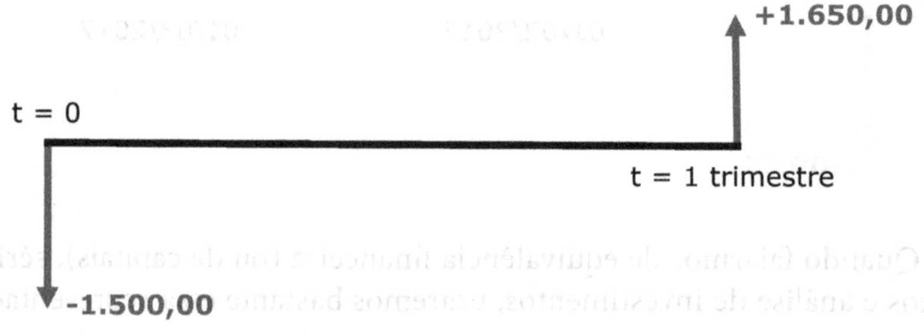

Vemos que no instante inicial, houve um desembolso (**saída**) de 1.500 reais, com um recebimento (**entrada**) de 1.650 reais 3 meses (1 trimestre) depois. Podemos interpretar esse fluxo como uma **aplicação financeira**, onde o desembolso inicial corresponde ao **capital aplicado** pelo investidor e o recebimento 3 meses depois corresponde ao **montante resgatado** da aplicação.

Quais são os juros e qual a taxa de juros dessa aplicação?

$$M = C + J$$

$$1.650 = 1.500 + J$$

$$J = 150 \text{ reais}$$

Para calcular a taxa de juros da operação, fazemos:

$$i = \frac{J}{C}$$

$$i = \frac{150}{1.500} = 0,10 = 10\% \ a.t.$$

Notem que agora a taxa de juros está expressa ao trimestre (a.t.), pois foi esse o prazo da aplicação.

Tanto essa taxa de juros quanto a que calculamos no exemplo anterior são de 10%, porém **são taxas diferentes, pois uma está expressa ao ano e a outra está expressa ao trimestre**.

Vamos a um último exemplo. Analise o seguinte fluxo de caixa:

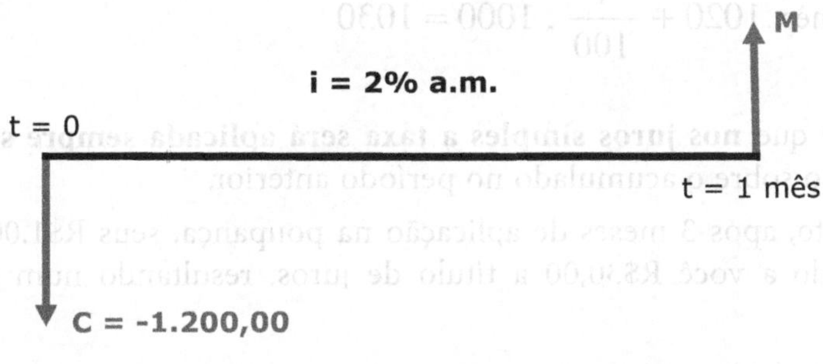

Será que conseguimos calcular o Montante (M) com os dados fornecidos na figura? Sabemos que o Montante (M) é igual à soma do Capital (C) e dos juros (J). O Capital é dado na figura e vale 1.200 reais. Os juros nós podemos calcular, pois conhecemos a taxa de juros (i). Assim, temos:

$$J = C.i$$

Logo,

$$M = C + J$$

$$M = C + C.i$$

$$M = C.(1 + i)$$

$$M = 1.200.(1 + 2\%) = 1.224 \ reais$$

Entendido até aqui? Esperamos que sim. Vamos seguir adiante para obtermos uma visão clara da definição dos juros simples.

Imagine que você finalmente foi aprovado, nomeado e empossado no cargo público pelo qual tanto lutou! E mais, "caiu na conta" o seu primeiro salário. Que maravilha!!!

Bem, agora você pode até se dar ao luxo de economizar uma graninha. Suponha que logo nesse primeiro mês você depositou R$1.000,00 na poupança, que o rendimento desse valor seja de 1% ao mês e que você deseja saber quanto terá após 3 meses.

Passado o primeiro mês, você confere o saldo da conta e surpresa: você já não tem mais apenas os R$1.000,00 iniciais. De fato, o valor acumulado a cada período será de:

- 1º mês: $1000 + \frac{1}{100} . 1000 = 1010$
- 2º mês: $1010 + \frac{1}{100} . 1000 = 1020$
- 3º mês: $1020 + \frac{1}{100} . 1000 = 1030$

Repare que **nos juros simples a taxa será aplicada sempre sobre o valor inicial**, e não sobre o acumulado no período anterior.

Portanto, após 3 meses de aplicação na poupança, seus R$1.000,00 iniciais terão rendido a você R$30,00 a título de juros, resultando num montante de R$1.030,00.

3.3. Elementos de uma operação de juros

Uma operação de juros é formada pelos seguintes **elementos:**

Elementos de uma operação de juros

Capital Inicial (C)	É o valor **inicialmente** aplicado.
Tempo (t)	É o elemento que revela como o valor inicial se comportará com o passar dos **dias, meses** e **anos**.
Taxa (i)	Representa a **porcentagem aplicada sobre um capital**, fazendo com que ele nunca fique parado.
Montante (M)	É o valor que será **resgatado ao final** da operação de juros, sendo, obviamente, maior que o investimento inicial.
Juros (J)	É a **diferença** entre o valor do **Montante** e o valor do **Capital**

3.3.1. Taxa de Juros

Definimos **Taxa de Juros** (i – do inglês ***interest rate***) como sendo a **razão entre os Juros e o Capital**, expressa em porcentagem e referida a um determinado prazo:

$$i = \frac{J}{C}$$

Os prazos mais comuns a que se refere a taxa de juros podem ser:

Prazo	Abreviação
ao dia	a.d.
ao mês	a.m.
ao bimestre	a.b.
ao trimestre	a.t.
ao quadrimestre	a.q.
ao semestre	a.s.
ao ano	a.a.
ao período	a.p.

Essa última se refere a um período genérico qualquer em que a operação é realizada. Fiquem atentos às abreviações, pois as usaremos bastante de agora em diante.

Por exemplo, suponha que um investidor aplicou 2.500 reais em um CDB e resgatou, 1 ano após a aplicação, 2.750 reais. Quais os **juros** dessa operação? Qual a **taxa de juros** dessa operação? Bem, os **juros** podem ser obtidos fazendo-se:

$$M = C + J$$

Nessa operação, C = 2.500 e M = 2.750, logo:

$$2.750 = 2.500 + J$$

$$\boldsymbol{J = 250 \text{ reais}}$$

Para calcularmos a **taxa de juros**, fazemos:

$$i = \frac{J}{C} = \frac{250}{2.500} = 0,10$$

$$\boldsymbol{i = 10\% \text{ a.a.}}$$

A taxa de juros fica expressa ao ano, pois o período da aplicação foi de 1 ano.

Repare que há uma distinção entre Juros e Taxa de Juros! Como vimos, eles não são a mesma coisa. Os **juros** são expressos em **unidades monetárias**: reais, dólares, euros etc. Já as **taxas de juros** são expressas em **percentual** e referidas a um **período** (ao dia, ao mês, ao ano etc.)

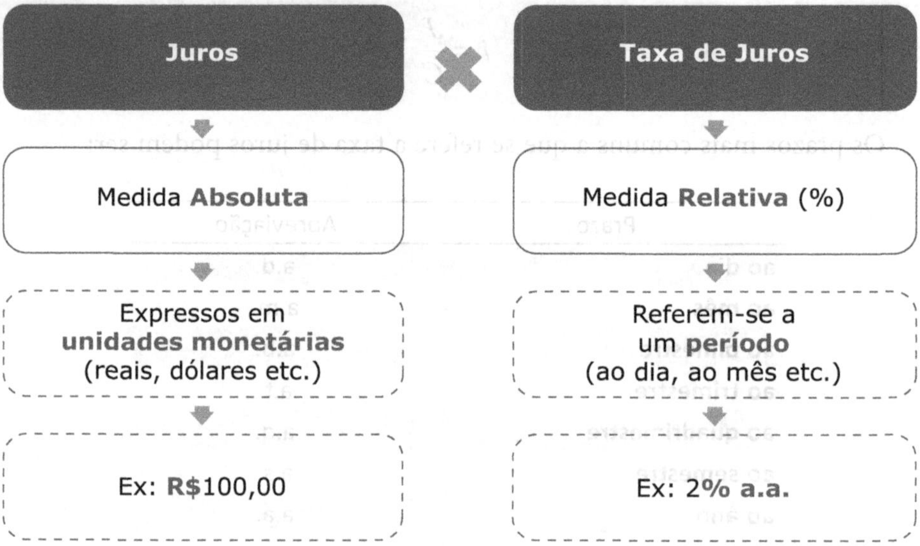

Para exemplificar, imagine que você foi ao banco solicitar um empréstimo de 1.000 reais por 1 mês e o banco cobrou uma taxa de juros de 1,5% a.m. Quanto você pagará de juros nessa operação?

Sabemos que a taxa de juros é obtida fazendo-se:

$$i = \frac{J}{C}$$

Mas também podemos escrever:

$$J = C.i$$

Como, no nosso exemplo, C = 1.000 reais e i =1,5% a.m., temos:

$$J = 1.000\ .1{,}5\% = 1.000.0{,}015$$

$$\boldsymbol{J = 15\ reais}$$

Lembre-se bem dessa última expressão (*J= C.i*), pois voltaremos a ela em breve. Essa expressão nos diz que para **calcular os juros** de uma operação, basta **aplicar a Taxa de Juros ao Capital**.

Como foi dito anteriormente, a taxa de juros é normalmente expressa em percentual, mas também pode ser expressa na sua forma unitária, sendo denominada de **taxa de juros unitária**. Ela recebe esse nome, pois representa os juros gerados por 1 unidade de capital. Por exemplo:

Taxa Percentual	Taxa Unitária
10% a.m.	0,10 a.m.
2% a.b.	0,02 a.b.
0,1% a.d.	0,001 a.d.

Em todas as fórmulas que estamos utilizando, sempre converteremos a taxa de juros percentual para sua forma unitária quando fizermos as contas.

Veja como esse assunto já foi cobrado!

QUESTÃO 02 (CESGRANRIO – BB/Escriturário/2010) Uma empresa oferece aos seus clientes desconto de 10% para pagamento no ato da compra ou desconto de 5% para pagamento um mês após a compra. Para que as opções sejam indiferentes, a taxa de juros mensal praticada deve ser, aproximadamente,

a) 5,6% b) 5,0% c) 4,6% d) 3,8% e) 0,5%

RESOLUÇÃO:

Para resolver essa questão, vamos assumir que o preço da mercadoria vendida pela empresa seja igual a 100 reais. O cliente pode pagar:

À vista com 10% de desconto: 100.(1-10%) = 90 reais

Em 1 mês, com 5% de desconto: 100.(1-5%) = 95 reais

Para que as duas opções sejam indiferentes, a taxa de juros tem que ser tal que, ao investir um capital de 90 reais por 1 mês, o montante final seja igual a 95 reais. Logo,

$$M = C + J$$

$$95 = 90 + J \quad \rightarrow \quad J = 5 \ reais$$

$$i = \frac{J}{C}$$

$$\boldsymbol{i = \frac{5}{90} = 0{,}056 = 5{,}6\% \ a.\ m.}$$

Gabarito: A.

QUESTÃO 03 (IBFC – HEMOMINAS/Tec Enferm/2013) Carlos comprou um produto e pagou R$144,00 já incluso um desconto de 20% sobre o preço à vista do produto. Se preferisse poderia ter pago o produto após 30 dias da compra com juros de 5% sobre o preço à vista. O valor que Carlos pagaria pelo produto se optasse por pagá-lo após 30 dias seria de, em R$:

a) 151,20 b) 120,96 c) 181,44 d) 189,00

RESOLUÇÃO:

Seja **P** o preço do produto. Com um desconto de 20%, Carlos pagou 144 reais, ou seja:

$$P\ .\ (1 - 20\%) = 144$$

$$0{,}8.P = 144 \quad \rightarrow \quad P = \mathbf{180}\ \textbf{\textit{reais}}$$

Se pagasse 30 dias depois, Carlos pagaria esse preço, acrescido de juros de 5%. Vamos calcular os juros:

$$J = C.i$$

$$J = 180\ .5\% = 180.0{,}05 = 9\ \textit{reais}$$

Assim, Carlos teria pago:

$$180 + 9 = \mathbf{189}\ \textbf{\textit{reais}}$$

Gabarito: D.

3.4. Equações dos Juros Simples

É muito importante você conhecer e dominar o "desenho" de uma operação de juros, conforme ilustrado a seguir:

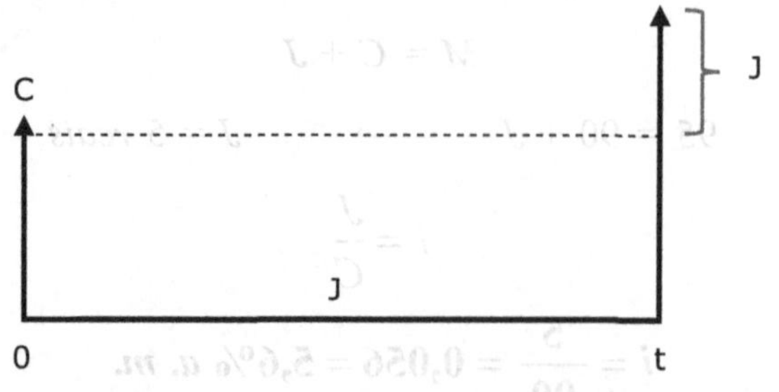

Com base nesse esquema, estamos aptos a conhecer a primeira **equação** das que iremos trabalhar, a qual valerá para toda e qualquer operação de juros, seja ela no regime simples ou no regime composto:

M = C + J

No entanto, a fórmula que mais usaremos para resolvermos as questões de juros simples é outra. Veja:

J = C . i . t

Perceba que ainda podemos achar uma outra equação (que será muito utilizada!) para o **cálculo do Montante**:

M = C . (1 + i . t)

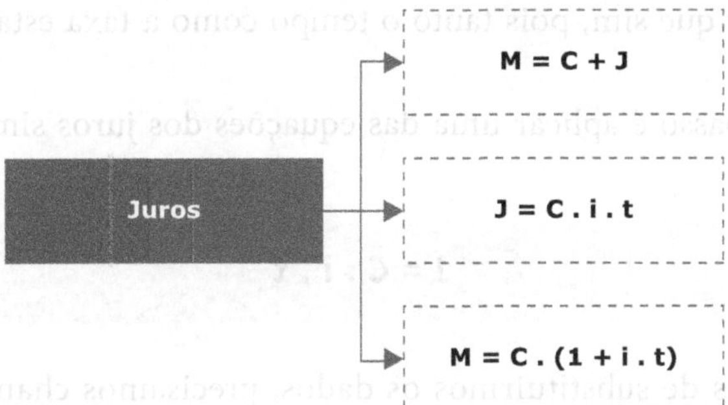

3.5. Exigência Universal

Existe uma exigência que devemos cumprir para usarmos qualquer uma das equações apresentadas. Ela é tão importante que pode ser considerada **universal**, visto que **terá de ser sempre observada**! É a seguinte:

IMPORTANTE!
Taxa e **tempo** devem estar na **mesma unidade**!

Com isso, se as unidades de taxa e tempo forem diferentes, não podemos sequer dar início à resolução da questão. Deveremos antes de tudo colocá-las ambas na mesma unidade.

Como faremos isso, professores?

Calma, daqui a pouco veremos. Acredito que já temos condições de resolvermos as primeiras questões de juros simples. Que tal?

Veja como esse assunto já foi cobrado!

QUESTÃO 04 (IOPLAN - Pref Formosa do Sul-SC/Téc Enfermagem/2021) Felipe pretendia ganhar um dinheiro a mais, no mês. Com isso, ele emprestou R$8.000,00 a juros simples ao seu irmão. Ficou combinado que seu irmão iria pagá-lo 3%, ao mês. Após oito meses, o total de juros, rendido foi:

A) 1.920,00 B) 241,60 C) 964,35 D) 2.870,00

RESOLUÇÃO:

A primeira coisa a ser feita é separar os dados fornecidos pela questão:

C = 8.000 | i = 3% a.m | t = 8 meses | J = ?

O segundo passo é verificar se a **exigência universal** está sendo respeitada. Podemos afirmar que sim, pois tanto o tempo como a taxa estão na mesma unidade (mês).

O terceiro passo é aplicar uma das equações dos juros simples. Usaremos a seguinte:

$$J = C \cdot i \cdot t$$

Porém, antes de substituirmos os dados, precisamos chamar a sua atenção para uma informação importante. Geralmente, os enunciados das questões nos fornecem a taxa na **notação percentual**, ou seja, 10%, 15%, 5,5%, e assim por diante.

O outro tipo de taxa que difere da percentual é a **notação unitária**. Neste tipo de notação, se a taxa é 10%, usamos 0,10 na equação; se a taxa é 15%, usamos 0,15; se a taxa é 5%, usamos 0,05. E assim por diante. Utilizaremos esse tipo de notação – a taxa unitária – tanto nos juros simples quanto nos juros compostos. Ok?

Continuando a resolução da questão, vamos substituir os dados fornecidos na fórmula dos juros simples:

$$J = 8.000.0{,}03.8 = \boldsymbol{R\$1.920{,}00}$$

Portanto, concluímos que o total de juros rendido foi de **R$1.920,00.**

Gabarito: A.

QUESTÃO 05 (CESPE/SEFAZ-RS/Téc Trib/2018) Carla tomou R$4.000 emprestados em um banco que retém, no ato da negociação, 5% a título de taxa de administração e cobra 1% de juros simples ao mês sobre a quantia efetivamente entregue a Carla. Nesse caso, ao final do quinto mês, o valor a ser recebido pelo banco, correspondente às taxas sobre o empréstimo concedido a Carla, será igual a

A) 190 B) 200 C) 250 D) 390 E) 400

RESOLUÇÃO:

O enunciado informa que o banco retém 5% dos 4.000 reais emprestados, o que corresponde a 0,05 × 4.000 = 200 reais.

Desse modo, Carla recebe efetivamente 4.000 – 200 = 3.800 reais.

É dito que este valor rende juros simples à taxa de i = 1%am durante t = 5 meses. Logo:

$$J = C \times i \times t$$

$$J = 3800 \times 0{,}01 \times 5 = 38 \times 5 = \mathbf{190\ reais}$$

Gabarito: A.

QUESTÃO 06 (OBJETIVA – Pref Nova Itaberaba/ACS/2021) Paulo fez um investimento a juros simples, no valor de R$1.500,00, pelo tempo de 1 ano, e com uma taxa de 2% ao mês. Assinalar a alternativa que apresenta o valor total que Paulo terá ao final da aplicação, em R$:

a) 1.900,00 b) 1.850,00 c) 1.860,00 d) 1.910,00 e) 1.890,00

RESOLUÇÃO:

Para juros simples, temos que:

$$M = C.(1 + i.t)$$

No enunciado, são dados: C = 1.500 | i = 2%a.m. = 0,02 | t = 1 ano = 12 meses.

Como ambos, i e t, estão expressos na mesma unidade de tempo, podemos substituir seus valores na expressão e obtermos o seguinte **montante**:

$$M = 1.500.(1 + 0{,}02.12) = 1.500.(1 + 0{,}24) = 1.500.1{,}24 = \mathbf{R\$1.860{,}00}$$

Gabarito: C.

QUESTÃO 07 (CETREDE/Pref Frecheirinha-CE/Agente Adm/2021) Por quanto tempo Carla deve aplicar seu capital de R$100.000,00 para obter um saldo de R$200.000,00, aplicando a 2% ao mês, no sistema de juros simples?

A) 4 anos e 2 meses B) 5 anos C) 4 anos e 6 meses D) 6 anos E) 5 anos e 3 meses

RESOLUÇÃO:

Para juros simples, temos que:

$$M = C.(1 + i.t)$$

No enunciado, são dados: C = 100.000 | M = 200.000 | i = 2%a.m

Logo, substituindo na expressão, temos:

$$200.000 = 100.000\ .\ (1 + 0,02\ .\ t)$$

$$2 = 1 + 0,02\ t$$

$$t = \frac{1}{0,02} = 50\ meses$$

Como a taxa de juros estava expressa ao mês, obtivemos o número de períodos também em meses. Para calcular o período em anos, conforme indica as opções de resposta, basta dividirmos o valor obtido por 12:

$$t = \frac{50}{12} = \mathbf{4\ \textit{anos}\ e\ 2\ \textit{meses}}$$

Gabarito: A.

3.6. Taxas Proporcionais e Equivalentes

Dizemos ainda que duas taxas de juros são **proporcionais** quando **apresentam a mesma proporção em relação ao prazo.**

$$\frac{i_1}{i_2} = \frac{t_1}{t_2}$$

Por exemplo, a taxa 12% ao ano é proporcional à taxa 6% ao semestre, e também é proporcional à taxa 1% ao mês.

Nesse sentido, para obter taxas proporcionais com segurança, basta efetuar uma **regra de três simples.**

Vamos obter a taxa de juros bimestral que é proporcional à taxa de 12% ao ano:

12% ao ano ------------------------------------ 1 ano

Taxa bimestral ------------------------------------ 2 meses

Substituindo 1 ano por 12 meses, para deixar os valores da coluna da direita na mesma unidade temporal, temos:

12% ao ano ------------------------------------ 12 meses

Taxa bimestral ------------------------------------ 2 meses

Efetuando a multiplicação cruzada, temos:

12% x 2 = Taxa bimestral x 12

Taxa bimestral = 2% ao bimestre

Outra forma de efetuarmos a conversão das taxas é:

BIZU

- De taxa com unidade de tempo **menor para maior, multiplica-se;**
- De taxa com unidade de tempo **maior para menor, divide-se;**

Multiplica-se ou divide-se por quanto? Pelo **nº de vezes que o período menor couber no maior.**

Um conceito ainda mais importante do que taxas proporcionais é o conceito de **taxas equivalentes.** Duas taxas são **equivalentes** quando, aplicadas ao mesmo capital (C) durante o mesmo prazo (n), **produzem o mesmo montante**.

Por exemplo, uma taxa de juros simples de 1% a.m., aplicada a um capital de 100 reais por 3 meses, produz um montante de:

$$M = C.(1 + i.t)$$

$$\boldsymbol{M} = 100.(1 + 1\%.3) = \mathbf{103}\ \boldsymbol{reais}$$

De modo similar, uma taxa de juros simples de 3% a.t., aplicada a um capital de 100 reais por 3 meses, produz um montante de:

$$\boldsymbol{M} = 100.(1 + 3\%.1) = \mathbf{103}\ \boldsymbol{reais}$$

Como as duas taxas, aplicadas ao **mesmo capital** de 100 reais, pelo **mesmo período** de 3 meses, produziram o **mesmo montante**, dizemos que **a taxa de juros simples de 1% a.m. é equivalente a uma taxa de juros simples de 3% a.t.**

Por fim, é fundamental termos em mente que, **quando trabalhamos com juros simples, taxas proporcionais são também taxas equivalentes**. Essa informação é importantíssima, pois em muito simplifica o cálculo de taxas equivalentes quando estamos no regime de juros simples. Isto é, neste regime de juros, 1% ao mês, 6% ao semestre ou 12% ao ano são proporcionais, e levarão o mesmo capital inicial C ao mesmo montante M após o mesmo período de tempo.

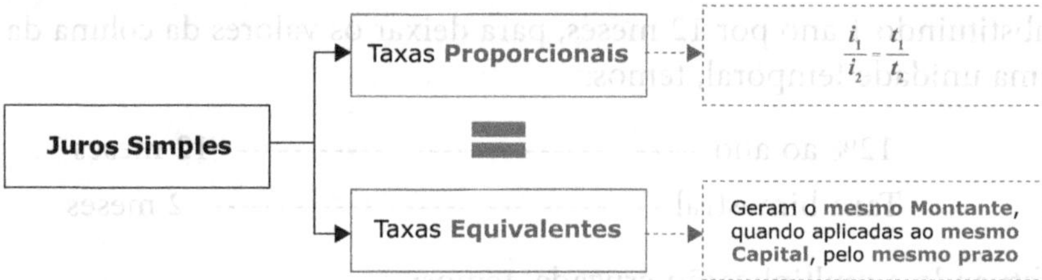

Veja como esse assunto já foi cobrado!

QUESTÃO 08 (Cespe/STM/Ana Judic/2018) Uma pessoa atrasou em 15 dias o pagamento de uma dívida de R$20.000, cuja taxa de juros de mora é de 21% ao mês no regime de juros simples.

Acerca dessa situação hipotética, e considerando o mês comercial de 30 dias, julgue o item subsequente.

No regime de juros simples, a taxa de 21% ao mês é equivalente à taxa de 252% ao ano.

RESOLUÇÃO:

No regime simples, sabemos que taxas proporcionais são também equivalentes. A taxa anual proporcional a 21%am é, simplesmente:

$$21\% \text{ x } 12 = 252\% \text{ ao ano}$$

Gabarito: Certo.

QUESTÃO 09 (ESAF - ERSPE/ANEEL/2004) O pai de João emprestou-lhe a quantia de R$8.000,00 pelo prazo de dois anos, cobrando-lhe apenas juros de 11% ao ano, em regime de juros simples. Assinale a opção que apresenta uma taxa de juros proporcional à taxa de juros paga por João.

a) 0,03% ao dia

b) 0,90% ao mês

c) 2,70% ao trimestre

d) 3,60% ao quadrimestre

e) 5,50% ao semestre

RESOLUÇÃO:

O nosso objetivo consiste em obter uma taxa de juros proporcional a 11% ao ano.

Perceba que dentre as alternativas apresentadas a mais fácil de testar é a letra E, cuja unidade de tempo é o semestre. Ora, para determinar a taxa semestral, basta pegar a taxa anual e dividir por 2, visto que um ano tem dois semestres:

$$i_s = \frac{11\%}{12} = \mathbf{5{,}5\%}$$

Assim, **a taxa anual de 11% é proporcional à taxa semestral de 5,5%**, o que torna a **letra E** a alternativa correta.

Gabarito: E.

QUESTÃO 10 (RBO – Contador/IPMO Ourinhos/2021) Certa quantia foi aplicada por 10 meses num regime de juros simples a uma taxa de 9% ao ano, produzindo R$145,50 de juros. O capital aplicado foi de, em R$:

a) 1.710,00 b) 1.940,00 c) 2.343,00 d) 2.962,00

RESOLUÇÃO:

São dados: t = 10 meses | i = 9 a.a | j = R$145,50.

Veja que taxa e tempo estão em unidades diferentes. Para respeitar a regra universal, precisamos deixar as duas grandezas com a mesma unidade. Para isso, aplicamos o conceito de taxa proporcional nos juros simples, dividindo por 12 a taxa anual para obtermos a taxa mensal da aplicação:

$$i = \frac{9}{12} = 0{,}75\%\ a.m.$$

Agora, substituímos os dados apresentados na fórmula dos juros simples:

$$J = C \cdot i \cdot t$$

$$145{,}50 = C \cdot 0{,}0075 \cdot 10$$

$$C = \frac{145{,}50}{0{,}075} = \mathbf{1.940{,}00}$$

Gabarito: B.

3.7. Juros Simples Exatos

Juros Exatos é aquele em que **se consideram os meses do ano com o número de dias do nosso calendário** comum e o **ano com 365 dias.**

- janeiro com 31 dias;
- fevereiro com 28 (ou 29, se for ano bissexto);
- março com 31;
- abril com 30;
- maio com 31;
- junho com 30;
- julho com 31;
- agosto com 31;
- setembro com 30;
- outubro com 31;
- novembro com 30; e
- dezembro com 31 dias.

Assim, a questão de **juros simples exatos** vai querer saber se você sabe **contar os dias!**

Veja como esse assunto já foi cobrado!

QUESTÃO 11 (CESPE - Contador/PF/2004) Considerando os conceitos de matemática financeira relativos ao cálculo de juros, descontos e taxas, julgue o seguinte item.

No cálculo de juros exatos, considera-se a média de trinta dias para cada mês.

RESOLUÇÃO:

Agora ficou fácil. Acabamos de ver que no cálculo de **juros exatos** a contagem de prazo é feita de acordo com o **calendário comum.**

Gabarito: Errado.

QUESTÃO 12 (FJG - ACE/TCM-RJ/2003) Marcos fez uma aplicação de R$10.000,00, a uma taxa de juros simples exatos de 18,25% ao ano, do dia 15 de março ao dia 25 de abril do mesmo ano. Ao final desse prazo, o saldo de Marcos, desprezando os centavos, era de, em R$:

a) 10.200,00 b) 10.202,00 c) 10.205,00 d) 10.207,00

RESOLUÇÃO:

Dados: C = 10.000,00 | i = 18,25% a.a.

A primeira coisa que faremos é converter a taxa ao ano em ao dia:

18, 25% ao ano ----- ÷ 365 ----- taxa ao dia

$$\frac{18{,}25\%}{365} = \mathbf{0{,}5\%}\ \boldsymbol{a.d}$$

Vamos agora calcular o prazo da aplicação que Marcos realizou. Ora, o enunciado é claro quando afirma que os juros simples são **exatos**. Daí, devemos fazer a contagem dos dias como se estivéssemos olhando um calendário:

Março	Abril
16	25

O período total, então, é de 16 + 25 = **41 dias**. Agora podemos aplicar uma das equações dos juros simples:

$$\boldsymbol{M = C.(1 + i.t)}$$

$$M = 10000.(1 + 0{,}0005.41)$$

$$M = 10000.1{,}0205 = \mathbf{10.205{,}00}$$

Logo, o saldo de aplicação de Marços é de **R$10,205,00.**

Gabarito: C.

QUESTÃO 13 (FEPESE – SEFAZ-SC/Ana Financ/2010) Um capital de $2.000,00 foi aplicado no dia 24 de abril a juros simples de 0,3% ao dia. Seu resgate ocorreu no dia 24 de setembro do mesmo ano. Considerando o ano civil (365 dias), assinale a alternativa que indica o valor final do título resgatado.

a) 2.008,00 b) 2.098,00 c) 2.189,00 d) 2.918,00 e) 3.819,00

RESOLUÇÃO:

A questão foi explícita em nos mandar considerar o ano com 365 dias, ou seja, tratam-se de **juros exatos**. A contagem de dias, então fica assim:

Abril: 6 dias
Maio: 31 dias
Junho: 30 dias
Julho: 31 dias

Agosto: 31 dias
Setembro: 24 dias
Total: 153 dias

Logo, temos:

$$M = C.(1 + i.t)$$

$$M = 2.000.(1 + 0{,}003.153)$$

$$\mathbf{M = 2.918{,}00}$$

Gabarito: D.

3.8. Juros Comerciais

Juros Comerciais ou Ordinários é aquele que considera que **todos os meses do ano têm trinta dias** (1m = 30d). Portanto, segundo essa mesma consideração, o **ano inteiro terá trezentos e sessenta dias** (1a = 360d).

Essa é a regra. Caso o enunciado de uma questão não disponha de modo contrário, ou se a questão não disser nada sobre isso, devemos considerar o mês (qualquer que seja) com 30 dias e o ano inteiro com 360 dias.

Resumindo, então:

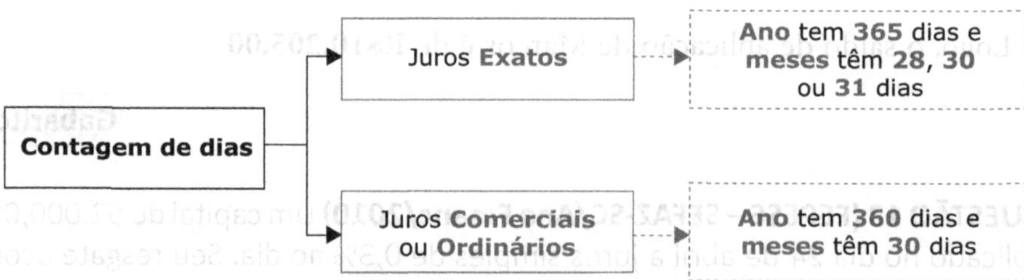

Veja como esse assunto já foi cobrado!

QUESTÃO 14 (CESPE - Contador/Polícia Federal/2004) Para o cálculo de juros ordinários, utiliza-se o ano de 365 dias, desconsiderando-se anos bissextos.

RESOLUÇÃO:

Nos **juros ordinários** (comerciais) consideramos que **cada mês tem 30 dias** (ainda que seja fevereiro), e que o **ano tem 360 dias.**

Gabarito: Errado.

QUESTÃO 15 (FEPESE – SEFAZ-SC/Auditor Fiscal/2010) Um Capital de $1.000,00 ficou aplicado durante 135 dias, alcançando no final deste período o montante de $1.450,00. Calcule a taxa mensal de juros simples que esse capital rendeu e assinale a alternativa que indica a resposta correta.

a) 10,00% b) 12,00% c) 15,00% d) 17,00% e) 21,00%

RESOLUÇÃO:

A questão nos pede a taxa mensal, porém nos dá um prazo em dias. Como nada foi dito sobre as datas, assumimos juros comerciais, ou ordinários. Nesse caso 1 mês corresponde a 30 dias.

Para juros simples, temos que:

$$M = C.(1 + i.t)$$

No enunciado, são dados: C = 1.000 | M = 1.450 | t = 135 dias = 135/30 = 4,5 meses.

Como, agora, o tempo está expresso em meses, podemos substituir seus valores na expressão para calcularmos a taxa mensal:

$$1.450 = 1.000.(1 + i.4,5)$$

$$1 + i.4,5 = 1,45$$

$$i.4,5 = 0,45$$

$$i = 10\%\ a.m.$$

Gabarito: A.

QUESTÃO 16 (FGV – SEFAZ-RJ/Fiscal de Rendas – 2008) Um capital é aplicado durante 120 dias, a uma taxa de juros simples ordinário de 15% ao ano, produzindo um montante de R$8.400,00. Nessas condições, o capital aplicado, desprezando os centavos, é, em R$:

a) 6.500,00 b) 7.850,00 c) 8.017,00 d) 8.820,00 e) 8.000,00

RESOLUÇÃO:

Nos juros ordinários, ou **comerciais**, um **ano** possui **360 dias**. Para juros simples, temos que:

$$M = C.(1 + i.t)$$

No enunciado, são dados: M = 8.400 | i = 15% a.a. = 0,15 | t = 120 dias = 120/360 = 1/3 ano.

Como, agora, i e t estão expressos em anos, podemos substituir seus valores na expressão para calcularmos o Capital:

$$8.400 = C\,.\left(1 + 0{,}15\,.\,\frac{1}{3}\right)$$

$$1{,}05\,.\,C = 8.400$$

$$C = \frac{8.400}{1{,}05} = \mathbf{8.000{,}00}$$

Gabarito: E.

3.9. Prazo Médio, Taxa Média e Capital Médio

Os enunciados destas questões começarão nos fornecendo conjuntos de aplicações de juros. Cada conjunto será formado por um valor de Capital, uma taxa de juros simples e um tempo de aplicação. Em seguida, a questão pergunta:

- "Qual é o prazo médio desses conjuntos de aplicações?", ou:
- "Qual é a taxa média desses conjuntos de aplicações?", ou ainda:
- "Qual é o capital médio desses conjuntos de aplicações?".

3.9.1. Prazo Médio

O **Prazo Médio** (PM) corresponde a um **novo tempo de aplicação**, que substituirá os tempos fornecidos pelo enunciado da questão, e será calculado de acordo com a seguinte fórmula:

$$PM = \frac{(C_1.i_1.t_1) + (C_2.i_2.t_2) + (C_3.i_3.t_3)}{(C_1.i_1) + (C_2.i_2) + (C_3.i_3)}$$

3.9.2. Taxa Média

Encontrar a **Taxa Média** significa calcular uma nova taxa, que irá substituir as taxas originais, i_1, i_2 e i_3.

A questão de Taxa Média começa com os mesmos dados da questão de prazo médio. O que muda, apenas, é que a pergunta agora será sobre a **Taxa Média**, e não mais sobre o Prazo Médio daquelas aplicações. Será calculada de acordo com a seguinte fórmula:

$$TM = \frac{(C_1.i_1.t_1) + (C_2.i_2.t_2) + (C_3.i_3.t_3)}{(C_1.t_1) + (C_2.t_2) + (C_3.t_3)}$$

3.9.3. Capital Médio

Encontrar o **Capital Médio** significa calcular um novo capital, que irá substituir os capitais originais, C_1, C_2 e C_3.

Será calculado de acordo com a seguinte fórmula:

$$CM = \frac{(C_1.i_1.t_1) + (C_2.i_2.t_2) + (C_3.i_3.t_3)}{(i_1.t_1) + (i_2.t_2) + (i_3.t_3)}$$

RESUMO

Prazo Médio	$PM = \frac{(C_1.i_1.t_1) + (C_2.i_2.t_2) + (C_3.i_3.t_3)}{(C_1.i_1) + (C_2.i_2) + (C_3.i_3)}$
Taxa Média	$TM = \frac{(C_1.i_1.t_1) + (C_2.i_2.t_2) + (C_3.i_3.t_3)}{(C_1.t_1) + (C_2.t_2) + (C_3.t_3)}$
Capital Médio	$CM = \frac{(C_1.i_1.t_1) + (C_2.i_2.t_2) + (C_3.i_3.t_3)}{(i_1.t_1) + (i_2.t_2) + (i_3.t_3)}$

Veja como esse assunto já foi cobrado!

QUESTÃO 17 (ESAF - AFRFB/Receita Federal do Brasil/2002) Os capitais de R$2.000,00, R$3.000,00, R$1.500,00 e R$3.500,00 são aplicados à taxa de 4% ao mês, juros simples, durante dois, três, quatro e seis meses, respectivamente. Obtenha o prazo médio de aplicação destes capitais.

a) quatro meses

b) quatro meses e cinco dias

c) três meses e vinte e dois dias

d) dois meses e vinte dias

e) oito meses

RESOLUÇÃO:

Dados:

- $C_1 = 2.000,00$
- $C_2 = 3.000,00$
- $C_3 = 1.500,00$
- $C_4 = 3.500,00$
- $t_1 = 2$ meses
- $t_2 = 3$ meses
- $t_3 = 4$ meses
- $t_4 = 6$ meses
- i = 4% a.m
- PM = ?

Sabemos que o **Prazo Médio** é uma média ponderada dos prazos individuais. Os pesos de ponderação são os produtos **i.C.**

Percebam que as taxas de aplicação são todas iguais entre si (i = 4% a.m). Daí, os pesos de ponderação ficam reduzidos aos capitais:

$$PM = \frac{(C_1.t_1) + (C_2.t_2) + (C_3.t_3) + (C_4.t_4)}{(C_1) + (C_2) + (C_3) + (C_4)}$$

$$PM = \frac{2000.2 + 3000.3 + 1500.4 + 3500.6}{2000 + 3000 + 1500 + 3500} = \frac{4000 + 9000 + 6000 + 21.000}{10000}$$

$$PM = 4 \ meses$$

Gabarito: A.

QUESTÃO 18 (CONSULPLAN – Banestes/Assist Securitário – 2013) Para diluir o risco do investimento, seguindo a máxima do mercado financeiro "nunca coloque todos os ovos na mesma cesta", um investidor aplicou seu capital disponível a juros simples, distribuindo-o em três aplicações com taxas e prazos, conforme evidenciado no quadro abaixo.

Valor	Taxa	Prazos
R$ 10.000,00	6% a.a.	4 anos
R$ 12.000,00	10% a.a.	5 anos
R$ 20.000,00	12% a.a.	3 anos

Nessa situação, a taxa média e o prazo médio aproximado do investimento são, respectivamente,

a) 9,6% a.a. e 3,8 anos.

b) 9,6% a.a. e 4,0 anos.

c) 9,45% a.a. e 4,2 anos.

d) 9,75% a.a. e 3,8 anos.

e) 9,75% a.a. e 4,0 anos.

RESOLUÇÃO:

Podemos aplicar diretamente as fórmulas:

$$TM = \frac{C_1.i_1.t_1 + C_2.i_2.t_2 + C_3.i_3.t_3}{C_1.t_1 + C_2.t_2 + C_3.t_3}$$

$$TM = \frac{10.000\,.0,06\,.4 + 12.000\,.0,10\,.5 + 20.000\,.0,12\,.3}{10.000\,.4 + 12.000\,.5 + 20.000\,.3}$$

$$\mathbf{TM} = \frac{2.400 + 6.000 + 7.200}{160.000} = \mathbf{9{,}75\%\ a.a.}$$

$$PM = \frac{C_1.i_1.t_1 + C_2.i_2.t_2 + C_3.i_3.t_3}{C_1.i_1 + C_2.i_2 + C_3.i_3}$$

$$PM = \frac{10.000\,.0,06\,.4 + 12.000\,.0,10\,.5 + 20.000\,.0,12\,.3}{10.000\,.0,06 + 12.000\,.0,10 + 20.000\,.0,12}$$

$$\mathbf{PM} = \frac{2.400 + 6.000 + 7.200}{4.200} = \mathbf{3{,}8\ anos}$$

Gabarito: D.

4. RESUMO

Montante é a soma entre o capital inicial e os juros da operação.

A matemática financeira é dividida em **regimes de capitalização: Regime Simples** (taxa será aplicada apenas sobre o principal) e **Regime Composto (taxa será aplicada sobre o principal e os juros).**

Elementos de uma operação de juros:

- **Capital Inicial (C)**: valor **inicialmente** aplicado.
- **Tempo (t)**: elemento que revela como o valor inicial se comportará com o passar dos **dias, meses e anos.**
- **Taxa (i)**: **porcentagem aplicada sobre um capital**, fazendo com que ele nunca fique parado. Corresponde à razão entre os Juros e o Capital, expressa em porcentagem e referida a um determinado prazo.
- **Montante (M)**: valor que será **resgatado ao final** da operação de juros, sendo, obviamente, maior que o investimento inicial
- **Juros (J)**: **diferença** entre o valor do **Montante** e o valor do **Capital.**

Equações dos Juros Simples (Taxa e **tempo** devem estar na **mesma unidade):**

- **M = C + J**
- **J = C . i . t**
- **M = C . (1 + i . t)**

Duas taxas de juros são **proporcionais** quando **apresentam a mesma proporção em relação ao prazo.**

$$\frac{i_1}{i_2} = \frac{t_1}{t_2}$$

Duas taxas são **equivalentes** quando, aplicadas ao mesmo capital durante o mesmo prazo, **produzem o mesmo montante.**

Juros Exatos é aquele em que **se consideram os meses do ano com o número de dias do nosso calendário** comum e o **ano com 365 dias.**

Juros Comerciais ou Ordinários é aquele que considera que **todos os meses do ano têm trinta dias** (1m = 30d), de modo que o **ano inteiro terá trezentos e sessenta dias** (1a = 360d).

Prazo Médio	$PM = \dfrac{(C_1.i_1.t_1) + (C_2.i_2.t_2) + (C_3.i_3.t_3)}{(C_1.i_1) + (C_2.i_2) + (C_3.i_3)}$
Taxa Média	$TM = \dfrac{(C_1.i_1.t_1) + (C_2.i_2.t_2) + (C_3.i_3.t_3)}{(C_1.t_1) + (C_2.t_2) + (C_3.t_3)}$
Capital Médio	$CM = \dfrac{(C_1.i_1.t_1) + (C_2.i_2.t_2) + (C_3.i_3.t_3)}{(i_1.t_1) + (i_2.t_2) + (i_3.t_3)}$

5. MAIS QUESTÕES COMENTADAS

QUESTÃO 19 (CESGRANRIO - Profissional/LIQUIGÁS/2018) Um funcionário da Liquigás pretende fazer uma pequena reforma em sua casa daqui a 1 ano e gostaria de ter, em sua conta investimento, R$3.000,00 no momento de iniciar a reforma. Considerando que suas economias rendem juros de 20% a.a., quanto ele deveria ter hoje, em sua conta investimento, para ter exatamente a quantia desejada daqui a 1 ano, sem que seja feito nenhum depósito?

a) 2.800,00 b) 2.600,00 c) 2.500,00 d) 2.400,00 e) 2.333,33

RESOLUÇÃO:

Suponhamos que o funcionário investirá uma quantia igual a C.

O enunciado informa que depois de 1 ano de investimento essa quantia terá rendido 20%.

Ora, sabemos que aumentar um valor em 20% corresponde a multiplicá-lo por **1 + 0,2**. Logo, o capital passa a valer **1,2C**. É dito que essa expressão deve corresponder a 3.000 reais:

$$1{,}2C = 3.000$$

$$C = 3.000 \div 1{,}2 = 2.500 \text{ reais.}$$

Portanto, concluímos que a aplicação deve ser de **2.500 reais.**

Gabarito: C.

QUESTÃO 20 (CESPE/MPU/Analista/2015) Considerando que um investidor tenha aplicado R$50.000,00 à taxa de juros simples de 15% ao mês, julgue o item que se segue.

Se, em um mês de 30 dias, o capital ficar aplicado por 23 dias, então o montante a ser auferido será superior a R$55.500,00.

RESOLUÇÃO:

Dados: t = 23 dias = 23/30 mês | C = 50.000,00 | i = 15% ao mês.

Vamos aplicar a fórmula do **montante** nos juros simples:

$$M = C\ .\ (1 + i\ .\ t)$$

$$M = 50000\ .\left(1 + 0{,}15\ .\ \frac{23}{30}\right) = 50000\ .\ (1 + 0{,}115) = \mathbf{55.750{,}00}$$

Gabarito: Certo.

QUESTÃO 21 (CESPE – MPU/Ana Atuarial/2015) Considerando que um investidor tenha aplicado R$50.000,00 à taxa de juros simples de 15% ao mês, julgue o item que se segue.

Suponha que o montante auferido após n meses nessa aplicação tenha sido aplicado por 4 meses à taxa de juros simples de 20% ao mês. Nessa situação, se o montante apurado ao final dos 4 meses for de R$117.000,00, então n > 3.

RESOLUÇÃO:

Após **t** meses da primeira aplicação, o investidor terá um montante de:

$$M_1 = 50.000 \ . \ (1 + 0,15 \ . \ t)$$

Esse será o Capital aplicado na segunda operação, gerando um **montante** igual a:

$$M_2 = M_1 \ . \ (1 + 0,20 \ . \ 4)$$

$$117.000 = 50.000 \ . \ (1 + 0,15.t) \ . \ (1 + 0,20 \ . \ 4)$$

$$117.000 = 50.000 \ . \ (1 + 0,15.t) \ . \ 1,80$$

$$1 + 0,15.t = \frac{117.000}{50.000 \ . \ 1,80}$$

$$1 + 0,15.t = 1,3$$

$$0,15.t = 0,3$$

$$\boldsymbol{t = 2 \ meses < 3 \ meses}$$

Gabarito: Errado.

QUESTÃO 22 (CESPE – TJ-SE/Ana Jud/2014) Uma empresa de construção civil tem 8 pedreiros no seu quadro de empregados que recebem, atualmente, R$1.500,00 de salário base, R$350,00 de auxílio alimentação e R$150,00 de auxílio transporte. O salário bruto de cada um deles corresponde à soma desses três valores e, a partir do próximo mês, o salário base e o auxílio alimentação desses empregados serão reajustados em 15%.

Diante da situação apresentada acima e considerando que o total dos descontos legais com previdência e imposto de renda corresponda a 30% do salário bruto e que todos os pedreiros da construção civil trabalhem com a mesma eficiência, julgue os seguintes itens.

Após o reajuste salarial, se um dos pedreiros aplicar 30% de seu salário líquido em um investimento que rende 5% ao mês no regime de juros simples, ele terá, ao final do sexto mês de aplicação, um montante superior a R$600,00.

RESOLUÇÃO:

Após os reajustes, os novos valores que compõem a remuneração dos pedreiros serão iguais a:

Salário base:	1.500.(1+15%) = 1.725,00
Auxílio Alimentação:	350.(1+15%) = 402,50
Auxílio Transporte:	150,00
Novo Salário Bruto:	2.277,50
Descontos:	**30% . 2.277,50 = (683,25)**
Salário Líquido:	**1.594,25**

Na tabela anterior, calculamos o salário bruto somando as componentes do salário base, auxílio alimentação e auxílio transporte. O salário líquido foi obtido subtraindo-se os descontos do salário bruto.

O pedreiro irá aplicar 30% de seu salário líquido, a uma taxa de juros simples de 5% ao mês por 6 meses.

Para juros simples, temos que:

$$M = C.(1 + i.t)$$

Os dados são: C = 30% x 1.594,25 = 478,28 | i = 5% a.m. = 0,05 | t = 6 meses.

Logo,

$$M = 478{,}28.(1 + 0{,}05.6) = \mathbf{621{,}76 > 600}\ \boldsymbol{reais}$$

Gabarito: Certo.

QUESTÃO 23 (CESPE – SEAD-SE/Aux de Necrópsia/2009) Uma pessoa aplicou 2/5 de seu capital, no regime de juros simples, à taxa de 8% ao ano e o restante de seu capital foi aplicado à taxa de juros simples de 10% ao ano. Ao fim de um ano, as duas aplicações renderam, juntas, R$460,00. Nessas condições, julgue o item subsequente.

A taxa de 10% ao ano corresponde à taxa de $\frac{5}{6}$ ao mês.

RESOLUÇÃO:

Em juros simples, taxas proporcionais são taxas equivalentes. Assim, para determinarmos a taxa de juros simples mensal que corresponde a 10% a.a., fazemos:

$$\frac{i_m}{i_a} = \frac{1\ mês}{12\ meses}$$

$$\frac{i_m}{10\%} = \frac{1}{12}$$

$$i_m = \frac{1}{12} \times 10\% = \frac{5}{6}\%\ a.m.$$

Gabarito: Certo.

QUESTÃO 24 (CESPE - Contador/Polícia Federal/2014) Considerando que uma pessoa tenha aplicado um capital pelo período de 10 anos e que, ao final do período, ela tenha obtido o montante de R$20.000,00, julgue o item a seguir.

Se o montante resultou da aplicação de um capital inicial à taxa mensal de juros simples de 0,5%, então o capital inicial era superior a R$10.000,00.

RESOLUÇÃO:

Dados: t = 10 anos | M = R$20.000,00 | i = 0,5% a.m.

Note que o tempo e a taxa **não** estão na mesma unidade. Daí, vamos converter o prazo que se encontra em anos para meses. Recorreremos a uma regra de três simples:

1 ano ----- 12 meses

10 anos ----- x meses

$$1.x = 10.12$$

$$x = 120\ meses$$

Agora podemos aplicar uma das equações dos juros simples:

$$\boldsymbol{M = C\,.\,(1 + i\,.\,t)}$$

$$20000 = C\,.\,(1 + 0{,}005\,.\,120)$$

$$20000 = 1{,}6C$$

$$C = \frac{20000}{1{,}6} = \boldsymbol{R\$\ 12.500{,}00}$$

Logo, o capital inicialmente aplicado era **superior** a R$10.000,00.

Gabarito: Certo.

QUESTÃO 25 (RBO – Contador/IPMO Ourinhos/2021) Um capital de R$12.000,00 será aplicado em regime de juros simples por 3 anos a uma taxa de 1,5% a.m. Após esse tempo, o montante resgatado será de

A) 18.480,00 B) 19.560,00 C) 20.100,00 D) 22.034,00

RESOLUÇÃO:

São dados: C = R$12.000,00 | t = 3 anos | i = 1,5% a.m.

Para respeitarmos a regra universal, obtemos uma taxa anual, multiplicando a mensal por 12:

$$i = 1{,}5\% \times 12 = 18\%$$

Agora, podemos aplicar a fórmula do montante:

$$M = 12.000.(1 + 0{,}18.3) = 12.000.(1 + 0{,}54) = 12.000.1{,}54 = \mathbf{18.480}\ \textbf{\textit{reais}}$$

Gabarito: A.

QUESTÃO 26 (CESPE - EPC/PREVIC/2011) Considere que um terreno seja vendido por R$50.000,00 à vista, mas seu proprietário aceite dividir o pagamento em duas parcelas, sendo R$10.000,00 no ato da compra e R$44.000,00 a vencer em dois meses. Acerca dessa situação, julgue o seguinte item.

A taxa de juros simples mensal envolvida na compra a prazo desse terreno é de 5%.

RESOLUÇÃO:

O valor à vista do terreno é de R$50.000,00. O comprador paga R$10.000,00 no ato e financia o restante (R$40.000,00).

Dois meses depois, o montante gerado por esse capital é de R$44.000,00. Logo, o juro foi de:

$$J = 44.000 - 40.000 = 4.000$$

Vamos aplicar a **fórmula dos juros simples:**

$$\boldsymbol{J = C\,.\,i\,.\,t}$$

$$4000 = 40000\,.\,i\,.\,2$$

$$4000 = 80000\,.\,i$$

$$\boldsymbol{i} = \frac{4000}{80000} = 0{,}05 = \boldsymbol{5\%}$$

Logo, a taxa de juros simples mensal envolvida na compra a prazo desse terreno é de 5%.

Gabarito: Certo.

QUESTÃO 27 (CESPE – SEFAZ-ES/Auditor/2013) No regime de capitalização simples, o valor J dos juros recebidos por um aplicador é diretamente proporcional ao capital inicial C aplicado e ao período de tempo T dessa aplicação. A constante de proporcionalidade I, chamada taxa de juros, fornece uma medida da rentabilidade da aplicação. Considere que, sob certas condições conjunturais, essa rentabilidade seja o quociente entre a margem R de risco de perdas — que diz respeito à probabilidade de o aplicador perder alguma parte de seu capital no período da aplicação — e a liquidez L da aplicação — variável cuja unidade é o inverso do tempo e que mede a facilidade com que o aplicador, sem perdas, converte novamente sua aplicação em dinheiro vivo.

No regime de capitalização simples, a fórmula que relaciona o valor dos juros a ser recebido com o capital inicial aplicado, o tempo da aplicação, sua liquidez e margem de risco será:

a) $J = C \times (1 + R/L)T$.

b) $J = C \times (1 + L/R)T$.

c) $J = C \times T \times L \times R$.

d) $J = C \times T \times L/R$.

e) $J = C \times T \times R/L$.

RESOLUÇÃO:

De tudo o que está escrito, podemos resumir assim: Se considerarmos que i = R/L e t =T, qual a expressão que nos fornece juros simples? Moleza, não?

$$J = C \, . \, i \, . \, t$$

$$J = C \, . \, \frac{R}{L} \, . \, T = C \, . \, T \, . \, \frac{R}{L}$$

A resposta correta seria a **letra E**. No entanto, sabe-se lá por que, a banca anulou essa questão.

Gabarito: Anulada.

QUESTÃO 28 (CESPE – SEFAZ-ES/Auditor/2013) Um cliente, que tinha R$500,00 em sua conta corrente especial, emitiu um cheque de R$2.300,00 que foi imediatamente compensado. O cliente só tomou conhecimento do saldo devedor 11 dias após a compensação do cheque. Nessa situação, sabendo que, para períodos inferiores a 30 dias, o banco cobra juros simples, diários, à taxa mensal de 4,8%, para cobrir o débito no banco relativo a esses 11 dias, o cliente deverá depositar, imediatamente, o montante de:

a) 2.750,40 b) 1.800,00 c) 1.831,68 d) 1.886,40 e) 2.300,00

RESOLUÇÃO:

Como o cliente tinha um saldo de 500 reais, ao ser debitado de 2.300 reais, ficou com saldo de:

$$500 - 2.300 = -1.800 \textit{ reais}$$

Sobre esse saldo **negativo** incidem juros simples de 4,8% a.m. e sabemos que para juros simples, temos:

$$M = C.(1 + i.t)$$

Sabemos que: C = 1.800 (saldo negativo) | i = 4,8% a.m. = 0,048 | t = 11 dias = 11/30 meses.

Logo,

$$M = 1.800 \,.\left(1 + 0,048 \,.\, \frac{11}{30}\right) = \mathbf{1.831,68}$$

Gabarito: C.

QUESTÃO 29 (CESPE – Banco da Amazônia/ Téc Cient/2010) As taxas proporcionais e as taxas equivalentes, divulgadas em unidades de tempo diferentes, quando aplicadas ao mesmo capital, pelo mesmo período, produzem o mesmo montante.

RESOLUÇÃO:

É exatamente isso o que acontece. Por exemplo, uma taxa de juros simples de 1% a.m. e outra de 3% a.t., aplicada a um capital de 100 reais por 3 meses, produzem o mesmo montante de R$103,00.

Gabarito: Certo.

QUESTÃO 30 (CESPE – Correios/Agente/2011) O piso de uma sala retangular, medindo 3,52 m × 4,16 m, será revestido com ladrilhos quadrados, de mesma dimensão, inteiros, de forma que não fique espaço vazio entre ladrilhos vizinhos. Os ladrilhos serão escolhidos de modo que tenham a maior dimensão possível.

Suponha que a despesa com mão de obra e materiais necessários para assentar os ladrilhos tenha sido orçada em R$1.000,00 o m2 e que o proprietário da sala disponha de apenas R$10.000,00. Nesse caso, o proprietário poderá obter o montante necessário aplicando o capital disponível à taxa de juros simples de 8% ao mês durante

a) 6 meses. b) 7 meses. c) 8 meses. d) 4 meses. e) 5 meses.

RESOLUÇÃO:

A área total da sala será dada por:

$$A = 3,52 \times 4,16 = 14,6432\ m^2$$

Se cada metro quadrado foi orçado em 1.000 reais, serão necessários, para revestir a sala:

$$1.000 \times 14,6432 = 14.643,20\ reais$$

Aplicando os 10.000 reais de que dispõe a uma taxa de juros simples de 8% ao mês, podemos calcular o tempo necessário para que o proprietário da sala obtenha o montante necessário à obra pela seguinte equação:

$$M = C \,.\, (1 + i \,.\, t)$$

$$14.643,20 = 10.000 \,.\, (1 + 0,08 \,.\, t)$$

$$1 + 0,08 \,.\, t = 1,46432$$

$$t = \frac{1,46432 - 1}{0,08} = \mathbf{5,804\ meses}$$

Assim, ele precisará esperar 6 meses, que é o menor valor inteiro maior do que 5,804.

Gabarito: A.

QUESTÃO 31 (CESPE – PC-ES/Perito/2011) Uma dívida de R$8.000,00, contraída em um banco que pratica taxas de juros nominais anuais com capitalização mensal, no regime de juros compostos, foi paga em um ano, por R$12.800,00.

Tomando 1,04 como o valor aproximado de 1,61/12 julgue o item seguinte.

O valor dessa dívida, aplicado por um ano a determinada taxa de juros simples mensais, produziria a mesma quantia a ser paga pelo devedor. Nesse caso, essa taxa de juros simples seria inferior a 4,8% ao mês.

RESOLUÇÃO:

Para juros simples, temos que:

$$M = C.(1 + i.t)$$

Foram dados: M = 12.800 | C = 8.000 | t = 12 meses.

Logo,

$$12.800 = 8.000 \, . \, (1 + i \, . \, 12)$$

$$1 + i.12 = \frac{12.800}{8.000}$$

$$1 + i.12 = 1,6$$

$$i = \frac{1,6 - 1}{12} = 0,05 = \mathbf{5\%\ a.m.} > \mathbf{4,8\%\ a.m.}$$

Gabarito: Errado.

QUESTÃO 32 (CESPE – FUB/Contador/2011) Uma aplicação de R$1.000,00 à taxa de 1,2% ao mês, durante 24 dias, rende juros de R$10,00.

RESOLUÇÃO:

Como o enunciado não especifica o mês, assumimos **juros comerciais,** em que 1 mês tem 30 dias.

Para juros simples, temos que:

$$J = C \, . \, i \, . \, t$$

Foram dados: C = 1.000 | i = 1,2% a.m. = 0,012 | t = 24 dias = 24/30 meses.

Logo,

$$J = 1.000 \, . \, 0,012 \, . \, \frac{24}{30} = \mathbf{9,6\ \textit{reais}} < \mathbf{10\ \textit{reais}}$$

Gabarito: Errado.

QUESTÃO 33 (CESPE – FUB/Contador/2011) Um capital de R$10.000,00 aplicado durante três períodos sucessivos, à taxa de 15% ao período, gerará um juro final igual à metade desse capital.

RESOLUÇÃO:

Para juros simples, temos que:

$$J = C \,.\, i \,.\, t$$

Foram dados: C = 10.000 | i = 15% a.p. = 0,15 | t = 3 períodos.

Logo,

$$J = 10.000 \,.\, 0{,}15 \,.\, 3 = \mathbf{4.500} < \frac{\mathbf{10.000}}{\mathbf{2}}$$

Gabarito: Errado.

QUESTÃO 34 (CESPE – Inmetro/Assist Exec/2010) Considere que um consumidor tenha contratado empréstimo de R$1.000,00, por 6 meses, no regime de juros simples. Considere, ainda, que o contrato preveja capitalização mensal, taxa de juros de 2% ao mês e que tanto o juro quanto o principal só sejam pagos ao fim do contrato. Nessa situação, o consumidor pagará, de juros, a quantia de

a) 120,00 b) 150,00 c) 200,00 d) 220,00 e) 600,00

RESOLUÇÃO:

Para juros simples, temos que:

$$J = C.i.t$$

Foram dados: C = 1.000 | i = 2% a.m. = 0,02 | t = 6 meses.

Logo,

$$J = 1.000 \,.\, 0{,}02 \,.\, 6 = \mathbf{120{,}00}$$

Gabarito: A.

QUESTÃO 35 (CESPE – Abin/Ag Téc de Inteligência/2010) O montante obtido por um investimento de R$5.000,00, aplicado por 10 meses, a juros simples mensais de 1,8% será superior a 5.850,00.

RESOLUÇÃO:

Para juros simples, temos que:

$$M = C \,.\, (1 + i.t)$$

Foram dados: C = 5.000 | i = 1,8% a.m. = 0,018 | t = 10 meses.

Logo,

$$M = 5.000.(1 + 0,018.10) = \mathbf{5.900,00 > 5.850,00}$$

Gabarito: Certo.

QUESTÃO 36 (CESPE – Abin/Ag Téc de Inteligência/2010) Considere que três amigos tenham aplicado quantias diretamente proporcionais aos números 3, 5 e 7, em um banco que pague juros simples de 3% ao mês, e que os montantes dessas aplicações, ao final de 6 meses, tenham somado R$35.400,00. Com base nessas informações, julgue o item a seguir.

A maior quantia aplicada foi superior a R$14.200,00.

RESOLUÇÃO:

Sejam A, B e C os montantes de cada um dos 3 amigos ao final da aplicação. Como essas quantias são diretamente proporcionais a 3, 5 e 7, temos:

$$\frac{A}{3} = \frac{B}{5} = \frac{C}{7} = \frac{A+B+C}{3+5+7}$$

$$\frac{A}{3} = \frac{B}{5} = \frac{C}{7} = \frac{35.400}{15} = 2.360$$

$$\frac{A}{3} = 2.360 \rightarrow A = 7.080$$

$$\frac{B}{5} = 2.360 \rightarrow B = 11.800$$

$$\frac{B}{5} = 2.360 \rightarrow C = 16.520$$

Esses valores correspondem aos montantes individuais após os 6 meses de aplicação. Para calcular os valores inicialmente investidos, vamos usar a fórmula dos juros simples:

$$M = C \, . \, (1 + i.t)$$

Para o montante A:

$$7.080 = C_A \, . \, (1 + 0,03 \, . \, 6)$$

$$C_A = \frac{7.080}{1 + 0,03 \, . \, 6} = 6.000$$

Para o montante B:

$$11.800 = C_B . (1 + 0{,}03 . 6)$$

$$C_B = \frac{11.800}{1 + 0{,}03 . 6} = 10.000$$

Para o montante C:

$$16.520 = C_C . (1 + 0{,}03 . 6)$$

$$\mathbf{C_C = \frac{16.520}{1 + 0{,}03 . 6} = 14.000 < 14.200}$$

Gabarito: Errado.

QUESTÃO 37 (CESPE – Abin/Ag Téc de Inteligência/2010) Considere que três amigos tenham aplicado quantias diretamente proporcionais aos números 3, 5 e 7, em um banco que pague juros simples de 3% ao mês, e que os montantes dessas aplicações, ao final de 6 meses, tenham somado R$35.400,00. Com base nessas informações, julgue o item a seguir.

A menor quantia aplicada foi inferior a R$5.800,00.

RESOLUÇÃO:

Sejam A, B e C os montantes de cada um dos 3 amigos ao final da aplicação. Como essas quantias são diretamente proporcionais a 3, 5 e 7, temos:

$$\frac{A}{3} = \frac{B}{5} = \frac{C}{7} = \frac{A + B + C}{3 + 5 + 7}$$

$$\frac{A}{3} = \frac{B}{5} = \frac{C}{7} = \frac{35.400}{15} = 2.360$$

$$\frac{A}{3} = 2.360 \rightarrow A = 7.080$$

$$\frac{B}{5} = 2.360 \rightarrow B = 11.800$$

$$\frac{B}{5} = 2.360 \rightarrow C = 16.520$$

Esses valores correspondem aos montantes individuais após os 6 meses de aplicação. Para calcular os valores inicialmente investidos, vamos usar a fórmula dos juros simples:

$$M = C . (1 + i.t)$$

Para o montante A:

$$7.080 = C_A . (1 + 0{,}03 . 6)$$

$$C_A = \frac{\mathbf{7.080}}{\mathbf{1 + 0{,}03 . 6}} = \mathbf{6.000 > 5.800}$$

Para o montante B:

$$11.800 = C_B . (1 + 0{,}03 . 6)$$

$$C_B = \frac{11.800}{1 + 0{,}03 . 6} = 10.000$$

Para o montante C:

$$16.520 = C_C . (1 + 0{,}03 . 6)$$

$$C_C = \frac{16.520}{1 + 0{,}03 . 6} = 14.000$$

Gabarito: Errado.

QUESTÃO 38 (CESPE – TCU/Ana de Controle Externo/2009) Se um capital de R$10.000,00 for aplicado pelo período de 1 ano à taxa de juros simples de 6% ao mês, então, ao término desse período, o montante existente nessa aplicação será superior a R$17.400,00.

RESOLUÇÃO:

Para juros simples, temos que:

$$M = C . (1 + i.t)$$

Foram dados: C = 10.000 | i = 6% a.m. = 0,06 | t = 12 meses.

Logo,

$$M = 10.000.(1 + 0{,}06.12) = \mathbf{17.200 < 17.400}\ \boldsymbol{reais}$$

Gabarito: Errado.

QUESTÃO 39 (CESPE – SEAD-SE/Aux de Necrópsia/2009) Uma pessoa aplicou 2/5 de seu capital, no regime de juros simples, à taxa de 8% ao ano e o restante de seu capital foi aplicado à taxa de juros simples de 10% ao ano. Ao fim de um ano, as duas aplicações renderam, juntas, R$460,00. Nessas condições, julgue o item subsequente.

O juro produzido pelos 2/5 do capital foi de R$160,00.

RESOLUÇÃO:

Seja C o capital da pessoa.

<u>1ª Aplicação</u>:

$$J_1 = \frac{2C}{5} \cdot 0{,}08 \cdot 1 = 0{,}032 \cdot C$$

<u>2ª Aplicação</u>:

$$J_2 = \frac{3C}{5} \cdot 0{,}10 \cdot 1 = 0{,}06 \cdot C$$

O enunciado ainda nos diz que:

$$J_1 + J_2 = 460$$

$$0{,}032.C + 0{,}06.C = 460$$

$$0{,}092.C = 460$$

$$C = \frac{460}{0{,}092} = 5.000\ reais$$

Assim,

$$J_1 = 0{,}032.C = 0{,}032\ .5.000$$

$$\boldsymbol{J_1 = 160\ reais}$$

Gabarito: Certo.

QUESTÃO 40 (CESPE – SEAD-SE/Aux de Necrópsia/2009) Uma pessoa aplicou 2/5 de seu capital, no regime de juros simples, à taxa de 8% ao ano e o restante de seu capital foi aplicado à taxa de juros simples de 10% ao ano. Ao fim de um ano, as duas aplicações renderam, juntas, R$460,00. Nessas condições, julgue o item subsequente.

Os juros gerados pelas duas aplicações correspondem a 10% do capital inicial aplicado.

RESOLUÇÃO:

Seja C o capital da pessoa.

1ª Aplicação:

$$J_1 = \frac{2C}{5} \,.\, 0{,}08 \,.\, 1 = 0{,}032.C$$

2ª Aplicação:

$$J_2 = \frac{3C}{5} \,.\, 0{,}10 \,.\, 1 = 0{,}06.C$$

O enunciado ainda nos diz que:

$$J_1 + J_2 = 460$$

$$0{,}032.C + 0{,}06.C = 460$$

$$0{,}092.C = 460$$

$$C = \frac{460}{0{,}092} = 5.000\ reais$$

Dez por cento do capital aplicado é igual a:

$$\mathbf{10\%\ .\ 5.000 = 500}\ \boldsymbol{reais} \neq \mathbf{460}\ \boldsymbol{reais}$$

Gabarito: Errado.

QUESTÃO 41 (CESPE – MPU/Analista/2015) Considerando que um investidor tenha aplicado R$50.000,00 à taxa de juros simples de 15% ao mês, julgue o item que se segue.

Se, em um mês de 30 dias, o capital ficar aplicado por 23 dias, então o montante a ser auferido será superior a R$55.500,00.

RESOLUÇÃO:

Para juros simples, temos que:

$$M = C\,.\,(1 + i.t)$$

Foram dados: C = 50.000 | i = 15% a.m. = 0,15 | t = 23 dias = 23/30 meses.

Logo,

$$M = 50.000\,.\left(1 + 0{,}15\,.\frac{23}{30}\right) = \mathbf{55.750{,}00 > 55.500{,}00}$$

Gabarito: Certo.

QUESTÃO 42 (CESPE – MTE/Contador/2014) Se R$40.000,00 aplicados por 5 meses no regime de juros simples produzir um montante superior a R$45.000,00, então a taxa anual de juros dessa aplicação terá sido superior a 30%

RESOLUÇÃO:

No problema, são dados: M > 45.000 | C = 40.000 | t = 5 meses = 5/12 anos. Logo, temos:

$$40.000.\left(1 + i.\frac{5}{12}\right) > 45.000$$

$$1 + i.\frac{5}{12} > 1{,}125$$

$$i > \frac{1{,}125 - 1}{\frac{5}{12}} = 0{,}30 > \mathbf{30\%\ a.a.}$$

Gabarito: Certo.

QUESTÃO 43 (CESPE/SEFAZ-ES/AFRE/2013) Um cliente, que tinha R$500,00 em sua conta corrente especial, emitiu um cheque de R$2.300,00 que foi imediatamente compensado. O cliente só tomou conhecimento do saldo devedor 11 dias após a compensação do cheque. Nessa situação, sabendo que, para períodos inferiores a 30 dias, o banco cobra juros simples, diários, à taxa mensal de 4,8%, para cobrir o débito no banco relativo a esses 11 dias, o cliente deverá depositar, imediatamente, o montante de

a) 2.750,40 b) 1.800,00 c) 1.831,68 d) 1.886,40 e) 2.300,00

RESOLUÇÃO:

Inicialmente o enunciado informa que o cliente tinha R$500,00 em sua conta, de forma que o valor que ficou negativo foi de:

2.300 – 500 = **1.800,00**

Assim, aplicando a fórmula do **montante** nos juros simples, temos:

$$M = C.(1 + i.t)$$

$$\boldsymbol{M} = 1800 . \left(1 + 0{,}048 . \frac{11}{30}\right) = 1800 . (1 + 0{,}0176) = \mathbf{1.831{,}68}$$

Gabarito: C.

QUESTÃO 44 (Cespe – SEFAZ-DF/Auditor-Fiscal/2020) Considere que um comprador sabe que o preço da bicicleta não irá aumentar durante 1 mês e tem a possibilidade de investir suas economias em uma aplicação com rendimento líquido de 5% ao mês. Nessa situação, o comprador poderá realizar a compra à vista da bicicleta investindo nessa aplicação uma quantia inferior a R$1.650, independentemente de o regime de capitalização da aplicação ser simples ou composto.

RESOLUÇÃO:

Se eu aplicar exatamente 1.650 reais por 1 mês a uma taxa mensal de 5%, terei, ao final do período, o **montante**:

$$M = C.(1 + i.t)$$

$$M = 1.650.(1 + 0{,}05.1) = 1.650.1{,}05 = \mathbf{1.732{,}50\ \textit{reais}}$$

Note que essa quantia é MAIS do que eu preciso para comprar a bicicleta à vista (R$1.720). Portanto, realmente eu posso investir uma quantia INFERIOR a 1.650 reais por um mês e, após isso, efetuar a compra à vista da bicicleta.

Gabarito: Certo.

QUESTÃO 45 (FEPESE – ISS Itajaí/Auditor-Fiscal/2020) Uma pessoa investe seu capital em uma aplicação que triplica o capital a cada 41 meses. Logo, a taxa de juros simples mensal desta aplicação é:

a) Maior que 5%.

b) Maior que 4,75% e menor que 5%.

c) Maior que 4,5% e menor que 4,75%.

d) Maior que 4,25% e menor que 4,5%.

e) Menor que 4,25%.

RESOLUÇÃO:

Suponhamos que o capital seja de R$100,00. Na aplicação apresentada pelo enunciado, após t = 41 meses, teremos o montante M = 300 reais (triplo de 100). Como o regime é de juros simples, usamos a fórmula:

$$M = C.(1 + i.t)$$

$$300 = 100\ .(1 + i.41)$$

$$3 = 1 + 41i$$

$$2 = 41i$$

$$i = 2 / 41 = 0{,}048 = \mathbf{4{,}8\%}\ \boldsymbol{ao\ mês}$$

Gabarito: B.

QUESTÃO 46 (FEPESE – ISS Itajaí/Auditor-Fiscal/2020) Uma pessoa aplica um capital a juros simples. Após 1 ano e 8 meses da data da aplicação, o montante (capital+juros) é igual ao 9/6 do capital inicial. Logo, a taxa de juros mensal da aplicação é:

a) Maior que 2,25%.

b) Maior que 1,75% e menor que 2,25%.

c) Maior que 1,25% e menor que 1,75%.

d) Maior que 0,75% e menor que 1,25%.

e) Menor que 0,75%.

RESOLUÇÃO:

Seja C o capital inicial. O enunciado informa que o montante final é 9/6 dele, ou seja:

$$M = \frac{9C}{6}$$

É dito que o prazo de aplicação é de 1 ano e 8 meses, ou melhor, t = 20 meses. Obtemos a taxa de juros por meio da seguinte fórmula:

$$M = C\,.(1 + i\,.t)$$

$$\frac{9C}{6} = C\,.(1 + i\,.20)$$

Podemos dividir ambos os lados por C:

$$\frac{9}{6} = 1 + i\,.20$$

$$\frac{3}{2} - 1 = i\,.20$$

$$i = \frac{0{,}5}{20} = \frac{2{,}5}{100} = \mathbf{2{,}5\%}\ \boldsymbol{a.m}$$

Gabarito: A.

QUESTÃO 47 (ESAF/SEFAZ-SP/2009) Um capital unitário aplicado a juros gerou um montante de 1,1 ao fim de 2 meses e 15 dias. Qual a taxa de juros simples anual de aplicação deste capital?

a) 4% b) 10% c) 60 d) 54 e) 48%

RESOLUÇÃO:

Dados: t = 2,5 meses | C = 1 | M = 1,1.

Podemos aplicar uma das equações dos juros simples, sabendo que encontraremos uma taxa mensal:

$$\boldsymbol{M = C.(1 + i.t)}$$

$$\mathbf{1{,}1 = 1.(1 + \mathit{i}.2{,}5)}$$

$$2{,}5i = 1{,}1 - 1$$

$$2{,}5i = 0{,}1$$

$$\boldsymbol{i = 0{,}04 = 4\%}$$

Assim, a taxa mensal é de 4%. Logo, a taxa anual é de 4% × 12 = **48%.**

Gabarito: E.

QUESTÃO 48 (ESAF - ERSPE/ANEEL/2006) Indique qual o valor do capital que, aplicado à taxa de 2,4% ao mês, juros simples, rende R$176,00 de juros em 100 dias.

a) 2.200,00 b) 2.100,00 c) 2.000,00 d) 1.900,00 e) 1.800,00

RESOLUÇÃO:

Dados: t = 100 dias | i = 2,4% a.m | J = 176,00.

Note que o tempo e a taxa **não** estão na mesma unidade. Daí, vamos converter o prazo que se encontra em dias para meses. Recorreremos a uma regra de três simples:

1 mês ----- 30 dias

x meses ----- 100 dias

$$30 . x = 100 . 1$$

$$x = \frac{100}{30} = \frac{\mathbf{10}}{\mathbf{3}}\ \textbf{meses}$$

Agora podemos aplicar uma das equações dos juros simples:

$$J = C.i.t$$

$$176 = C\,.\,0{,}024.\frac{10}{3}$$

$$176 = C.0{,}08$$

$$C = \frac{176}{0{,}08} = \mathbf{2.200}$$

Gabarito: A.

QUESTÃO 49 (ESAF – SEFAZ-CE/Auditor Fiscal/2006) Qual o capital, em R$, que aplicado a juros simples à taxa de 2,4% ao mês rende R$1.608,00 em 100 dias?

a) 20.000,00 b) 20.100,00 c) 20.420,00 d) 22.000,00 e) 21.400,00

RESOLUÇÃO:

Para juros simples, temos que:

$$J = C.i.t$$

São dados: J = 1.608 | i = 2,4% a.m. = 0,024 | t = 100 dias = 100/30 meses.

Logo,

$$1.608 = C\,.\,0{,}024\,.\frac{100}{30}$$

$$0{,}08.C = 1.608$$

$$C = \frac{1.608}{0{,}08} = \mathbf{20.100{,}00}$$

Gabarito: B.

QUESTÃO 50 (ESAF – SUSEP/Ag Execut/2006) Três capitais nos valores de 250, 350 e 400 unidades monetárias são aplicados às taxas de juros simples mensais de 4%, 3% e 2%, respectivamente, durante o mesmo prazo. Obtenha a média aritmética ponderada das taxas de juros mensais de aplicação destes capitais usando os valores dos capitais aplicados como pesos.

a) 3% b) 2,95% c) 2,9% d) 2,85% e) 2,8%

RESOLUÇÃO:

A **taxa média** será dada por:

$$TM = \frac{250 \times 4\% + 350 \times 3\% + 400 \times 2\%}{250 + 350 + 400}$$

$$\boldsymbol{TM} = \frac{10 + 10{,}50 + 8}{1.000} = \frac{28{,}50}{1.000} = \mathbf{2{,}85\%}\ \boldsymbol{a.m.}$$

Gabarito: D.

QUESTÃO 51 (ESAF – SEFA-PA/Fiscal de Tributos Estadual/2002) Três capitais nos valores de R$1.000,00, R$2.000,00 e R$4.000,00 são aplicados respectivamente às taxas de 5,5%, 4% e 4,5% ao mês, durante o mesmo número de meses. Obtenha a taxa média mensal de aplicação destes capitais.

a) 3,5% b) 4% c) 4,25% d) 4,5% e) 5%

RESOLUÇÃO:

A **taxa média** é dada por:

$$\boldsymbol{TM} = \frac{\boldsymbol{C_1.i_1.t_1 + C_2.i_2.t_2 + C_3.i_3.t_3}}{\boldsymbol{C_1.t_1 + C_2.t_2 + C_3.t_3}}$$

Como todos os 3 períodos são iguais, temos:

$$TM = \frac{C_1.i_1.t + C_2.i_2.t + C_3.i_3.t}{C_1.t + C_2.t + C_3.t}$$

$$TM = \frac{C_1.i_1 + C_2.i_2 + C_3.i_3}{C_1 + C_2 + C_3}$$

Essa última expressão é justamente a média ponderada das taxas pelos capitais.

$$TM = \frac{1.000.5{,}5\% + 2.000.4\% + 4.000.4{,}5\%}{1.000 + 2.000 + 4.000}$$

$$TM = \frac{55 + 80 + 180}{7.000} = \frac{315}{7.000} = \mathbf{4{,}5\%}\ \boldsymbol{a.m.}$$

Gabarito: D.

QUESTÃO 52 (ESAF – SEFAZ-PI/Ag Tributário/2002) Durante o mês de maio, um capital de R$2.000,00 foi aplicado no open market (sistema de juros simples) a uma taxa de 30% ao mês, tendo produzido um montante de R$2.240,00. O número de dias a que esse capital esteve aplicado foi de:

a) 8 b) 10 c) 12 d) 13 e) 15

RESOLUÇÃO:

Para juros simples, temos que:

$$M = C.(1 + i.t)$$

São dados: M = 2.240 | C = 2.000 | i = 30% a.m. = 0,30. Logo:

$$2.240 = 2.000.(1 + 0{,}30 . t)$$

$$1 + 0{,}30. t = \frac{2.240}{2.000}$$

$$1 + 0{,}30. t = 1{,}12$$

$$\boldsymbol{t} = \frac{1{,}12 - 1}{0{,}30} = \mathbf{0{,}4\ meses}$$

Como o enunciado foi omisso, assumimos **juros comerciais**, ou seja, **1 mês tem 30 dias**. Assim,

$$\boldsymbol{t} = 0{,}4 \times 30 = \mathbf{12}\ \boldsymbol{dias}$$

Gabarito: C.

QUESTÃO 53 (ESAF – IRB/Ana/2006) Um capital de 1.000 unidades monetárias foi aplicado durante um mês a 3% ao mês, tendo o montante ao fim do mês sido reaplicado no segundo mês a 4% ao mês e o montante ao fim do segundo mês sido reaplicado no terceiro mês a 5% ao mês. Indique o montante ao fim do terceiro mês.

a) 1.170 b) 1.124,76 c) 1.120 d) 1.116,65 e) 1.110

RESOLUÇÃO:

Esse capital irá render juros sucessivos de 3%, 4% e 5%. Logo, o **montante** ao final do 3º mês será dado por:

$$\boldsymbol{M} = 1.000.(1 + 3\%).(1 + 4\%).(1 + 5\%) = 1.000.1{,}03.1{,}04.1{,}05 = \mathbf{1.124{,}76}$$

Gabarito: B.

QUESTÃO 54 (ESAF – BACEN/Ana Cont/2001) Uma pessoa recebeu um empréstimo de um banco comercial de R$10.000,00 para pagar R$12.000,00 ao final de cinco meses, mas foi obrigada a manter R$2.000,00 de saldo em sua conta durante a vigência do empréstimo. Considerando que a pessoa retirou os R$2.000,00 do empréstimo recebido e os utilizou para pagamento do montante no final, indique a taxa real de juros paga.

a) 20% ao semestre

b) 4% ao mês, considerando juros simples

c) 10% ao mês, considerando juros simples

d) 20% no período

e) 5% ao mês, juros simples

RESOLUÇÃO:

Se a pessoa teve que manter os 2.000 reais na conta, então, na verdade, o empréstimo que recebeu foi de 10.000 – 2.000 = 8.000 reais.

Além disso, como os 2.000 reais que permaneceram na conta foram utilizados para quitar a dívida, a pessoa teve que pagar, ao final do empréstimo 12.000 – 2.000 = 10.000 reais.

Para juros simples, temos:

$$M = C.(1 + i.t)$$

No problema, temos: M = 10.000 | C = 8.000 | t =5 meses.

Logo,

$$10.000 = 8.000.(1 + i.5)$$

$$1 + i.5 = \frac{10.000}{8.000}$$

$$1 + i.5 = 1{,}25$$

$$\boldsymbol{i} = \frac{1{,}25 - 1}{5} = 0{,}05 = \mathbf{5\%}\ \boldsymbol{a.m.}$$

Gabarito: E.

QUESTÃO 55 (ESAF – Pref. Recife/Contador/2003) Um capital é aplicado a juros simples a uma taxa de 3% ao mês. Em quanto tempo este capital aumentaria 14% em relação ao seu valor inicial?

a) 3 meses e meio
b) 4 meses
c) 4 meses e 10 dias
d) 4 meses e meio
e) 4 meses e 20 dias

RESOLUÇÃO:

Para juros simples, temos:

$$M = C.(1 + i.t)$$

No problema, temos: M = C.(1+14%) = 1,14.C | i = 3% a.m. = 0,03.

Logo,

$$1{,}14.C = C.(1 + 0{,}03\,.t)$$

$$1 + 0{,}03.t = 1{,}14$$

$$\boldsymbol{t} = \frac{1{,}14 - 1}{0{,}03} = \frac{14}{3} \text{ meses} = \mathbf{4\ meses\ e\ \frac{2}{3}}$$

Como 1 mês tem 30 dias, 2/3 de mês terá 20 dias. Logo,

$$\boldsymbol{n = 4\ meses\ e\ 20\ dias}$$

Gabarito: E.

QUESTÃO 56 (ESAF – Pref. Recife/Contador/2003) Indique a taxa de juros simples mensal que é equivalente à taxa de 9% ao trimestre.

a) 2% b) 3% c) 4% d) 4,5% e) 6%

RESOLUÇÃO:

Para juros simples, as taxas equivalentes são proporcionais, logo:

$$\frac{i_m}{i_t} = \frac{1\ mês}{3\ meses}$$

$$\frac{i_m}{9\%} = \frac{1\ mês}{3\ meses}$$

$$\boldsymbol{i_m = 3\%\ a.m.}$$

Gabarito: B.

QUESTÃO 57 (ESAF - ATRFB/Receita Federal do Brasil/2006) Três capitais nos valores respectivos de 100, 250 e 150 são aplicados a juros simples no mesmo prazo às taxas de 3%, 4% e 2% ao mês, respectivamente. Obtenha a taxa média mensal de aplicação desses capitais.

a) 3,4% b) 3,2% c) 3,0% d) 2,8% e) 2,6%

RESOLUÇÃO:

Dados: C_1 = 100,00 | C_2 = 250,00 | C_3 = 150,00 | i_1 = 3% a.m | i_2 = 4% a.m | i_3 = 2% a.m.

Sabemos que a **Taxa Média** é uma média ponderada das taxas individuais. Os pesos de ponderação são os produtos **t.C.**

Percebam que os prazos de aplicação são todos iguais entre si. Daí, os pesos de ponderação ficam reduzidos aos capitais:

$$\boldsymbol{TM} = \frac{(\boldsymbol{C_1}.\boldsymbol{i_1}) + (\boldsymbol{C_2}.\boldsymbol{i_2}) + (\boldsymbol{C_3}.\boldsymbol{i_3})}{(\boldsymbol{C_1}) + (\boldsymbol{C_2}) + (\boldsymbol{C_3})}$$

$$TM = \frac{100.0{,}03 + 250.0{,}04 + 150.0{,}02}{100 + 250 + 150} = \frac{3 + 10 + 3}{500} = \frac{16}{500} = \mathbf{0{,}032} = \mathbf{3{,}2\%}\ \boldsymbol{a.m}$$

Gabarito: B.

QUESTÃO 58 (ESAF - ATI/SEFAZ-CE/2007) Uma pessoa aplicou um capital a juro simples exato a uma taxa de 20% ao ano e ele cresceu 8% ao fim do prazo. Qual foi o prazo de aplicação do capital?

a) 144 dias b) 146 dias c) 150 dias d) 153 dias e) 155 dias

RESOLUÇÃO:

Vamos supor que o Capital inicial é de R$100,00. Dessa forma, o montante será de:

$$M = C + 8\% \times C = 100 + 8 = \mathbf{108}$$

Sabemos que o Juro (J) é obtido por meio da diferença entre o montante (M) e o Capital (C):

$$J = 108 - 100 = \boldsymbol{8}$$

Podemos usar uma das equações dos **juros simples**:

$$J = C.i.t$$

$$8 = 100.0,2.t$$

$$8 = 20t$$

$$t = \frac{8}{20} = \mathbf{0,4\ anos}$$

Precisamos converter o prazo que encontramos em **anos para dias**, já que é nessa unidade de tempo que se encontram todas as alternativas de resposta. Porém, o enunciado é claro ao afirmar que estamos trabalhando com **juros simples exatos**. Daí, devemos considerar que o ano possui 365 dias. Logo:

1 ano ----- 365 dias
0,4 anos ----- x dias

Multiplicando cruzado, teremos:

x . 1 = 365 . 0,4

x = 146 dias

Gabarito: B.

QUESTÃO 59 (ESAF - AFRFB/Receita Federal do Brasil/2003) Os capitais de R$2.500,00, R$3.500,00, R$4.000,00 e R$3.000,00 são aplicados a juros simples durante o mesmo prazo às taxas mensais de 6%, 4%, 3% e 1,5%, respectivamente. Obtenha a taxa média mensal de aplicação destes capitais.

a) 2,9% b) 3% c) 3,138% d) 3,25% e) 3,5%

RESOLUÇÃO:

Dados:

- C_1 = 2.500,00
- C_2 = 3.500,00
- C_3 = 4.000,00
- C_4 = 3.000,00
- i_1 = 6%
- i_2 = 4%
- i_3 = 3%
- i_4 = 1,5%
- TM = ?

Sabemos que a **Taxa Média** é uma média ponderada das taxas individuais. Os pesos de ponderação são os produtos **t.C**.

Perceba que os prazos de aplicação são todos iguais entre si. Daí, os pesos de ponderação ficam reduzidos aos capitais:

$$\boldsymbol{TM = \frac{(C_1.i_1) + (C_2.i_2) + (C_3.i_3) + (C_4.i_4)}{(C_1) + (C_2) + (C_3) + (C_4)}}$$

$$TM = \frac{2500.0{,}06 + 3500.0{,}04 + 4000.0{,}03 + 3000.0{,}015}{2500 + 3500 + 4000 + 3000}$$

$$\boldsymbol{TM} = \frac{150 + 140 + 120 + 45}{13000} = \frac{455}{13000} = \boldsymbol{0{,}035 = 3{,}5\%\, a.m}$$

Gabarito: E.

QUESTÃO 60 (FCC – TRT-13/Ana Jud/2014) A aplicação a juros de um capital de R$3.000,00 resultou em um montante de R$3.300,00 ao final do período de 2 meses e meio. A taxa de juros simples anual desse investimento, em %, foi de

a) 4. b) 48. c) 10. d) 60. e) 38.

RESOLUÇÃO:

Para juros simples, temos que:

$$M = C.(1 + i.t)$$

Foram dados: M = 3.300 | C = 3.000 | t = 2,5 meses = 2,5/12 anos.

Como queremos uma taxa de juros anual, colocamos t expresso em anos. Logo,

$$3.300 = 3.000\,.\left(1 + i.\frac{2{,}5}{12}\right)$$

$$1 + i.\frac{2{,}5}{12} = \frac{3.300}{3.000}$$

$$1 + i.\frac{2{,}5}{12} = 1{,}1$$

$$\boldsymbol{i} = \frac{1{,}1 - 1}{\frac{2{,}5}{12}} = 0{,}48 = \boldsymbol{48\%\; a.a.}$$

Gabarito: B.

QUESTÃO 61 (FCC – DPE-RS/Ana Econ/2013) Uma pessoa aplicou um determinado capital a uma taxa de juros simples de 10% ao ano durante 18 meses, obtendo ao final do período um determinado montante. Se ela tivesse aplicado o mesmo capital por um período de 24 meses, obteria R$6.250,00 a mais de juros em relação à primeira hipótese. O capital empregado por essa pessoa equivaleu, em R$, a

a) 125.000 b) 115.000 c) 130.000 d) 122.500 e) 135.000

RESOLUÇÃO:

1ª aplicação:

i = 10% a.a. = 0,10

t = 18 meses = 18/12 anos = 1,5 anos

$$J_1 = C.0,10.1,5 = 0,15.C$$

2ª aplicação:

i = 10% a.a. = 0,10

t = 24 meses = 24/12 anos = 2 anos

$$J_2 = C.0,10.2 = 0,20.C$$

O enunciado nos diz ainda que:

$$M_2 = M_1 + 6.250$$

$$0,20.C = 0,15.C + 6.250$$

$$0,05.C = 6.250$$

$$\mathbf{C = 125.000}$$

Gabarito: A.

QUESTÃO 62 (FCC – Pref. São Paulo/Auditor Fiscal/2012) Em 05 de janeiro de certo ano, uma pessoa tomou R$10.000,00 emprestados por 10 meses, a juros simples, com taxa de 6% ao mês. Após certo tempo, encontrou um outro credor que cobrava taxa de 4% ao mês. Tomou, então, R$13.000,00 emprestados do segundo credor pelo resto do prazo e, no mesmo dia, liquidou a dívida com o primeiro. Em 05 de novembro desse ano, ao liquidar a segunda dívida, havia pago um total de R$5.560,00 de juros aos dois credores. O prazo do segundo empréstimo foi

a) 4 meses b) 4 meses e meio c) 5 meses d) 5 meses e meio e) 6 meses

RESOLUÇÃO:

Esta questão é muito interessante! Vejamos o que aconteceu na linha do tempo.

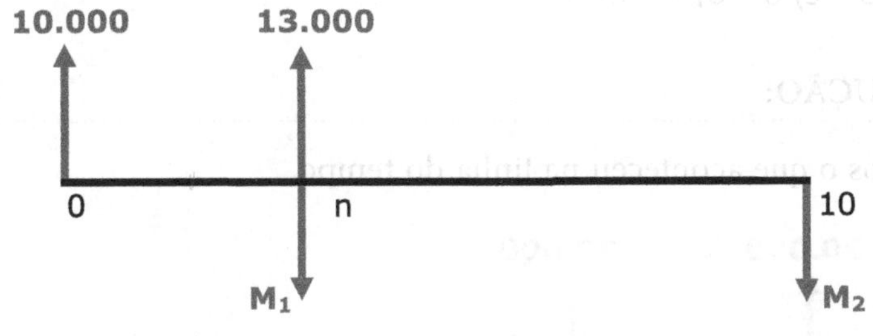

Primeiramente, a pessoa tomou 10.000 emprestados a uma taxa de juros simples de 6% ao mês. Algum tempo depois (t meses depois) quitou essa dívida pagando o montante M_1 e tomou novo empréstimo de 13.000 reais a uma taxa de 4% ao mês, pagando um montante M_2 ao final do período de 10 meses após o primeiro empréstimo. Assim, cada um dos empréstimos gerou os seguintes juros:

$$J_1 = 10.000.0,06\ .t$$

$$J_2 = 13.000.0,04\ .\ (10 - t)$$

Como sabemos que:

$$J_1 + J_2 = 5.560$$

Então, substituindo os valores de J_1 e J_2, temos:

$$10.000\ .0,06\ .\ t + 13.000.0,04.(10 - t) = 5.560$$

$$600.t + 5.200 - 520.t = 5.560$$

$$80.t = 360$$

$$\boldsymbol{t = 4,5\ meses}$$

Muita atenção, pois não é essa a pergunta da questão. O enunciado nos pede o prazo do segundo empréstimo, que é igual a **10 – t = 5,5 meses.**

Gabarito: D.

QUESTÃO 63 (FCC – SEFAZ-SP/Fiscal de Rendas/2013) Em 17/01/2012, uma pessoa tomou R$20.000,00 emprestados do Banco A, por um ano, a juro simples, à taxa de 4% ao mês. Após certo tempo, soube que o Banco B emprestava, a juros simples, à taxa de 3% ao mês. Tomou, então, R$20.000,00 emprestados do Banco B até 17/01/2013 e no mesmo dia liquidou sua dívida com o Banco

A. Em 17/01/2013, os juros pagos aos Bancos A e B totalizaram R$8.200,00. O número de meses correspondente ao prazo de segundo empréstimo é

a) 4 b) 5 c) 6 d) 7 e) 8

RESOLUÇÃO:

Vejamos o que aconteceu na linha do tempo.

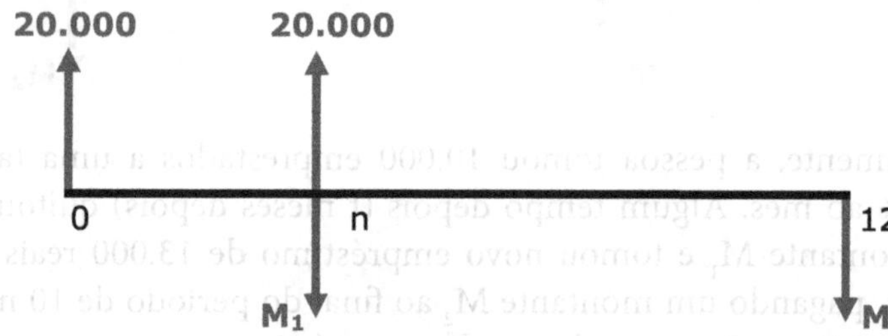

Primeiramente, a pessoa tomou 20.000 emprestados a uma taxa de juros simples de 4% ao mês. Algum tempo depois (t meses depois) quitou essa dívida pagando o montante M_1 e tomou novo empréstimo de 20.000 reais a uma taxa de 3% ao mês, pagando um montante M_2 ao final do período de 12 meses após o primeiro empréstimo. Assim, cada um dos empréstimos gerou os seguintes juros:

$$J_1 = 20.000.0{,}04 \,.\, t$$

$$J_2 = 20.000.0{,}03.(12 - t)$$

Como sabemos que:

$$J_1 + J_2 = 8.200$$

Então, substituindo os valores de J_1 e J_2, temos:

$$20.000\,.0{,}04\,.\,t + 20.000.0{,}03.(12 - t) = 8.200$$

$$800.t + 7.200 - 600.t = 8.200$$

$$200.t = 1.000$$

$$\boldsymbol{t = 5 \text{ meses}}$$

Muita atenção, pois não é essa a pergunta da questão. O enunciado nos pede o prazo do segundo empréstimo, que é igual a **12 – t = 7 meses.**

Gabarito: D.

QUESTÃO 64 (FCC – TRF 2ª Região/Téc Jud/2012) Um capital de R$25 000,00, aplicado a juros simples e à taxa anual de 12%, ao final de um período de 15 meses produzirá o montante de, em R$:

a) 37.000,00 b) 37.250,00 c) 32.500,00 d) 28.750,00 e) 25.250,00

RESOLUÇÃO:

Para juros simples, temos que:

$$M = C.(1 + i.t)$$

Foram dados: C = 25.000 | i = 12% a.a. = 0,12 | t = 15 meses = 15/12 anos.

Como a taxa de juros é anual, colocamos t expresso em anos. Logo,

$$\boldsymbol{M} = 25.000\,.\left(1 + 0{,}12\,.\frac{15}{12}\right) = \boldsymbol{R\$28.750{,}00}$$

Gabarito: D.

QUESTÃO 65 (FCC – TCE-PR/Ana Cont/2011) Uma pessoa aplica 25% de seu capital a juros simples, durante 15 meses, a uma taxa de 9,6% ao ano. O restante do capital aplica também a juros simples, durante 16 meses, a uma taxa de 12% ao ano. Se a soma dos montantes destas duas aplicações é igual a R$57.500,00, então o montante, em R$, de maior valor supera o de menor em

a) 28.750,00 b) 29.125,00 c) 29.500,00 d) 30.000,00 e) 32.500,00

RESOLUÇÃO:

Seja X o capital da pessoa.

1ª Aplicação:

C = 25%.X = 0,25.X

i = 9,6% a.a. = 0,096

t = 15 meses = 15/12 anos

$$M_1 = 0{,}25.X\,.(1 + 0{,}096\,.\frac{15}{12}) = 0{,}28.X$$

2ª Aplicação:

C = 75%.X = 0,75.X

i = 12% a.a. = 0,12

t = 16 meses = 16/12 anos

$$M_2 = 0{,}75.X.(1 + 0{,}12\,.\frac{16}{12}) = 0{,}87.X$$

O enunciado ainda nos diz que:

$$M_1 + M_2 = 57.500$$

$$0{,}28.X + 0{,}87.X = 57.500$$

$$1{,}15.X = 57.500$$

$$X = \frac{57.500}{1{,}15} = 50.000\ reais$$

Assim, temos que:

$$M_1 = 0{,}28\ .\ X = 0{,}28.50.000 = 14.000$$

$$M_2 = 0{,}87\ .\ X = 0{,}87.50.000 = 43.500$$

Então:

$$\mathbf{M_2 - M_1 = 43.500 - 14.000 = 29.500}$$

Gabarito: C.

QUESTÃO 66 (FCC – TRT 4ª Região/Téc Jud/2011) Na compra de um par de sapatos, Lucimara pode optar por duas formas de pagamento:

- à vista, por R$225,00;

- R$125,00 no ato da compra mais uma parcela de R$125,00, um mês após a compra.

Se Lucimara optar por fazer o pagamento parcelado, a taxa mensal de juros simples cobrada nesse financiamento é de

a) 10%. b) 20%. c) 25%. d) 27%. e) 30%.

RESOLUÇÃO:

Ao pagar 125 reais no ato da compra, Lucimara ainda teria a pagar 225 – 125 = 100 reais. Esse valor é financiado e gera um montante de 125 reais a ser pago 1 mês depois. Logo,

$$M = C + J$$

$$125 = 100 + J$$

$$J = 25\ reais$$

Para calcular a taxa de juros, fazemos:

$$i = \frac{J}{C} = \frac{25}{100} = \mathbf{25\%}\ \boldsymbol{a.m.}$$

Gabarito: C.

QUESTÃO 67 (FCC – BB/Escriturário/2011) Um capital de R$10.500,00 foi aplicado a juros simples. Sabendo que a taxa de juros contratada foi de 42% ao ano, então, não tendo sido feito qualquer depósito ou retirada, o montante de R$11.725,00 estará disponível a partir de quanto tempo da data de aplicação?

a) 4 meses.

b) 3 meses e 20 dias.

c) 3 meses e 10 dias.

d) 3 meses.

e) 2 meses e 20 dias.

RESOLUÇÃO:

Para juros simples, temos que:

$$M = C\ .\ (1 + i.t)$$

Foram dados: M = 11.725 | C = 10.500 | i = 42% a.a. = 0,42.

Como a taxa de juros é anual, acharemos n expresso em anos. Logo,

$$11.725 = 10.500\,.\,(1 + 0{,}42.t)$$

$$1 + 0{,}42.t = \frac{11.725}{10.500}$$

$$1 + 0{,}42.t = 1{,}1167$$

$$t = \frac{1{,}1167 - 1}{0{,}42} = 0{,}278\ anos$$

Multiplicando por 12, acharemos t expresso em meses:

$$t = 12 \times 0{,}278 = 3{,}336 \text{ meses}$$

Multiplicando a parte decimal de t por 30, acharemos o número de dias além de 3 meses.

$$30 \times 0{,}336 = 10 \text{ dias}$$

Logo,

$$n = 3 \textbf{ meses e } 10 \textbf{ dias}$$

Gabarito: C.

QUESTÃO 68 (FCC – Sergipe Gás/Economista/2010) A soma dos valores de dois capitais é igual a R$32.000,00. O primeiro capital foi aplicado durante 16 meses, apresentando um total de juros igual a R$3.600,00. O segundo capital foi aplicado durante 20 meses, apresentando um total de juros igual a R$5.100,00. Se ambos foram aplicados a juros simples, à mesma taxa, o capital de maior valor apresentou um montante igual a, em R$:

a) 22.100,00 b) 23.900,00 c) 24.200,00 d) 24.700,00 e) 24.900,00

RESOLUÇÃO:

<u>1ª aplicação</u>: C_1 | $J_1 = 3.600$ | i | t = 16 meses

$$3.600 = C_1.i.16$$
$$C_1.i = 225$$

<u>2ª aplicação</u>: C_2 | $J_2 = 5.100$ | i | t = 20 meses

$$5.100 = C_2.i.20$$
$$C_2.i = 255$$

Dividindo uma equação pela outra, temos:

$$\frac{C_1.i}{C_2.i} = \frac{225}{255}$$

$$\frac{C_1}{C_2} = \frac{15}{17}$$

Dessa relação, vemos que C_2 é o maior dos capitais.

$$C_1 = \frac{15.C_2}{17}$$

O enunciado nos diz ainda que:

$$C_1 + C_2 = 32.000$$

Logo,

$$\frac{15.C_2}{17} + C_2 = 32.000$$

$$\frac{15.C_2}{17} + \frac{17.C_2}{17} = 32.000$$

$$\frac{32.C_2}{17} = 32.000$$

$$C_2 = 17.000$$

Para acharmos o **montante** gerado por esse capital, fazemos:

$$M_2 = C_2 + J_2$$

$$M_2 = 17.000 + 5.100$$

$$\mathbf{M_2 = 22.100,00}$$

Gabarito: A.

QUESTÃO 69 (FCC – Sergipe Gás/Contador/2010) Um banco remunera as aplicações de seus clientes a uma taxa de juros simples de 18% ao ano. Uma pessoa aplicou um capital neste banco, em uma determinada data, e verificou que no final do período de aplicação o total de juros correspondia a 21% do valor do capital aplicado. O prazo dessa aplicação foi de

a) 14 meses. b) 15 meses. c) 16 meses. d) 18 meses. e) 20 meses.

RESOLUÇÃO:

Para juros simples, temos que:

$$J = C.i.t$$

Foram dados: J = 21%.C = 0,21.C | i = 18% a.a. = 0,18.

Logo,

$$0{,}21.C = C\,.0{,}18\,.t$$

$$t = \frac{0{,}21.C}{0{,}18.C} = \frac{7}{6}\ anos$$

Como a taxa de juros estava expressa ao ano, achamos t expresso em anos. Se quisermos passar para meses, devemos multiplicar por 12. Assim,

$$t = 12 \times \frac{7}{6} = \mathbf{14\ meses}$$

Gabarito: A.

QUESTÃO 70 (FCC – SEFAZ-SP/APOFP/2010) Um capital no valor de R$12.500,00 é aplicado a juros simples, durante 12 meses, apresentando um montante igual a R$15.000,00. Um outro capital é aplicado, durante 15 meses, a juros simples a uma taxa igual à da aplicação anterior, produzindo juros no total de R$5.250,00. O valor do segundo capital supera o valor do primeiro em

a) 5.850,00 b) 6.000,00 c) 7.500,00 d) 8.500,00 e) 10.000,00

RESOLUÇÃO:

1ª Aplicação: M = 15.000 | C = 12.500 | t = 12 meses

$$15.000 = 12.500\,.\,(1 + i\,.12)$$

$$1 + i.\,12 = \frac{15.000}{12.500}$$

$$1 + i.\,12 = 1{,}2$$

$$i = \frac{1{,}2 - 1}{12} = \frac{1}{60}$$

2ª Aplicação: J = 5.250 | i = 1/60 | t = 15 meses

$$5.250 = C\,.\frac{1}{60}\,.\,15$$

$$\frac{C}{4} = 5.250$$

$$C = 21.000$$

Assim, a diferença entre os dois capitais será de:

21.000 - 12.500 = 8.500,00

Gabarito: D.

QUESTÃO 71 (FCC – SEFIN-RO/Auditor Fiscal/2010) Dois capitais foram aplicados a uma taxa de juros simples de 2% ao mês. O primeiro capital ficou aplicado durante o prazo de um ano e o segundo, durante 8 meses. A soma dos dois capitais e a soma dos correspondentes juros são iguais a R$27.000,00 e R$5.280,00, respectivamente. O valor do módulo da diferença entre os dois capitais é igual a

a) 5.000,00 b) 4.000,00 c) 3.000,00 d) 2.500,00 e) 2.000,00

RESOLUÇÃO:

1º Capital:

$$J_1 = C_1 .0,02.12$$

$$J_1 = 0,24.C_1$$

2º Capital:

$$J_2 = C_2.0,02.8$$

$$J_2 = 0,16.C_2$$

O enunciado ainda nos diz que:

$$J_1 + J_2 = 5.280$$

$$C_1 + C_2 = 27.000$$

Assim, substituindo os valores de J_1 e J_2 na primeira equação, temos o seguinte sistema:

$$0,24.C_1 + 0,16.C_2 = 5.280$$

$$C_1 + C_2 = 27.000$$

Dividindo a primeira equação por 0,16, temos:

$$1,5.C_1 + C_2 = 33.000$$

$$C_1 + C_2 = 27.000$$

Subtraindo a segunda equação da primeira, temos:

$$0,5.C_1 = 6.000$$

$$C_1 = 12.000$$

Podemos agora calcular o valor de C_2:

$$C_1 + C_2 = 27.000$$

$$12.000 + C_2 = 27.000$$

$$C_2 = 15.000$$

A diferença entre os dois fica:

$$C_2 - C_1 = 15.000 - 12.000 = 3.000 \textit{ reais}$$

Gabarito: C.

QUESTÃO 72 (FCC – Metrô-SP/Ana Adm/2010) Um capital aplicado a juros simples durante 24 meses rendeu R$7.396,00 de juros. Se o dobro desse capital fosse aplicado a juros simples, com a mesma taxa de juros, geraria no final de três anos um montante igual a R$82.988,00. O valor do capital aplicado na primeira situação era, em R$, de

a) 15.200,00 b) 60.800,00 c) 41.344,00 d) 30.400,00 e) 20.672,00

RESOLUÇÃO:

Para juros simples, temos que:

$$M = C.(1 + i.t)$$

$$J = C.i.t$$

De forma a simplificar as contas, vamos considerar os prazos em anos.

1º Capital:

$$7.396 = C.i.2$$

$$C.i = 3.698$$

2º Capital:

$$82.988 = 2C.(1 + i.3)$$

$$2C + 6.C.i = 82.988$$

$$2C + 6.3.698 = 82.988$$

$$C = \frac{82.988 - 6.3.698}{2} = \mathbf{30.400,00}$$

Gabarito: D.

QUESTÃO 73 (FCC – TJ-SE/Ana Jud/2009) Um capital foi aplicado, a juros simples, durante um período de 20 meses. Sabendo-se que o valor do montante no final do período foi igual a 5/4 do valor do capital inicial, tem-se que a taxa de juros anual correspondente foi de

a) 15% b) 18% c) 20% d) 24% e) 27%

RESOLUÇÃO:

Para juros simples, temos que:

$$M = C.(1 + i.t)$$

Foram dados: M = 5C/4 | t = 20 meses = 20/12 anos.

Como queremos achar a taxa de juros anual, precisamos expressar o prazo t em anos.

$$\frac{5C}{4} = C.\left(1 + i.\frac{20}{12}\right)$$

$$\frac{5}{4} = 1 + \frac{5i}{3}$$

$$\frac{5i}{3} = \frac{1}{4}$$

$$\boldsymbol{i = \frac{3}{20} = 15\%\ a.a.}$$

Gabarito: A.

QUESTÃO 74 (FCC – SEFAZ-SP/Agente Fiscal de Rendas/2009) Uma pessoa aplicou um capital em um Banco que remunera os depósitos de seus clientes a uma taxa de juros simples de 12% ao ano. Completando 6 meses, ela retirou o montante correspondente a esta aplicação e utilizou R$20.000,00 para liquidar uma dívida nesse valor. O restante do dinheiro, aplicou em um outro Banco, durante um ano, a uma taxa de juros simples de 1,5% ao mês. No final do período, o montante da segunda aplicação apresentou um valor igual a R$28.933,60. A soma dos juros das duas aplicações é igual a, em R$:

a) 10.080,00 b) 8.506,80 c) 7.204,40 d) 6.933,60 e) 6.432,00

RESOLUÇÃO:

Para juros simples, temos que:

$$M = C.(1 + i.t)$$

<u>1ª Aplicação</u>: $C_1 = C$ | $i_1 = 12\%$ a.a. = 0,12 | $t_1 = 6$ meses = 1/2 ano.

$$M_1 = C.\left(1 + 0{,}12.\frac{1}{2}\right)$$

$$M_1 = 1{,}06.C$$

2ª Aplicação: M_2 = 28.933,60 | $C_2 = M_1$ - 20.000 = 1,06.C - 20.000 | i_2 = 1,5% a.m. = 0,015 | t_2 = 12 meses.

$$M_2 = M_1 \,.\, (1 + i_2 \,.\, t_2)$$

$$28.933{,}60 = (1{,}06.C - 20.000)\,.\,(1 + 0{,}015\,.\,12)$$

$$1{,}06.C - 20.000 = \frac{28.933{,}60}{1 + 0{,}015\,.\,12}$$

$$1{,}06.C - 20.000 = 24.520$$

$$C = \frac{24.520 + 20.000}{1{,}06}$$

$$C = 42.000{,}00$$

Para calcular os juros da primeira aplicação, fazemos:

$$J_1 = C_1 \,.\, i_1 \,.\, t_1$$

$$\mathbf{J_1 = 42.000\,.\,0,12\,.\,\frac{1}{2} = 2.520}$$

Para calcular os juros da segunda aplicação, fazemos:

$$J_2 = C_2 \,.\, i_2 \,.\, t_2$$

$$J_2 = (1{,}06.C - 20.000)\,.\,0{,}015\,.\,12$$

$$J_2 = (1{,}06\,.\,42.000 - 20.000)\,.\,0{,}015\,.\,12$$

$$\mathbf{J_2 = 4.413,60}$$

Assim, a soma dos juros será dada por:

$$\mathbf{J_1 + J_2 = 2.520,00 + 4.413,60 = 6.933,60}$$

Também poderíamos calcular o valor total dos juros fazendo a seguinte operação:

$$J_1 + J_2 = M_2 + 20.000 - C$$

$$J_1 + J_2 = 28.933{,}60 + 20.000 - 42.000 = \mathbf{6.933,60}$$

Gabarito: D.

QUESTÃO 75 (FCC – TRT 15ª Região/Téc Jud/2009) Romualdo recebeu R$15.000,00, referentes a uma indenização trabalhista. Dessa quantia, retirou

20% para o pagamento dos honorários de seu advogado e o restante aplicou em um investimento a juros simples, à taxa anual de 18,75%. Quantos meses Romualdo deverá esperar até que possa retirar R$15.000,00 dessa aplicação?

a) 16 b) 15 c) 14 d) 13 e) 12

RESOLUÇÃO:

Retirando 20% da quantia que recebeu, sobraram para Romualdo:

$$C = 15.000\,.\,(1 - 20\%) = 12.000$$

Para juros simples, temos que:

$$M = C\,.\,(1 + i.t)$$

Foram dados: M = 15.000 | C = 12.000 | i = 18,75% a.a. = 0,1875.

Como queremos a taxa de juros é anual, acharemos o prazo t em anos. Para passar para meses, basta multiplicarmos por 12.

$$15.000 = 12.000.\,(1 + 0{,}1875\,.\,t)$$

$$1 + 0{,}1875.\,t = \frac{15.000}{12.000}$$

$$1 + 0{,}1875.\,t = 1{,}25$$

$$t = \frac{1{,}25 - 1}{0{,}1875} = \frac{4}{3}\ anos$$

Para acharmos o prazo em meses, basta multiplicarmos o valor acima por 12:

$$\boldsymbol{t = \frac{4}{3} \times 12 = 16\ meses}$$

Gabarito: A.

QUESTÃO 76 (FCC – TRT 15ª Região/Ana Jud/2009) Um analista deve efetuar dois pagamentos, um de R$1.500,00 daqui a 4 meses e outro, de R reais, daqui a 6 meses. Para isso, ele vai:

- aplicar R$2.000,00 hoje, a juros simples, à taxa de 4% ao mês;

- retirar todo o montante dessa aplicação daqui a 4 meses e, no mesmo dia, efetuar o pagamento de R$1.500,00 e aplicar o restante a juros simples, à taxa de 5% ao mês por 2 meses;

- retirar, daqui a 6 meses, todo o montante da segunda aplicação e efetuar o pagamento de R reais, não ficando com sobras.

Dessa forma, o valor de R é

a) 902 b) 910 c) 915 d) 918 e) 920

RESOLUÇÃO:

Para juros simples, temos que:

$$M = C.(1 + i.t)$$

1ª Aplicação: $C_1 = 2.000$ | $i_1 = 4\%$ a.m. $= 0,04$ | $t_1 = 4$ meses.

Logo,

$$\boldsymbol{M_1} = 2.000.(1 + 0,04.4) = \mathbf{2.320}$$

2ª Aplicação: $M_2 = R$ | $C_2 = 2.320 - 1.500 = 820$ | $i_2 = 5\%$ a.m. $= 0,05$ | $t_2 = 2$ meses.

Logo,

$$\boldsymbol{R} = 820.(1 + 0,05.2) = \mathbf{902,00}$$

Gabarito: A.

QUESTÃO 77 (FCC – TRT 15ª Região/Ana Jud/2009) Uma pessoa aplicou 2/3 de C reais à taxa mensal de 1,5% e, após 3 meses da data desta aplicação, aplicou o restante à taxa mensal de 2%. Considerando que as duas aplicações foram feitas em um regime simples de capitalização e que, decorridos 18 meses da primeira, os montantes de ambas totalizavam R$28.800,00, então o valor de C era, em R$:

a) 24 000,00 b) 24 200,00 c) 24 500,00 d) 22 800,00 e) 22 500,00

RESOLUÇÃO:

Na primeira aplicação, 2/3 do capital ficaram aplicados por 18 meses a uma taxa de juros simples igual a 1,5% ao mês. Na segunda aplicação, o 1/3 restante ficou aplicado durante 18 – 3 = 15 meses a uma taxa de juros mensal igual a 2%.

Para juros simples, temos que:

$$M = C.(1 + i.t)$$

1ª Aplicação: $C_1 = 2C/3$ | $i_1 = 1,5\%$ a.m. $= 0,015$ | $t_1 = 18$ meses.

Logo,

$$M_1 = \frac{2C}{3}.(1 + 0,015.18)$$

$$M_1 = \frac{2,54.C}{3}$$

2ª Aplicação: $C_2 = C/3$ | $i_2 = 2\%$ a.m. $= 0{,}02$ | $t_2 = 15$ meses.

$$M_2 = \frac{C}{3}.(1 + 0{,}02\,.\,15)$$

$$M_2 = \frac{1{,}30.C}{3}$$

Somando os dois montantes temos:

$$M_1 + M_2 = 28.800$$

$$\frac{2{,}54.C}{3} + \frac{1{,}30.C}{3} = 28.800$$

$$\frac{3{,}84.C}{3} = 28.800$$

$$\boldsymbol{C = 22.500{,}00}$$

Gabarito: E.

QUESTÃO 78 (FCC – Infraero/Auditor/2009) Uma pessoa tomou dinheiro emprestado a juros simples durante 18 meses, tendo pago, ao final do período, o principal e mais R$14.400,00 a título de juros. Se ela tivesse tomado emprestado um capital duas vezes maior, à mesma taxa de juros e no mesmo período, ela teria pago um montante de R$80.000,00. O valor do capital que ela efetivamente tomou emprestado na operação correspondeu a, em R$,

a) 51.200,00 b) 40.000,00 c) 28.800,00 d) 25.600,00 e) 20.520,00

RESOLUÇÃO:

Para juros simples, temos que:

$$M = C.(1 + i.t)$$

$$J = C.i.t$$

<u>1ª Aplicação</u>: $J_1 = 14.400$ | $C_1 = C$ | $i_1 = i$ | $t_1 = 18$ meses.

Logo,

$$14.400 = C.i.18$$

$$C.i = 800$$

<u>2ª Aplicação</u>: $M_2 = 80.000$ | $C_2 = 2C$ | $i_2 = i$ | $t_2 = 18$ meses.

$$80.000 = 2C.(1 + i.18)$$

$$C.(1 + i.18) = 40.000$$

$$C + C.i.18 = 40.000$$

$$C + (800).18 = 40.000$$

$$C + 14.400 = 40.000$$

$$\boldsymbol{C = 25.600,00}$$

Gabarito: D.

QUESTÃO 79 (FCC - AFTE/SEFAZ-PB/2006) Certas operações podem ocorrer por um período de apenas alguns dias, tornando conveniente utilizar a taxa diária e obtendo os juros segundo a convenção do ano civil ou do ano comercial. Então, se um capital de R$15.000,00 foi aplicado por 5 dias à taxa de juros simples de 9,3% ao mês, em um mês de 31 dias, o módulo da diferença entre os valores dos juros comerciais e dos juros exatos é

a) 7,50 b) 15,00 c) 22,50 d) 30,00 e) 37,50

RESOLUÇÃO:

Dados: C = 15.000,00 | t = 5 dias | i = 9,3% a.m | Jc = ? | Je = ?

Acabamos de ver que nos **juros comerciais** consideramos que o mês tem 30 dias. Logo, 5 dias corresponde a 5/30 de um mês. Assim, os juros serão:

$$\boldsymbol{J_c = C.i.t}$$

$$J_c = 15000.0{,}093.\frac{5}{30} = \mathbf{232,50}$$

Já nos **juros exatos**, contamos os dias como se estivéssemos olhando para um calendário, de forma que se um mês tem 31 dias, temos de fazer os cálculos com esse valor. Logo, 5 dias corresponde a 5/31 de um mês. Assim, os juros serão:

$$\boldsymbol{J_e = C.i.t}$$

$$J_e = 15000.0{,}093.\frac{5}{31} = \mathbf{225,00}$$

Porém, a questão quer saber a **diferença entre os valores dos juros comerciais e dos juros exatos:**

$$232{,}50 - 225{,}00 = \mathbf{7{,}50}$$

Gabarito: A.

QUESTÃO 78 (FCC – TRT 19ª Região/Ana Jud/2014) No regime de juros simples e pelo prazo de 24 meses são realizadas as seguintes aplicações financeiras:

I. R$3.000,00, à taxa de 3,00% ao mês.

II. R$4.000,00, à taxa de 1,50% ao mês.

III. R$6.000,00, à taxa de 2,25% ao mês.

IV. R$7.000,00, à taxa de 4,50% ao mês.

A taxa média proporcional anual dessas quatro aplicações é, em %, igual a

a) 22,50. b) 24,00. c) 36,00. d) 11,25. e) 18,00.

RESOLUÇÃO:

Adaptando a fórmula para 4 capitais, temos:

$$TM = \frac{C_1.i_1.t_1 + C_2.i_2.t_2 + C_3.i_3.t_3 + C_4.i_4.t_4}{C_1.t_1 + C_2.t_2 + C_3.t_3 + C_4.t_4}$$

$$TM = \frac{3.000\,.\,0{,}03\,.\,24 + 4.000\,.\,0{,}015\,.\,24 + 6.000\,.\,0{,}0225\;24 + 7.000\,.\,0{,}045\,.\,24}{3.000\,.\,24 + 4.000\,.\,24 + 6.000\,.\,24 + 7.000\,.\,24}$$

Como o prazo de 24 meses aparece em todos os termos, podemos simplifica-lo:

$$TM = \frac{3.000\,.\,0{,}03 + 4.000\,.\,0{,}015 + 6.000\,.\,0{,}0225 + 7.000\,.\,0{,}045}{3.000 + 4.000 + 6.000 + 7.000}$$

$$TM = \frac{90 + 60 + 135 + 315}{20.000} = 3\%\ a.m.$$

Como queremos a taxa anual correspondente, devemos multiplicar a taxa média mensal por 12:

$$\boldsymbol{TM = 3\% \times 12 = 36\%\ a.a.}$$

Gabarito: C.

QUESTÃO 79 (VUNESP - Aux Adm/FUNDUNESP/2014) Por um empréstimo com período de 45 dias foram pagos R$18,75 de juros. Se o capital emprestado foi de R$1.500,00, então é verdade que a taxa anual correspondente de juros simples cobrada foi de

a) 8,35% b) 9,0% c) 9,5% d) 10% e) 10,37%

RESOLUÇÃO:

Dados: t = 45 dias | J = 18,75 | C = 1.500,00.

Podemos aplicar uma das equações dos juros simples, sabendo que a taxa que encontraremos será ao dia:

$$J = C.i.t$$

$$18{,}75 = 1500 . i . 45$$

$$18{,}75 = 67500 . i$$

$$i = \frac{18{,}75}{67500} = \mathbf{0{,}0278\%\ a.d}$$

Precisamos converter a taxa ao dia em ao ano:

$$0{,}0278\%.360 = 10\%\ \boldsymbol{a.a}$$

Gabarito: D.

QUESTÃO 80 (VUNESP/CM Caieiras/Aux Adm/2015) Uma pessoa aplicou um capital a juro simples com taxa de 1,5% ao mês, durante 6 meses, e recebeu R$45,00 de juros. Se essa pessoa tivesse colocado R$200,00 a mais nessa mesma aplicação, pelo mesmo tempo, o juro recebido superaria o juro anterior em

a) 20,00 b) 18,00 c) 16,00 d) 14,00 e) 12,00

RESOLUÇÃO:

A **diferença no juro** corresponde à incidência da **taxa** de 1,5% sobre o **capital adicional** (R$200,00), durante o **prazo** especificado (t = 6 m). Assim, no regime de juros simples, temos:

$$J = C.i.t$$

$$J = 200.0{,}015.6 = \boldsymbol{18{,}00}$$

Gabarito: B.

QUESTÃO 81 (VUNESP/MPE-SP/Oficial de Promotoria/2016) Gabriel aplicou R$3.000,00 a juro simples, por um período de 10 meses, que resultou em um rendimento de R$219,00. Após esse período, Gabriel fez uma segunda aplicação a juro simples, com a mesma taxa mensal da anterior, que após 1 ano e 5 meses resultou em um rendimento de R$496,40. O valor aplicado por Gabriel nessa segunda aplicação foi

a) 4.500,00 b) 5.000,00 c) 4.000,00 d) 6.000,00 e) 5.500,00

RESOLUÇÃO:

Vamos aplicar a **fórmula dos juros simples** na primeira operação financeira, a fim de calcular o valor da taxa:

$$\boldsymbol{J = C.i.t}$$

$$219 = 3000\,.\,i.10$$

$$219 = 30000.i$$

$$i = \frac{219}{30000} = \mathbf{0,0073 = 0,73\%\ a.m}$$

Logo, a taxa de juros simples mensal envolvida na primeira aplicação feita por Gabriel foi de **0,73%**.

Todavia, o jovem rapaz fez uma segunda aplicação que durou 17 meses (1 ano e 5 meses), com a mesma taxa de 0,73%, e obteve juros de R$496,40, de forma que o **novo capital** aplicado será:

$$J' = C'.i.t'$$

$$496{,}40 = C'.0{,}0073\,.\,17$$

$$C' = \frac{496{,}40}{0{,}0073\,.\,17} = \mathbf{4000}$$

Gabarito: C.

QUESTÃO 82 (FGV/SSP-AM/TNS/2015) Jorge comprou uma televisão que custava R$4.000,00 à vista, pagando em duas parcelas:

- a primeira, no ato da compra, no valor de R$2.200,00;

- a segunda, um mês após a compra, no valor de R$2.250,00.

A taxa mensal de juros cobrada de Jorge nessa compra foi de:

a) 5% b) 10% c) 15% d) 20% e) 25%

RESOLUÇÃO:

O enunciado afirma que inicialmente a TV custava R$4.000,00 à vista. No entanto, Jorge deu uma entrada de R$2.200,00. Daí, o valor financiado foi de:

4.000 – 2.200 = **1.800,00**

Um mês depois, esse capital de R$1.800,00 se transforma em R$2.250,00. Com isso, o aumento foi de:

$$\frac{2250}{1800} - 1 = 0{,}25 = \mathbf{25\%}$$

Assim, o aumento foi de 25% em um mês, isto é, **a taxa foi de 25% ao mês.**

Gabarito: E.

QUESTÃO 83 (FGV – SUSAM/Economista/2014) Um cliente vai até o banco e solicita um empréstimo de R$10.000,00. Esse empréstimo é concedido a uma taxa de 2% ao mês e o mesmo será pago integralmente após 2 anos. Considerando o regime de juros simples, assinale a opção que indica o valor, em R$, a ser pago para quitar o empréstimo após 2 anos.

a) 4.800,00 b) 11.200,00 c) 12.400,00 d) 14.800,00 e) 15.000,00

RESOLUÇÃO:

Para juros simples, temos que:

$$M = C.(1 + i.t)$$

Foram dados: C = 10.000 | i = 2% a.m. = 0,02 | t = 2 anos = 2 x 12 meses = 24 meses.

Como a taxa de juros é mensal, colocamos t expresso em meses. Logo,

$$M = 10.000.(1 + 0{,}02.24) = \mathbf{14.800{,}00}$$

Gabarito: D.

QUESTÃO 84 (FGV – SEFAZ-RJ/Ana de Controle Interno/2011) Dada uma taxa de juros de 1% ao dia e um período de 20 meses (sendo cada mês com 30 dias), o montante final, se o valor presente é R$2.000, é

a) 4.000,00 b) 6.000,00 c) 10.000,00 d) 12.000,00 e) 14.000,00

RESOLUÇÃO:

Para juros simples, temos que:

$$M = C.(1 + i.t)$$

Foram dados: C = 2.000 | i = 1% a.d. = 0,01 | t = 20 meses = 20 x 30 dias = 600 dias.

Como a taxa de juros é diária, colocamos t expresso em dias. Logo,

$$M = 2.000.(1 + 0{,}01.600)$$

$$\mathbf{M = R\$14.000{,}00}$$

Gabarito: E.

QUESTÃO 85 (FGV – SEFAZ-RJ/Auditor Fiscal/2011) Um indivíduo deixa de pagar um título no valor de R$2.000,00, atrasando o pagamento em três meses. A taxa de juros, juros simples, é de 35% ao ano. Ao pagar o título, seu valor é

a) 2.250,00 b) 2.325,00 c) 2.175,00 d) 2.155,00 e) 4.100,00

RESOLUÇÃO:

Para juros simples, temos que:

$$M = C.(1 + i.t)$$

Foram dados: C = 2.000 | i = 35% a.a. = 0,35 | t = 3 meses = 3/12 anos.

Como a taxa de juros é anual, colocamos t expresso em anos. Logo,

$$M = 2.000 . \left(1 + 0{,}35.\frac{3}{12}\right)$$

$$\mathbf{M = 2.175{,}00}$$

Gabarito: C.

QUESTÃO 86 (FGV – SEFAZ-RJ/Auditor Fiscal/2011) O número de anos para que um capital quadruplique de valor, a uma taxa de 5% ao mês, juros simples, é de

a) 7,50 b) 3,80 c) 4,50 d) 5,00 e) 6,00

RESOLUÇÃO:

Para juros simples, temos que:

$$M = C.(1 + i.t)$$

Foram dados: M = 4.C | i = 5% a.m. = 0,05.

Como a taxa é mensal, acharemos t expresso em meses. Teremos então que converter para anos, dividindo por 12.

$$4.C = C.(1 + 0{,}05.n)$$

$$1 + 0{,}05.n = 4$$

$$n = \frac{4 - 1}{0{,}05} = 60\ meses$$

$$\boldsymbol{n = \frac{60}{12} = 5\ anos}$$

Gabarito: D.

QUESTÃO 87 (FGV – CAERN/Ag Adm/2010) Leandro aplicou a quantia de R$200,00. Ao final do período, seu montante era de R$288,00. Se a aplicação de Leandro se deu em regime de juros simples, durante 8 meses, a taxa mensal de juros foi

a) 5,0% b) 5,5% c) 6,5% d) 7,0% e) 6,0%

RESOLUÇÃO:

Para juros simples, temos que:

$$M = C.(1 + i.t)$$

Foram dados: M = 288 | C = 200 | t = 8 meses.

Logo,

$$288 = 200\,.(1 + i.8)$$

$$1 + i.8 = 1{,}44$$

$$\boldsymbol{i} = \frac{1{,}44 - 1}{8} = 0{,}055 = \boldsymbol{5{,}5\%\ a.m.}$$

Gabarito: B.

QUESTÃO 88 (FGV – SEFAZ-RJ/Fiscal de Rendas/2009) O valor a ser pago por um empréstimo de R$4.500,00, a uma taxa de juros simples de 0,5% ao dia, ao final de 78 dias, é de:

a) 6.255,00 b) 5.500,00 c) 6.500,00 d) 4.855,00 e) 4.675,50

RESOLUÇÃO:

Para juros simples, temos que:

$$M = C.(1 + i.t)$$

Foram dados: C = 4.500 | i = 0,5% a.d. = 0,005 | t = 78 dias.

Logo,

$$\boldsymbol{M} = 4.500.(1 + 0,005.78) = \mathbf{6.255,00}$$

Gabarito: A.

QUESTÃO 89 (FGV – SEFAZ-RJ/Fiscal de Rendas/2009) Um montante inicial foi aplicado a uma taxa de juros simples de 5% ao mês durante 2 meses e depois reaplicado a uma taxa de juros simples de 10% ao mês durante 2 meses, resultando em R$13.200,00. O valor do montante inicial era de, em R$:

a) 18.500,00 b) 13.000,00 c) 12.330,00 d) 11.000,00 e) 10.000,00

RESOLUÇÃO:

Atenção para não se deixar confundir pela nomenclatura do enunciado. Apesar de pedir o montante inicial, na verdade precisamos calcular o **capital** inicialmente investido.

1ª Aplicação: $C_1 = C$ | i_1 = 5% a.m. = 0,05 | t_1 = 2 meses.

$$M_1 = C.(1 + 0,05.2)$$
$$M_1 = 1,1.C$$

2ª Aplicação: M_2 = 13.200 | C_2 = M1 = 1,1.C | i_2 = 10% a.m. = 0,10 | t_2 = 2 meses.

$$M_2 = M_1.(1 + i_2.t_2)$$
$$13.200 = 1,1.C.(1 + 0,10.2)$$
$$1,32.C = 13.200$$
$$\boldsymbol{C} = \mathbf{10.000,00}$$

Gabarito: E.

QUESTÃO 90 (FGV – SEFAZ-RJ/Fiscal de Rendas/2008) Os valores de R$50.000 e R$100.000 foram aplicados à mesma taxa de juros simples durante 12 e 6 meses, respectivamente. O prazo médio da aplicação conjunta desses capitais, em meses é:

a) 12 b) 8 c) 10 d) 9,2 e) 7,5

RESOLUÇÃO:

O prazo médio, PM, será dado por:

$$\boldsymbol{PM = \frac{C_1.i_1.t_1 + C_2.i_2.t_2}{C_1.i_1 + C_2.i_2}}$$

Como a taxa de juros i é a mesma para as duas aplicações, temos:

$$PM = \frac{C_1.i.t_1 + C_2.i.t_2}{C_1.i + C_2.i} = \frac{C_1.t_1 + C_2.t_2}{C_1 + C_2}$$

$$\boldsymbol{PM} = \frac{50.000 \times 12 + 100.000 \times 6}{50.000 + 100.000} = \frac{1.200.000}{150.000} = \mathbf{8\ meses}$$

Gabarito: B.

QUESTÃO 91 (FGV – Pref. Cuiabá-MT/Auditor Fiscal/2014) O número de meses necessários para que um investimento feito na poupança triplique de valor (assumindo que esta remunere à taxa de 6% ao ano, no regime de juros simples) é de

a) 34 b) 200 c) 333 d) 400 e) 500

RESOLUÇÃO:

Para juros simples, temos que:

$$M = C.(1 + i.t)$$

Foram dados: M = 3.C | i = 6% a.a. = 6%/12 a.m. = 0,5% a.m. = 0,005.

Logo,

$$3.C = C.(1 + 0{,}005.t)$$

$$1 + 0{,}005.t = 3$$

$$\boldsymbol{t} = \frac{3 - 1}{0{,}005} = \mathbf{400\ meses}$$

Como queríamos calcular o número de meses, precisamos primeiro converter a taxa de juros, que estava expressa ao ano, para uma taxa de juros mensal equivalente (proporcional).

Gabarito: D.

QUESTÃO 92 (CONSULPLAN – Banestes/Assist Securitário/2013) Um capital C aplicado a uma taxa de juros simples rende juros mensais de R$80,00. Sabendo-se que em 5 anos o montante é igual a quatro vezes o valor do capital aplicado, então a taxa de juros mensal e o capital são, respectivamente,

a) 5% e R$1.600,00.

b) 8% e R$1.000,00.

c) 6,5% e R$1.800,00.

d) 5,55% e R$1.440,00.

e) 6,67% e R$1.200,00.

RESOLUÇÃO:

Para juros simples, temos que:

$$M = C.(1 + i.t)$$

$$J = C.i.t$$

Se o Capital C gera juros mensais de 80 reais, temos que:

$$80 = C.i.1$$

$$C.i = 80$$

O enunciado fornece ainda: M = 4.C | t = 5 anos = 5 x 12 meses = 60 meses. Logo,

$$4.C = C.(1 + i.60)$$

$$4 = 1 + i.60$$

$$\boldsymbol{i = \frac{4-1}{60} = 5\%\ a.m.}$$

Como $C \,.\, i = 80$, temos:

$$C.5\% = 80$$

$$C.0{,}05 = 80$$

$$\boldsymbol{C = \frac{80}{0{,}05} = 1.600{,}00}$$

Gabarito: A.

QUESTÃO 93 (CONSULPLAN – Banestes/Assist Securitário/2013) O cliente de uma loja efetuou a compra de alguns produtos pagando 10% de entrada e parcelou o restante em 6 vezes a juros simples de 2% ao mês. Se os juros totalizaram R$108,00, e o valor pago por um dos produtos correspondeu a 30% do total pago pela compra, então o valor pago pelo restante da compra foi

a) 723,80 b) 735,30 c) 758,40 d) 775,60 e) 785,20

RESOLUÇÃO:

Vamos chamar de X o valor à vista da compra. Para juros simples, temos que:

$$J = C.i.t$$

São dados: C = X.(1-10%) = 0,9.X | i = 2% a.m. = 0,02 | t = 6 meses | J = 108.

$$108 = 0{,}9.X.0{,}02.6$$

$$0{,}108.X = 108$$

$$X = 1.000{,}00$$

Portanto, o cliente pagou o valor à vista de 1.000 reais mais juros de 108 reais, totalizando 1.108 reais pagos pelas compras. Se um dos produtos custou 30% desse valor, o restante das compras custou 100% - 30% = 70%, logo:

$$\mathbf{70\% \times 1.108 = 0{,}70 \times 1.108 = 775{,}60\ \textit{reais}}$$

Gabarito: D.

QUESTÃO 94 (CONSULPLAN – Correios/Atend Com/2008) Felipe aplicou uma quantia de R$1.200,00 à taxa de juros simples de 1,5% ao mês durante 1 ano e 4 meses. Passado esse período, ele aplicou o montante produzido e fez uma nova aplicação, à taxa de 1,8% ao mês por 2 meses e 20 dias. Com estas aplicações, quanto Felipe obteve de juros?

a) 1.382,24 b) 359,42 c) 414,72 d) 2.142,72 e) 71,42

RESOLUÇÃO:

Para juros simples, temos que:

$$M = C.(1 + i.t)$$

<u>1ª Aplicação</u>: C_1 = 1.200 | i_1 = 1,5% a.m. = 0,015 | t_1 = 1 ano e 4 meses = 16 meses.

Logo,

$$M_1 = 1.200.(1 + 0{,}015.16) = \mathbf{1.488{,}00}$$

2ª Aplicação: $C_2 = M_1 = 1.488$ | $i_2 = 1,8\%$ a.m. = 0,018 | $t_2 = 2$ meses e 20 dias = 2 + 20/30 meses = 8/3 meses.

Logo,

$$M_2 = 1.488 \cdot \left(1 + 0{,}018 \cdot \frac{8}{3}\right) = \mathbf{1.559,42}$$

Como Felipe investiu 1.200 reais e obteve um montante final de 1.559,42,os **juros** que obteve foram de:

$$J = 1.559{,}42 - 1.200{,}00 = 359{,}42$$

Gabarito: B.

QUESTÃO 95 (IDECAN/INMETRO/Ass Exec/2015) Um capital C é aplicado, hoje, a uma taxa de juros simples pelo prazo de 40 meses e rende juros mensais de R$108,75. Considerando que, ao final desse prazo, o montante da aplicação será igual ao quádruplo do valor do capital aplicado, então a taxa de juros mensal é

A) 6,2% B) 6,5% C) 7,2% D) 7,5% E) 8,2%

RESOLUÇÃO:

Total de **juros**: J = 40 x 108,75 = 4350 reais

O enunciado afirma que, ao final do prazo, o **montante** da aplicação será igual ao quádruplo do valor do capital aplicado. Logo:

$$M = C + J$$

$$C + J = 4 \times C$$

$$C + 4350 = 4 \times C$$

$$4350 = 3C$$

$$\mathbf{1.450\ reais = C}$$

A **taxa mensal de juros** é tal que:

$$1450 \times i = 108{,}75$$

$$i = 108{,}75 / 1450$$

$$i = 0{,}075 = \mathbf{7{,}5\%\ ao\ mês}$$

Gabarito: D.

6. QUESTÕES-DESAFIO

QUESTÃO 96 (CESPE – TJ-RR/Contador/2012) Marcos, um assalariado que ganha R$3.000,00 mensais, resolveu começar a poupar um terço de seu salário todo mês e, para tanto, planeja realizar aportes em uma aplicação que paga juros mensais de 0,7%. O objetivo de Marcos é poupar R$25.000,00 para iniciar a operar um novo negócio. Ele espera, com isso, fazer uma retirada mensal fixa de R$2.000,00, a título de pró-labore, e projeta que a empresa tenha um lucro líquido mensal (resultado do confronto entre o faturamento e as despesas e custos, incluídos os salários de todos os funcionários e o seu pró-labore) de R$1.200,00.

Tomando 1,0873 e 24,8609 como valores aproximados para $1,007^{12}$ e $(1,007^{23} - 1)/0,007$, respectivamente, e desconsiderando os efeitos inflacionários e os impostos incidentes sobre a renda, julgue o item seguinte, com base nessas informações.

Caso o regime de capitalização da aplicação à qual Marcos aderiu seja o simples, imediatamente após o vigésimo terceiro aporte o montante acumulado pelas aplicações será inferior a quantia necessária para iniciar a operar seu negócio.

RESOLUÇÃO:

Note que temos 23 aportes. Vamos ao fluxo:

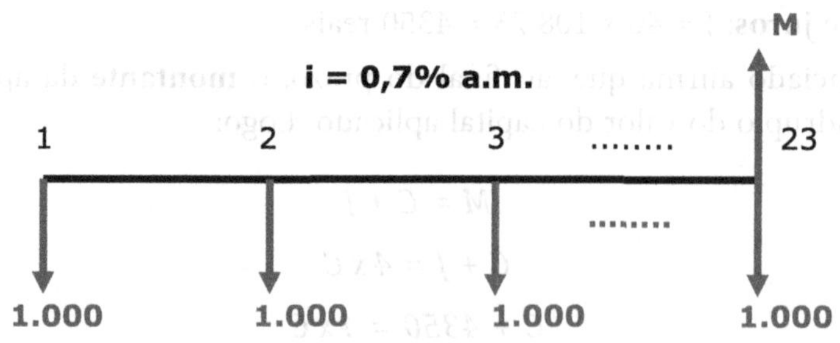

Como Marcos poupa 1/3 do seu salário de 3.000 reais, os aportes mensais são de 1.000 reais. Cada um desses aportes irá render juros simples de 0,7% ao mês, até a data do 23º aporte.

Antes de fazermos as contas, vamos lembrar que no regime de capitalização simples, somente o capital inicial rende juros, ou seja, apenas os aportes de 1.000 reais rendem juros. E quanto de juros eles rendem a cada mês?

$$J = C.i$$

$$J = 1.000 \times 0{,}007 = 7 \textit{ reais}$$

O primeiro aporte irá render 7 reais de juros a cada mês, por 22 meses. O segundo aporte, irá render 7 reais a cada mês, por 21 meses e assim por diante, ou seja, o total de juros pode ser obtido fazendo-se:

1º aporte: $J_1 = 7 \times 22$

2º aporte: $J_2 = 7 \times 21$

3º aporte: $J_3 = 7 \times 20$

4º aporte: $J_4 = 7 \times 19$

…………

21º aporte: $J_{21} = 7 \times 2$

22º aporte: $J_{22} = 7 \times 1$

23º aporte: $J_{23} = 0$

A soma de todos os juros será igual a:

$$J = 7 . (22 + 21 + ... + 2 + 1)$$

A soma dentro dos parênteses é a soma dos termos de uma P.A.. Lembrando da fórmula:

$$S_n = \frac{(a_1 + a_n).n}{2}$$

Onde a_1 e a_n são o primeiro e último termos da P.A.; n é o número de termos e S_n é a soma dos n primeiros termos da P.A. Logo,

$$J = 7.\left[\frac{(22+1).22}{2}\right]$$

$$J = 7 . 253 = 1.771\ reais$$

Como foram feitos 23 aportes de 1.000 reais cada um, o Montante na data do 23º aporte será de:

$$M = 23 \times 1.000 + 1.771 = 24.771 < 25.000\ reais$$

Gabarito: Certo.

QUESTÃO 97 (FCC/SEFAZ-PI/Ana Tes Est/2015) Se Ricardo aplicar 75% de seu capital, durante 6 meses, poderá resgatar no final de 6 meses o montante correspondente a R$16.302,00. Se ele aplicar o restante do capital, durante 8 meses, poderá resgatar no final de 8 meses o montante correspondente a R$5.512,00. Ricardo, então, decide aplicar todo o capital, durante 10 meses, resgatando todo o montante no final de 10 meses. Considerando que as aplicações são realizadas sob o regime de capitalização simples e com a mesma taxa de juros, o montante que ele resgatará no final de 10 meses será de, em R$:

a) 21.500,00 b) 22.037,50 c) 22.198,75 d) 22.360,00 e) 23.650,00

RESOLUÇÃO:

Sabemos que a fórmula utilizada para o cálculo do **montante** no âmbito dos juros simples é a seguinte:

$$\boldsymbol{M = C\,.\,(1 + i.t)}$$

O enunciado trata de dois investimentos feitos por Ricardo. Na **primeira aplicação**, temos:

$$16302 = 0{,}75C\,.\,(1 + 6\,.\,i)\ \textbf{(I)}$$

Por sua vez, a **segunda aplicação** resulta:

$$5512 = 0{,}25C\,.\,(1 + 8\,.\,i)\ \textbf{(II)}$$

Dividindo as duas equações, poderemos encontrar a **taxa** utilizada:

$$\frac{16302}{5512} = \frac{0{,}75C\,.\,(1 + 6\,.\,i)}{0{,}25C\,.\,(1 + 8\,.\,i)}$$

$$\frac{16302}{5512} = \frac{3\,.\,(1 + 6\,.\,i)}{1 + 8\,.\,i}$$

$$\frac{5434}{5512} = \frac{1 + 6\,.\,i}{1 + 8\,.\,i}$$

$$5434 + 5434\,.\,8i = 5512 + 5512\,.\,6i$$

$$i\,.\,(8\,.\,5434 - 6\,.\,5512) = 5512 - 5434$$

$$10400i = 78$$

$$\boldsymbol{i = 0{,}0075}$$

Substituindo esse resultado na equação I, acharemos o **capital** investido por Ricardo:

$$16302 = 0{,}75C \,.\, (1 + 6 \,.\, 0{,}0075)$$

$$0{,}75C = \frac{16302}{1 + 6 \,.\, 0{,}0075}$$

$$0{,}75C = 15600$$

$$\boldsymbol{C} = \frac{15600}{0{,}75} = \boldsymbol{R\$20.800{,}00}$$

Por fim, aplicando esse capital durante 10 meses, o **montante** será:

$$M = C.(1 + i.t)$$

$$\boldsymbol{M} = 20800.(1 + 0{,}0075.10) = 20800.1{,}075 = \mathbf{22.360{,}00}$$

Gabarito: D.

CAPÍTULO 3

JUROS COMPOSTOS

1. INTRODUÇÃO

O QUE VEREMOS

Neste capítulo, daremos continuidade ao estudo da Matemática Financeira, iniciando a análise do regime composto.

Veremos o assunto **Juros Compostos**, o qual é de suma importância para o seu bom desenvolvimento em toda a matéria. Ele é composto por muitos tópicos, e buscaremos detalhá-los da melhor forma possível.

COMO APARECE NOS EDITAIS

A depender da banca organizadora, há várias nomenclaturas possíveis para a exigência do assunto deste capítulo, bem como para seus subtópicos. Veja como já apareceu em alguns editais: "Juros simples e compostos: capitalização e desconto"; "*Taxas de juros: nominal, efetiva e equivalente*"; "*Juros compostos: montante, juros, taxa real, taxa efetiva e taxas equivalentes*"; "*Capitalização contínua*"; "*Convenção Linear e Exponencial*".

Para ajudar você nesse sentido, resolveremos dezenas de questões cobradas em concursos, o que trará uma visão prática do assunto, e traremos diversos esquemas didáticos para tornar mais fácil a visualização do que é estudado.

COMO É COBRADO NAS PROVAS

Assim como acontece com os juros simples, a identificação de uma questão de Juros Compostos é feita de duas formas: será dito expressamente que trabalharemos com o regime de capitalização composto ou mencionará que a taxa aplicada na operação é do regime de juros compostos.

Daí, o enunciado apresenta uma determinada situação, com alguns dados e pedirá para o candidato calcular um dos elementos que compõem a operação de juros. Para isso, você precisará recordar as fórmulas que trabalharemos, aplicá-las corretamente e saber resolver operações de multiplicação e divisão (e até mesmo de potenciação, de radiciação e com logaritmos) de números decimais ou racionais com bastante agilidade.

OBJETIVOS

Os nossos objetivos ao final deste capítulo é que você consiga:

1) aplicar corretamente as equações dos juros compostos, sabendo identificar numa questão de prova a qual elemento cada dado se refere;
2) entender bem a diferenciação entre os regimes de capitalização existentes;
3) analisar adequadamente os tipos de juros e taxas que lhe forem apresentados;
4) compreender os diversos tipos de taxas que são exigidas em prova;
5) diferenciar-se em meio a outros candidatos por saber como resolver questões que tratam de aspectos mais específicos do assunto, como a capitalização contínua.

2. ANÁLISE DA COBRANÇA DO ASSUNTO EM PROVAS

Observe a seguir os percentuais de incidência nos últimos anos do assunto deste capítulo em relação ao volume de questões de todos os temas analisados na nossa matéria. Lembramos que quanto maior o percentual de cobrança de um dado assunto, maior sua importância.

ASSUNTO	CEBRASPE	FCC	DEMAIS BANCAS
	% de cobrança	% de cobrança	% de cobrança
Juros Compostos	27,13%	20,41%	28,51%

É possível perceber que em todas as organizadoras o presente tópico possui uma importância **muito alta**, especialmente para o Cebraspe.

E o que é mais cobrado dentro deste assunto, professores?

Considerando os tópicos que compõem este capítulo, possuímos a seguinte distribuição percentual:

ASSUNTO	CEBRASPE	FCC	DEMAIS BANCAS
	% de cobrança	% de cobrança	% de cobrança
Equações de Juros compostos	40,88%	80,91%	56,99%
Cálculo de montante sem tabela financeira	1,26%	0,00%	6,99%

ASSUNTO	CEBRASPE % de cobrança	FCC % de cobrança	DEMAIS BANCAS % de cobrança
Taxas efetivas, nominais e equivalentes no regime composto	45,28%	13,64%	25,54%
Convenção linear e convenção exponencial	0,63%	0,00%	1,34%
Comparação entre juros simples e juros compostos	10,69%	3,64%	7,80%
Capitalização contínua	1,26%	1,82%	1,34%

Repare que todas as bancas gostam demais de cobrar em suas provas as **Equações de Juros Compostos**, principalmente a FCC, de modo que você precisará dar uma maior atenção nos seus estudos a esse tópico. No caso do Cebraspe, a incidência de questões de **taxas** é ainda maior.

3. CONCEITO

Aprendemos que nos **juros simples** a taxa será aplicada sempre sobre o valor do Capital inicialmente aplicado. Já no caso dos **Juros Compostos**, porém, eles incidirão sobre o valor devido, que aumenta a cada período (pois ao capital inicial vão sendo somados os juros devidos nos períodos anteriores). Por isso, os juros devidos em um mês serão diferentes dos juros devidos no mês seguinte.

FIQUE ATENTO!

Nos juros compostos, a taxa incidirá sobre o capital inicial acrescido dos juros que são gerados a cada período de aplicação.

No Regime de Juros compostos, a cada período de capitalização, os juros são incorporados ao capital do período anterior para servir como base de cálculo dos juros no próximo período.

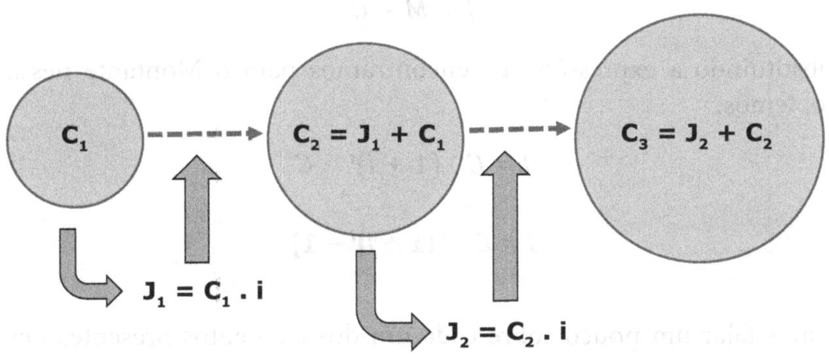

Na figura acima, vemos que o capital C_1 serviu de base para o cálculo dos juros do primeiro período de capitalização, $J_1 = C_1.i$. Esses juros são incorporados ao capital C_1, formando o capital C_2, que é a base de cálculo dos juros para o segundo período de capitalização, ou seja, $J_2 = C_2.i$. Esses juros são incorporados ao capital C_2, formando o capital C_3, que será a base para o cálculo dos juros do próximo período e assim por diante.

Assim, é a **natureza da taxa** envolvida na operação de juros que vai determinar o regime em que estaremos trabalhando, se no Simples, ou se no Composto!

4. EQUAÇÕES DOS JUROS COMPOSTOS

Chamando o Capital Inicial da operação de C, podemos ver que esse capital passa por uma série de **aumentos sucessivos** com uma taxa i. Lembrando do tópico porcentagem, sabemos que aumentar um valor em x% equivale a multiplica-lo por (1 + **x%**). Logo, se a taxa de juros é igual a i, a cada período de capitalização, o capital é multiplicado por (1 + **i**).

Ao final de **t** períodos, temos um montante final igual a:

$$M = \underbrace{(1+i).(1+i)\ldots(1+i)}_{\text{t vezes}}.C$$

$$\boldsymbol{M = C + (1 + i)^t}$$

E como determinamos os juros acumulados nesses **t** períodos? Basta lembrarmos da relação entre Montante, Capital e Juros:

$$\mathbf{M = C + J}$$

$$J = M - C$$

Substituindo a expressão que encontramos para o Montante nessa última equação, temos:

$$J = C\ .\ (1 + i)^t - C$$

$$\boldsymbol{J = C\ .\ [(1 + i)^t - 1]}$$

Vamos falar um pouco sobre cada um dos elementos presentes nessas fórmulas.

- **M é o Montante**: É aquele valor que será resgatado ao final da operação de juros.
- **C é o Capital**: É o valor aplicado no início de tudo. É onde começa nossa operação de Juros.
- $(1+i)^t$: Esse parêntese vai nos acompanhar pelo restante de nosso curso, em todo o regime composto. E ele recebe um nome especial: Fator de Acumulação de Capital (FAC).
- **t**: representa o tempo que vai durar a nossa operação de juros compostos. Logo, corresponde ao intervalo de tempo que vai da data do Capital (início) até a data do Montante (final da operação).
- **i**: é a taxa de juros compostos.

Com essas equações, podemos resolver uma série de questões, as quais costumam seguir o mesmo padrão, fornecendo algumas variáveis e pedindo para você calcular a restante.

Para finalizar, perceba que, na fórmula fundamental, o tempo ("t") está no expoente. Daí, será preciso trabalhar com **potências e raízes**, e em alguns casos (menos comuns) com o **logaritmo**.

No entanto, não é raro que a própria questão forneça as tabelas com valores para $(\mathbf{1 + i})^t$, para diferentes valores de **i** e diferentes valores de **t**. Outras bancas examinadoras talvez forneçam a seguinte **Tabela do FAC**, para que você encontre o valor daquele parêntese. De todo modo, disponibilizamos no apêndice de tabelas financeiras a **Tabela I – Fator de Acumulação do Capital**.

Veja como isso já foi cobrado!

1. (AV MOREIRA Pref Landri Sales-PI/Farmacêutico/2021) Dado um capital C, uma taxa positiva i e um sistema de capitalização a juros compostos, o montante desta aplicação é uma função do tipo:

A) Quadrática, onde o montante assume um valor máximo.

B) Linear, pois a taxa de crescimento é constante.

C) Modular, pois o montante é sempre positivo.

D) Constante, pois não depende do tempo da aplicação.

E) Exponencial, pois cresce em progressão geométrica de razão q = 1 + i.

RESOLUÇÃO:

O enunciado aborda o regime de **juros compostos**, cujo cálculo do montante é dado pela fórmula:

$$M = C \cdot (1 + i)^t$$

Portanto, observamos que o crescimento do capital ocorre de forma **exponencial** de acordo com o tempo da aplicação, em progressão geométrica de razão q = 1 + i (crescente).

Já no regime de **juros simples**, o crescimento será linear, em progressão aritmética (crescente).

Gabarito: E.

2. (CEFETMINAS - Auditor Fiscal/Pref Contagem/2020) A legislação municipal estabelece que, quando um contribuinte paga algum imposto em atraso, deve ser pago não apenas o valor do imposto, mas também deve haver a cobrança de juros compostos a uma taxa de 0,03% ao dia, cobrados pelo período de atraso do pagamento. Se um contribuinte devia pagar um imposto no valor de R$358,27 e realizou o pagamento com 5 dias de atraso, o valor que ele deve efetivamente pagar pode ser corretamente calculado pela expressão

a) $\frac{358{,}27 \cdot 0{,}03 \cdot 5}{100}$

b) $358{,}27 + \frac{358{,}27 \cdot 0{,}03 \cdot 5}{100}$

c) $358{,}27 \cdot 1{,}0003$

d) $358{,}27 \cdot (1+0{,}03)^5$

e) $358{,}27 \cdot (1 + 0{,}0003)^5$

RESOLUÇÃO:

O nosso objetivo consiste em calcular o valor do imposto a ser pago. Para isso, podemos aplicar a **fórmula do montante para juros compostos**, pois esse é o regime da cobrança imposta pela legislação municipal:

$$M = C \cdot (1 + i)^t$$

Em que:

M = Montante (imposto a ser pago) = ?

C = Capital (imposto devido inicialmente) → C = R$358,27

i = taxa de juros (sempre em decimais) → i = 0,03% ao dia = 0,03 ÷ 100 = 0,0003;

t = tempo (mesma unidade da taxa) → t = 5 dias.

Substituindo os valores, ficamos com:

$$M = 358{,}27 \cdot (1 + 0{,}0003)^5$$

Resolvendo essa operação, saberemos o valor do imposto que o contribuinte vai pagar.

Gabarito: E.

3. (FEPESE – ISS Itajaí/ Auditor-Fiscal/2020) O capital que aplicado por dois meses, à taxa de juros composta de 4% ao mês, dá origem a um montante de R$5.408 é:

a) Maior que R$4.950.

b) Maior que R$4.900 e menor que R$4.950.

c) Maior que R$4.850 e menor que R$4.900.

d) Maior que R$4.800 e menor que R$4.850.

e) Menor que R$4.800.

RESOLUÇÃO:

São dados: t = 2 meses | i = 4% ao mês | M = 5.408 reais.

Na fórmula dos juros compostos, temos:

$$M = C.(1 + i)^t$$

$$5408 = C.(1 + 0{,}04)^2$$

$$5408 = C.(1{,}04)^2$$

$$5408 = C.1{,}0816$$

$$C = 5408/1{,}0816 = \mathbf{5.000}\ \boldsymbol{reais}$$

Gabarito: A.

4. (CESPE/SEFAZ-RS/Auditor-Fiscal/2019) Uma dívida de R$5.000 foi liquidada pelo valor de R$11.250, pagos de uma única vez, dois anos após ter sido contraída. Nesse caso, no regime de juros compostos, a taxa anual de juros empregada nesse negócio foi de

A) 5% B) 12,5% C) 25% D) 50% E) 62,5%

RESOLUÇÃO:

São dados: C = 5.000 | M = 11.250 | t = 2 anos.

O nosso objetivo consiste em calcular a taxa anual de juros, no regime composto. Logo:

$$M = C.(1+i)^t$$

$$11.250 = 5.000.(1+i)^2$$

$$2,25 = (1+i)^2$$

$$1+i = \sqrt{2,25}$$

$$1+i = 1,5$$

$$i = 0,5 = \mathbf{50\%}\ \boldsymbol{ao\ ano}$$

Gabarito: D.

4. (CESPE – SEFAZ-DF/Auditor-Fiscal/2020) Em determinada loja, uma bicicleta é vendida por R$1.720 a vista ou em duas vezes, com uma entrada de R$920 e uma parcela de R$920 com vencimento para o mês seguinte. Caso queira antecipar o crédito correspondente ao valor da parcela, o lojista paga para a financeira uma taxa de antecipação correspondente a 5% do valor da parcela.

Com base nessas informações, julgue o item a seguir.

Na compra a prazo, o custo efetivo da operação de financiamento pago pelo cliente será inferior a 14% ao mês.

RESOLUÇÃO:

Os juros somente incidem com o decurso do tempo. Portanto, os juros não incidem sobre a parte da dívida que foi paga a título de entrada.

Assim, se a pessoa adquiriu um bem por R$1.720 e pagou R$920 de entrada, ela financiou somente a diferença, que corresponde a 1.720 – 920 = R$800.

Essa dívida de R$800 foi financiada, sendo paga no mês seguinte, o que custou R$920. A taxa de juros efetiva é aquela que leva uma dívida de R$800 ao total de R$920 após um mês.

$$M = C.(1+i)$$

$$920 = 800.(1+i)$$

$$(1+i) = \frac{920}{800} = 1,15$$

$$i = 1,15 - 1 = 0,15 = \mathbf{15\%}$$

Logo, o custo efetivo da dívida é **superior a 14%**.

Gabarito: Errado.

5. (IDCAP Pref Santa Leopoldina-ES/Professor/2021) João investiu em uma capitalização paga a taxa de 1,5% ao trimestre, no sistema de juros compostos. Qual foi o valor principal se depois de um ano ele recebeu R$15.600,00? (use duas casas decimais)

A) O principal era de R$16.045,00

B) O principal era de R$15.000,00.

C) O principal era de R$445,00.

D) O principal era de R$15.445,00

E) O principal era de R$600,00

RESOLUÇÃO:

Esta questão é interessante devido à indicação que o examinador fez para usarmos DUAS casas decimais. Isso vai afetar diretamente os nossos cálculos. De fato, a taxa é de 1,5% ao trimestre, a qual de forma unitária fica 0,015. Veja que são TRÊS casas decimais, ao passo que o enunciado estabelece o uso de DUAS casas decimais. Então, ficaremos com i = 1,01 ao trimestre.

O período da capitalização é de 1 ano, que corresponde a 4 trimestres. Após esse tempo, o montante foi de R$15.600. Substituindo essas informações na fórmula dos juros compostos, temos:

$$M = C\,.\,(1+i)^t$$

$$15.600 = C\,.\,(1+0{,}01)^4$$

$$15.600 = C\,.\,(1{,}01)^4$$

$$C = \frac{15.600}{1{,}04} = \mathbf{15.000}$$

Gabarito: B.

6. (FCC – AL-AP/Ana Leg/2020) Considere que, em uma determinada data, Júlia decidiu aplicar um capital, durante 6 meses, à taxa de juros simples de 18% ao ano. Dois meses após a data desta aplicação, ela decidiu aplicar outro capital de valor igual ao dobro do primeiro, durante 4 meses, à taxa de juros compostos de 2% ao bimestre. Dado que o valor do montante referente à aplicação de juros simples foi igual a R$27.250,00, a soma dos valores dos juros das duas aplicações realizadas por Júlia foi igual a

a) 3.600,00 b) 4.270,00 c) 4.080,00 d) 3.200,00 e) 3.430,00

RESOLUÇÃO:

Da fórmula de juros simples:

$$J = C \cdot i \cdot t$$

1ª APLICAÇÃO: $i = 18\% = 0{,}18\ a.a \mid t = 6\ meses = 0{,}5\ ano \mid C = x \mid M = 27.250$.

Substituindo os valores fornecidos no enunciado, teremos:

$$J_1 = x \cdot 0{,}18 \cdot 0{,}5$$

$$J_1 = 0{,}09x$$

$$M_1 = x + 0{,}09x = 1{,}09x = 27250$$

$$1{,}09x = 27250$$

$$x = \frac{27250}{1{,}09} = 25.000{,}00$$

A partir do valor do capital investido, os juros são dados por:

$$J_1 = 0{,}09 \cdot x = 0{,}09 \cdot 25000 = 2.250{,}00$$

2ª APLICAÇÃO: $i = 2\% = 0{,}02\ a.b.$ *(ao bimestre)* | $t = 4\ meses = 2\ bimestres$ | $C_2 = 2x = 2 \cdot 25000 = 50.000{,}00$.

Substituindo os valores na equação do montante para juros compostos, teremos:

$$M_2 = 50.000 \cdot (1 + 0{,}02)^2$$

$$M_2 = 50.000 \cdot (1{,}02)^2$$

$$M_2 = 50.000 \cdot 1{,}0404 = 52.020{,}00$$

Os juros, por consequência, são dados por:

$$J_2 = M_2 - C_2$$

$$J_2 = 52020 - 50000 = 2.020{,}00$$

O nosso objetivo consiste em obter a soma dos juros das duas aplicações. Então, temos:

$$J_{totais} = J_1 + J_2 = 2250 + 2020 = \mathbf{4.270{,}00}$$

Gabarito: B.

7. (ESAF/Ministério Fazenda/2013) O capital de R$100.000,00 foi aplicado em um banco por 2 meses. A taxa de juros compostos dessa aplicação foi 1% ao mês. Decorridos esses 2 meses, o montante dessa primeira aplicação foi resgatado e aplicado em outro banco por 4 meses no sistema de juros simples. A taxa de juros dessa segunda aplicação foi 2,5% ao mês. Então, o montante, ao final da segunda aplicação, foi (em R$):

a) 112.200,00 b) 112.320,00 c) 112.211,00 d) 112.245,00 e) 112.342,00

RESOLUÇÃO:

Percebam que temos duas aplicações, uma consequente da outra e em regimes de capitalização diferentes. Logo, vamos por partes!

➤ ***Primeira aplicação (regime composto):***

Dados: C = R$100.000,00 | i = 1% a.m | t = 2 meses

Vamos aplicar uma das fórmulas dos **juros compostos:**

$$M = 100000.(1 + 0,01)^2 = 100000.(1,01)^2$$

Nesse momento, preciso dar uma dica de como resolver o parêntese destacado acima.

BIZU!

O parêntese do tipo **(1,0X)²**, em que **X varia de 0 a 9**, é muito comum em questões de juros compostos. A fim de facilitar e agilizar o seu cálculo, apresento-lhes uma dica bem legal!

Suponhamos que você precisa chegar ao resultado da potência **(1,03)²**. Bem, ao efetuar a operação, obteremos um número com **quatro casas decimais** no seguinte formato:

1,ABCD

Em que:

- **AB**: **dobro** do número 03 (isto é, 2 x 3 = **06**)
- **CD**: **quadrado** do número 03 (isto é, 32 = 3 x 3 = **09**)

Logo, é fácil concluir que **(1,03)² = 1,0609**.

Da mesma forma, temos que **(1,06)² = 1,1236** (já que 2 x 6 = **12**, e 62 = **36**).

E a boa notícia é que este "bizu" é aplicável a **qualquer número elevado ao quadrado com 2 casas decimais de 1,00 a 1,09**.

Portanto, não esqueça:

(1,0X)2 = 1,dobrodeXquadradodeX

Voltando à resolução da questão...

$$M = 100000 \ . \ (1,01)^2 = 100000 \ . \ 1,0201 = \mathbf{102010}$$

➤ ***Segunda aplicação (regime simples):***

Dados: C = R$102.010,00 (o montante da aplicação anterior tornou-se o capital inicial da segunda aplicação) | i = 2,5% a.m | t = 4 meses | M = ?

Vamos aplicar uma das fórmulas dos **juros simples**:

$$\boldsymbol{M = C\ .\ (1 + i\ .\ t)}$$

$$M = 102010\ .\ (1 + 0{,}025\ .4\ ) = 102010\ .\ 1{,}1 = \mathbf{112.211}$$

Gabarito: C.

5. O PODER DOS JUROS COMPOSTOS

Vimos que, nos **juros simples**, independentemente do prazo, o percentual de juros é apropriado sempre sobre o mesmo valor. E por ser calculado com base no mesmo montante, o juro de uma aplicação ou de uma dívida de juros simples é sempre o mesmo. Abaixo, um exemplo de juros simples para demonstrar essa característica de rendimento, considerando uma aplicação de 10 mil reais e com juro de 1% ao mês.

- 1º mês: 1% sobre R$10.000,00 = **R$100,00**;
- 2º mês: 1% sobre R$10.000,00 = **R$100,00**;
- 10º mês: 1% sobre R$10.000,00 = **R$100,00**;
- 240º mês: 1% sobre R$10.000,00 = **R$100,00**.

De fato, o juro de uma aplicação com juros simples é sempre o mesmo. Afinal de contas, o percentual de rendimento é calculado com base no mesmo valor, o valor inicial, que no exemplo era de 10 mil reais. E já sabemos que o montante dessa aplicação será de:

$$M = C.(1 + i.t)$$

$$M = 10000.(1 + 0{,}01.240) = 10000.3{,}4 = \mathbf{34.000}$$

Sabemos que esse tipo de rendimento é diferente dos juros compostos. Pois, neste tipo de aplicação o retorno é calculado com base no montante imediatamente anterior, o qual considera a apropriação de juros dos períodos precedentes.

A seguir, o mesmo exemplo utilizado, de aplicação inicial de 10 mil reais, com 1% de rendimento, mas considerando juros compostos:

- 1º mês: 1% sobre R$10.000,00 = 100,00;
- 2º mês: 1% sobre R$10.100,00 = 101,00;
- 10º mês: 1% sobre R$10.936,85 = 109,37;
- 240º mês: 1% sobre R$107.847,47 = 1.078,47.

Nesse caso, o montante da aplicação é dado por:

$$M = C \cdot (1 + i)^t$$

$$M = 10000 \cdot (1 + 0{,}01)^{240} = \mathbf{108.925{,}54}$$

Inicialmente, alguns podem até achar que o cálculo foi feito incorretamente. Afinal de contas, o juro do 240º mês foi mais de 10 vezes maior do que aquele exemplificado do tópico de juros simples. E, também, notamos que o montante da nova aplicação é muito superior à realizada no regime de juros simples.

No entanto, a conta está correta e ela demonstra um pouco sobre a "magia dos juros compostos". Isso porque, como pode ser observado, a cada novo período, o cálculo do juro é realizado com base no montante imediatamente anterior. Com isso, quanto mais tempo se passa, maior também é o juro que vai sendo apropriado.

Qual a principal aplicação na vida disso que estamos aprendemos? Em termos das finanças pessoais, concluímos que a maior arma que todo **investidor de longo prazo** possui ao seu favor é o poder dos juros compostos. Isso porque, com o decorrer do tempo, o efeito dos juros sobre juros no capital investido faz com que o montante aplicado cresça cada vez mais rápido, **de forma exponencial.**

Da mesma maneira, no caso de dívidas, os juros compostos também fazem com que a dívida total cresça muito rapidamente. Por isso, é fundamental entender como funcionam e o quão poderoso é esse tipo de juros, para fazer com que ele esteja sempre trabalhando a favor – e não contra – o investidor.

6. CÁLCULOS COM O USO DE LOGARITMOS

Considere os números reais **a > 0, 0 < b ≠ 1** e **c**. Tem-se que:

$$log_b a = c \leftrightarrow b^c = a$$

Lê-se: o **logaritmo** de **a** na **base b** é igual a **c**, se, e somente se, **b** elevado a **c** for igual a **a**. Assim, fica claro que o logaritmo é a operação inversa da potenciação.

EXEMPLIFICANDO

$$log_2 8 = 3 \leftrightarrow 2^3 = 8$$

$$log_{10} 100 = 2 \leftrightarrow 10^2 = 100$$

$$log_b 1 = 0 \leftrightarrow b^0 = 1$$

$$log_5 125 = 3 \leftrightarrow 5^3 = 125$$

$$log_5 25 = 2 \leftrightarrow 5^2 = 25$$

$$log_e e^{15} = \ln e^{15} = 15 \leftrightarrow e^{15} = e^{15}$$

Note que quando o número irracional "**e**" é a base do logaritmo, usamos a nomenclatura de **logaritmo neperiano**, representando por **ln**, em vez de loge, conforme acima.

Já se a **base** é igual a **10**, normalmente utiliza-se a notação simples **log**, sem nada no lugar da base.

EXEMPLIFICANDO

$$\log 1.000 = 3 \leftrightarrow 10^3 = 1.000$$

No entanto, a propriedade dos logaritmos que **mais faremos uso** é a seguinte:

$$\log_b a^c = c \cdot \log_b a$$

Assim, quando aplico o logaritmo a uma potência qualquer, nesse caso **a**^{c}, o expoente passa para a frente do logaritmo, multiplicando-o.

EXEMPLIFICANDO

$$\log 10^{18} = 18 \cdot \log 10 = 18 \cdot 1 = 18$$

$$\log 2^3 = 3 \cdot \log 2$$

$$\log 5^5 = 5 \cdot \log 5$$

Já viram como essa propriedade será aplicada no tópico que estamos estudando? Considere esse exemplo:

$$\log(1 + i)^t = t \times \log(1 + i)$$

E agora? Ficou claro aonde queremos chegar?

Em problemas de juros compostos em que é exigido o valor de **t**, o número de períodos, frequentemente temos que lançar mão dessa propriedade dos logaritmos.

Tudo bem, consigo tirar o t do expoente, mas ainda tenho esse logaritmo para calcular. Como faço isso?

De fato, o cálculo de logaritmos não costuma ser trivial. Na prova, ou será dado um valor simples de calcular, ou o enunciado fornecerá o valor do logaritmo como um dos seus dados, ou será pedida uma resposta literal, com as contas indicadas.

Portanto, já temos condições de calcular qualquer variável em problemas de juros compostos. Partindo da fórmula do Montante, obtemos:

$$M = C \cdot (1 + i)^t$$

- **Capital:**

$$C = \frac{M}{(1+i)^t}$$

- **Taxa de juros:**

$$(1+i)^t = \frac{M}{C}$$

$$1 + i = \sqrt[t]{\frac{M}{C}}$$

$$i = \sqrt[t]{\frac{M}{C}} - 1$$

- **Períodos:**

$$(1+i)^t = \frac{M}{C}$$

$$\log(1+i)^t = \log\frac{M}{C}$$

$$t.\log(1+i) = \log\frac{M}{C}$$

$$t = \frac{\log\frac{M}{C}}{\log(1+i)}$$

Veja como esse assunto já foi cobrado!

8. (VUNESP - Ana Adm/EBSERH/2020) Se uma população, que inicialmente era P0, dobra de tamanho em x anos, a taxa de crescimento anual da população é:

a) $\frac{\log(2)}{x} - 1$ b) $10^{\frac{\log(2)}{x}} - 1$ c) $10^{\frac{\log(2)}{x}} P_0 - 1$ d) $\frac{\log(2)}{x} - 1$ e) $\frac{\log(2)}{xP_0} - 1$

RESOLUÇÃO:

O crescimento de uma população ocorre de modo **exponencial**, numa aplicação dos **juros compostos**, cujo modelo adotado segue a fórmula:

$$\mathbf{P}(t) = \mathbf{P}_0 \cdot (\mathbf{1} + i)^t$$

Em que P é a população no tempo t, P0 a população inicial e i a taxa de crescimento.

O nosso objetivo consiste em que a população dobre em x anos, de modo que P(x) = 2P0. Logo:

$$\boldsymbol{P(x) = P_0 \cdot (1 + i)^x}$$

$$\boldsymbol{2P_0 = P_0 \cdot (1 + i)^x}$$

$$\boldsymbol{2 = (1 + i)^x}$$

$$\boldsymbol{(1 + i)} = \sqrt[x]{2}$$

$$\boldsymbol{(1 + i)} = 2^{\frac{1}{x}}$$

$$\boldsymbol{i = 2^{\frac{1}{x}} - 1}$$

Veja que não temos essa opção entre as opções de resposta, pois a banca queria uma manipulação algébrica a partir da seguinte **propriedade dos logaritmos:**

$$\boldsymbol{a^{\log_a b} = b}$$

Dessa forma, seria preciso perceber que:

$$2^{\frac{1}{x}} = 10^{\log_{10} 2^{\frac{1}{x}}} = 10^{\frac{\log_{10} 2}{x}}$$

Aplicando isso à taxa desejada, temos:

$$i = 2^{\frac{1}{x}} - 1 = \mathbf{10}^{\frac{\log_{10} 2}{x}} - \mathbf{1}$$

Gabarito: B.

9. (TJ-PR/Téc Jud/2014) Um investimento rende juros compostos a uma taxa de 6% ao ano. Depois de quantos anos, um valor inicial de R$1.000,00 chegará ao valor de R$10.000,00 com esse investimento? (Use log(1,06) = 0,025)

a) 20 b) 30 c) 40 d) 50

RESOLUÇÃO:

São dados: C = 1.000 | M = 10.000 | i = 6% a.a. = 0,06

Para juros compostos temos que:

$$M = C.(1+i)^t$$

$$10.000 = 1.000\,.(1+0{,}06)^t$$

$$1{,}06^t = \frac{10.000}{1.000} = 10 \Rightarrow \log 1{,}06^t = \log 10 \Rightarrow t.\log 1{,}06 = 1 \Rightarrow t.0{,}025 = 1$$

$$t = \frac{1}{0{,}025} = \mathbf{40}\ \boldsymbol{anos}$$

Repare que, como a taxa de juros estava expressa ao ano, encontramos **t** igualmente expresso em **anos**.

Gabarito: C.

10. (CESGRANRIO – Innova/2012) Um investidor aplicou no mercado financeiro a quantia de R$750.000,00 e, após 200 dias, resgatou R$1.000.000,00. Qual foi a taxa mensal de juros compostos, im, auferida pelo investidor?

a) $i_m = [1000000/750000]^{30/200} - 1$

b) $i_m = [1000000/750000]^{200/30} - 1$

c) $i_m = [750000/1000000]^{30/200} - 1$

d) $i_m = [750000/1000000]^{200/30} - 1$

e) $i_m = [750000/1000000]^{30} - 1$

RESOLUÇÃO:

Podemos expressar a taxa de juros compostos **i** em função do Montante, Capital e número de períodos da seguinte forma:

$$\boldsymbol{i = \left(\frac{M}{C}\right)^{1/t} - 1}$$

São dados: M = 1.000.000 | C = 750.000 | t = 200 dias = 200/30 meses

Precisamos do período **t** em meses, pois queremos uma taxa mensal. Logo,

$$i = \left(\frac{1.000.000}{750.000}\right)^{1/\frac{200}{30}} - 1 = \left(\frac{\mathbf{1.000.000}}{\mathbf{750.000}}\right)^{\mathbf{30/200}} - \mathbf{1}$$

Gabarito: A.

7. TAXAS EQUIVALENTES

Duas taxas são ditas **equivalentes** quando, aplicadas a um mesmo capital inicial, pelo mesmo prazo, **produzem o mesmo montante**.

Essa definição de taxas equivalentes aplica-se tanto a juros simples quanto a juros compostos. No entanto, conforme já aprendemos, falar em taxas equivalentes no regime simples é o mesmo que falar em taxas proporcionais; já com relação a juros compostos, isso não é verdade.

FIQUE ATENTO!

Para juros compostos, taxas proporcionais não são equivalentes!

Para exemplificar, suponha que temos uma taxa efetiva de $i_{semestral}$ ao semestre e queremos calcular a taxa equivalente anual, que vamos chamar de i_{anual}. Se as duas taxas são equivalentes, vão produzir o mesmo montante quando aplicadas pelo mesmo período ao mesmo capital.

Imaginemos um período igual a 1 ano, ou 2 semestres. Assim, temos:

$$M^1 = M^2$$

$$C \,.\, (1 + i_{semestral})^2 = C \,.\, (1 + i_{anual})^1$$

Notem que quando uso a **taxa semestral**, n fica expresso em **semestres** (2 semestres). Já quando uso a **taxa anual**, n fica expresso em **anos** (1 ano). Logo,

$$(1 + i_{semestral})^2 = (1 + i_{anual})^1$$

$$i_{anual} = (1 + i_{semestral})^2 - 1$$

Poderíamos usar a mesma lógica para converter taxas mensais, bimestrais, trimestrais ou quadrimestrais em taxa anual. Teríamos como resultado:

$$i_{anual} = (1 + i_{mensal})^{12} - 1$$

$$i_{anual} = (1 + i_{bimestral})^6 - 1$$

$$i_{anual} = (1 + i_{trimestral})^4 - 1$$

$$i_{anual} = (1 + i_{quadrimestral})^3 - 1$$

Agora que já entendemos a lógica por trás da obtenção de taxas equivalentes, fica mais fácil entender a fórmula abaixo, usada para achar taxas equivalentes:

$$\mathbf{1 + I = (1 + i)^k}$$

Em que:

I = Taxa de unidade de tempo maior;

i = Taxa de unidade de tempo menor;

k = Quantidade de vezes que a unidade de tempo menor cabe na maior.

Tudo ficará mais claro por meio da resolução de algumas questões.

Veja como esse assunto já foi cobrado!

11. (VUNESP – Analista/FITO/2020) A taxa anual equivalente à taxa mensal de 1% ao mês é de:

a) 10,11% b) 11,34% c) 12,00% d) 12,68% e) 15,01%

RESOLUÇÃO:

Repare que perguntar a taxa anual equivalente à taxa mensal de 1% ao mês é o mesmo que perguntar: *Se um capital for aplicado por um ano a uma taxa de juros de 1% ao mês, qual é a rentabilidade anual?*

Caso o regime de juros fosse o simples, seria só multiplicar por 12 e teríamos 12%. Porém, você precisa entender que 1% ao mês é maior que 12% ao ano, pois está presente um fator de acumulação. O que isso significa? Ora, quando há um rendimento no segundo mês, este já não se dá em cima do capital inicial, mas sim do capital inicial MAIS a rentabilidade daquele período.

Certo, mas como calculamos? É simples: usaremos o conceito de **taxas equivalentes**, por meio da fórmula:

$$\mathbf{1 + I = (1 + i)^k}$$

Em que:

- **I** = É a taxa que desejamos encontrar, pois possui unidade de tempo maior (anual);
- **i** = 1% a.m (unidade de tempo menor – mensal);
- **k** = 12 (quantidade de meses que cabem em um ano).

Podemos substituir os dados na fórmula, obtendo:

$$1 + I = (1 + 0{,}01)^{12} = (1{,}01)^{12}$$

$$1 + I = 1{,}1268 \rightarrow I = 1{,}1268\text{-}1 = \mathbf{0{,}1268 = 12{,}68\%}$$

Gabarito: D.

12. (ESAF - Analista/IRB/2004) Indique qual a taxa anual de juros compostos que equivale a uma taxa de juros compostos de 2% ao mês.

Dados: 1,0212 = 1,268242

a) 24% b) 24,24% c) 24,48% d) 24,96% e) 26,8242%

RESOLUÇÃO:

A questão quer simplesmente que nós encontremos a taxa <u>anual</u> de juros compostos que **equivale** à taxa de juros compostos de 2% ao <u>mês</u>. Ora, usaremos o conceito de **taxas equivalentes**, por meio da fórmula:

$$\mathbf{1 + I = (1 + i)^k}$$

Em que:

- **I** = É a taxa que desejamos encontrar, pois possui unidade de tempo maior (anual);
- **i** = 2% a.m (unidade de tempo menor – mensal);
- **k** = 12 (quantidade de meses que cabem em um ano).

Podemos substituir os dados na fórmula, obtendo:

$$1 + I = (\ 1 + 0{,}02\ )^{12} = (\ 1{,}02\ )^{12}$$

Mas a questão nos deu o valor do parêntese:

$$1{,}02^{12} = 1{,}268242$$

Daí, teremos:

$$1 + I = 1{,}268242 \rightarrow I = 1{,}268242 - 1 = \mathbf{0{,}268242 = 26{,}8242\%}$$

Gabarito: E.

8. TAXA NOMINAL E EFETIVA

No regime de juros compostos, uma taxa é dita **nominal** quando o **período a que a taxa se refere não é igual ao período de capitalização.**

Por exemplo, uma taxa de 60% ao ano com capitalização mensal é uma taxa nominal, pois a taxa se refere ao período de um ano, mas a capitalização dos juros é realizada mensalmente, o que significa que os juros são calculados uma vez por mês e imediatamente incorporados ao capital.

Por sua vez, a taxa é **efetiva** quando **o período a que a taxa se refere <u>é igual</u> ao período de capitalização.** No nosso exemplo, a taxa de 5% ao mês com capitalização mensal é uma taxa efetiva.

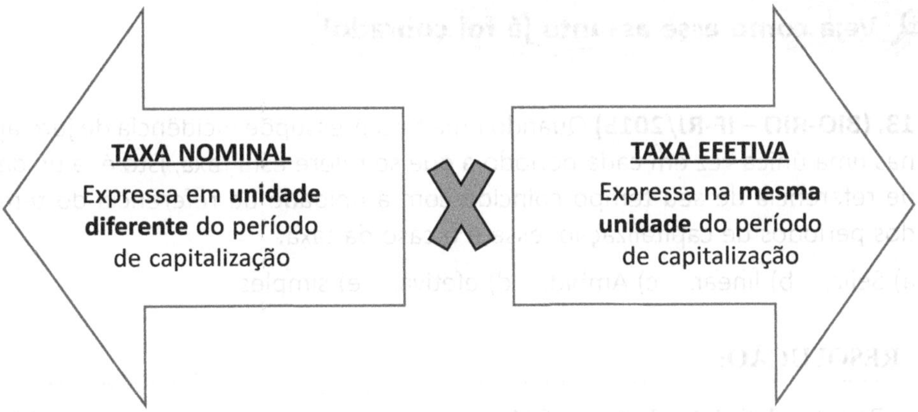

Assim, sempre que numa questão aparecer uma taxa nesse formato, com a palavra **capitalização**, e em que o tempo da taxa for diferente do tempo da capitalização, saberemos imediatamente que estamos diante de uma **Taxa Nominal**!

Tá, professores. E o que vem depois?

Vêm duas consequências muito importantes. Primeiro, estaremos trabalhando no **regime composto**. E em segundo lugar, **você não poderá substituir uma taxa nominal em nenhuma fórmula**! Isso mesmo. Na realidade, você terá que convertê-la numa **taxa efetiva.**

Vamos esquematizar essas informações:

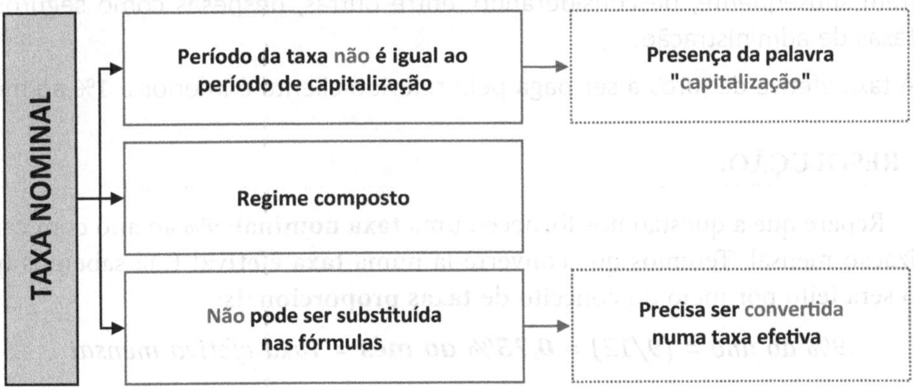

E como faremos a conversão de taxa nominal em taxa efetiva? Bem, embora estejamos trabalhando no regime composto, utilizaremos o conceito de **taxas proporcionais**!

TOME NOTA!

Para converter Taxa Nominal em Taxa Efetiva, embora estando no Regime Composto, utilizaremos o conceito de Taxas Proporcionais.

Veja como esse assunto já foi cobrado!

13. (BIO-RIO – IF-RJ/2015) Quando uma taxa pressupõe incidência de juro apenas uma única vez em cada período a que se refere esta taxa, isto é, a unidade de referência de seu tempo coincide com a unidade de referência do tempo dos períodos de capitalização, esse é o caso da taxa:

a) Selic. b) linear. c) Ambid. d) efetiva. e) simples.

RESOLUÇÃO:

Essa é a definição de **taxa efetiva**, que é a taxa expressa na **mesma unidade** de tempo do período de capitalização. Ela se contrapõe à **taxa nominal**, que é expressa em **unidade diversa** do período de capitalização.

Gabarito: D.

14. (CESPE – TBN/CEF/2014) Um cliente contratou um financiamento habitacional no valor de R$420.000,00, para ser amortizado de acordo com o sistema de amortização constante, em 35 anos, à taxa nominal de juros compostos de 9% ao ano, com capitalização mensal. Com base nessas informações, julgue o item subsequente, desconsiderando, entre outras, despesas como seguros e taxas de administração.

A taxa efetiva de juros a ser paga pelo referido cliente é inferior a 1% ao mês.

RESOLUÇÃO:

Repare que a questão nos forneceu uma **taxa nominal**: 9% ao ano com capitalização mensal. Teremos que convertê-la numa **taxa efetiva**! E já sabemos que isso será feito por meio do conceito de **taxas proporcionais**:

*9% ao ano = (9/12) = **0,75% ao mês** = Taxa efetiva mensal*

Portanto, a taxa efetiva de juros a ser paga pelo referido cliente **é inferior a 1% ao mês.**

Gabarito: Certo.

15. (IBADE – Analista/IPVV/2020) Um investimento de R$1000,00 reais a uma taxa nominal de 20% ao ano, com capitalização mensal, resulta num valor futuro, em dois meses, igual a:

a) 1.030,30 b) 1.200,00 c) 1.233,48 d) 1.033,60 e) 1.066,66

RESOLUÇÃO:

Dados: C = R$1.000,00 | t = 2 meses | i = taxa nominal anual de 20%. Como as capitalizações são mensais, precisamos utilizar uma taxa mensal. Para obter a taxa mensal efetiva, dividimos a nominal anual por 12:

$$i = \frac{0,2}{12} = \frac{0,1}{6}$$

Agora, podemos aplicar a fórmula do montante para cálculo do valor futuro:

$$M = 1000 \, . \left(1 + \frac{0,1}{6}\right)^2 = 1000 \, . \left(\frac{6,1}{6}\right)^2 = 1000 . \frac{37,21}{36} = 1000 \, . \, 1,0336 = 1.033,60$$

Gabarito: D.

9. CONVENÇÃO LINEAR E CONVENÇÃO EXPONENCIAL

Solucionar uma questão de juros compostos pela **convenção exponencial** será o mesmo que resolvê-la pela aplicação da fórmula fundamental dos juros compostos:

$$M = C \, . \, (1 + i)^t$$

Por outro lado, a **convenção linear** corresponde a um método alternativo para resolvermos uma questão de juros compostos. Porém, os resultados obtidos numa operação de juros compostos encontrados pelo método da convenção linear serão **ligeiramente diferentes** daqueles que encontraríamos se trabalhássemos os juros compostos através da convenção exponencial. De fato:

TOME NOTA

Para converter Taxa Nominal em Taxa Efetiva, embora numa questão de juros compostos, o valor do montante encontrado pelo método da **convenção linear** será maior do que o montante encontrado pelo método da convenção exponencial.

E, geralmente, será muito fácil reconhecer quando deveremos trabalhar com a **convenção linear** numa questão de juros compostos, pois duas características serão marcantes:

1. **A própria questão pedirá** para você resolvê-la pelo método da convenção linear;
2. **O tempo da operação será sempre fracionário** ou com duas unidades de tempo (3,5 anos ou 3 anos e meio).

Sim, na equação da convenção linear trabalharemos com uma parte **inteira** e uma parte **quebrada** do tempo:

$$M = C \cdot (1 + i)^{INT} \cdot (1 + i.Q)$$

Em que:

M: montante;

C: Capital Inicial;

i: taxa de juros compostos;

INT: parte **inteira** do tempo;

Q: parte **quebrada** do tempo.

Veja como esse assunto já foi cobrado!

16. (FGV - AFRE/SEFAZ-RJ/2007) A fração de período pela convenção linear produz uma renda a e pela convenção exponencial produz uma renda b. Pode-se afirmar que:

a) $a = \log_n b$ b) $a < b$ c) $a = b$ d) $a = \sqrt[n]{b}$ e) $a > b$

RESOLUÇÃO:

Tenha em mente que, quando o **número de períodos é menor que 1** (fração de período), **o montante pelo regime simples é maior que o montante para o regime composto.**

Qual é a consequência disso? Bem, aí entra o que acabamos de aprender:

Numa questão de juros compostos, o valor do montante encontrado pelo método da convenção linear será maior do que o montante encontrado pelo método da convenção exponencial.

Logo, temos que **a > b**.

Gabarito: E.

17. (FCC - AFTE/SER-PB/2006) Um capital no valor de R$20.000,00 foi investido a uma taxa de juros compostos de 10% ao ano, durante 2 anos e 3 meses. O montante no final do período, adotando a convenção linear, foi igual a (em R$)

a) 22.755,00 b) 23.780,00 c) 24.805,00 d) 24.932,05 e) 25.500,00

RESOLUÇÃO:

Dados: i = 10% a.a | t = 2 anos e 3 meses | C = 20.000,00 | M = ?

Note que trabalharemos com uma taxa anual. Daí, para cumprirmos a **exigência universal** de que taxa e tempo devem estar na mesma unidade, o prazo de aplicação terá de ser anual. Acontece que ele está dividido em duas unidades (2 anos e 3 meses). Mas, como 3 meses correspondem a 0,25 ano, teremos:

2 anos e 3 meses = 2,25 anos

Daí, trabalharemos com a **equação da convenção linear**:

$$M = C \cdot (1 + i)^{INT} \cdot (1 + i.Q)$$

$$M = 20000 \cdot (1 + 0{,}10)^2 \cdot (1 + 0{,}10.0{,}25)$$

$$M = 20000. (1{,}10)^2 .(1{,}025) = 20000 \cdot 1{,}21.1{,}025 = 20000.1{,}24025 = \mathbf{24.805}$$

Gabarito: C.

18. (VUNESP - Auditor Fiscal/ISS Campinas/2019) A empresa A contrata a empresa B para prestação de um serviço cujo valor à vista é V. Pelo contrato, A vai pagar B no prazo de 2 anos e meio, em uma única parcela que incluirá o valor à vista mais juros contratuais de 10% ao ano. Se o contrato firmado entre as partes para a quitação da dívida prevê taxa de juros compostos com convenção linear, então o valor mais próximo do total de juros que B deve pagar a A ao quitar a dívida no prazo é de, aproximadamente:

a) 0,25V b) 0,20V c) 0,27V d) 0,30V e) 2,50V

RESOLUÇÃO:

Pela **convenção linear**, aplicamos a parte **inteira** sob o regime **composto** e a parte **fracionária** sob o regime **simples**. Para um valor V, prazo de 2 anos e meio e taxa anual de 10%, teremos:

$$M = V(1{+}0{,}1)^{2{,}5}$$

$$M = \underbrace{V \cdot 1{,}1^2}_{Composto} \cdot \underbrace{(1 + 0{,}1 \cdot 0{,}5)}_{Simples}$$

$$M = V \cdot 1{,}21 \cdot 1{,}05 = 1{,}2705V$$

Levando em conta que os juros são a diferença entre o montante e o principal, então o total dos juros que serão pagos será de 1,2705V – V ≈ **0,27V**.

Gabarito: C.

10. CAPITALIZAÇÃO CONTÍNUA

Vimos que, nos regimes de capitalização simples e composta, o dinheiro se movimenta no tempo de forma anual, semestral, trimestral, mensal, diária, etc. Todavia, imagine se o dinheiro se capitalizasse continuamente! Isso mesmo, estou falando de o dinheiro ser capitalizado a cada fração infinitesimal de tempo.

Bem, nessa situação estamos diante do **regime de capitalização contínua**, que é uma capitalização **composta**, na qual **o dinheiro é capitalizado a cada novo momento.**

Numa questão de concurso, só utilizaremos a capitalização contínua quando estiver **expressamente** informado no enunciado que na operação descrita deve ser empregado este regime de capitalização.

E qual o caminho de resolução adotaremos? Muito simples, aplicaremos a seguinte fórmula:

$$M = C \times e^{it}$$

Em que "e" é o número neperiano. Trata-se de uma constante cujo valor corresponde a 2,718....

Muito bem, esta é a fórmula geral do Regime de Capitalização contínua. Não custa nada destacar que **i e t devem ser expressos na mesma unidade de tempo**.

Podemos extrair cada uma das outras variáveis a partir da fórmula acima:

Capital:

$$C = \frac{M}{e^{i.t}} = M.e^{-i.t}$$

Taxa de Juros:

$$e^{i.t} = \frac{M}{C}$$

$$\ln e^{i.t} = \ln\frac{M}{C}$$

$$i.t = \ln\frac{M}{C}$$

$$i = \frac{1}{t} . \ln \frac{M}{C}$$

Período:

$$e^{i.t} = \frac{M}{C}$$

$$\ln e^{i.t} = \ln \frac{M}{C}$$

$$i.t = \ln \frac{M}{C}$$

$$t = \frac{1}{i} . \ln \frac{M}{C}$$

Juros:

$$J = M - C$$

$$J = C \, . \, e^{i.t} - C$$

$$J = C \, . \, (e^{i.t} - 1)$$

Veja como esse assunto já foi cobrado!

19. (FCC – SEFAZ-SP/Agente Fiscal/2006) Um capital de R$50.000,00 foi aplicado à taxa semestral i, durante 2 anos, com capitalização contínua, apresentando, no final do período, um montante igual a R$200.000,00. Utilizando ln 2 = 0,69 (ln é o logaritmo neperiano), tem-se que i é igual a

a) 14,02% b) 17,25% c) 30% d) 34,5% e) 69%

RESOLUÇÃO:

São dados: M = 200.000 | C = 50.000 | t = 2 anos = 4 semestres

Como queremos a taxa semestral, precisamos expressar **n** em semestres. Para juros contínuos, temos:

$$M = C.e^{i.t}$$

$$200.000 = 50.000.e^{i.4}$$

$$e^{i.4} = \frac{200.000}{50.000} = 4$$

$$\ln e^{i.4} = \ln 4$$

$$i.4 = \ln 2^2 = 2.\ln 2$$

$$4.i = 2.0{,}69$$

$$\boldsymbol{i = 34{,}5\%\ a.s.}$$

Gabarito: D.

20. (CESPE – TJ-SE/Ana Jud/2014) Considerando que um empresário tenha tomado empréstimo no valor de R$30.000,00 para custear reformas em seu estabelecimento comercial, julgue o item que se segue a respeito de taxa de juros efetiva.

Considerando-se 1,08 como valor aproximado para e0,08 , é correto afirmar que, se toda a quantia tomada como empréstimo tivesse sido investida à taxa de 8% ao ano, em um regime de capitalização contínua, pelo período de 2 anos, então, ao final do período, o montante teria sido inferior a R$32.500,00.

RESOLUÇÃO:

São dados: C = 30.000 | i = 8% a.a. = 0,08 | t = 2 anos

Para juros contínuos, temos:

$$M = C.e^{i.t}$$

$$M = 30.000.e^{0,08.2}$$

$$M = 30.000.(e^{0,08})^2 = 30.000.(1,08)^2$$

$$\boldsymbol{M = 34.992} > 32.500$$

Gabarito: Errado.

11. RESUMO

Nos **juros compostos**, a taxa incidirá sobre o capital inicial acrescido dos juros que são gerados a cada período de aplicação.

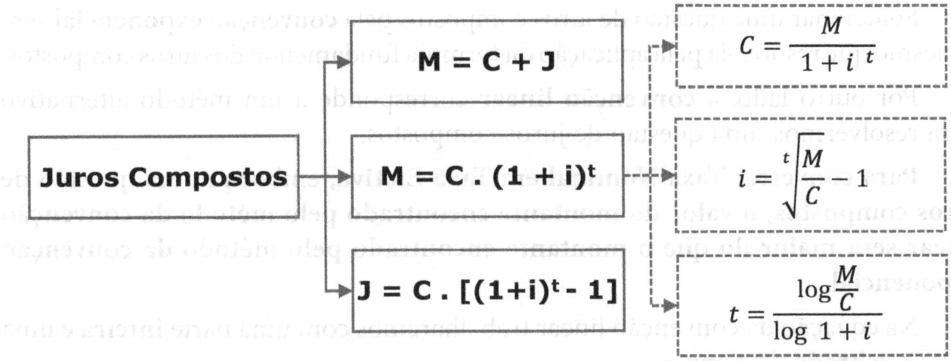

Duas taxas são ditas **equivalentes** quando, aplicadas a um mesmo capital inicial, pelo mesmo prazo, **produzem o mesmo montante**. Para juros compostos, taxas proporcionais **não** são equivalentes!

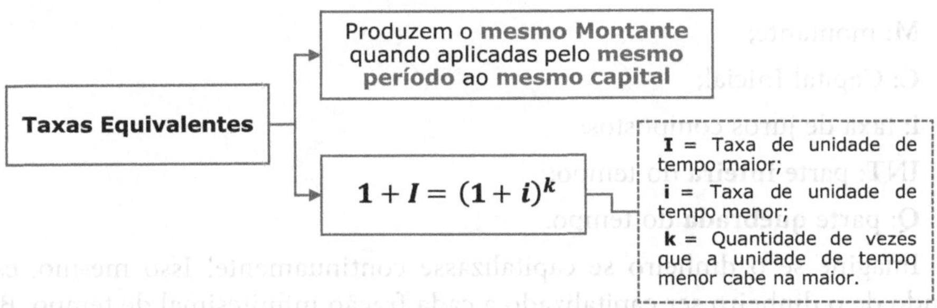

No regime de juros compostos, uma taxa é dita **nominal** quando o **período a que a taxa se refere não é igual ao período de capitalização**.

Por sua vez, a taxa é **efetiva** quando **o período a que a taxa se refere é igual ao período de capitalização**. No nosso exemplo, a taxa de 5% ao mês com capitalização mensal é uma taxa efetiva.

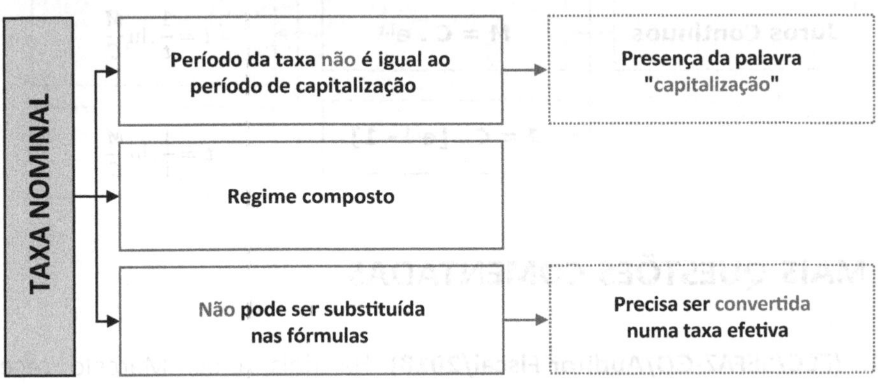

Para converter Taxa Nominal em Taxa Efetiva, embora estando no Regime Composto, utilizaremos o conceito de Taxas Proporcionais.

Solucionar uma questão de juros compostos pela **convenção exponencial** será o mesmo que resolvê-la pela aplicação da fórmula fundamental dos juros compostos.

Por outro lado, a **convenção linear** corresponde a um método alternativo para resolvermos uma questão de juros compostos.

Para converter Taxa Nominal em Taxa Efetiva, embora numa questão de juros compostos, o valor do montante encontrado pelo método da convenção linear será maior do que o montante encontrado pelo método da convenção exponencial.

Na equação da convenção linear trabalharemos com uma parte **inteira** e uma parte **quebrada** do tempo:

$$M = C \cdot (1 + i)^{INT} \cdot (1 + i \cdot Q)$$

M: montante;

C: Capital Inicial;

i: taxa de juros compostos;

INT: parte **inteira** do tempo;

Q: parte **quebrada** do tempo.

Imagine se o dinheiro se capitalizasse continuamente! Isso mesmo, estou falando de o dinheiro ser capitalizado a cada fração infinitesimal de tempo. Bem, nessa situação estamos diante do **regime de capitalização contínua**, que é uma capitalização **composta**, na qual **o dinheiro** é capitalizado **a cada novo momento.**

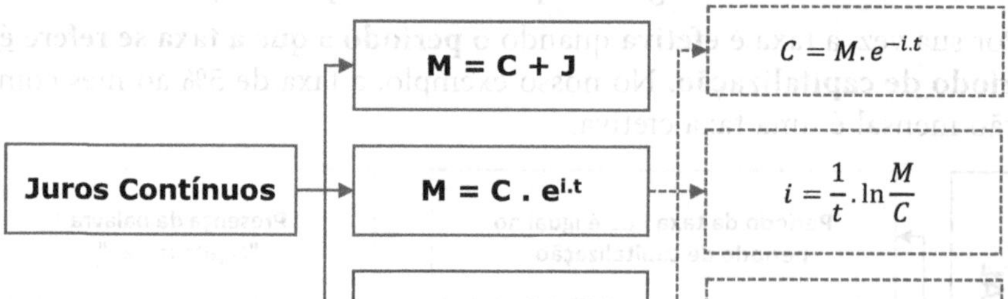

12. MAIS QUESTÕES COMENTADAS

21. (FCC/SEFAZ-GO/Auditor-Fiscal/2018) Há dois anos, Marcelo recebeu R$100.000,00 como resultado do fechamento de um negócio e decidiu investir esse dinheiro no mercado financeiro. Após conversar com um consultor, ele aplicou parte do valor em um fundo de ações A e, o restante, em um investimento estruturado B. Marcelo acaba de resgatar o valor completo das duas aplicações, totalizando R$137.800,00. De acordo com o relatório elaborado pelo consultor, no período de 2 anos, o fundo A rendeu o equivalente a 0,8% ao mês, enquanto que o investimento B rendeu o equivalente a 2,2% ao mês, com ambos os rendimentos calculados no regime de juros compostos. O valor, em reais, aplicado por Marcelo, há dois anos, no fundo de ações A foi de:

Dados: (1,008)12 = 1,1 e (1,022)12 = 1,3.

a) 60.000,00 b) 65.000,00 c) 45.000,00 d) 50.000,00 e) 55.000,00

RESOLUÇÃO:

Vamos chamar de **B** o valor aplicado no investimento estruturado. Assim, o valor aplicado no fundo de ações **A** é de **100.000 – B**, já que a soma dos valores iniciais é de 100.000,00 reais.

O enunciado informa que o investimento **A** teve duração de t = 24 meses (2 anos) e taxa composta de i = 0,8% a.m, resultando no montante:

$$M = C \times (1 + i)^t$$

$$M_A = (100.000 - B) \times (1 + 0{,}008)^{24} = (100.000 - B) \times (1{,}008)^{12\times 2}$$

$$M_A = (100.000 - B) \times (1{,}008^{12})^2$$

É dado que (1,008)12 = 1,1. Logo:

$$M_A = (100.000 - B) \times (1{,}1)^2 = (100.000 - B) \times 1{,}21$$

Já o investimento **B** teve duração de t = 24 meses e taxa composta i = 2,2% a.m, resultando no montante:

$$M_B = B \times (1 + 0{,}022)^{24} = B \times (1{,}022)^{12\times 2} = B \times (1{,}022^{12})^2$$

É dado que (1,022)12 = 1,3, de modo que:

$$M_B = B \times (1{,}3)^2 = \mathbf{1{,}69B}$$

É dito que a soma dos dois montantes é igual a 137.800 reais. Logo:

$$M_A + M_B = 137.800$$

$$(100.000 - B) \times 1{,}21 + 1{,}69B = 137.800$$

$$121.000 - 1{,}21B + 1{,}69B = 137.800$$

$$0{,}48B = 16.800$$

$$\boldsymbol{B} = \frac{16.800}{0{,}48} = \mathbf{35.000}\ \boldsymbol{reais}$$

Mas, o nosso objetivo consiste em determinar o valor aplicado por Marcelo no fundo de ações A:

$$100.000 - B = 100.000 - 35.000 = \mathbf{65.000\ reais}$$

Gabarito: B.

22. (FCC – ELETROSUL/Adm de Empresas/2016) Se uma pessoa aplicar um capital (C), durante 1 semestre, sob o regime de capitalização composta a uma taxa de 3% ao trimestre, obterá no final do prazo de aplicação um valor de juros igual a R$1.370,25. Se ela aplicar este mesmo capital (C), durante 15 meses, a uma taxa de 9,6% ao ano sob o regime de capitalização simples, então obterá no final do prazo de 15 meses um valor de juros correspondente, em reais, de

a) 2.740,50 b) 3.000,00 c) 2.700,00 d) 2.400,00 e) 2.880,00

RESOLUÇÃO:

1ª Aplicação: Juros Compostos

Dados: $J_C = 1.370,25$ | i = 3% a.t. = 0,03 | t = 1 semestre = 2 trimestres

$$J_C = C.[(1 + i)^t - 1]$$

$$1.370,25 = C.[(1 + 0,03)^2 - 1] \Rightarrow \boldsymbol{C} = \frac{1.370,25}{1,03^2 - 1} = \mathbf{22.500}$$

2ª Aplicação: Juros Simples

Dados: C = 22.500 | i = 9,6% aa = 0,096 | t = 15 meses = 15/12 anos = 1,25 anos

$$J_s = C.i.t$$

$$J_s = 22.500 . 0,096 . 1,25 = \mathbf{2.700}$$

Gabarito: C.

23. (FCC – TJ-PE/Ana Jud/2012) Um valor X foi aplicado a juros compostos de 10% ao mês durante dois meses em um fundo de investimentos A. O mesmo valor X foi aplicado a juros compostos de 20% ao mês durante dois meses em um fundo de investimentos B. Em relação ao rendimento da aplicação no fundo A, o rendimento obtido na aplicação no fundo B o supera em, aproximadamente,

a) 23% b) 44% c) 65% d) 110% e) 210%

RESOLUÇÃO:

Fundo A:

$$J_A = X.[(1+10\%)^2 - 1]$$

Fundo B:

$$J_B = X.[(1+20\%)^2 - 1]$$

Dividindo uma equação pela outra, temos:

$$\frac{J_B}{J_A} = \frac{(1+20\%)^2 - 1}{(1+10\%)^2 - 1} = \frac{0,44}{0,21} = 2,095$$

$$J_B = 2,095.J_A = J_A.(1 + 1,095)$$

$$J_B = J_A.(1 + \mathbf{109,5\%})$$

Assim, o rendimento (juros) do fundo B é **superior** ao rendimento do fundo A em cerca de **110%.**

Gabarito: D.

24. (FCC – TRE-PR/Ana Jud/2012) Um capital é aplicado a juros compostos, durante um ano, com uma taxa de 4% ao semestre. O valor dos juros desta aplicação foi igual a R$1.020,00. Caso este capital tivesse sido aplicado a juros compostos, durante dois anos, com uma taxa de 10% ao ano, então o montante no final deste período apresentaria um valor igual a (em R$)

a) 15.125,00 b) 15.000,00 c) 14.750,00 d) 14.500,00 e) 14.225,00

RESOLUÇÃO:

São dados: J = 1.020 | i = 4% a.s. = 0,04 | t = 1 ano = 2 semestres

Para juros compostos, temos:

$$J = C.[(1 + i)^t - 1]$$

$$1.020 = C.[(1 + 0,04)^2 - 1] \rightarrow 0,0816.C = 1.020 \rightarrow C = 12.500$$

Aplicando esse capital por 2 anos a uma taxa de 10% ao ano, temos:

$$M = 12.500.(1 + 10\%)^2 = \mathbf{15.125}$$

Gabarito: A.

25. (FCC – TRT 6ª Região/Ana Jud/2012) Não tendo recursos para saldar um empréstimo de R$110.000,00 (na data do vencimento), determinada empresa fez um acordo com a instituição financeira para pagá-lo 90 dias após o vencimento. Sabendo que a taxa de juros compostos cobrada pelo banco foi de 5% ao mês, o valor pago pela empresa foi, em reais,

a) 115.500,00 b) 115.762,50 c) 121.275,00 d) 126.500,00 e) 127.338,75

RESOLUÇÃO:

São dados: C = 110.000 | i = 5% a.m. = 0,05 | t = 90 dias = 3 meses

Para juros compostos, temos:

$$M = C.(1 + i)^t$$

$$M = 110.000.(1 + 0,05)^3 = \mathbf{127.338,75}$$

Gabarito: E.

26. (FCC – TST/Ana Jud/2012) Em 31/12/2011, João obteve um empréstimo de R$5.000,00 para pagá-lo 3 meses depois. Sabendo que a taxa de juros compostos cobrada pela instituição foi de 2,0% ao mês, o valor que João pagou para quitar o empréstimo foi, em reais, de

a) 5.100,00 b) 5.202,00 c) 5.300,00 d) 5.306,04 e) 5.314,20

RESOLUÇÃO:

São dados: C = 5.000 | i = 2% a.m. = 0,02 | t = 3 meses

Para juros compostos, temos:

$$M = C.(1 + i)^t$$

$$M = 5.000.(1 + 0,02)^3 = \mathbf{5.306,04}$$

Gabarito: D.

27. (FCC – TRT 18ª Região/Ana Jud/2013) O capital A foi aplicado a juros simples por um semestre, sendo 2/5 dele à taxa de 2% ao mês e o restante à taxa de 3% ao bimestre. O capital B foi aplicado a juros compostos por 6 meses, sendo metade dele à taxa de 5% ao trimestre e a outra metade à taxa de 10% ao semestre. O total dos juros da aplicação desses capitais foi de R$559,50. Se a soma de A e B é igual a R$5.500,00, então é verdade que:

a) A – B = R$1.800,00.

b) 2A = R$6.000,00.

c) B/2 = R$1.000,00.

d) B – A = R$1.300,00.

e) B = R$1.500,00.

RESOLUÇÃO:

Vamos analisar separadamente os investimentos realizados.

Inicialmente, os **juros do capital A** serão iguais aos juros da aplicação de 2% a.m. por 6 meses e de 3% a.b. por 3 bimestres. Como, para Juros Simples, **J = C.i.t,** temos:

$$J_A = \frac{2A}{5}.0{,}02.6 + \frac{3A}{5}.0{,}03.3 = \mathbf{0{,}102.}\boldsymbol{A}$$

Por sua vez, os **juros do capital B** serão iguais aos juros da aplicação de 5% a.t. por 2 trimestres e de 10% a.s. por 1 semestre. Como, para Juros Compostos, J = C.[(1 + i)t – 1], temos:

$$J_B = \frac{B}{2}.[(1+0{,}05)^2 - 1] + \frac{B}{2}.[(1+0{,}10)^1 - 1] = \mathbf{0{,}10125.}\boldsymbol{B}$$

Note que o enunciado nos fornece o valor da soma dos dois juros e dos dois capitais. Logo:

$$J_A + J_B = 559{,}50$$

$$0{,}102\ .\ A + 0{,}10125\ .\ B = 559{,}50$$

Adicionalmente, temos:

$$A + B = 5.500$$

$$B = 5.500 - A$$

Substituindo na equação anterior, temos:

$$0{,}102\ .\ A + 0{,}10125\ .(5.500 - A) = 559{,}50$$

$$0{,}102\ .\ A + 556{,}875 - 0{,}10125\ .\ A = 559{,}50$$

$$0{,}00075\ .\ A = 2{,}625 \rightarrow A = 3.500$$

Assim, obtemos:

$$B = 5.500 - A$$

$$\boldsymbol{B} = 5.500 - 3.500 = \mathbf{2.000}$$

$$\frac{\boldsymbol{B}}{\mathbf{2}} = \mathbf{1.000}$$

Gabarito: C.

28. (FCC – SEFAZ-RJ/Auditor Fiscal/2014) Um capital aplicado sob o regime de capitalização composta, durante 1 semestre, apresentou, no final deste prazo, um total de juros de R$580,00. Caso esse capital fosse aplicado sob o regime de capitalização composta, durante 1 ano, apresentaria no final deste prazo um total de juros de R$1.183,20. Sabe-se que em ambos os casos considerou-se a taxa de i ao semestre (i>0). Um outro capital, no valor de R$15.000,00, aplicado, durante 1 ano, sob o regime de capitalização composta a uma taxa de i ao semestre, apresentará no final deste prazo um montante de (em R$)

a) 16.242,00 b) 16.200,00 c) 16.212,00 d) 16.224,00 e) 16.236,00

RESOLUÇÃO:

Para juros compostos, temos:

$$J = C.[(1 + i)^t - 1]$$

<u>1º caso</u>: 1 semestre

$$580 = C.[(1 + i)^1 - 1]$$

$$\boldsymbol{C \cdot i = 580}$$

<u>2º caso</u>: 2 semestres

$$1.183{,}20 = C.[(1 + i)^2 - 1]$$

$$C.[1 + 2i + i^2 - 1] = 1.183{,}20$$

$$C.[2i + i^2] = 1.183{,}20$$

$$C.i.[2 + i] = 1.183{,}20$$

Substituindo o valor de **C.i**, temos:

$$580.[2 + i] = 1.183{,}20$$

$$2 + i = \frac{1.183{,}20}{580} = 2{,}04$$

$$\boldsymbol{i} = 0{,}04 = \mathbf{4\%}\ \boldsymbol{a.s.}$$

<u>3º caso</u>: C = 15.000 | i = 4% a.s. = 0,04 | t = 1 ano = 2 semestres

$$\boldsymbol{M} = 15.000\ .(1 + 0{,}04)^2 = \mathbf{16.224}$$

Gabarito: D.

29. (FCC – TRF 3ª Região/Ana Jud/2014) Considere que dois capitais de valores iguais foram aplicados em uma mesma data, sob o regime de capitalização composta a uma taxa de 2% ao bimestre. O primeiro capital foi aplicado durante 1 bimestre e o segundo durante 2 bimestres, verificando-se que o total do valor dos juros destas duas aplicações, no final dos respectivos prazos, foi igual a R$1.359,00. O valor do montante da aplicação do segundo capital é, em R$, igual a

a) 23.929,20 b) 23.669,10 c) 23.409,00 d) 22.888,80 e) 21.328,20

RESOLUÇÃO:

Os juros serão iguais à soma dos juros da aplicação de 2% a.b. por 1 bimestre e de 2% a.b. por 2 bimestres. Como, para Juros Compostos, **J = C.[(1 + i)ᵗ – 1]**, temos:

$$J = C.[(1+0{,}02)^1 - 1] + C.[(1+0{,}02)^2 - 1] = 1.359$$

$$0{,}0604.C = 1.359 \Longrightarrow C = \frac{1.359}{0{,}0604} = 22.500$$

Para achar o **montante** do capital que ficou aplicado por 2 bimestres, fazemos:

$$M = 22.500\ .(1 + 0{,}02)^2 \rightarrow = \mathbf{23.409}$$

Gabarito: C.

30. (FCC – SABESP/Ana de Gestão/2014) Um investidor aplicou 25% de um capital, durante 6 meses, sob o regime de capitalização simples, a uma taxa de 9,6% ao ano. O restante deste capital ele aplicou durante 1 semestre, sob o regime de capitalização composta, a uma taxa de 2% ao trimestre. Se a soma dos valores dos juros destas duas aplicações foi igual a R$3.384,00, então o montante correspondente à aplicação sob o regime de capitalização composta foi, em R$, igual a

a) 65.025,00 b) 57.742,20 c) 62.424,00 d) 64.504,80 e) 56.181,60

RESOLUÇÃO:

Para Juros Simples, temos que:

$$J_S = C.i.t$$

$$J_S = 25\%C.0{,}096.0{,}5$$

Usamos o valor de **t = 0,5 ano**, pois a taxa de juros está expressa ao ano.

$$J_S = 0{,}012.C$$

Para Juros Compostos, temos que:

$$J_C = C.[(1 + i)^t - 1]$$

$$J_C = 75\%C.[(1 + 0{,}02)^2 - 1]$$

Usamos o valor de **t = 2 trimestres**, pois a taxa de juros está expressa ao trimestre.

$$J_C = 0{,}0303.C$$

Somando os dois juros, temos:

$$J_S + J_C = 0{,}012.C + 0{,}0303.C = 3.384$$

$$0{,}0423.C = 3.384 \Longrightarrow C = \frac{3.384}{0{,}0423} = 80.000$$

Para achar o **montante** da capitalização composta, fazemos:

$$M_C = 75\% \ . \ 80.000 \ .(1 + 0{,}02)^2 \ \rightarrow \ = \mathbf{62.424}$$

Gabarito: C.

31. (FCC – METRÔ-SP/Ana Desenv/2014) Josefa necessitava de R$5.000,00. Para tanto buscou um determinado banco, que propôs o empréstimo para sua quitação em 3 meses, a uma taxa de juros de 4% ao mês. Considerando juros compostos, ao final dos 3 meses Josefa terá pago o valor total de (em R$):

a) 6.249,72 b) 5.600,00 c) 5.800,00 d) 5.624,32 e) 6.100,00

RESOLUÇÃO:

São dados: C = 5.000 | i = 4% a.m. = 0,04 | t = 3 meses

Para juros compostos, temos:

$$M = C \ .(1 + i)^t$$

$$M = 5.000 \ .(1 + 0{,}04)^3 = \mathbf{5.624{,}32}$$

Gabarito: D.

32. (FCC – METRÔ-SP/Ana Desenv/2014) Joaquim pretende comprar um carro no valor de R$12.500,00 e fará um depósito bancário. Sabendo-se que a taxa de juros do Banco A é de 6% ao ano, e que ele deverá resgatar o total do valor do carro, ao final de 12 meses, o valor principal a ser depositado por Joaquim deve ser de (em R$):

a) 12.083,33 b) 10.000,00 c) 11.792,45 d) 7.500,00 e) 3.472,22

RESOLUÇÃO:

São dados: M = 12.500 | i = 6% a.a. = 0,06 | t = 12 meses = 1 ano

Para juros compostos, temos:

$$M = C.(1+i)^t$$

$$12.500 = C.(1+0{,}06)^1 \Rightarrow \boldsymbol{C} = \frac{\mathbf{12.500}}{\mathbf{1{,}06}} = \mathbf{11.792{,}45}$$

Gabarito: C.

33. (FCC – SEFAZ-PI/Ana do Tesouro Estadual/2015) Sabe-se que o valor dos juros correspondente a uma dívida que vence daqui a 3 anos é igual a R$3.972,00, considerando uma taxa de juros compostos de 10% ao ano. Esta mesma dívida, considerando uma taxa de juros compostos de 5% ao semestre e com vencimento daqui a 1 ano, apresentaria um valor de juros (J), em reais, tal que

a) J ≤ 1.100

b) 1.100 < J ≤ 1.200

c) 1.200 < J ≤ 1.300

d) 1.300 < J ≤ 1.400

e) J > 1.400

RESOLUÇÃO:

São dados: J = 3.972 | i = 10% a.a. = 0,10 | t = 3 anos

Para juros compostos, temos:

$$J = C.[(1+i)^t - 1]$$

$$3.972 = C.[(1+0{,}10)^3 - 1] \Rightarrow 0{,}331.C = 3.972 \Rightarrow \boldsymbol{C} = \frac{3.972}{0{,}331} = \mathbf{12.000}$$

Considerando uma taxa de juros compostos de 5% ao semestre e com vencimento daqui a 1 ano, teríamos os seguintes Juros:

$$J = 12.000 \,.\, [(1 + 0{,}05)^2 - 1] = \mathbf{1.230}$$

Gabarito: C.

34. (FCC/Sefaz-PI/Auditor-Fiscal/2015) Um capital C foi aplicado a juros compostos, à taxa de 5% ao mês. Ao completar 1 bimestre, seu montante foi resgatado e imediatamente aplicado a juro simples, à taxa de 6% ao mês. Ao fim de 1 semestre da segunda aplicação, o montante M era de R$14.994,00. Suponha que, desde o início, o capital C tivesse sido aplicado a juro simples, à taxa mensal i, de modo que o montante final fosse igual a M. Dos números abaixo, o mais próximo de i é

a) 6,4% b) 6,5% c) 6,1% d) 6,2% e) 6,3%

RESOLUÇÃO:

Com a primeira aplicação a **juros compostos**, teremos o seguinte montante:

$$M_1 = C.(1 + 0{,}05)^2 = C.1{,}1025$$

Conforme o enunciado, tal montante foi aplicado a **juros simples** (6% ao mês), por 6 meses, o que gerou o montante **M**. Logo, temos:

$$M = M_1.(1 + 0{,}06.6) = C.1{,}1025$$

Note que a alternativa de investimento era deixar o capital inicial, a juros simples, à taxa mensal i, pelo mesmo período (2 meses + 6 meses), e que isso também daria **M**. Logo, temos:

$$M = C.(1 + i.8)$$

Igualando as duas equações anteriores, temos:

$$C.(1 + i.8) = C.1{,}1025.1{,}36$$

$$1 + 8.i = 1{,}1025.1{,}36 = 1{,}4994 \rightarrow 8.i = 0{,}4994 \rightarrow i \approx 0{,}0624 \rightarrow i \approx 6{,}2\%$$

Gabarito: D.

35. (FCC – SEFAZ-SP/Agente Fiscal de Rendas – 2009) Considere que o logaritmo neperiano de 1,8 é igual a 0,6. Aplicando um capital de R$25.000,00 a uma taxa de 4% ao mês, com capitalização contínua, verifica-se que o montante, no momento do resgate, é igual a R$45.000,00. O período de aplicação é igual a

a) 12 meses b) 15 meses c) 18 meses d) 21 meses e) 24 meses

RESOLUÇÃO:

São dados: M = 45.000 | C = 25.000 | i = 4% a.m. = 0,04

Para juros contínuos, temos:

$$M = C.e^{i.t}$$

$$45.000 = 25.000.e^{0,04.t}$$

$$e^{0,04.t} = \frac{45.000}{25.000} = 1,8$$

Aplicando o logaritmo neperiano dos dois lados da equação, temos:

$$\ln e^{0,04.t} = \ln 1,8$$

$$0,04.t = 0,6$$

$$t = \frac{0,6}{0,04} = \mathbf{15\ meses}$$

Gabarito: B.

36. (FCC – TCE-PR/Ana Controle/2011) Um capital no valor de R$25.000,00 foi aplicado, durante um ano, à taxa semestral de 6% com capitalização contínua. Utilizando a informação de que 6% é igual ao logaritmo neperiano de 1,062, tem-se que o valor do montante, no final do período, foi igual a (em R$)

a) 28.090,00 b) 28.143,00 c) 28.196,10 d) 28.249,20 e) 28.302,30

RESOLUÇÃO:

São dados: C = 25.000 | i = 6% a.s. | t = 1 ano = 2 semestres

Para juros contínuos, temos:

$$M = C \cdot e^{i.t}$$

$$M = 25.000 \cdot e^{6\%.2} = 25.000 \cdot (e^{6\%})^2 = 25.000 \cdot (e^{\ln 1,062})^2 = 25.000 \cdot (1,062)^2$$

$$M = 25.000 \cdot 1,06^4 = \mathbf{28.196,10}$$

Gabarito: C.

37. (FCC – SEFAZ-PI/Ana Tesouro Est/2015) Um capital de R$15.000,00 é aplicado, durante 2 anos, à taxa de 5% ao semestre com capitalização contínua. Dos valores abaixo, o mais próximo do valor dos juros desta aplicação é (em R$)

Dados: ln(1,051271) = 0,05; ln(1,105171) = 0,10; ln(1,161834) = 0,15 e ln(1,221403) = 0,20; em que ln é o logaritmo neperiano, tal que ln(e) = 1.

a) 3.076,00 b) 3.155,00 c) 3.321,00 d) 3.487,00 e) 3.653,00

RESOLUÇÃO:

São dados: C = 15.000 | i = 5% a.s. = 0,05 | t = 2 anos = 4 semestres

Para juros contínuos, temos:

$$J = C \, . \, [e^{i.t} - 1]$$

$$J = 15.000 \, . \, [e^{0,05\,.\,4}) - 1]$$

$$J = 15.000 \, . \, [e^{0,20} - 1]$$

Como o enunciado nos diz que ln(1,221403) = 0,20, temos:

$$J = 15.000 \, . \, [e^{\ln 1,221403} - 1] = 15.000 \, . \, [1,221403 - 1] = \mathbf{3.321,05}$$

Gabarito: C.

38. (Cespe/STM/Ana Jud/2018) Uma pessoa atrasou em 15 dias o pagamento de uma dívida de R$20.000, cuja taxa de juros de mora é de 21% ao mês no regime de juros simples.

Acerca dessa situação hipotética, e considerando o mês comercial de 30 dias, julgue o item subsequente.

No regime de juros compostos, o valor dos juros de mora na situação apresentada será R$100 menor do que no regime de juros simples.

RESOLUÇÃO:

Temos uma dívida inicial de C = 20.000 reais, paga após t = 15 dias (ou melhor, t = 0,5 mês), com taxa de j = 21% ao mês.

No regime de juros simples, os juros são de:

$$J = C \times i \times t$$

$$J = 20.000 \times (21/100) \times 0,5 = 10.000 \times 21/100 = 100 \times 21 = \mathbf{2.100\ reais}$$

No regime composto, temos:

$$M = C \times (1+i)^t = 20.000 \times (1+0,21)^{0,5} = 20.000 \times 1,21^{0,5}$$

Veja que 1,21 é o mesmo que $1,1^2$. Elevarmos este valor a 0,5 é o mesmo que tirar a sua raiz quadrada, resultando em 1,1. Ficamos com:

$$M = 20.000 \times 1,1 = 22.000 \text{ reais}$$

Logo, nesta situação, J = 22.000 – 20.000 = 2.000 reais

Realmente no regime composto os juros (2.000) são 100 reais a menos do que no regime simples (2.100).

Gabarito: Certo.

39. (CESPE – FUNPRESP-EXE/Especialista/2016) Um poupador de pequenas quantias aplicou R$100 esperando obter rendimento de 1% de juros compostos ao mês. Nesse caso, ao final de três meses, o montante da aplicação, em reais, poderá ser calculado pela expressão $102 \times (1{,}01)^3$.

RESOLUÇÃO:

São dados: C = 100 | i = 1% a.m. = 0,01 | t = 3 meses

Para juros compostos temos que:

$$M = C.(1 + i)^t$$

$$M = 100.(1 + 0{,}01)^3 = \mathbf{100.(1{,}01)^3 \neq 102.(1.01)^3}$$

Gabarito: Errado.

40. (CESPE – FUNPRESP-EXE/Especialista/2016) Um poupador de pequenas quantias aplicou R$100 esperando obter rendimento de 1% de juros compostos ao mês. Nesse caso, se, ao final de dois meses, for sacado o valor de R$50, então o saldo remanescente será inferior a R$52.

RESOLUÇÃO:

São dados: C = 100 | i = 1% a.m. = 0,01 | t = 2 meses

Para juros compostos temos que:

$$M = C.(1 + i)^t$$

$$M = 100.(1 + 0{,}01)^2 = 100.(1{,}01)^2 = \mathbf{102{,}01}$$

Se, desse montante, foram sacados 50 reais, restarão:

$$102{,}01 - 50 = \mathbf{52{,}01} > 52 \text{ reais}$$

Gabarito: Errado.

41. (CESPE – TCE-RN/Inspetor/2015) Considerando que 0,7, 0,05 e 1,8 sejam os valores aproximados, respectivamente, de ln2, ln1,05 e 1,0512, julgue o item a seguir, referentes a juros.

A taxa nominal de 2% ao mês é proporcional à taxa de 24% ao ano.

RESOLUÇÃO:

Para taxas proporcionais, temos:

$$\frac{24\%}{i_m} = \frac{12\ meses}{1\ mês}$$

$$i_m = 2\%\ a.m.$$

Gabarito: Certo.

42. (CESPE – TCE-RN/Inspetor/2015) Considerando que 0,7, 0,05 e 1,8 sejam os valores aproximados, respectivamente, de ln2, ln1,05 e 1,0512, julgue o item a seguir, referentes a juros.

Se, no regime de juros compostos, a taxa de juros efetiva for de 5% ao mês, será necessário um período superior a 15 meses para que o valor de um capital inicial dobre.

RESOLUÇÃO:

Para juros compostos temos que:

$$M = C.(1 + i)^t$$

$$2.C = C.(1 + 0{,}05)^t \rightarrow (1 + 0{,}05)^t = 2 \rightarrow t.\ln 1{,}05 = \ln 2 \rightarrow 0{,}05.t = 0{,}7$$

$$t = \mathbf{14\ meses} < 15\ meses$$

Gabarito: Errado.

43. (CESPE – FUNPRESP-EXE/Especialista/2016) Se um capital de R$1.000 for aplicado à taxa de juros compostos de 10% ao mês, em três meses será gerado um montante superior a R$1.300.

RESOLUÇÃO:

São dados: C = 1.000 | i = 10% a.m. = 0,10 | t = 3 meses

Para juros compostos temos que:

$$M = C.(1 + i)^t$$

$$M = 1.000.(1 + 0{,}10)^3$$

$$= 1.000.1{,}331$$

$$\mathbf{M = 1.331} > 1.300$$

Gabarito: Certo.

44. (CESPE – FUNPRESP-EXE/Especialista/2016) Para o investidor, é indiferente aplicar, por dois meses, um capital de R$1.000 à taxa de juros simples de 21% ao mês ou à taxa de juros compostos de 20% ao mês.

RESOLUÇÃO:

Vamos calcular os montantes pelos dois regimes de capitalização, simples e composto e compará-los.

São dados: C = 1.000 | i = 21% a.m. = 0,21 | t = 2 meses

Para **juros simples** temos que:

$$M_S = C \,.\, (1 + i \,.\, t)$$

$$M_S = 1.000 \,.\, (1 + 0{,}21 \,.\, 2)$$

$$\mathbf{M_S = 1.420}$$

Para **juros compostos** temos que:

$$M_C = C \,.(1 + i)^t$$

$$M_C = 1.000 \,.(1 + 0{,}20)^2$$

$$\mathbf{M_C = 1.440}$$

É possível perceber que:

$$M_C > M_S$$

Gabarito: Errado.

45. (CESPE – SEFAZ-AC/Fiscal da Receita/2009) Caso a quantia de R$10.000,00 seja investida em uma conta remunerada à taxa efetiva de 21% ao ano, com capitalização composta e mensal, o valor dos juros resultantes 18 meses após o depósito será

a) inferior a R$3.200,00.

b) superior a R$3.200,00 e inferior a R$3.400,00.

c) superior a R$3.400,00 e inferior a R$3.600,00.

d) superior a R$3.600,00.

RESOLUÇÃO:

O enunciado fala em **taxa efetiva** de 21% ao ano! **Não é taxa nominal.** Dizer que a capitalização é mensal é só para confundir.

Para juros compostos temos que:

$$J = C.[(1+i)^t - 1]$$

$$J = 10.000\,.\,[(1+0{,}21)^{3/2} - 1] = 10.000\,.\,[\sqrt{(1{,}21)^3} - 1]$$

Para simplificar a conta, podemos ver que **1,21 = 1,1²**:

$$J = 10.000\,.\,[\sqrt{(1{,}1^2)^3} - 1] = 10.000\,.\,[\sqrt{(1{,}1^3)^2} - 1] = 10.000\,.\,[1{,}1^3 - 1] = \mathbf{3.310}$$

Gabarito: B.

46. (CESPE – SEFAZ-ES/Auditor Fiscal/2013) Um cliente tomou um empréstimo de R$1.000,00 em determinado banco, que cobra, antecipadamente, uma taxa de 15% sobre o valor, entregando o valor já líquido. Nessa situação, se o pagamento do empréstimo no valor de R$1.000,00 ocorreu um mês depois, então a taxa efetiva de juros do empréstimo foi;

a) superior a 19,5%.

b) inferior a 18%.

c) superior a 18% e inferior a 18,5%.

d) superior a 18,5% e inferior a 19%.

e) superior a 19% e inferior a 19,5%.

RESOLUÇÃO:

Como o banco entrega o valor líquido, o tomador do empréstimo recebe um capital igual a:

$$C = 1.000\,.\,(1 - 15\%) = 850$$

Para juros compostos temos que:

$$M = C.(1+i)^t$$

$$1.000 = 850.(1+i)^1 \Rightarrow 1 + i = \frac{1.000}{850} = 1{,}1765 \Rightarrow \boldsymbol{i = 17{,}65\%\ a.m.}$$

Gabarito: B.

47. (CESPE – CGE-PI/Auditor Governamental/2015) Considerando que uma instituição financeira empreste a quantia de R$5.000,00 para ser quitada em um ano, sob taxa de juros compostos anual e capitalização semestral, julgue o item que se segue.

Caso o empréstimo se concretize e a taxa de juros seja de 16% ao ano, então o montante pago à referida instituição será superior a R$5.800,00.

RESOLUÇÃO:

Uma **taxa nominal** de 16% a.a., com capitalização semestral, corresponde a uma **taxa efetiva** de 16/2 = 8% a.s. Logo:

$$M = C.(1 + i)^t$$

$$\mathbf{M} = 5.000 . (1 + 0{,}08)^2 = 5.832 > 5.800$$

Gabarito: Certo.

48. (CESPE – MPU/Analista/2015) Julgue o item subsequente considerando que um investidor tenha aplicado R$10.000,00 a juros compostos por um semestre e que 1,1 e 1,34 sejam, respectivamente, os valores aproximados para 1,0482 e 1,056.

Se for proposta ao investidor uma taxa de juros nominal semestral de 30%, com capitalização mensal, o valor do juro obtido com a aplicação será superior a R$3.300,00.

RESOLUÇÃO:

Uma **taxa nominal** de 30% a.s., com capitalização mensal, corresponde a uma **taxa efetiva** de 30/6 = 5% a.m. Logo:

$$J = C.[(1 + i)^t - 1]$$

$$\mathbf{J} = 10.000 . [(1 + 0{,}05)^6 - 1] = 10.000 . [1{,}34 - 1] = \mathbf{3.400} > 3.300$$

Gabarito: Certo.

49. (CESPE – MPU/Analista/2015) Julgue o item subsequente considerando que um investidor tenha aplicado R$10.000,00 a juros compostos por um semestre e que 1,1 e 1,34 sejam, respectivamente, os valores aproximados para 1,0482 e 1,056.

Se o valor dos juros for capitalizado trimestralmente e se, ao final do semestre, o montante apurado for de R$10.600,00, então a taxa de juros compostos trimestral do investimento será superior a 5%.

RESOLUÇÃO:

Para juros compostos, temos:

$$M = C.(1+i)^t$$

$$10.600 = 10.000.(1+i)^2 \Rightarrow (1+i)^2 = 1{,}06 \Rightarrow 1+i = \sqrt{1{,}06} = 1{,}0296$$

$$\boldsymbol{i = 2{,}96\%\ a.t.} < 5\%\ a.t.$$

Gabarito: D.

50. (CESPE - AA/TCE-ES/2013) Um banco faz empréstimos à taxa de 27% ao ano, embora adote capitalização mensal. Considerando-se 1,14 como valor aproximado para 1,02256, é correto afirmar que a taxa efetiva anual cobrada pelo banco é

a) superior a 25% e inferior a 28%.

b) superior a 28% e inferior a 31%.

c) superior a 31% e inferior a 33%.

d) superior a 33%.

e) inferior a 25%.

RESOLUÇÃO:

Repare que a questão nos forneceu uma **taxa nominal**: 27% ao ano com capitalização mensal. Teremos que convertê-la numa **taxa efetiva**! E já sabemos que isso será feito por meio do conceito de **taxas proporcionais:**

*27% ao ano = (27/12) = **2,25% ao mês** = Taxa efetiva mensal*

Mas a questão quer a taxa efetiva ***anual***. Daí, surge a necessidade de converter a nossa taxa efetiva mensal em uma taxa efetiva anual. Bem, nesse caso, recorreremos à *regra geral* de conversão de taxas no regime composto: o conceito de **taxas equivalentes**, por meio da fórmula:

$$1 + I = (1 + i)^k$$

$$1 + I = (1 + 0{,}0225)^{12} = (1{,}0225)^{12}$$

Sabemos que, de acordo com as propriedades de potenciação:

$$(1{,}0225)^{12} = (1{,}0225^6)^2$$

Daí, teremos:

$$1 + I = (1{,}0225^6)^2$$

Agora vamos utilizar a informação do enunciado, quanto ao valor do parêntese:

$$1{,}0225^6 = 1{,}14$$

Substituindo esse valor na fórmula, obtemos:

$$1 + I = 1{,}14^2 \rightarrow I = 1{,}2996 - 1 = \mathbf{0{,}2996} = \mathbf{29{,}96\%}$$

Gabarito: B.

51. (CESPE - AJ/STF/2008) Considerando que um empréstimo de R$3.000,00 tenha sido contratado junto a uma financeira, para ser quitado em um ano, e que 1,51 e 1,04 sejam os valores aproximados de 1,03512 e 1,601/12, respectivamente, julgue o item que se segue.

Se a taxa de juros nominal anual desse contrato for de 42% e se a capitalização for mensal, a juros compostos, a dívida ao final do período será superior a R$4.000,00.

RESOLUÇÃO:

Repare que a questão nos forneceu uma **taxa nominal**: 42% ao ano com capitalização mensal. Teremos que convertê-la numa **taxa efetiva**! E já sabemos que isso será feito por meio do conceito de **taxas proporcionais**:

42% ao ano = (42/12) = **3,5% ao mês** *= Taxa efetiva mensal*

Agora podemos prosseguir com a resolução da questão, a fim de obtermos o montante.

São dados: C = 3.000,00 | t = 1 ano = 12 meses | M = ?

Chegou o momento de utilizarmos uma das fórmulas dos juros compostos:

$$M = C\,.(1 + i)^t \rightarrow M = 3000\,.(1 + 0{,}035)^{12} = 3000\,.(1{,}035)^{12}$$

Mas a questão nos deu o valor do parêntese:

$$(1{,}035)^{12} = 1{,}51$$

Substituindo esse valor na equação dos juros compostos, obteremos:

$$M = 3000\,.1{,}51 = \mathbf{4.530}$$

Portanto, a dívida ao final do período será superior a R$4.000,00.

Gabarito: Certo.

52. (FAFIPA – Contador/CISPAR/2020) Diego precisa comprar um automóvel, mas como ele não possui todo o valor necessário para comprá-lo, ele fará um empréstimo em uma instituição financeira que cobra juros compostos de 4% ao semestre. Sabe-se que o valor desse empréstimo é de R$8.200,00 e que Diego pagará esse empréstimo em um período de 1 ano. De acordo com essas informações, podemos afirmar que o valor total que Diego terá pago ao término de um ano será igual a:

a) 6.578,56 b) 7.482,44 c) 7.946,28 d) 8.869,12 e) 8.998,45

RESOLUÇÃO:

O enunciado informa que Diego fez um empréstimo de um capital C = 8.200 reais, sobre o qual incidirão **juros compostos** com taxa semestral i = 4% durante t = 2 semestres (2 semestres = 1 ano), resultado em montante dado por:

$$M = C.(1 + i)^t$$

$$M = 8200(1 + 0{,}04)^2 = 8.200 \times 1{,}082 = \mathbf{8.869{,}12\ reais}$$

Portanto, concluímos que, ao final do ano, Diego terá pago **R$8.869,12**.

Gabarito: D.

53. (ESAF - Analista/IRB/2004) Um capital é aplicado com capitalização dos juros durante três períodos a uma taxa de juros de 10% ao período. Calcule os juros devidos como porcentagem do capital aplicado.

a) 30% b) 31,3% c) 32,2% d) 33,1% e) 34%

RESOLUÇÃO:

Dados: C = C | i = 10% ao período | t = 3 períodos | J = ? (porcentagem de C)

Podemos aplicar a **Fórmula Fundamental dos Juros Compostos**, já que taxa e tempo estão na mesma unidade (ao período):

$$\mathbf{J = C.[(1 + i)^t - 1]}$$

$$J = C.[(1 + 0{,}1)^3 - 1]$$

Precisaremos recorrer à **Tabela do FAC** para encontrar o valor do parêntese **$(1+0{,}1)^3$**, em que t = 3 e i = 10%.

n \ i	1%	2%	3%	4%	5%	6%	7%	8%	9%	10%	12%	15%	18%
1	1,010000	1,020000	1,030000	1,040000	1,050000	1,060000	1,070000	1,080000	1,090000	1,100000	1,120000	1,150000	1,180000
2	1,020100	1,040400	1,060900	1,081600	1,102500	1,123600	1,144900	1,166400	1,188100	1,210000	1,254400	1,322500	1,392400
3	1,030301	1,061208	1,092727	1,124864	1,157625	1,191016	1,225043	1,259712	1,295029	1,331000	1,404928	1,520875	1,643032
4	1,040604	1,082432	1,125508	1,169858	1,215506	1,262476	1,310796	1,360488	1,411581	1,464100	1,573519	1,749006	1,938777
5	1,051010	1,104081	1,159274	1,216652	1,276281	1,338225	1,402552	1,469329	1,538624	1,610510	1,762341	2,011357	2,287758
6	1,061520	1,126162	1,194052	1,265319	1,340095	1,418519	1,500730	1,586874	1,677100	1,771561	1,973822	2,313061	2,699554
7	1,072135	1,148685	1,229873	1,315931	1,407100	1,503630	1,605781	1,713824	1,828039	1,948717	2,210681	2,660020	3,185474
8	1,082856	1,171659	1,266770	1,368569	1,477455	1,593848	1,718186	1,850930	1,992562	2,143588	2,475963	3,059023	3,758859
9	1,093685	1,195092	1,304773	1,423311	1,551328	1,689478	1,838459	1,999004	2,171893	2,357947	2,773078	3,517876	4,435454
10	1,104622	1,218994	1,343916	1,480244	1,628894	1,790847	1,967151	2,158925	2,367363	2,593742	3,105848	4,045558	5,233835
11	1,115668	1,243374	1,384233	1,539454	1,710339	1,898298	2,104852	2,331639	2,580426	2,853116	3,478549	4,652391	6,175926
12	1,126825	1,268242	1,425760	1,601032	1,795856	2,012196	2,252191	2,518170	2,812665	3,138428	3,895975	5,350250	7,287592
13	1,138093	1,293606	1,468533	1,665073	1,885649	2,132928	2,409845	2,719623	3,065804	3,452271	4,363493	6,152787	8,599359
14	1,149474	1,319479	1,512589	1,731676	1,979931	2,260903	2,578534	2,937193	3,341727	3,797498	4,887112	7,075706	10,147244
15	1,160969	1,345868	1,557967	1,800943	2,078928	2,396558	2,759031	3,172169	3,642482	4,177248	5,473565	8,137061	11,973748
16	1,172578	1,372786	1,604706	1,872981	2,182874	2,540351	2,952164	3,425942	3,970306	4,594972	6,130393	9,357621	14,129022
17	1,184304	1,400241	1,652847	1,947900	2,292018	2,692772	3,158815	3,700018	4,327633	5,054470	6,866040	10,761264	16,672246
18	1,196147	1,428246	1,702433	2,025816	2,406619	2,854339	3,379932	3,996019	4,717120	5,559917	7,689966	12,375453	19,673251

Logo, o valor do parêntese é:

$$(1+0{,}1)^3 = 1{,}331000$$

Vamos substituir esse valor na fórmula dos juros compostos:

$$J = C\,.\,[1{,}331000 - 1] = \mathbf{0{,}331000\,.\,C \cong 33{,}1\%.C}$$

Gabarito: C.

54. (ESAF - ATRFB/Receita Federal/2006) Metade de um capital foi aplicada a juros compostos à taxa de 3% ao mês por um prazo de seis meses enquanto o restante do capital foi aplicado à taxa de 3% ao mês, juros simples, no mesmo período de seis meses. Calcule o valor mais próximo deste capital (em R$), dado que as duas aplicações juntas renderam um juro de R$8.229,14 ao fim do prazo.

(Dado: fator de acumulação de capital: $(1+0{,}03)^6 = 1{,}194052$)

a) 22.000,00 b) 31.000,00 c) 33.000,00 d) 40.000,00 e) 44.000,00

RESOLUÇÃO:

Seja ***C*** o capital total aplicado. Daí, precisamos dividir as operações de acordo com o regime (simples e composto) que foram realizadas.

➤ ***Operação no regime composto:***

Dados: C = 0,5.C (metade do Capital total) | i = 3% a.m | t = 6 meses

O **montante** obtido por meio dessa operação será:

$$M = C.(1 + i)^t$$

$$M = 0{,}5C.(1 + 0{,}03)^6$$

Mas o enunciado nos deu o valor do parêntese:

$$(1 + 0{,}03)^6 = 1{,}194052$$

Logo:

$$M = 0{,}5C\ .1{,}194052 = \mathbf{0{,}597026C}$$

➤ ***Operação no regime simples:***

Dados: C = 0,5.C (metade do Capital total) | i = 3% a.m | t = 6 meses

O **montante** obtido por meio dessa operação será:

$$M = C + C.i.t$$

$$M = 0{,}5C + 0{,}5C.0{,}03.6 = 0{,}5C + 0{,}09 = \mathbf{0{,}59C}$$

A **soma dos dois montantes** é de:

$$0{,}597026C + 0{,}59C = 1{,}187026C$$

O **juro** obtido é dado pela diferença entre o montante acima e o capital aplicado:

$$J = 1{,}187026C - C = \mathbf{0{,}187026C}$$

Mas a questão informa que o valor do juro é de RR8.229,14. Logo:

$$8229{,}14 = 0{,}187026C \Rightarrow C = \frac{8229{,}14}{0{,}187026} \cong \mathbf{44.000}$$

Gabarito: E.

55. (ESAF - AFRFB/Receita Federal/2012) No sistema de juros simples, um capital foi aplicado a uma determinada taxa anual durante dois anos. O total de juros auferidos por esse capital no final do período foi igual a R$2.000,00. No sistema de juros compostos, o mesmo capital foi aplicado durante o mesmo período, ou seja, 2 anos, e a mesma taxa anual. O total de juros auferidos por esse capital no final de 2 anos foi igual a R$2.200,00. Desse modo, o valor do capital aplicado, em reais, é igual a

a) 4.800,00 b) 5.200,00 c) 3.200,00 d) 5.000,00 e) 6.000,00

RESOLUÇÃO:

Sejam:

C: Capital aplicado

M_S: Montante no regime simples

M_C: Montante no regime composto

J_S: Juros no regime simples

J_C: Juros no regime composto

Daí, precisamos dividir as operações de acordo com o regime (simples e composto) que foram realizadas.

➤ ***Operação no regime simples:***

Dados: C = C | i = i (ao ano) | t = 2 anos | J = R\$2.000,00

Vamos aplicar uma das fórmulas dos **juros simples**:

$$J_s = C.i.t \Rightarrow 2000 = C.i.2 \Rightarrow C.i = \frac{2000}{2} = 1000 \ (I)$$

➤ ***Operação no regime composto:***

Dados: C = C | i = i (ao ano) | t = 2 anos | J = R\$2.200,00

Aplicando uma das fórmulas dos **juros compostos**:

$$J = C.[(1+i)^t - 1]$$

$$2200 = C.[(1+i)^2 - 1] \rightarrow 2200 = C.[1^2 + 2.1.i + i^2 - 1] \rightarrow 2200 = C.(i^2 + 2i)$$
$$\rightarrow 2200 = C.i^2 + C.2i$$

Deixando em evidência o termo ***C.i***, temos:

$$2200 = (C.i).i + 2.(C.i) \ (II)$$

Substituindo (I) em (II), temos:

$$2200 = 1000.i + 2.1000 \Rightarrow 2200 = 1000i + 2000 \Rightarrow 2200 - 2000 = 1000i$$

$$i = \frac{200}{1000} = \mathbf{20\%}$$

Substituindo o valor de ***i*** que acabamos de encontrar em (I), temos:

$$C.0{,}2 = 1000 \Rightarrow \boldsymbol{C} = \frac{\mathbf{1000}}{\mathbf{0{,}2}} = \mathbf{5.000}$$

Gabarito: D.

56. (ESAF - ATRFB/Receita Federal/2012) Marta aplicou R$10.000,00 em um banco por 5 meses, a uma taxa de juros simples de 2% ao mês. Após esses 5 meses, o montante foi resgatado e aplicado em outro banco por mais 2 meses, a uma taxa de juros compostos de 1% ao mês. O valor dos juros da segunda etapa da aplicação é igual a (em R$)

a) 221,10 b) 220,00 c) 252,20 d) 212,20 e) 211,10

RESOLUÇÃO:

Percebam que temos duas aplicações, uma consequente da outra e em regimes de capitalização diferentes. Logo, vamos por partes.

➤ ***Primeira aplicação (regime simples):***

Dados: C = R$10.000,00 | i = 2% a.m | t = 5 meses

Vamos aplicar uma das fórmulas dos **juros simples**:

$$M = C + C.i.t$$

$$M = 10000 + 10000.0{,}02.5 = 10000 + 1000 = \mathbf{11.000}$$

➤ ***Segunda aplicação (regime composto):***

Dados: C = R$11.000,00 (o montante da aplicação anterior tornou-se o capital inicial da segunda aplicação) | i = 1% a.m | t = 2 meses

Vamos aplicar uma das fórmulas dos **juros compostos**:

$$J = C.[(1 + i)^t - 1] \rightarrow J = 11000.[(1 + 0{,}01)^2 - 1]$$

$$J = 11000.[(1{,}01)^2 - 1] = 11000.[1{,}0201 - 1] = 11000.0{,}0201 = \mathbf{221{,}10}$$

Gabarito: A.

57. (ESAF - AFRFB/Receita Federal/2000) Indique a taxa de juros anual equivalente à taxa de juros nominal de 12% ao ano com capitalização mensal.

Dado: 1,0112 = 1,126825

a) 12,3600% b) 12,6825% c) 12,4864% d) 12,6162% e) 12,5508%

RESOLUÇÃO:

Perceba que a questão nos forneceu uma **taxa nominal**: 12% ao ano com capitalização mensal. Teremos que convertê-la numa **taxa efetiva**! E já sabemos que isso será feito por meio do conceito de **taxas proporcionais**, embora estejamos trabalhando no regime composto, da seguinte forma:

BIZU!

- **De taxa com unidade de tempo menor para maior, multiplica-se;**
- **De taxa com unidade de tempo maior para menor, divide-se;**
- **Multiplica-se ou divide-se por quanto? Pelo nº de vezes que o período menor couber no maior.**

Assim, teremos:

12% ao ano = (12/12) = 1% ao mês = Taxa efetiva mensal.

Obtemos assim uma taxa composta mensal! Entretanto, o nosso objetivo consiste em conseguir uma taxa composta anual. Daí, surge a necessidade de converter a nossa taxa efetiva mensal em uma taxa efetiva anual. Bem, nesse caso, recorreremos à *regra geral* de conversão de taxas no regime composto: o conceito de **taxas equivalentes**, por meio da fórmula que já conhecemos:

$$1 + I = (1 + 0{,}01)^{12} = (1{,}01)^{12}$$

Mas a questão nos deu o valor do parêntese:

$$1{,}01^{12} = 1{,}126825$$

Daí, teremos:

$$1 + I = 1{,}126825 \rightarrow \boldsymbol{I} = 1{,}126825 - 1 = \mathbf{0{,}126825 = 12{,}6825\%}$$

Gabarito: B.

58. (ESAF - Contador/Ministério Fazenda/2013) A taxa efetiva anual de uma aplicação que rende juros compostos, a uma taxa nominal de 10% ao ano, com capitalização semestral, é igual a:

a) 10% b) 10,50% c) 10,25% d) 10,75% e) 11%

RESOLUÇÃO:

Note que a questão nos forneceu uma **taxa nominal**: 10% ao ano com capitalização semestral. Teremos que convertê-la numa **taxa efetiva**! E já sabemos que isso será feito por meio do conceito de **taxas proporcionais**:

10% ao ano = (10/2) = 5% ao semestre = Taxa efetiva semestral

Mas a questão quer a taxa efetiva ***anual***. Daí, surge a necessidade de converter a nossa taxa efetiva semestral em uma taxa efetiva anual. Bem, nesse caso, recorreremos à *regra geral* de conversão de taxas no regime composto: o conceito de **taxas equivalentes**, por meio da fórmula:

$$\mathbf{1 + \mathit{I} = (1 + \mathit{i})^k}$$

$$1 + I = (1 + 0{,}05)^2 \rightarrow 1 + I = (1{,}05)^2$$

E já sabemos que **(1,05)²** = **1,1025** (já que 2 x 5 = **10**, e 5² = **25**). Logo:

$$1 + I = 1{,}1025 \rightarrow I = 1{,}1025 - 1 = \mathbf{0{,}1025} = \mathbf{10{,}25\%}$$

Gabarito: C.

59. (ESAF/Ministério da Fazenda/ATA/2014) O capital de R$10.000,00 foi aplicado por 6 meses, à taxa de juros compostos de 6% ao semestre, com juros capitalizados trimestralmente. Calcule o montante dessa aplicação (em R$).

a) 10.600,00 b) 10.615,00 c) 10.620,00 d) 10.612,00 e) 10.609,00

RESOLUÇÃO:

A **taxa nominal** apresentada é de **6% ao semestre**, capitalizados trimestralmente. Logo, a **taxa efetiva** é de **3% ao trimestre**.

Agora, repare que o tempo fornecido está em meses, ao passo que a taxa está em trimestre. Ora, fica fácil concluir que:

6 meses = 2 trimestres.

Por fim, podemos aplicar a **Fórmula Fundamental dos Juros Compostos**, já que taxa e tempo estão na mesma unidade:

$$\mathbf{\mathit{M} = \mathit{C}.(1 + \mathit{i})^t}$$

$$M = 10000.(1 + 0{,}03)^2 = 10000.(1{,}03)^2$$

E já sabemos que **(1,03)²** = **1,0609** (já que 2 x 3 = **06**, e 3² = **09**). Logo:

$$\mathbf{\mathit{M}} = 10000.1{,}0609 = \mathbf{10.609}$$

Gabarito: E.

60. (ESAF - AFRFB/Receita Federal/2009) No sistema de juros compostos um capital PV aplicado durante um ano à taxa de 10 % ao ano com capitalização semestral resulta no valor final FV. Por outro lado, o mesmo capital PV, aplicado durante um trimestre à taxa de i% ao trimestre resultará no mesmo valor final FV, se a taxa de aplicação trimestral for igual a:

a) 26,25% b) 40% c) 13,12% d) 10,25% e) 20 %

RESOLUÇÃO:

Percebam que temos dois cenários de aplicação, ambos no regime de capitalização composta. Adotemos, pois, caminhos de resolução individuais!

➤ ***Primeira situação:***

Dados: C = PV | i = 10 % ao ano com capitalização semestral | t = 1 ano = 2 semestres | M = FV

Repare que temos uma **taxa nominal** de **10% ao ano** com <u>capitalização semestral</u>. Logo, a **taxa efetiva** é de **5% ao semestre.**

Pronto, temos à disposição todas as informações necessárias à aplicação da fórmula do Montante, chamado pelo enunciado de **FV**:

$$\boldsymbol{FV} = PV.(1 + 0{,}05)^2 = \mathbf{1{,}1025}.\boldsymbol{PV}$$

➤ ***Segunda situação:***

Dados: C = PV | i = i % ao trimestre | t = 1 trimestre | M = FV

Muito bem, já temos os dados na mesma unidade, de modo que podemos aplicar a **Fórmula Fundamental dos Juros Compostos**:

$$FV = PV.(1 + i)^1$$

Visto que nos dois cenários propostos **o montante será o mesmo**, podemos substituir **FV** pelo valor obtido no cálculo da primeira situação:

$$1{,}1025.\cancel{PV} = \cancel{PV}.(1 + i)^1$$

$$1{,}1025 = 1 + i \rightarrow \boldsymbol{i} = 1{,}1025 - 1 = 0{,}1025 = \mathbf{10{,}25\%}$$

Gabarito: D.

61. (ESAF - AFRFB/Receita Federal2002) Um capital é aplicado a juros compostos à taxa de 20% ao período durante quatro períodos e meio. Obtenha os juros como porcentagem do capital aplicado, considerando a convenção linear para cálculo do montante. Considere ainda que 1,204 =2,0736; 1,204,5 =2,271515 e 1,205 =2,48832.

a) 107,36% b) 127,1515% c) 128,096% d) 130% e) 148,832%

RESOLUÇÃO:

Dados: i = 20% ao período | t = 4,5 períodos | J = ? (porcentagem do capital)

Percebemos que estão presentes na questão as duas características marcantes do método da **convenção linear**:

1. **A própria questão pedirá** para você resolvê-la pelo método da convenção linear;
2. **O tempo da operação será sempre fracionário** ou com duas unidades de tempo (4,5 períodos ou 4 períodos e meio).

Daí, trabalharemos com a **equação da convenção linear**:

$$M = C.(1 + i)^{INT}.(1 + i.Q)$$

$$M = C.(1 + 0{,}20)^4.(1 + 0{,}20.0{,}5) = C.(1{,}20)^4.1{,}1$$

Mas a questão nos deu o valor do parêntese:

$$1{,}20^4 = 2{,}0736$$

Substituindo na **fórmula do montante**, teremos:

$$M = C.2{,}0736.1{,}1 = \mathbf{2{,}28096.C}$$

Bom, o nosso objetivo consiste em obter os **juros como porcentagem do capital**. Logo:

$$J = M - C = 2{,}28096.C - C = \mathbf{1{,}28096.C} = \mathbf{128{,}096\%.C}$$

Gabarito: C.

62. (ESAF - AFRFB/Receita Federal/2003) Um capital é aplicado a juros compostos à taxa de 40% ao ano durante um ano e meio. Calcule o valor mais próximo da perda percentual do montante considerando o seu cálculo pela convenção exponencial em relação ao seu cálculo pela convenção linear, dado que $1{,}40^{1{,}5} = 1{,}656502$.

a) 0,5% b) 1% c) 1,4% d) 1,7% e) 2,0%

RESOLUÇÃO:

Dados: i = 40% a.a | t = 1 ano e meio = 1,5 ano

Inicialmente, vamos calcular o montante através do método da **convenção exponencial**:

$$M = C.(1 + i)^t$$

$$M = C.(1 + 0{,}40)^{1{,}5} = C.(1{,}40)^{1{,}5} = \mathbf{1{,}656502.C}$$

Já pelo método da **convenção linear** obteremos:

$$M = C.(1 + i)^{INT}.(1 + i.Q)$$

$$M = C.(1 + 0{,}40)^1.(1 + 0{,}40.0{,}5) = C.(1{,}40)^1.(1{,}2) = \mathbf{1{,}68.C}$$

A **diferença entre os dois montantes** será:

$$1{,}656502.C - 1{,}68.C = \mathbf{-0{,}023498.C}$$

O valor negativo é resultante de considerarmos a convenção exponencial em vez de levar em conta a convenção linear. Porém, o nosso objetivo consiste em obter o valor mais próximo da perda percentual do montante considerando o seu cálculo pela convenção exponencial em relação ao seu cálculo pela convenção linear. Daí, basta dividir os dois valores:

$$\frac{-0{,}023498}{1{,}68} \cong -1{,}4\%$$

Gabarito: C.

63. (ESAF - ATRFB/Receita Federal/2006) Indique qual o valor mais próximo da taxa equivalente à taxa nominal de 36% ao ano com capitalização mensal.

a) 2,595% ao mês.

b) 19,405% ao semestre.

c) 18% ao semestre.

d) 9,703% ao trimestre.

e) 5,825% ao bimestre.

RESOLUÇÃO:

Repare que a questão nos forneceu uma **taxa nominal**: 36% ao ano com capitalização mensal. Teremos que convertê-la numa **taxa efetiva**! E já sabemos que isso será feito por meio do conceito de **taxas proporcionais:**

***36% ao ano = (36/12) = 3% ao mês** = Taxa efetiva mensal*

Com isso já descartamos a alternativa A. Vamos agora para a taxa bimestral:

$$1 + I = (1 + 0{,}03)^2 \rightarrow 1 + I = (1{,}03)^2 \rightarrow I = 1{,}0609 - 1 = \mathbf{0{,}0609 = 6{,}09\%}$$

Também já podemos eliminar a alternativa E. Passemos, pois, à análise da taxa trimestral:

$$1 + I = (1 + 0{,}03)^3 \rightarrow 1 + I = (1{,}03)^3 \rightarrow I = 1{,}092727 - 1 = \mathbf{0{,}092727 = 9{,}2727\%}$$

Também já podemos eliminar a alternativa D. Por fim, examinemos a taxa semestral:

$$1 + I = (1 + 0{,}03)^6 \rightarrow 1 + I = (1{,}03)^6$$

Precisaremos recorrer à **Tabela do FAC** para encontrar o valor do parêntese $(1{,}03)^6$, em que t = 6 e i = 3%.

n \ i	1%	2%	3%	4%	5%	6%	7%	8%	9%	10%	12%	15%	18%
1	1,010000	1,020000	1,030000	1,040000	1,050000	1,060000	1,070000	1,080000	1,090000	1,100000	1,120000	1,150000	1,180000
2	1,020100	1,040400	1,060900	1,081600	1,102500	1,123600	1,144900	1,166400	1,188100	1,210000	1,254400	1,322500	1,392400
3	1,030301	1,061208	1,092727	1,124864	1,157625	1,191016	1,225043	1,259712	1,295029	1,331000	1,404928	1,520875	1,643032
4	1,040604	1,082432	1,125508	1,169858	1,215506	1,262476	1,310796	1,360488	1,411581	1,464100	1,573519	1,749006	1,938777
5	1,051010	1,104081	1,159274	1,216652	1,276281	1,338225	1,402552	1,469329	1,538624	1,610510	1,762341	2,011357	2,287758
6	1,061520	1,126162	1,194052	1,265319	1,340095	1,418519	1,500730	1,586874	1,677100	1,771561	1,973822	2,313061	2,699554
7	1,072135	1,148685	1,229873	1,315931	1,407100	1,503630	1,605781	1,713824	1,828039	1,948717	2,210681	2,660020	3,185474
8	1,082856	1,171659	1,266770	1,368569	1,477455	1,593848	1,718186	1,850930	1,992562	2,143588	2,475963	3,059023	3,758859
9	1,093685	1,195092	1,304773	1,423311	1,551328	1,689478	1,838459	1,999004	2,171893	2,357947	2,773078	3,517876	4,435454
10	1,104622	1,218994	1,343916	1,480244	1,628894	1,790847	1,967151	2,158925	2,367363	2,593742	3,105848	4,045558	5,233835
11	1,115668	1,243374	1,384233	1,539454	1,710339	1,898298	2,104852	2,331639	2,580426	2,853116	3,478549	4,652391	6,175926
12	1,126825	1,268242	1,425760	1,601032	1,795856	2,012196	2,252191	2,518170	2,812665	3,138428	3,895975	5,350250	7,287592
13	1,138093	1,293606	1,468533	1,665073	1,885649	2,132928	2,409845	2,719623	3,065804	3,452271	4,363493	6,152787	8,599359
14	1,149474	1,319479	1,512589	1,731676	1,979931	2,260903	2,578534	2,937193	3,341727	3,797498	4,887112	7,075706	10,147244
15	1,160969	1,345868	1,557967	1,800943	2,078928	2,396558	2,759031	3,172169	3,642482	4,177248	5,473565	8,137061	11,973748
16	1,172578	1,372786	1,604706	1,872981	2,182874	2,540351	2,952164	3,425942	3,970306	4,594972	6,130393	9,357621	14,129022
17	1,184304	1,400241	1,652847	1,947900	2,292018	2,692772	3,158815	3,700018	4,327633	5,054470	6,866040	10,761264	16,672246
18	1,196147	1,428246	1,702433	2,025816	2,406619	2,854339	3,379932	3,996019	4,717120	5,559917	7,689966	12,375453	19,673251

Logo, o valor do parêntese é:

$$(1{,}03)^6 = 1{,}194052$$

Daí, teremos:

$$I = 1{,}194052 - 1 = \mathbf{0{,}194052} = \mathbf{19{,}4052\%}$$

Gabarito: B.

64. (ESAF – RFB/AFRF/2005) Paulo aplicou pelo prazo de um ano a quantia total de R$50.000,00 em dois bancos diferentes. Uma parte dessa quantia foi aplicada no Banco A, à taxa de 3% ao mês. O restante dessa quantia foi aplicado no Banco B a taxa de 4% ao mês. Após um ano, Paulo verificou que os valores finais de cada uma das aplicações eram iguais. Deste modo, o valor aplicado no Banco A e no Banco B, sem considerar os centavos, foram, respectivamente iguais a:

a) R$21.948,00 e R$28.052,00

b) R$23.256,00 e R$26.744,00

c) R$26.589,00 e R$23.411,00

d) R$27.510,00 e R$22.490,00

e) R$26.477,00 e R$23.552,00

RESOLUÇÃO:

Esta questão foi **anulada**, pois o enunciado não indicava que deveriam ser considerados juros compostos. De todo modo, vamos resolvê-la!

Chamando de C_A e C_B os valores aplicados por Paulo nos bancos A e B, temos:

$$C_A + C_B = 50.000 \rightarrow C_B = 50.000 - C_A$$

Assim, temos que:

$$M_A = M_B$$

$$C_A.(1 + 3\%)^{12} = C_B.(1 + 4\%)^{12} \rightarrow C_A.(1 + 3\%)^{12} = (50.000 - C_A).(1 + 4\%)^{12}$$

Consultando a tabela de fator de acumulação de capital fornecida na prova, temos:

TABELA I — FATOR DE ACUMULAÇÃO DE CAPITAL — $a_n = (1 + i)^n$

n \ i	1%	2%	3%	4%	5%	6%	7%	8%	9%	10%	12%	15%	18%
1	1,010000	1,020000	1,030000	1,040000	1,050000	1,060000	1,070000	1,080000	1,090000	1,100000	1,120000	1,150000	1,180000
2	1,020100	1,040400	1,060900	1,081600	1,102500	1,123600	1,144900	1,166400	1,188100	1,210000	1,254400	1,322500	1,392400
3	1,030301	1,061208	1,092727	1,124864	1,157625	1,191016	1,225043	1,259712	1,295029	1,331000	1,404928	1,520875	1,643032
4	1,040604	1,082432	1,125508	1,169858	1,215506	1,262476	1,310796	1,360488	1,411581	1,464100	1,573519	1,749006	1,938777
5	1,051010	1,104081	1,159274	1,216652	1,276281	1,338225	1,402552	1,469329	1,538624	1,610510	1,762341	2,011357	2,287758
6	1,061520	1,126162	1,194052	1,265319	1,340095	1,418519	1,500730	1,586874	1,677100	1,771561	1,973822	2,313061	2,699554
7	1,072135	1,148685	1,229873	1,315931	1,407100	1,503630	1,605781	1,713824	1,828039	1,948717	2,210681	2,660020	3,185474
8	1,082856	1,171659	1,266770	1,368569	1,477455	1,593848	1,718186	1,850930	1,992562	2,143588	2,475963	3,059023	3,758859
9	1,093685	1,195092	1,304773	1,423311	1,551328	1,689478	1,838459	1,999004	2,171893	2,357947	2,773078	3,517876	4,435454
10	1,104622	1,218994	1,343916	1,480244	1,628894	1,790847	1,967151	2,158925	2,367363	2,593742	3,105848	4,045558	5,233835
11	1,115668	1,243374	1,384233	1,539454	1,710339	1,898298	2,104852	2,331639	2,580426	2,853116	3,478549	4,652391	6,175926
12	1,126825	1,268242	1,425760	1,601032	1,795856	2,012196	2,252191	2,518170	2,812665	3,138428	3,895975	5,350250	7,287592
13	1,138093	1,293606	1,468533	1,665073	1,885649	2,132928	2,409845	2,719623	3,065804	3,452271	4,363493	6,152787	8,599359
14	1,149474	1,319479	1,512589	1,731676	1,979931	2,260903	2,578534	2,937193	3,341727	3,797498	4,887112	7,075706	10,147244
15	1,160969	1,345868	1,557967	1,800943	2,078928	2,396558	2,759031	3,172169	3,642482	4,177248	5,473565	8,137061	11,973748
16	1,172578	1,372786	1,604706	1,872981	2,182874	2,540351	2,952164	3,425942	3,970306	4,594972	6,130393	9,357621	14,129022
17	1,184304	1,400241	1,652847	1,947900	2,292018	2,692772	3,158815	3,700018	4,327633	5,054470	6,866040	10,761264	16,672246
18	1,196147	1,428246	1,702433	2,025816	2,406619	2,854339	3,379932	3,996019	4,717120	5,559917	7,689966	12,375453	19,673251

$$(1+3\%)^{12} = 1,425760$$

$$(1 + 4\%)^{12} = 1,601032$$

Assim, chegamos a:

$$C_A. 1,42576 = (50.000 - C_A). 1,601032$$

$$1,42576. C_A = 80.051,6 - 1,601032. C_A$$

$$C_A = \frac{80.051,6}{1,42576 + 1,601032} = \mathbf{26.447}$$

$$C_B = 50.000 - C_A = 50.000 - 26.447 = \mathbf{23.553}$$

Caso o enunciado tivesse sido claro ao indicar o regime de juros compostos, a alternativa correta seria a alternativa **E**.

Gabarito: Anulada.

65. (ESAF – Pref. de Fortaleza/Auditor Fiscal/2003) O capital de R$20.000,00 é aplicado à taxa nominal de 24% ao ano com capitalização trimestral. Obtenha o montante ao fim de dezoito meses de aplicação (em R$).

a) 27.200,00 b) 27.616,11 c) 28.098,56 d) 28.370,38 e) 28.564,92

RESOLUÇÃO:

Uma **taxa nominal** de 24% a.a. com capitalização trimestral corresponde a uma **taxa efetiva** de 24/4 = 6% a.t.

São dados: C = 20.000 | i = 6% a.t. = 0,06 | t = 18 meses = 6 trimestres

Para juros compostos, temos que:

$$M = C.(1 + i)^t$$

$$M = 20.000.(1 + 0,06)^6$$

Da tabela do fator de acumulação de capital, temos:

TABELA I — FATOR DE ACUMULAÇÃO DE CAPITAL — $a_n = (1 + i)^n$

n \ i	1%	2%	3%	4%	5%	6%	7%	8%	9%	10%	12%	15%	18%
1	1,010000	1,020000	1,030000	1,040000	1,050000	1,060000	1,070000	1,080000	1,090000	1,100000	1,120000	1,150000	1,180000
2	1,020100	1,040400	1,060900	1,081600	1,102500	1,123600	1,144900	1,166400	1,188100	1,210000	1,254400	1,322500	1,392400
3	1,030301	1,061208	1,092727	1,124864	1,157625	1,191016	1,225043	1,259712	1,295029	1,331000	1,404928	1,520875	1,643032
4	1,040604	1,082432	1,125508	1,169858	1,215506	1,262476	1,310796	1,360488	1,411581	1,464100	1,573519	1,749006	1,938777
5	1,051010	1,104081	1,159274	1,216652	1,276281	1,338225	1,402552	1,469329	1,538624	1,610510	1,762341	2,011357	2,287758
6	1,061520	1,126162	1,194052	1,265319	1,34009[illegible]	1,418519	1,500730	1,586874	1,677100	1,771561	1,973822	2,313061	2,699554
7	1,072135	1,148685	1,229873	1,315931	1,407100	1,503630	1,605781	1,713824	1,828039	1,948717	2,210681	2,660020	3,185474
8	1,082856	1,171659	1,266770	1,368569	1,477455	1,593848	1,718186	1,850930	1,992562	2,143588	2,475963	3,059023	3,758859
9	1,093685	1,195092	1,304773	1,423311	1,551328	1,689478	1,838459	1,999004	2,171893	2,357947	2,773078	3,517876	4,435454
10	1,104622	1,218994	1,343916	1,480244	1,628894	1,790847	1,967151	2,158925	2,367363	2,593742	3,105848	4,045558	5,233835
11	1,115668	1,243374	1,384233	1,539454	1,710339	1,898298	2,104852	2,331639	2,580426	2,853116	3,478549	4,652391	6,175926
12	1,126825	1,268242	1,425760	1,601032	1,795856	2,012196	2,252191	2,518170	2,812665	3,138428	3,895975	5,350250	7,287592
13	1,138093	1,293606	1,468533	1,665073	1,885649	2,132928	2,409845	2,719623	3,065804	3,452271	4,363493	6,152787	8,599359
14	1,149474	1,319479	1,512589	1,731676	1,979931	2,260903	2,578534	2,937193	3,341727	3,797498	4,887112	7,075706	10,147244
15	1,160969	1,345868	1,557967	1,800943	2,078928	2,396558	2,759031	3,172169	3,642482	4,177248	5,473565	8,137061	11,973748
16	1,172578	1,372786	1,604706	1,872981	2,182874	2,540351	2,952164	3,425942	3,970306	4,594972	6,130393	9,357621	14,129022
17	1,184304	1,400241	1,652847	1,947900	2,292018	2,692772	3,158815	3,700018	4,327633	5,054470	6,866040	10,761264	16,672246
18	1,196147	1,428246	1,702433	2,025816	2,406619	2,854339	3,379932	3,996019	4,717120	5,559917	7,689966	12,375453	19,673251

$$M = 20.000.1,418519 = \mathbf{28.370,38}$$

Gabarito: D.

66. (ESAF – Pref. de Recife/Auditor Fiscal/2003) Usando a taxa de juros efetiva anual que corresponde à taxa de juros nominal de 24% ao ano com capitalização trimestral, obtenha o montante obtido com a aplicação de um capital de R$10.000,00 ao fim de um ano de aplicação (em R$).

a) 12.400,00 b) 12.544,00 c) 12.624,76 d) 12.653,19 e) 12.682,42

RESOLUÇÃO:

Uma **taxa nominal** de 24% a.a. com capitalização trimestral corresponde a uma **taxa efetiva** de 24/4 = 6% a.t.

São dados: C = 10.000 | i = 6% a.t. = 0,06 | t = 12 meses = 4 trimestres

Para juros compostos, temos que:

$$M = C.(1 + i)^t$$

$$M = 10.000.(1 + 0,06)^4$$

Da tabela do fator de acumulação de capital, temos:

TABELA I — FATOR DE ACUMULAÇÃO DE CAPITAL — $a_n = (1 + i)^n$

n \ i	1%	2%	3%	4%	5%	6%	7%	8%	9%	10%	12%	15%	18%
1	1,010000	1,020000	1,030000	1,040000	1,050000	1,060000	1,070000	1,080000	1,090000	1,100000	1,120000	1,150000	1,180000
2	1,020100	1,040400	1,060900	1,081600	1,102500	1,123600	1,144900	1,166400	1,188100	1,210000	1,254400	1,322500	1,392400
3	1,030301	1,061208	1,092727	1,124864	1,157625	1,191016	1,225043	1,259712	1,295029	1,331000	1,404928	1,520875	1,643032
4	1,040604	1,082432	1,125508	1,169858	1,215506	1,262476	1,310796	1,360488	1,411581	1,464100	1,573519	1,749006	1,938777
5	1,051010	1,104081	1,159274	1,216652	1,276281	1,338225	1,402552	1,469329	1,538624	1,610510	1,762341	2,011357	2,287758
6	1,061520	1,126162	1,194052	1,265319	1,340095	1,418519	1,500730	1,586874	1,677100	1,771561	1,973822	2,313061	2,699554
7	1,072135	1,148685	1,229873	1,315931	1,407100	1,503630	1,605781	1,713824	1,828039	1,948717	2,210681	2,660020	3,185474
8	1,082856	1,171659	1,266770	1,368569	1,477455	1,593848	1,718186	1,850930	1,992562	2,143588	2,475963	3,059023	3,758859
9	1,093685	1,195092	1,304773	1,423311	1,551328	1,689478	1,838459	1,999004	2,171893	2,357947	2,773078	3,517876	4,435454
10	1,104622	1,218994	1,343916	1,480244	1,628894	1,790847	1,967151	2,158925	2,367363	2,593742	3,105848	4,045558	5,233835
11	1,115668	1,243374	1,384233	1,539454	1,710339	1,898298	2,104852	2,331639	2,580426	2,853116	3,478549	4,652391	6,175926
12	1,126825	1,268242	1,425760	1,601032	1,795856	2,012196	2,252191	2,518170	2,812665	3,138428	3,895975	5,350250	7,287592
13	1,138093	1,293606	1,468533	1,665073	1,885649	2,132928	2,409845	2,719623	3,065804	3,452271	4,363493	6,152787	8,599359
14	1,149474	1,319479	1,512589	1,731676	1,979931	2,260903	2,578534	2,937193	3,341727	3,797498	4,887112	7,075706	10,147244
15	1,160969	1,345868	1,557967	1,800943	2,078928	2,396558	2,759031	3,172169	3,642482	4,177248	5,473565	8,137061	11,973748
16	1,172578	1,372786	1,604706	1,872981	2,182874	2,540351	2,952164	3,425942	3,970306	4,594972	6,130393	9,357621	14,129022
17	1,184304	1,400241	1,652847	1,947900	2,292018	2,692772	3,158815	3,700018	4,327633	5,054470	6,866040	10,761264	16,672246
18	1,196147	1,428246	1,702433	2,025816	2,406619	2,854339	3,379932	3,996019	4,717120	5,559917	7,689966	12,375453	19,673251

$$M = 10.000.1,262476 = \mathbf{12.624,76}$$

Gabarito: C.

67. (ESAF – Pref. Natal/Auditor do Tesouro/2008) Duas pessoas fizeram uma aplicação financeira. A pessoa "A" aplicou R$100.000,00, à taxa efetiva de juros de 0,5% a. m. e a pessoa "B" aplicou R$50.000,00, à taxa nominal de 6% a. a. Em ambos os casos as capitalizações são mensais e os juros serão pagos junto com o principal. Ao final de 1 (um) ano podemos afirmar que:

a) O juro recebido pela pessoa "A" é maior do que o juro recebido pela pessoa "B".

b) Não há proporcionalidade entre juros de "A" e "B".

c) A taxa efetiva de juros de "A" é maior do que a taxa efetiva de "B".

d) A taxa nominal de "B" é maior do que a taxa nominal de "A".

e) Os montantes finais são iguais.

RESOLUÇÃO:

A **taxa nominal** anual de 6% a.a. com capitalização mensal corresponde a uma **taxa efetiva** mensal de 6/12 = 0,5% a.m.

Como a taxa de juros das duas aplicações é a mesma e o período das duas aplicações é o mesmo, receberá os maiores juros a pessoa que aplicou o maior capital. Logo:

$$J_A = 100.000.[(1 + 0,005)^{12} - 1]$$

$$J_B = 50.000.[(1 + 0,005)^{12} - 1]$$

Como a parte entre colchetes é igual nas duas equações, vemos que os juros da pessoa A são superiores aos juros da pessoa B, de modo que a **alternativa A** é verdadeira.

Se dividirmos uma equação pela outra, teremos:

$$\frac{J_A}{J_B} = 2$$

Assim, fica claro que os juros são proporcionais aos capitais (a alternativa B é falsa).

Adicionalmente, as duas taxas efetivas são iguais, e, consequentemente, também o são as nominais. Assim as alternativas C e D também são falsas.

Por fim, os montantes das duas aplicações são dados por:

$$M_A = 100.000.(1 + 0,005)^{12}$$

$$M_B = 50.000.(1 + 0,005)^{12}$$

Como são diferentes, a alternativa E é falsa.

Gabarito: A.

68. (ESAF – CVM/Ana Mercado Capitais/2010) Um financiamento no valor de R$100.000,00 possui uma carência de 18 meses, incidindo sobre o valor financiado, nesse prazo, uma taxa de juros compostos de 1% ao mês. Calcule o valor mais próximo do saldo devedor ao fim do prazo de carência (em R$).

a) 100.000,00 b) 112.000,00 c) 112.683,00 d) 119.615,00 e) 118.000,00

RESOLUÇÃO:

Para juros compostos, temos:

$$M = C.(1 + i)^t$$

$$M = 100.000.(1 + 1\%)^{18}$$

Para encontrar o valor da expressão, podemos utilizar a tabela do fator de acumulação de capital fornecida na prova:

TABELA I — FATOR DE ACUMULAÇÃO DE CAPITAL — $a_n = (1 + i)^n$

n \ i	1%	2%	3%	4%	5%	6%	7%	8%	9%	10%	12%	15%	18%
1	1,010000	1,020000	1,030000	1,040000	1,050000	1,060000	1,070000	1,080000	1,090000	1,100000	1,120000	1,150000	1,180000
2	1,020100	1,040400	1,060900	1,081600	1,102500	1,123600	1,144900	1,166400	1,188100	1,210000	1,254400	1,322500	1,392400
3	1,030301	1,061208	1,092727	1,124864	1,157625	1,191016	1,225043	1,259712	1,295029	1,331000	1,404928	1,520875	1,643032
4	1,040604	1,082432	1,125508	1,169858	1,215506	1,262476	1,310796	1,360488	1,411581	1,464100	1,573519	1,749006	1,938777
5	1,051010	1,104081	1,159274	1,216652	1,276281	1,338225	1,402552	1,469329	1,538624	1,610510	1,762341	2,011357	2,287758
6	1,061520	1,126162	1,194052	1,265319	1,340095	1,418519	1,500730	1,586874	1,677100	1,771561	1,973822	2,313061	2,699554
7	1,072135	1,148685	1,229873	1,315931	1,407100	1,503630	1,605781	1,713824	1,828039	1,948717	2,210681	2,660020	3,185474
8	1,082856	1,171659	1,266770	1,368569	1,477455	1,593848	1,718186	1,850930	1,992562	2,143588	2,475963	3,059023	3,758859
9	1,093685	1,195092	1,304773	1,423311	1,551328	1,689478	1,838459	1,999004	2,171893	2,357947	2,773078	3,517876	4,435454
10	1,104622	1,218994	1,343916	1,480244	1,628894	1,790847	1,967151	2,158925	2,367363	2,593742	3,105848	4,045558	5,233835
11	1,115668	1,243374	1,384233	1,539454	1,710339	1,898298	2,104852	2,331639	2,580426	2,853116	3,478549	4,652391	6,175926
12	1,126825	1,268242	1,425760	1,601032	1,795856	2,012196	2,252191	2,518170	2,812665	3,138428	3,895975	5,350250	7,287592
13	1,138093	1,293606	1,468533	1,665073	1,885649	2,132928	2,409845	2,719623	3,065804	3,452271	4,363493	6,152787	8,599359
14	1,149474	1,319479	1,512589	1,731676	1,979931	2,260903	2,578534	2,937193	3,341727	3,797498	4,887112	7,075706	10,147244
15	1,160969	1,345868	1,557967	1,800943	2,078928	2,396558	2,759031	3,172169	3,642482	4,177248	5,473565	8,137061	11,973748
16	1,172578	1,372786	1,604706	1,872981	2,182874	2,540351	2,952164	3,425942	3,970306	4,594972	6,130393	9,357621	14,129022
17	1,184304	1,400241	1,652847	1,947900	2,292018	2,692772	3,158815	3,700018	4,327633	5,054470	6,866040	10,761264	16,672246
18	1,196147	1,428246	1,702433	2,025816	2,406619	2,854339	3,379932	3,996019	4,717120	5,559917	7,689966	12,375453	19,673251

Assim, temos:

$$M = 119.614{,}70$$

Gabarito: D.

69. (ESAF - ERSPE/ANEEL/2006) Uma pessoa aplica um capital e ele cresce 101,22% ao fim de doze períodos de capitalização. Obtenha o valor mais próximo da taxa de juros composto em que o capital foi aplicado.

a) 4% ao período.

b) 5% ao período.

c) 6% ao período.

d) 7% ao período.

e) 8% ao período.

RESOLUÇÃO:

Vamos supor que o Capital inicialmente aplicado seja de R$100,00.

Bem, caso ele crescesse 10%, o montante final seria de R$110,00, pois aumentar um valor em 10% é o mesmo que multiplicar por (1 + 10% = 1,1).

De modo similar, aumentar um valor em 101,22% é o mesmo que multiplicar por:

$$1 + 101{,}22\% = 1 + 1{,}0122 = \mathbf{2{,}0122}$$

Logo, se o capital de R$100,00 cresce 101,22%, o montante resultante será de:

$$M = 100 \,.\, 2{,}0122 = \mathbf{201{,}22}$$

Agora podemos aplicar a **Fórmula Fundamental dos Juros Compostos**, a fim de obter o valor mais próximo da **taxa de juros** em que o capital foi aplicado, sabendo que o prazo da aplicação foi de 12 períodos:

$$\boldsymbol{M = C.(1+i)^t}$$

$$201{,}22 = 100.(1+i)^{12} \Rightarrow (1+i)^{12} = \frac{201{,}22}{100} = \mathbf{2{,}0122}$$

Devemos consultar a **tabela do FAC** na linha 12 (t = 12), procurando por um valor mais próximo possível de 2,0122.

n \ i	1%	2%	3%	4%	5%	6%	7%	8%	9%	10%	12%	15%	18%
1	1,010000	1,020000	1,030000	1,040000	1,050000	1,060000	1,070000	1,080000	1,090000	1,100000	1,120000	1,150000	1,180000
2	1,020100	1,040400	1,060900	1,081600	1,102500	1,123600	1,144900	1,166400	1,188100	1,210000	1,254400	1,322500	1,392400
3	1,030301	1,061208	1,092727	1,124864	1,157625	1,191016	1,225043	1,259712	1,295029	1,331000	1,404928	1,520875	1,643032
4	1,040604	1,082432	1,125508	1,169858	1,215506	1,262476	1,310796	1,360488	1,411581	1,464100	1,573519	1,749006	1,938777
5	1,051010	1,104081	1,159274	1,216652	1,276281	1,338225	1,402552	1,469329	1,538624	1,610510	1,762341	2,011357	2,287758
6	1,061520	1,126162	1,194052	1,265319	1,340095	1,418519	1,500730	1,586874	1,677100	1,771561	1,973822	2,313061	2,699554
7	1,072135	1,148685	1,229873	1,315931	1,407100	1,503630	1,605781	1,713824	1,828039	1,948717	2,210681	2,660020	3,185474
8	1,082856	1,171659	1,266770	1,368569	1,477455	1,593848	1,718186	1,850930	1,992562	2,143588	2,475963	3,059023	3,758859
9	1,093685	1,195092	1,304773	1,423311	1,551328	1,689478	1,838459	1,999004	2,171893	2,357947	2,773078	3,517876	4,435454
10	1,104622	1,218994	1,343916	1,480244	1,628894	1,790847	1,967151	2,158925	2,367363	2,593742	3,105848	4,045558	5,233835
11	1,115668	1,243374	1,384233	1,539454	1,710339	1,898298	2,104852	2,331639	2,580426	2,853116	3,478549	4,652391	6,175926
12	1,126825	1,268242	1,425760	1,601032	1,795856	2,012196	2,252191	2,518170	2,812665	3,138428	3,895975	5,350250	7,287592
13	1,138093	1,293606	1,468533	1,665073	1,885649	2,132928	2,409845	2,719623	3,065804	3,452271	4,363493	6,152787	8,599359
14	1,149474	1,319479	1,512589	1,731676	1,979931	2,260903	2,578534	2,937193	3,341727	3,797498	4,887112	7,075706	10,147244
15	1,160969	1,345868	1,557967	1,800943	2,078928	2,396558	2,759031	3,172169	3,642482	4,177248	5,473565	8,137061	11,973748
16	1,172578	1,372786	1,604706	1,872981	2,182874	2,540351	2,952164	3,425942	3,970306	4,594972	6,130393	9,357621	14,129022
17	1,184304	1,400241	1,652847	1,947900	2,292018	2,692772	3,158815	3,700018	4,327633	5,054470	6,866040	10,761264	16,672246
18	1,196147	1,428246	1,702433	2,025816	2,406619	2,854339	3,379932	3,996019	4,717120	5,559917	7,689966	12,375453	19,673251

Assim, na coluna correspondente à taxa ***i* = *6%*** localizamos ***2,012196***, o que significa que a taxa procurada é de aproximadamente **6% ao período**.

Gabarito: C.

70. (ESAF - AFRE/SEFAZ-CE/2007) Metade de um capital foi aplicada a juros compostos à taxa de 3% ao mês por um prazo de doze meses enquanto a outra metade foi aplicada à taxa de 3,5% ao mês, juros simples, no mesmo prazo de doze meses. Calcule o valor mais próximo deste capital (em R$), dado que as duas aplicações juntas renderam um juro de R$21 144,02 ao fim do prazo.

Dado: $1{,}03^{12} = 1{,}425760887$

a) 25.000,00 b) 39.000,00 c) 31.000,00 d) 48.000,00 e) 50.000,00

RESOLUÇÃO:

Seja **C** o capital total aplicado.

Daí, precisamos dividir as operações de acordo com o regime (simples e composto) que foram realizadas.

➤ ***Operação no regime composto:***

Dados: C = 0,5.C (metade do Capital total) | i = 3% a.m | t = 12 meses

O **montante** obtido por meio dessa operação será:

$$\boldsymbol{M = C.(1 + i)^t} = 0{,}5C\,.(1 + 0{,}03)^{12}$$

Mas o enunciado nos deu o valor do parêntese:

$$(1 + 0{,}03)^{12} = 1{,}425760887$$

Logo:

$$M = 0{,}5C\,.1{,}425760887 = \mathbf{0{,}712880C}$$

➤ ***Operação no regime simples:***

Dados: C = 0,5.C (metade do Capital total) | i = 3,5% a.m | t = 12 meses

O **montante** obtido por meio dessa operação será:

$$\boldsymbol{M = C + C.i.t}$$

$$M = 0{,}5C + 0{,}5C.0{,}035.12 = 0{,}5C + 0{,}21C = \mathbf{0{,}71C}$$

A **soma dos dois montantes** é de:

$$0{,}712880C + 0{,}71C = \mathbf{1{,}422880C}$$

O **juro** obtido é dado pela diferença entre o montante acima e o capital aplicado:

$$J = 1{,}422880C - C = \mathbf{0{,}422880C}$$

Mas a questão informa que o valor do juro é de RR21.144,02. Logo:

$$21144{,}02 = 0{,}422880C \implies C = \frac{21144{,}02}{0{,}422880} \cong \mathbf{50.000}$$

Gabarito: E.

71. (ESAF – Analista/IRB/2004) Duas aplicações de R$10.000,00 cada são iniciadas pelo prazo de três anos à taxa anual de 15%. Supondo que a primeira aplicação seja feita a juros anuais simples e a segunda aplicação a juros anuais compostos, os respectivos valores futuros são:

a) R$15.000,00 e R$17.513,00

b) R$11.500,00 e R$13.257,00

c) R$12.000,00 e R$15.458,00

d) R$14.500,00 e R$15.209,00

e) R$13.000,00 e R$34.725,00

RESOLUÇÃO:

Percebam que temos duas aplicações, em regimes de capitalização diferentes. Logo, vamos por partes!

➤ ***Primeira aplicação (regime simples):***

Dados: C = R$10.000,00 | i = 15% a.a | t = 3 anos

Vamos aplicar uma das fórmulas dos **juros simples**:

$$M = C + C.i.t \rightarrow M = 10000 + 10000.0{,}15.3 = 10000 + 4500 = \mathbf{14.500}$$

➤ ***Segunda aplicação (regime composto):***

Dados: C = R$10.000,00 | i = 15% a.a | t = 3 anos

Vamos aplicar uma das fórmulas dos **juros compostos**:

$$M = C.(1 + i)^t \rightarrow M = 10000.(1 + 0{,}15)^3$$

Devemos consultar a **tabela do FAC** na linha 3 (t = 3), e coluna 15 (i = 15%):

n \ i	1%	2%	3%	4%	5%	6%	7%	8%	9%	10%	12%	15%	18%
1	1,010000	1,020000	1,030000	1,040000	1,050000	1,060000	1,070000	1,080000	1,090000	1,100000	1,120000	1,150000	1,180000
2	1,020100	1,040400	1,060900	1,081600	1,102500	1,123600	1,144900	1,166400	1,188100	1,210000	1,254400	1,322500	1,392400
3	1,030301	1,061208	1,092727	1,124864	1,157625	1,191016	1,225043	1,259712	1,295029	1,331000	1,404928	1,520875	1,643032
4	1,040604	1,082432	1,125508	1,169858	1,215506	1,262476	1,310796	1,360488	1,411581	1,464100	1,573519	1,749006	1,938777
5	1,051010	1,104081	1,159274	1,216652	1,276281	1,338225	1,402552	1,469329	1,538624	1,610510	1,762341	2,011357	2,287758
6	1,061520	1,126162	1,194052	1,265319	1,340095	1,418519	1,500730	1,586874	1,677100	1,771561	1,973822	2,313061	2,699554
7	1,072135	1,148685	1,229873	1,315931	1,407100	1,503630	1,605781	1,713824	1,828039	1,948717	2,210681	2,660020	3,185474
8	1,082856	1,171659	1,266770	1,368569	1,477455	1,593848	1,718186	1,850930	1,992562	2,143588	2,475963	3,059023	3,758859
9	1,093685	1,195092	1,304773	1,423311	1,551328	1,689478	1,838459	1,999004	2,171893	2,357947	2,773078	3,517876	4,435454
10	1,104622	1,218994	1,343916	1,480244	1,628894	1,790847	1,967151	2,158925	2,367363	2,593742	3,105848	4,045558	5,233835
11	1,115668	1,243374	1,384233	1,539454	1,710339	1,898298	2,104852	2,331639	2,580426	2,853116	3,478549	4,652391	6,175926
12	1,126825	1,268242	1,425760	1,601032	1,795856	2,012196	2,252191	2,518170	2,812665	3,138428	3,895975	5,350250	7,287592
13	1,138093	1,293606	1,468533	1,665073	1,885649	2,132928	2,409845	2,719623	3,065804	3,452271	4,363493	6,152787	8,599359
14	1,149474	1,319479	1,512589	1,731676	1,979931	2,260903	2,578534	2,937193	3,341727	3,797498	4,887112	7,075706	10,147244
15	1,160969	1,345868	1,557967	1,800943	2,078928	2,396558	2,759031	3,172169	3,642482	4,177248	5,473565	8,137061	11,973748
16	1,172578	1,372786	1,604706	1,872981	2,182874	2,540351	2,952164	3,425942	3,970306	4,594972	6,130393	9,357621	14,129022
17	1,184304	1,400241	1,652847	1,947900	2,292018	2,692772	3,158815	3,700018	4,327633	5,054470	6,866040	10,761264	16,672246
18	1,196147	1,428246	1,702433	2,025816	2,406619	2,854339	3,379932	3,996019	4,717120	5,559917	7,689966	12,375453	19,673251

Logo, fica claro que o parêntese corresponde a:

$$\mathbf{(1 + 0{,}15)^3 = 1{,}520875}$$

Substituindo esse valor na equação do montante, obteremos:

$$M = 10000.1{,}520875 = \mathbf{15208{,}75 \cong 15.209{,}00}$$

Gabarito: D.

72. (ESAF - AFRFB/Receita Federal/2000) Indique a taxa de juros anual equivalente à taxa de juros nominal de 12% ao ano com capitalização mensal.

Dado: 1,0112 = 1,126825

a) 12,3600% b) 12,6825% c) 12,4864% d) 12,6162% e) 12,5508%

RESOLUÇÃO:

Note que a questão nos forneceu uma **taxa nominal**: 12% ao ano com capitalização mensal. Teremos que convertê-la numa **taxa efetiva**! E já sabemos que isso será feito por meio do conceito de **taxas proporcionais**:

12% ao ano = (12/12) = 1% ao mês = Taxa efetiva mensal

Mas a questão quer a taxa efetiva ***anual***. Daí, surge a necessidade de converter a nossa taxa efetiva mensal em uma taxa efetiva anual. Bem, nesse caso, recorreremos à *regra geral* de conversão de taxas no regime composto: o conceito de **taxas equivalentes**, por meio da fórmula:

$$\mathbf{1 + \mathit{I} = (1 + \mathit{i})^k}$$

$$1 + I = (1 + 0{,}01)^{12} = (1{,}01)^{12}$$

Mas a questão nos forneceu o valor do parêntese:

$$1{,}01^{12} = 1{,}126825$$

Substituindo na fórmula, teremos:

$$1 + I = 1{,}126825 \rightarrow I = 1{,}126825 - 1 = \mathbf{0{,}126825 = 12{,}6825\%}$$

Gabarito: B.

73. (ESAF - ERSPE/ANEEL/2004) Um capital é aplicado com capitalização semestral de juros num prazo de dois anos a uma taxa de juros nominal de 10% ao ano. Calcule o valor mais próximo dos juros devidos como porcentagem do capital aplicado.

a) 20,00%.

b) 21,00%.

c) 21,55%.

d) 22,12%.

e) 23,41%.

RESOLUÇÃO:

Repare que a questão nos forneceu uma **taxa nominal**: 10% ao ano com capitalização semestral. Teremos que convertê-la numa **taxa efetiva**! E já sabemos que isso será feito por meio do conceito de **taxas proporcionais**:

10% ao ano = (10/2) = ***5% ao semestre*** *= Taxa efetiva semestral*

Agora podemos prosseguir com a resolução da questão, a fim de obtermos o valor mais próximo dos juros devidos como porcentagem do capital aplicado. Os dados fornecidos são os seguintes:

t = 2 anos = 4 semestres

J = ?

Chegou o momento de utilizarmos uma das fórmulas dos juros compostos:

$$J = C.[(1 + i)^t - 1] \rightarrow J = C.[(1 + 0{,}05)^4 - 1] \rightarrow J = C.[(1{,}05)^4 - 1]$$

Devemos consultar a **tabela do FAC** na linha 4 (t = 4), e coluna 5 (i = 5%):

n \ i	1%	2%	3%	4%	5%	6%	7%	8%	9%	10%	12%	15%	18%
1	1,010000	1,020000	1,030000	1,040000	1,050000	1,060000	1,070000	1,080000	1,090000	1,100000	1,120000	1,150000	1,180000
2	1,020100	1,040400	1,060900	1,081600	1,102500	1,123600	1,144900	1,166400	1,188100	1,210000	1,254400	1,322500	1,392400
3	1,030301	1,061208	1,092727	1,124864	1,157625	1,191016	1,225043	1,259712	1,295029	1,331000	1,404928	1,520875	1,643032
4	1,040604	1,082432	1,125508	1,169858	1,215506	1,262476	1,310796	1,360488	1,411581	1,464100	1,573519	1,749006	1,938777
5	1,051010	1,104081	1,159274	1,216652	1,276281	1,338225	1,402552	1,469329	1,538624	1,610510	1,762341	2,011357	2,287758
6	1,061520	1,126162	1,194052	1,265319	1,340095	1,418519	1,500730	1,586874	1,677100	1,771561	1,973822	2,313061	2,699554
7	1,072135	1,148685	1,229873	1,315931	1,407100	1,503630	1,605781	1,713824	1,828039	1,948717	2,210681	2,660020	3,185474
8	1,082856	1,171659	1,266770	1,368569	1,477455	1,593848	1,718186	1,850930	1,992562	2,143588	2,475963	3,059023	3,758859
9	1,093685	1,195092	1,304773	1,423311	1,551328	1,689478	1,838459	1,999004	2,171893	2,357947	2,773078	3,517876	4,435454
10	1,104622	1,218994	1,343916	1,480244	1,628894	1,790847	1,967151	2,158925	2,367363	2,593742	3,105848	4,045558	5,233835
11	1,115668	1,243374	1,384233	1,539454	1,710339	1,898298	2,104852	2,331639	2,580426	2,853116	3,478549	4,652391	6,175926
12	1,126825	1,268242	1,425760	1,601032	1,795856	2,012196	2,252191	2,518170	2,812665	3,138428	3,895975	5,350250	7,287592
13	1,138093	1,293606	1,468533	1,665073	1,885649	2,132928	2,409845	2,719623	3,065804	3,452271	4,363493	6,152787	8,599359
14	1,149474	1,319479	1,512589	1,731676	1,979931	2,260903	2,578534	2,937193	3,341727	3,797498	4,887112	7,075706	10,147244
15	1,160969	1,345868	1,557967	1,800943	2,078928	2,396558	2,759031	3,172169	3,642482	4,177248	5,473565	8,137061	11,973748
16	1,172578	1,372786	1,604706	1,872981	2,182874	2,540351	2,952164	3,425942	3,970306	4,594972	6,130393	9,357621	14,129022
17	1,184304	1,400241	1,652847	1,947900	2,292018	2,692772	3,158815	3,700018	4,327633	5,054470	6,866040	10,761264	16,672246
18	1,196147	1,428246	1,702433	2,025816	2,406619	2,854339	3,379932	3,996019	4,717120	5,559917	7,689966	12,375453	19,673251

Logo, fica claro que o parêntese corresponde a:

$$\mathbf{(1{,}05)^4 = 1{,}215506}$$

Substituindo esse valor na equação dos juros compostos, obteremos:

$$J = C.[1{,}215506 - 1] = 0{,}215506.C \cong 21{,}55.C$$

Gabarito: C.

74. (ESAF/ATRFB/RFB/2006) Um capital de R$100.000,00 é aplicado a juros compostos à taxa de 18% ao semestre. Calcule o valor mais próximo (em R$) do montante ao fim de quinze meses usando a convenção linear. (Dado: $1{,}18^2 = 1{,}392400$)

a) 150.108,00 b) 151.253,00 c) 151.772,00 d) 152.223,00 e) 152.510,00

RESOLUÇÃO:

Dados: i = 18% a.s | t = 15 meses | C = 100.000,00 | M = ?

Note que trabalharemos com uma taxa semestral. Daí, para cumprirmos a **exigência universal** de que taxa e tempo devem estar na mesma unidade, o prazo de aplicação terá de ser semestral. Acontece que ele está em meses. Mas, você concorda que 15 meses equivalem a 2 semestres e meio (2 semestres + 3 meses)? Ou seja:

$$15\ meses = 2{,}5\ semestres$$

Daí, trabalharemos com a **equação da convenção linear:**

$$M = C.(1 + i)^{INT}.(1 + i.Q)$$

$$M = 100000.(1 + 0{,}18)^2.(1 + 0{,}18.0{,}5)$$

$$M = 100000.(1{,}18)^2.(1{,}09) = 100000.1{,}392400.1{,}025$$

$$= 100000.1{,}517716 \cong \mathbf{151772{,}00}$$

Gabarito: C.

75. (ESAF – AFRE-MG/2005) A que taxa mensal de juros compostos um capital aplicado aumenta 80% ao fim de quinze meses.

Dados: $1{,}04^{15} = 1{,}8$; $1{,}05^{15} = 2{,}0789$; $1{,}06^{15} = 2{,}396$; $1{,}07^{15} = 2{,}759$.

a) 4%. b) 5%. c) 5,33%. d) 6,5%. e) 7%.

RESOLUÇÃO:

Dados: C = C | M = 1,8.C (aumento de 80%) | t = 15 meses | i = ? (ao mês)

Nos juros compostos permanece a exigência de que **taxa e tempo estejam na mesma unidade**. E é isso o que acontece nesta questão. Daí, podemos aplicar a **Fórmula Fundamental dos Juros Compostos**:

$$\mathbf{M = C.(1 + i)^t}$$

$$1{,}8.C = C.(1 + i)^{15}$$

Podemos cortar o Capital (C) dos dois lados da equação, obtendo:

$$\mathbf{(1 + i)^{15} = 1{,}8}$$

Analisando os valores fornecidos ($1{,}04^{15}=1{,}8$), concluímos que:

$$\mathbf{i = 0{,}04 = 4\%}$$

Gabarito: A.

76. (FGV – Fiscal de Rendas/SEFAZ-MS/2006) Determine o montante, em 75 dias, de um principal de R$5.000,00 a juros de 10% ao mês, pela convenção linear.

a) 6.250,00 b) 6.300,00 c) 6.325,00 d) 6.344,00 e) 6.352,50

RESOLUÇÃO:

Dados: i = 10% a.m | t = 75 dias | C = 5.000,00 | M = ?

Note que trabalharemos com uma taxa mensal. Daí, para cumprirmos a **exigência universal** de que taxa e tempo devem estar na mesma unidade, o prazo de aplicação terá de ser mensal. Acontece que ele está em dias (75 dias). Mas, você concorda que 75 dias equivale a 2 meses e meio (60 dias + 15 dias)? Ou seja:

$$75 \text{ dias} = 2{,}5 \text{ meses}$$

Assim, estarão presentes as duas características do método da **convenção linear**:

1. **A própria questão pedirá** para você resolvê-la pelo método da convenção linear;
2. **O tempo da operação será sempre fracionário** ou com duas unidades de tempo (2,5 meses ou 2 meses e meio).

Daí, trabalharemos com a **equação da convenção linear:**

$$M = C.(1 + i)^{INT}.(1 + i.Q)$$

$$M = 5000.(1 + 0{,}10)^2.(1 + 0{,}10.0{,}5)$$

$$M = 5000.(1{,}10)^2.(1{,}05) = 5000.1{,}21.1{,}05 = 5000.1{,}2705 = \mathbf{6352{,}50}$$

Gabarito: E.

77. (FGV – Pref. Niterói/Contador/2015) Foi realizado um investimento com um principal de R$10.000,00, gerando um montante de R$14.400,00, em dois anos. Considerando o regime de juros compostos, esse investimento rendeu no ano a taxa de:

a) 19,5%; b) 20,0%; c) 21,5%; d) 22,0%; e) 22,5%.

RESOLUÇÃO:

São dados: M = 14.400 | C = 10.000 | t = 2 anos

Para juros compostos temos que:

$$M = C.(1 + i)^t$$

$$14.400 = 10.000\,.(1 + i)^2 \Rightarrow (1 + i)^2 = 1{,}44 \Rightarrow 1 + i = \sqrt{1{,}44} = 1{,}2 \Rightarrow \boldsymbol{i = 20\%\ a.a.}$$

Gabarito: B.

78. (FGV – IBGE/Analista/2016) Um investimento tem taxa nominal de 18% ao ano, capitalizados mensalmente no sistema de juros compostos. Para calcular o montante no final de 2 meses, o capital inicial deve ser multiplicado por:

a) 1 + 0,152 b) (1 + 0,15)2 c) 1 + 0,0152 d) (1 + 0,015)2 e) 1 + 2×0,015

RESOLUÇÃO:

Uma **taxa nominal** de 18% a.a. capitalizados mensalmente, equivale a uma **taxa efetiva** de 18/12 = 1,5% a.m. Na forma unitária, 1,5% = 0,015. Assim, temos:

$$M = C.(1 + i)^t$$

$$\mathbf{M = C\ .(1 + 0,015)^2}$$

Gabarito: D.

79. (FGV – SEFAZ-RJ/Fiscal de Rendas/2008) A taxa de juros mensal, juros compostos, que faz com que um capital aumente de R$1.500 para R$1.653,75 em 2 meses é de:

a) 2%. b) 5%. c) 3%. d) 10%. e) 8%.

RESOLUÇÃO:

Para juros compostos temos que:

$$M = C.(1 + i)^t$$

$$1.653,75 = 1.500\ .\ (1 + i)^2 \implies (1 + i)^2 = \frac{1.653,75}{1.500} = 1,1025$$

$$1 + i = \sqrt{1,1025} \implies \boldsymbol{i} = 1,05 - 1 = 0,05 \implies \boldsymbol{i = 5\%\ a.m.}$$

Gabarito: B.

80. (FGV – SEFAZ-RJ/Fiscal de Rendas/2008) O montante final de uma aplicação financeira de R$2.000,00 a uma taxa de 2% ao mês, juros compostos, durante 2 meses é (em R$):

a) 2.080,80 b) 2.122,42 c) 2.020,00 d) 20.100,00 e) 2.040,00

RESOLUÇÃO:

Para juros compostos temos que:

$$M = C.(1 + i)^t$$

$$\boldsymbol{M} = 2.000.(1 + 0,02)^2 = \mathbf{2.080,80}$$

Gabarito: A.

81. (FGV – SEFAZ-RJ/Fiscal de Rendas/2009) Um investidor aplicou R$1.000,00 durante dois anos a uma taxa de 20% ao ano, juros compostos. Ao final desse período, esse investimento totalizava (em R$):

a) 694,44 b) 1.400,00 c) 1.440,00 d) 1.514,12 e) 2.200,00

RESOLUÇÃO:

Para juros compostos temos que:

$$M = C.(1 + i)^t$$

$$\boldsymbol{M} = 1.000.(1 + 0{,}20)^2 = \mathbf{1.440}$$

Gabarito: C.

82. (FGV – SEFAZ-RJ/Fiscal de Rendas/2009) Para um principal de R$100.000,00, um indivíduo retirou o valor de R$150.000,00 ao final de 6 meses. A rentabilidade anual desse investimento, no regime de juros compostos, foi de:

a) 50%. b) 125%. c) 100%. d) 5%. e) 120%.

RESOLUÇÃO:

Como quero a taxa de juros anual, devo expressar **t** em anos. Logo:

$$M = C \,.\, (1 + i)^t$$

$$150.000 = 100.000\,.\,(1+i)^{\frac{1}{2}} \Longrightarrow (1+i)^{\frac{1}{2}} = 1{,}5$$

Elevando os dois lados ao quadrado, obtemos:

$$1 + i = 2{,}25 \rightarrow \boldsymbol{i} = 1{,}25 = \mathbf{125\%}\ \boldsymbol{a.a.}$$

Gabarito: B.

83. (FGV – SEFAZ-RJ/Fiscal de Rendas/2010) Uma quantia foi aplicada durante um ano à taxa de 10% ao ano e a seguir, o valor resultante foi reaplicado, por mais um ano, a juros de 20% ao ano. Ambas as taxas são juros compostos. Para que a mesma quantia, aplicada durante igual período, resultasse no mesmo montante, deveria ser aplicada à taxa anual efetiva única de:

a) 14,89%. b) 15,25%. c) 16,33%. d) 18,45%. e) 20,00%.

RESOLUÇÃO:

1ª Aplicação: Juros Compostos

São dados: i = 10% a.a. = 0,10 | t = 1 ano

$$M_1 = C_1.(1 + i)^t$$

$$\boldsymbol{M_1} = C_1.(1 + 0{,}1)^1 = \mathbf{1{,}1.}\boldsymbol{C_1}$$

2ª Aplicação: Juros Compostos

São dados: $C_2 = M_1 = 1{,}1.C_1$ | i = 20% a.a. = 0,20 | t = 1 ano

$$M_2 = C_2.(1 + i)^t$$

$$\boldsymbol{M_2} = 1{,}1.C_1.(1 + 0{,}2)^1 = 1{,}1.C_1.1{,}2 = \mathbf{1{,}32.}\boldsymbol{C_1}$$

Aplicação Única: Juros Compostos

São dados: $M_{único} = 1{,}32.C_1$ | t = 2 anos

$$M_{único} = C_1.(1 + i)^t$$

$$1{,}32.C_1 = C_1.(1 + i)^2 \implies (1 + i)^2 = 1{,}32 \implies 1 + i = \sqrt{1{,}32} = 1{,}1489$$

$$\boldsymbol{i = 14{,}89\%\ a.a.}$$

Gabarito: A.

84. (FGV – SEFAZ-RJ/Auditor Fiscal/2011) Um indivíduo tem uma dívida de R$500,00 cuja taxa de juros é de 10% ao mês, juros compostos. Após três meses, essa dívida é (em R$)

a) 675,00 b) 650,00 c) 645,50 d) 655,50 e) 680,50

RESOLUÇÃO:

Para juros compostos temos que:

$$M = C.(1 + i)^t$$

$$\boldsymbol{M} = 500.(1 + 0{,}10)^3 = \mathbf{665{,}50}$$

Como não há essa alternativa, a questão foi **anulada**.

Gabarito: Anulada.

85. (FGV – SEFAZ-RJ/Ana Controle Interno/2011) O valor presente, sob o regime de juros compostos, quando o montante final é R$50.000, a taxa de juros de 25% ao ano e o período 2 anos, é

a) 30.000,00 b) 32.000,00 c) 29.150,85 d) 34.325,75 e) 31.875,25

RESOLUÇÃO:

Para juros compostos temos que:

$$M = C.(1+i)^t$$

$$50.000 = C.(1+0{,}25)^2 \Rightarrow \boldsymbol{C} = \frac{50.000}{1{,}25^2} = \mathbf{32.000}$$

Gabarito: B.

86. (CESGRANRIO/BASA/Técnico Bancário/2018) Um valor inicial C_0 foi capitalizado por meio da incidência de juros compostos mensais constantes iguais a 6,09%. Ao final de 6 meses, isto é, após 6 incidências dos juros, gerou-se o montante M. A partir do valor inicial C_0, seria alcançado o mesmo montante M ao final de 12 meses (12 incidências), se os juros compostos mensais constantes tivessem sido iguais a

(A) 3,045% (B) 3,000% (C) 1,045% (D) 1,450% (E) 3,450%

RESOLUÇÃO:

No primeiro caso, temos prazo de t = 6 meses, e taxa de j = 6,09% ao mês. Assim,

$$M = C \text{ x } (1 + i)^t$$

$$M = C_0 \text{ x } (1 + 6{,}09\%)^6 = C_0 \text{ x } (1{,}0609)^6$$

No segundo caso, temos prazo de t = 12 meses. Neste caso, para termos o mesmo capital e mesmo montante:

$$M = C_0 \text{ x } (1 + i)^{12}$$

Igualando as duas expressões do montante:

$$C_0 \text{ x } (1{,}0609)^6 = C_0 \text{ x } (1 + i)^{12}$$

$$(1{,}0609)^6 = (1 + i)^{12}$$

Tirando a raiz de 6º grau dos dois lados, temos:

$$1{,}0609 = (1 + i)^2$$

$$1{,}03^2 = (1 + i)^2$$

$$1{,}03 = 1 + i$$

$$\boldsymbol{i = 0{,}03 = 3\%\ am}$$

Gabarito: B.

87. (CESGRANRIO – Innova/Administrador Jr/2012) Qual o período (n) em que um poupador que tenha investido R$10.000,00, a uma taxa de juros compostos de 12% ao ano, capitalizados mensalmente, resgatará R$15.000,00? (Considere que ln representa o logaritmo neperiano)

a) n = ln [1,5/1,01]

b) n = ln [1,5/1,12]

c) n = $\frac{\ln 1{,}5}{\ln 1{,}01}$

d) n = $\frac{\ln 1{,}5}{\ln 1{,}12}$

e) n = ln (1, 485)

RESOLUÇÃO:

O enunciado fala em 12% **ao ano**, capitalizados **mensalmente**, ou seja, trata-se de uma **taxa nominal**, pois o prazo da taxa difere do período de capitalização. A **taxa efetiva** mensal correspondente será dada por:

$$\frac{12\%}{i_m} = \frac{12\,meses}{1\,mês}$$

$$i_m = 1\%\ a.m.$$

Agora podemos usar a fórmula dos juros compostos.

$$M = C.(1 + i)^n$$

$$15.000 = 10.000.(1 + 0{,}01)^n$$

$$(1{,}01)^n = 1{,}5$$

Aplicando o **logaritmo neperiano** dos dois lados, temos:

$$\ln\,(1{,}01)^n = \ln 1{,}5 \Rightarrow n.\ln 1{,}01 = \ln 1{,}5 \Rightarrow \boldsymbol{n = \frac{\ln 1{,}5}{\ln 1{,}01}}$$

Gabarito: C.

88. (CESGRANRIO – Petrobras/Contador Jr/2011) Um jovem executivo recebeu R$10.000,00 de bonificação por um trabalho bem-sucedido. Decidiu aplicar a quantia em um fundo de investimentos, pelo prazo de 4 meses, a uma taxa composta de 3% ao mês. O valor total que o jovem poderá resgatar, em reais, após esse prazo, é de

a) 11.255,09 b) 11.552,90 c) 12.152,29 d) 12.525,19 e) 12.952,25

RESOLUÇÃO:

Para juros compostos, temos:

$$M = C\,.\,(1 + i)^t$$

$$M = 10.000.(1 + 0{,}03)^4 = \mathbf{11.255{,}09}$$

Gabarito: A.

89. (CESGRANRIO – LIQUIGÁS/Assist Admin/2012) A tabela a seguir mostra as aplicações de capital, em reais, de um pequeno investidor.

Capital	Capitalização	Período	Taxa
5.000	Composta	2	6 %
10.000	Composta	4	10 %
20.000	Simples	10	8 %

Os juros auferidos do capital aplicado serão, em reais, de

a) 20.600,00 b) 21.259,00 c) 28.437,00 d) 56.260,00 e) 56.620,00

RESOLUÇÃO:

Os juros serão dados por:

$$J = J_1 + J_2 + J_3$$

$$J = 5.000.[(1 + 6\%)^2 - 1] + 10.000.[(1 + 10\%)^4 - 1] + 20.000.8\%.10$$

$$J = 618 + 4.641 + 16.000 = \mathbf{21.259}$$

Gabarito: B.

90. (CESGRANRIO – LIQUIGÁS/Assist Admin/2012) Quando os problemas tratados pela matemática financeira consideram o regime de juros compostos, a fórmula usada para calcular o valor futuro é

a) FV = PV / (1+i x n)

b) FV = PV / $(1+i)^n$

c) FV = PV x (1+i x n)

d) FV = PV x $(1+i)^n$

e) FV = PV / $(1+n)^i$

RESOLUÇÃO:

Sabemos que o **Valor Futuro** (FV – *Future Value*) corresponde ao **Montante** e que o **Valor Presente** (PV – *Present Value*) corresponde ao **Capital**. Assim, temos que:

$$FV = PV.(1 + i)^n$$

Gabarito: D.

91. (CESGRANRIO – Innova/Técnico/2012) Uma pessoa fez uma aplicação de R$100,00 em um banco, e, um ano depois, resgatou R$124,00. Nesse período, qual foi a taxa de juros compostos oferecida ao cliente pela instituição financeira?

a) 1,24 ao ano

b) 2% ao mês

c) 6% ao trimestre

d) 12% ao semestre

e) 24% ao ano

RESOLUÇÃO:

Para juros compostos, temos:

$$M = C.(1 + i)^t$$

<u>t em anos</u>:

$$124 = 100.(1 + i)^1 \rightarrow 1 + i = 1{,}24 \rightarrow \boldsymbol{i = 24\%\ a.a.}$$

<u>t em semestres</u>:

$$124 = 100.(1 + i)^2 \Rightarrow 1 + i = \sqrt{1{,}24} \Rightarrow \boldsymbol{i = 11{,}36\%\ a.s.}$$

<u>t em trimestres</u>:

$$124 = 100.(1 + i)^4 \Rightarrow 1 + i = \sqrt[4]{1{,}24} \Rightarrow \boldsymbol{i = 5{,}53\%\ a.t.}$$

t em meses:

$$124 = 100.(1 + i)^{12} \Rightarrow 1 + i = \sqrt[12]{1{,}24} \Rightarrow \boldsymbol{i = 1{,}81\%\ a.m.}$$

Ainda bem que não precisamos efetuar as últimas contas para acharmos a resposta correta!

Gabarito: E.

92. (CESGRANRIO – IBGE/Analista/2013) Uma empresa está preparando uma reestruturação financeira e, para isso, vai captar R$100.000.000,00 emitindo títulos com vencimento para 2021, pagando juros compostos de 7% ao ano aos compradores. Considerando-se que os títulos sejam todos vendidos em janeiro de 2014 e resgatados em janeiro de 2021, o valor mais próximo do montante a ser pago aos credores desses títulos, em milhões de reais, será de

Dados: $1{,}07^7 \equiv 1{,}61$; $1{,}07^{14} \equiv 2{,}58$.

a) 149 b) 161 c) 198 d) 247 e) 258

RESOLUÇÃO:

Para juros compostos, temos:

$$M = C.(1 + i)^t$$

$$\boldsymbol{M} = 100.000.000.(1 + 0{,}07)^7 = 100.000.000 \times 1{,}61 = \textbf{161 \textit{milhões}}$$

Gabarito: B.

93. (FGV – Pref. Recife/Auditor do Tesouro/2014) Com relação aos conceitos de taxas de juros, assinale V para a afirmativa verdadeira e F para a falsa.

( ) A taxa anual equivalente à taxa de 1% ao mês, sob o regime de juros simples, é maior do que 12%.

( ) A taxa trimestral necessária para que se dobre o principal após 1 ano, sob o regime de juros simples, deve ser igual a 25%.

( ) Uma taxa nominal não nula pode ser igual à taxa efetiva equivalente em termos anuais, se o período de capitalização for menor do que 12 meses.

As afirmativas são, respectivamente,

a) V, F e V. b) V, F e F. c) F, F e V. d) F, V e V. e) F, V e F.

RESOLUÇÃO:

1ª afirmativa: **Falsa.** Para juros simples, taxas equivalentes são proporcionais, logo a taxa anual equivalente a 1% a.m. é igual a 12 x 1% = **12% a.a.**

2ª afirmativa: **Verdadeira**. Para juros simples, temos:

$$M = C.(1 + i.t)$$

M = 2.C

t = 1 ano = 4 trimestres (queremos taxa trimestral)

$$2.C = C.(1 + i.4) \Longrightarrow 1 + 4.i = 2 \Longrightarrow \boldsymbol{i} = \frac{2-1}{4} = \mathbf{25\%}\ \boldsymbol{a.t.}$$

3ª afirmativa: **Falsa**. A taxa nominal será sempre diferente da taxa efetiva equivalente.

Gabarito: E.

94. (VUNESP – CRO-SP/Assist Contábil/2015) Uma pessoa aplicou 8% do seu capital de R$187.500,00, a juros compostos, por um período de 6 meses a uma taxa de 2% ao mês. Ao final desse período, somente os juros apurados totalizaram a soma entre as seguintes faixas:

a) de R$1.890,00 a R$1.892.44.

b) de R$1.940,00 a R$1.943,18.

c) de R$1.979,00 a R$1.981,12.

d) de R$16.895,00 a R$16.898,41.

e) de R$16.915,00 a R$16.918,12.

RESOLUÇÃO:

São dados: C = 8% . 187.500 = 15.000 | i = 2% a.m. = 0,02 | t = 6 meses

Para juros compostos temos que:

$$J = C.[(1 + i)^t - 1]$$

$$J = 15.000.[(1 + 0{,}02)^6 - 1] = \mathbf{1.892{,}44}$$

Gabarito: A.

95. (VUNESP – Pref. São José dos Campos/Ana Gestão Mun/2015) Na fórmula $FV = PV (1 + i)^n$, FV e i referem-se, respectivamente, a

a) montante e horizonte de tempo.

b) capital inicial e taxa de juros.

c) montante e taxa de juros.

d) valor presente líquido e taxa de juros.

e) capital inicial e horizonte de tempo.

⌛ RESOLUÇÃO:

A fórmula apresentada no enunciado é equivalente a:

$$M = C.(1 + i)^t$$

Assim, **FV** (*Future Value*) refere-se ao **Montante** e **i** refere-se à **taxa** de juros.

Gabarito: C.

96. (NC-UFPR – COPEL/Engenheiro Civil Jr/2015) Uma instituição financeira propõe emprestar dinheiro a uma taxa de juros de 1% ao mês. Caso alguém deseje solicitar um empréstimo de R$1.000.000,00 (um milhão de Reais) durante 6 meses, após o final desse prazo terá que pagar o valor, em Reais, de:

a) 1.060.000 b) 1.061.520 c) 1.600.000 d) 1.610.520 e) 1.615.200

⌛ RESOLUÇÃO:

Esta questão foi **anulada**, pois a banca não informou que o Regime de Juros é o composto. De todo modo, vamos resolvê-la!

São dados: C = 1.000.000 | i = 1% a.m. = 0,01 | t = 6 meses

Para juros compostos temos que:

$$M = C.(1 + i)^t$$

$$\boldsymbol{M} = 1{,}000.000.(1 + 0{,}01)^6 = \mathbf{1.061.520{,}15}$$

Gabarito: Anulada.

97. (Pref. Rio de Janeiro – CGM/Contador/2015) Certo capital é investido à taxa de juros compostos de 40% ao ano, capitalizados semestralmente. O tempo, em anos, necessário para que esse capital seja triplicado é de:

a) $\frac{1}{2} \times \frac{\log 2}{\log 1{,}3}$ b) $\frac{1}{2} \times \frac{\log 3}{\log 1{,}2}$ c) $2 \times \frac{\log 1{,}2}{\log 3}$ d) $2 \times \frac{1}{\log 1{,}2}$

⌛ RESOLUÇÃO:

São dados: M = 3.C | i = 40%/2 a.s. = 20% a.s. = 0,20

Para juros compostos temos que:

$$M = C.(1+i)^t$$

$$3.C = C.(1+0{,}20)^t \Rightarrow 1{,}20^t = 3 \Rightarrow t.\log 1{,}2 = \log 3 \Rightarrow \boldsymbol{t = \frac{\log 3}{\log 1{,}2}}\ \textbf{\textit{semestres}}$$

Como a taxa que utilizamos estava expressa ao semestre, achamos **t** expresso em semestres. Para obtermos **t** em anos, basta dividir o resultado por 2. Logo,

$$\boldsymbol{t = \frac{1}{2} \times \frac{\log 3}{\log 1{,}2}}\ \textbf{\textit{anos}}$$

Gabarito: B.

98. (BIO-RIO – IF-RJ/Administrador/2015) Quando a incidência de juro ocorre em mais (ou menos) de uma vez em cada período a que se refere uma determinada taxa de juros, isto é, a unidade de referência do tempo desta não coincide com a unidade de referência do tempo dos períodos de capitalização, então essa taxa não representa o custo efetivo de uma operação financeira, sedo esse o caso da taxa:

a) real. b) Selic. c) efetiva. d) composta. e) nominal.

RESOLUÇÃO:

Essa é a definição de **taxa nominal**, que é a taxa expressa em **unidade de tempo diferente** do período de capitalização. Ela se contrapõe à **taxa efetiva**, que é expressa na **mesma unidade** do período de capitalização.

Gabarito: E.

99. (IESES – BAHIAGÁS/Analista – 2016) O primeiro pagamento de um financiamento bancário contratado em um Banco de Desenvolvimento irá ocorrer 6 meses após o recebimento do principal, este no valor de R$10.000.000,00. Considerando uma taxa de juros compostos de 16% a.a., capitalizados semestralmente, qual o valor dos juros incorporados a dívida ao longo do período de carência?

a) 770.329,61 b) 1.600.000,00 c) 248.085,50 d) 800.000,00 e) 950.000,00

RESOLUÇÃO:

Uma taxa de juros de 16% a.a. capitalizados semestralmente equivale a uma **taxa efetiva** semestral de 16/2 = 8% a.s.

São dados:

C = 10.000.000

i = 8% a.s. = 0,08

t = 6 meses = 1 semestre

Para juros compostos temos que:

$$J = C.[(1 + i)^t - 1]$$

$$\boldsymbol{J} = 10.000.000.[(1 + 0{,}08)^1 - 1] = \mathbf{800.000}$$

Gabarito: D.

100. (FAPESUL – Nova Veneza/Psicólogo/2016) Gisela aplicou um capital de R$13.000,00 a juros compostos, por um período de 7 meses a uma taxa de 8% ao mês. Após o período de aplicação, Gisela pretende destinar 15% do valor resgatado à educação de seu filho, nestas condições, assinale a alternativa que corresponde o valor que Gisela resguardará à educação de seu filho. Para este exercício, utilize 1, 087 = 1,714.

a) 3.180,40 b) 3.483,50 c) 3.290,30 d) 2.980,75 e) 3.342,30

RESOLUÇÃO:

Para juros compostos temos que:

$$M = C.(1 + i)^t$$

$$\boldsymbol{M} = 13.000.(1 + 0{,}08)^7 = 13.000.1{,}08^7 = \mathbf{22.282}$$

Como Gisela vai destinar 15% desse montante à educação de seu filho, temos:

$$15\% \times 22.282 = \mathbf{3.342{,}30}$$

Gabarito: E.

101. (UFCG – UFCG/Administrador/2016) Seguindo o regime de juros simples, um capital de R$10.000,00 passou 360 dias aplicado (ano comercial) a uma taxa de 3% ao mês. Com capitalização anual e taxa de 10% ao ano, o montante obtido a juros simples foi reaplicado por mais 360 dias, mas seguindo o regime de juros compostos. Sendo assim, marque a opção que indica a resposta exata da soma entre os juros da primeira situação (juros simples) e os juros da segunda situação (juros compostos).

a) 3.600,00 b) 5.840,00 c) 4.280,00 d) 3.940,00 e) 4.960,00

RESOLUÇÃO:

1ª Aplicação: Juros Simples

$$M_S = C.(1 + i.t)$$

$$\boldsymbol{M_S} = 10.000.(1 + 0{,}03.12) = \mathbf{13.600}$$

2ª Aplicação: Juros Compostos

$$M_C = C.(1 + i)^t$$

$$\boldsymbol{M_C} = 13.600.(1 + 0{,}1)^1 = \mathbf{14.960}$$

Como o capital inicialmente aplicado era igual a 10.000, os **juros** das duas aplicações, somados, são iguais a:

$$\boldsymbol{J} = 14.960 - 10.000 = \mathbf{4.960}$$

Gabarito: E.

102. (FEPESE – SEFAZ-SC/Auditor Fiscal da Receita Estadual/2010) Suponha que uma taxa de juros compostos de 10% ao mês acumule no final de 5 meses $10.000,00. Calcule o valor inicial do investimento e assinale a alternativa que indica a resposta correta.

a) 2.691,43 b) 3.691,43 c) 4.691,43 d) 5.691,43 e) 6.691,43

RESOLUÇÃO:

Para juros compostos temos que:

$$M = C.(1 + i)^t$$

$$10.000 = C.(1 + 0{,}10)^5 \Rightarrow \boldsymbol{C} = \frac{10.000}{(1 + 0{,}10)^5} = \mathbf{6.209{,}21}$$

Como não há alternativa correta, a questão foi **anulada.**

Gabarito: Anulada.

103. (FEPESE – SEFAZ-SC/Ana Financ/2010) Assinale a alternativa que indica a taxa de juro composto de um capital de $93.914,35, que rendeu $31.085,65 em três meses.

a) 8% b) 10% c) 12% d) 14% e) 16%

RESOLUÇÃO:

Para juros compostos temos que:

$$J = C.[(1+i)^t - 1]$$

$$31.085{,}65 = 93.914{,}35\,.[(1+i)^3 - 1] \Rightarrow (1+i)^3 - 1 = \frac{31.085{,}65}{93.914{,}35} = 0{,}331$$

$$(1+i)^3 = 1{,}331 \Rightarrow 1 + i = 1{,}1 \Rightarrow \boldsymbol{i = 0{,}1 = 10\%\ a.m.}$$

Gabarito: B.

104. (FEPESE – SEFAZ-SC/Ana Financ/2010) Assinale a alternativa que indica o montante de um capital de $60.000,00 que ficou aplicado a juros compostos de 5% ao mês, durante três meses.

a) 60.457,50 b) 61.457,50 c) 62.457,50 d) 64.457,50 e) 69.457,50

RESOLUÇÃO:

Para juros compostos temos que:

$$M = C.(1 + i)^t$$

$$M = 60.000.(1 + 0{,}05)^3 = \mathbf{69.457{,}50}$$

Gabarito: E.

105. (CONSULPLAN – Banestes/Assist Securitário/2013) Um cliente fez um empréstimo em um banco e pagou uma taxa de 10% ao ano a juros compostos. Se a dívida em 2 anos chegou a R$108.900,00, então o valor do empréstimo foi de, em reais

a) 70.000,00 b) 85.000,00 c) 88.000,00 d) 90.000,00 e) 95.000,00

RESOLUÇÃO:

Para juros compostos, temos:

$$M = C.(1+i)^t$$

$$108.900 = C.(1+0{,}10)^2 \Rightarrow 1{,}21.C = 108.900 \Rightarrow \boldsymbol{C} = \frac{108.900}{1{,}21} = \mathbf{90.000}$$

Gabarito: D.

106. (COMPERVE – UFRN/Contador/2014) Existem dois regimes de juros: o de juros simples e o de juros compostos. No regime de juros compostos, duas taxas de juros são equivalentes quando:

a) resultam em juros e montantes equivalentes, se aplicadas a um mesmo capital, por um único período de capitalização, mesmo referidas a diferentes períodos de capitalização.

b) geram juros equivalentes, mesmo com montantes diferentes, se aplicadas a um mesmo capital, por um mesmo período de tempo, quando referidas a diferentes períodos de capitalização.

c) resultam em juros e montantes equivalentes, se aplicadas a um mesmo capital, por um mesmo prazo total, mesmo referidas a diferentes períodos de capitalização.

d) geram montantes equivalentes, mesmo com juros diferentes, se aplicadas a um mesmo capital, por um mesmo período de tempo, quando referidas a diferentes períodos de capitalização.

RESOLUÇÃO:

As **taxas equivalentes** são aquelas que, quando aplicadas a um mesmo capital, por um mesmo período, geram o mesmo montante.

Além disso, como **J = M – C**, duas taxas equivalentes, além de gerarem o mesmo montante quando aplicadas a um mesmo capital, também geram juros iguais.

Vamos, então, analisar as alternativas:

(A) **FALSA.** O erro está em "um único período de capitalização".

(B) **FALSA.** O erro está em "montantes diferentes"

(C) **CORRETA.**

(D) **FALSA.** O erro está em "juros diferentes".

Gabarito: C.

107. (IBEG – Pref. Duque de Caxias/Auditor Fiscal Tributário – 2015) Imagine que um gerador de grande porte comprado pela Prefeitura de Duque de Caxias por R$80.000,00 se desvalorize à taxa composta de 5% ao ano. Nesse caso, 10 anos após a aquisição, e considerando 0,6 como valor aproximado para $0,95^{10}$, o gerador valerá aproximadamente, em reais:

a) 48.000,00 b) 12.000,00 c) 55.000,00 d) 60.000,00 e) 68.000,00

RESOLUÇÃO:

Esta questão é bastante interessante, pois não trata propriamente de juros, mas de desvalorização composta, o que é a mesma coisa que juros negativos! Com uma taxa de juros de 5% a.a. há uma valorização. Com uma taxa de -5% a.a. há uma desvalorização. Mas a lógica dos juros compostos continua a mesma.

São dados: C = 80.000 | i = -5% a.a. = - 0,05 | t = 10 anos

Logo,

$$M = C.(1 + i)^t$$

$$M = 80.000.(1 - 0,05)^{10} = 80.000.0,95^{10} = 80.000 \times 0,6 = \mathbf{R\$48.000,00}$$

Gabarito: A.

108. (IBAM – Pref. Santo André/Assistente/2015) Julia fez um empréstimo em um banco e concordou pagar uma taxa de 14% ao ano, correspondente a juros compostos. Sabendo que Julia, após exatos três anos, quitou seu empréstimo pagando o valor de R$143.709,768, concluímos que o valor, em R$, do empréstimo feito por Julia foi de:

a) 80.000 b) 85.000 c) 90.000 d) 97.000

RESOLUÇÃO:

São dados: M = 143.709,768 | i = 14% a.a. = 0,14 | t = 3 anos

Para juros compostos temos que:

$$M = C.(1 + i)^t$$

$$143.709,768 = C.(1 + 0,14)^3$$

$$\boldsymbol{C} = \frac{143.709,768}{1,14^3} = \frac{143.709,768}{1,481544} = \mathbf{97.000,00}$$

Gabarito: D.

109. (FUNCAB – SEPLAG-MG/2014) No regime de capitalização de juros compostos, um investimento de R$2.000,00 é quadruplicado em dois meses. Assinale a alternativa que apresenta, corretamente, a taxa mensal de juros para esse caso.

Lembrete: $x = \dfrac{-b \pm \sqrt{b^2 - 4ac}}{2a}$

a) 50% b) 75% c) 100% d) 150%

RESOLUÇÃO:

Você vai perceber que esse lembrete do enunciado, com a fórmula de Bhaskara, é somente para atrapalhar, pois ela não será necessária.

São dados: C = 2.000 | M = 4.C = 8.000 | t = 2 meses

Para juros compostos temos que:

$$M = C.(1+i)^t$$

$$8.000 = 2.000\,.\,(1+i)^2$$

$$(1+i)^2 = \frac{8.000}{2.000} = 4$$

$$(1+i) = \sqrt{4} = 2$$

$$\boldsymbol{i = 2 - 1 = 1 \;=\; 100\%\; a.m.}$$

Gabarito: C.

13. QUESTÕES-DESAFIO

110. (FCC/Sefaz-PI/Auditor-Fiscal/2015) Um capital de R$14.700,00 foi aplicado a juro simples da seguinte forma:

- 1/3 à taxa de 6% ao mês por um trimestre;
- 2/5 à taxa de 13% ao bimestre por 5 meses e
- o restante à taxa de x% ao bimestre por 1 semestre.

O juro total arrecadado foi de R$3.616,20. Se um capital de R$18.000,00 for aplicado a juros compostos, à taxa de x% ao bimestre, por um período de 4 meses, o montante dessa aplicação será (em R$)

(A) 20.608,20 (B) 23.594,33 (C) 19.260,00 (D) 19.945,95 (E) 20.520,00

RESOLUÇÃO:

Chamaremos os capitais aplicados de C_1, C_2 e C_3, os juros de J_1, J_2 e J_3 e os prazos de t_1, t_2 e t_3.

Foram dados:

C_1 = 1/3 . 14700 = 4900 | i_1 = 6% a.m | t_1 = 1 trimestre = 3 meses

C_2 = 2/5 . 14700 = 5880 | i_2 = 13% a.b = 6,5% a.m | t_2 = 5 meses

$C_1 + C_2 + C_3 = 14700$

C_3 = 14700 – 4900 – 5880 = 3920 | i_3 = x% a.b | t_3 = 1 s = 3 bimestres

Agora podemos inserir os dados relativos a cada operação:

$$J_1 = C_1.i_1.t_1 = 4900.0{,}06.3 = 882$$

$$J_2 = C_2.i_2.t_2 = 5880.0{,}065.5 = 1911$$

$$J_3 = C_3.i_3.t_3 = 3920.x.3 = 11760.x$$

O **juro** total arrecadado foi de R$3.616,20. Daí, teremos:

$$J_1 + J_2 + J_3 = 3616{,}20$$

$$882 + 1911 + 11760.x = 3616{,}20 \Rightarrow 11760.x = 3616{,}20 - 2793$$

$$x = \frac{823{,}2}{11760} = \mathbf{0{,}07 = 7\%\ a.b}$$

Note que a questão traz a informação de que o capital de R$18.000,00 foi aplicado a juros compostos, à taxa de **x% ao bimestre**, por um período de 4 meses (2 bimestres). Ora, inserindo os valores na fórmula do montante a juros compostos, temos:

$$M = C.(1 + i)^t$$

$$M = 18000.(1 + 0{,}07)^2 = 18000.1{,}1449 = \mathbf{20.608{,}20}$$

Gabarito: A.

111. (FGV – Pref. Niterói/Fiscal de Tributos/2015) Um capital será aplicado por um ano. O regime de capitalização será composto, sendo que incidirão duas taxas de juros semestrais, pagas ao final de cada semestre. Sabendo-se que as duas taxas de juros praticadas precisam somar 12%, a melhor escolha para a taxa do primeiro semestre, do ponto de vista do investidor, é:

a) 0% ao semestre;

b) 1% ao semestre;

c) 6% ao semestre;

d) 9% ao semestre;

e) 12% ao semestre.

RESOLUÇÃO:

Vamos chamar as duas taxas de i_1 e i_2, respectivamente. Como o regime é o composto, o capital inicialmente investido sofrerá dois aumentos consecutivos, o primeiro pela taxa i_1 e o segundo pela taxa i_2. O **fator de aumento** total será dado por:

$$F = (1 + i_1).(1 + i_2)$$

Como as taxas i_1 e i_2 somam 12%, temos que:

$$i_1 + i_2 = 12\%$$

$$i_2 = 12\% - i_1$$

Substituindo na equação do fator, temos:

$$F = (1 + i_1).(1 + 12\% - i_1)$$

$$F = (1 + i_1).(1{,}12 - i_1)$$

Notem que F será igual a zero se i_1 assumir os valores 1,12 ou -1.

$$F = 1{,}12 - i_1 + 1{,}12i_1 - i_1^2$$

$$F = 1{,}12 + 0{,}12i_1 - i_1^2$$

O gráfico do fator F pela taxa i1 será uma parábola com concavidade voltada para baixo, com raízes iguais a -1 e 1,12, conforme a figura abaixo.

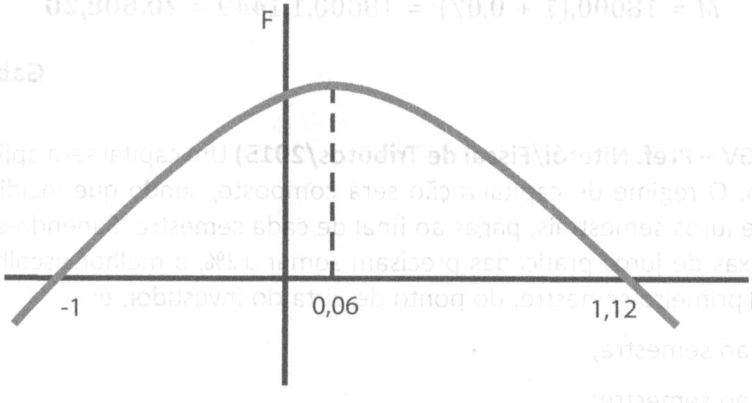

Lembrando que em uma função quadrática do tipo **y = ax² + bx + c,** o ponto do gráfico onde y é máximo é dado por $\mathbf{x_m}$ = **-b/2a**, temos que F será máximo quando i_1 assumir o seguinte valor:

$$i_{1m} = \frac{-0{,}12}{2.(-1)} = 0{,}06 = \mathbf{6\%\ a.s.}$$

Gabarito: C.

CAPÍTULO 4

INFLAÇÃO

1. INTRODUÇÃO

O QUE VEREMOS

Neste capítulo, estudaremos o efeito da **inflação** na economia. Trata-se de um assunto com cobrança relativamente alta nos concursos públicos, especialmente naqueles da área fiscal.

COMO APARECE NOS EDITAIS

É possível que este tópico apareça em alguns editais com outros termos, como é o caso das expressões: "*Avaliação de alternativas de investimento em **ambiente inflacionário***"; "*Inflação: taxa real e taxa aparente*".

COMO É COBRADO NAS PROVAS

Geralmente, a identificação deste assunto nas provas de concursos é bem óbvia, pois aparecerão no enunciado termos como "*inflação*", "*taxa aparente*", "*correção monetária*".

Com isso, a questão vai cobrar sobre o efeito da inflação na operação descrita.

OBJETIVOS

Os nossos objetivos ao final deste capítulo é que você consiga:

1) memorizar e aplicar corretamente a relação entre a **taxa aparente**, a **taxa de inflação** e a **taxa real**, sabendo identificar numa questão de prova a qual elemento cada dado se refere;
2) diferenciar-se em meio a outros candidatos por saber como resolver questões que tratam de aspectos mais específicos do assunto, como a **inflação média**.

2. ANÁLISE DA COBRANÇA DO ASSUNTO EM PROVAS

Observe a seguir os percentuais de incidência nos últimos anos do assunto deste capítulo em relação ao volume de questões de todos os temas analisados na nossa matéria. Lembramos que quanto maior o percentual de cobrança de um dado assunto, maior sua importância.

ASSUNTO	CEBRASPE	FCC	DEMAIS BANCAS
	% de cobrança	% de cobrança	% de cobrança
Inflação	7,85%	4,64%	3,75%

É possível perceber que, para o Cebraspe, o presente tópico possui uma importância **mediana**, enquanto para a FCC e para as demais bancas observa-se uma importância **baixa**.

3. CONCEITO

A **inflação** é o termo usado para designar a **alta geral dos preços** em uma economia. O seu oposto é a **deflação, uma queda geral dos preços** na economia.

Também podemos enxergar a inflação como uma **redução no poder de compra** da moeda, pois, com os preços mais caros, a mesma quantidade de dinheiro compra menos produtos.

Há definições mais rigorosas para inflação e deflação na teoria econômica, mas para nossas finalidades aqui é isso que precisamos saber: inflação é a alta dos preços e deflação é a baixa dos preços. Podemos ainda ver **a deflação como uma inflação negativa.**

Uma das maneiras clássicas de se medir a inflação é por meio do acompanhamento do preço de uma determinada cesta de produtos ao longo do tempo. Certamente você já ouviu falar no preço da cesta básica. Esse é um exemplo de cesta de produtos, no caso, alimentícios, que serve para o acompanhamento e a medição da inflação.

Há diversas outras cestas, dos mais variados tipos e características com esse objetivo e que servem como base para a elaboração dos **índices de preços**, que são a forma mais usual de se medir e de se divulgar a inflação.

4. ÍNDICE DE PREÇOS

Há diversos órgãos no Brasil que elaboram índices de preços com o objetivo de medir e acompanhar a inflação no Brasil.

Por exemplo, podemos citar:

- **IBGE**, com o IPCA (Índice de Preços ao Consumidor Amplo), INPC (Índice Nacional de Preços ao Consumidor) ou INCC (Índice Nacional de Custos da Construção);
- **FGV**, com o IGP-M (Índice Geral de Preços do Mercado), IGP-DI (Índice Geral de Preços - Disponibilidade Interna);
- **DIEESE**, com a Cesta Básica Nacional.

Todos esses índices buscam mediar a inflação e sua confecção segue sempre a mesma lógica, conforme vamos ver a seguir.

Imaginem que uma determinada cesta de produtos de em um **país fictício** custava **100 reais** em 2010 e que em 2011, os mesmos produtos custem **110 reais** para serem comprados.

Isso significa que o aumento dos preços, ou a **inflação do período**, foi de:

$$i_{2011} = \frac{110 - 100}{100} = 10\%$$

Portanto, é preciso gastar 10% a mais para comprar os mesmos produtos. Os produtos estão mais caros e a moeda tem seu **poder de compra reduzido**, pois os 100 reais em 2011 não são mais capazes de comprar o que os 100 reais de 2010 compravam. Houve, então, uma inflação de 10% nesse ano.

Também podemos dizer que a cesta de produtos custava 100 reais em **preços de 2010** e 110 reais em **preços de 2011.**

Para chegar aos preços de 2011, multiplicamos os preços de 2010 pelo **fator de inflação** (ou **fator de atualização monetária**):

$$\underbrace{100}_{\textit{preço de } 2010} . \underbrace{\left(1 + \overbrace{10\%}^{\textit{inflação de } 2010}\right)}_{\textit{fator de inflação de } 2010} = 100.(1 + 0{,}1) = 100.1{,}1 = \underbrace{110}_{\textit{preço de } 2011}$$

Atente para a diferença entre **taxa** e **fator** de inflação:

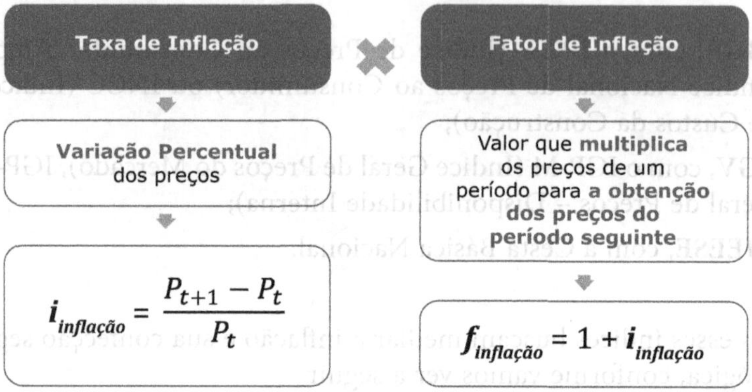

Imagine agora que fizemos o acompanhamento dos preços daquela cesta de produto, não somente por 1 ano, mas por vários anos seguidos, e que montamos a tabela a seguir com os resultados desse nosso acompanhamento.

Ano	Valor da Cesta
2010	100,00
2011	110,00
2012	115,50
2013	118,97
2014	127,29
2015	132,38
2016	135,03
2017	133,68

Olhando para essa tabela, somos capazes de indicar a inflação em cada ano. Você consegue ver isso?

Basta vermos qual foi a variação percentual do valor da cesta. Por exemplo, se quisermos saber qual foi a inflação em 2011, basta tomarmos a variação percentual do valor da cesta entre 2011 e 2012:

$$i_{2011} = \frac{115{,}50 - 110{,}00}{110{,}00} = 5\%$$

Assim, os preços de 2012 ficaram multiplicados pelo fator de inflação:

$$\underbrace{110}_{preço\ de\ 2011} . \underbrace{\left(1 + \overbrace{5\%}^{inflação\ de\ 2011}\right)}_{fator\ de\ inflação\ de\ 2011} = 110.(1 + 0{,}05) = 110.1{,}05 = \underbrace{115{,}50}_{preço\ de\ 2012}$$

Observamos então que a inflação de 2010 foi de 10% e a de 2011 foi de 5%. Qual foi a **inflação acumulada** no período?

Podemos fazer essa conta de duas maneiras. A primeira, lembrando os aumentos sucessivos e multiplicando os fatores de inflação:

$$1 + i_{acumulada} = (1 + i_{2010}).(1 + i_{2011})$$

$$1 + i_{acumulada} = (1 + 10\%).(1 + 5\%) = 1{,}155$$

$$i_{acumulada} = 15{,}5\%$$

Concluímos, então, que a inflação acumulada nos anos de **2010 e 2011** foi de 15,5%.

ATENÇÃO TOTAL

Várias questões de prova querem confundi-lo e apontam a inflação acumulada como se fosse a soma das duas no nosso exemplo, ou seja, 10% + 5% = 15%. Inflação acumulada se calcula multiplicando um fator de inflação pelo outro, e não somando as inflações. Nunca se esqueça disso!

Também poderíamos chegar a essa conclusão a partir da análise da nossa tabela de valores da cesta de produtos. Como a cesta custava 100 reais em 2010 e 115,50 em 2012, sua variação percentual é dada por:

$$i_{acumulada} = \frac{115{,}50 - 100}{100} = 15{,}5\%$$

Como o valor da cesta em 2010 é igual a 100, fica fácil ver a inflação acumulada nos anos seguintes, não?

Você consegue ver que a inflação acumulada de **2010 a 2014** é igual a **27,29%**?

E consegue ver que houve **deflação** em 2016? Os preços de 2017 estão menores do que os preços de 2016. Vamos calcular a taxa de inflação (deflação) em 2016?

$$i_{2016} = \frac{133{,}68 - 135{,}03}{135{,}03} = -\mathbf{1}\%$$

Como achamos um valor negativo, concluímos que houve uma deflação de 1% em 2016.

Vimos, então, que a forma como montamos a tabela nos permite rapidamente calcular os valores de inflação para qualquer período desejado.

E essa mesma lógica é usada na confecção de todos os **índices de preços** que vimos como exemplo anteriormente.

Estabelece-se uma data de referência (**base**) para o valor do índice, quando ele irá valer um número redondo – geralmente 100, ou 1.000 ou mesmo 1.

A partir daí constrói-se uma tabela como a do nosso exemplo. Esses valores são chamados de **Números-Índice** e frequentemente nos deparamos com eles nas questões de Matemática ou Estatística envolvendo inflação, às vezes até em Economia. Vamos ver algumas delas?

Veja como isso já foi cobrado!

1. (VUNESP – São José dos Campos/Analista - 2015) Para responder à questão considere a tabela a seguir, que mostra a receita de uma empresa e os índices de preço ao longo de 4 anos.

Ano	RECEITAS (R$ 1.000)	ÍNDICE DE PREÇOS (base: 2003 = 100)
2010	1.200	150
2011	1.300	170
2012	1.400	180
2013	1.500	200

O valor real das receitas em 2013, a preços de 2010, é de

a) R$1.125. b) R$1.200. c) R$1.375. d) R$1.500. e) R$1.600.

RESOLUÇÃO:

Primeiro, vamos calcular o fator de inflação (ou de atualização monetária) entre 2010 e 2013, que será dado por:

$$\frac{200}{150} = \frac{4}{3}$$

Um preço de 2010 precisa ser multiplicado por este fator para ser atualizado para 2013. Assim, a relação entre os preços de 2010 e 2013 é dada por:

$$P_{2010} \times \frac{4}{3} = P_{2013}$$

$$P_{2010} = \frac{3}{4} \times P_{2013}$$

Dessa forma, para calcular o valor das receitas em 2013 (1.500 reais) em preços de 2010, fazemos:

$$P_{2010} = \frac{3}{4} \times 1.500 = 1.125\, reais$$

Gabarito: A.

2. (CESPE - Auditor de Contas Públicas/TCE-PB/2018) Em novembro de 2016, João comprou 10 kg de uma mercadoria e, um ano depois, ele comprou 11 kg dessa mesma mercadoria, mas pagou 21% a mais que em 2016. Se a inflação do período tiver sido a única responsável pelo aumento de preço da mercadoria, então a inflação desse período foi de

a) 12,1% b) 18,9% c) 7,9% d) 10,0% e) 11,0%

RESOLUÇÃO:

Suponhamos que a primeira compra, de 10 kg, custou 100 reais. Visto que 10 kg custam 100 reais, cada quilograma custou 100 ÷ 10 = 10 reais.

O enunciado informa que, um ano depois, 11 kg custaram 21% a mais do que 100 reais. Ora, aumentar 100 reais em 21% corresponde a multiplicá-lo por 1,21, de modo que 11 kg custaram 100 × 1,21 = 121 reais. Consequentemente, cada quilograma custou 121 ÷ 11 = 11 reais.

Sabemos que o preço de um quilograma valia 10 reais. Como esse preço sofreu um aumento de "i" devido à **inflação**, e passou a valer 11 reais, temos:

$$\mathbf{10 \times (1 + \mathit{i}) = 11}$$
$$\mathbf{\mathit{i} = 1,1 - 1 = 0,1 = 10\%}$$

Portanto, concluímos que a **inflação do período foi de 10%.**

Gabarito: D.

3. (USP/Contador – 2013) Considerando a tabela de correção monetária de IPC-FIPE do ano de 2012, considerando que uma empresa vencedora de uma licitação apresentou para a entidade pública a garantia na modalidade de caução em dinheiro no mês de janeiro de 2012, no valor de R$5.000,00 e, que após concluída a obra e dado o recebimento definitivo, a empresa solicitou a devolução da garantia. A entidade pública fez a devolução no mês de dezembro de 2012. Calcule a correção monetária e indique o valor que foi devolvido à empresa:

TABELA IPC-FIPE – 2012	
MÊS	**Valor/Índice**
Janeiro	125,000
Fevereiro	130,220
Março	135,900
Abril	140,880
Maio	146,770
Junho	150,230
Julho	158,130
Agosto	160,990
Setembro	177,560
Outubro	188,630
Novembro	198,220
Dezembro	200,250

a) R$8.000,00 b) R$8.010,00 c) R$8.050,00 d) R$8.100,00

RESOLUÇÃO:

Da tabela, vemos que o fator de atualização do índice entre janeiro e dezembro foi de:

$$\frac{200{,}250}{125{,}000} = 1{,}602$$

Para encontrarmos o valor corrigido a ser devolvido pela empresa, basta multiplicarmos o valor inicial pelo fator de atualização. Assim, o valor a ser devolvido será dado por:

$$5.000 \times 1{,}602 = 8.010{,}00$$

Gabarito: B.

4. (Pref. Rio de Janeiro/TCM-RJ/Técnico de Controle Externo - 2011) Um determinado índice inflacionário registrou, em determinados períodos, os valores relacionados na tabela que segue:

	Dez/X8	Jan/X9	Jun/X9	Dez/X9
Índice	100,00	101,20	107,85	118,73

Com base nos valores expressos e nos respectivos períodos de referência, é possível afirmar que as taxas de inflação medidas pelo referido índice no ano X9 e no seu primeiro semestre assumirão, respectivamente, os valores de:

a) 17,32% e 6,57%

b) 17,53% e 6,65%

c) 17,53% e 7,85%

d) 18,73% e 6,65%

e) 18,73% e 7,85%

RESOLUÇÃO:

A taxa de inflação do ano X9 pode ser obtida pela variação percentual de dezembro de X8 a dezembro de X9:

$$i_{ano\ X9} = \frac{118{,}73 - 100}{100} = 18{,}73\%$$

A taxa de inflação do primeiro semestre de X9 pode ser obtida por:

$$i_{1^{\underline{o}}\ sem\ X9} = \frac{107{,}85 - 100}{100} = 7{,}85\%$$

Gabarito: E.

5. (CETREDE/Agente Adm/2021) Os índices semestrais de inflação de certo ano foram de 7,2% e 8,5%, respectivamente. Então o índice de inflação deste ano foi de

a) 16,312% b) 15,7% c) 1,3% d) 16% e) 10,7%

RESOLUÇÃO:

Suponhamos um valor inicial de 100. Então, no primeiro semestre, ele sofreu um reajuste de 7,2%, passando a valer 107,2. Por sua vez, no segundo semestre, os 107,2 reais sofreram um reajuste de 8,5%, totalizando 116,312.

Assim, houve um aumento de 16,312, os quais em relação aos 100 iniciais representam **16,312%**, que é o **índice de inflação** para o ano em consideração.

Gabarito: A.

6. (VUNESP – Pref. São José dos Campos/Analista - 2015) Para responder à questão considere a tabela a seguir, que mostra a receita de uma empresa e os índices de preço ao longo de 4 anos.

Ano	RECEITAS (R$ 1.000)	ÍNDICE DE PREÇOS (base: 2003 = 100)
2010	1.200	150
2011	1.300	170
2012	1.400	180
2013	1.500	200

Se construirmos um número índice para as receitas, tomando como base as receitas em 2013 igualadas a 100, os valores seriam, arredondando-se para números inteiros,

a) 120, 130, 140 e 150.

b) 80, 85, 90 e 100.

c) 70, 80, 90 e 100.

d) 80, 87, 93 e 100.

e) 70, 83, 87 e 100.

RESOLUÇÃO:

Essa questão é interessante, pois mostra como as tabelas de números índices são normalizadas, ou seja, como se estabelece a base da tabela como um valor redondo como, nesse caso, 100.

Para o ano de 2013, queremos que o número índice seja igual a 100. Ora, como a receita em 2013 era de 1.500, para calcular os números índices dos outros anos, podemos montar as seguintes regras de três:

2012:

$$1.500 \longrightarrow 100$$

$$1.400 \longrightarrow N_{2012}$$

$$N_{2012} = \frac{100 \times 1.400}{1.500} = 93$$

2011:

$$1.500 \longrightarrow 100$$

$$1.300 \longrightarrow N_{2011}$$

$$N_{2011} = \frac{100 \times 1.300}{1.500} = 87$$

2010:

$$1.500 \longrightarrow 100$$

$$1.200 \longrightarrow N_{2010}$$

$$N_{2010} = \frac{100 \times 1.200}{1.500} = 80$$

Gabarito: D.

7. (CESGRANRIO – ANP/Técnico Adm. - 2016) Por 3 anos seguidos, a taxa de inflação de certo país foi de 5% ao ano. Nesse período, o aluguel de um imóvel foi reajustado, anualmente, pelo índice de inflação, o que fez com que tal aluguel passasse a ser de p unidades monetárias. Para saber o valor do mesmo aluguel antes desses reajustes, basta dividir p por

a) 4,50 b) 1,50 c) 1,05 d) (1,50)3 e) (1,05)3

RESOLUÇÃO:

Como houve 3 aumentos sucessivos de 5%, o valor inicial do imóvel, x, passou a valer p. Logo,

$$x.(1 + 5\%)^3 = p$$

$$x = \frac{p}{1{,}05^3}$$

Gabarito: E.

8. (CESPE – TRT-17/Analista Judiciário/2009) Se o índice de inflação no 1.º semestre de certo ano for igual a 4,7% e o do 2.º semestre for igual a 5,3%, então o índice de inflação acumulado nesse ano será superior a 10%.

RESOLUÇÃO:

A inflação acumulada será dada por:

$$(1 + i_{acumulada}) = (1 + i_{1^{\underline{o}}semestre})).(1 + i_{2^{\underline{o}}semestre}))$$

$$(1 + i_{acumulada}) = (1 + 0{,}047).(1 + 0{,}053) = 1{,}1025$$

$$i_{acumulada} = 10{,}25\% > 10\%$$

Gabarito: Certo.

5. INFLAÇÃO MÉDIA

Suponhamos que as taxas de inflação de **n meses** consecutivos tenham sido $i_1, i_2, ..., i_n$ e que queiramos calcular a **inflação média** mensal ($_{im}$) do período, ou seja, a taxa de inflação que, incidindo em todos os meses, produziria a mesma inflação acumulada.

Teríamos:

$$i_{acumulada} = (1 + i_m).(1 + i_m)...(1 + i_m) = (1 + i_1).(1 + i_2)...(1 + i_n)$$

$$(1 + i_m)^n = (1 + i_1).(1 + i_2)...(1 + i_n)$$

$$1 + i_m = \sqrt[n]{(1 + i_1).(1 + i_2)...(1 + i_n)}$$

Vemos, então, que a inflação média é obtida por meio da **média geométrica** dos fatores de inflação do período.

Veja como isso já foi cobrado!

9. (CESPE – Polícia Federal/2013) Considerando-se que a inflação nos últimos três meses tenha sido de 1%, 2% e 3%, é correto afirmar que a inflação média no período foi de 2%.

RESOLUÇÃO:

A inflação média será dada pela média geométrica dos fatores:

$$1 + i_{média} = \sqrt[3]{(1 + 1\%).(1 + 2\%).(1 + 3\%)} = 1{,}01997$$

$$i_{média} = 1{,}997\%\ a.m.$$

Não precisaríamos fazer as contas para responder a essa questão, bastando lembrar que a média geométrica é sempre menor do que a média aritmética. Elas só são iguais se todos os valores forem iguais, o que não é o caso nessa questão, pois 1% ≠ 2% ≠ 3%.

Como a média aritmética é 2%, a inflação média é, necessariamente, menor do que 2%. Seria muito fácil se a resposta fosse a média de 1, 2 e 3, certo? Então é claro que tinha uma pegadinha aí. Bastava desconfiar disso para imaginar que a afirmação estava errada.

Gabarito: Errado.

6. TAXA APARENTE E TAXA REAL

Como vimos, a inflação altera o **valor do dinheiro no tempo**, exatamente como fazem os juros.

Assim, quando aplicamos um determinado capital, o montante recebido ao final da operação não tem o mesmo **poder de compra** que teria no início da operação, pois foi **corroído** pela **inflação.**

Dessa forma, a taxa de juros que recebemos na aplicação é uma **taxa aparente**, pois ela não leva em consideração as perdas ocasionadas pela inflação.

Se o efeito da inflação for descontado dessa taxa aparente, obteremos a **taxa real** da operação.

Assim, temos duas novas definições:

Taxa Aparente: é a taxa **contratada** em uma operação financeira, por vezes chamada de taxa nominal.

Taxa Real: é a taxa obtida ao se descontar da taxa aparente o efeito da inflação. Representa o **verdadeiro ganho financeiro** da operação.

Note, pela definição, que se não houver inflação (inflação = 0), as duas taxas serão iguais, pois não há o que se descontar da taxa aparente, uma vez que não há inflação.

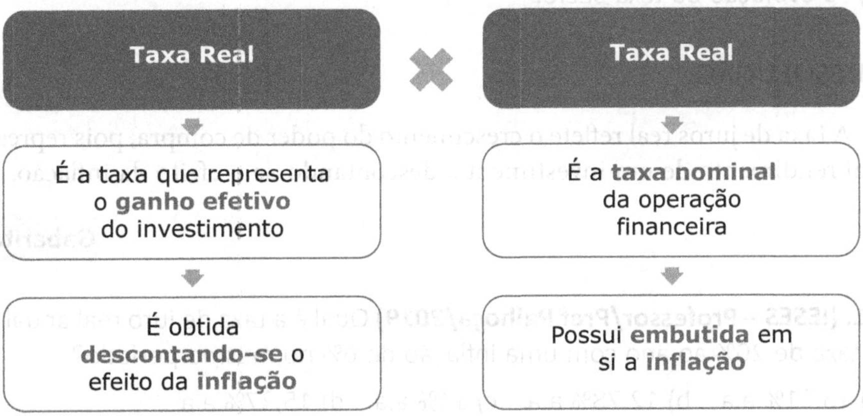

A relação entre as três taxas: **taxa aparente**, taxa de **inflação** e **taxa real** é dada por:

$$1 + i_{aparente} = (1 + i_{inflação}).(1 + i_{real})$$

FIQUE ATENTO!

Na fórmula apresentada, as três taxas são taxas efetivas expressas no mesmo período. Portanto, se estamos falando de um período de 1 ano, as três taxas devem ser taxas efetivas anuais. Portanto, antes de usarmos a fórmula, devemos converter as taxas para as mesmas unidades de tempo.

Além disso, a taxa aparente **NÃO** é a soma das taxas de inflação e de juros reais! Esse conceito é bastante cobrado nas provas e as bancas aproveitam para "pegar" os alunos que não o dominam bem.

Veja como esse assunto já foi cobrado!

10. (NCE-UFRJ/Administrador/2009) A taxa de juros nominal é a taxa de crescimento do investimento. Se a taxa de inflação é a medida de crescimento dos preços na economia, pode-se dizer que a taxa de juros real mede:

a) o crescimento do poder de compra;

b) o rendimento da caderneta de poupança;

c) o custo de financiamento do cheque especial;

d) o montante de financiamento do governo;

e) a evolução da taxa SELIC.

RESOLUÇÃO:

A taxa de juros real reflete o crescimento do poder de compra, pois representa o real rendimento de um investimento, descontando-se o efeito da inflação.

Gabarito: A.

11. (IESES – Professor/Pref Palhoça/2019) Qual é a taxa de juro real anual para a taxa de 20% ao ano com uma inflação de 6% no mesmo período?

a) 13,21% a.a b) 12,78% a.a c) 14% a.a d) 15,37% a.a

RESOLUÇÃO:

Com uma **taxa efetiva** de 20% ao ano, o nosso dinheiro rende os 20% prometidos. Contudo, se tivermos uma **inflação** no período, sabemos que o nosso dinheiro vai perder valor, e esse rendimento não vai refletir o valor real do dinheiro.

Nesse caso, para sabermos a **taxa real** de juros, sabendo a taxa efetiva e a inflação do período, temos a seguinte relação:

$$(1 + i_{aparente}) = (1 + i_{inflação}).(1 + i_{real})$$

$$(1 + 0{,}20) = (1 + 0{,}06).(1 + i_{real})$$

$$1 + i_{real} = \frac{1{,}20}{1{,}06} = 1{,}1321$$

$$i_{real} = 0{,}1321 = \mathbf{13{,}21\%\ a.a.}$$

Gabarito: A.

12. (VUNESP – São José dos Campos/2015) Supondo que a taxa de juros nominal seja de 80% a.a., e a taxa de inflação seja de 20% a.a., a taxa de juros real é exatamente igual a

a) 30% a.a. b) 40% a.a c) 50% a.a. d) 60% a.a. e) 116% a.a.

RESOLUÇÃO:

Estamos vendo um exemplo em que a nomenclatura "taxa nominal" está sendo usada como sinônimo de taxa aparente. Muitos candidatos que não dominam o conceito acabam marcando a **opção D**, fazendo 80% - 20% = **60%**.

Como vimos, isso não está correto. As taxas se relacionam da seguinte forma:

$$(1 + i_{aparente}) = (1 + i_{inflação}).(1 + i_{real})$$

$$(1 + 0{,}80) = (1 + 0{,}20).(1 + i_{real})$$

$$1 + i_{real} = \frac{1{,}80}{1{,}20} = 1{,}50$$

$$i_{real} = \mathbf{50\%\ a.a.}$$

Gabarito: C.

13. (FCC - Analista Desenvolvimento/METRO-SP/2019) Ivone fez um empréstimo a juros compostos no valor de R$20.000,00 em setembro de 2018, para pagamento após 2 anos da data de aquisição do empréstimo. A taxa de inflação acumulada durante o primeiro ano foi de 4% ao ano e, durante o segundo ano de, 5% ao ano. A taxa real de juros contratada foi mantida constante em 2% ao ano. O valor dos juros pagos por Ivone nessa operação foi, em reais,

a) 2.685,12 b) 2.636,00 c) 2.690,37 d) 2.722,34 e) 2.600,00

RESOLUÇÃO:

O enunciado informa que a taxa de inflação do primeiro e do segundo ano é igual a 4% e 5%, respectivamente. Podemos calcular o fator multiplicativo da **inflação acumulada** em todo o período:

$$1{,}04 \times 1{,}05 = 1{,}092$$

É dito que a taxa de juros contratada foi de 2% ao ano. Podemos calcular o fator da **taxa acumulada** do período:

$$1{,}02 \times 1{,}02 = 1{,}0404$$

Agora, aplicamos a relação entre uma taxa aparente, taxa real e taxa de inflação:

$$(1 + i_{aparente}) = (1 + i_{inflação}).(1 + i_{real})$$

$$(1 + i_{aparente}) = 1{,}0404 \times 1{,}092 = 1{,}1361168$$

Multiplicando esse fator pelo capital emprestado, obtemos o montante de 20.000 × 1,1361168 = 22.722,34 reais.

Por fim, obtemos os **juros** pela diferença entre o montante e o capital inicial:

22.722,34 – 20.000 = **2.722,34 reais**

Gabarito: D.

14. (VUNESP – Tesoureiro/CM Sertãozinho/2019) O Patrimônio Líquido de uma empresa era R$1.000.000 no final do ano 1 e R$1.260.000 no final do ano 2. Se a taxa de inflação ao longo do ano 2 foi 5%, o aumento real do Patrimônio Líquido no período mencionado foi de

a) 20% b) 21% c) 22% d) 25% e) 26%

RESOLUÇÃO:

Como o Patrimônio Líquido passou de R$1.000.000 para R$1.260.000, houve um aumento aparente de 26%, já que 1.260.000 ÷ 1.000.000 = 1,26.

O enunciado informa que a taxa de inflação foi de 5%, de modo que:

$$(1 + i_{aparente}) = (1 + i_{inflação}).(1 + i_{real})$$

$$1 + 0{,}26 = (1 + i_{real}).(1 + 0{,}05)$$

$$1 + i_{real} = \frac{1{,}26}{1{,}05}$$

$$1 + i_{real} = 1{,}2$$

$$\boldsymbol{i_{real}} = 1{,}2 - 1 = 0{,}2 = \mathbf{20\%}$$

Assim, concluímos que o aumento real do Patrimônio Líquido foi de **20%**.

Gabarito: A.

15. (FGV – Pref. Niterói/Fiscal de Tributos - 2015) Uma aplicação de R$10.000,00 foi resgatada ao final de um ano gerando um montante de R$12.000,00. Nas datas de aplicação e resgate, os números índices de preços- base fixa eram 200 e 210, respectivamente. A taxa real de juros recebida nessa aplicação durante o ano foi, aproximadamente:

a) 5%; b) 7%; c) 10%; d) 14%; e) 20%.

RESOLUÇÃO:

Podemos calcular a taxa de inflação do período, fazendo:

$$i_{inflação} = \frac{210 - 200}{200} = 5\%\ a.a.$$

A taxa aparente pode ser calculada como:

$$i_{aparente} = \frac{12.000 - 10.000}{10.000} = 20\%\ a.a.$$

Por fim, podemos achar a taxa real fazendo:

$$(1 + i_{aparente}) = (1 + i_{inflação}).(1 + i_{real})$$

$$(1 + 0{,}20) = (1 + 0{,}05).(1 + i_{real})$$

$$1 + i_{real} = \frac{1{,}20}{1{,}05} = 1{,}14$$

$$\boldsymbol{i_{real} = 14\%\ a.a.}$$

Gabarito: D.

16. (FGV – Pref. Niterói/Contador - 2015) Uma aplicação de R$10.000,00, após dois meses, resultou em um montante de R$14.210,00. Considerando a incidência de imposto sobre o rendimento de 30% e a taxa mensal de inflação de 10%, a taxa de juros real durante o período de aplicação foi:

a) 7,0% b) 7,5% c) 8,0% d) 8,5% e) 9,0%

RESOLUÇÃO:

Os rendimentos da aplicação foram de 14.210 - 10.000 = 4.210. Sobre esse rendimento, incidiu um imposto de 30%, ou seja, o investidor teve um rendimento líquido de:

$$4.210.(1 - 30\%) = 2.947 \text{ reais}$$

Esse rendimento corresponde a uma taxa aparente de:

$$i_{aparente} = \frac{2.947}{10.000} = 29{,}47\%\ a.b.$$

A taxa está expressa ao bimestre, pois foi esse o período da aplicação, 2 meses.

A taxa mensal da inflação foi de 10% a.m., logo, para o período de 2 meses da aplicação, temos que usar o fator efetivo de inflação em 2 meses, que será dado por:

$$(1 + i_{inflação})^2$$

Logo,

$$(1 + i_{aparente}) = (1 + i_{inflação})^2.(1 + i_{real})$$

Nessa expressão, temos a taxa aparente e a taxa real expressas ao bimestre e a taxa de inflação, ao mês, por isso o coeficiente 2. Assim,

$$(1 + 0{,}2947) = (1 + 0{,}10)^2.(1 + i_{real})$$

$$1 + i_{real} = \frac{1{,}2947}{1{,}21} = 1{,}07$$

$$\boldsymbol{i_{real} = 7\%\ a.b.}$$

Gabarito: A.

17. (CESPE - Ana Adm/PGE-PE/2019) Paulo aplicou R$20.000 em determinado investimento e resgatou o total dois anos depois. O juro real recebido por Paulo no período foi de 30% e o valor resgatado foi de R$31.200. Nessa situação, a inflação acumulada no período foi inferior a 15%.

RESOLUÇÃO:

A **taxa aparente** é dada pela variação entre o **montante** do investimento e o **capital** inicial:

$$(\mathbf{1} + \boldsymbol{i_{aparente}}) = \frac{M}{C} = \frac{31.200}{20.000} = \mathbf{1,56}$$

Como a **taxa real** de juros foi de 30%, calculamos a **inflação acumulada** no período com a relação:

$$(1 + i_{aparente}) = (1 + i_{inflação}).(1 + i_{real})$$

$$1{,}56 = (1 + 0{,}3).(1 + i_{real})$$

$$1 + i_{real} = \frac{1{,}56}{1{,}3} = 1{,}2$$

$$\boldsymbol{i_{real}} = 1{,}2 - 1 = 0{,}2 = \mathbf{14\%\ a.a.}$$

Gabarito: D.

7. TAXAS NEGATIVAS

Vimos anteriormente que a taxa de juros não pode ser negativa. No entanto, aqui vale uma ressalva muito importante. As taxas **APARENTES**, ou nominais, realmente **não podem ser negativas**, mas isso não ocorre com as taxas de juros **REAIS**.

Quando a inflação é superior à taxa aparente, a taxa real fica **negativa**. Isso significa que os juros auferidos não compensaram as perdas com a inflação. Nesse caso, há uma **PERDA real**.

Veja como esse assunto já foi cobrado!

18. (CESPE – FHS-SE/2009) Caso um bem tenha sido adquirido por R$50.000,00, quando determinado índice de preços era 120, e tenha sido vendido por R$60.000,00, quando aquele índice de preços era de 150, é correto afirmar que a venda propiciou um ganho real de 4%.

RESOLUÇÃO:

A taxa aparente de juros pode ser obtida fazendo-se:

$$i_{aparente} = \frac{60.000 - 50.000}{50.000} = 20\%$$

A taxa de inflação é dada por:

$$i_{inflação} = \frac{150 - 120}{120} = 25\%$$

Sabemos ainda que:

$$(1 + i_{aparente}) = (1 + i_{inflação}).(1 + i_{real})$$

$$(1 + 0{,}20) = (1 + 0{,}25).(1 + i_{real})$$

$$1 + i_{real} = \frac{1{,}20}{1{,}25} = 0{,}96$$

$$i_{real} = -4\%$$

Como a taxa encontrada é negativa, houve uma **perda real** de 4%.

Gabarito: Errado.

19. (ESAF – Auditor Fiscal da Previdência Social – 2002) O índice de preços ao consumidor de famílias de classe de renda baixa sofreu um aumento de 11,61% em um semestre e 12% no semestre seguinte. Calcule a perda do poder aquisitivo da renda dessas famílias no ano em questão.

a) 11,61% b) 12% c) 20% d) 23,61% e) 25%

RESOLUÇÃO:

A inflação acumulada será dada por:

$$1 + i_{inflação} = (1 + 11{,}61\%).(1 + 12\%)$$

$$1 + i_{inflação} = 1{,}25$$

$$i_{inflação} = 25\%$$

Sem aumento nominal, $i_{aparente} = 0$ e temos que:

$$(1 + i_{aparente}) = (1 + i_{inflação}).(1 + i_{real})$$

$$(1 + 0) = (1 + 0{,}15).(1 + i_{real})$$

$$1 + i_{real} = \frac{1}{1{,}25} = 0{,}80$$

$$i_{real} = -\mathbf{20\%}$$

Logo, houve uma perda real de 20% no poder aquisitivo das famílias.

Gabarito: C.

20. (CESGRANRIO – TRANSPETRO/2011) Utilizar o ferramental disponibilizado pela matemática financeira corretamente requer que se considere o valor do dinheiro no decorrer do tempo. Isso quer dizer que, a uma taxa de juros efetiva maior que zero, uma determinada unidade monetária apresenta

a) o mesmo valor financeiro independente da data focal.

b) o mesmo valor financeiro para o tempo zero e para uma data focal à frente.

c) valores financeiros distintos em datas focais distintas.

d) valores financeiros crescentes, à medida que se aproxima do tempo zero.

e) valores futuros decrescentes, à medida que se distancia do tempo zero.

RESOLUÇÃO:

Com uma taxa de juros positiva, valores futuros são crescentes. Com uma taxa de juros negativa, valores futuros são decrescentes. Com uma taxa de juros nula, os valores são os mesmos, em qualquer instante de tempo.

Assim, a única alternativa correta é a letra C. As letras A e B estariam corretas com taxa nula. As letras D e E estariam corretas se a taxa de juros fosse negativa.

Gabarito: C.

8. CORREÇÃO MONETÁRIA E TÍTULOS PÓS-FIXADOS

Vimos que as **taxas de juros reais podem ser negativas** e nenhum investidor quer ver seu dinheiro render menos do que a inflação. Pensando nisso, o mercado financeiro desenvolveu os títulos chamados de **pós-fixados.**

E o que vem a ser isso?

Nos títulos pós-fixados, negocia-se a taxa de juros reais. Funciona da seguinte maneira: no início da operação, o tomador e o credor acordam o valor de juros reais que serão pagos e um **fator de atualização monetária** (por exemplo, o IPCA) que será usado para compensar a **inflação**.

Assim, no início da operação, como não se sabe o valor da inflação futura, não se sabe o valor do montante a ser pago para resgatar o título. A operação é dita estar **"em aberto"**.

Quando o título vence, apura-se o valor do fator de atualização monetária (ou **correção monetária**) e calcula-se a taxa pós-fixada da operação combinando o fator de atualização com a taxa de juros acordada no início da operação.

Chamando a taxa pós de $i_{pós}$, a taxa de correção monetária de i_{cm} e a taxa de juros acordada no início da operação de i_{juros}, temos:

$$(1 + i_{pós}) = \underbrace{(1 + i_{cm})}_{\substack{fator\ de \\ atualização \\ monetária}} \cdot (1 + i_{juros})$$

Assim, em oposição aos **títulos prefixados**, quando se conhece **a priori** o valor do montante ao final da operação, nos **títulos pós-fixados** só se conhece o montante final na data do vencimento do título, ou seja, **a posteriori**.

Por fim, salientamos que os títulos pós-fixados não precisam, necessariamente, serem corrigidos pela inflação. Também são muito comuns os **títulos corrigidos pela taxa de câmbio**. A lógica, no entanto, é a mesma.

Veja como esse assunto já foi cobrado!

21. (FGV – Pref. Cuiabá/Auditor Fiscal Tributário - 2016) Em relação ao modelo pós-fixado no tratamento da inflação, assinale V para a afirmativa verdadeira e F para a falsa.

( ) A inflação é calculada a posteriori, ao longo do prazo da operação contratada, à medida que aos valores do índice de preços se tornem conhecidos.

( ) A inflação pode ficar em aberto no início da operação.

( ) Os cálculos financeiros são realizados com o fluxo de caixa expresso em moeda estável, a preços constantes e com uma taxa de juros real, sem inflação.

As afirmativas são, respectivamente,

a) V, V e V. b) V, V e F. c) V, F e V. d) F, V e V. e) F, F e V.

RESOLUÇÃO:

1ª afirmativa: **Verdadeira**. À medida que os índices de preços se tornem conhecidos, os títulos **pós**-fixados são atualizados a **posteriori**.

2ª afirmativa: **Verdadeira.** Como a inflação é calculada a **pos**teriori, a inflação fica em aberto no início da operação.

3ª afirmativa: **Verdadeira.** Como a inflação não é conhecida no início da operação, usam-se preços constantes e taxa de juros reais.

Gabarito: A.

22. (FGV – SEFAZ-RJ/Fiscal de Rendas - 2008) Um capital de R$5.000 foi aplicado à taxa de 1% ao mês, por dois meses e, além disso, foi corrigido, no final, pela inflação acumulada de 2%. O montante final a ser retirado, desconsiderados os centavos, será de:

a) R$5.202. b) R$5.010. c) R$5.250. d) R$5.100. e) R$5.101.

RESOLUÇÃO:

Após ser aplicado por 2 meses à taxa de 1% a.m., o capital gerará o seguinte montante:

$$M = 5.000.(1 + 1\%)^2 = 5.100{,}50$$

Com a correção pela inflação acumulada, temos:

$$M_{corrigido} = 5.100{,}50.(1 + 2\%) = \mathbf{5.202{,}51}$$

Gabarito: A.

Esclarecendo!

Notem, na última questão, que só se pode conhecer o valor do montante final após corrigi-lo pela inflação do período, que só foi conhecida na data do resgate.

23. (VUNESP – CEAGESP/2010) Em um empréstimo no valor de R$1.000, ficou acertado que, após um ano, o valor a ser pago teria acréscimo de 50% a título de juros, mais a correção referente à inflação do período. Se a inflação ao final do ano foi 20%, o valor a ser pago é:

a) R$1.200. b) R$1.250. c) R$1.500. d) R$1.700. e) R$1.800.

RESOLUÇÃO:

Temos:

$$(1 + i_{pós}) = (1 + i_{cm}).(1 + i_{juros})$$

$$(1 + i_{pós}) = (1 + 0{,}20).(1 + 0{,}50) = 1{,}8$$

$$i_{pós} = 80\%$$

Como o valor do empréstimo era de 1.000 reais, temos que o valor final será dado por:

$$M = 1.000.(1 + 80\%) = \mathbf{1.800\ reais}$$

Gabarito: E.

24. (ESAF – CVM/Analista - 2010) Um investidor fez uma aplicação em um título com rentabilidade pós-fixada por um prazo de três meses a uma taxa de juros simples de 18% ao ano. O índice de correção a ser aplicado ao montante passou de 80, no início, a 83,2, no fim do prazo. Qual o valor mais próximo da rentabilidade total do título nesse prazo?

a) 8,5% b) 7,7% c) 8% d) 7,844% e) 8,68%

RESOLUÇÃO:

Para a determinação do montante, como se trata de juros simples, com i = 18% a.a. e n = 1/4 ano, o Capital deverá ser multiplicado por:

$$(1 + i.n) = \left(1 + 18\%.\frac{1}{4}\right) = 1{,}045$$

O montante obtido deve ser corrigido pela inflação do período, cuja taxa pode ser obtida, fazendo-se:

$$i_{cm} = \frac{83{,}2 - 80}{80} = 0{,}04$$

Assim, a rentabilidade pós-fixada pode ser obtida por:

$$1 + i_{pós} = 1{,}045.(1 + 0{,}04) = 1{,}0868$$

$$\boldsymbol{i_{pós} = 8{,}68\%\ a.t.}$$

Gabarito: E.

25. (FCC – TJ-PI/Analista - 2009) Uma companhia obteve um empréstimo no exterior correspondente a 100.000 dólares americanos, com prazo de vencimento de 5 anos. Os juros incidem trimestralmente a uma taxa de 8% ao trimestre e são incorporados ao principal. O dólar americano estava cotado para compra no dia do empréstimo a R$2,00 e no dia da primeira incidência dos juros a R$2,20. Efetuada a atualização cambial do principal, já incorporado o valor dos juros, o débito externo da companhia equivalia, na data da primeira incidência de juros, em R$, a

a) 220.000,00. b) 229.800,00. c) 237.600,00. d) 239.800,00. e) 240.200,00.

RESOLUÇÃO:

O empréstimo de 100.000 dólares correspondia a 100.000 x 2,00 = 200.000 reais na data do empréstimo.

Sobre esses 100.000 dólares, incidiram juros de 8% a.t., por 5 anos. Após a primeira incidência de juros, o montante acumulado foi de:

$$M = 100.000 \cdot (1+8\%) = 108.000 \text{ dólares}$$

Nessa data, a cotação do dólar era de 2,20 reais. Assim, o montante era de 108.000 x 2,20 = **237.600 reais.**

Outra maneira de pensar no problema é encarar a valorização do dólar como uma correção (em vez de monetária, cambial)P, como se fosse um título pós-fixado com fator de correção cambial.

A valorização do dólar foi de:

$$i_{cm} = i_{cambial} = \frac{2{,}20 - 2{,}00}{2{,}00} = 10\%$$

Assim, temos:

$$(1 + i_{pós}) = (1 + i_{cambial}).(1 + i_{juros})$$

$$(1 + i_{pós}) = (1 + 0{,}10).(1 + 0{,}08) = 1{,}188$$

$$i_{pós} = 18{,}8\%$$

Como o valor inicial em reais era de 200.000 reais, temos que o valor final será dado por:

$$M = 200.000.(1 + 18{,}8\%) = 237.600 \; \textbf{\textit{reais}}$$

Gabarito: C.

26. (CESGRANRIO – BNDES/2013) Um investidor resolveu fazer uma aposta: tomou um empréstimo de R$1 milhão, por um ano, ao custo de 10% ao ano. No mesmo dia, ele aplicou esse mesmo R$1 milhão, pelo mesmo prazo, em um título cambial que rende a variação do euro mais 4% ao ano.

Qual é a variação do euro no período que empata a aposta, ou seja, que faz com que o investidor não ganhe nem perca ao final dessa operação?

a) 5,03% b) 5,31% c) 5,77% d) 6,12% e) 6,54%

RESOLUÇÃO:

Para "empatar" a aposta, a taxa pós do investidor deve ser de 10% a.a. Como a taxa de juros contratada é de 4%, temos:

$$(1 + i_{pós}) = (1 + i_{cambial}).(1 + i_{juros})$$

$$(1 + 0{,}10) = (1 + i_{cambial}).(1 + 0{,}04)$$

$$1 + i_{cambial} = \frac{1{,}10}{1{,}04} = 1{,}0577$$

$$\boldsymbol{i_{cambial} = 5{,}77\%}$$

Gabarito: C.

9. RESUMO

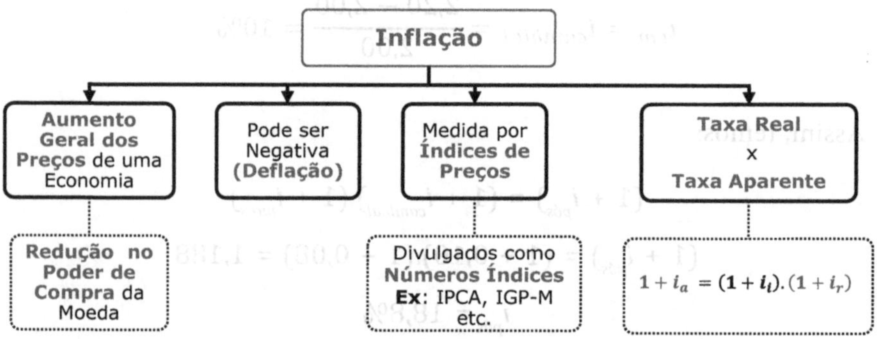

Chamando a taxa pós de $i_{pós}$, a taxa de correção monetária de i_{cm} e a taxa de juros acordada no início da operação de i_{juros}, temos:

$$\left(1 + i_{pós}\right) = \underbrace{\left(1 + i_{cm}\right)}_{\text{fator de atualização monetária}}.\left(1 + i_{juros}\right)$$

10. MAIS QUESTÕES COMENTADAS

27. (FCC – Pref. Teresina/Auditor Fiscal - 2016) Uma aplicação no valor de R$25.000,00 por um período de 1 ano permitirá que seja resgatado, no final do período da aplicação, um montante no valor de R$28.730,00. Para que a taxa real de juros desta aplicação seja no mínimo de 4%, a taxa de inflação deste ano terá que ser no máximo igual a

a) 10,92% b) 12,00% c) 11,20% d) 9,80% e) 10,50%

RESOLUÇÃO:

A taxa aparente de juros pode ser obtida fazendo-se:

$$i_{aparente} = \frac{28.730 - 25.000}{25.000} = 14{,}92\%\ a.a.$$

Sabemos ainda que:

$$(1 + i_{aparente}) = (1 + i_{inflação}).(1 + i_{real})$$

Supondo uma taxa real igual a 4% a.a., temos:

$$(1 + 0{,}1492) = (1 + i_{inflação}).(1 + 0{,}04)$$

$$1 + i_{inflação} = \frac{1{,}1492}{1{,}04} = 1{,}105$$

$$\boldsymbol{i_{inflação} = 10{,}5\%\ a.a.}$$

Gabarito: E.

28. (FCC – INFRAERO/Auditor - 2009) Uma pessoa adquiriu um CDB- Certificado de Depósito Bancário prefixado com vencimento em 60 dias, cujo valor de resgate era R$212.000,00. O valor pago pelo investidor no CDB foi R$200.000,00. No mesmo período, a economia registrou uma deflação de 1%. A taxa de juros real paga recebida pelo investidor na operação foi

a) igual a 5%

b) maior que 5% mas inferior a 6%

c) igual a 6%

d) maior que 6%, mas inferior a 7%

e) maior que 7%

RESOLUÇÃO:

A taxa aparente de juros pode ser obtida fazendo-se:

$$i_{aparente} = \frac{212.000 - 200.000}{200.000} = 6\%$$

Houve uma deflação de 1%, ou seja, a taxa de inflação é negativa:

$$i_{inflação} = -1\%$$

Sabemos ainda que:

$$(1 + i_{aparente}) = (1 + i_{inflação}).(1 + i_{real})$$

$$(1 + 0{,}06) = (1 - 0{,}01).(1 + i_{real})$$

$$1 + i_{real} = \frac{1{,}06}{0{,}99} = 1{,}0707$$

$$\boldsymbol{i_{real} = 7{,}07\%}$$

Gabarito: E.

29. (FCC – TRE-RN/Analista - 2011) Um investimento no valor de R$200.000,00 é realizado no início de um determinado ano. No final deste ano, o montante referente a este investimento é resgatado totalmente, e o seu valor foi de R$238.560,00. Se a taxa de inflação no período deste investimento foi de 12%, então a taxa aparente e a taxa real correspondentes no mesmo período foram iguais a, respectivamente,

a) 18,50% e 7,28%.

b) 18,50% e 6,50%.

c) 19,28% e 7,28%.

d) 19,28% e 6,78%.

e) 19,28% e 6,50%.

RESOLUÇÃO:

A taxa aparente de juros pode ser obtida fazendo-se:

$$i_{aparente} = \frac{238.560 - 200.000}{200.000} = 19{,}28\%$$

Sabemos ainda que:

$$(1 + i_{aparente}) = (1 + i_{inflação}).(1 + i_{real})$$

$$(1 + 0{,}1928) = (1 + 0{,}12).(1 + i_{real})$$

$$1 + i_{real} = \frac{1{,}1928}{1{,}12} = 1{,}065$$

$$\boldsymbol{i_{real} = 6,5\%}$$

Gabarito: E.

30. (FCC – SEFAZ-SP/Agente Fiscal de Rendas/2013) Um investidor aplicou um capital de R$5.000,00, resgatando o total de R$5.800,00 ao final de um quadrimestre. Nesse período, a taxa de inflação foi de 2%. Das taxas abaixo, a que mais se aproxima da taxa real de juros desse período é

a) 14,0% b) 13,8% c) 13,7% d) 13,6% e) 13,5%

RESOLUÇÃO:

A taxa aparente do investimento pode ser obtida fazendo-se:

$$i_{aparente} = \frac{5.800 - 5.000}{5.000} = 16\%$$

Sabemos ainda que:

$$(1 + i_{aparente}) = (1 + i_{inflação}).(1 + i_{real})$$

$$(1 + 0{,}16) = (1 + 0{,}02).(1 + i_{real})$$

$$1 + i_{real} = \frac{1{,}16}{1{,}02} = 1{,}137$$

$$i_{real} = 13{,}7\%$$

Gabarito: C.

31. (FCC – Pref. São Paulo/ Auditor Fiscal - 2012) Uma pessoa investiu R$1.000,00 por 2 meses, recebendo ao final desse prazo o montante de R$1.060,00. Se, nesse período, a taxa real de juros foi de 4%, então a taxa de inflação desse bimestre foi de aproximadamente

a) 1,84. b) 1,86. c) 1,88. d) 1,90. e) 1,92.

RESOLUÇÃO:

A taxa aparente do investimento pode ser obtida fazendo-se:

$$i_{aparente} = \frac{1.060 - 1.000}{1.000} = 6\%$$

Sabemos ainda que:

$$(1 + i_{aparente}) = (1 + i_{inflação}).(1 + i_{real})$$

$$(1 + 0{,}06) = (1 + i_{inflação}).(1 + 0{,}04)$$

$$1 + i_{inflação} = \frac{1{,}06}{1{,}04} = 1{,}0192$$

Gabarito: E.

32. (FCC – SEFAZ-RJ/Auditor Fiscal - 2014) Um investidor aplica um capital no valor de R$12.000,00 durante 1 ano e resgata todo o montante no final deste prazo. Ele verifica que a taxa de inflação do período de aplicação foi de 8% e a respectiva taxa de juros real da aplicação foi de 2,5%. Isto significa que o investidor resgatou um montante no valor de, em R$

a) 13.284,00 b) 12.660,00 c) 12.830,00 d) 13.000,00 e) 13.260,00

RESOLUÇÃO:

Temos que:

$$(1 + i_{aparente}) = (1 + i_{inflação}).(1 + i_{real})$$

$$(1 + i_{aparente}) = (1 + 0{,}08).(1 + 0{,}025)$$

$$1 + i_{aparente} = 1{,}08.1{,}025 = 1{,}107$$

$$i_{aparente} = 10{,}7\%$$

Aplicando essa taxa sobre o capital de 12.000, temos um montante igual a:

$$M = 12.000 \ . \ (1 + 0{,}107) = \mathbf{13.284}$$

Gabarito: A.

33. (FCC – TRT-19/Analista Judiciário/2014) Para apuração da taxa de juros real de um investimento com retorno prefixado de 8,75% e inflação no mesmo período de 6,33%, deve ser utilizada a fórmula

a) [((1,0875/1,0633) × 100)- 1]

b) [((1,0633/1,0875)- 1) × 100]

c) [((1,0633/1,0875) × 100)- 1]

d) [((1,0875/1,0633)- 1) × 100]

e) (1,0875- 1,0633) × 100

RESOLUÇÃO:

Temos que:

$$(1 + i_{aparente}) = (1 + i_{inflação}).(1 + i_{real})$$

$$(1 + 0{,}0875) = (1 + 0{,}0633).(1 + i_{real})$$

$$1 + i_{real} = \frac{1{,}0875}{1{,}0633}$$

$$i_{real} = \left(\frac{\mathbf{1,0875}}{\mathbf{1,0633}} - \mathbf{1}\right) \times \mathbf{100\%}$$

Gabarito: D.

34. (FCC – TRF-3/Analista Judiciário/2014) Um investidor aplicou, durante um período, R$28.000,00 e resgatou no final do prazo de aplicação todo o montante no valor de R$31.015,60. Sabendo-se que a taxa real de juros desta aplicação foi igual a 6,00%, a taxa de inflação no período correspondente foi, em %, igual a

a) 5,00. b) 4,50. c) 4,77. d) 5,55. e) 5,25.

RESOLUÇÃO:

A taxa aparente do investimento pode ser obtida fazendo-se:

$$i_{aparente} = \frac{31.015{,}60 - 28.000}{28.000} = 10{,}77\%$$

Sabemos ainda que:

$$(1 + i_{aparente}) = (1 + i_{inflação}).(1 + i_{real})$$

$$(1 + 0{,}1077) = (1 + i_{inflação}).(1 + 0{,}06)$$

$$1 + i_{inflação} = \frac{1{,}1077}{1{,}06} = 1{,}045$$

$$\boldsymbol{i_{inflação} = 4,5\%}$$

Gabarito: B.

35. (FCC – Metrô-SP/Analista Desenvolvimento/2014) Se um determinado país possui deflação de 3% ao ano e sua taxa de juros nominal é de 2% ao ano, é correto afirmar que a

a) taxa de juros real é positiva.

b) taxa de juros real é negativa.

c) deflação deverá ser sempre maior.

d) deflação deverá ser sempre menor.

e) taxa efetiva de juros será igual a zero.

RESOLUÇÃO:

Temos que:

$$(1 + i_{aparente}) = (1 + i_{inflação}).(1 + i_{real})$$

$$(1 + 0{,}02) = (1 - 0{,}03).(1 + i_{real})$$

$$1 + i_{real} = \frac{1{,}02}{0{,}97} = 1{,}0515$$

$$i_{real} = 5{,}15\%$$

Gabarito: A.

36. (FCC – Metrô-SP/Analista Desenvolvimento/2014) Um investidor no mercado financeiro verifica que, em determinado ano no qual a taxa de inflação foi igual a 5,5%, ele obteve a taxa real de juros de 1,0% em uma aplicação. Se este investidor aplicou no início do ano em questão R$22.000,00, então no final do mesmo ano o valor do montante da aplicação foi igual a, em R$

a) 23.442,10. b) 23.265,50. c) 22.990,00. d) 23.430,00. e) 23.320,00.

RESOLUÇÃO:

Temos que:

$$(1 + i_{aparente}) = (1 + i_{inflação}).(1 + i_{real})$$

$$(1 + i_{aparente}) = (1 + 0{,}055).(1 + 0{,}01)$$

$$1 + i_{aparente} = 1{,}055.1{,}01 = 1{,}06555$$

$$i_{aparente} = 6{,}555\%$$

Aplicando essa taxa sobre o capital de 22.000, temos um montante igual a:

$$M = 22.000.(1 + 0{,}06555) = \mathbf{23.442{,}10}$$

Gabarito: A.

37. (FCC – TRT-13/Analista Judiciário/2014) A taxa de juros aparente, que corresponde a uma taxa real de 0,60% em um determinado período e a uma inflação de 15,00% neste mesmo período é, em %, de

a) 15,60. b) 21,00. c) 14,40. d) 15,69. e) 9,00.

RESOLUÇÃO:

Temos que:

$$(1 + i_{aparente}) = (1 + i_{inflação}).(1 + i_{real})$$

$$(1 + i_{aparente}) = (1 + 0{,}15).(1 + 0{,}006)$$

$$1 + i_{aparente} = 1{,}15.1{,}006 = 1{,}1569$$

$$\mathbf{i_{aparente} = 15{,}69\%}$$

Gabarito: D.

38. (FCC – SEFAZ-PI/Analista do Tesouro Estadual - 2015) Suponha que a taxa de inflação apresentada em um determinado período foi de 5%. Se uma pessoa investiu R$25.000,00 no início deste período e resgatou no respectivo final todo o correspondente montante no valor de R$26.827,50, significa que a taxa real de juros obtida por esta pessoa no período foi de

a) 2,00% b) 2,20% c) 2,31% d) 2,57% e) 2,75%

RESOLUÇÃO:

A taxa aparente pode ser calculada como:

$$i_{aparente} = \frac{26.827{,}50 - 25.000}{25.000} = 7{,}31\%$$

Por fim, podemos achar a taxa real fazendo:

$$(1 + i_{aparente}) = (1 + i_{inflação}).(1 + i_{real})$$

$$(1 + 0{,}0731) = (1 + 0{,}05).(1 + i_{real})$$

$$1 + i_{real} = \frac{1{,}0731}{1{,}05} = 1{,}022$$

$$\mathbf{i_{real} = 2{,}2\%}$$

Gabarito: B.

39. (FCC – SEFAZ-PI/Auditor Fiscal da Fazenda Estadual - 2015) Um investidor aplicou um capital de R$10.000,00 e resgatou o total de R$13.600,00 ao fim de 1 semestre. Se, nesse período, a taxa real de juros foi de 32%, então, dos valores seguintes, o que mais se aproxima da taxa de inflação do período é

a) 3% b) 2,5% c) 4,5% d) 4% e) 3,5%

RESOLUÇÃO:

A taxa aparente pode ser calculada como:

$$i_{aparente} = \frac{13.600 - 10.000}{10.000} = 36\%$$

Por fim, podemos achar a taxa de inflação fazendo:

$$(1 + i_{aparente}) = (1 + i_{inflação}).(1 + i_{real})$$

$$(1 + 0{,}36) = (1 + i_{inflação}).(1 + 0{,}32)$$

$$1 + i_{inflação} = \frac{1{,}36}{1{,}32} = 1{,}03$$

$$\boldsymbol{i_{inflação} = 3\%}$$

Gabarito: A.

40. (FCC – INFRAERO/Contador - 2009) Um capital de valor igual a R$10.000,00 é aplicado durante um ano apresentando, no final, um montante igual a R$11.275,00. Se a taxa real de juros correspondente a esta aplicação foi de 10%, tem-se que a inflação no período considerado foi de

a) 1,75% b) 2,00% c) 2,25% d) 2,50% e) 2,75%

RESOLUÇÃO:

A taxa aparente da aplicação pode, então, ser obtida por:

$$i_{aparente} = \frac{11.275 - 10.000}{10.000} = 12{,}75\%$$

Por fim, podemos achar a taxa de inflação fazendo:

$$(1 + i_{aparente}) = (1 + i_{inflação}).(1 + i_{real})$$

$$(1 + 0{,}1275) = (1 + i_{inflação}).(1 + 0{,}10)$$

$$1 + i_{real} = \frac{1{,}1275}{1{,}10} = 1{,}025$$

$$i_{real} = 2{,}5\%$$

Gabarito: D.

41. (CESPE – TCE-SC/AFCE - 2016) Um investidor do mercado imobiliário comprou um terreno por R$40.000 e, após dois anos, vendeu-o por R$62.400. A taxa de inflação acumulada durante esses dois anos foi de 20%. Nessa situação, a rentabilidade real desse investimento foi superior a 32% no biênio.

RESOLUÇÃO:

A taxa aparente de juros pode ser obtida fazendo-se:

$$i_{aparente} = \frac{62.400 - 40.000}{40.000} = 56\%\ ao\ biênio$$

Podemos achar a taxa real fazendo:

$$(1 + i_{aparente}) = (1 + i_{inflação}).(1 + i_{real})$$

$$(1 + 0{,}56) = (1 + 0{,}20).(1 + i_{real})$$

$$1 + i_{real} = \frac{1{,}56}{1{,}20} = 1{,}3$$

$$\boldsymbol{i_{real} = 30\%\ ao\ biênio < 32\%}$$

Gabarito: Errado.

42. (CESPE – FHS-SE/Analista - 2009) Caso a taxa básica de juros seja de 11,28%, quando a inflação projetada para o período for de 4,0%, a taxa real de juros estará em 7%.

RESOLUÇÃO:

Sabemos que:

$$(1 + i_{aparente}) = (1 + i_{inflação}).(1 + i_{real})$$

A taxa aparente é igual a 11,28% (taxa básica) e a inflação projetada, 4%, logo:

$$(1 + 0{,}1128) = (1 + 0{,}04).(1 + i_{real})$$

$$1 + i_{real} = \frac{1{,}1128}{1{,}04} = 1{,}07$$

$$i_{real} = 7\%$$

Gabarito: Certo.

43. (CESPE – ANTAQ/Analista - 2009) De acordo com o Instituto Brasileiro de Geografia e Estatística, a inflação medida pelo índice de preços ao consumidor amplo fechou 2008 com alta de 5,9%. Se, ao final desse ano, as empresas de transporte hidroviário tivessem reajustado seus preços em 10%, na média, poder-se-ia dizer que o setor obteve, no período, um ganho real inferior a 4%.

RESOLUÇÃO:

Temos que:

$$(1 + i_{aparente}) = (1 + i_{inflação}).(1 + i_{real})$$

$$(1 + 0{,}10) = (1 + 0{,}059).(1 + i_{real})$$

$$1 + i_{real} = \frac{1{,}10}{1{,}059} = 1{,}0387$$

$$i_{real} = 3{,}87\% < 4\%$$

Gabarito: Certo.

44. (CESPE – TRT-17/Analista Judiciário - 2009) Considerando que “ seja a taxa percentual de aumento sobre o preço original de um produto que foi submetido a um aumento de 30% seguido de um desconto de 20%; e que β seja a taxa percentual mensal de ganho real de uma aplicação financeira com rentabilidade de 30% ao mês, na hipótese de uma inflação de 25% ao mês, é correto afirmar que “ é diferente de β.

RESOLUÇÃO:

Temos que:

$$(1 + ") = (1 + 30\%).(1 - 20\%) = 1{,}04$$

$$" = 4\%$$

Além disso,

$$(1 + i_{aparente}) = (1 + i_{inflação}).(1 + i_{real})$$

$$(1 + 30\%) = (1 + 25\%).(1 + \beta)$$

$$1 + \beta = \frac{1{,}30}{1{,}25} = 1{,}04$$

$$\beta = 4\% = "$$

Gabarito: Errado.

45. (CESPE – TCU/Analista de Controle Externo - 2009) Em 3/7/2006, a dívida da empresa Alfa com a companhia de águas e esgotos de certo município, que era de R$4.000,00, foi congelada por força de decisão judicial. Em 3/7/2009, foi decidido que a empresa Alfa deveria pagar a dívida, sendo que, no período em que a dívida ficou congelada, foi apurada uma taxa de inflação de 25%. Para o cálculo do valor atual da dívida, além da taxa de inflação do período, a companhia de águas e esgotos foi autorizada a cobrar uma taxa real de juros.

Se a taxa real de juros cobrada pela companhia de águas e esgotos no ato do pagamento da dívida, referente a todo o período em que a dívida ficou congelada, for de 20%, o valor atual da dívida será inferior a R$6.100,00.

RESOLUÇÃO:

Temos que:

$$(1 + i_{aparente}) = (1 + i_{inflação}).(1 + i_{real})$$

$$(1 + i_{aparente}) = (1 + 0{,}25).(1 + 0{,}20)$$

$$1 + i_{aparente} = 1{,}25 \times 1{,}20 = 1{,}50$$

$$i_{aparente} = 50\%$$

O valor atualizado da dívida será de:

$$4.000.(1 + 50\%) = \mathbf{6.000 < 6.100}$$

Gabarito: Certo.

46. (CESPE – STM/Analista Judiciário - 2011) Em economia, juro é a remuneração paga pelo tomador de um empréstimo junto ao detentor do capital emprestado pelo seu uso. O valor do juro é função crescente do tempo e do volume de capital em negociação, sendo a proporcionalidade direta a relação de uso mais comum entre essas grandezas. A constante de proporcionalidade, conhecida como taxa de juros, é influenciada por fatores como: inflação, inadimplência e o custo de oportunidade. A taxa de juros i que o tomador do empréstimo deve estar disposto a pagar em um período deve satisfazer à inequação:

$$i \geq \frac{(1+a)(1+c)}{1-b} - 1$$

em que a é a taxa de inflação, b é a taxa de inadimplência e c é o custo de oportunidade, por unidade de tempo, todos expressos em sua forma unitária.

Se, no empréstimo de um capital por determinado período de tempo, o risco de o detentor do capital não receber o dinheiro de volta for nulo e se a inflação nesse período também for nula, então a taxa mínima que o tomador pagará pelo empréstimo corresponde exatamente ao custo de oportunidade para o detentor do capital.

RESOLUÇÃO:

Se o risco de inadimplência é nulo, então b = 0. Se a inflação é nula, então a = 0. Logo,

$$i \geq \frac{(1+0).(1+c)}{1-0} - 1$$

$$i \geq 1 + c - 1$$

$$i \geq c$$

Gabarito: Certo.

47. (CESPE – STM/Analista Judiciário - 2011) Em economia, juro é a remuneração paga pelo tomador de um empréstimo junto ao detentor do capital emprestado pelo seu uso. O valor do juro é função crescente do tempo e do volume de capital em negociação, sendo a proporcionalidade direta a relação de uso mais comum entre essas grandezas. A constante de proporcionalidade, conhecida como taxa de juros, é influenciada por fatores como: inflação, inadimplência e o custo de oportunidade. A taxa de juros i que o tomador do empréstimo deve estar disposto a pagar em um período deve satisfazer à inequação:

$$i \geq \frac{(1+a)(1+c)}{1 - b} - 1$$

em que a é a taxa de inflação, b é a taxa de inadimplência e c é o custo de oportunidade, por unidade de tempo, todos expressos em sua forma unitária.

Se, em determinado período, a taxa de juros paga no mercado pelos tomadores de empréstimo foi igual a 10% e a taxa de inflação e a taxa de inadimplência foram de 1% e 3%, respectivamente, então, nesse período, o custo de oportunidade era superior a 6%.

RESOLUÇÃO:

Temos i = 10%, a = 1% e b = 3%. Logo,

$$0{,}10 \geq \frac{(1+1\%).(1+c)}{1-3\%} - 1$$

$$0{,}10 + 1 \geq \frac{1{,}01.(1+c)}{0{,}97}$$

$$1 + c \leq \frac{1{,}10 \times 0{,}97}{1{,}01}$$

$$1 + c \leq 1{,}0564$$

$$c \leq 5{,}64\%$$

Gabarito: Errado.

48. (CESPE – SERPRO/Analista/2013) João e Maria, com o objeto de constituir, em sociedade, uma microempresa, acordaram em depositar anualmente, cada um, R$20.000,00 em uma conta remunerada que paga 10% de juros compostos semestralmente. João deveria depositar sua parte sempre no início do mês de janeiro e Maria, seis meses depois.

Se a taxa de inflação nos primeiros seis meses após o primeiro depósito de João for de 2%, então, nesse período, a taxa real que remunera a conta na qual João e Maria fazem seus depósitos será de 8%.

RESOLUÇÃO:

Temos que:

$$(1 + i_{aparente}) = (1 + i_{inflação}).(1 + i_{real})$$

$$(1 + 0{,}10) = (1 + 0{,}02).(1 + i_{real})$$

$$1 + i_{real} = \frac{1{,}10}{1{,}02} = 1{,}078$$

$$i_{real} = \mathbf{7{,}8\% < 8\%}$$

Gabarito: Errado.

49. (CESPE – SERPRO/Técnico/2013) O índice de inflação avalia a variação percentual nos preços de produtos e serviços. Se esse índice for igual a zero, diz-se que houve estabilidade nos preços; se for negativo, houve deflação. De acordo com dados do governo federal, os índices de inflação, no Brasil, para os meses de janeiro e fevereiro de 2013, foram, respectivamente, iguais a 0,86% e 0,6%.

Se previsões de economistas brasileiros indicavam que o índice de inflação de fevereiro seria, no mínimo, igual a 70% do índice de inflação de janeiro, é correto afirmar que as previsões desses economistas se confirmaram.

RESOLUÇÃO:

Relativamente ao mês de janeiro, o mês de fevereiro foi de:

$$\frac{0{,}6}{0{,}86} = \mathbf{69{,}79\% < 70\%}$$

Logo, os economistas estavam errados.

Gabarito: Errado.

50. (CESPE – SERPRO/Técnico/2013) O índice de inflação avalia a variação percentual nos preços de produtos e serviços. Se esse índice for igual a zero, diz-se que houve estabilidade nos preços; se for negativo, houve deflação. De acordo com dados do governo federal, os índices de inflação, no Brasil, para os meses de janeiro e fevereiro de 2013, foram, respectivamente, iguais a 0,86% e 0,6%.

Considerando que o preço de determinado produto seja reajustado, no início de cada mês, pelo índice de inflação do mês anterior e que esse produto custava R$50.000,00 no início de janeiro de 2013, então, no início de março de 2013 o preço desse mesmo produto era superior a R$50.730,00.

RESOLUÇÃO:

No início de março, o preço do produto iria sofrer os reajustes de janeiro e fevereiro, ficando:

$$50.000.(1 + 0,86\%).(1 + 0,6\%) = \mathbf{50.732,58 > 50.730}$$

Gabarito: Certo.

51. (CESPE – SERPRO/Técnico/2013) O índice de inflação avalia a variação percentual nos preços de produtos e serviços. Se esse índice for igual a zero, diz-se que houve estabilidade nos preços; se for negativo, houve deflação. De acordo com dados do governo federal, os índices de inflação, no Brasil, para os meses de janeiro e fevereiro de 2013, foram, respectivamente, iguais a 0,86% e 0,6%.

Se, nos meses seguintes a fevereiro, o comportamento de queda dos índices de inflação foi idêntico ao verificado entre janeiro e fevereiro, haverá deflação apenas a partir de junho de 2013.

RESOLUÇÃO:

De janeiro para fevereiro houve uma queda de 0,86 – 0,60 = 0,26 pontos percentuais. Continuando esse padrão, teremos:

Março: 0,60 – 0,26 = 0,34

Abril: 0,34 – 0,26 = 0,08

Maio: 0,08 – 0,26 = **-0,18**

Assim, a partir de maio já teríamos **deflação.**

Gabarito: Errado.

52. (CESPE - SEFAZ-ES/ Auditor Fiscal - 2013) A SELIC, um índice que baliza as taxas de juros cobradas pelo mercado no Brasil, é a taxa básica utilizada como referência pela política monetária e usada pelo governo como remuneração em diversos títulos públicos ofertados aos investidores. No cálculo do valor real da remuneração, é necessário avaliar também a inflação do período, entendida como a queda do valor de mercado ou do poder de compra do dinheiro. Em uma análise simples, é comum fazer, então, a diferença entre a taxa SELIC x e a taxa de inflação y para se obter uma aproximação da taxa de remuneração real do investidor: x- y = taxa aproximada de remuneração do investidor. A taxa correta de remuneração, entretanto, é dada pela fórmula , em que X e Y são os valores de x e y expressos na forma unitária, isto é, X = x/100 e Y = y/100. Nesse contexto, se a taxa SELIC for de 10,25% ao ano e se a inflação do período for de 5,5%, a diferença entre a taxa aproximada e a real de remuneração será.

a) superior a 0,3% e inferior a 0,4%.

b) superior a 0,4% e inferior a 0,5%.

c) superior a 0,5% e inferior a 0,6%.

d) superior a 0,6%

e) inferior a 0,3%

RESOLUÇÃO:

A taxa aproximada será dada por:

$$i_{aproximada} = i_{selic} - i_{inflação}$$

$$i_{aproximada} = 10{,}25\% - 5{,}5\% = 4{,}75\%$$

A taxa real será dada por:

$$i_{real} = \frac{1 + i_{selic}}{1 + i_{inflação}} - 1$$

$$i_{aproximada} = \frac{1 + 0{,}1025}{1 + 0{,}055} - 1 = 4{,}5\%$$

A diferença entre as duas será dada por:

$$i_{aproximada} - i_{real} = 4{,}75\% - 4{,}5\% = \mathbf{0{,}25\%}$$

Gabarito: E.

53. (CESPE – FUNASA/2013) Para pagar uma obra em 20 prestações iguais, mensais e consecutivas de R$30.000,00, um condomínio fixou a taxa extra de R$50,00 mensais para cada uma de suas 800 unidades. Com base nessas informações, julgue o item a seguir.

Se às parcelas das taxas extras forem aplicadas a taxa de juros compostos de 5% ao mês e se a inflação em determinado mês for de 2%, então, nesse mês, o valor do juro real relativo à prestação de uma unidade será inferior a R$1,50.

RESOLUÇÃO:

Temos que:

$$(1 + i_{aparente}) = (1 + i_{inflação}).(1 + i_{real})$$

$$(1 + 0{,}05) = (1 + 0{,}02).(1 + i_{real})$$

$$1 + i_{real} = \frac{1{,}05}{1{,}02} = 1{,}0294$$

$$i_{real} = 2{,}94\%$$

Aplicando essa taxa real sobre a prestação de 50 reais, temos um juro real de:

2,94% × 50 = **1,47 < 1,50**

Gabarito: Certo.

54. (CESPE – Polícia Federal/Contador - 2014) Considerando que uma pessoa tenha aplicado um capital pelo período de 10 anos e que, ao final do período, ela tenha obtido o montante de R$20.000,00, julgue o item a seguir.

Se o montante for depositado, por um mês, em uma conta que remunera os valores depositados à taxa de juros compostos de 3% ao mês e se a inflação nesse mês for de 1%, então o ganho real nesse mês será superior a R$400,00.

RESOLUÇÃO:

Temos que:

$$(1 + i_{aparente}) = (1 + i_{inflação}).(1 + i_{real})$$

$$(1 + 0{,}03) = (1 + 0{,}01).(1 + i_{real})$$

$$1 + i_{real} = \frac{1{,}03}{1{,}01} = 1{,}0198$$

$$i_{real} = 1{,}98\%$$

Assim, o ganho real nesse mês será de:

1,98% × 20.000 = **396 < 400**

Gabarito: Errado.

55. (CESPE – MTPS/Contador - 2014) Paulo recebeu R$40.000,00 correspondentes à sua parte em uma herança e aplicou esse valor por um ano à taxa de juros de 26% ao ano. Considerando que a taxa de inflação no período da aplicação tenha sido de 20%, julgue o item que se segue.

Na aplicação, o ganho real de Paulo foi superior a R$2.200,00.

RESOLUÇÃO:

Temos que:

$$(1 + i_{aparente}) = (1 + i_{inflação}).(1 + i_{real})$$

$$(1 + 0{,}26) = (1 + 0{,}20).(1 + i_{real})$$

$$1 + i_{real} = \frac{1{,}26}{1{,}20} = 1{,}05$$

$$i_{real} = 5\%$$

Assim, o ganho real nesse mês será de:

5% × 40.000 = 2.000 < 2.200

Gabarito: Errado.

56. (CESPE – Câmara dos Deputados/Analista Legislativo – 2014)

ano	variação percentual				
	INPC	PIB	salário mínimo (SM)	TJLP	SELIC
2010	6,47	7,53	—	—	—
2011	6,08	2,73	—	—	—
2012	6,20	1,03	14,07	—	—
2013	5,56	2,28	9,10	5,00	8,00

O Fundo de Amparo ao Trabalhador (FAT) é um fundo contábil-financeiro destinado ao custeio do programa do seguro-desemprego e do abono salarial e ao financiamento de programas de desenvolvimento econômico. Entre esses programas, incluem-se as linhas de financiamentos a micro, pequenas e médias empresas, realizados com recursos dos chamados depósitos especiais, que o fundo faz nas instituições financeiras oficiais federais (IFOFs).

Com base nas informações do texto e da tabela acima apresentados e considerando que 1,244, 1,121, 1,006 e 1,018 sejam, respectivamente, os valores aproximados de 1,1407 × 1,091, 1,062 × 1,0556, $1{,}08^{1/12}$, e $1{,}006^3$, julgue o próximo item.

Um dos fatores do crescimento significativo da despesa com seguro-desemprego no passado recente é que o valor do benefício foi reajustado anualmente pela regra de reajuste do salário mínimo — (1 + SMt)=(1 + PIB_{t-2}) (1 + $INPC_{t-1}$) —, que agrega a variação do PIB de dois anos anteriores (PIBt-2) à inflação do ano anterior, medida pelo INPC ($INPC_{t-1}$). Se, nos últimos dois anos, o índice de reajuste anual do seguro-desemprego considerasse apenas a variação do INPC do ano anterior, então esse índice de reajuste, no período, seria mais da metade daquele que foi realmente aplicado.

RESOLUÇÃO:

O reajuste efetivamente aplicado foi de:

$$(1 + i_{aplicado}) = (1 + 14{,}07\%).(1 + 9{,}10\%)$$

$$1 + i_{aplicado} = 1{,}1407.1{,}0910 = 1{,}2445$$

$$i_{aplicado} = 24{,}45\%$$

O reajuste somente pelo INPC seria dado por:

$$(1 + i_{inpc}) = (1 + 6{,}08\%).(1 + 6{,}20\%)$$

$$1 + i_{inpc} = 1{,}0608 \,.\, 1{,}0620 = 1{,}1266$$

$$\mathbf{i_{inpc} = 12{,}66\% > \frac{24{,}45\%}{2} = 12{,}225\%}$$

Gabarito: Certo.

57. (CESPE – TJ-SE/Analista Judiciário - 2014) Um comerciante no interior do país manteve uma política de congelamento dos preços de seus produtos nos últimos dois anos. Seu intuito era aumentar a clientela, já que seus concorrentes aumentavam significativamente os preços de quase todos os produtos. Curiosamente, houve, para esse comerciante, uma diminuição do lucro, acompanhada por consequente perda de poder aquisitivo.

Se, depois de formada a sua clientela, o comerciante corrigir o valor de um de seus itens de estoque, cujo preço inicial era R$30,00, de acordo com a inflação mensal de 6%, durante três meses consecutivos, então o produto, ao final do terceiro mês, custará aos clientes do comerciante mais de R$35,00.

RESOLUÇÃO:

O preço corrigido será dado por:

$$30.(1 + 6\%)^3 = 35{,}73 > 35$$

Gabarito: Certo.

58. (CESPE – TJ-SE/Analista Judiciário/2014) Um comerciante no interior do país manteve uma política de congelamento dos preços de seus produtos nos últimos dois anos. Seu intuito era aumentar a clientela, já que seus concorrentes aumentavam significativamente os preços de quase todos os produtos. Curiosamente, houve, para esse comerciante, uma diminuição do lucro, acompanhada por consequente perda de poder aquisitivo.

Com base nessa situação hipotética, julgue o item a seguir.

Suponha que o comerciante, que fazia retiradas mensais de R$1.500,00 para seu sustento, tenha passado a retirar, mensalmente, R$2.000,00 e que a inflação seja de 12% ao mês. Nesse caso, a taxa real de aumento da retirada será inferior a 15%.

RESOLUÇÃO:

A taxa aparente pode ser calculada por:

$$i_{aparente} = \frac{2.000 - 1.500}{1.500} = 33{,}3\%$$

Temos que:

$$(1 + i_{aparente}) = (1 + i_{inflação}).(1 + i_{real})$$

$$(1 + 0{,}333) = (1 + 0{,}12).(1 + i_{real})$$

$$1 + i_{real} = \frac{1{,}333}{1{,}12} = 1{,}1902$$

$$\boldsymbol{i_{real} = 19{,}02\% > 15\%}$$

Gabarito: Errado.

59. (CESPE – TJ-SE/Analista Judiciário/2014) Considerando que um empresário tenha tomado empréstimo no valor de R$30.000,00 para custear reformas em seu estabelecimento comercial, julgue os itens que se seguem a respeito de taxa de juros efetiva.

Considere que o empresário invista todo o valor do empréstimo, durante três meses, em uma aplicação que, além de remunerar à taxa de juros compostos líquidos de 2% ao mês, corrige o montante, mês a mês, pela inflação mensal, que se manteve constante e igual a 5,5% ao mês. Em face dessa situação, considerando-se 1,06 e 1,17 como valores aproximados para $1{,}02^3$ e $1{,}055^3$, respectivamente, é correto afirmar que o montante do investimento ao final do período foi superior a R$36.000,00.

⌛ RESOLUÇÃO:

Temos que:

$$(1 + i_{pós}) = (1 + i_{inflação}).(1 + i_{juros})$$

Como as taxas de juros e da inflação são mensais, em 3 meses, teremos:

$$(1 + i_{pós}) = (1 + 0{,}055)^3.(1 + 0{,}02)^3$$

$$1 + i_{pós} = 1{,}06.1{,}17 = 1{,}2402$$

$$i_{pós} = 24{,}02\%$$

O montante será dado por:

$$M = 30.000.(1 + 24{,}02\%) = \mathbf{37.206 > 36.000}$$

Gabarito: Certo.

60. (CESPE – STF/Analista Judiciário/2008) Considere que R$4.000,00 sejam investidos em uma instituição financeira, por determinado período, no qual a taxa de inflação seja de 25%. Em face dessas considerações, julgue os itens a seguir.

Se a instituição financeira pagar juros reais de 30% no período considerado, então o montante, ao final desse período, será inferior a R$6.400,00.

⌛ RESOLUÇÃO:

Temos que:

$$(1 + i_{aparente}) = (1 + i_{inflação}).(1 + i_{real})$$

$$(1 + i_{aparente}) = (1 + 0{,}25).(1 + 0{,}30)$$

$$1 + i_{aparente} = 1{,}25.1{,}30 = 1{,}625$$

$$i_{aparente} = 62{,}5\%$$

Assim, o montante a ser resgatado será de:

$$M = 4.000.(1 + 62{,}5\%) = \mathbf{6.500 > 6.400}$$

Gabarito: Errado.

61. (CESPE – STF/Analista Judiciário/2008) Considere que R$4.000,00 sejam investidos em uma instituição financeira, por determinado período, no qual a taxa de inflação seja de 25%. Em face dessas considerações, julgue os itens a seguir.

Se o montante obtido com esse investimento, ao final do período, for de R$6.000,00, então a instituição financeira pagará, nesse período, juros reais superiores a 24%.

RESOLUÇÃO:

A taxa aparente pode ser calculada como:

$$4.000.\,(1 + i_{aparente}) = 6.000$$

$$1 + i_{aparente} = \frac{6.000}{4.000} = 1{,}5$$

$$i_{aparente} = 50\%$$

Por fim, podemos achar a taxa real fazendo:

$$(1 + i_{aparente}) = (1 + i_{inflação})\,.\,(1 + i_{real})$$

$$(1 + 0{,}50) = (1 + 0{,}25).\,(1 + i_{real})$$

$$1 + i_{real} = \frac{1{,}50}{1{,}25} = 1{,}2$$

$$\boldsymbol{i_{real} = 20\% < 24\%}$$

Gabarito: Errado.

62. (CESPE – TCU/Auditor Federal de Controle Externo - 2015) Recentemente, a empresa Fast Brick Robotics mostrou ao mundo um robô, conhecido como Hadrian 105, capaz de construir casas em tempo recorde. Ele consegue trabalhar algo em torno de 20 vezes mais rápido que um ser humano, sendo capaz de construir até 150 casas por ano, segundo informações da empresa que o fabrica.

Internet:<www.fastbrickrobotics.net> (com adaptações).

Situação hipotética: Um investidor pretende adquirir um dos imóveis da empresa Fast Brick por R$75.000,00 à vista e vendê-lo, após quatro anos, por R$120.000,00.

Assertiva: Nesse caso, se a inflação acumulada no período for de 20%, a rentabilidade real do investidor, no período de quatro anos, será superior a 35%.

RESOLUÇÃO:

A taxa aparente pode ser calculada como:

$$i_{aparente} = \frac{120.000 - 75.000}{75.000} = 60\%$$

Por fim, podemos achar a taxa real fazendo:

$$(1 + i_{aparente}) = (1 + i_{inflação}).(1 + i_{real})$$

$$(1 + 0{,}60) = (1 + 0{,}20).(1 + i_{real})$$

$$1 + i_{real} = \frac{1{,}60}{1{,}20} = 1{,}333$$

$$\boldsymbol{i_{real} = 33{,}3\% < 35\%}$$

Gabarito: Errado.

63. (CESPE – SEFAZ-AC/Auditor Fiscal - 2009) Se, para uma aplicação de um ano, um fundo de investimentos oferecer a taxa de remuneração de 12,35%, e a taxa de inflação nesse período for de 5%, então a taxa real de ganho desse fundo no período será igual a

a) 1,07%. b) 7%. c) 7,35%. d) 17,35%.

RESOLUÇÃO:

Temos que:

$$(1 + i_{aparente}) = (1 + i_{inflação}).(1 + i_{real})$$

$$(1 + 0{,}1235) = (1 + 0{,}05).(1 + i_{real})$$

$$1 + i_{real} = \frac{1{,}1235}{1{,}05} = 1{,}07$$

$$\boldsymbol{i_{real} = 7\%}$$

Gabarito: B.

64. (CESPE – TRE-BA/Analista Judiciário/2009) Em um ano em que a taxa de inflação foi de 6,2% ao ano, para ganhar 11% de juros reais, uma financeira deve cobrar a taxa nominal anual de 17,2% ao ano.

RESOLUÇÃO:

Temos que:

$$(1 + i_{aparente}) = (1 + i_{inflação}).(1 + i_{real})$$

$$(1 + i_{aparente}) = (1 + 0{,}062).(1 + 0{,}11)$$

$$1 + i_{aparente} = 1{,}17882$$

$$\boldsymbol{i_{aparente} = 17{,}882\% \neq 17{,}2\%}$$

Gabarito: Errado.

65. (FGV – SEFAZ-RJ/Fiscal de Rendas - 2009) Para um financiamento no valor de R$1000,00, a ser pago ao final de um ano, a taxa de juros real a ser cobrada é igual a 10%, enquanto a taxa de inflação, para esse mesmo período, é de 5%. A taxa aparente anual para esse financiamento será de:

a) 50%. b) 20%. c) 15,5% d) 10%. e) 5%.

RESOLUÇÃO:

Temos que:

$$(1 + i_{aparente}) = (1 + i_{inflação}).(1 + i_{real})$$

$$(1 + i_{aparente}) = (1 + 0{,}05).(1 + 0{,}10)$$

$$1 + i_{aparente} = 1{,}05 \times 1{,}10 = 1{,}155$$

$$\boldsymbol{i_{aparente} = 15{,}5\%}$$

Gabarito: C.

66. (FGV – DETRAN-RN/Assessor Técnico-Economia - 2010) A taxa de juros real exata entre julho de 2008 a janeiro de 2009, sabendo-se que, no respectivo período, a taxa de juros nominais foi de 4% para uma inflação de 1,8%, é:

a) 3,12% b) 2,20% c) 1,82% d) 3,06% e) 2,16%

RESOLUÇÃO:

Nessa questão, está sendo usada a nomenclatura de juros nominais como sinônimo de juros aparentes, logo:

$$\left(1 + i_{aparente}\right) = \left(1 + i_{inflação}\right).(1 + i_{real})$$

$$(1 + 0{,}04) = (1 - 0{,}018).(1 + i_{real})$$

$$1 + i_{real} = \frac{1{,}04}{1{,}018} = 1{,}0216$$

$$i_{real} = \mathbf{2{,}16\%}$$

Gabarito: E.

67. (FUNIVERSA – SEJUS-DF/Especialista - 2010) Um empresário tem R$20.000 e três opções para comprar um determinado equipamento, conforme a seguir:

I Pagar à vista o valor de R$20.000 e receber o equipamento.

II Aplicar o dinheiro em uma oportunidade de investimento que remunera a 2% ao mês, em regime de juros compostos, por três meses.

III Aplicar o dinheiro na mesma oportunidade por doze meses. Por esse tempo, porém, a remuneração do capital é de 3% ao mês, em regime de juros compostos.

Dados: $(1{,}02)^3 = 1{,}06$ | $(1{,}02)^{12} = 1{,}27$ | $(1{,}03)^3 = 1{,}09$ | $(1{,}03)^{12} = 1{,}43$

Considere que a inflação para os próximos três meses será de 5% e para os próximos doze meses será de 45%. Do ponto de vista exclusivamente financeiro, assinale a alternativa que contém a(s) melhor(es) opção(ões) para a compra desse equipamento.

a) A I e a II são equivalentes e, juntas, as melhores opções.

b) A I e a III são equivalentes e, juntas, as melhores opções.

c) A I é a melhor opção.

d) A II é a melhor opção.

e) A III é a melhor opção.

RESOLUÇÃO:

Na alternativa II, podemos calcular a taxa de juros reais no próximo trimestre, da seguinte forma:

$$(1+0{,}02)^3 = (1+0{,}05).(1+i_{real})$$

$$1+i_{real} = \frac{1{,}06}{1{,}05} = 1{,}0095$$

$$i_{real} = 0{,}95\%\ a.t.$$

Como é uma taxa positiva, essa alternativa é superior à alternativa I, pois o empresário poderá comprar o equipamento e ainda usufruir de juros reais.

Na alternativa III, podemos calcular a taxa de juros real anual, fazendo:

$$(1+0{,}03)^{12} = (1+0{,}45).(1+i_{real})$$

$$1+i_{real} = \frac{1{,}43}{1{,}45} = 0{,}9862$$

$$\boldsymbol{i_{real} = -1{,}38\%\ a.a.}$$

Como encontramos uma taxa de juros negativa, essa é a pior situação, pois o empresário não terá dinheiro suficiente para comprar o equipamento ao final dos 12 meses.

Gabarito: D.

68. (CESGRANRIO – Petrobrás/Técnico de Contabilidade - 2011) Uma pessoa fez uma aplicação financeira em um banco, no valor de R$10.000,00, pelo prazo de três meses, pela qual receberá o equivalente à inflação do período mais juros de 1% ao mês. Se a inflação acumulada do período foi 3%, o montante a ser recebido no vencimento da aplicação, calculado de acordo com a metodologia de juros compostos, é

a) R$10.612,10 b) R$10.609,00 c) R$10.600,00 d) R$10.403,00 e) R$10.400,00

RESOLUÇÃO:

Temos que:

$$(1+i_{pós}) = (1+i_{inflação}).(1+i_{juros})$$

Como os juros dados são mensais e o prazo da aplicação é de 3 meses, temos:

$$(1+i_{pós}) = (1+0{,}03).(1+0{,}01)^3$$

$$1+i_{pós} = 1{,}06121$$

$$i_{pós} = 6{,}121\%$$

Como o valor do empréstimo era de 10.000 reais, temos que o valor final será dado por:

$$M = 10.000.(1 + 6{,}121\%) = \mathbf{10.612{,}10}\ \boldsymbol{reais}$$

Gabarito: A.

69. (CESGRANRIO – BNDES/2011) Esses dados permitem concluir que uma estimativa da taxa de inflação no país, entre 2005 e 2006, é, aproximadamente, de

a) 0% b) 2% c) 3% d) 4% e) 6%

RESOLUÇÃO:

A taxa aparente de crescimento do PIB pode ser obtida fazendo-se:

$$i_{aparente} = \frac{1.060 - 1.000}{1.000} = 6\%$$

Sabemos ainda que:

$$(1 + i_{aparente}) = (1 + i_{inflação}).(1 + i_{real})$$

$$(1 + 0{,}06) = (1 + i_{inflação}).(1 + 0{,}04)$$

$$1 + i_{inflação} = \frac{1{,}06}{1{,}04} = 1{,}019$$

$$\boldsymbol{i_{inflação} = 1{,}9\%}$$

Gabarito: B.

70. (CESGRANRIO – Liquigás/2012) Uma empresa aplicou um capital de R$100.000,00 pelo prazo de dois meses, ao final dos quais recebeu R$3.000,00 de juros. Considerando-se que a inflação acumulada no período foi de 2%, pelo método de cálculo de juros compostos, pode-se afirmar que a taxa de juros

a) real foi de 1% ao mês

b) real foi de 0,98% no período

c) nominal foi de 3% ao mês

d) nominal foi de 1% no período

e) nominal foi de 2% no período

RESOLUÇÃO:

A taxa aparente do investimento pode ser obtida fazendo-se:

$$i_{aparente} = \frac{3.000}{100.000} = 3\%\ a.b.$$

Sabemos ainda que:

$$(1 + i_{aparente}) = (1 + i_{inflação}).(1 + i_{real})$$

$$(1 + 0{,}03) = (1 + 0{,}02).(1 + i_{real})$$

$$1 + i_{real} = \frac{1{,}03}{1{,}02} = 1{,}0098$$

$$\boldsymbol{i_{real} = 0{,}98\%\ a.b.}$$

Gabarito: B.

71. (CESGRANRIO – EPE/Analista/2012) Em um ambiente econômico de inflação, os valores nominais incorporam variações devido ao aumento dos preços. Assim, com uma inflação de 10% ao mês, um resultado nominal positivo de 1.000 unidades monetárias (u.m.) obtido com a venda de um produto estocado há um mês, se fosse avaliado em termos reais,

a) seria negativo.

b) poderia ser negativo.

c) seria de 900 u.m.

d) dependeria da taxa de juros real.

e) seria positivo e inferior a 900 u.m.

RESOLUÇÃO:

O resultado nominal não depende da taxa de juros real. Ocorre exatamente o contrário. O resultado nominal é função dos negócios da empresa. O resultado real é função do resultado nominal e da inflação e pode ser negativo, se a inflação for superior ao resultado nominal.

Gabarito: B.

72. (CESGRANRIO – Innova/Administrador Júnior - 2012) Os índices de inflação percentuais mensais, medidos por instituto de pesquisa, no primeiro trimestre de um certo ano, foram, respectivamente: 0,25, -0,06 e 0,43.

Qual o valor aproximado, em reais, que corresponde ao mesmo poder de compra de R$100,00, no início desse ano?

a) 99,26 b) 99,38 c) 100,00 d) 100,62 e) 106,27

RESOLUÇÃO:

Podemos achar a inflação acumulada no período, fazendo:

$$(1 + i_{acumalada}) = (1 + 0{,}25\%).(1 - 0{,}06\%).(1 + 0{,}43\%)$$

$$1 + i_{acumulada} = 1{,}0025.0{,}9994.1{,}0043 = 1{,}0062$$

Um preço de 100 reais, após atualização monetária, passará a ser:

$$100.(1 + i_{acumulada}) = 100 \times 1{,}0062 = \mathbf{100{,}62}$$

Gabarito: D.

73. (CESGRANRIO – Innova/Técnico de Administração/2012) Os aluguéis são, geralmente, reajustados com base no Índice Geral de Preços de Mercado (IGP--M), medido pela FGV. Os índices (IGP-M) percentuais mensais do primeiro trimestre de 2012 foram, respectivamente: 0,25; -0,06 e 0,43. Se o valor do aluguel é atualizado trimestralmente, qual o reajuste aproximado, aplicado no 1o trimestre de 2012?

a) 1,0074% b) 1,0062% c) 0,7415% d) 0,6207% e) 0,0062%

RESOLUÇÃO:

Podemos achar a inflação acumulada no 1º trimestre, fazendo:

$$(1 + i_{acumalada}) = (1 + 0{,}25\%).(1 - 0{,}06\%).(1 + 0{,}43\%)$$

$$1 + i_{acumulada} = 1{,}0025.0{,}9994.1{,}0043 = 1{,}006207$$

$$i_{acumulada} = \mathbf{0{,}6207\%}$$

Gabarito: D.

74. (CESGRANRIO – BNDES/2013) Uma pessoa que vive de rendimentos do mercado financeiro aplicou todos os seus recursos, o que lhe rendeu um retorno nominal de 20% no ano. Considerando-se que a inflação da cesta básica foi de 6% nesse mesmo ano, quantas cestas básicas a mais, em termos percentuais, ela poderá comprar após o retorno da aplicação?

a) 12,8% b) 13,2% c) 14,0% d) 14,8% e) 15,0%

RESOLUÇÃO:

O que a questão nos pede é o rendimento real obtido pelo investidor. Assim, temos que:

$$(1 + i_{aparente}) = (1 + i_{inflação}).(1 + i_{real})$$

$$(1 + 0{,}20) = (1 + 0{,}06).(1 + i_{real})$$

$$1 + i_{real} = \frac{1{,}20}{1{,}06} = 1{,}132$$

$$\boldsymbol{i_{real} = 13{,}2\%}$$

Gabarito: B.

75. (CESGRANRIO – Banco da Amazônia/2015) Aplicaram-se R$2.000,00 em um fundo de investimento, por um ano, que rende à taxa bruta de 18% ao ano. O imposto de renda é de 22,5% sobre o ganho nominal. Em um ano em que a inflação foi de 7,5%, a taxa real de juros anual obtida nesse investimento foi de:

a) 5,5% b) 6,5% c) 5,0% d) 4,5% e) 6,0%

RESOLUÇÃO:

O investimento inicial de 2.000 reais gerou um montante, antes dos impostos, igual a:

$$2.000.(1 + 18\%) = 2.360$$

Sobre os 360 reais de ganho, incide uma taxa de imposto de 22,5%. Logo, o valor do imposto é dado por:

$$360 .0{,}225 = 81$$

O montante final, então, fica igual a:

$$2.360 - 81 = 2.279$$

A taxa aparente da aplicação pode, então, ser obtida por:

$$i_{aparente} = \frac{2.279 - 2.000}{2.000} = 13{,}95\%$$

Por fim, podemos achar a taxa real fazendo:

$$(1 + i_{aparente}) = (1 + i_{inflação}).(1 + i_{real})$$
$$(1 + 0{,}1395) = (1 + 0{,}075).(1 + i_{real})$$
$$1 + i_{real} = \frac{1{,}1395}{1{,}075} = 1{,}06$$
$$i_{real} = 6\%$$

Gabarito: E.

76. (CESGRANRIO - Petrobrás/Analista/2012) Aplicaram-se R$5.000,00 em um investimento que remunera, além da taxa de inflação, uma taxa real de juros de 6% ao ano, capitalizados mensalmente. Se, no primeiro mês, a inflação foi de 1%, o montante dessa aplicação, ao fim do primeiro mês, em reais, foi de:

a) 5.075,25 b) 5.100,30 c) 5.302,50 d) 5.350,00 e) 5.353,00

RESOLUÇÃO:

Uma taxa de 6% a.a. capitalizada mensalmente corresponde a uma taxa efetiva de 6/12 = 0,5% a.m. Assim, temos que:

$$(1 + i_{pós}) = (1 + i_{inflação}).(1 + i_{juros})$$
$$(1 + i_{pós}) = (1 + 0{,}01).(1 + 0{,}005)$$
$$1 + i_{pós} = 1{,}01505$$
$$i_{pós} = 1{,}505\%$$

Assim, o montante final será igual a:

$$M = 5.000.(1 + 1{,}505\%) = 5.075{,}25$$

Gabarito: A.

77. (CESGRANRIO – LIQUIGÁS/Profissional Júnior/2015) Um investimento em imóveis rende nominalmente 54,1% em 6 meses.

Dados

x	1,01	1,02	1,03	1,04	1,05	1,06
x^6	1,06	1,13	1,19	1,27	1,34	1,42

Se o investidor espera obter um ganho real de, no mínimo, 5% ao mês, qual deve ser o valor máximo da variação de preços no semestre?

a) 15% b) 20% c) 24% d) 30% e) 34%

RESOLUÇÃO:

Sabemos que:

$$1 + i_{aparente} = (1 + i_{inflação}).(1 + i_{real})$$

Como a taxa real dada é mensal e a taxa aparente é a acumulada de 6 meses, temos:

$$1 + 54{,}1\% = (1 + i_{inflação}).(1 + 5\%)^6$$

$$1 + i_{inflação} = \frac{1 + 54{,}1\%}{(1 + 5\%)^6} = \frac{1{,}541}{1{,}34}$$

$$1 + i_{inflação} = 1{,}15$$

$$\boldsymbol{i_{inflação} = 15\%}$$

Gabarito: A.

78. (Pref. Rio de Janeiro – TCM-RJ/Técnico de Controle Externo - 2011) Um valor de R$10.000,00, com data de referência de exatos dois anos atrás, deve ser atualizado monetariamente, com base na variação acumulada de um determinado índice inflacionário convencionado na operação, e acrescido de juros compostos calculados a uma taxa de juros de 10% a.a.. Admitindo-se que o referido índice tenha acumulado uma variação de 10% nos últimos dois anos, o montante atualizado acrescido de juros, na data de hoje, será igual a, em R$

a) 12.000,00 b) 12.100,00 c) 12.200,00 d) 13.000,00 e) 13.310,00

RESOLUÇÃO:

Temos:

$$(1 + i_{pós}) = (1 + i_{inflação}).(1 + i_{juros})$$

Como a taxa de juros está expressa ao ano, em 2 anos teremos:

$$(1 + i_{pós}) = (1 + 0,10).(1 + 0,10)^2 = 1,331$$

$$i_{pós} = 33,1\%$$

Como o valor do empréstimo era de 10.000 reais, temos que o valor final será dado por:

$$M = 10.000.(1 + 33,1\%) = \mathbf{13.310\ reais}$$

Gabarito: E.

79. (Pref. Rio de Janeiro – SMA-RJ/Agente de Fazenda - 2013) O preço de um determinado produto, após sofrer aumentos sucessivos em decorrência de um processo inflacionário, subiu 33,1%. Considerando-se que tal aumento se deu ao longo de três meses, a taxa média mensal da inflação, no referido período, foi de:

a) 1,10% b) 10,00% c) 11,00% d) 11,03%

RESOLUÇÃO:

A inflação média é calculada pela média geométrica:

$$1 + i_{média} = \sqrt[3]{(1 + i_1).(1 + i_2).(1 + i_3)}$$

$$1 + i_{média} = \sqrt[3]{1 + i_{acumulada}}$$

$$1 + i_{média} = \sqrt[3]{1 + 0,331} = \sqrt[3]{1,331} = 1,1$$

$$\mathbf{i_{média} = 10\%}$$

Dica: Em Matemática Financeira, são bem comuns os cálculos de $1,1^2$, que é igual a 1,21; e $1,1^3$, que corresponde a 1,331. Sugerimos decorar esses valores, se ainda não os tiver decorado de tanto encontrá-los nas questões.

Gabarito: B.

80. (CEPERJ – SEFAZ-RJ/Oficial de Fazenda - 2011) Um investidor comprou uma casa por $100.000,00 e a vendeu, um ano depois, por $150.000,00. Para que ele tenha uma rentabilidade real de 25% ao ano, a taxa de inflação vigente no período deve ser:

a) 20% a.a. b) 25% a.a. c) 30% a.a. d) 45% a.a. e) 55 % a.a.

RESOLUÇÃO:

A taxa aparente de juros pode ser obtida fazendo-se:

$$i_{aparente} = \frac{150.000 - 100.000}{100.000} = 50\%$$

Sabemos ainda que:

$$(1 + i_{aparente}) = (1 + i_{inflação}).(1 + i_{real})$$

$$(1 + 0{,}50) = (1 + i_{inflação}).(1 + 0{,}25)$$

$$1 + i_{inflação} = \frac{1{,}50}{1{,}25} = 1{,}20$$

$$i_{inflação} = \mathbf{20\%}$$

Gabarito: A.

81. (CEPERJ – SEFAZ-RJ/Analista/2013) Observe os dados abaixo e responda à questão:

Dados:
$i = (1{,}07)^{12} = 2{,}25219159$
$i = (1{,}07)^{24} = 5{,}07236695$
$i = (1{,}07)^{9} = 1{,}83845921$
$i = (1{,}05)^{12} = 1{,}795856$
$i = (1{,}21)^{0{,}5} = 1{,}1$
$i = (1{,}065)^{15} = 2{,}571841$
$i = (0{,}97)^{5} = 0{,}858734$
$\log(1{,}04) = 0{,}017033$
$\log 2 = 0{,}69314718$
$\log(1{,}02) = 0{,}01980263$
$\log(0{,}491933) = 0{,}308094$

Sabe-se que o preço à vista de um imóvel é R$78.000,00. Na hipótese de se oferecer uma entrada de 40%, o saldo restante após um semestre, sabe-se que a taxa de inflação projetada para um ano atinge 21%, o valor desse pagamento é equivalente a, em R$:

a) 51.500,00 b) 46.973,02 c) 51.480,00 d) 52.000,00 e) 21.200,00

RESOLUÇÃO:

Podemos calcular a taxa semestral de inflação fazendo:

$$(1 + i_{semestral})^2 = (1 + i_{anual})$$

$$(1 + i_{semestral})^2 = 1 + 21\%$$

$$1 + i_{semestral} = \sqrt{1{,}21} = 1{,}1$$

$$i_{semestral} = 10\%$$

Após a entrada de 40%, o saldo devedor será de 60% de 78.000, ou seja:

60% × 78.000 = 46.800

Atualizando esse valor pela inflação do semestre, temos:

46.800 . (1+10%) = 51.480

Gabarito: C.

82. (FMP-RS – TCE-RS/Auditor - 2011) Com base na evolução do indexador medido pelo BTN (Bônus do Tesouro Nacional, que tem seu valor fixado para o primeiro dia do mês correspondente) de acordo com a tabela a taxa acumulada da inflação ocorrida nos meses de fevereiro, março e abril é de

MÊS	Variação mensal (%)	BTN
Fevereiro/1989	3,60	1,0000
Março	6,09	1,0360
Abril	7,31	1,0991
Maio	9,94	1,1794
Junho	24,83	1,2966

a) 9,91%. b) 17,00%. c) 17,94%. d) 25,15%. e) 29,66%.

RESOLUÇÃO:

Podemos calcular a inflação acumulada de duas formas:

i. Usando o número índice:

$$i_{inflação} = \frac{1{,}1794 - 1{,}0000}{1{,}0000} = \mathbf{17{,}94\%}$$

ii. Fazendo as contas mensalmente, com os fatores de correção:

$$1 + i_{acumulada} = (1 + i_{fev}).(1 + i_{mar}).(1 + i_{abril})$$

$$1 + i_{acumulada} = (1 + 0{,}036).(1 + 0{,}0609).(1 + 0{,}0731) = 1{,}1794$$

$$\boldsymbol{i_{acumulada} = 17{,}94\%}$$

Gabarito: C.

83. (FMP-RS – TCE-MT/Auditor Público Externo - 2011) Um determinado fundo de aplicações rende juros a uma taxa real e composta de 2% ao mês sobre o capital corrigido monetariamente pelo IGP-DI da Fundação Getúlio Vargas. Ao aplicar um valor de R$23.000,00, durante quatro meses, período em que o IGP-DI apontou uma inflação acumulada de 13%, o saldo da aplicação, já considerados os acréscimos dos juros reais e da correção monetária, é, em R$:

a) 27.069,00 b) 27.885,20 c) 28.069,20 d) 28.131,58 e) 40.590,97

RESOLUÇÃO:

Temos que:

$$(1 + i_{pós}) = (1 + i_{inflação}).(1 + i_{juros})$$

Como os juros dados são mensais e o prazo da aplicação é de 4 meses, temos:

$$(1 + i_{pós}) = (1 + 0{,}13).(1 + 0{,}02)^4$$

$$1 + i_{pós} = 1{,}2231$$

$$i_{pós} = 22{,}31\%$$

Como o valor do empréstimo era de 23.000 reais, temos que o valor final será dado por:

$$M = 23.000.(1 + 22{,}31\%) = \mathbf{28.131{,}58}\ \boldsymbol{reais}$$

Gabarito: D.

84. (FEMPERJ – TCE-RJ/Analista de Controle Externo/2012) Para quitar uma dívida com dez meses de vencida, uma empresa teve que pagar juros simples de 1% a m. mais atualização monetária segundo determinado índice de preços. O índice na data do vencimento da dívida era de 105,000 e na data do pagamento era de 99,750. O percentual a ser aplicado sobre o valor da dívida a título de juros mais atualização monetária nesse período é de:

a) 4,50% b) 5,00% c) 15,26% d) 15,50% e) 15,78%.

RESOLUÇÃO:

A taxa de inflação do período pode ser obtida fazendo-se:

$$i_{inflação} = \frac{99{,}750 - 105{,}000}{105{,}000} = -5\%$$

Sabemos ainda que:

$$(1 + i_{pós}) = (1 + i_{inflação}).(1 + i_{juros})$$

Como a taxa de juros é simples e mensal, para o período de 10 meses, temos:

$$(1 + i_{pós}) = (1 - 0{,}05).(1 + 0{,}01 \times 10) = 1{,}045$$

$$\mathbf{i_{pós} = 4{,}5\%}$$

Gabarito: A.

85. (CONSULPLAN – Banestes/Assistente Securitário - 2013) Num cenário econômico inflacionário, a taxa real de rendimento de uma aplicação financeira difere da taxa efetiva. Nesse contexto, um capital é aplicado a uma taxa nominal de 20% a.a. capitalizado semestralmente. Assim, ao final do período de um ano, cuja inflação foi estimada em 6%, a taxa real de rendimento da aplicação será, aproximadamente, de

a) 13,2% a.a. b) 14,15% a.a. c) 14,85% a.a. d) 17,5% a.a. e) 21% a.a.

RESOLUÇÃO:

Uma taxa de 20% a.a. capitalizada semestralmente corresponde a uma taxa efetiva de 20/2 = 10% a.s. A taxa efetiva anual, por sua vez, é dada por:

$$(1 + i_{anual}) = (1 + i_{semestral})^2$$

$$1 + i_{anual} = (1 + 0{,}10)^2 = 1{,}21$$

$$i_{anual} = 21\% \text{ a.a.}$$

Sabemos ainda que:

$$(1 + i_{aparente}) = (1 + i_{inflação}).(1 + i_{real})$$

$$(1 + 0{,}21) = (1 + 0{,}06).(1 + i_{real})$$

$$1 + i_{real} = \frac{1{,}21}{1{,}06} = 1{,}1415$$

$$\mathbf{i_{real} = 14{,}15\%}$$

Gabarito: B.

86. (Quadrix – CREF-SC/Assistente Administrativo - 2013) Foi realizada uma aplicação financeira, na modalidade Certificado de Depósito Bancário (CDB), no montante de R$123.000,00, em 15/11/X1. Os juros contratados foram pós--fixados e o prazo de resgate foi de 30 dias. Transcorridos os trinta dias, a taxa de juros sobre aplicação foi de 5% e o imposto de renda na fonte foi de 10%. Qual o valor líquido resgatado, em R$?

a) 129.150,00 b) 128.535,00 c) 123.615,00 d) 130.150,00 e) 128.100,00

RESOLUÇÃO:

Após 30 dias, o montante foi atualizado em 5%:

$$123.000.(1 + 5\%) = 129.150$$

Os rendimentos auferidos (129.150 – 123.000 = 6.150) sofreram desconto de 10% a título de imposto. Portanto, foram descontados do montante:

$$10\% \times 6.150 = 615$$

Assim, o valor resgatado foi igual a:

$$129.150 - 615 = \mathbf{128.535}$$

Gabarito: B.

87. (FUNDATEC – SEFAZ-RS/Técnico Tributário/2014) João Pedro Tiradentes comprou um apartamento da Construtora e Incorporadora Meu Lar. Contratou uma dívida de R$150.000,00, para ser paga em três anos com juros de 2% ao ano, devidamente atualizada pela variação do IPCA (Índice Nacional de Preços do Consumidor Amplo) acumulada no período. Calcule o valor da dívida no vencimento, sabendo que a variação do IPCA para o ano 1 foi de 5%, para o ano 2 foi de 6% e para o ano 3 foi de 4,5%.

a) 182.250,00. b) 182.342,20. c) 182.432,20. d) 182.520,00. e) 185.141,27.

RESOLUÇÃO:

A inflação acumulada pode ser calculada por:

$$1 + i_{inflação} = (1 + 5\%).(1 + 6\%).(1 + 4,5\%)$$

$$1 + i_{inflação} = 1,163085$$

$$i_{inflação} = 16,3085\%$$

Sabemos ainda que:

$$(1 + i_{pós}) = (1 + i_{inflação}).(1 + i_{juros})$$

Como as taxas de juros são mensais, em 3 meses, teremos:

$$(1 + i_{pós}) = (1 + 0{,}163085).(1 + 0{,}02)^3$$

$$1 + i_{pós} = 1{,}234275$$

$$i_{pós} = 23{,}4275\%$$

O montante será dado por:

$$M = 150.000.(1 + 23{,}4275\%) = \mathbf{185.141{,}25}$$

Gabarito: E.

88. (FUNDATEC – SEFAZ-RS/Técnico Tributário da Receita Estadual - 2014) Francisco Joaquim contratou uma dívida de R$120.000,00 para suportar novos investimentos na sua fazenda. Oito meses após a data da contratação do empréstimo, Francisco Joaquim quitou a dívida por R$132.000,00. A inflação do período em que o empréstimo esteve em vigor foi de 6%. Qual a taxa de juros real, ou seja, acima da variação da inflação do período que Francisco Joaquim pagou nessa operação?

a) 1,03% b) 3,77% c) 4,00% d) 4,50% e) 6,00%

RESOLUÇÃO:

A taxa aparente pode ser calculada como:

$$i_{aparente} = \frac{132.000 - 120.000}{120.000} = 10\%$$

Por fim, podemos achar a taxa real fazendo:

$$(1 + i_{aparente}) = (1 + i_{inflação}).(1 + i_{real})$$

$$(1 + 0{,}10) = (1 + 0{,}06).(1 + i_{real})$$

$$1 + i_{real} = \frac{1{,}10}{1{,}06} = 1{,}0377$$

$$\mathbf{i_{real} = 3{,}77\%}$$

Gabarito: B.

11. QUESTÕES-DESAFIO

89. (CESPE – ABIN/Agente Técnico - 2010) Considere que um investidor tenha aplicado, por determinado período, R$10.000,00 em uma instituição financeira que paga juros reais somados com a taxa de inflação do período. A partir dessa situação, e sabendo que, nesse período, a taxa de juros reais e a taxa de inflação somaram 9%, julgue o item que se segue.

Caso, no referido período, a taxa de juros reais tenha sido o dobro da taxa de inflação, o montante do capital aplicado, ao final do período, foi inferior a R$10.800,00.

RESOLUÇÃO:

O enunciado nos dá duas informações sobre as taxas reais e de inflação:

$$i_{inflação} + i_{real} = 9\%$$

$$i_{real} = 2.i_{inflação}$$

Logo,

$$i_{inflação} + 2.i_{inflação} = 9\%$$

$$3.i_{inflação} = 9\%$$

$$i_{inflação} = 3\%$$

E,

$$i_{real} = 2\ .3\% = 6\%$$

Assim, temos:

$$(1 + i_{aparente}) = (1 + i_{inflação}).(1 + i_{real})$$

$$(1 + i_{aparente}) = (1 + 0{,}03).(1 + 0{,}06) = 1{,}0918$$

$$i_{aparente} = 9{,}18\%$$

O capital de 10.000 reais aplicado a essa taxa gerará um montante de:

$$M = 10.000.(1 + 9{,}18\%) = \mathbf{10.918 > 10.800}$$

Gabarito: Errado.

90. (CESPE – PC-ES/ Perito - 2011) Um capital de R$8.000,00 foi aplicado em uma instituição financeira que paga além dos juros reais, a taxa de inflação do período, as quais somaram 45%, sendo que a taxa de juros reais foi superior à taxa de inflação. Sabendo que o montante ao final do período de aplicação foi de R$12.000,00, julgue os itens subsequentes. A taxa de juros reais paga no período da aplicação foi superior a 24%.

RESOLUÇÃO:

O enunciado nos dá as seguintes informações sobre as taxas reais e de inflação:

$$i_{inflação} + i_{real} = 0,45$$

$$i_{real} > i_{inflação}$$

Podemos calcular a taxa aparente fazendo:

$$i_{aparente} = \frac{12.000 - 8.000}{8.000} = 50\%$$

Assim, temos:

$$\left(1 + i_{aparente}\right) = \left(1 + i_{inflação}\right).(1 + i_{real})$$

$$(1 + 50\%) = \left(1 + i_{inflação}\right).(1 + i_{real})$$

$$1 + \underbrace{i_{inflação} + i_{real}}_{0,45} + i_{inflação} \cdot i_{real} = 1,50$$

$$1,45 + i_{inflação} \cdot i_{real} = 1,50$$

$$i_{inflação} \cdot i_{real} = 0,05$$

Como podemos escrever:

$$i_{inflação} = 0,45 - i_{real}$$

Temos:

$$(0,45 - i_{real}).i_{real} = 0,05$$

$$-i_{real}^2 + 0,45.i_{real} = 0,05$$

$$i_{real}^2 - 0,45.i_{real} + 0,05 = 0$$

Podemos resolver essa equação do segundo grau para achar a taxa de juros reais.

$$\Delta = 0{,}45^2 - 4.(1).(0{,}05) = 0{,}0025 = 0{,}05^2$$

$$i_{real} = \frac{0{,}45 \pm 0{,}05}{2}$$

$$i_{real} = 25\% \rightarrow i_{inflação} = 20\%$$

$$ou$$

$$i_{real} = 20\% \rightarrow i_{inflação} = 25\%$$

Como o enunciado nos diz que a taxa real é superior à taxa de inflação, concluímos que:

$$\boldsymbol{i_{real} = 25\% \text{ e } i_{inflação} = 20\%}$$

Gabarito: Certo.

91. (CESPE – SERPRO/Analista - 2008) Considerando que, em certo período, uma instituição financeira pagou taxas de juros reais que, somados à taxa de inflação do período, deram um total de 50%, se um capital de R$1.000,00 aplicado nessa instituição, nesse período, resultou em um montante de R$1.560,00 e se, nesse período, a taxa de inflação foi inferior à taxa real de juros pagos pela instituição, então a taxa de inflação do período foi superior a 18%.

RESOLUÇÃO:

O enunciado nos dá as seguintes informações sobre as taxas reais e de inflação:

$$i_{inflação} + i_{real} = 0{,}50$$

$$i_{real} > i_{inflação}$$

Podemos calcular a taxa aparente fazendo:

$$i_{aparente} = \frac{1.560 - 1.000}{1.000} = 56\%$$

Assim, temos:

$$(1 + i_{aparente}) = (1 + i_{inflação}).(1 + i_{real})$$

$$(1 + 56\%) = (1 + i_{inflação}).(1 + i_{real})$$

$$1 + \underbrace{i_{inflação} + i_{real}}_{0,50} + i_{inflação}.i_{real} = 1,56$$

$$1,50 + i_{inflação}.i_{real} = 1,56$$

$$i_{inflação}.i_{real} = 0,06$$

Como podemos escrever:

$$i_{inflação} = 0,50 - i_{real}$$

Temos:

$$(0,50 - i_{real}).i_{real} = 0,06$$

$$-i_{real}^2 + 0,50.i_{real} = 0,06$$

$$i_{real}^2 - 0,50.i_{real} + 0,06 = 0$$

Podemos resolver essa equação do segundo grau para achar a taxa de juros reais.

$$\Delta = 0,50^2 - 4.(1).(0,06) = 0,01 = 0,10^2$$

$$i_{real} = \frac{0,50 \pm 0,10}{2}$$

$$i_{real} = 30\% \rightarrow i_{inflação} = 20\%$$

$$ou$$

$$i_{real} = 20\% \rightarrow i_{inflação} = 30\%$$

Como o enunciado nos diz que a taxa real é superior à taxa de inflação, concluímos que:

$$i_{real} = 30\% \text{ e } i_{inflação} = \mathbf{20\% > 18\%}$$

Gabarito: Certo.

92. (FUNIVERSA – EMBRATUR/2011) Suponha que um determinado índice de preços que, no início de determinado período, fosse de 150, alcançasse, ao final desse mesmo período, 165, e que o salário inicial de certo indivíduo fosse de

R$1.000,00. Na hipótese de esse salário sofrer um reajuste para R$1.050,00, o indivíduo

a) deveria ter obtido um reajuste de menos de 10% para manter seu poder de compra.

b) terá uma queda real de aproximadamente 4,5% em seu salário.

c) precisará de um acréscimo de, pelo menos, 5% para recuperar seu poder de compra.

d) terá uma perda maior que a da desvalorização da moeda.

e) deixará de adquirir 5% dos bens e serviços que consumia.

RESOLUÇÃO:

A taxa aparente de juros pode ser obtida fazendo-se:

$$i_{aparente} = \frac{1.050 - 1.000}{1.000} = 5\%$$

A taxa de inflação é dada por:

$$i_{inflação} = \frac{165 - 150}{150} = 10\%$$

Sabemos ainda que:

$$(1 + i_{aparente}) = (1 + i_{inflação}).(1 + i_{real})$$

$$(1 + 0{,}05) = (1 + 0{,}10).(1 + i_{real})$$

$$1 + i_{real} = \frac{1{,}05}{1{,}10} = 0{,}9545$$

$$i_{real} = -4{,}55\%$$

Com isso, vemos que a alternativa B está correta e as alternativas D e E estão incorretas.

Para a análise da alternativa A, vemos que, para manter seu poder de compra inalterado, $i_{real} = 0$. Logo,

$$(1 + i_{aparente}) = (1 + i_{inflação}).(1 + i_{real})$$

$$(1 + i_{aparente}) = (1 + 0{,}10).(1 + 0) = 1{,}10$$

$$i_{aparente} = 10\%$$

Portanto, para manter seu poder de compra, ele deveria ter recebido um reajuste igual a 10%. Assim, a alternativa A também está incorreta.

Por fim, vamos analisar a alternativa D. Para recuperar seu poder de compra, a taxa aparente total deve ser de 10%. Logo, o aumento i que precisará receber pode ser calculado por:

$$(1 + 0{,}05).(1 + i) = (1 + 0{,}10)$$

$$1 + i = \frac{1{,}10}{1{,}05} = 1{,}0476$$

$$\boldsymbol{i = 4{,}76\% < 5\%}$$

Assim, a alternativa D também está incorreta.

Gabarito: B.

93. (PUC-PR – TCE-MS/Auditor de Controle Externo - 2013) André é um cliente muito especial. O gerente do banco X, querendo ganhar a confiança de André, faz uma proposta de aplicação, que é aceita. André aplicou R$500.000,00 por um ano. Ao final, retirou R$661.500,00. Dado esse contexto e considerando a incidência de juros compostos, assinale a alternativa CORRETA.

a) Se a inflação no período foi de 20%, André ganhou uma taxa real de 12,3% ao ano.

b) Se a inflação no período foi de 20%, André ganhou uma taxa real de 5% ao semestre.

c) Se a inflação no período foi de 16%, André ganhou uma taxa real de 8,15% ao semestre.

d) Se a inflação no período foi de 20%, André ganhou uma taxa real de 2% ao trimestre.

e) Se a inflação no período foi de 25%, André ganhou uma taxa real de 6,534% ao ano.

RESOLUÇÃO:

A taxa aparente do investimento pode ser obtida fazendo-se:

$$i_{aparente} = \frac{661.500 - 500.000}{500.000} = 32{,}3\%$$

Sabemos ainda que:

$$(1 + i_{aparente}) = (1 + i_{inflação}).(1 + i_{real})$$

Caso a **inflação seja de 20%**, temos:

$$(1 + 0{,}323) = (1 + 0{,}20).(1 + i_{real})$$

$$1 + i_{real} = \frac{1{,}323}{1{,}20} = 1{,}1025$$

$$i_{real} = 10{,}25\%\ a.a.$$

Caso a **inflação seja de 16%**, temos:

$$(1 + 0{,}323) = (1 + 0{,}16).(1 + i_{real})$$

$$1 + i_{real} = \frac{1{,}323}{1{,}16} = 1{,}1405$$

$$i_{real} = 14{,}05\%\ a.a.$$

Caso a **inflação seja de 25%**, temos:

$$(1 + 0{,}323) = (1 + 0{,}25).(1 + i_{real})$$

$$1 + i_{real} = \frac{1{,}323}{1{,}25} = 1{,}0584$$

$$i_{real} = 5{,}84\%\ a.a.$$

Esses resultados nos permitem descartar as opções A e E. Vamos calcular a taxa semestral para o caso em que a inflação vale 20%:

$$(1 + i_{semestral})^2 = (1 + i_{anual})$$

$$(1 + i_{semestral})^2 = 1{,}1025$$

$$1 + i_{semestral} = \sqrt{1{,}1025} = 1{,}05$$

$$\boldsymbol{i_{semestral} = 5\%\ a.s.}$$

Gabarito: B.

CAPÍTULO 5

DESCONTOS

1. INTRODUÇÃO

O QUE VEREMOS

Neste capítulo, estudaremos um dos assuntos de melhor custo-benefício para a sua prova: **Descontos**. É um assunto com pouca teoria e muitas questões de prova a respeito.

Além disso, o Desconto é fundamental para a compreensão dos temas que estudaremos adiante, como Rendas Certas, Sistemas de Amortização e Análise de Investimentos. E, claro, podem ser exploradas questões diretamente sobre esse assunto.

COMO APARECE NOS EDITAIS

Geralmente, este assunto aparece de maneira bem evidente nos editais. As bancas simplesmente trazem no conteúdo programático a abrangente expressão "*Descontos*", de modo que o candidato precisará estar apto a resolver questões que abordem qualquer aspecto do tópico.

Como de costume, elencamos uma bateria de questões comentadas que inclui um bom número de exercícios de alto nível para que você tenha uma ótima preparação.

COMO É COBRADO NAS PROVAS

A identificação do assunto nas provas de concursos costuma ser bem óbvia, pois aparecerão no enunciado termos como "Desconto" ou "abatimento".

Daí, o enunciado apresenta uma determinada situação, com alguns dados e pedirá para o candidato calcular um dos elementos que compõem a operação de desconto. Para isso, você precisará recordar as fórmulas que trabalharemos, aplicá-las corretamente e distinguir bem as modalidades de desconto.

OBJETIVOS

Os nossos objetivos ao final deste capítulo é que você consiga:

1) aplicar corretamente as equações de descontos, sabendo identificar numa questão de prova a qual elemento cada dado se refere;
2) entender bem a diferenciação entre as modalidades de descontos existentes;
3) analisar adequadamente os tipos de descontos e taxas que lhe forem apresentados.

2. ANÁLISE DA COBRANÇA DO ASSUNTO EM PROVAS

Observe a seguir os percentuais de incidência nos últimos anos do assunto deste capítulo em relação ao volume de questões de todos os temas analisados na nossa matéria. Lembramos que quanto maior o percentual de cobrança de um dado assunto, maior sua importância.

ASSUNTO	CEBRASPE	FCC	DEMAIS BANCAS
	% de cobrança	% de cobrança	% de cobrança
Descontos	**10,75%**	**12,06%**	**5,98%**

É possível perceber que tanto no Cebraspe como na FCC o presente tópico possui uma importância **mediana**.

E o que é mais cobrado dentro deste assunto, professores?

Considerando os tópicos que compõem este capítulo, possuímos a seguinte distribuição percentual:

ASSUNTO	CEBRASPE	FCC	DEMAIS BANCAS
	% de cobrança	% de cobrança	% de cobrança
Desconto racional simples	17,46%	7,69%	6,41%
Desconto comercial simples	36,51%	52,31%	60,26%
Relação entre desconto comercial simples e desconto racional simples	1,59%	13,85%	3,85%
Desconto simples e cálculo de taxa efetiva	20,63%	3,08%	2,56%
Desconto racional composto	15,87%	18,46%	15,38%
Desconto comercial composto	6,35%	3,08%	11,54%
Desconto composto e cálculo da taxa efetiva	1,59%	1,54%	0,00%

Repare que quase todas as bancas gostam demais de cobrar em suas provas especialmente os tópicos **Desconto Comercial Simples** e **Desconto Racional Composto**, de modo que você precisará dar uma maior atenção nos seus estudos a eles.

3. CONCEITO

Imagine que você tem uma dívida de R$5.000,00 a ser paga em até dois anos. Mas, para a alegria geral da nação, você agora é concursado(a)! Daí, com bastante grana sobrando no bolso (por enquanto rsrs), resolve quitar a sua dívida logo no primeiro salário. Ora, certamente o valor que você deverá pagar não será os R$5.000,00; isso não seria justo, afinal, a dívida está sendo liquidada dois anos antes do vencimento. Concorda? Então, quanto você pagará na data de hoje?

Bem, a situação hipotética apresentada descreve muito bem uma típica operação de **desconto**, que é o **abatimento que se faz no valor de uma dívida quando ela é negociada antes da data de vencimento**. Portanto, trata-se de uma **projeção que se faz de um valor numa data futura para uma data anterior**.

Esclarecendo!

O desconto é, em sua essência, uma operação inversa à aplicação de juros sobre um investimento.

Adicionalmente, o desconto geralmente ocorre quando o credor necessita receber o valor da dívida antes do prazo e, para isso, "vende" o título de crédito a um terceiro. Nesse caso, o desconto será a remuneração do terceiro que "comprou" o título.

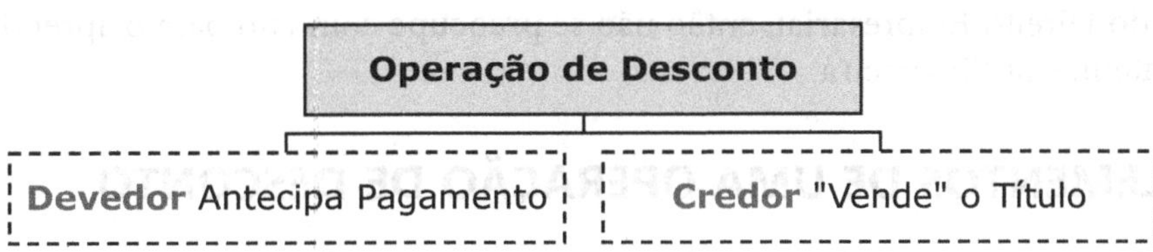

Títulos? Como assim, professores?

Colega, os Títulos de Crédito são papeis emitidos por um ente qualquer (**Devedor**), no qual consta uma promessa de se pagar um valor (**Valor de Face**) em uma determinada data (**Vencimento**) a um outro ente (**Credor**).

Títulos de Crédito

Valor de Face	É o valor prometido a ser pago no Vencimento
Vencimento	É a data em que o Valor de Face deve ser pago
Devedor	É quem promete realizar o pagamento do Valor de Face no Vencimento
Credor	É quem detém o Título e receberá o Valor de Face no Vencimento

Como exemplos de Títulos de Crédito, podemos citar: Duplicatas, Notas Promissórias, Letras de Câmbio, Cheque pré-datado, etc.

Há pequenas diferenças entre esses diversos títulos. Por exemplo, na duplicata, o Credor emite o Título, sendo, portanto, o Emissor. Já na Nota Promissória e no Cheque, o Emissor é o devedor.

Duplicata	• **Emitida** por uma firma (**Credor**) contra seu Cliente (**Devedor**), para quem vendeu **mercadorias**
Nota Promissória	• **Emitida** pelo **Devedor**, que se compromete a pagar determinada quantia ao Credor no Vencimento.
Letra de Câmbio	• Emitida pelo Devedor(**Sacador**), com aceite de uma Instituição Financeira (**Sacado**), em favor de um Credor (**Tomador**).

A característica comum a esses títulos e que os torna relevantes na aula de hoje é a possibilidade de serem "descontados". Os seus conceitos pertencem ao ramo do Direito Empresarial, então não se preocupe com isso para o aprendizado da Matemática Financeira.

4. ELEMENTOS DE UMA OPERAÇÃO DE DESCONTO

Uma operação de desconto é formada por cinco **elementos**: Valor Nominal (N), Valor Atual (A), Desconto (D), Tempo de antecipação (t) e Taxa (i). Nesse sentido, o esquema a seguir resume o conceito de cada um desses itens:

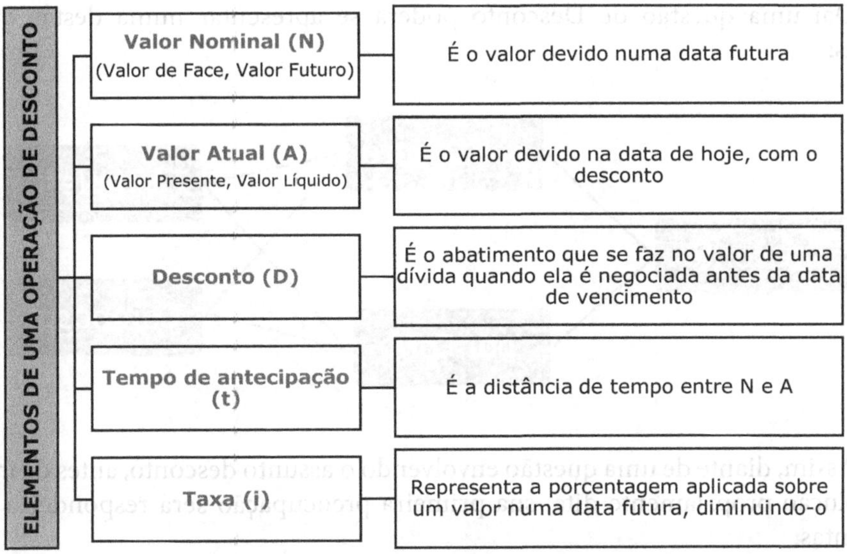

Note que o **Valor Atual** do Título (ou Valor Presente, Descontado, Líquido ou de Resgate) é obtido retirando-se do seu **Valor Nominal** (ou Valor Futuro, de Face ou no Vencimento) o Valor do Desconto.

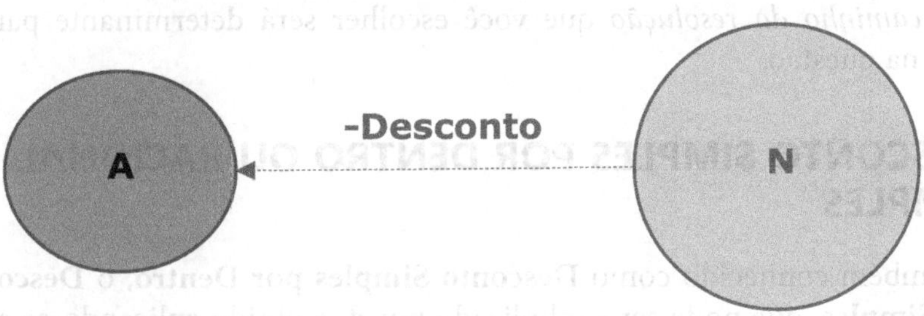

Assim, temos a seguinte relação:

$$A = N - Desconto$$

Ou

$$Desconto = N - A$$

5. MODALIDADES DE DESCONTO

Quanto a regimes de capitalização, teremos questões de **Desconto Simples** e **Desconto Composto**. Além disso, trabalharemos com duas modalidades de Desconto: **Desconto por Dentro** e **Desconto por Fora**.

Daí uma questão de Desconto poderá se apresentar numa destas quatro formas:

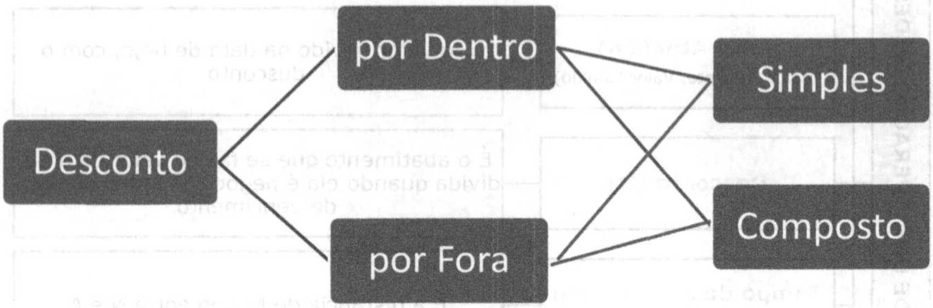

Assim, diante de uma questão envolvendo o assunto desconto, antes de iniciar a resolução propriamente dita, sua primeira preocupação será responder a duas perguntas:

1) Qual o **regime** desta operação? **Simples** ou **Composto**?
2) Qual a **modalidade** desta operação? **Desconto por Dentro** ou **Desconto por Fora**?

O *caminho da resolução* que você escolher será determinante para o seu sucesso na questão.

6. DESCONTO SIMPLES POR DENTRO OU RACIONAL SIMPLES

Também conhecido como **Desconto Simples por Dentro**, o **Desconto Racional Simples**, que pode ser simbolizado por **d**, é obtido aplicando-se a taxa de desconto ao **valor atual** do título, durante o tempo que falta para o vencimento.

Além disso, a operação de desconto racional, por definição, é **equivalente a uma operação de juros**. De fato, podemos estabelecer a seguinte correspondência entre os elementos dessas operações:

JUROS	DESCONTO POR DENTRO
Capital Inicial (C)	**Valor Atual (A)**
Montante (M)	**Valor Nominal (N)**
Juro (J)	**Desconto (d)**

A diferença que haverá é que, enquanto na operação de juros simples o nosso objetivo é projetar um valor presente para o futuro, na operação de desconto racional simples teremos como objetivo **trazer o Valor Nominal para a data atual**.

6.1. Fórmulas do Desconto Racional Simples

Uma operação de desconto pode ser ilustrada por meio do seguinte "desenho":

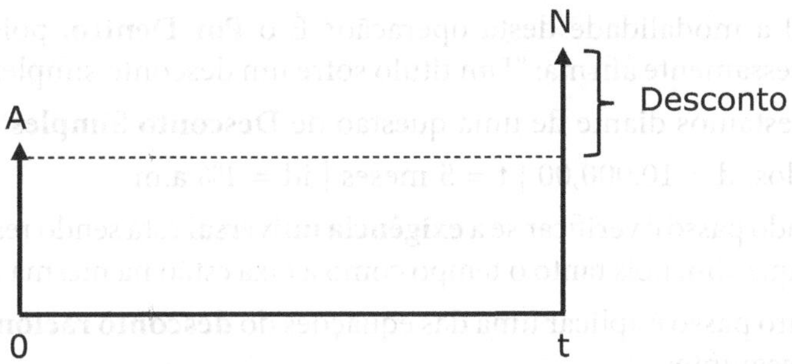

Vimos anteriormente a primeira fórmula deste tópico, a qual valerá para toda e qualquer operação de desconto, seja ela no regime simples ou no regime composto:

Desconto = N – A

Chamamos essa fórmula de EQUAÇÃO CURINGA da operação de desconto, pois em diversas questões lançaremos mão dela em busca da solução.

No entanto, a fórmula que mais usaremos para resolvermos as questões de desconto simples por dentro é outra. Veja:

$$d = A \cdot i \cdot t$$

Perceba que ainda podemos achar uma outra equação (que será muito utilizada!) para o cálculo do Valor Nominal:

$$N = A \cdot (1 + i \cdot t)$$

Note que **a taxa de desconto racional é a própria taxa da operação de capitalização no regime simples**, ou seja, estamos realmente falando de uma operação de **descapitalização**.

$$d = \frac{N \cdot i \cdot t}{1 + i \cdot t}$$

Para exemplificar a aplicação dessas relações, suponha que um título sofre um desconto simples por dentro de R$10.000,00 cinco meses antes do seu vencimento a uma taxa de desconto de 4% ao mês. Quanto é o valor nominal do título?

Primeiramente, vamos responder àquelas duas perguntas:

1) Qual o regime desta operação? É o **Simples**, pois o enunciado expressamente afirma: "Um título sofre um desconto simples...".
2) Qual a modalidade desta operação? É o **Por Dentro**, pois o enunciado expressamente afirma: "Um título sofre um desconto simples por dentro...".

Assim, estamos diante de uma questão de **Desconto Simples Por Dentro**.

São dados: d = 10.000,00 | t = 5 meses | id = 4% a.m.

O segundo passo é verificar se a **exigência universal** está sendo respeitada. Podemos afirmar que **sim**, pois tanto o tempo como a taxa estão na mesma unidade (mês).

O terceiro passo é aplicar uma das equações do **desconto racional por dentro**. Usaremos a seguinte:

$$\boldsymbol{d = A.i.t}$$

$$10000 = A.0{,}04.5$$

$$10000 = A.0{,}2$$

$$A = \frac{10000}{0{,}2} = \mathbf{50000}$$

Daí, o **Valor Nominal** será:

$$N = d + A$$

$$N = 10.000 + 50.000 = \mathbf{60.000}$$

Veja como esse assunto já foi cobrado!

1. (CESPE/ANATEL/2009) Considerando que um título de valor nominal de R$6.000,00 tenha sido descontado 5 meses antes do seu vencimento, a uma taxa de desconto simples de 4% ao mês, julgue o item seguinte.

Se tiver sido utilizado o desconto racional (por dentro), então o valor do desconto foi inferior a R$950,00.

RESOLUÇÃO:

Primeiramente, vamos responder àquelas duas perguntas:

Qual o regime desta operação? E qual a modalidade desta operação?

Veja que se trata de uma questão de **Desconto Simples Por Dentro**, pois o enunciado afirma isso de modo expresso: "Se tiver sido utilizado o desconto racional (por dentro)...".

Dados: N = 6.000,00 | t = 5 meses | id = 4% a.m.

O segundo passo é verificar se a **exigência universal** está sendo respeitada. Podemos afirmar que sim, pois tanto o tempo como a taxa estão na mesma unidade (mês).

O terceiro passo é aplicar uma das equações do **desconto racional por dentro.** Usaremos a seguinte:

$$\boldsymbol{N = A\,.\,(1 + i.\,t)}$$

$$6000 = A\,.\,(1 + 0{,}04\,.\,5)$$

$$6000 = 1{,}2.\,A$$

$$\boldsymbol{A = \frac{6000}{1,2} = 5000}$$

Daí, o **Desconto** será de:

$$\boldsymbol{d = N - A}$$

$$d = 6000 - 5000 = \mathbf{1.000}$$

Portanto, o item está **errado**, uma vez que o valor do desconto foi <u>superior</u> a R$950,00.

Gabarito: Errado.

2. (FEPESE - Auditor Fiscal/ISS Itajaí/2020) Uma pessoa tem uma dívida de valor nominal igual a R$5.080. Ela decide saldar esta dívida 5 meses antes de seu vencimento. Se a taxa de desconto racional simples utilizada é de 2% ao mês, então o valor que a pessoa pagará é:

a) Maior que R$4.700.

b) Maior que R$4.650 e menor que R$4.700.

c) Maior que R$4.600 e menor que R$4.650.

d) Maior que R$4.550 e menor que R$4.600.

e) Menor que R$4.550.

RESOLUÇÃO:

A questão expressamente afirma que deveremos trabalhar com a modalidade do **desconto racional simples**.

Dados: N = R$5.080 | t = 5 meses | i = 2%a.m.

No desconto racional simples, aplica-se a relação:

$$\boldsymbol{N = A\,.\,(1 + i.t)}$$

$$5.080 = A\,.\,(1 + 0{,}02\,.\,5)$$

$$5.080 = 1{,}1.A$$

$$\boldsymbol{A = \frac{5.080}{1,1} = R\$4.618,18}$$

Portanto, a pessoa pagará um valor **compreendido entre R$4.600 e R$4.650.**

Gabarito: C.

3. (FGV – SEFAZ-RJ/Fiscal de Rendas - 2010) Com relação aos diferentes tipos de desconto simples analise as afirmativas a seguir:

I. O desconto racional (por dentro), no regime de capitalização simples, é dado pela diferença entre o valor futuro e o valor presente.

II. O desconto comercial (por fora), no regime de capitalização simples, é dado pela relação D = VF*d*n, no qual VF é o valor futuro, d é a taxa de desconto por período e n é o número de períodos de desconto.

III. o desconto bancário é o contrato pelo qual o banco (descontador) antecipa ao cliente (descontário) o valor de um crédito.

Assinale:

a) se somente as afirmativas I e II estiverem corretas.

b) se somente as afirmativas I e III estiverem corretas.

c) se somente a afirmativa III estiver correta.

d) se somente as afirmativas II e III estiverem corretas.

e) se todas as afirmativas estiverem corretas.

RESOLUÇÃO:

I. Verdadeira. Todo desconto é dado por VF – VP.

II. Verdadeira. Essa é a expressão da definição do desconto comercial simples.

III. Verdadeira. No desconto bancário, o cliente com um valor futuro a receber (duplicata) antecipa esse recebimento, mediante um desconto.

Gabarito: E.

4. (VUNESP – CREMESP/Assistente/2011) São identificados dois tipos de desconto simples: o comercial e o

a) desconto taxa convencional.

b) desconto taxa fixa.

c) bancário.

d) "por dentro".

e) "por fora"

RESOLUÇÃO:

O desconto comercial também é conhecido como desconto "por fora" ou desconto "bancário", enquanto o desconto racional simples é conhecido como desconto "por dentro".

Gabarito: D.

5. (FUNCAB – Faceli/Técnico - 2015) Qual o valor de face de um título, em R$, que ao sofrer um desconto "por dentro" 4 meses antes do seu vencimento, à taxa simples de 5% ao mês, teve valor igual a R$20.000,00?

a) 30.000,00 b) 28.000,00 c) 24.000,00 d) 23.000,00 e) 22.000,00

RESOLUÇÃO:

São dados: A = 20.000 | i = 5% a.m. = 0,05 | t = 4 meses

Para o desconto racional simples, ou "por dentro", temos:

$$A = \frac{N}{1 + i.t}$$

$$20.000 = \frac{N}{1 + 0{,}05 \,.\, 4}$$

$$N = 20.000 \times 1{,}20$$

$$\boldsymbol{N = 24.000}$$

Gabarito: C.

7. DESCONTO SIMPLES POR FORA OU COMERCIAL SIMPLES

Também chamado de **Desconto Simples Por Fora (D) ou desconto bancário,** o Desconto **Comercial Simples** é obtido aplicando-se a taxa de desconto ao **valor**

nominal do título, durante o tempo que falta para o vencimento. É o desconto mais utilizado nas operações comerciais do dia a dia, por isso mesmo é chamado de desconto comercial.

Dessa maneira, fica fácil perceber uma diferença crucial: no **desconto por dentro** a **taxa de juros** é aplicada no **valor atual**, ao passo que no **desconto por fora** ela é aplicada ao **valor nominal**. Isso será importante para aprendermos adiante um método mais fácil para a resolução de algumas questões, utilizando Regra de Três.

Quando o Alexandre estudou este assunto, ele decorou esses sinônimos com uma frase e uma história. Primeiro, decorou a frase "Fora, comercial bancário!", imaginando-se vendo uma propaganda na TV de um banco que odiava. Assim, decorou os três sinônimos: por fora, comercial e bancário. O outro tipo foi só imaginar que quem está **por dentro** das coisas, decide mais **racional**mente (por dentro = racional). Você pode estar achando isso muito idiota, mas é este tipo de associação que você nunca mais esquece, tanto é que ele se lembra disso mesmo passados mais de 15 anos.

Como o desconto por fora (D) é maior que o desconto por dentro (d), preferimos utilizar as letras "D" e "d", respectivamente, pois facilita a associação de qual desconto é o maior dos dois.

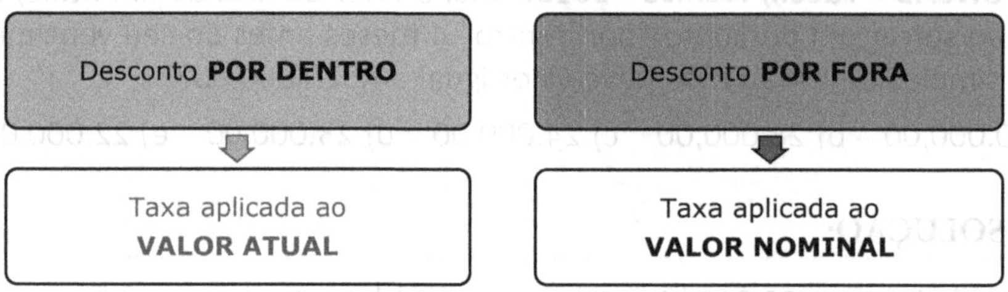

Repare que, na operação de desconto **racional**, o valor do desconto estava **diretamente ligado à taxa de juros da operação de capitalização** correspondente. Essa é uma situação típica de pagamento antecipado de dívidas.

Já no desconto **comercial**, o valor do **desconto vai depender de negociação entre o credor**, que quer antecipar o recebimento do título, **e o banco, que vai descontá-lo**.

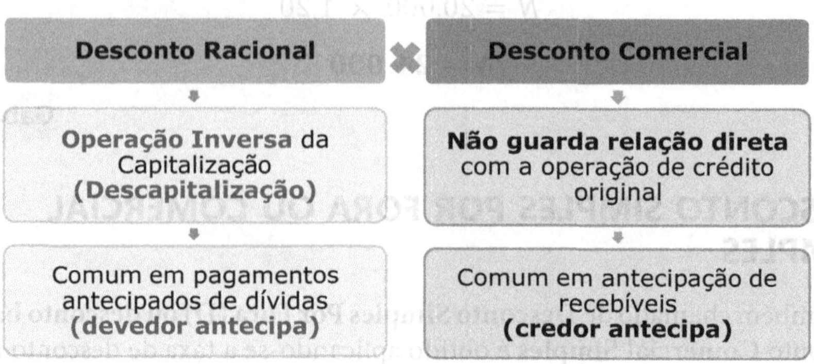

Agora, uma dica: caso o enunciado da questão não informe exatamente a qual tipo de desconto simples se refere, deveremos agir assim:

Se o enunciado expressamente se referir a uma "taxa de juros", estaremos diante de um desconto racional (por dentro). Contudo, caso não mencione essa expressão, usaremos o desconto comercial (por fora).

7.1. Fórmulas do Desconto Comercial Simples

Bem, não custa nada repetir a fórmula seguinte, que já afirmamos ser válida para toda e qualquer operação de desconto:

Desconto = N – A

No entanto, a fórmula que mais usaremos para resolvermos as questões de desconto simples por fora é outra. Veja:

D = N . i . t

Perceba que ainda podemos achar uma outra equação (que será muito utilizada!) para o cálculo do Valor Atual do desconto comercial:

A = N . (1 – i . t)

Repare que, na última equação, temos agora uma operação de **subtração**, ao contrário do que vinha ocorrendo no desconto simples por dentro (o sinal era positivo).

Desconto Simples	
Racional ou por Dentro (d)	**Comercial ou por Fora (D)**
A base é o **A**	A base é o **N**
$A = \dfrac{N}{1 + i.t}$	A = N (1 – i . t)
d = A . i . t	D = N . i . t

Para exemplificar a aplicação dessas relações, suponhamos que uma nota promissória no valor nominal de R$5.000,00 sofre um desconto comercial simples a uma taxa de desconto de 4% ao mês. Qual o valor do desconto, dado que a nota foi resgatada três meses antes do seu vencimento?

São dados: **N** = 5.000,00 | **t** = 3 meses | **i** = 4% a.m.

Vamos aplicar a seguinte equação do **desconto simples por fora:**

$$\boldsymbol{D = N \cdot i \cdot t}$$

$$D = 5000 \cdot 0{,}04 \cdot 3 = 5000 \cdot 0{,}12 = \mathbf{600}\ \boldsymbol{reais}$$

Agora, considere um título que sofre um desconto simples por fora de R$2.500,00 quatro meses antes do seu vencimento a uma taxa de desconto de 2,5% ao mês. Quanto é o valor nominal do título?

Veja que é dito expressamente que deveremos trabalhar com a modalidade do **desconto comercial simples.**

São dados: D = 2.500,00 | t = 4 meses | i = 2,5% a.m.

Vamos utilizar a seguinte equação do **desconto simples por fora:**

$$\boldsymbol{D = N.i.t}$$

$$2500 = N.0{,}025.4$$

$$2500 = N.0{,}1$$

$$N = \frac{2500}{0{,}1} = \mathbf{25.000}\ \boldsymbol{reais}$$

Por fim, suponhamos que um título de valor nominal igual a R$15.000,00 foi descontado 6 meses antes do seu vencimento. O desconto pela antecipação do título foi de acordo com o sistema de desconto comercial simples a uma taxa de 10% ao trimestre. Qual é o valor ao qual o título foi descontado?

É dito expressamente que deveremos trabalhar com a modalidade do **desconto comercial simples.**

São dados: N = 15.000,00 | t = 6 meses = 2 trimestres | i = 10% a.t.

Vamos utilizar a seguinte equação do **desconto simples por fora:**

$$\boldsymbol{D = N.i.t}$$

$$D = 15000.0{,}10.2 = 15000.0{,}20 = \mathbf{3.000}$$

O valor atual corresponde à diferença entre o valor nominal e o desconto:

$$A = N - D$$

$$A = 15000 - 3000 = \mathbf{12.000}\ \boldsymbol{reais}$$

Veja como esse assunto já foi cobrado!

6. (CESPE/SEFAZ-RS/Auditor-Fiscal/2019) Um título com valor nominal de R$2.250 foi descontado 4 meses antes do seu vencimento à taxa de desconto comercial simples de 36% ao ano. Nesse caso, o valor atual (valor descontado comercial) foi igual a

A) R$1.710. b) R$1.980. c) R$1.992. d) R$1.999. e) R$2.009.

RESOLUÇÃO:

São dados: N = 2.250 | i = 36% ao ano = 36%/12 ao mês = 3% ao mês | t = 4 meses

O nosso objetivo consiste em calcular o **valor atual (A)**, no âmbito do *desconto comercial simples*. Logo:

$$A = N\,.(1 - i.t)$$

$$A = 2.250.(1 - 0{,}03.4) = 2.250.(1 - 0{,}12) = 2.250.0{,}88 = \mathbf{1.980}\ \textbf{\textit{reais}}$$

Gabarito: B.

7. (FGV - AFRE/SEFAZ-RJ/2009) Um título com valor de R$5.000,00, com 1 mês para seu vencimento, é descontado no regime de juros simples a uma taxa de desconto "por fora" de 3% ao mês. O valor presente do título é igual a, em R$:

a) 5.500,00 b) 5.150,00 c) 4.997,00 d) 4.850,00 e) 4.500,00

RESOLUÇÃO:

Trata-se de uma questão de **Desconto Simples Por Fora**, pois o enunciado afirma isso de modo expresso: "é descontado no regime de juros simples a uma taxa de desconto "por fora" ...".

São dados: N = 5.000,00 | t = 1 mês | i = 3% a.m.

Vamos aplicar uma das equações do **desconto comercial simples**. Usaremos a seguinte:

$$\boldsymbol{A = N.(1 - i.t)}$$

$$A = 5000.(1 - 0{,}03.1) = 5000.0{,}97 = \mathbf{4.850}$$

Gabarito: D.

8. (VUNESP/SJRP-SP/Auditor Fiscal/2014) Uma pessoa detentora de uma nota promissória com valor nominal de R$2.000,00, diante de dificuldades financeiras, decide descontar a nota 4 meses antes do seu vencimento, recebendo por ela o valor atual de R$1.000,00. As taxas de desconto simples racional ("por dentro") e comercial ("por fora") são de, respectivamente,

(A) 100% e 50%

(B) 50% e 25%

(C) 25% e 12,5%

(D) 12,5% e 6,25%

(E) 6,25% e 3,125%

RESOLUÇÃO:

São dados: N = 2.000,00 | t = 4 meses | A = 1.000,00

Bem, essa questão é um pouco diferenciada, visto que exige que obtenhamos as **taxas de desconto simples racional e comercial** em relação à operação descrita no enunciado. Mas, garantimos que será tranquilo! Basta realizarmos os cálculos de cada modalidade de desconto separadamente.

➤ ***Desconto Simples por Dentro:***

Vamos aplicar uma das equações do **desconto simples por dentro (d)**. Usaremos a seguinte:

$$\boldsymbol{N = A\,.(1 + i_d.t)}$$

$$2000 = 1000\,.(1 + i_d.4)$$

$$2 = 1 + i_d.4$$

$$i_d = \frac{1}{4} = \mathbf{0,25 = 25\%}$$

➤ ***Desconto Simples por Fora:***

Vamos aplicar uma das equações do **desconto simples por fora (D)**. Usaremos a seguinte:

$$\boldsymbol{A = N\,.(1 - i_f.t)}$$

$$1000 = 2000\,.(1 - i_f.4)$$

$$\frac{1}{2} = 1 - i_f.4$$

$$-\frac{1}{2} = -i_f.4$$

$$i_f = \frac{1}{8} = \mathbf{0,125 = 12,5\%}$$

Gabarito: C.

9. (FGV – Pref. Niterói/Contador - 2015) Um título de valor de face de R$15.000,00, com vencimento para 90 dias, foi descontado – desconto simples por fora ou desconto comercial – à taxa de desconto de 60% ao ano. O valor do desconto, em reais, foi:

a) 1.500; b) 1.750; c) 2.000; d) 2.250; e) 2.500.

RESOLUÇÃO:

São dados: N = 15.000 | i = 60% a.a. = 0,60 | t = 90 dias = 90/360 anos = 0,25 anos

O desconto comercial "por fora" é dado por:

$$D = N \,.\, i \,.\, t$$

$$D = 15.000.0{,}60.0{,}25 = \mathbf{2.250}$$

Gabarito: D.

10. (FADESP – Técnico/UEPA/2020) Uma duplicata no valor de R$1.000,00 foi descontada 60 dias antes do vencimento, com taxa de desconto de 0,1% ao dia. O valor do desconto bancário, em reais, foi de

a) 40 b) 45 c) 60 d) 65

RESOLUÇÃO:

São dados: N = R$1.000 | t = 60 dias | i = 0,1% a.d.

O desconto bancário também é chamado de **desconto comercial**, que **é** calculado da seguinte forma:

$$D = N \,.\, i \,.\, t$$

$$D = 1.000.0{,}001.60 = \textbf{\textit{60 reais}}$$

Gabarito: C.

11. (IDECAN – MINISTÉRIO DA SAÚDE/ADMINISTRADOR/2017) Uma instituição financeira cobra, pela prestação de serviço de desconto de notas promissórias e outros títulos de crédito a clientes lojistas, uma taxa de serviço de 1% bem como uma taxa de desconto simples comercial de 3,6% a.m., ambas sobre o valor de face do título. Desse modo, um título de crédito no valor de face de R$7.200,00, descontado 25 dias antes de seu vencimento resultará para um cliente lojista o valor líquido, em R$, de:

a) 6.098,60 b) 6.654,00 c) 6.716,20 d) 6.894,00 e) 6.912,00

RESOLUÇÃO:

São dados: N = 7.200 | i = 3,6% a.m. = 0,036 | t = 25 dias = 25/30 meses

O desconto comercial simples é dado por:

$$D = N.i.t$$

$$D = 7.200 \,.\, 0{,}036 \,.\, \frac{25}{30}$$

$$D = 216$$

Além desse desconto, a instituição financeira cobra 1% de taxa de serviço sobre o valor nominal do título, ou seja:

1% . 7.200 = 72

Assim, o valor líquido recebido pelo lojista é de:

7.200 - 216 - 72 = 6.912,00

Gabarito: E.

12. (Consulplan – CFESS/Analista – 2017) Uma instituição financeira trabalha com uma taxa de desconto simples comercial de 3% a.m. para desconto de notas promissórias à micro e pequenas empresas. Assim, o valor líquido recebido por uma empresa ao descontar uma nota promissória com valor de face de R$4.200,00, 40 dias antes de seu vencimento, em R$, é:

a) 3.996,00. b) 4.032,00. c) 4.084,00. d) 4.102,00.

RESOLUÇÃO:

São dados: N = 4.200 | i = 3% a.m. = 0,03 | t = 40 dias = 40/30 meses

Para o desconto comercial simples, temos:

$$A = N.(1 - i.t)$$

$$A = 4.200 \,.\left(1 - 0{,}03 \,.\, \frac{40}{30}\right)$$

$$A = 4.032{,}00$$

Gabarito: B.

8. RELAÇÃO ENTRE OS DESCONTOS SIMPLES RACIONAL E COMERCIAL

Como o Valor Nominal é maior que o Valor Atual, temos que **o Desconto Comercial é maior do que o Desconto Racional.**

A essa mesma conclusão podemos chegar comparando as seguintes fórmulas:

DESCONTO SIMPLES RACIONAL	DESCONTO SIMPLES COMERCIAL
$d = \frac{N.i.t}{1+i.t}$	$D = N.i.t$

Substituindo a primeira equação na segunda, temos:

$$d = \frac{D}{1+i.t}$$

$$D = d.(1 + i.t)$$

Note que expressão interessante! **O desconto comercial simples é igual ao desconto racional simples, capitalizado a juros simples**. Assim, ele é realmente maior do que o desconto racional!

E ainda conseguimos outra relação interessante entre os dois descontos, multiplicando os dois lados da equação anterior por N.

$$N.D = d.N.(1+i.t)$$

$$N.d = d.N + \underbrace{d.N.i.t}_{D}$$

$$N.D = d.N + d.D$$

$$N.D - N.d = d.D$$

$$N.(D-d) = d.D$$

$$N = \frac{D.d}{D-d}$$

E da fórmula D = d.(1 + i.t), encontramos outra muito útil em várias questões e mais fácil de ser lembrada, dispensando a memorização da fórmula original:

D – d = d.i.t

d	**D**
Desconto **Racional** Simples	Desconto **Comercial** Simples
"por dentro"	**"por fora"**

$$\mathbf{D = d\ .\ (1 + i\ .\ t)}$$

$$N = \frac{\mathbf{D.d}}{\mathbf{D-d}}$$

$$\mathbf{D - d = d.i.t}$$

Veja como esse assunto já foi cobrado!

13. (IADES – CONAB/Economista - 2014) Um título com vencimento daqui a cinco meses foi descontado antecipadamente. Sabe-se que o desconto calculado "por fora" foi \$500, enquanto o desconto calculado "por dentro" foi \$400. A esse respeito, assinale a alternativa que indica o valor nominal do título.

a) \$1.000 b) \$1.200. c) \$1.500. d) \$1.800. e) \$2.000.

RESOLUÇÃO:

São dados: D = 500 | d = 400 | t = 5 meses

$$D = d.(1 + i.t)$$

$$500 = 400.(1 + i.5)$$

$$1 + 5.i = \frac{500}{400}$$

$$5.i = 0{,}25$$

$$i = 5\%\ a.m.$$

Outra forma para encontrar i, esta ainda mais rápida, seria utilizando a fórmula da diferença entre os descontos:

$$D = d.i.t$$

$$500 - 400 = 400.i.5$$

$$i = 100/2000 = 5\%$$

E nem aconselhamos que perdesse tempo dividindo 100 por 2.000, mesmo simplificando para 1/20, deixasse nesta forma de fração mesmo, pois facilitaria no cálculo que virá a seguir.

Portanto,

$$D = N.i.t$$

$$500 = N.0{,}05.5$$

$$\boldsymbol{N} = \frac{500}{0{,}05.5} = \mathbf{2.000}$$

Se tivéssemos deixado i = 1/20, veja como seria mais rápido:

$$D = N.i.t$$

$$500 = N.1/20.5$$

$$\boldsymbol{N} = \frac{500.20}{5} = \mathbf{2.000}$$

Você teria economizado tempo ao não dividir 1 por 20 para encontrar "i" nem depois multiplicando 0,05 por 5 e dividindo 500 pelo produto obtido. Em suma, quando tiver frações no meio da resolução, muitas vezes é melhor deixá-las desta forma e prosseguir assim mesmo, pois lá na frente os cálculos serão em menor número.

Agora, uma outra forma bem mais rápida de resolver a questão seria utilizando a outra fórmula que obtivemos:

$$\boldsymbol{N} = \frac{\boldsymbol{D.d}}{\boldsymbol{D - d}}$$

$$\boldsymbol{N} = \frac{400.500}{500 - 400} = \frac{200.000}{100} = \mathbf{2.000}$$

Mas sabemos que é mais uma fórmula para decorar, então veja o que considera melhor para você: decorar mais fórmulas e poupar tempo em algumas questões ou decorar poucas e se virar com elas na prova.

Gabarito: E.

9. MÉTODO DE RESOLUÇÃO POR REGRA DE TRÊS

Muitas questões de descontos simples podem ser resolvidas sem a necessidade de fórmulas, simplesmente utilizando nossa velha conhecida regra de três, que será sempre direta, para facilitar mais ainda.

Lembra que o desconto por dentro (racional) tem por base o valor atual e o desconto por fora (comercial) tem por base o valor nominal? Então cada um desses valores será, respectivamente, nosso "100%". E o desconto será o percentual de i.t. Bem, acredito que não tenha entendido nada do que explicamos, mas com os exemplos a seguir você verá como é simples. Primeiramente, veremos o desconto por dentro; depois, o desconto por fora.

Vamos resolver de novo a primeira questão deste capítulo, só que agora pelo método da Regra de Três, para que você possa comparar esse método com quando ela foi resolvida pelo método tradicional utilizando a fórmula:

> **(CESPE/ANATEL/2009)** Considerando que um título de valor nominal de R$6.000,00 tenha sido descontado 5 meses antes do seu vencimento, a uma taxa de desconto simples de 4% ao mês, julgue o item seguinte.

Se tiver sido utilizado o desconto racional (por dentro), então o valor do desconto foi inferior a R$950,00.

RESOLUÇÃO:

Primeiramente, vamos calcular o percentual do desconto que inseriremos na regra de três:

$$d = i.t = 4\%.5 = 20\%.$$

Agora, lembrando que no desconto por dentro a referência é o valor atual, ou seja, 100%, basta fazer na regra de três que o valor atual corresponde a 100%? E o valor nominal é 100% + 20% = 120%. Como o enunciado forneceu o valor nominal, e não o valor atual, utilizaremos o valor nominal de R$6.000 como nosso 120%, assim:

d ------- 20%

6.000 ------- 120%

$$d = 20 \times 6.000 / 120 = 1.000$$

Como 1.000 é superior a 950, a alternativa está errada.

Viu como é fácil, rápido e não precisou de nenhuma fórmula? Vejamos mais uma questão repetida para você se convencer disso, a questão 5, também de desconto por dentro.

> **(FUNCAB – Faceli/Técnico – 2015)** Qual o valor de face de um título, em R$, que ao sofrer um desconto "por dentro" 4 meses antes do seu vencimento, à taxa simples de 5% ao mês, teve valor igual a R$20.000,00?
>
> a) 30.000,00 b) 28.000,00 c) 24.000,00 d) 23.000,00 e) 22.000,00

RESOLUÇÃO:

d = i.t = 5%.4 = 20%

Valor atual = 100% = 20.000

Logo,

d ------ 20%

20.000 ------ 100%

d = 20 x 20.000 / 100 = 4.000

Assim,

Valor de face = N = A + d = 100% + 20% = 120% = 20.000 + 4.000 = 24.000 (C)

Agora, vamos resolver novamente duas questões de descontos por fora feitas pelo método tradicional usando fórmulas, só que pela regra de três, lembrando que no caso do desconto por fora nossa referência de 100% é o valor nominal (N). Primeiro, a questão 6.

> **(CESPE/SEFAZ-RS/Auditor-Fiscal/2019)** Um título com valor nominal de R$2.250 foi descontado 4 meses antes do seu vencimento à taxa de desconto comercial simples de 36% ao ano. Nesse caso, o valor atual (valor descontado comercial) foi igual a
>
> A) R$1.710. b) R$1.980. c) R$1.992. d) R$1.999. e) R$2.009.

RESOLUÇÃO:

i = 36% ao ano = 3% ao mês

D = i.t = 3%.4 = 12%

N = 2.250 = 100%

A = N – D = 100% – 12% = 88%

Você pode escolher entre fazer a regra de três para calcular o "D" e depois subtrair de N para encontrar o valor atual pedido ou então calcular diretamente para encontrar o valor atual de 88%. Pelo fato de 12 ser um número mais fácil de lidar em cálculos que 88, vamos usar a primeira opção, desta forma:

D ------- 12%

2.250 ----- 100%

D = 12 x 2250 / 100 = 270

Assim, temos que A = N – D = 2250 – 270 = 1.980. (B)

Volte agora à resolução original e compare com esta por regra de três, que não precisou de nenhuma fórmula, somente se lembrar daquilo que você vai ter que se lembrar mesmo, que o desconto por fora tem como base o valor nominal. Caso ainda não esteja convencido, vamos resolver de novo outra questão de desconto por fora, mas pela regra de três. Faremos novamente a questão 7.

(FGV - AFRE/SEFAZ-RJ/2009) Um título com valor de R$5.000,00, com 1 mês para seu vencimento, é descontado no regime de juros simples a uma taxa de desconto "por fora" de 3% ao mês. O valor presente do título é igual a, em R$:

a) 5.500,00 b) 5.150,00 c) 4.997,00 d) 4.850,00 e) 4.500,00

RESOLUÇÃO:

D = i.t = 3%.1 = 3%

N = 100% = 5.000

Encontrando D, bastará calcular A = N – D, assim:

D ------- 3%

5.000 ----- 100%

D = 3 x 5.000 / 100 = 150

Assim, temos que A = N – D = 5.000 – 150 = 4.850. (D)

Bem, esse método da regra de três visa resolver algumas questões sem precisar a memorização de fórmulas. Não serve para resolver todas as questões de descontos simples, mas a maioria resolve. Algumas vezes pelo método utilizando a fórmula sai mais rápido, mas em caso de branco da respectiva fórmula na hora da prova, tente sair pela regra de três.

10. RELAÇÃO ENTRE AS TAXAS: i_d E i_D

Vimos a relação entre os descontos **d** e **D**. Agora, vamos ver a relação entre as taxas $\mathbf{i_d}$ e $\mathbf{i_D}$.

Como vimos, a taxa do desconto racional simples, $\mathbf{i_d}$, corresponde à taxa da operação de capitalização sob o Regime Simples, ou seja, ela corresponde à taxa usada na descapitalização. Assim, ela também é chamada de **taxa efetiva da operação** ou **taxa implícita da operação.**

Já a **taxa do desconto comercial simples,** $\mathbf{i_D}$, é chamada de **taxa bancária** ou **taxa nominal**, ou **taxa estabelecida**, pois é a taxa cobrada pelas instituições financeiras nas operações de desconto de duplicatas.

Dada uma taxa bancária ($\mathbf{i_D}$) praticada em uma operação de desconto de duplicatas, será que conseguimos calcular a taxa efetiva ($\mathbf{i_d}$) que produziria o mesmo desconto? Certamente que sim. Para isso, basta igualarmos os dois descontos, **d** e **D**. Vamos fazer isso!

$$D = d$$

$$N.i_D.t = \frac{N.i_d.t}{1 + i_d.t}$$

Simplificando N e t dos dois lados, temos:

$$i_D = \frac{i_d}{1 + i_d.t}$$

$$i_D.(1 + i_d.t) = i_d$$

$$i_D + i_D.i_d.t = i_d$$

Podemos isolar o tempo de antecipação:

$$t = i_d - i_D$$

$$t = \frac{i_d - i_D}{i_D.i_d}$$

Desmembrando o lado direito da equação em duas frações:

$$t = \frac{i_d}{i_D.i_d} - \frac{i_D}{i_D.i_d}$$

$$\boldsymbol{t = \frac{1}{i_D} - \frac{1}{i_d}}$$

Veja que chegamos a uma fórmula bem simples para relacionarmos as taxas de descontos simples das duas modalidades. Ela nos diz que a subtração entre os inversos das duas taxas é igual ao tempo de antecipação.

Para exemplificar, suponha que um título de R$20.000,00 foi descontado 4 meses antes do seu vencimento, a uma taxa de desconto comercial simples de 5% ao mês. Qual é a taxa efetiva mensal de juros simples dessa operação?

São dados: if = 5% a.m. = 0,05 | t = 4 meses

A taxa efetiva será dada por:

$$\boldsymbol{t = \frac{1}{i_D} - \frac{1}{i_d}}$$

$$4 = \frac{1}{0{,}05} - \frac{1}{i_d}$$

$$\frac{1}{i_d} = 20 - 4$$

$$\boldsymbol{i_d} = \frac{1}{16} = 0{,}0625 = \mathbf{6{,}25}\%$$

Veja como esse assunto já foi cobrado!

14. (CESGRANRIO – Liquigás/2012) Uma instituição financeira anuncia taxa de desconto simples bancário (ou desconto simples por fora) de 5% ao mês. Nas operações de um mês, a taxa mensal de juros compostos cobrada por essa instituição é, aproximadamente,

a) 4,5% b) 4,7% c) 5,0% d) 5,3% e) 5,5%

RESOLUÇÃO:

Sabemos como calcular a taxa efetiva de juros simples a partir da taxa de desconto comercial simples. Como a questão nos pede a taxa mensal composta em 1 mês e sabemos que juros simples e compostos são iguais em 1 período. A taxa composta será igual à taxa simples, logo:

$$\boldsymbol{t = \frac{1}{i_D} - \frac{1}{i_d}}$$

$$1 = \frac{1}{0{,}05} - \frac{1}{i_d}$$

$$\frac{1}{i_d} = 20 - 1$$

$$\boldsymbol{i_d} = \frac{1}{19} \approx 0{,}053 = \boldsymbol{5{,}3\%}$$

Gabarito: D.

11. DESCONTO RACIONAL COMPOSTO

Já sabemos que uma operação de desconto envolve trazer de um valor conhecido de uma data futura para uma data anterior. No geral, esse valor futuro corresponde a um título.

No caso do desconto composto, que ora se inicia, a única diferença que haverá em relação ao desconto simples é a natureza da taxa. De fato, trabalharemos agora com uma **taxa composta**. De resto, os elementos envolvidos numa operação de desconto serão os mesmos!

Mas, talvez você nos pergunte: *como saberei se a questão é realmente do regime composto?*

Existem basicamente duas formas:

1. quando o enunciado expressamente falar isso;
2. presença de uma *taxa nominal.*

Se uma dessas características estiver presente no enunciado da questão, não tenha dúvida: trata-se de uma questão de **desconto composto**! Mas, e qual será a modalidade: Racional (por dentro) ou Comercial (por fora)?

Bem, nesse caso, também dispomos de duas formas de solucionar o dilema:

1. quando o enunciado expressamente falar isso;
2. se a questão falar sobre uma **taxa de juros**, estaremos diante do **Desconto racional**.

Porém, se o enunciado não se pronunciar quanto à taxa da operação ser uma taxa de juros, utilizaremos o **Desconto Comercial**.

Podemos esquematizar isso da seguinte maneira:

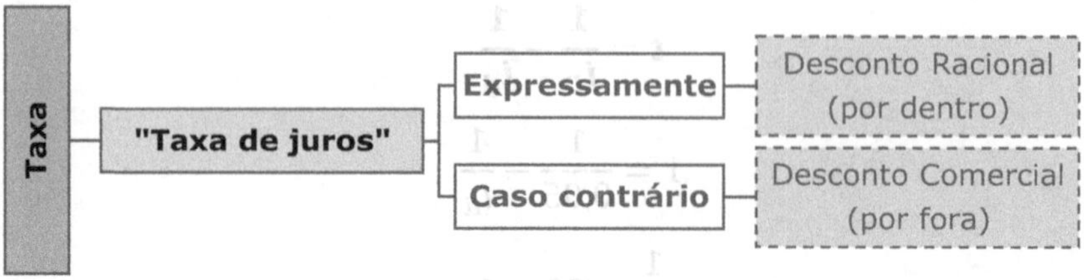

11.1. Fórmulas do Desconto Racional Composto

Lembra que falamos que a operação de juros é equivalente à operação de desconto por dentro? Sendo este o caso, basta saber a fórmula dos juros compostos e teremos a fórmula do desconto racional composto!

É mesmo? Não acredito, isso seria ótimo. Duas fórmulas em uma!

O montante a juros compostos é dado por:

$$M = C.(1 + i)^t$$

Agora, sabendo que o montante (maior que o capital) corresponde ao valor nominal (maior que o valor atual) e que o capital corresponde ao valor atual, temos a **equação fundamental do desconto racional composto**:

$$\mathbf{N = A.(1 + i)^t}$$

Veja que dela extraímos que:

$$\mathbf{A = \frac{N}{(1 + i)^t}}$$

Como o desconto é sempre dado pela diferença entre o N e A, temos:

$$d = N - A$$

$$d = N - \frac{N}{(1 + i)^t}$$

$$\mathbf{d = N . \left[1 - \frac{1}{(1 + i)^t}\right]}$$

Não precisa decorar a fórmula do desconto caso a ache muito complicada e difícil de ser memorizada, pois a fórmula do valor atual já resolve as questões, mesmo que leve um pouco mais de tempo. É aquela velha dúvida do custo benefício de decorar muitas fórmulas para algumas questões saírem mais rapidamente, mas com o risco de esquecer ou se confundir a prova, ou decorar menos fórmulas e se virar para resolver dentro do tempo de prova.

Caso você venha a estudar rendas certas, amortizações ou investimentos, o desconto que será utilizado no fluxo de caixa será este.

É claro que para podermos usar essas fórmulas será necessário respeitar a **exigência universal**: taxa e tempo devem estar na mesma unidade!

Para exemplificar, suponha que uma empresa especializada desconta um cheque no valor nominal de R$10.000,00 três meses antes do seu vencimento por meio de um desconto racional composto calculado à taxa de 4% ao mês. Calcule o valor mais próximo do valor do desconto.

(Dados: $1{,}04^3 = 1{,}124864$; Fator de valor atual de uma série de pagamentos: $a_{3\text{-}4\%} = 2{,}775091$; $a_{2\text{-}4\%} = 1{,}886094$)

É dito expressamente que deveremos trabalhar com a modalidade do **desconto racional composto.**

São dados: N = 10.000,00 | t = 3 meses | i = 4% a.m.

O **desconto composto por dentro** é dado por:

$$d = N \cdot \left[1 - \frac{1}{(1+i)^t}\right]$$

$$d = 10.000 \cdot \left[1 - \frac{1}{(1+0{,}04)^3}\right] = 10.000 \cdot \left[1 - \frac{1}{(1{,}04)^3}\right]$$

Mas a questão nos forneceu o valor do parêntese:

$$1{,}04^3 = 1{,}124864$$

Substituindo em nossos cálculos, obtemos:

$$\boldsymbol{d} = 10.000 \cdot \left[1 - \frac{1}{1{,}124864}\right] = 10.000 \cdot \left(\frac{0{,}124864}{1{,}124864}\right) = \mathbf{1110{,}04}$$

Veja como esse assunto já foi cobrado!

15. (CESPE - AJ/TRT 10/2004) O valor presente de um compromisso futuro de R$10.000, a uma taxa de juros de 25% para o período, corresponde a R$8.000.

RESOLUÇÃO:

Essa questão é bem interessante para aplicarmos uma dica que passamos anteriormente. Estão lembrados que falamos que uma das formas de identificar se uma questão de desconto é de determinada modalidade seria por meio da presença no enunciado de uma **taxa de juros**?

Pois bem, eis que a presente questão vem demonstrar exatamente como essa dica é valiosa. Perceba que, ao contrário das questões que vínhamos trabalhando, **em nenhum momento está sendo mencionada a modalidade de desconto envolvida**, se racional ou comercial. No entanto, é dado, "sem querer querendo", uma **taxa de juros** de 25% ao período. Pronto! Era tudo o que precisávamos para saber que iremos trabalhar com a modalidade de **desconto racional**.

São dados: **N** = Compromisso futuro = 10.000,00 | **t** = 1 período | **i** = 25% a.p.

De posse das principais informações, vamos efetuar os cálculos:

$$\boldsymbol{N = A.(1+i)^t}$$

$$10000 = A.(1+0{,}25)^1$$

$$10000 = A.(1{,}25)^1$$

$$A = \frac{10000}{1{,}25} = \mathbf{8000}$$

Gabarito: certo.

16. (FCC - Analista Legislativo/AL-AP/2020) Dois títulos de mesmo valor nominal são descontados em uma instituição financeira segundo o critério do desconto composto real a uma taxa de juros compostos de 10% ao ano. Um dos títulos foi descontado 1 ano antes de seu vencimento e o outro 2 anos antes de seu vencimento. Sabendo-se que a soma dos dois valores atuais foi igual a R$42.000,00, tem-se que a soma dos valores nominais dos dois títulos é igual a, em R$:

a) 50.820,00 b) 46.200,00 c) 47.300,00 d) 47.850,00 e) 48.400,00

RESOLUÇÃO:

O valor atual no desconto racional composto é dado por:

$$\boldsymbol{A = \frac{N}{(1+i)^t}}$$

Em que **N** é o valor nominal do título, **i** é a taxa de desconto e **t** é o número de períodos de antecipação.

Ao aplicarmos a relação para os dois títulos com soma atual de R$42.000,00, descontados em 1 e 2 períodos à taxa de 10%, obtemos:

$$\frac{N}{(1+0{,}1)^1}+\frac{N}{(1+0{,}1)^2}=42.000$$

$$\frac{N}{1{,}1}+\frac{N}{1{,}21}=42.000$$

Podemos multiplicar a equação por 1,21:

$$1{,}1N + N = 50.820$$

$$N = 50.8202{,}1 = 24.200$$

Portanto, a soma dos valores nominais dos dois títulos é igual a 2N = **R$48.400.**

Gabarito: E.

12. DESCONTO COMERCIAL COMPOSTO

Também chamado de **Desconto Composto Por Fora**, o Desconto **Comercial composto** é bem semelhante ao Racional, tendo como principal diferença a fórmula a ser trabalhada, conforme veremos a seguir.

12.1. Fórmula do Desconto Comercial Composto

Na verdade, para obtermos a **equação fundamental do desconto composto por fora**, precisamos trocarmos quase tudo na fórmula do desconto racional composto:

$$\mathbf{N = A.(1 + \mathit{i})^{\mathit{t}}}$$

$$\boldsymbol{A = N.(1 - i)^t}$$

Visto que o desconto é sempre dado pela diferença entre o N e A, temos:

$$D = N - A$$

$$\boldsymbol{D = N - N.(1 - i)^t = N.[1 - (1 - i)^t]}$$

Assim como no caso do desconto composto por dentro, não precisa decorar a fórmula do desconto caso a ache muito complicada e difícil de ser memorizada, pois a fórmula do valor atual já resolve as questões, mesmo que leve um pouco mais de tempo.

Como de costume, para podermos usar essa fórmula será necessário respeitar a **exigência universal**: taxa e tempo devem estar na mesma unidade!

Veja como esse assunto já foi cobrado!

17. (FGV - AFRE/SEFAZ-RJ/2010) Um título com três anos até o vencimento tem valor futuro de R$10.000,00. Sabendo-se que um banco apresenta uma taxa de desconto composto comercial de 50% ao ano, o valor presente desse título é, em R$:

a) 1.250,00 b) 2.000,00 c) 3.333,33 d) 4.000,00 e) 5.000,00

RESOLUÇÃO:

São dados: **N** = 10.000,00 | **t** = 3 anos | **i** = 50% a.a.

Vamos aplicar a equação do **desconto composto por fora:**

$$A = N.(1 - i)^t$$

$$A = 10000.(1 - 0{,}50)^3 = 10000.(0{,}50)^3 = 10000.0{,}125 = \mathbf{1250}$$

Gabarito: A.

18. (CESPE - AUFC/TCU/2013) Na contração de determinada empresa por certo órgão público, ficou acordado que o administrador pagaria R$200.000,00 para a contração do serviço, mais quatro parcelas iguais no valor de R$132.000,00 cada a serem pagas, respectivamente, no final do primeiro, segundo, terceiro e quarto anos consecutivos à assinatura do contrato. Considere que a empresa tenha concluído satisfatoriamente o serviço dois anos após a contração e que tenha sido negociada a antecipação das duas últimas parcelas para serem pagas juntamente com a segunda parcela. Com base nessa situação hipotética, julgue o item a seguir.

Se na antecipação for utilizado desconto comercial composto, a uma taxa de 10% ao ano, para pagamento das duas últimas parcelas, o valor do desconto obtido com a quarta parcela será igual a R$25.080,00.

RESOLUÇÃO:

São dados: **N** = 132.000,00 | **t** = 2 anos | **i** = 10% a.a.

Vamos aplicar a equação do **desconto composto por fora**:

$$D = N.[1 - (1 - i)^t]$$

$$\boldsymbol{D} = 132.000.[1 - (1 - 0{,}1)^2] = 132.000.0{,}19 = \mathbf{25.080}$$

Gabarito: certo.

19. (FUNCAB – SEFAZ-BA/Auditor Fiscal - 2014) Um empresário foi ao banco descontar uma nota promissória com valor nominal de R$40.000,00 e vencimento em dois meses. Calcule o valor recebido pelo empresário, em R$, sabendo que foi cobrada uma taxa de desconto comercial composto de 2% ao mês.

a) 37.646,68 b) 39.030,25 c) 39.200,00 d) 38.416,00 e) 38.972,30

RESOLUÇÃO:

São dados: N = 40.000 | i = 2% a.m. = 0,02 | t = 2 meses

Para o desconto comercial composto, temos:

$$A = N.(1 - i)^t$$

$$A = 40.000.(1 - 0{,}02)^2$$

$$\boldsymbol{A} = \mathbf{38.416{,}00}$$

Gabarito: D.

13. RELAÇÃO ENTRE AS TAXAS COMPOSTAS DE DESCONTO POR DENTRO E POR FORA

Da mesma forma que fizemos no caso dos descontos sob regime simples, podemos calcular a taxa efetiva composta correspondente a uma determinada taxa comercial composta, igualando os dois descontos. Ao fazermos isso, obtemos:

$$\mathbf{1 = \frac{1}{i_D} - \frac{1}{i_d}}$$

Cuidado para não confundir as fórmulas das relações entre as taxas simples e as taxas compostas de descontos, pois são bem parecidas:

Desconto Simples:	Desconto Composto:
$t = \frac{1}{i_D} - \frac{1}{i_d}$	$1 = \frac{1}{i_D} - \frac{1}{i_d}$

Note que a equivalência das taxas de desconto composto não depende de t, como dependia a relação entre as taxas simples.

i_d	I_D
Taxa **Efetiva Composta**	Taxa **Bancária Composta**
Taxa **Implícita**	Taxa **Nominal Composta**
Taxa de **juros compostos**	Taxa **Estabelecida**

$$1 = \frac{1}{i_D} - \frac{1}{i_d}$$

Veja como esse assunto já foi cobrado!

20. (CONSULPLAN/Banestes/2013) Em um banco comercial, uma duplicata é descontada a uma taxa de desconto composto comercial de 20% a.a. Marcelo Monetário, gerente do banco, sabendo que, na prática, o desconto composto racional é mais utilizado, calculou a taxa equivalente para este desconto e obteve

a) 16% a.a. b) 22% a.a. c) 25% a.a. d) 28% a.a. e) 30% a.a.

RESOLUÇÃO:

A relação entre as duas taxas é dada por:

$$1 = \frac{1}{i_D} - \frac{1}{i_d}$$

$$1 = \frac{1}{0{,}2} - \frac{1}{i_d}$$

$$\frac{1}{i_d} = 5 - 1$$

$$i_d = \frac{1}{4} = 0{,}25 = \mathbf{25\%\ a.a}$$

Gabarito: C.

21. (FUNCAB – SEPLAG-MG/2014) Em relação à operação "desconto", é correto afirmar que no:

a) Brasil, sempre que de forma ampla e generalizada, o desconto comercial é utilizado no regime de juros simples e o desconto racional é utilizado no regime de juros compostos.

b) Brasil, sempre que é mais interessante para o devedor, o desconto comercial é utilizado no regime de juros simples e o desconto racional é utilizado no regime de juros compostos.

c) desconto comercial, também chamado de "desconto por dentro", a taxa de desconto incide sobre o valor presente e no desconto racional, também chamado de "desconto por fora", a taxa de desconto incide sobre o valor futuro.

d) desconto racional, também chamado de "desconto por fora", a taxa de desconto incide sobre o valor futuro e no desconto comercial, também chamado de "desconto por dentro", a taxa de desconto incide sobre o valor presente.

RESOLUÇÃO:

(A) Verdadeira. No Brasil, essas são as duas modalidades de desconto mais utilizadas.

(B) Falsa. As práticas são as mesmas e definidas no início da operação, não cabendo falar em ocasiões em que seriam mais benéficas para uma das partes. "O combinado nunca é caro ou barato."

(C) Falsa. É exatamente o oposto. O desconto racional é o "desconto por dentro" e o desconto comercial, o "desconto por fora". Lembra-se dos "Fora, Comercial Bancário!" e "quem tá por dentro das coisas, raciocina melhor", do Alexandre?

(D) Falsa. Idem à letra C.

Gabarito: A.

14. RESUMO

Desconto Simples	
Racional ou por Dentro (d)	**Comercial ou por Fora (D)**
A base é o A	A base é o N
$A = \frac{N}{1 + i\,.\,t}$	A = N (1 – i . t)
d = A . i . t	D = N . i . t
D – d = d . i . t	
$N = \frac{D.d}{D - d}$	

Método da Regra de Três para Descontos Simples	
Racional ou por Dentro (d)	**Comercial ou por Fora (D)**
d (%) = i.t	D (%) = i.t
A = 100%	A = N – D
N = A + d	N = 100%

Desconto Racional Simples	**Desconto Comercial Simples**
$d = A.i.t$ $A = \frac{N}{1 + i.t}$	$D = N.i.t$ $A = N.(1 - i.t)$
$d = N.[1 - \frac{1}{(1+i)^t}]$ $A = \frac{N}{(1+i)^t}$	$D = N.[1 - (1 - i)^t]$ $A = N.(1 - i)^t$
Desconto Racional Composto	**Desconto Comercial Composto**

Desconto = N – A

Dica: Você já observou que três das quatro fórmulas envolvendo os valores atuais dos descontos racionais (por dentro) possuem razões? Já as fórmulas que não possuem razões são as que não são racionais, ou seja, são as comerciais. Assim, como "racional" lembra "razão", fica mais fácil fazer essa correlação.

Desconto Simples:	Desconto Composto:
$t = \frac{1}{i_D} - \frac{1}{i_d}$	$1 = \frac{1}{i_D} - \frac{1}{i_d}$

15. MAIS QUESTÕES COMENTADAS

22. (CESPE - Pref. São Luís/2017) Buscando melhorar suas vendas, uma loja de materiais de construção passou a vender seus produtos pelo "valor de vitrine", por meio de cheque pré-datado para três meses a contar da data da compra. Um cliente comprou materiais que, pelo valor de vitrine, ficou em R$1.000, e preferiu antecipar o pagamento, pagando à vista com desconto equivalente à taxa juros simples de 2% ao mês. Na situação apresentada, se for utilizado o desconto comercial simples, o cliente deverá pagar, à vista, o valor de

a) R$980. b) R$994. c) R$998. d) R$940. e) R$960.

RESOLUÇÃO:

São dados: N = 1.000 | i = 2% a.m. = 0,02 | t = 3 meses

Para o desconto comercial simples, temos:

$$A = N.(1 - i.t)$$

$$A = 1.000.(1 - 0{,}02.3) = \mathbf{940}$$

Vamos relembrar como que resolveríamos esta questão por regra de três?

D = i.t = 2%.3 = 6%

Desconto comercial: N = 100% = 1.000

Assim:

D -------- 6%

1.000 ------ 100%

D = 6.000/100 = 60

A = N - D = 1.000 - 60 = 940

Gabarito: D.

23. (CESPE- Pref. São Luis/2017) Buscando melhorar suas vendas, uma loja de materiais de construção passou a vender seus produtos pelo "valor de vitrine", por meio de cheque pré-datado para três meses a contar da data da compra. Um cliente comprou materiais que, pelo valor de vitrine, ficou em R$1.000, e preferiu antecipar o pagamento, pagando à vista com desconto equivalente à taxa juros simples de 2% ao mês. Na situação apresentada, se for utilizado o desconto racional simples, o cliente deverá pagar, à vista,

a) menos de R$920.

b) mais de R$920 e menos de R$940.

c) mais de R$940 e menos de R$960.

d) mais de R$960 e menos de R$980.

e) mais de R$980.

RESOLUÇÃO:

São dados: N = 1.000 | i = 2% a.m. = 0,02 | t = 3 meses

Para o desconto racional simples, temos:

$$A = \frac{N}{1 + i.t}$$

$$\boldsymbol{A} = \frac{1.000}{1 + 0{,}02\,.3} = \mathbf{943{,}40}$$

Vamos relembrar como que resolveríamos esta questão por regra de três?

d = i.t = 2%.3 = 6%

Desconto racional: A = 100% = ? | N = A + d = 100%+6% = 106% = 1.000

Assim:

d -------- 6%

1.000 ------ 106%

d = 6.000/106 = 56,60

A = N – d = 1.000 – 56,60 = 943,40

Gabarito: C.

24. (CESPE – ANATEL/2009) Considerando que um título de valor nominal de R$6.000,00 tenha sido descontado 5 meses antes do seu vencimento, a uma taxa de desconto simples de 4% ao mês, julgue os itens seguintes. Se tiver sido utilizado o desconto comercial (por fora), então a taxa mensal efetiva da operação de desconto foi superior a 4,8%.

RESOLUÇÃO:

São dados: i_D = 4% a.m. | t = 5 meses

A **taxa efetiva** será dada por:

$$\boldsymbol{t = \frac{1}{i_D} - \frac{1}{i_d}}$$

$$5 = \frac{1}{0{,}04} - \frac{1}{i_d}$$

$$\frac{1}{i_d} = 25 - 5$$

$$\boldsymbol{i_d} = \frac{1}{20} = 0{,}05 = \mathbf{5\%} > \mathbf{4{,}8\%}$$

Gabarito: Certo.

25. (CESPE – ANTAQ/2009) Um comerciante dispõe, hoje, de R$10.000,00 para pagamento de um título em um banco que usa taxa de juros nominal de 60% ao ano, para desconto racional composto, e taxa de juros compostos igual a 5% ao mês, para remuneração de um fundo de investimentos próprio. O valor nominal do referido título é de R$11.025,00, com vencimento daqui a 4 meses.

Com relação à situação apresentada, julgue o item a seguir, tomando 1,2155 como valor aproximado para $1{,}05^4$.

Se fosse adotado pelo banco o desconto comercial simples, então o título poderia ser pago hoje com desconto maior que R$2.000,00.

RESOLUÇÃO:

São dados: N = 11.025 | i = 60% a.a. | t = 4 meses = 4/12 anos

Para o desconto comercial simples, temos:

$$D = N.i.t$$

$$\boldsymbol{D} = 11.025\,.\,0{,}60\,.\frac{4}{12} = \mathbf{2.205} > 2.000$$

Gabarito: Certo.

26. (CESPE – FUB/Administrador - 2009) Em uma concessionária de veículos o preço de determinado modelo é R$32.000,00. Com a queda nas vendas, o proprietário da concessionária criou vários planos de venda para atrair novos clientes e tentar vendê-lo. A partir dessa situação, julgue o item a seguir.

Considere que um cliente tenha comprado um veículo desse modelo pagando R$12.000,00 de entrada, devendo pagar o restante em uma única parcela, em 6 meses. Se essa concessionária usa o sistema de desconto racional simples para as dívidas de seus clientes, com juros de 2% ao mês, então o valor nominal que o cliente deverá pagar 6 meses após a compra será superior a R$22.000,00.

RESOLUÇÃO:

São dados: A = 32.000 – 12.000 = 20.000 | i = 2% a.m. | t = 6 meses

Para o desconto racional simples, temos:

$$A = \frac{N}{1 + i.t}$$

$$20.000 = \frac{N}{1 + 0{,}02\,.\,6}$$

$$\boldsymbol{N} = 20.000\ \times\ 1{,}12 = \mathbf{22.400} > 22.000$$

Gabarito: Certo.

27. (CESPE – CAIXA/Técnico Bancário - 2010) Se, ao descontar uma promissória com valor de face de R$5.000,00, seu detentor receber o valor de R$4.200,00, e se o prazo dessa operação for de 2 meses, então a taxa mensal de desconto simples por fora será igual a

a) 5%. b) 6%. c) 7%. d) 8%. e) 9%.

RESOLUÇÃO:

São dados: N = 5.000 | A = 4.200 | t = 2 meses

Para o desconto comercial simples, ou "por fora", temos:

$$A = N.(1 - i.t)$$

$$4.200 = 5.000\,.\,(1 - i.2)$$

$$1 - 2.i\ = \frac{4.200}{5.000} = 0{,}84$$

$$\boldsymbol{i} = \frac{1 - 0{,}84}{2} = \mathbf{8\%}$$

Gabarito: D.

28. (CESPE – ABIN/Agente Técnico - 2010) Considerando que uma promissória de valor nominal de R$5.000,00 tenha sido descontada 5 meses antes do seu vencimento, em um banco cuja taxa de desconto comercial simples (por fora) é de 5% ao mês, julgue o item subsequente.

O valor recebido (valor descontado) foi inferior a R$3.800,00.

RESOLUÇÃO:

São dados: N = 5.000 | i = 5% a.m. | t = 5 meses

Para o desconto comercial simples, ou "por fora", temos:

$$A = N.(1 - i.t)$$

$$\boldsymbol{A} = 5.000.(1 - 0{,}05.5) = \mathbf{3.750} < 3.800$$

Gabarito: Certo.

29. (CESPE – ABIN/Agente Técnico - 2010) Considerando que uma promissória de valor nominal de R$5.000,00 tenha sido descontada 5 meses antes do seu vencimento, em um banco cuja taxa de desconto comercial simples (por fora) é de 5% ao mês, julgue o item subsequente.

A taxa efetiva mensal dessa operação foi inferior a 6%.

RESOLUÇÃO:

São dados: if = 5% a.m. | n = 5 meses

A taxa efetiva será dada por:

$$\boldsymbol{t} = \frac{\mathbf{1}}{\boldsymbol{i_D}} - \frac{\mathbf{1}}{\boldsymbol{i_d}}$$

$$5 = \frac{1}{0{,}05} - \frac{1}{i_d}$$

$$\frac{1}{i_d} = 20 - 5$$

$$\boldsymbol{i_d} = \frac{1}{15} = 0{,}0666\ldots = \mathbf{6{,}67\%} > 6\%$$

Gabarito: Errado.

30. (CESPE – Correios/Analista - 2011) Uma promissória no valor de R$12.500,00, com vencimento em dois meses, foi descontada em um banco que pratica a taxa de desconto simples por fora de 10% ao mês. A respeito desta situação e considerando 1,118 como o valor aproximado para 1,251/2, julgue o item seguinte.

O detentor da promissória recebeu do banco menos de R$9.980,00.

RESOLUÇÃO:

São dados: N = 12.500 | i = 10% a.m. | t = 2 meses

Para o desconto comercial simples, ou "por fora", temos:

$$A = N.(1 - i.t)$$

$$A = 12.500.(1 - 0{,}10.2) = \mathbf{10.000} > 9{,}980$$

Gabarito: Errado.

31. (CESPE – TCU/AUFC - 2013) Na contração de determinada empresa por certo órgão público, ficou acordado que o administrador pagaria R$200.000,00 para a contração do serviço, mais quatro parcelas iguais no valor de R$132.000,00 cada a serem pagas, respectivamente, no final do primeiro, segundo, terceiro e quarto anos consecutivos à assinatura do contrato. Considere que a empresa tenha concluído satisfatoriamente o serviço dois anos após a contração e que tenha sido negociada a antecipação das duas últimas parcelas para serem pagas juntamente com a segunda parcela.

Com base nessa situação hipotética, julgue o item a seguir.

Se for utilizado desconto comercial simples a uma taxa de 10% ao ano para pagamento das duas últimas parcelas, o valor total a ser pago à empresa no final do segundo ano será inferior a R$350.000,00.

RESOLUÇÃO:

Usando o desconto comercial simples, teremos o seguinte pagamento ao final do 2º ano:

$$A = 132.000 + 132.000.(1 - 10\%.1) + 132.000.(1 - 10\%.2) = \mathbf{356.400} > 350.000$$

Gabarito: Errado.

32. (CESPE – TCU/AUFC - 2013) Na contração de determinada empresa por certo órgão público, ficou acordado que o administrador pagaria R$200.000,00 para a contração do serviço, mais quatro parcelas iguais no valor de R$132.000,00 cada a serem pagas, respectivamente, no final do primeiro, segundo, terceiro e quarto anos consecutivos à assinatura do contrato. Considere que a empresa tenha concluído satisfatoriamente o serviço dois anos após a contração e que tenha sido negociada a antecipação das duas últimas parcelas para serem pagas juntamente com a segunda parcela.

Com base nessa situação hipotética, julgue o item a seguir.

Se for decidida a utilização de desconto racional simples a uma taxa de 10% ao ano para pagamento das duas últimas parcelas, o valor total do desconto será superior a R$35.000,00.

RESOLUÇÃO:

Usando o desconto racional simples, teremos o seguinte valor presente para as duas últimas parcelas:

$$\boldsymbol{A} = \frac{132.000}{1 + 10\%.1} + \frac{132.000}{1 + 10\%.2} = \mathbf{232.000}$$

E o **desconto** será dado por:

$$Desconto = N - A$$

$$\textbf{\textit{Desconto}} = (132.000 + 132.000) - 232.000 = \mathbf{32.000} < 35.000$$

Gabarito: Errado.

33. (CESPE – TCU/AUFC - 2013) Na contração de determinada empresa por certo órgão público, ficou acordado que o administrador pagaria R$200.000,00 para a contração do serviço, mais quatro parcelas iguais no valor de R$132.000,00 cada a serem pagas, respectivamente, no final do primeiro, segundo, terceiro e quarto anos consecutivos à assinatura do contrato. Considere que a empresa tenha concluído satisfatoriamente o serviço dois anos após a contração e que tenha sido negociada a antecipação das duas últimas parcelas para serem pagas juntamente com a segunda parcela.

Com base nessa situação hipotética, julgue o item a seguir.

Se para o pagamento for utilizado desconto racional composto, a uma taxa de 10% ao ano, na antecipação das parcelas, o desconto obtido com o valor da terceira parcela será o mesmo que seria obtido se fosse utilizado desconto racional simples.

RESOLUÇÃO:

Usando o desconto racional composto, teremos o seguinte valor presente para a terceira parcela:

$$A = \frac{132.000}{(1 + 10\%)^1} = 120.000$$

E para o desconto racional simples, será dado por:

$$A = \frac{132.000}{(1 + 10\%.1)} = 120.000$$

Gabarito: Certo.

34. (CESPE – TCE-ES/Analista - 2013) Uma pessoa aplicou determinado capital durante cinco meses à taxa de juros simples de 4% ao mês, para saldar uma dívida de R$12.000,00, quatro meses antes do seu vencimento, à taxa de desconto comercial simples de 5% ao mês.

Nessa situação, a taxa mensal efetiva para o desconto comercial foi de:

a) 6%. b) 6,25%. c) 5% d) 5,5%. e) 5,85%

RESOLUÇÃO:

São dados: i_D = 5% a.m. | t = 4 meses

A taxa efetiva será dada por:

$$\boldsymbol{t = \frac{1}{i_D} - \frac{1}{i_d}}$$

$$4 = \frac{1}{0,05} - \frac{1}{i_d}$$

$$\frac{1}{i_d} = 20 - 4$$

$$\boldsymbol{i_d} = \frac{1}{16} = 0,0625 = \boldsymbol{6,25\%}$$

Gabarito: B.

35. (CESPE – FUB/Técnico - 2014) Se uma duplicata de valor nominal de R$6.360 for quitada dois meses antes de seu vencimento, à taxa de desconto racional simples de 3% a.m, o valor pago, na data de quitação, será inferior a R$5.950.

RESOLUÇÃO:

São dados: N = 6.360 | i = 3% a.m. | t = 2 meses

Para o desconto racional simples, temos que:

$$d = \frac{N \,.\, i \,.\, t}{1 + i.t}$$

$$d = \frac{6.360 \,.\, 0{,}03 \,.\, 2}{1 + 0{,}03 \,.\, 2} = 360$$

Além disso, sabemos que:

$$A = N - D$$

$$\boldsymbol{A} = 6.360 - 360 = \mathbf{6.000} > 5.950$$

Gabarito: Errado.

36. (CESPE – Câmara dos Deputados/Analista Legislativo-2014)

ano	variação percentual				
	INPC	PIB	salário mínimo (SM)	TJLP	SELIC
2010	6,47	7,53	—	—	—
2011	6,08	2,73	—	—	—
2012	6,20	1,03	14,07	—	—
2013	5,56	2,28	9,10	5,00	8,00

O Fundo de Amparo ao Trabalhador (FAT) é um fundo contábil-financeiro destinado ao custeio do programa do seguro-desemprego e do abono salarial e ao financiamento de programas de desenvolvimento econômico. Entre esses programas, incluem-se as linhas de financiamentos a micro, pequenas e médias empresas, realizados com recursos dos chamados depósitos especiais, que o fundo faz nas instituições financeiras oficiais federais (IFOFs).

Com base nas informações do texto e da tabela acima apresentados e considerando que 1,244, 1,121, 1,006 e 1,018 sejam, respectivamente, os valores aproximados de 1,1407 × 1,091, 1,062 × 1,0556, $1{,}08^{1/12}$, e $1{,}006^3$, julgue o próximo item.

Caso um microempresário contrate um financiamento em uma IFOF que opere com recursos do FAT, para pagar uma prestação mensal e consecutiva de R$1.000,00, e consiga quitar o financiamento 3 meses (pagando as 3 últimas prestações) antes do prazo final para pagar a última prestação, a uma taxa de desconto composto racional de 8% ao ano, então ele obterá um desconto total inferior a R$55,00.

RESOLUÇÃO:

O valor pago pelas 3 últimas prestações será de:

$$A = \frac{1.000}{(1+8\%)^{\frac{1}{12}}} + \frac{1.000}{(1+8\%)^{\frac{2}{12}}} + \frac{1.000}{(1+8\%)^{\frac{3}{12}}}$$

Como o enunciado forneceu que $1{,}08^{1/12} = 1{,}006$, teremos:

$$\boldsymbol{A} = \frac{1.000}{1{,}006} + \frac{1.000}{1{,}006^2} + \frac{1.000}{1{,}006^3}$$

Como $1{,}006^2 = 1{,}012$ e o enunciado também forneceu que $1{,}006^3 = 1{,}018$, teremos:

$$\boldsymbol{A} = \frac{1.000}{1.006} + \frac{1.000}{1.012} + \frac{1.000}{1.018} = 994{,}04 + 988{,}14 + 983{,}32 = \mathbf{2.964{,}50}$$

O **desconto** obtido será dado por:

$$d = N - A$$

$$\boldsymbol{d} = 3.000 - 2.964{,}50 = \mathbf{35{,}50} < 55$$

Gabarito: Certo.

37. (CESPE – CGE-PI/Auditor Governamental - 2015) Considerando que um título de valor nominal de R$2.300,00 será resgatado 5 meses antes do seu vencimento e, na operação, será usado o desconto comercial simples, julgue o item subsequente.

Se a taxa de desconto for de 4% ao mês, então a taxa efetiva mensal da operação será inferior a 4,8%.

RESOLUÇÃO:

São dados: $i_f = 4\%$ a.m. | t = 5 meses

A taxa efetiva será dada por:

$$t = \frac{1}{i_D} - \frac{1}{i_d}$$

$$5 = \frac{1}{0{,}04} - \frac{1}{i_d}$$

$$\frac{1}{i_d} = 25 - 5$$

$$i_d = \frac{1}{20} = 0{,}05 = \mathbf{5\% > 4{,}8\%}$$

Gabarito: Errado.

38. (CESPE – CGE-PI/Auditor Governamental - 2015) Considerando que um título de valor nominal de R$2.300,00 será resgatado 5 meses antes do seu vencimento e, na operação, será usado o desconto comercial simples, julgue o item subsequente.

Se, na operação em questão, forem estabelecidas taxa de desconto comercial simples de 3% ao mês e a cobrança de uma taxa de 3% incidente sobre o valor nominal, então o valor líquido liberado será inferior a R$1.900,00.

RESOLUÇÃO:

O **valor líquido** será dado por:

$$\boldsymbol{VL} = \underbrace{2.300\,.\,(1 - 3\%.\,5)}_{\substack{Valor \\ Descontado}} - \underbrace{2.300\,.\,3\%}_{\substack{Taxa \\ de\ 3\%}}$$

$$\boldsymbol{VL} = \mathbf{1.886} < 1.900$$

Gabarito: Certo.

39. (CESPE – MTPS/Contador - 2014) Fabiana comprou um veículo financiado, sem entrada, em 50 prestações mensais e consecutivas de R$1.000,00, à taxa de juros compostos de 2% ao mês, com a primeira prestação vencendo um mês após a compra.

A respeito dessa situação hipotética, julgue os itens a seguir, considerando 39,5 e 0,37 valores aproximados, respectivamente, para $\sum_{j=0}^{49} 0{,}99^j$ e $1{,}02^{-50}$.

Se Fabiana quitar o financiamento na data do pagamento da primeira prestação, pagando as 50 prestações e recebendo, na operação, um desconto comercial composto de 1% ao mês, ela pagará menos de R$40.000,00.

RESOLUÇÃO:

Para calcular o valor necessário para Fabiana quitar o financiamento na data da primeira prestação, precisamos somar os valores atuais de todas as prestações, sob desconto comercial composto.

Lembrando que a última prestação vencerá 49 meses após a primeira, temos:

$$A_{total} = 1.000 + 1.000.(1 - 0,01)^1 + ... + 1.000.(1 - 0,01)^{49}$$

$$A_{total} = 1.000 + 1.000.(0,99)^1 + ... + 1.000.(0,99)^{49}$$

$$A_{total} = 1.000.[1 + 0,99^1 + 0,99^2 + ... + 0,99^{49}]$$

$$A_{total} = 1.000.[0,99^0 + 0,99^1 + 0,99^2 + ... +0,99^{49}]$$

$$A_{total} = 1.000.\sum_{j=0}^{49} 0,99^j$$

$$A_{total} = 1.000 \times 39,5 (\textit{fornecido pelo enunciado}) = 39.500 < 40.000$$

Gabarito: Certo.

40. (CESPE – Analista/ANATEL/2004) Considere que uma nota promissória de valor nominal igual a R$5.600,00 tenha sido descontada 3 meses antes do vencimento, e que, a título de desconto, foi aplicada uma taxa de juros simples de 4% ao mês. A respeito dessa situação, julgue o item que se segue.

Caso tenha sido utilizado o desconto racional simples na operação, então o desconto obtido foi superior a R$620,00.

RESOLUÇÃO:

Dados: **N** = 5.600,00 | **t** = 3 meses | **i** = 4% a.m.

Para o **desconto simples por dentro**, temos:

$$\boldsymbol{N = A.(1 + i.t)}$$

$$5600 = A.(1 + 0,04.3)$$

$$5600 = A.1,12$$

$$A = \frac{5600}{1,12} = \mathbf{5000}$$

O **desconto** (d) é obtido por meio da diferença entre o valor nominal (N) e o valor atual (A):

$$\boldsymbol{d = N - A}$$

$$d = 5600 - 5000 = \mathbf{600}$$

Portanto, o item está **errado**, pois o desconto obtido **não** foi superior a R$620,00.

Gabarito: Errado.

41. (CESPE/CAGE-RS/Auditor de Controle Interno/2018) No regime de juros simples, um título com valor nominal de R$38.290,20 vence em 6 meses. A taxa de juros de negociação é de 24% ao ano e o resgate do título ocorre dois meses antes de seu vencimento. Considerando o desconto racional, assinale a opção correspondente ao cálculo correto do valor a ser resgatado nessa situação.

a) $\frac{38290,20}{\left(1+\frac{0,24}{12}\right)^2}$ b) $\frac{38290,20}{\left(1+\frac{0,24}{12}\right)^4}$ c) $38.290,20 \times \left(1-\frac{0,24}{12}\times 2\right)$ d) $\frac{38.290,20}{1+\frac{0,24}{12}\times 4}$ e) $\frac{38.290,20}{1+\frac{0,24}{12}\times 2}$

RESOLUÇÃO:

A taxa de desconto negociada é de 24% ao ano, ou seja, 24%/12 ao mês, isto é, 0,24/12 ao mês.

Adicionalmente o enunciado informa que o valor nominal é de 38.290,20 reais e o prazo de antecipação é t = 2 meses. Assim, o **valor atual** na fórmula do desconto racional é:

$$A = \frac{N}{1+it} = \frac{\mathbf{38.290,20}}{\mathbf{1+\frac{0,24}{12}} \times 2}$$

Gabarito: E.

42. (CESPE/CAGE-RS/Auditor de Controle Interno/2018) Um comerciante contratou um estagiário, estudante universitário, para cuidar dos registros das informações financeiras no sistema da loja. O banco do qual o comerciante é cliente oferece o serviço de desconto de cheques, cobrando a taxa de desconto comercial simples de 7,5% ao mês. Todavia, o sistema da loja só registra a taxa efetiva dessas operações. Nessa situação, se o comerciante depositar um cheque no valor de R$100 para ser descontado com antecedência de 1 mês, a taxa efetiva registrada pelo sistema da loja será:

a) Inferior a 6,5%

b) Superior a 6,5% e inferior a 7,5%

c) Superior a 7,5% e inferior a 8,5%

d) Superior a 7,5% e inferior a 8,5%

e) Superior a 9,5%

RESOLUÇÃO:

Devemos aplicar a fórmula que relaciona as taxas do desconto **racional** e do desconto **comercial**:

$$\frac{1}{i_D} - \frac{1}{i_d} = t$$

$$\frac{1}{0{,}075} - \frac{1}{i_d} = 1 \Rightarrow \frac{1.000}{75} - \frac{1}{i_d} = 1$$

$$\frac{1}{i_d} = \frac{1.000}{75} - 1 \Rightarrow \frac{1}{i_d} = \frac{37}{3} \Rightarrow i_d = 0{,}081 = \mathbf{8{,}1\%}$$

Gabarito: C.

43. (CESPE – ANP/Especialista em Regulação - 2013) Um produto é vendido em 12 parcelas mensais de R$175,00 sem entrada ou à vista por R$1.970,00. Pedro não tinha o montante necessário para comprar o produto à vista, mas seu filho, Luke, possuía o valor necessário disponível em uma poupança, que remunerava à taxa de 0,5% a.m. Assim, Pedro propôs a seu filho um empréstimo, em que pagaria os mesmos juros que a loja cobra na venda do produto. Com base nessas informações e considerando 1,0617 e 0,0889 como valores aproximados para $1{,}005^{12}$ e $0{,}01 \times 1{,}01^{12}/(1{,}01^{12} - 1)$, respectivamente, julgue o item seguinte.

Caso Luke empreste o dinheiro a seu pai e este decida, no momento do pagamento da oitava parcela, pagar também a décima segunda com um desconto simples racional à taxa de 0,5% a.m., o valor do desconto obtido será superior a R$3,50.

RESOLUÇÃO:

São dados: N = 175 (valor da 12ª parcela) | i = 0,5% a.m. | t = 4 meses (tempo entre o vencimento da 8ª e 12ª parcelas)

Para o desconto racional simples, temos:

$$d = \frac{N.i.t}{(1 + i.t)}$$

$$d = \frac{175 \,.\, 0{,}005 \,.\, 4}{1 + 0{,}005 \,.\, 4} = \frac{3{,}5}{1{,}02}$$

$$d = 3{,}43 < 3{,}50$$

Gabarito: Errado.

44. (CESPE – ANTAQ/Analista/2009) Desconto racional é aquele valor que se obtém pelo cálculo do juro simples sobre o valor nominal do compromisso que seja saldado n períodos antes de seu vencimento.

RESOLUÇÃO:

O desconto racional é obtido pelo cálculo do juro simples sobre o **valor atual** do compromisso. O desconto comercial é calculado sobre o valor nominal.

Gabarito: Errado.

45. (CESPE – TCE-ES/Analista/2013) Uma pessoa aplicou determinado capital durante cinco meses à taxa de juros simples de 4% ao mês, para saldar uma dívida de R$12.000,00, quatro meses antes do seu vencimento, à taxa de desconto comercial simples de 5% ao mês. Se o montante auferido pela aplicação corresponder ao valor atual da dívida na data de seu pagamento — valor descontado —, então o capital inicial aplicado terá sido

a) superior a R$5.500 e inferior a R$6.500.

b) superior a R$6.500 e inferior a R$7.500.

c) superior a R$7.500 e inferior a R$8.500

d) superior a R$8.500.

e) inferior a R$5.500.

RESOLUÇÃO:

São dados: N = 12.000 | i = 5% a.m. = 0,05 | t = 4 meses

O valor descontado da dívida será dado por:

$$A = N.(1 - i.t)$$

$$A = 12.000.(1 - 4.0{,}05) = 9.600$$

O investidor irá aplicar uma determinada quantia C, a juros simples de 4% a.m., por 5 meses, para acumular um montante total ao valor descontado da dívida, ou seja, 9.600 reais. Assim, temos:

$$M = C.(1 + i.t)$$

$$9.600 = C.(1 + 0{,}04 . 5)$$

$$C = \frac{9.600}{1{,}20} = 8.000$$

Gabarito: C.

46. (CESPE/SEFAZ-RS/Técnico Tributário/2018) Um título foi resgatado 8 meses antes de seu vencimento à taxa de desconto anual de 18%. Sabe-se que a diferença entre o valor atual do título, calculado usando-se o desconto racional simples e do valor atual calculado usando-se o desconto comercial simples é igual a R$63,00. Então o valor nominal desse título terá sido de, em R$

A) 2.294,44 b) 3.850,00 c) 4.900,00 d) 10.631,25 e) 39.458,30

RESOLUÇÃO:

O enunciado informa que a taxa de desconto é de 18% ao ano, o que corresponde a i = 18/12 = 1,5% ao mês. O prazo de antecipação é t = 8m. Chamando de **N** o valor nominal do título, podemos calcular o valor atual em cada regime:

- Desconto Comercial Simples:

$$A = N \times (1 - i.t)$$

$$A = N \times (1 - 0{,}015 \times 8)$$

$$A = N \times 0{,}88$$

- Desconto Racional Simples:

$$N = A \times (1 + i.t)$$

$$N = A \times (1 + 0{,}015 \times 8)$$

$$N = A \times 1{,}12$$

$$A = N/1{,}12$$

É dito que a diferença entre os valores atuais é de 63 reais:

$$\frac{N}{1{,}12} - 0{,}88N = 63$$

$$N - 0{,}9856N = 70{,}56$$

$$0{,}0144N = 70{,}56$$

$$\boldsymbol{N = 4.900\ reais}$$

Gabarito: C.

47. (FCC – SEFAZ-PB/Auditor Fiscal/2007) Ao descontar em um banco, 2 meses antes de seu vencimento, um título de valor nominal igual a R$30.000,00, uma empresa recebe na data da operação de desconto comercial simples o valor de R$28.500,00. Utilizando a mesma taxa de desconto anterior e ainda a operação de desconto comercial simples, descontando um título de valor nominal de R$24.000,00, 3 meses antes de seu vencimento, receberá

a) 20.000,00 b) 21.000,00 c) 22.000,00 d) 22.200,00 e) 22.500,00

RESOLUÇÃO:

São dados: N = 30.000 | A = 28.500 | t = 2 meses

Para o desconto comercial simples ("por fora"), temos que:

$$A = N.(1 - i.t)$$

$$28.500 = 30.000 \,.\, (1 - i\,.\,2)$$

$$1 - i.2 = \frac{28.500}{30.000} = 0{,}95$$

$$2.i = 0{,}05$$

$$\boldsymbol{i = 2{,}5\%\ a.m.}$$

Para o segundo título, temos:

$$A = N.(1 - i.t)$$

$$A = 24.000.(1 - 0{,}025.3) = 24.000 \times 0{,}925 = \mathbf{22.200}$$

Gabarito: D.

48. (FCC – INFRAERO/Administrador - 2011) Um título é descontado em um banco 45 dias antes de seu vencimento e o valor do desconto foi de R$2.760,00. A operação foi de desconto comercial simples a uma taxa de desconto de 2% ao mês. Considerando a convenção do mês comercial, verifica-se que o valor atual do título é igual a, em R$,

a) 87.240,00 b) 87.300,00 c) 89.240,00 d) 89.840,00 e) 90.000,00

RESOLUÇÃO:

São dados: D = 2.760 | i = 2% a.m. | t = 45 dias = 45/30 meses = 1,5 meses

Para o desconto comercial simples ("por fora"), temos que:

$$D = N.i.t$$

$$2.760 = N \,.\, 0{,}02 \,.\, 1{,}5$$

$$\boldsymbol{N} = \frac{2.760}{0{,}03} = \mathbf{92.000}$$

Aplicando a equação curinga da operação de desconto:

$$A = N - D$$

$$A = 92.000 - 2.760 = \mathbf{89.240}$$

Gabarito: C.

49. (FCC – INFRAERO/Auditor - 2011) Dois títulos de valores nominais iguais são descontados em um banco. O primeiro título foi descontado 3 meses antes de seu vencimento, conforme uma operação de desconto comercial simples a uma taxa de desconto de 3% ao mês, apresentando um valor atual igual a R$24.024,00. O segundo título foi descontado 4 meses antes de seu vencimento, conforme uma operação de desconto racional simples a uma taxa de 2,5% ao mês. O valor do desconto do segundo título foi igual a, em R$

a) 2.720,00 b) 2.680,00 c) 2.640,00 d) 2.400,00 e) 2.376,00

RESOLUÇÃO:

1º Título:

$$A = N.(1 - i.t)$$

$$24.024 = N.(1 - 0{,}03 \,.\, 3)$$

$$N = \frac{24.024}{0{,}91} = \mathbf{26.400}$$

2º Título:

$$D = \frac{N \,.\, i_d \,.\, t}{1 + i_d \,.\, t}$$

$$D = \frac{26400 \,.\, 0{,}025 \,.\, 4}{1 + 0{,}025 \,.\, 4} = \frac{2640}{1{,}1} = \mathbf{2.400}$$

Gabarito: D.

50. (FCC – Copergás/Auxiliar Técnico - 2011) Um título é descontado em um banco 50 dias antes de seu vencimento, apresentando um valor atual igual a R$19.885,00. A operação foi a de desconto comercial simples a uma taxa de desconto de 1,8% ao mês. Considerando a convenção do mês comercial, obtém-se que o valor nominal do título é igual a, em R$

a) 22.050,00 b) 21.500,00 c) 21.050,00 d) 20.750,00 e) 20.500,00

RESOLUÇÃO:

São dados: A = 19.885 | i = 1,8% a.m. | t = 50 dias = 50/30 meses

Para o desconto comercial simples, temos:

$$A = N.(1 - i.t)$$

$$19.885 = N.\left(1 - 0{,}018.\frac{50}{30}\right)$$

$$\boldsymbol{N} = \frac{19.885}{0{,}97} = \mathbf{20.500}$$

Gabarito: E.

51. (FCC – BANESE/Técnico Bancário - 2012) Um título de valor nominal igual a R$24.000,00 é descontado 3 meses antes de seu vencimento a uma taxa de desconto de 2% ao mês. Outro título é descontado 2 meses antes de seu vencimento também a uma taxa de desconto de 2% ao mês. Sabe-se que o valor atual do primeiro título é igual ao valor atual do segundo título. Se nas duas operações utilizou-se o desconto comercial simples, então o valor do desconto do segundo título é, em R$:

a) 940,00 b) 1.065,00 c) 1.190,00 d) 1.315,00 e) 1.440,00

RESOLUÇÃO:

1º Título:

$$A = N.(1 - i.t)$$

$$\boldsymbol{A} = 24.000.(1 - 0{,}02.3) = \mathbf{22.560}$$

2º Título:

$$A = N.(1 - i.t)$$

$$22.560 = N.(1 - 0{,}02.2)$$

$$\boldsymbol{N} = \frac{22.560}{0{,}96} = \mathbf{23.500}$$

Logo,

$$D = N - A$$

$$\boldsymbol{D} = 23.500 - 22.560 = \mathbf{940}$$

Gabarito: A.

52. (FCC – TCE-SP/Auxiliar -2015) Considere que um título é descontado em um banco 3 meses antes de seu vencimento a uma taxa de desconto de 18% ao ano. Sabe-se que foi utilizada a operação de desconto racional simples e o valor presente do título foi igual a R$12.000,00. Um outro título de valor nominal igual ao dobro do valor nominal do primeiro título também é descontado 3 meses antes de seu vencimento a uma taxa de desconto de 18% ao ano. Se para este outro título foi utilizada a operação de desconto comercial simples, então o valor presente deste outro título é de, em R$,

a) 24.448,00 b) 23.435,70 c) 22.920,00 d) 23.951,40 e) 24.830,00

RESOLUÇÃO:

1º Título:

São dados: A = 12.000 | i = 18% a.m. | t = 3 meses = 3/12 anos

Para o desconto racional simples, ou "por dentro", temos:

$$A = \frac{N}{1 + i.t}$$

$$12.000 = \frac{N}{1 + 0{,}18 \, . \frac{3}{12}}$$

$$\boldsymbol{N} = 12.000 \times 1{,}045 = \mathbf{12.540}$$

2º Título:

São dados:

N = 2 x 12.540 = 25.080

i = 18% a.m.

t = 3 meses = 3/12 anos

Para o desconto comercial simples, ou "por fora", temos:

$$A = N.(1 - i.t)$$

$$\boldsymbol{A} = 25.080.\left(1 - 0{,}18 \, . \frac{3}{12}\right) = 25.080 \times 0{,}955 = \mathbf{23.951{,}40}$$

Gabarito: D.

53. (FCC – Pref. Teresina/Técnico - 2016) Se um título de valor nominal igual a R$22.500,00 for descontado em um banco 3 meses antes de seu vencimento, então apresentará um valor de desconto igual a R$1.350,00. Considerando que as operações neste banco sejam somente do desconto comercial simples e com a mesma taxa de desconto, obtém-se que se este mesmo título for descontado 4 meses antes de seu vencimento o seu valor atual será, em reais,

a) 22.050,00 b) 20.500,00 c) 21.150,00 d) 21.600,00 e) 20.700,00

RESOLUÇÃO:

São dados: N = 22.500 | D = 1.350 | t = 3 meses

Para o desconto comercial simples, ou "por fora", temos:

$$D = N.i.t$$

$$1.350 = 22.500.i.3$$

$$\boldsymbol{i} = \frac{1.350}{22.500 \times 3} = 0{,}02 \ = \mathbf{2\%}\ \boldsymbol{a.m.}$$

Se o desconto for 4 meses antes do vencimento, temos:

$$A = N.(1 - i.t)$$

$$\boldsymbol{A} = 22.500.(1 - 0{,}02.4) = 22.500 \times 0{,}92 = \mathbf{20.700}$$

Gabarito: E.

54. (FCC – Pref. Teresina/Técnico - 2016) O valor recebido, na data de hoje, por uma empresa que descontou um título de valor nominal de R$23.650,00 que vence daqui a 4 meses é igual a R$21.285,00. Sabe-se que foi utilizada a operação do desconto comercial simples a uma taxa de desconto mensal igual a i. Caso fosse utilizada a operação do desconto racional simples, também a uma taxa de desconto mensal igual a i, verifica-se que o valor do desconto, em R$, seria de

a) 2.200,00 b) 2.365,00 c) 2.150,00 d) 2.050,00 e) 2.250,00

RESOLUÇÃO:

São dados: N = 23.650 | A = 21.285 | t = 4 meses

Para o desconto comercial simples, ou "por fora", temos:

$$A = N.(1 - i.t)$$

$$21.285 = 23.650.(1 - i.4)$$

$$1 - 4.i = \frac{21.285}{23.650} = 0{,}9$$

$$\boldsymbol{i} = \frac{1 - 0{,}9}{4} = 0{,}025 = \mathbf{2{,}5\%\ a.m.}$$

Se o desconto fosse racional simples, ou "por dentro", teríamos:

$$d = \frac{N.i.t}{1 + i.t}$$

$$\boldsymbol{d} = \frac{23650\,.0{,}025\,.4}{1 + 0{,}025\,.4} = \frac{2365}{1{,}1} = \mathbf{2.150}$$

Gabarito: C.

55. (FCC – SEFAZ-SP/Agente Fiscal de Rendas - 2009) Um comerciante poderá escolher uma das opções abaixo para descontar, hoje, um título que vence daqui a 45 dias.

I. Banco A: a uma taxa de 2% ao mês, segundo uma operação de desconto comercial simples, recebendo no ato o valor de R$28.178,50.

II. Banco B: a uma taxa de 2,5% ao mês, segundo uma operação de desconto racional simples.

Utilizando a convenção do ano comercial, caso opte por descontar o título no Banco B, o comerciante receberá no ato do desconto o valor de

a) 27.200,00 b) 27.800,00 c) 28.000,00 d) 28.160,00 e) 28.401,60

RESOLUÇÃO:

Banco A: desconto **comercial simples**

$$A = N.(1 - i.t)$$

$$28.178{,}50 = N.\left(1 - 2\%\,.\frac{45}{30}\right)$$

$$N = \frac{28.178{,}50}{1 - 0{,}02\,.\frac{45}{30}} = 29.050$$

<u>Banco B</u>: desconto **racional simples**

$$A = \frac{N}{1 + i.t}$$

$$\boldsymbol{A} = \frac{29.050}{1 + 2{,}5\% \,.\, \frac{45}{30}} = \mathbf{28.000}$$

Gabarito: C.

56. (FCC – SEFIN-RO/Auditor Fiscal - 2010) Um título é descontado em um banco 45 dias antes de seu vencimento, considerando a convenção do mês comercial. A taxa de desconto utilizada pelo banco é de 3% ao mês. Caso a operação seja a do desconto racional simples, o valor presente do título é igual a R$40.000,00. Utilizando a operação do desconto comercial simples, o valor presente do título é

a) 39.959,50 b) 39.919,00 c) 39.209,50 d) 38.949,00 e) 38.200,00

RESOLUÇÃO:

Para o desconto **racional simples**

$$A = \frac{N}{1 + i.t}$$

$$40.000 = \frac{N}{1 + 3\% \,.\, \frac{45}{30}}$$

$$\boldsymbol{N} = 40.000.\left(1 + 0{,}03 \,.\, \frac{45}{30}\right) = \mathbf{41.800}$$

Para o desconto **comercial simples**

$$A = N.(1 - i.t)$$

$$A = 41.800.\left(1 - 3\% \,.\, \frac{45}{30}\right) = \mathbf{39.919}$$

Gabarito: B.

57. (FCC – SEFAZ-SP/Agente Fiscal de Rendas - 2013) Um agente deseja descontar hoje um título com vencimento para daqui a 30 dias e tem as seguintes opções:

Banco I: taxa de 3% ao mês, operação de desconto simples racional.

Banco II: taxa de 3% ao mês, operação de desconto simples comercial.

Banco III: taxa de 4% ao mês, operação de desconto composto racional.

Banco IV: taxa de 3,5% ao mês, operação de desconto simples racional.

Para obter o maior valor líquido, ele deve optar pelo Banco

a) III ou IV. b) IV. c) III. d) II. e) I.

RESOLUÇÃO:

Valor líquido é o mesmo que valor atual (A), logo, vamos calcular os valores de A relativos aos 4 bancos:

I - Para o desconto **racional simples**

$$\boldsymbol{A} = \frac{N}{1 + i.t} = \frac{N}{1 + 0{,}03.1} = \mathbf{0{,}9709.}\boldsymbol{N}$$

II - Para o desconto **comercial simples**

$$\boldsymbol{A} = N.(1 - i.t) = N.(1 - 0{,}03.1) = \mathbf{0{,}97.}\boldsymbol{N}$$

III - Para o desconto **racional composto**

$$\boldsymbol{A} = \frac{N}{(1 + i)^t} = \frac{N}{(1 + 0{,}04)^1} = \mathbf{0{,}9615.}\boldsymbol{N}$$

IV - Para o desconto **racional simples**

$$\boldsymbol{A} = \frac{N}{1 + i.t} = \frac{N}{1 + 0{,}035.1} = \mathbf{0{,}9662.}\boldsymbol{N}$$

Gabarito: E.

58. (FCC – SEFAZ-RJ/Auditor Fiscal - 2014) Um título é descontado em um banco 5 meses antes de seu vencimento com a utilização do desconto comercial simples a uma taxa de desconto de 36% ao ano. Caso este título tivesse sido descontado com a utilização do desconto racional simples, também a uma taxa de desconto de 36% ao ano, o correspondente valor atual superaria o valor atual anterior em R$517,50. O valor do desconto apurado com a utilização da operação de desconto racional simples é:

a) 3.500,00 b) 3.300,00 c) 3.350,00 d) 3.400,00 e) 3.450,00

RESOLUÇÃO:

Você lembra que apresentamos uma fórmula para a diferença dos descontos e dissemos que algumas questões são resolvidas mais rapidamente por ela? Bem, vamos primeiro resolver sem ela e depois com ela, para você decidir decorá-la de uma vez, ainda mais que ela é bem simples.

Para o desconto **simples por fora**, temos:

$$A_f = N.(1 - i.t)$$

$$\boldsymbol{A_f} = N.\left(1 - 0{,}36\,.\,\frac{5}{12}\right) = \boldsymbol{0{,}85.N}$$

Para o desconto **simples por dentro**, temos:

$$A_d = \frac{N}{1 + i.t}$$

$$A_f\ + 517{,}50 = \frac{N}{1 + 0{,}36\,.\,\frac{5}{12}}$$

$$0{,}85.N + 517{,}50 = \frac{N}{1{,}15}$$

Multiplicando tudo por 1,15, temos:

$$0{,}9775.N + 595{,}125 = N$$

$$\boldsymbol{N} = \frac{595{,}125}{1 - 0{,}9775} = \boldsymbol{26.450}$$

Assim,

$$\boldsymbol{A_d} = \frac{26.450}{1 + 0{,}36.\frac{5}{12}} = \boldsymbol{23.000}$$

E o desconto racional simples será dado por:

$$\boldsymbol{d} = N - A_d = 26.450 - 23.000 = \boldsymbol{3.450}$$

Bem, agora utilizando a fórmula da diferença dos descontos: D – d = d.i.t

O enunciado disse que D – d = 517,50, logo, d.i.t = 517,50, portanto,

d.0,03.5 = 517,50

d = 517,50/0,15 = 3.450

Siga nosso conselho, decore esta fórmula também.

Ainda não está convencido? Então vamos resolver primeiro a próxima questão pelo método tradicional e depois usando essa fórmula e o método da regra de três.

Gabarito: E.

59. (FCC – SEFAZ-PE/Auditor Fiscal - 2014) Um título de valor nominal R$1.196,00 vai ser descontado 20 dias antes do vencimento, à taxa mensal de desconto simples de 6%. O módulo da diferença entre os dois descontos possíveis, o racional e o comercial, é de

a) R$12,08 b) R$18,40 c) R$0,96 d) R$1,28 e) R$1,84

RESOLUÇÃO:

Para o desconto **racional simples**

$$d = \frac{N.i.t}{1+i.t}$$

$$\boldsymbol{d} = \frac{1.196\,.\,0{,}06\,.\,\frac{20}{30}}{1+0{,}06\,.\,\frac{20}{30}} = \mathbf{46}$$

Para o desconto **comercial simples**

$$D = N.i.t$$

$$\boldsymbol{D} = 1.196\,.\,0{,}06\,.\frac{20}{30} = \mathbf{47{,}84}$$

Logo,

$$\boldsymbol{D - d} = \mathbf{47{,}84 - 46 = 1{,}84}$$

Agora, conforme prometemos na questão anterior, vamos utilizar a fórmula da diferença entre os descontos e a regra de três.

A questão quer D – d = d.i.t, logo, precisamos encontrar "d", porque "i" e "t" o enunciado forneceu, além de N = R$1.196,00. Então, por regra de três, lembrando que para encontrar "d" a referência é A = 100%:

d = i.t = 6% . 20/30 = 4%, logo:

N = A + d = 100% + 4% = 104% = 1.196

d ------ 4%

1.196 ------ 104%

d = 1.196 . 4 / 104 = 46

D – d = d.i.t = 46 . 4% = 1,84

Gabarito: E.

60. (FCC – Copergás-PE/Analista - 2016) Uma empresa consegue, por meio do desconto de 2 títulos em um banco, receber o valor total de R$40.180,00. A taxa de desconto do banco é de 18% ao ano para qualquer operação de desconto e ambos os títulos foram descontados 4 meses antes de seus vencimentos. Sabe-se que para o primeiro título utilizou-se a operação de desconto racional simples e, para o segundo, a operação de desconto comercial simples. Se o valor nominal do segundo título é igual a R$22.000,00, então o valor nominal do primeiro título é, em reais, igual a

a) 21.200,00 b) 22.790,00 c) 19.080,00 d) 22.260,00 e) 20.670,00

RESOLUÇÃO:

Para o primeiro título, vamos usar o desconto **racional simples**, ou seja,

$$A_1 = \frac{N_1}{(1 + i.t)}$$

$$\boldsymbol{A_1} = \frac{N_1}{1 + 18\% \cdot \frac{4}{12}} = \frac{\boldsymbol{N_1}}{\boldsymbol{1{,}06}}$$

Para o segundo título, vamos usar o desconto **comercial simples**, ou seja,

$$A_2 = N_2.(1 - i.t)$$

$$\boldsymbol{A_2} = 22.000.\left(1 - 18\% \cdot \frac{4}{12}\right) = \boldsymbol{20.680}$$

Como $A_1 + A_2 = 40.180$, temos:

$$\frac{N_1}{1{,}06} + 20.680 = 40.180$$

$$\frac{N_1}{1{,}06} = 19.500$$

$$\boldsymbol{N_1} = 1{,}06 \cdot 19.500 = \boldsymbol{20.670}$$

Gabarito: E.

61. (FCC - Inspetor/CVM/2003) Descontando-se um título de valor nominal de R$10.500,00 dois meses antes de seu vencimento, à taxa de desconto de 3% ao mês e de acordo com o critério do desconto comercial composto, o valor do desconto na operação é de

a) R$600,00 b) R$610,00 c) R$615,15 d) R$620,55 e) R$639,45

RESOLUÇÃO:

Dados: **N** = 10.500,00 | **t** = 2 meses | **i** = 3% a.m.

Vamos aplicar a seguinte equação do **desconto composto por fora:**

$$\boldsymbol{A = N.(1 - i)^t}$$

$$A = 10500.(1 - 0{,}03)^2 = 10500.(0{,}97)^2 = 10500.0{,}9409 = \mathbf{9879{,}45}$$

O **Desconto** (D) é obtido por meio da diferença entre o valor nominal (N) e o valor atual (A):

$$D = N - A$$

$$\boldsymbol{D} = 10500 - 9879{,}45 = \mathbf{620{,}55}$$

Gabarito: D.

62. (FCC/SEFAZ-PI/Analista do Tesouro Estadual/2015) A taxa de desconto utilizada em um banco para as operações de desconto de títulos é de 24% ao ano. Se um título é descontado neste banco 3 meses antes de seu vencimento, verifica-se que o valor do desconto comercial simples supera o valor do desconto racional simples em R$73,80. O valor atual do título, considerando o desconto comercial simples, é igual a

(A) 20.426,20 (B) 19.768,20 (C) 20.238,20 (D) 20.285,20 (E) 20.332,20

RESOLUÇÃO:

De novo, vamos primeiro resolver pelo método tradicional e depois utilizando a fórmula da diferença dos descontos. Duvidamos que você não resolva decorar a simples fórmula da diferença dos descontos de uma vez por todas.

Primeiramente, pelo método tradicional, teremos que realizar os cálculos de cada modalidade de desconto separadamente, com base nos seguintes dados:

t=3m i = 2% a.m. (ou 24% a.a.) D = d + 73,80

➤ ***Desconto Simples por Dentro:***

$$\boldsymbol{A = \frac{N}{(1 + i\,.\,t)}}$$

$$A = \frac{N}{(1 + 0{,}02\,.\,3)} = \frac{N}{1{,}06}$$

$$\boldsymbol{d = N - A}$$

$$\boldsymbol{d} = N - \frac{N}{1{,}06} = \frac{1{,}06.N - N}{1{,}06} = \frac{0{,}06N}{1{,}06} = \mathbf{0{,}0566038}\boldsymbol{N}$$

➤ ***Desconto Simples por Fora:***

$$D = N.i.t$$

$$D = N.0{,}02.3 = \mathbf{0{,}06.}N$$

Em seguida, foi dito que o valor do desconto comercial simples supera o valor do desconto racional simples em R$73,80. Logo:

$$D = d + 73{,}80$$

$$0{,}06\,.\,N = 0{,}0566038N + 73{,}80$$

$$0{,}06\,.\,N - 0{,}0566038N = 73{,}80$$

$$\boldsymbol{N} = \frac{73{,}80}{0{,}0033962} = \mathbf{21.730}$$

Todavia, a questão exige o **valor atual** do título, considerando o **desconto comercial simples:**

$$A = N.(1 - i.t)$$

$$A = 21730.(1 - 0{,}02.3) = 21730.0{,}94 = \mathbf{20.426{,}20} \quad (E)$$

Agora, vamos resolver utilizando a fórmula da diferença dos descontos, dada por: D – d = d.i.t, diferença esta que foi dada no enunciado, correspondendo a R$73,80.

Ele também forneceu i = 24% a.a. = 2% a.m. e t = 3, então ficou moleza, veja:

D – d = d.i.t, logo,

73,80 = d . 2% . 3 = d . 6%

d = 73,80/6% = 7.380/6 = 1.230

Como a questão quer o valor atual usando D, precisamos encontrá-lo, mas isso é fácil, pois basta usar a fórmula da diferença (D – d = 73,80) de novo:

D = d + 73,80 = 1.230 + 73,80 = 1.303,80.

Podemos agora encontrar o valor atual pelo método tradicional usando a fórmula ou por regra de três. Vamos por regra de três, pois não usa nenhuma fórmula, lembrando que no desconto comercial N = 100%.

D = i.t = 2%.3 = 6% = 1.303,80.

Assim, na nossa regra de três, teremos D = 6%, A = 94% e N = 100%.

Podemos encontrar diretamente A = 94% ou então N = 100% e depois usarmos A = N – D. Mas, convenhamos, é bem melhor fazermos cálculos com 100 do que com 94, certo? Então vamos encontrar primeiro o N e depois só fazermos A = N – D, assim:

6% ----- 1.303,80

100% ----- N

N = 1303,80 . 100/6 = 21.730

A = N – D = 21.730 – 1.303,80 = 20.426,20.

Agora compare os cálculos utilizados no método tradicional e pela fórmula da diferença dos descontos. Existem fórmulas complicadas que podem ser evitadas sua memorização, mas esta da diferença dos descontos, na boa, decore-a de uma vez.

Gabarito: E.

63. (FCC/SEFAZ-PI/Auditor Fiscal/2015) Três meses antes de seus vencimentos, dois títulos foram descontados em um banco, com taxa de desconto de 48% ao ano. Sabe-se que o valor nominal do primeiro título era o dobro do valor nominal do segundo. Para o primeiro, utilizou-se a operação de desconto comercial simples e, para o segundo, a de desconto racional simples. Se a soma dos descontos foi igual a R$1.215,00, então, o módulo da diferença entre os dois valores líquidos recebidos foi

(A) 3.965,00 (B) 9.285,00 (C) 3.035,00 (D) 3.500,00 (E) 3.830,00

RESOLUÇÃO:

O enunciado afirma que o valor nominal do primeiro título (N1) era o dobro do valor nominal do segundo (N1). Logo:

$$N_1 = 2 \cdot N_2$$

Em seguida, a questão diz que, para o **primeiro** título, utilizou-se a operação de **desconto comercial simples** e, para o **segundo**, a de **desconto racional simples**. Dessa forma, os valores atuais de cada um serão:

$$\boldsymbol{A_1 = N_1 \cdot (1 - i \cdot t)}$$

$$\boldsymbol{A_1} = 2 \cdot N_2 \cdot (1 - 0{,}04 \cdot 3) = 2 \cdot N_2 \cdot 0{,}88 = \boldsymbol{1{,}76 \cdot N_2}$$

$$\boldsymbol{A_2 = \frac{N_2}{(1 + i \cdot t)}}$$

$$\boldsymbol{A_2} = \frac{N_2}{(1 + 0{,}04 \cdot 3)} = \frac{N_2}{1{,}12} = \boldsymbol{0{,}89 \cdot N_2}$$

Por fim, o enunciado estabelece que a **soma dos descontos** foi igual a R$1.215,00. Logo:

$$D_1 + D_2 = 1215$$

$$(N_1 - A_1) + (N_2 - A_2) = 1215$$

$$(2.N_2 - 1{,}76.N_2) + (N_2 - 0{,}89.N_2) = 1215$$

$$0{,}35.N_2 = 1215$$

$$\mathbf{N_2 = 3471{,}43}$$

Assim, o módulo da **diferença entre os dois valores líquidos** recebidos foi:

$$\mathbf{A_1 - A_2} = 1{,}76.N_2 - 0{,}89.N_2 = 0{,}87.N_2 = 0{,}87.3471{,}43 = \mathbf{3020{,}14}$$

Gabarito: C.

64. (FCC - APOFP/SEFAZ-SP/2010) Um título é descontado dois anos antes de seu vencimento segundo o critério do desconto racional composto, a uma taxa de juros compostos de 10% ao ano, apresentando um valor atual igual a R$20.000,00. Caso este título tivesse sido descontado segundo o critério do desconto comercial composto, utilizando a taxa de 10% ao ano, o valor atual seria de

a) 21.780,00 b) 21.600,00 c) 20.702,00 d) 19.804,00 e) 19.602,00

RESOLUÇÃO:

Dados: A_d = Valor atual no desconto racional composto = 20.000,00 | **t** = 2 anos | **i** = 10% a.a.

Bem, essa questão é um pouco diferenciada, visto que exige que obtenhamos o **valor atual na modalidade do desconto comercial composto**, fornecendo dados de uma operação realizada na modalidade do desconto racional composto. Mas, garantimos que será tranquila! Basta realizarmos os cálculos de cada modalidade de desconto separadamente.

➤ ***Desconto Racional Composto:***

Vamos aplicar a equação do **desconto composto por dentro**:

$$\mathbf{N = A_d.(1 + i)^t}$$

$$\mathbf{N} = 20000.(1 + 0{,}10)^2 = 20000.(1{,}10)^2 = 20000.1{,}21 = \mathbf{24200}$$

➤ ***Desconto Comercial Composto:***

Como se trata do mesmo título, o valor nominal (N) será o mesmo, assim como a taxa da operação e o prazo de antecipação. Vamos aplicar a equação do **desconto composto por fora:**

$$A_f = N.(1 - i)^t$$

$$A_f = 24200.(1 - 0,10)^2 = 24200.(0,90)^2 = 24200.0,81 = \mathbf{19602}$$

Gabarito: E.

65. (FGV/Niterói/Contador/2015) Um título de valor de face de R$15.000,00, com vencimento para 90 dias, foi descontado – desconto simples por fora ou desconto comercial – à taxa de desconto de 60% ao ano. O valor do desconto, em reais, foi:

(A) 1.500 (B) 1.750 (C) 2.000 (D) 2.250 (E) 2.500.

RESOLUÇÃO:

Repare que 90 dias correspondem a 3 meses comerciais (de 30 dias cada um), e que 60% ao ano corresponde a 60% / 12 = 5% ao mês. Assim, na fórmula do **desconto comercial simples**:

$$A = N \times (1 - iD \times t)$$

$$A = 15.000 \times (1 - 5\% \times 3) = 15.000 \times (1 - 0,05 \times 3) = 15.000 \times (1 - 0,15)$$

$$A = 15.000 \times (0,85) = 150 \times 85 = \mathbf{12.750\ reais}$$

O **desconto** foi de:

$$D = N - A$$

$$D = 15.000 - 12.750 = \mathbf{2.250\ reais}$$

Gabarito: D.

66. (FGV/SEFAZ – Cuiabá/Auditor Fiscal/2016) Suponha um título de R$500,00, cujo prazo de vencimento se encerra em 45 dias. Se a taxa de desconto "por fora" é de 1% ao mês, o valor do desconto simples será igual a

(A) R$7,00. (B) R$7,50. (C) R$7,52. (D) R$10,00. (E) R$12,50.

RESOLUÇÃO:

Temos **desconto comercial simples**. Notando que 45 dias são 45/30 = 1,5 mês comercial, temos:

$$D = N \times i_D \times t$$

$$D = 500 \times 0{,}01 \times 1{,}5 = 7{,}5 \text{ reais.}$$

Ou, se você preferir calcular o **valor atual** do título primeiramente:

$$A = N \times (1 - i_D \times t)$$

$$A = 500 \times (1 - 0{,}01 \times 1{,}5) = 500 \times (1 - 0{,}015)$$

$$A = 500 \times 0{,}985 = 492{,}5 \text{ reais}$$

Por sua vez, o valor do **desconto** será:

$$\boldsymbol{D = N - A}$$

$$D = 500 - 492{,}5 = \boldsymbol{7{,}5 \text{ reais}}$$

Gabarito: B.

67. (FGV/SEFAZ – Cuiabá/Auditor Fiscal/2016) Suponha que VF seja o valor futuro, VP o valor presente, i a taxa de juros e n o prazo. Logo, o valor do desconto racional é igual a

A) $(VP[(1+i)^n - 1]) / (1+i)^n$

B) $(VF(1+i)^n)/(1+i)^n$

C) VP – VF

D) $(VF[(1+in) - 1]) / (1 + in)$

E) $(VF[(1+i)^{n-1}])/(1+i)^n$

RESOLUÇÃO:

No **desconto racional composto**, temos:

$$VF = VP \times (1 + i)^n$$

$$\boldsymbol{VP = VF / (1+i)^n}$$

O **desconto** é:

$$D = VF - VP$$

$$D = VF - VF / (1+i)^n$$

$$D = VF.[1 - 1/(1+i)^n]$$

Veja que o 1 que está isolado nessa equação pode ser substituído pela fração $(1+i)^n / (1+i)^n$. Assim, temos:

$$D = VF.[(1+i)^n / (1+i)^n - 1/(1+i)^n]$$

Subtraindo uma fração da outra:

$$D = VF.\{[(1+i)^{n-1}] / (1+i)^n\}$$

Podemos reescrever na forma da alternativa E:

$$D = (VF[(1+i)^{n-1}])/(1+i)^n$$

Gabarito: E.

68. (FGV - ATM/Prefeitura do Recife/2014) Suponha um título com valor de R$100,00, cujo prazo de vencimento é de 2 meses. Assuma que a taxa de desconto "por fora" seja igual a 5% ao mês. O valor presente do título e o valor do desconto sob o regime de juros compostos são (em R$), respectivamente, de

a) 90 e 10. b) 90,25 e 9,75. c) 85,74 e 14,26. d) 95 e 5. e) 105 e -5.

RESOLUÇÃO:

Dados: **N** = 100,00 | **t** = 2 meses | **i** = 5% a.m.

Vamos aplicar a equação do **desconto composto por fora:**

$$A = N.(1 - i)^t$$

$$A = 100.(1 - 0{,}05)^2 = 100.(0{,}95)^2 = 100.0{,}9025 = \mathbf{90{,}25}$$

O **Desconto** (D) é obtido por meio da diferença entre o valor nominal (N) e o valor atual (A):

$$D = N - A$$

$$D = 100 - 90{,}25 = \mathbf{9{,}75}$$

Gabarito: B.

69. (FGV - AFTRM/Pref Cuiabá/2014) Considere uma operação em que um título com prazo de vencimento de dois meses é descontado no regime de juros compostos. No caso do valor do desconto composto ser exatamente igual ao valor presente do título, assinale a opção que indica a taxa de desconto por fora. (***Arredonde a resposta para o inteiro mais próximo***.)

a) 21% b) 29% c) 33% d) 41% e) 50%

RESOLUÇÃO:

A questão expressamente afirma que deveremos trabalhar com a modalidade do **desconto composto por fora**, a fim de encontrarmos a taxa de desconto.

Dados: **D** = **A** (desconto composto é igual ao valor presente do título) | **t** = 2 meses

Temos a seguinte equação do **desconto composto por fora**:

$$D = N.[1 - (1 - i)^t]$$

Como o desconto composto é igual ao valor presente do título, temos:

$$A = N\,.[1 - (1 - i)^t]$$

$$\frac{A}{N} = 1 - (1 - i)^t \text{ (I)}$$

Adicionalmente, sabemos que o valor presente do título é dado por:

$$A = N.(1 - i)^t$$

$$\frac{A}{N} = (1 - i)^t \text{ (II)}$$

Substituindo (II) em (I), obtemos:

$$(1 - i)^t = 1 - (1 - i)^t$$

$$2\,.(1 - i)^2 = 1$$

$$(1 - i)^2 = \frac{1}{2}$$

Tirando a raiz quadrada de ambos os lados da equação, obtemos:

$$1 - i = \frac{\sqrt{2}}{2}$$

$$1 - i = \frac{1{,}414}{2}$$

$$1 - i = 0{,}707$$

$$i = 1 - 0{,}707 = \mathbf{0{,}293} = \mathbf{29\%}$$

Gabarito: B.

70. (FGV/SEFAZ – Cuiabá/Auditor Fiscal Tributário/2016) Suponha um título cujo valor seja igual a R$2000,00 e o prazo de vencimento é de 60 dias. Sob uma taxa de desconto "por fora" igual a 1% ao mês, o valor do desconto composto é igual a

(A) R$40,00 (B) R$39,80 (C) R$39,95 (D) R$38,80 (E) R$20,00

RESOLUÇÃO:

Temos 60 dias de antecipação, ou 2 meses comerciais. Assim,

$$A = N \times (1 - i)^t$$

$$A = 2000 \times (1 - 0{,}01)^2 = 2000 \times 0{,}99^2$$

$$A = 2000 \times 0{,}9801 = \mathbf{1960{,}2\ reais}$$

Por sua vez, o valor do **desconto** será:

$$D = N - A$$

$$D = 2000 - 1960{,}2 = \mathbf{39{,}8\ reais}$$

Gabarito: B.

71. (CESGRANRIO/BNDES/2011) Considere uma nota promissória de valor nominal N e termo de 2 anos, emitida no dia de hoje. Qual deve ser a taxa aproximada de desconto mensal, a ser paga daqui a seis meses, para que o valor de resgate seja a metade do valor nominal, considerando o desconto racional simples?

a) 3,333% b) 4,167% c) 5,556% d) 7,667% e) 8,333%

RESOLUÇÃO:

A questão expressamente afirma que deveremos trabalhar com a modalidade do **desconto racional simples**.

Dados: N = N | A = N/2 | i = ? (mensal)

Repare que a nota promissória será quitada em 6 meses. Logo, isso ocorrerá numa data que vem 1 ano e meio antes do fim de prazo de 2 anos (termo do título). Assim, o período de antecipação (t) é de **18 meses**, de forma que estamos aptos a usar uma das fórmulas do **desconto racional simples,** a fim de encontrarmos a taxa de desconto mensal:

$$\boldsymbol{N = A\,.\,(1 + i.t)}$$

$$\cancel{N} = \frac{1}{2}.\cancel{N}.(1 + i.18)$$

$$1 = \frac{1}{2}.(1 + i.18)$$

$$2 = 1 + i.18$$

$$i = \frac{1}{18} = 0{,}05556 = \mathbf{5{,}556\%\ a.m}$$

Gabarito: C.

72. (FEPESE – SEFAZ-SC/Analista - 2010) Um título, com vencimento em 25 de outubro, foi descontado por $3.000,00 em 28 de maio do mesmo ano. Considere o ano civil (365 dias) e uma taxa de juros simples de 2% ao mês. Assinale a alternativa que indica o valor do resgate (valor nominal) do título, utilizando o Desconto Comercial Simples (desconto por fora).

a) 2.222,22 b) 3.333,33 c) 4.444,44 d) 5.555,55 e) 6.666,66

RESOLUÇÃO:

Entre 28 de maio e 25 de outubro há 150 dias (3 dias em maio, 30 em junho, 31 em julho, 31 em agosto, 30 em setembro e 25 em outubro). Assim, o prazo, em meses (juros bancários), é igual a:

$$\frac{150}{30} = 5\,meses$$

São dados: A = 3.000 | i = 2% a.m. = 0,02 | t = 5 meses

Para o desconto comercial simples, temos:

$$A = N.(1 - i.t)$$

$$3.000 = N.(1 - 0{,}02\,.5)$$

$$N = \frac{3.000}{1 - 0{,}02\,.5} = 33.333{,}33$$

Gabarito: B.

16. QUESTÕES-DESAFIO

73. (FCC – SEFAZ-SP/Agente Fiscal de Rendas - 2009) Um título é descontado dois anos antes de seu vencimento, a uma taxa positiva i ao ano. Se for utilizado o desconto racional composto, o valor atual do título é igual a R$25.000,00 e, se for utilizado o desconto comercial composto, o valor atual é igual a R$23.040,00. O valor nominal deste título é igual a

a) 40.000,00 b) 36.000,00 c) 34.000,00 d) 32.000,00 e) 30.000,00

RESOLUÇÃO:

Para o desconto **comercial composto**, temos:

$$A = N.(1 - i)^t$$

$$23.040 = N.(1 - i)^2$$

Para o desconto **racional composto,** temos:

$$A = \frac{N}{(1+i)^t}$$

$$25.000 = \frac{N}{(1+i)^2}$$

Dividindo uma expressão pela outra, temos:

$$\frac{23.040}{25.000} = \frac{N.(1-i)^2}{\frac{N}{(1+i)^2}}$$

$$\frac{2.304}{2.500} = (1-i)^2.(1+i)^2$$

Tirando a raiz quadrada, temos:

$$\frac{48}{50} = (1-i).(1+i)$$

$$1 - i^2 = \frac{48}{50}$$

$$i^2 = 1 - \frac{48}{50}$$

$$i^2 = \frac{2}{50} = \frac{1}{25}$$

$$\boldsymbol{i} = \frac{1}{5} = \mathbf{20\%}\ \boldsymbol{a.a.}$$

Substituindo o valor de **i** na expressão do desconto racional composto, temos:

$$25.000 = \frac{N}{(1+20\%)^2}$$

$$\boldsymbol{N} = 25.000.(1+20\%)^2 = \mathbf{36.000}$$

Gabarito 1: B.

74. (FCC – Pref. São Paulo/Auditor Fiscal - 2012) Dois títulos, um com vencimento daqui a 30 dias e outro com vencimento daqui a 60 dias, foram descontados hoje, com desconto racional composto, à taxa de 5% ao mês. Sabe-se que a soma de seus valores nominais é R$5.418,00 e a soma dos valores líquidos recebidos é R$5.005,00. O maior dos valores nominais supera o menor deles em

a) 1.502,50 b) 1.484,00 c) 1.417,50 d) 1.215,50 e) 1.195,00

RESOLUÇÃO:

No desconto **racional composto**, temos:

$$A = \frac{N}{(1+i)^t}$$

O enunciado nos diz que:

$$N_1 + N_2 = 5.418$$

e

$$A_1 + A_2 = 5.005$$

Temos ainda que:

$$A_1 = \frac{N_1}{(1+5\%)^1} \rightarrow N_1 = 1{,}05.A_1$$

e

$$A_2 = \frac{N_2}{(1+5\%)^2} \rightarrow N_2 = 1{,}05^2.A_2$$

Assim, substituindo os valores de N_1 e N_2, temos o seguinte sistema de 2 equações e duas variáveis:

$$1{,}05.A_1 + 1{,}05^2 . A_2 = 5.418$$
$$A_1 + A_2 = 5.005$$

Dividindo a primeira equação por 1,05, temos:

$$A_1 + 1{,}05.A_2 = 5.160$$
$$A_1 + A_2 = 5.005$$

Subtraindo a segunda equação da primeira, temos:

$$0{,}05. A_2 = 155$$

$$A_2 = \frac{155}{0{,}05} = 3.100$$

Podemos, então, calcular N_2 e A_1:

$$N_2 = 1{,}05^2.A_2 = 1{,}05^2.3.100 = 3.417{,}75$$

$$A_1 + A_2 = 5.005$$

$$A_1 = 5.005 - A_2 = 5.005 - 3.100 = 1.905$$

E calculamos N_1:

$$N_1 = 1{,}05.A_1 = 1{,}05.1.905 = 2.000{,}25$$

A diferença entre os valores nominais será de:

$$N_2 - N_1 = 3.417{,}75 - 2.000{,}25 = \mathbf{1.417{,}50}$$

Gabarito: A.

75. (IDECAN/INMETRO/Assistente Executivo/2015) Observe a tabela.

Fator de Valor Presente (FVP) de \$ 1 a ser recebido em t períodos = $1/(1+i)^n$								
Nº de Períodos	Taxa de Juros							
	1%	3%	5%	7%	9%	10%	12%	15%
01	0,9901	0,9709	0,9524	0,9346	0,9174	0,9091	0,8929	0,8696
02	0,9803	0,9426	0,9070	0,8734	0,8417	0,8264	0,7972	0,7561
03	0,9706	0,9151	0,8638	0,8163	0,7722	0,7513	0,7118	0,6575
04	0,9610	0,8885	0,8227	0,7629	0,7084	0,6830	0,6355	0,5718
05	0,9515	0,8626	0,7835	0,7130	0,6499	0,6209	0,5674	0,4972

(ROSS; WESTERFILD; JORDAN. Princípios de Administração Financeira. 2. Ed. São Paulo: Atlas, 2011. 490-91 p. Adaptado.)

Carlos é Diretor de Finanças de uma empresa pública e está avaliando a decisão de resgatar a dívida de um empréstimo de R\$1.000.000,00 realizado há um ano para a aquisição de máquinas industriais, antes de pagar a primeira parcela. Sabe-se que o empréstimo foi firmado à taxa de juros de 10% a.a. pelo prazo de três anos. Para o resgate da dívida, o banco lhe propôs uma taxa de desconto de 5% a.a. Nessas condições, o valor a ser pago com o resgate da dívida será

A) R\$1.149.717,80.

B) R\$1.207.217,00.

C) R\$1.210.012,10.

D) R\$1.254.048,00.

E) R\$1.267.644,40.

RESOLUÇÃO:

A dívida de valor inicial 1.000.000 reais terá o **valor nominal** tal que:

$$1.000.000 = N \times 1 / (1 + 10\%)^3$$

A tabela nos diz que $1 / (1 + 10\%)^3$ é igual a 0,7513. Logo, temos:

$$1.000.000 = N \times 0,7513$$

$$N = 1.000.000 / 0,7513 = 1.331.026,22 \text{ reais}$$

Este valor será pago com desconto de 5% ao ano e antecipação de 2 anos (pois será pago 1 ano após a contratação). Logo, o **valor a ser pago** é:

$$A = N \times 1 / (1 + 5\%)^2$$

A tabela fornecida diz que $1 / (1 + 5\%)^2$ é igual a 0,9070. Assim:

A = 1.331.026,22 x 0,9070 = **1.207.240,78 reais**

Gabarito: B.

CAPÍTULO 6

EQUIVALÊNCIA DE CAPITAIS

1. INTRODUÇÃO

O QUE VEREMOS

Neste capítulo, estudaremos o tópico **Equivalência de Capitais**, em que será analisada a forma de efetuarmos a substituição de um ou mais valores por outro em datas diferentes, sem prejuízo para as partes interessadas (credor e devedor).

Trata-se de assunto altamente prático e cobrado com frequência nas provas de concursos públicos.

COMO APARECE NOS EDITAIS

Geralmente, este assunto aparece de maneira bem evidente nos editais. As bancas simplesmente trazem no conteúdo programático a abrangente expressão "*Capitais equivalentes*", de modo que o candidato precisará estar apto a resolver questões que abordem qualquer aspecto do tópico. Mas também já vimos ser cobrado nos seguintes termos: "*Capitalização e desconto*".

Para ajudar você nesse sentido, resolveremos dezenas de questões cobradas em concursos, o que trará uma visão prática do assunto, e traremos diversos esquemas didáticos para tornar mais fácil a visualização do que é estudado.

COMO É COBRADO NAS PROVAS

Conseguimos identificar a questão deste assunto pelo fato de ela apresentar uma determinada operação financeira, com alguns dados e pedirá para o candidato calcular uma quantia em outro momento, mantendo a equivalência entre os capitais analisados.

Para isso, você precisará seguir os passos que apresentaremos da resolução de qualquer questão de Equivalência de Capitais, sabendo diferenciar o regime de juros aplicável e relacionando bem com o que estudamos no capítulo de Descontos.

OBJETIVOS

Os nossos objetivos ao final deste capítulo é que você consiga:

1) identificar o enunciado típico de equivalência de capitais;
2) perceber a relação deste assunto com o estudado em Descontos;
3) entender bem o processo de resolução das questões que analisaremos, seguindo seu passo a passo.

2. ANÁLISE DA COBRANÇA DO ASSUNTO EM PROVAS

Observe a seguir os percentuais de incidência nos últimos anos do assunto deste capítulo em relação ao volume de questões de todos os temas analisados na nossa matéria. Lembramos que quanto maior o percentual de cobrança de um dado assunto, maior sua importância.

ASSUNTO	CEBRASPE	FCC	DEMAIS BANCAS
	% de cobrança	% de cobrança	% de cobrança
Equivalência de Capitais	**5,97%**	**9,65%**	**4,21%**

É possível perceber que tanto para o Cebraspe como para a FCC, o presente tópico possui uma importância **mediana**, principalmente a FCC, enquanto para as demais bancas observa-se uma importância baixa.

3. CAPITAIS EQUIVALENTES

Dois ou mais conjuntos de capitais, com datas diferentes, são ditos **equivalentes** quando, **transportados para uma <u>mesma data</u>**, a uma **<u>mesma taxa de juros</u>**, produzem, nessa data, **<u>valores iguais</u>**.

A essa data de referência para onde os valores são transportados dá-se o nome de **Data Focal (DF)**.

Tome nota!

Data Focal é a data para onde serão projetadas todas as parcelas.

Professores, para que serve essa data de referência?

Acontece que **não é permitido em Matemática Financeira comparar valores que estão em datas diferentes**. Assim, baseamo-nos numa mesma data para comparar essas quantias. Para ilustrar isso, você prefere receber R\$100,00 hoje ou daqui a 5 anos? Logicamente receber R\$100,00 hoje não é a mesma coisa que receber esse valor daqui a 5 anos. Mesmo que você não precise do dinheiro agora, você pode torná-lo mais útil hoje, aplicando esta quantia em algum investimento.

Dentro de cinco anos você certamente terá mais que R$100,00. Assim, apesar do valor ser o mesmo (R$100,00), tanto hoje quanto daqui a cinco anos as duas opções não são iguais. Como as datas são diferentes, há uma opção que é melhor que a outra. Justamente porque podemos conseguir uma remuneração (=juros) pelo nosso dinheiro disponível.

4. ELEMENTOS DA QUESTÃO DE EQUIVALÊNCIA DE CAPITAIS

Os **elementos** que estarão presentes numa questão de Equivalência de Capitais serão:

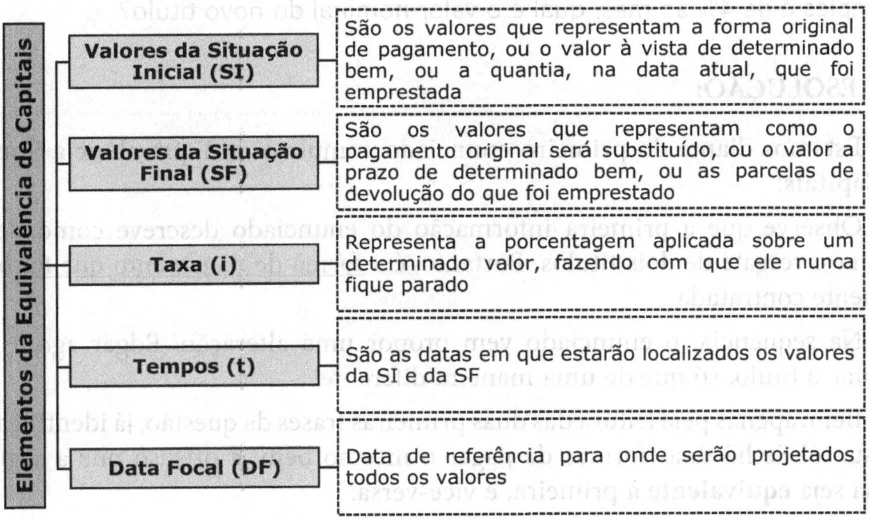

Precisamos **saber o regime da equivalência: se é simples ou composto**. E **o enunciado da questão precisa informar qual é a data focal**. Se isso não acontecer, por convenção, adotamos que a **data focal é 0 (hoje)**.

Além disso, toda questão de equivalência é resolvida com o auxílio das **operações de desconto**. Por isso, o problema deve deixar "pistas" acerca da **modalidade** de desconto, de modo que você possa identificar o regime de juros (simples ou compostos) e o tipo de desconto do qual se está falando (por dentro ou por fora).

Dessa maneira, dividiremos o nosso estudo da Equivalência de Capitais de acordo com os regimes de juros. Inicialmente, vamos considerar as características do **regime simples**. Logo em seguida, analisaremos o que está envolvido na Equivalência **Composta** de Capitais. Adiantamos que, como de costume, o grande diferencial será a natureza da taxa de juros!

5. EQUIVALÊNCIA SIMPLES DE CAPITAIS

A **juros simples, dois conjuntos de capitais equivalentes em uma determinada data focal não o serão em outra data focal.** Em outras palavras, no regime de juros simples, a troca de uma data focal por outra **pode alterar** os resultados da questão.

Destacamos que as bancas examinadoras cobram **bem pouco** a equivalência simples de capitais, concentrando a maior parte das questões no regime composto.

EXEMPLO 01: Edgar precisa resgatar dois títulos. Um no valor de R$50.000,00 com prazo de vencimento de dois meses, e outro de R$100.000,00 com prazo de vencimento de três meses. Não tendo condições de resgatá-los nos respectivos vencimentos, Edgar propõe ao credor substituir os dois títulos por um único, com vencimento em quatro meses. Sabendo-se que a taxa de desconto comercial simples é de 4% ao mês, qual é o valor nominal do novo título?

RESOLUÇÃO:

Estamos diante do primeiro enunciado completo de **Equivalência Simples de Capitais**!

Observe que a primeira informação do enunciado descreve como deverá ocorrer o resgate de dois títulos. Portanto, é a forma de pagamento que foi originalmente contratada.

Na sequência, o enunciado vem propor uma alteração. Edgar agora quer resgatar o título, só que de uma maneira diferente!

Bem, apenas pela leitura das duas primeiras frases da questão, já identificamos o assunto! Se há duas formas de pagar o mesmo bem, é preciso que a segunda forma seja **equivalente** à primeira, e vice-versa.

E se é uma questão de equivalência, será resolvida por meio de **operações de desconto.** Então, resta-nos descobrir, pela leitura do enunciado, qual será o **regime** (simples ou composto) e qual será a **modalidade** ("por dentro" ou "por fora") da operação de Desconto.

E essa informação já nos foi dada na terceira frase do enunciado. Ele disse: "...sabendo-se... desconto comercial simples". Logo, o Desconto é Simples, e é "por fora".

Conclusão: todas as operações de Desconto que formos realizar nesta questão serão operações de "Desconto Simples por Fora", conforme foi definido pelo enunciado!

Nesse momento, temos uma boa notícia para dar a você: **existe um padrão para a resolução de toda questão de Equivalência de Capitais.** Sim, basta seguirmos 7 (sete) passos e chegaremos ao resultado almejado! Vejamos quais são eles:

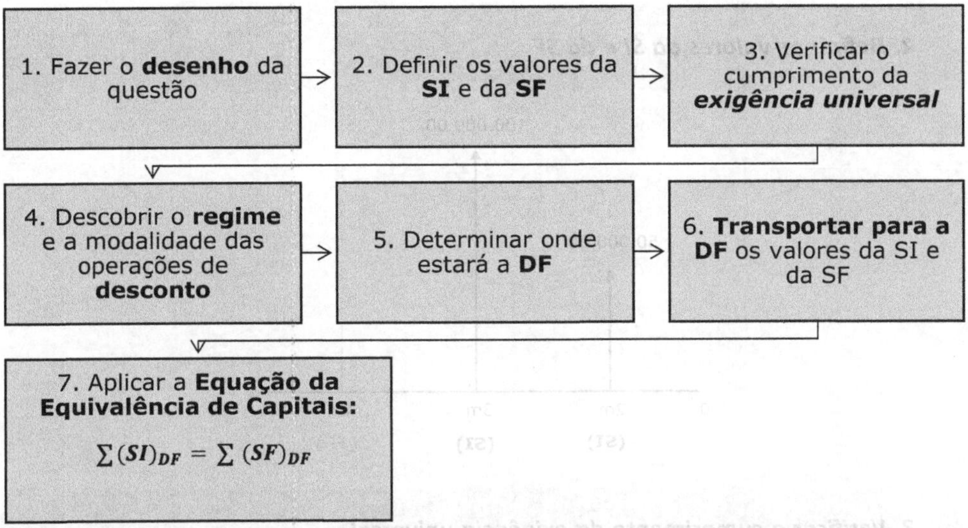

Inicialmente, vamos aplicar rigorosamente esses passos na resolução deste e de outros exemplos. Mas você verá que à medida que ganharmos mais confiança, poderemos agilizar nosso processo de resolução. Além disso, veremos que no regime composto, pelo menos três desses passos serão simplificados. Vamos lá!

1. Fazer o desenho da questão

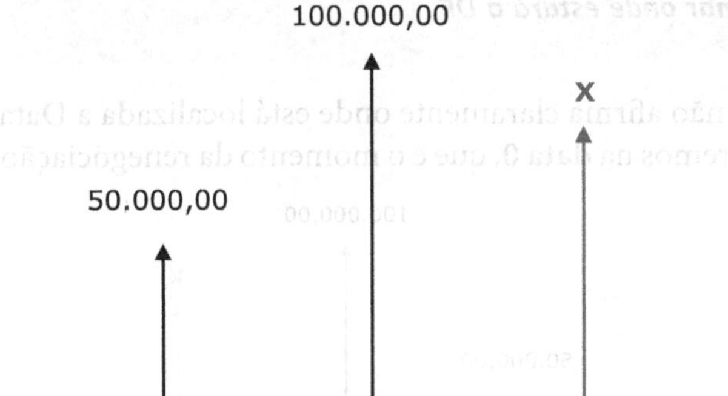

Esse desenho é uma **linha do tempo**, em que estão destacados os tempos mencionados no enunciado e os respectivos valores.

2. Definir os valores da SI e da SF

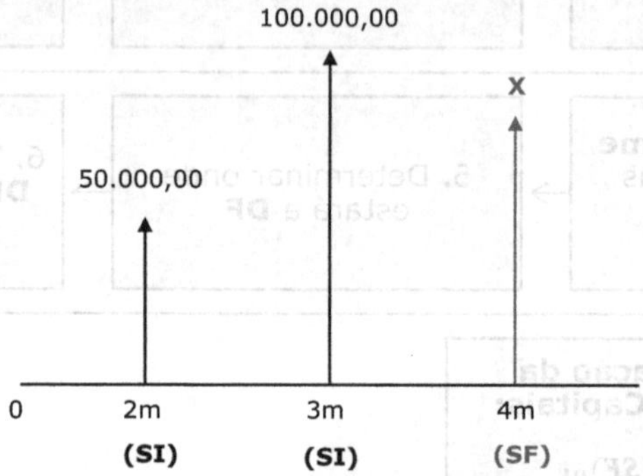

3. Verificar o cumprimento da exigência universal

Sim, colega, **taxa e tempos devem estar na mesma unidade**! Será que isso está ocorrendo nesta questão? **Sim**, pois a taxa é de 4% ao mês e os tempos estão todos em meses!

4. Descobrir o regime e a modalidade das operações de desconto

Esse passo nós já efetuamos quando descobrimos no enunciado a informação de que deveremos trabalhar com o desconto comercial simples!

5. Determinar onde estará a DF

A questão não afirma claramente onde está localizada a Data Focal, de forma que a consideraremos na **data 0**, que é o momento da renegociação da dívida. Logo:

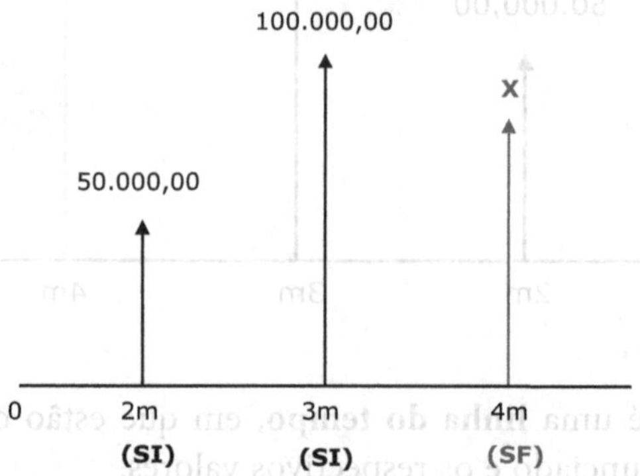

6. Transportar para a DF os valores da SI e da SF

Aqui começam os cálculos! Tomaremos as parcelas que compõem a Situação Inicial e as transportaremos para a Data Focal.

E já sabemos que esse transporte será feito por meio de uma operação de desconto, no caso específico dessa questão, desconto comercial simples.

Começaremos trabalhando com as parcelas da SI. A primeira delas é o valor R$50.000,00, na data 2 meses.

Pegaremos, portanto, essa primeira parcela da SI (R$50.000,00) e a levaremos para a Data Focal (data zero), por meio de uma operação de Desconto Simples por Fora, de acordo com o que havia sido constatado no quarto passo. Teremos, então:

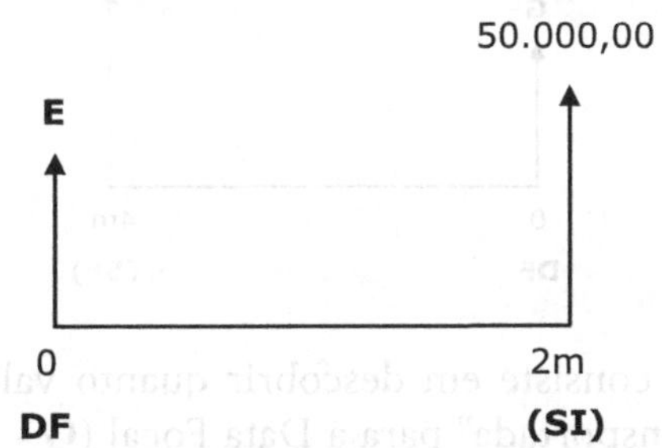

O nosso objetivo consiste em descobrir quanto vale aquela parcela de R$50.000,00 (Valor Nominal), quando "transportada" para a Data Focal. Poderíamos ter chamado aquele valor sobre a Data Focal (que será o Valor Atual) do que bem quiséssemos. Resolvemos chamá-lo de valor "E".

Assim, aplicando uma das equações do desconto comercial simples, teremos:

$$A = N - N.i.t$$

$$A = 50000 - 50000.0{,}04.2 = 50000 - 4000$$

$$A = \text{Valor Atual} = E = 46000$$

Vamos pegar agora a segunda parcela (R$100.000,00) e transportar para a DF. Logo:

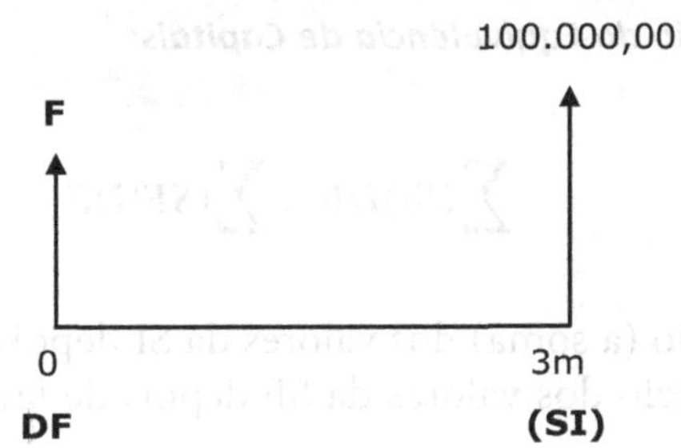

$$\boldsymbol{A = N - N.i.t}$$

$$A = 100000 - 100000.0{,}04.3 = 100000 - 12000$$

$$\boldsymbol{A = Valor\ Atual = F = 88000}$$

Finalizamos o transporte das parcelas da Situação Inicial. Passemos, pois, a fazer o mesmo com o valor da Situação Final.

Tomaremos os valores da SF e os transportaremos para a Data Focal, por meio de uma operação de Desconto, cujo regime e cuja modalidade foram definidos previamente, no quarto passo da resolução.

O único valor presente na Situação Final é X, na data 4 meses.

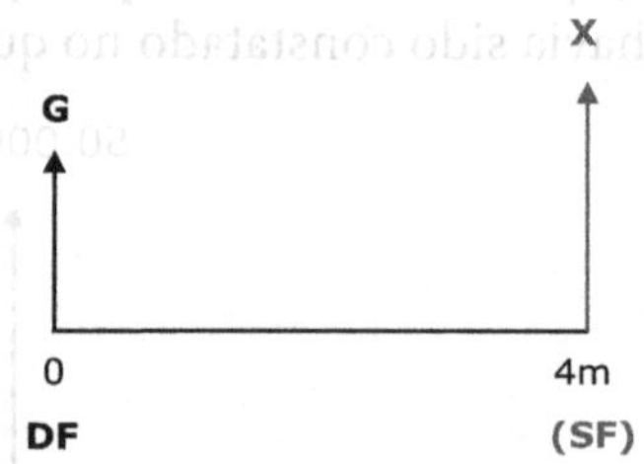

O nosso objetivo consiste em descobrir quanto vale essa parcela **X** (Valor Nominal), quando "transportada" para a Data Focal (**G** - que será o Valor Atual).

Assim, aplicando uma das equações do desconto comercial simples, teremos:

$$\boldsymbol{A = N - N.i.t}$$

$$A = X - X.0{,}04.4 = X - 0{,}16X$$

$$\boldsymbol{A = Valor\ Atual = G = 0{,}84X}$$

Perguntemos agora: "terminou o sexto passo?" Basta verificar se há ainda alguma parcela da SF que ainda não tenha sido trabalhada. Tem? Não, não tem! Conclusão: o 6º passo também está encerrado!

Resta-nos, portanto, "matar" a questão, por meio do sétimo e último passo, que será o seguinte:

7. Aplicar a Equação da Equivalência de Capitais:

$$\sum(SI)DF = \sum(SF)DF$$

Assim, o somatório (a soma) dos valores da SI depois de levados para a data focal é igual ao somatório dos valores da SF depois de levados para a data focal. Daí, teremos:

$$\boldsymbol{E + F = G}$$

$$46000 + 88000 = 0{,}84X$$

$$134000 = 0{,}84X$$

$$X = \frac{134000}{0{,}84} = \mathbf{159523}$$

Portanto, concluímos que o valor nominal do novo título é de **R$159.523,00.**

EXEMPLO 02: Indique qual o capital hoje equivalente ao capital de R$4.620,00 que vence dentro de cinquenta dias, mais o capital de R$3.960,00 que vence dentro de cem dias e mais o capital de R$4.000,00 que venceu há vinte dias, à taxa de juros simples de 0,1% ao dia.

RESOLUÇÃO:

Essa é uma questão bem direta: *qual o valor hoje que será equivalente a essas três outras parcelas?* Vamos ser objetivos também, indo direto aos 7 passos da resolução!

1. Fazer o desenho da questão

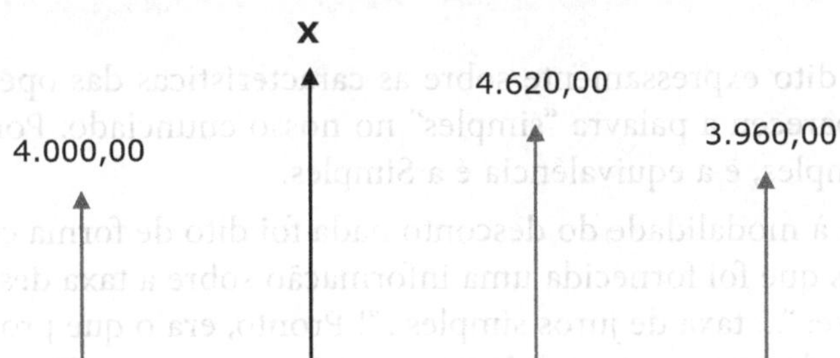

Note que chamamos a data no passado de "**-20 dias**". Ora, não existe, a rigor, tempo negativo! Usamos o sinal de "menos" apenas para nos lembrarmos de que estamos numa data anterior ao dia de hoje.

2. Definir os valores da SI e da SF

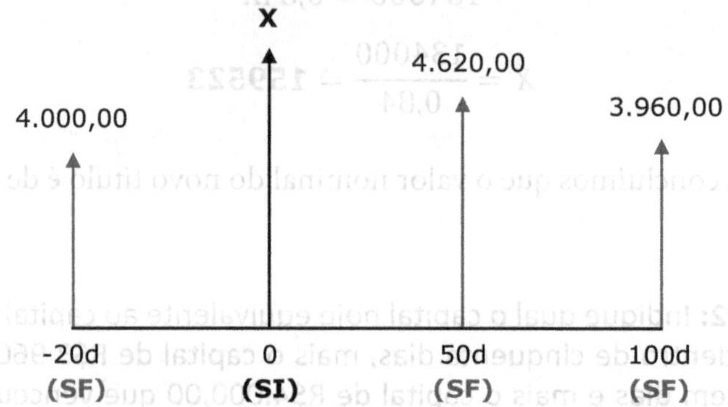

3. Verificar o cumprimento da exigência universal

O enunciado forneceu uma taxa diária (0,1% ao dia), e nossos tempos já estão todos em dias. Tudo ok, portanto!

4. Descobrir o regime e a modalidade das operações de desconto

Nada foi dito expressamente sobre as características das operações de Desconto. Mas, apareceu a palavra "simples" no nosso enunciado. Portanto, estamos no Regime Simples, e a equivalência é a Simples.

Já quanto à modalidade do desconto nada foi dito de forma clara. No entanto, percebemos que foi fornecida uma informação sobre a taxa dessa operação! O enunciado disse: "... taxa de juros simples..."! Pronto, era o que procurávamos! Se, na operação de desconto, a **taxa é de juros**, então usaremos o **Desconto Racional**.

Conclusão: as operações de Desconto dessa questão serão todas de Desconto Simples Racional, ou "Por Dentro".

5. Determinar onde estará a DF

A questão não afirma expressamente onde está localizada a Data Focal, de forma que a consideraremos na **data 0, data de hoje citada no enunciado**. Logo:

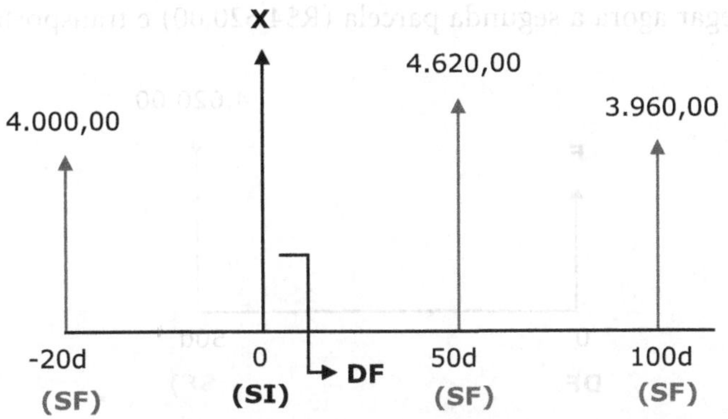

6. Transportar para a DF os valores da SI e da SF

O único valor da Situação Inicial que há na questão é o valor **X**, que já está sobre a Data Focal. Portanto, não precisaremos transportar esse valor para lugar nenhum.

Nosso trabalho nesse passo se resumirá a transportar os valores da Situação Final para a Data Focal. E já sabemos que esse transporte será feito por meio de uma operação de desconto, no caso específico desta questão, desconto racional simples.

A primeira delas é o valor R$4.000,00, na data -20 dias. Pegaremos, portanto, essa primeira parcela da SF (R$4.000,00) e a levaremos para a DF (data zero), por meio de uma operação de Desconto Simples por Dentro. Logo:

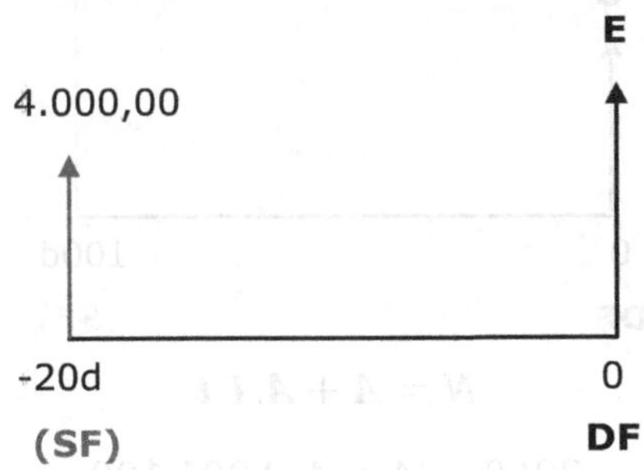

Assim, aplicando uma das equações do desconto racional simples, teremos:

$$\boldsymbol{N = A + A.i.t}$$

$$N = 4000 + 4000.0{,}001.20$$

$$N = 4000 + 80$$

$$\boldsymbol{N = Valor\ Nominal = E = 4080}$$

Vamos pegar agora a segunda parcela (R$4.620,00) e transportar para a DF. Logo:

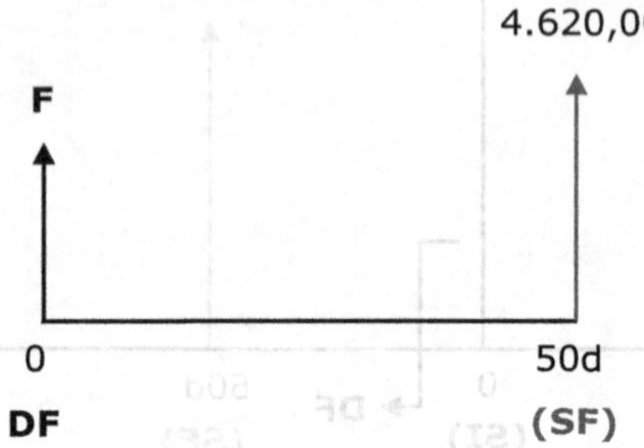

$$N = A + A.i.t$$

$$4620 = A + A.0{,}001.50$$

$$4620 = A + 0{,}05A$$

$$4620 = 1{,}05A$$

$$A = \frac{4620}{1{,}05}$$

$$\boldsymbol{A = Valor\ Atual = F = 4400}$$

Por fim, a terceira parcela de R$3.960,00, quando transportada para a DF, resultará:

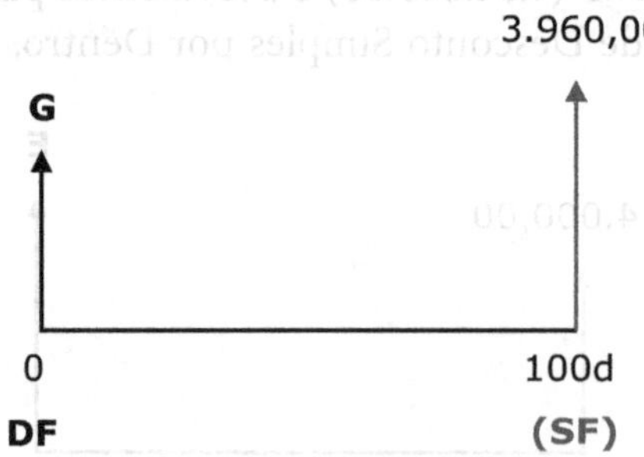

$$N = A + A.i.t$$

$$3960 = A + A.0{,}001.100$$

$$3960 = A + 0{,}1A$$

$$3960 = 1{,}1A$$

$$A = \frac{3960}{1{,}1}$$

$$\boldsymbol{A = Valor\ Atual = G = 3600}$$

Finalizamos o transporte das parcelas da Situação Final. Vamos “liquidar” a questão, por meio do sétimo e último passo.

7. Aplicar a Equação da Equivalência de Capitais:

$$\sum(SI)DF = \sum(SF)DF$$

Daí, teremos:

$$\boldsymbol{X = E + F + G}$$

$$X = 4080 + 4400 + 3600 = \mathbf{12080}$$

EXEMPLO 03: Gabriel vendeu um carro para seu irmão por R$12.600,00. Como seu irmão não tinha todo o dinheiro disponível, ficou combinado que ele pagaria uma primeira parcela no ato da compra e que, quando pudesse, pagaria o saldo devedor com juros simples de 2% ao mês. Após 5 meses, Gabriel recebeu de seu irmão o restante da dívida, com os juros devidos, e o valor recebido nessa ocasião acabou por ser o mesmo valor recebido na primeira parcela, que foi de qual valor?

RESOLUÇÃO:

Agora que já estamos pegando o jeito de resolvermos questões de Equivalência de Capitais, vamos tentar simplificar um pouco o nosso processo de resolução?

Veja que o desenho que representa a situação proposta é o seguinte:

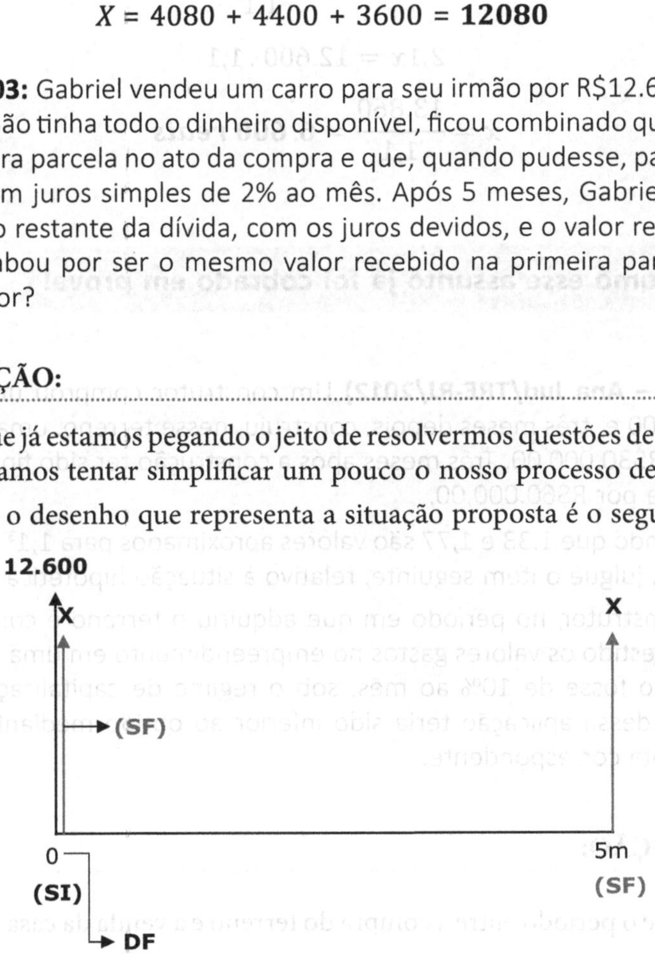

Note que até o momento já cumprimos várias etapas do nosso processo de resolução, não é mesmo? Mas, vamos em frente!

O valor presente de R$12.600 deve ser equivalente à soma entre o valor de entrada (x), também em valores atuais, e o valor restante da dívida, que neste caso também é igual à entrada (x), em cinco meses à taxa mensal de 2% (exigência universal). Logo, podemos aplicar a igualdade ou equivalência entre os valores apresentados:

$$12.600 = x + \frac{x}{(1 + 5 \,.\, 0{,}02)}$$

$$12.600 = x + \frac{x}{1{,}1}$$

$$12.600 = \frac{2{,}1x}{1{,}1}$$

$$2{,}1x = 12.600 \,.\, 1{,}1$$

$$x = \frac{13.860}{1{,}1} = \boldsymbol{6.600\ reais}$$

Veja como esse assunto já foi cobrado em prova!

1. (CESPE – Ana Jud/TRE-RJ/2012) Um construtor comprou um terreno por R$10.000,00 e, três meses depois, construiu, nesse terreno, uma casa popular, gastando R$30.000,00. Três meses após a construção ter sido finalizada, a casa foi vendida por R$60.000,00.

Considerando que 1,33 e 1,77 são valores aproximados para $1{,}1^3$ e $1{,}1^6$, respectivamente, julgue o item seguinte, relativo à situação hipotética acima.

Caso o construtor, no período em que adquiriu o terreno e construiu a casa, tivesse investido os valores gastos no empreendimento em uma aplicação cujo rendimento fosse de 10% ao mês, sob o regime de capitalização simples, o montante dessa aplicação teria sido inferior ao obtido mediante a venda da casa na data correspondente.

RESOLUÇÃO:

Note que o período entre a compra do terreno e a venda da casa foi de 6 meses.

Vamos chamar a data da compra do terreno por R$10.000,00 de data 0.

Já a data da construção da casa (onde foram gastos R$30.000,00) ocorreu após 3 meses. Por fim, a data da venda da casa aconteceu 3 meses depois disso.

O desenho que representa a situação narrada é o seguinte:

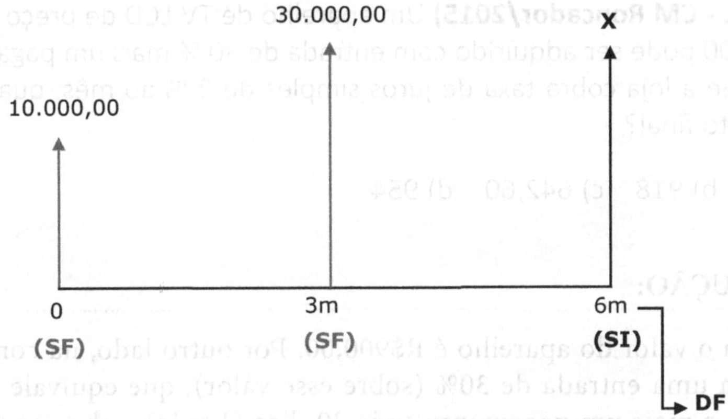

Daí, precisamos transportar esses dois valores (R$10.000,00 e R$30.000,00) para o momento 6 meses, a fim de descobrirmos o montante que seria obtido com aplicações a uma taxa de 10% ao mês, no regime simples.

O único valor da Situação Inicial que há na questão é o valor X, que já está sobre a Data Focal. Portanto, não precisaremos transportar esse valor para lugar nenhum. Nosso trabalho se resumirá a transportar os valores da Situação Final para a Data Focal. E já sabemos que esse transporte será feito por meio de uma operação de desconto, no caso específico desta questão, desconto racional simples.

A primeira delas é o valor R$10.000,00, na data 0. Pegaremos, portanto, essa primeira parcela da SF e a levaremos para a DF (6 meses), por meio de uma operação de Desconto Simples por Dentro:

$$N = 10000 + 10000.0{,}1.6 = 10000 + 6000$$

$$\boldsymbol{N = Valor\ Nominal = E = 16000}$$

Vamos pegar agora a segunda parcela (R$30.000,00) e transportar para a DF. Logo:

$$N = 30000 + 30000.0{,}1.3 = 30000 + 9000$$

$$\boldsymbol{N = Valor\ Nominal = F = 39000}$$

Para finalizar, aplicamos a equação da equivalência de capitais:

$$\sum(SI)DF = \sum(SF)DF$$

$$\boldsymbol{X = E + F}$$

$$X = 16000 + 39000 = \mathbf{55000}$$

Tal quantia é inferior à obtida com a venda da casa.

Gabarito: Certo.

2. (FAUEL - CM Roncador/2015) Um aparelho de TV LCD de preço à vista igual a R$900,00 pode ser adquirido com entrada de 30 % mais um pagamento para 30 dias. Se a loja cobra taxa de juros simples de 2 % ao mês, qual o valor do pagamento final?

a) 1008 b) 918 c) 642,60 d) 954

RESOLUÇÃO:

À vista o valor do aparelho é R$900,00. Por outro lado, na compra parcelada, é dada uma entrada de 30% (sobre esse valor), que equivale a 0,3 × 900 = 270 reais, e mais um pagamento após 30 dias (1 mês), sob uma taxa mensal de 2% de juros.

O valor presente de R$900,00 deve ser equivalente à soma entre a parcela de R$270,00 (também em valores atuais) e a parcela x antecipada em um período à taxa mensal de 2%.

Seja **x** o valor do pagamento final, podemos estabelecer a seguinte relação:

$$900 = 270 + \frac{x}{(1 + 1\,.\,0{,}02)}$$

$$900 - 270 = \frac{x}{1{,}02}$$

$$x = 630\,.\,1{,}02 = \mathbf{642{,}60\ reais}$$

Gabarito: C.

3. (COPESE-UFT – Agente de Tributos/Pref Porto Nacional/2015) Determinada loja especializada em celulares tem a seguinte promoção: "Smartphone vendido à vista por R$2.500,00 ou por R$500,00 de entrada e R$2.200,00 após 2 meses". Qual a taxa mensal de juros simples cobrada pela loja?

a) 4,0% a.m. b) 4,5% a.m. c) 5,0% a.m. d) 5,5% a.m.

RESOLUÇÃO:

Veja que o preço de R$2.500,00, que já está em termos atuais, é equivalente à soma entre a entrada de R$500,00 (também em termos atuais) e a parcela de R$2.200,00 descontada em dois meses a uma taxa mensal i. Como o regime é o de **juros simples**, a parcela é antecipada em **dois** períodos pela divisão por (1 + 2i):

$$2.500 = 500 + \frac{2.200}{1 + 2i}$$

$$2.500 - 500 = \frac{2.200}{1 + 2i}$$

$$2.000 \times (1 + 2i) = 2.200$$

$$1 + 2i = \frac{2.200}{2.000}$$

$$1 + 2i = 1{,}1$$

$$\boldsymbol{i} = \frac{0{,}1}{2} = 0{,}05 = \mathbf{5\%}$$

Portanto, temos que a taxa mensal de juros cobrada no pagamento parcelado é de **5%**.

Gabarito: C.

4. (FCC - Auditor Fiscal/SEFAZ-BA/2019) Uma loja de produtos eletrodomésticos anuncia duas condições para a compra de determinado produto:

– Compra com pagamento à vista no valor de R$1.900,00;

– Compra a prazo, sendo uma entrada no valor de R$500,00 e o pagamento de uma parcela adicional no valor de R$1.484,00 após 2 meses da data da compra.

Se a empresa utiliza o regime de capitalização simples, a taxa de juros simples, em percentual ao mês, que cobra na venda a prazo é

a) 1,06% b) 3,00% c) 2,21% d) 0,53% e) 6,00%

RESOLUÇÃO:

O enunciado informa que o preço à vista do produto é de R$1.900,00. Ainda é dito que se na opção a prazo for dada uma entrada de R$500,00, então o valor financiado será de 1.900 – 500 = 1.400 reais.

Sabemos que sobre esta quantia incidem juros simples segundo uma taxa mensal i, durante 2 meses, produzindo um montante de 1.484,00. Logo:

$$1.484 = 1.400 \times (1 + 2i)$$

$$1.484 = 1.400 + 1.400 \times 2i$$

$$1.400 \times 2i = 84$$

$$\boldsymbol{i} = \frac{84}{2 \times 1.400} = \frac{42}{1.400} = \mathbf{3\%}$$

Gabarito: B.

6. EQUIVALÊNCIA COMPOSTA DE CAPITAIS

Colega, a forma de se identificar uma questão de **Equivalência Composta de Capitais** é a mesmíssima que aprendemos para identificar uma questão de Equivalência Simples.

O que vai diferenciar uma questão da outra (Equivalência Simples e Equivalência Composta) é a **natureza da taxa**. Somente isso!

E os passos de resolução? A boa notícia é que teremos simplificações em comparação com o que já conhecemos da Equivalência Simples. Primeiramente, para o sexto passo (transporte das parcelas para a Data Focal), temos um macete que em muito nos ajudará. De fato, no **regime composto**, quando falamos em projetar as parcelas (C) para a data focal, para **frente** ou para **trás, multiplicamos** ou **dividimos** pelo fator $(1 + i)^t$, respectivamente. Assim:

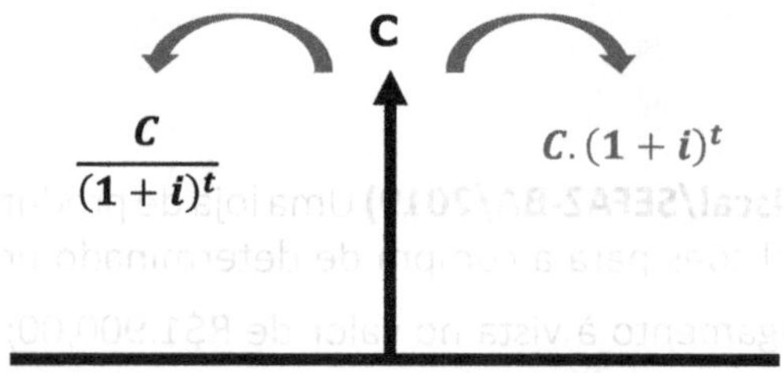

Em segundo lugar, as questões de equivalência composta de capitais serão resolvidas, todas elas, pelo **Desconto Composto Racional** (por dentro). Não haverá equivalência composta que se resolva pelo desconto composto por fora!

ATENÇÃO!

Toda questão de Equivalência Composta de Capitais será resolvida por meio do Desconto Composto Racional (por Dentro).

Porém, as boas notícias não param por aí. Aprendemos que quem manda na **Data Focal**, na **Equivalência Simples**, é o **enunciado**. Logo, ele quem determinava onde deveríamos localizar a DF. Por outro lado, na **Equivalência Composta**, quem manda na Data Focal é **você**! Isto é, qualquer DF que você venha a adotar na resolução da equivalência composta, o resultado será o mesmo. Contudo, haverá sempre uma que facilitará a nossa vida.

Portanto, não esqueça:

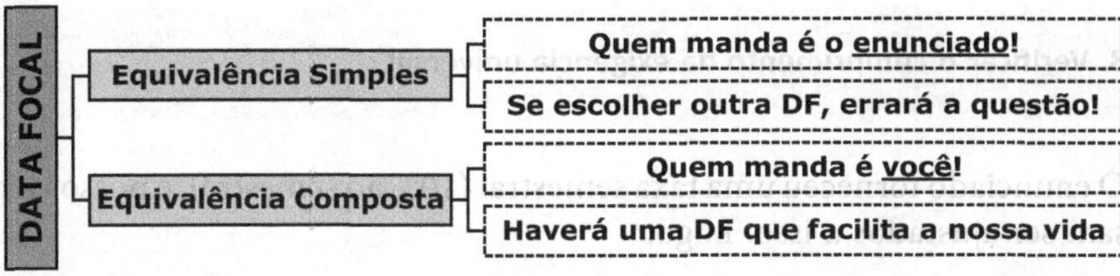

EXEMPLO 01: Qual o capital hoje que é equivalente, a uma taxa de juros compostos de 10% ao semestre, a um capital de R$100.000,00 que venceu há um ano mais um capital de R$110.000,00 que vai vencer daqui a seis meses?

RESOLUÇÃO:

1. Fazer o desenho da questão

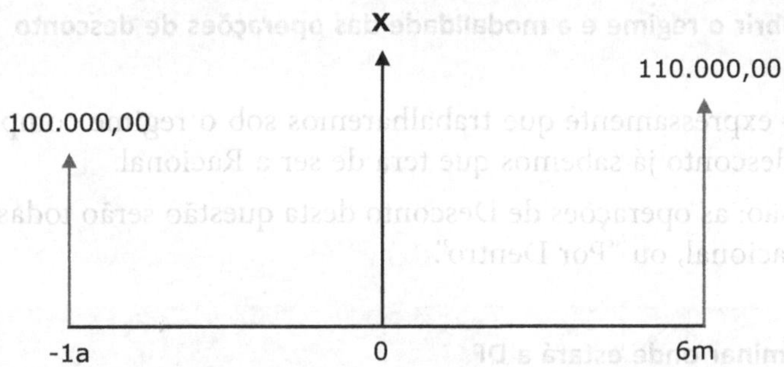

2. Definir os valores da SI e da SF

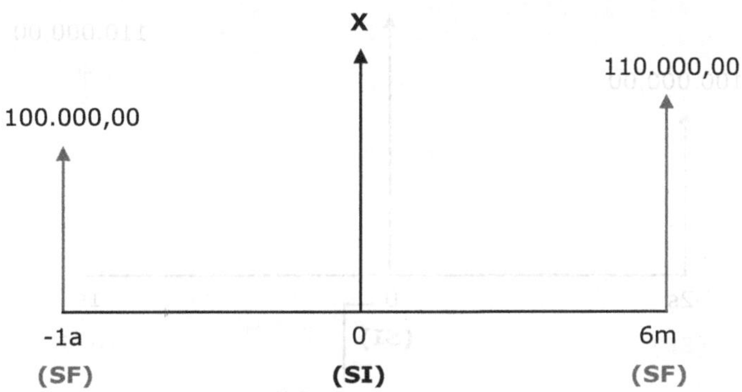

3. Verificar o cumprimento da exigência universal

O enunciado forneceu uma taxa semestral (10% ao semestre), e nossos tempos precisam ser ajustados a isso. Logo:

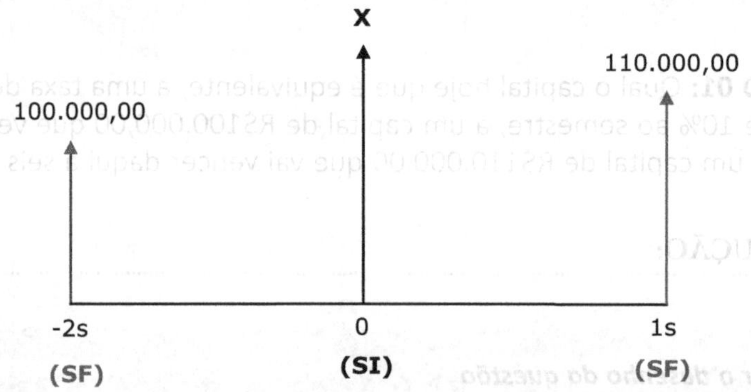

4. Descobrir o regime e a modalidade das operações de desconto

Foi dito expressamente que trabalharemos sob o regime composto, e a modalidade de desconto já sabemos que terá de ser a Racional.

Conclusão: as operações de Desconto desta questão serão todas de Desconto Composto Racional, ou "Por Dentro".

5. Determinar onde estará a DF

Sabemos que, na Equivalência composta, nós que escolhemos onde ficará a Data Focal. Assim, vamos determinar a localização na **data 0**.

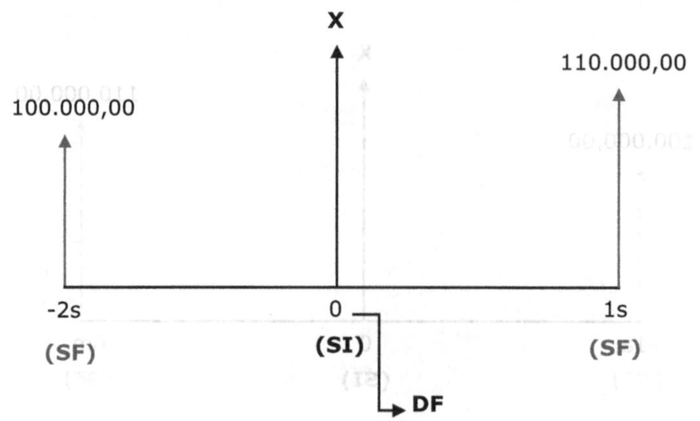

6. Transportar para a DF os valores da SI e da SF

O único valor da Situação Inicial que há na questão é o valor **X**, que já está sobre a Data Focal. Portanto, não precisaremos transportar esse valor para lugar nenhum. Direto para o transporte dos valores da SF!

Aqui vimos que temos um grande facilitador. De fato, no regime composto e operando com desconto racional, quando falamos em projetar as parcelas (**C**) para a DF, para **frente** ou para **trás**, **multiplicamos** ou **dividimos** pelo fator **$(1 + i)^t$**, respectivamente. Assim:

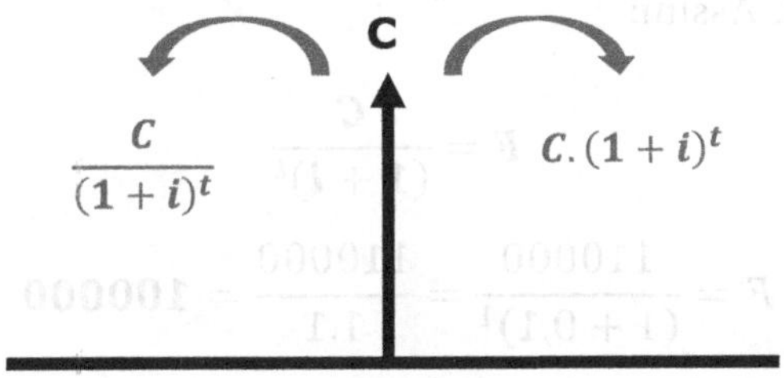

A primeira delas é o valor R$100.000,00, na data -2 semestres. Pegaremos, portanto, essa primeira parcela da SF e a levaremos para a DF (data zero). Mas, multiplicaremos ou dividiremos pelo fator **$(1 + i)^t$**? Bem, vamos olhar o desenho:

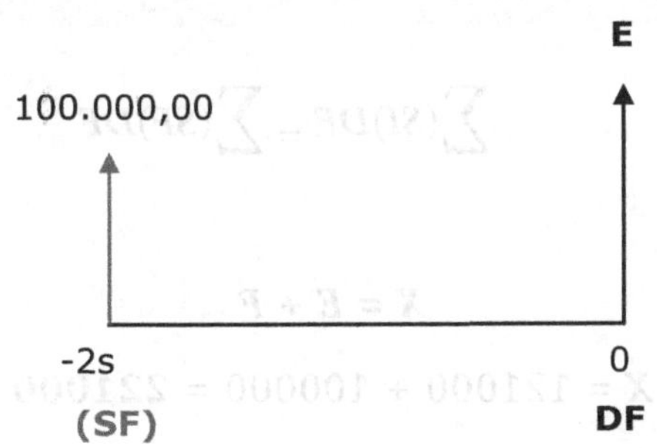

Ora, como teremos de transportar a parcela R$100.000,00 para a **frente**, **multiplicaremos** ela pelo fator. Logo:

$$E = C.(1 + i)^t$$

$$E = 100000.(1 + 0{,}1)^2 = 100000.(1{,}1)^2 = 100000.1{,}21 = \mathbf{121000}$$

Vamos pegar agora a segunda parcela (R$110.000,00) e transportar para a DF.

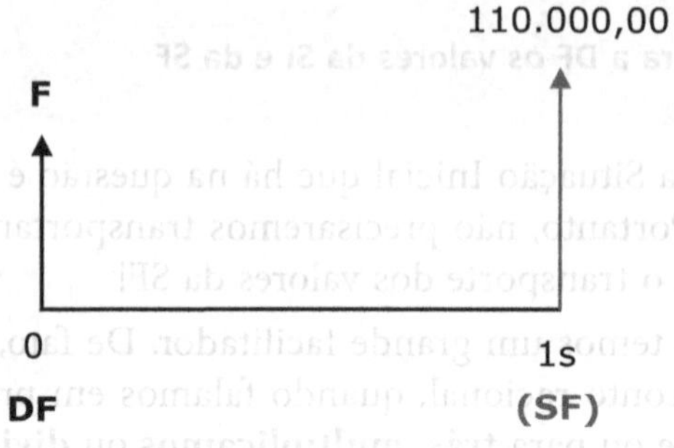

Perceba que dessa vez iremos **dividir** o fator pela parcela, já que o transporte está sendo para **trás**. Assim:

$$F = \frac{C}{(1+i)^t}$$

$$F = \frac{110000}{(1+0{,}1)^1} = \frac{110000}{1.1} = \mathbf{100000}$$

Finalizamos o transporte das parcelas da Situação Final. Vamos "liquidar" a questão, por meio do sétimo e último passo.

7. Aplicar a Equação da Equivalência de Capitais:

$$\sum(SI)DF = \sum(SF)DF$$

Daí, teremos:

$$X = E + F$$

$$X = 121000 + 100000 = \mathbf{221000}$$

EXEMPLO 02: Ana quer vender um apartamento por R$400.000,00 à vista ou financiado pelo sistema de juros compostos a taxa de 5% ao semestre. Paulo está interessado em comprar esse apartamento e propõe à Ana pagar os R$400.000,00 em duas parcelas iguais, com vencimentos a contar a partir da compra. A primeira parcela com vencimento em 6 meses e a segunda com vencimento em 18 meses. Se Ana aceitar a proposta de Paulo, então, sem considerar os centavos, qual será o valor de cada uma das parcelas?

Considere:

FATOR DE ACUMULAÇÃO DE CAPITAL: $a_n = (1 + i)^n$

n/i 5%
2 1,102500
3 1,157625

RESOLUÇÃO:

1. Fazer o desenho da questão

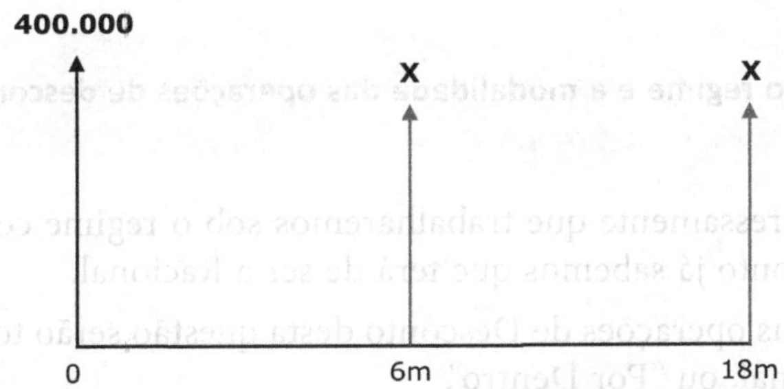

O nosso objetivo consiste em trazer estes dois pagamentos iguais (por isso os chamamos de **X**) para a data zero. Se o valor referente à data zero que substituir estes dois pagamentos for igual a R$400.000,00, então este desenho será **equivalente** ao valor à vista solicitado por Ana.

2. Definir os valores da SI e da SF

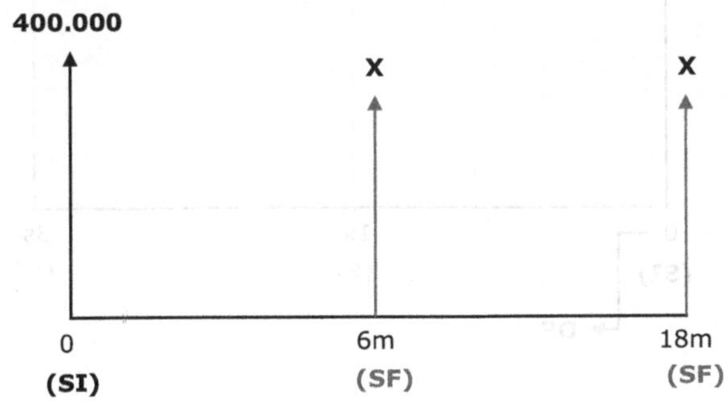

3. Verificar o cumprimento da exigência universal

O enunciado forneceu uma taxa semestral (5% ao semestre), e nossos tempos precisam ser ajustados a isso. Logo:

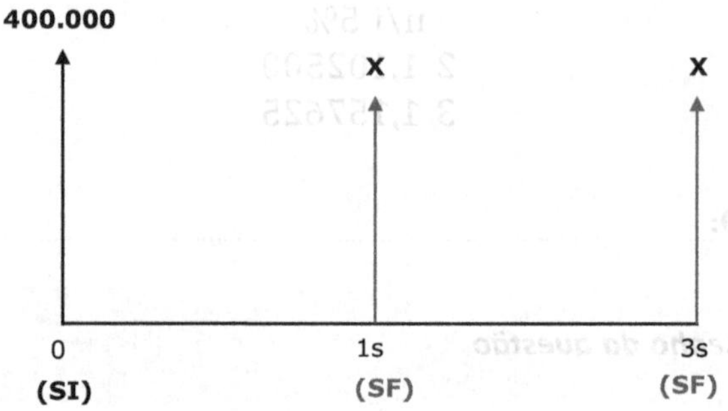

4. Descobrir o regime e a modalidade das operações de desconto

Foi dito expressamente que trabalharemos sob o regime composto, e a modalidade de desconto já sabemos que terá de ser a Racional.

Conclusão: as operações de Desconto desta questão serão todas de Desconto Composto Racional, ou "Por Dentro".

5. Determinar onde estará a DF

Sabemos que, na Equivalência Composta, nós que escolhemos onde ficará a Data Focal. Assim, vamos determinar a localização na **data 0**.

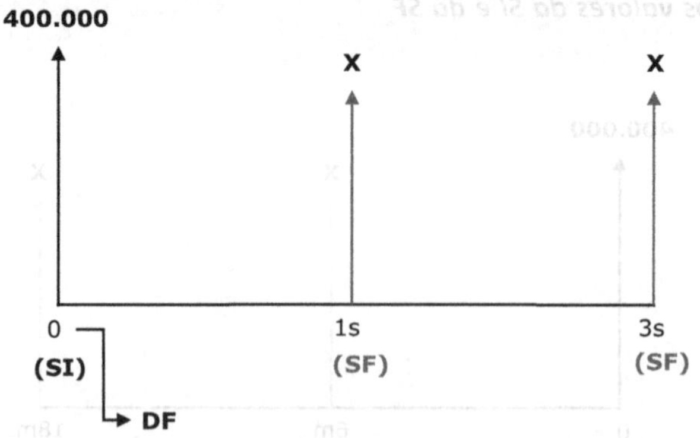

6. Transportar para a DF os valores da SI e da SF

O único valor da Situação Inicial que há na questão é o valor R$400.000,00, que já está sobre a Data Focal. Portanto, não precisaremos transportar esse valor para lugar nenhum. Direto para o transporte dos valores da SF.

A primeira delas é o valor **X**, na data 1 semestre. Pegaremos, portanto, essa primeira parcela da SF e a levaremos para a DF (data zero), **dividindo** pelo fator **(1 + i)**^{t}, já que o transporte está sendo para **trás**:

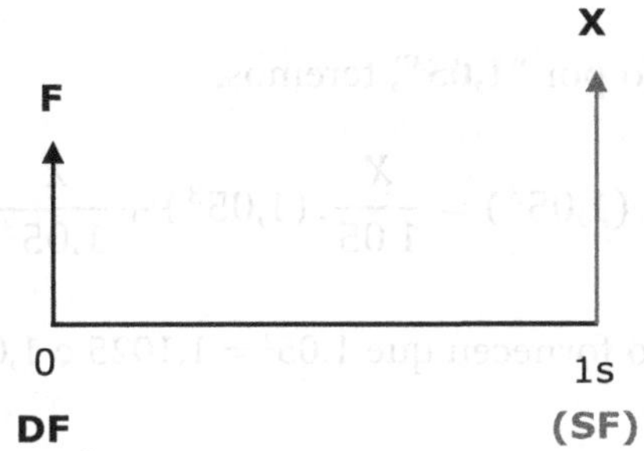

$$E = \frac{C}{(1+i)^t}$$

$$E = \frac{X}{(1+0{,}05)^1} = \frac{X}{1{,}05}$$

Vamos pegar agora a segunda parcela (R$110.000,00) e transportar para a DF, **dividindo** pelo fator **(1 + i)**^{t}, já que o transporte está sendo mais uma vez para **trás**:

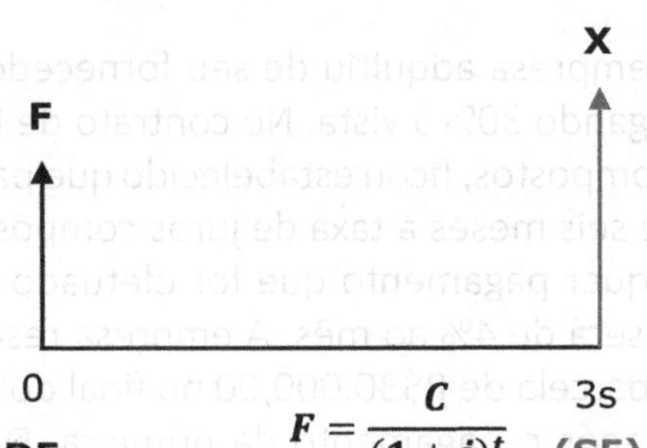

$$F = \frac{C}{(1+i)^t}$$

$$F = \frac{X}{(1+0{,}05)^3} = \frac{X}{1{,}05^3}$$

Finalizamos o transporte das parcelas da Situação Final. Vamos "liquidar" a questão, por meio do sétimo e último passo.

7. Aplicar a Equação da Equivalência de Capitais:

$$\sum(SI)DF = \sum(SF)DF$$

Daí, teremos:

$$\boldsymbol{X = E + F}$$

$$400000 = \frac{X}{1{,}05} + \frac{X}{1{,}05^3}$$

Multiplicando tudo por "**1,05³**", teremos:

$$400000.(1{,}05^3) = \frac{X}{1{,}05}.(1{,}05^3) + \frac{X}{1{,}05^3}.(1{,}05^3)$$

Como o enunciado forneceu que $1{,}05^2 = 1{,}1025$ e $1{,}05^3 = 1{,}157625$, teremos:

$$400000.1{,}157625 = X.(1{,}05^2) + X$$

$$463050 = X.(1{,}05^2) + X$$

$$463050 = 1{,}1025X + X$$

$$463050 = 2{,}1025X$$

$$X = \frac{463050}{2{,}1025} = \mathbf{220.237}$$

EXEMPLO 03: Uma empresa adquiriu de seu fornecedor mercadorias no valor de R$100.000,00 pagando 30% à vista. No contrato de financiamento realizado no regime de juros compostos, ficou estabelecido que para qualquer pagamento que for efetuado até seis meses a taxa de juros compostos será de 9,2727% ao trimestre. Para qualquer pagamento que for efetuado após seis meses, a taxa de juros compostos será de 4% ao mês. A empresa resolveu pagar a dívida em duas parcelas. Uma parcela de R$30.000,00 no final do quinto mês e a segunda parcela dois meses após o pagamento da primeira. Desse modo, qual será o valor da segunda parcela, sem considerar os centavos?

Considere:

FATOR DE ACUMULAÇÃO DE CAPITAL: $a_n = (1 + i)^n$

n/i 3% 4%
3 1,092727
7 1,315931

FATOR DE ATUALIZAÇÃO DE CAPITAL:

$1/a_n = 1/(1 + i)^n$

n 3%
5 0,86251

RESOLUÇÃO:

Agora que já pegamos uma certa prática, que tal acelerarmos um pouco o processo de resolução? Bem, podemos simplesmente fazer 5 passos em 1. Gostou? Então, observe:

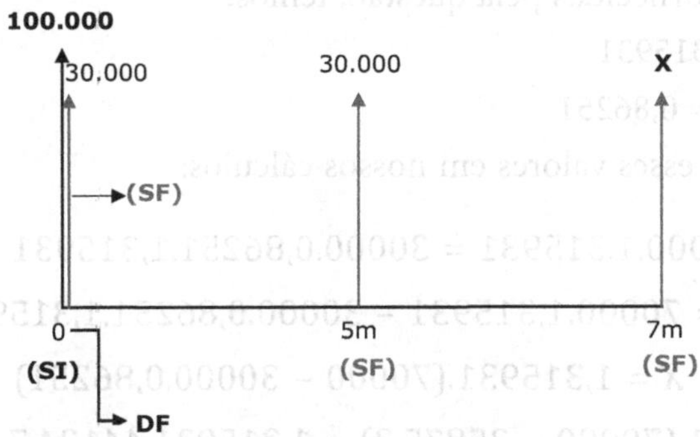

Note que definimos os valores da Situação Inicial e da Situação Final, bem como a localização da Data Focal (data zero).

Para que a exigência universal seja cumprida, faz-se necessário encontrar a taxa mensal equivalente à taxa trimestral de 9,2727:

$$1 + I = (1 + i)^3$$

$$1 + 0{,}92727 = (1 + i)^3$$

Da tabela apresentada pelo enunciado, concluímos que **i = 3%**.

E quanto ao regime e modalidade do desconto, já sabemos que iremos trabalhar com o Desconto Racional Composto.

Pronto! Já podemos ir direto ao sexto passo. No entanto, aqui também podemos ganhar mais tempo, e você bem sabe a importância disso na hora da prova.

Ora, o sexto passo consiste em transportar os valores da SI e da SF para a DF. Por sua vez, no sétimo passo aplicamos a Equação da Equivalência. Concorda? Muito bem. Daí, podemos substituir esses dois passos por um único, e sem fazer os desenhos das operações de desconto envolvidas. Fazendo isso, teremos:

$$\sum (SI)DF = \sum (SF)DF$$

$$100000 = 30000 + \frac{30000}{(1+0{,}03)^5} + \frac{X}{(1+0{,}04)^7}$$

$$70000 = \frac{30000}{(1{,}03)^5} + \frac{X}{(1{,}04)^7}$$

Multiplicando ambos os lados da equação por **1,04**^{7}, obtemos:

$$70000.1{,}04^7 = \frac{30000}{(1{,}03)^5}.1{,}04^7 + \frac{X}{\cancel{(1{,}04)^7}}.\cancel{1{,}04^7}$$

Das tabelas fornecidas pela questão, temos:

- $1{,}04^7 = 1{,}315931$
- $1/(1{,}03)^5 = 0{,}86251$

Substituindo esses valores em nossos cálculos:

$$70000.1{,}315931 = 30000.0{,}86251.1{,}315931 + X$$

$$X = 70000.1{,}315931 - 30000.0{,}86251.1{,}315931$$

$$X = 1{,}315931.(70000 - 30000.0{,}86251)$$

$$\boldsymbol{X} = 1{,}315931.(70000 - 25875{,}3) = 1{,}315931.44124{,}7 = \mathbf{58.065{,}06}$$

EXEMPLO 04: A quantia de R$500.000,00 é devida hoje e a quantia de R$600.000,00 é devida no fim de um ano ao mesmo credor. Na medida em que os dois compromissos não poderiam ser honrados, uma negociação com o credor levou ao acerto de um pagamento equivalente único ao fim de dois anos e meio. Calcule o valor deste pagamento considerando que foi acertada uma taxa de juros compostos de 20% ao ano, valendo a convenção exponencial para cálculo do montante (despreze os centavos).

RESOLUÇÃO:

O enunciado apresenta a situação de uma pessoa que tem duas dívidas (R$500.000,00 é devida hoje e a quantia de R$600.000,00 é devida no fim de um ano) e não consegue quitá-las no prazo acertado, de modo que foi definido com ao credor um pagamento equivalente único ao fim de **dois anos e meio**.

Assim, será necessário transportar para frente R$500.000,00 por dois anos e meio e R$600.000,00 por um ano e meio, resultando na seguinte quantia:

$$X = 500.000.(1 + 0{,}2)^{2,5} + 600.000.(1 + 0{,}2)^{1,5}$$

$$X = 500.000.(1{,}2)^{2,5} + 600.000.(1{,}2)^{1,5}$$

Vamos colocar 500.000 em evidência:

$$X = 500.000.[(1{,}2)^{2,5} + 1{,}2.(1{,}2)^{1,5}] = 500.000.[(1{,}2)^{2,5} + (1{,}2)^{2,5}] = 500.000.2.(1{,}2)^{2,5}$$

Podemos manipular o expoente de 1,2, obtendo:

$$\boldsymbol{X} = 1.000.000.(1{,}2)^2.(1{,}2)^{0,5} = 1.000.000.1{,}44.1{,}095445 = \mathbf{1.577.440}$$

EXEMPLO 05: Em janeiro de 2005, uma empresa assumiu uma dívida no regime de juros compostos que deveria ser quitada em duas parcelas, todas com vencimento durante o ano de 2005. Uma parcela de R$2.000,00 com vencimento no final de junho e outra de R$5.000,00 com vencimento no final de setembro. A taxa de juros cobrada pelo credor é de 5% ao mês. No final de fevereiro, a empresa decidiu pagar 50% do total da dívida e o restante no final de dezembro do mesmo ano. Assim, desconsiderando os centavos, qual é o valor que a empresa deverá pagar no final de dezembro?

Considere:

FATOR DE ACUMULAÇÃO DE CAPITAL: $a_n = (1 + i)^n$

n/i 5%
3 1,157625
6 1,340095

RESOLUÇÃO:

Inicialmente, eram devidos dois pagamentos:

– 2.000,00, em junho

– 5.000,00, em setembro

Como metade da dívida é paga em fevereiro, então os novos pagamentos em junho e em setembro seriam de:

– 1.000,00 em junho

– 2.500,00 em setembro

Mas a empresa quer substituir estes dois pagamentos por um único, a ser feito em dezembro.

O desenho apropriado para a situação descrita no enunciado é o seguinte:

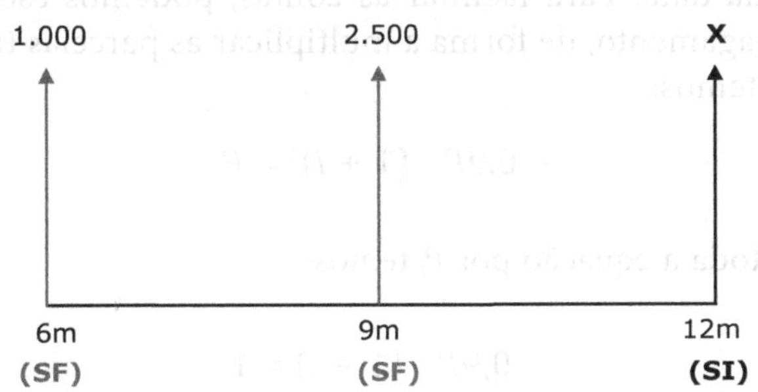

Daí, precisamos transportar R$1.000,00, de junho para dezembro, e os R$2.500,00, de setembro para dezembro. Logo:

$$\sum (SI)DF = \sum (SF)DF$$

$$X = 1000.(1 + 0,05)^6 + 2500.(1 + 0,05)^3$$

$$X = 1000.(1,05)^6 + 2500.(1,05)^3$$

Da tabela fornecida pela questão, temos:

- $1,05^3 = 1,157625$
- $1,05^6 = 1,340095$

Substituindo esses valores em nossos cálculos:

$$X = 1000.1,340095 + 2500.1,157625 = 1340,095 + 2894,0625 = \mathbf{4.234}$$

Veja como esse assunto já foi cobrado!

5. (CESPE – TCDF/Auditor de Controle Externo/2021) Certo produto foi anunciado por um preço P, valor que o vendedor aceita dividir em até três parcelas iguais, mensais e sucessivas, com ou sem entrada, conforme o desejo do cliente. No caso de pagamento à vista, o vendedor aceita entregar o produto por 0,9P.

Se, ao adquirir o produto, o cliente optar por pagar o valor P com um cheque para o mês seguinte, ele pagará uma taxa de juros efetiva de 10%am.

RESOLUÇÃO:

O valor à vista do produto é **0,9P**. Mas o cliente opta por pagar o valor P daqui a 1 mês. Essas duas formas de pagamento são equivalentes quando levadas para uma mesma data. Para facilitar as contas, podemos escolher como data focal o último pagamento, de forma a multiplicar as parcelas transportadas por $(1 + i)^t$. Assim, temos:

$$0,9P \,.\, (1 + i)^1 = P$$

Dividindo toda a equação por P, temos:

$$0,9P \,.\, (1 + i) = 1$$

$$0,9 + 0,9i = 1$$

$$i = \frac{1 - 0,9}{0,9} = \frac{0,1}{0,9} = 0,111 \ldots = \mathbf{11,111 \ldots \%a.m}$$

Portanto, nas condições estabelecidas, **a taxa de juros é superior a 10%**, diferentemente do que indica o enunciado.

Gabarito: errado.

6. (CESPE – TCDF/Auditor de Controle Externo/2021) Certo produto foi anunciado por um preço P, valor que o vendedor aceita dividir em até três parcelas iguais, mensais e sucessivas, com ou sem entrada, conforme o desejo do cliente. No caso de pagamento à vista, o vendedor aceita entregar o produto por 0,9P.

Se i indica a taxa de juros efetiva paga por um cliente que opta pelo parcelamento em três vezes sem entrada, fazendo-se x = 1 + i, tem-se que x deve satisfazer a equação $2{,}7x^3 - x^2 - x - 1 = 0$.

RESOLUÇÃO:

O valor à vista do produto é **0,9P**. Mas o cliente deseja pagar em três parcelas iguais a **P/3**, sem entrada. Essas duas formas de pagamento são equivalentes quando levadas para uma mesma data. Para facilitar as contas, podemos escolher como data focal o último pagamento, de forma a multiplicar as parcelas transportadas por $(1 + i)^t$. Assim, temos:

$$0{,}9P \,.\, (1+i)^3 = \frac{P}{3} \,.\, (1+i)^2 + \frac{P}{3} \,.\, (1+i)^1 + \frac{P}{3}$$

Vamos dividir toda a equação por P:

$$0{,}9 \,.\, (1+i)^3 = \frac{1}{3} \,.\, (1+i)^2 + \frac{1}{3} \,.\, (1+i)^1 + \frac{1}{3}$$

Agora, ao multiplicarmos todos os membros da equação por 3, obtemos:

$$2{,}7 \,.(1 + i)^3 = (1 + i)^2 + (1 + i)^1 + 1$$

O enunciado indica que devemos fazer x = 1 + i. Logo:

$$2{,}7x^3 = x^2 + x + 1$$

$$\mathbf{2{,}7x^3 - x^2 - x - 1 = 0}$$

Gabarito: certo.

7. (Instituto AOCP - Pref Novo Hamburgo/2020) Uma empresa deve ao credor dois títulos de 100 mil reais cada um, com vencimento em 2 e 3 meses. Para que a empresa possa pagar esses valores nos respectivos vencimentos, quanto ela deverá aplicar no banco, em R$? Considere a operação realizada no regime de capitalização composta a uma taxa de 1% a.m.

a) 195.088,61 b) 105.078,64 c) 190.674,45 d) 153.068,75 e) 187.235,78

RESOLUÇÃO:

O enunciado apresenta dois títulos de R$100 mil reais cada um, vencíveis em 2 e 3 meses. O valor atual X que a empresa deverá aplicar hoje para quitar a dívida será a soma entre os valores nominais antecipados em 2 e 3 períodos, considerando-se a taxa composta mensal de 1%.

Trazemos a valor presente uma parcela P, em t períodos, dividindo-a por $(1 + i)^t$. Assim, temos:

$$X = \frac{100.000}{(1+0{,}01)^2} + \frac{100.000}{(1+0{,}01)^3} = 100.000\,.\left(\frac{1}{1{,}01^2} + \frac{1}{1{,}01^3}\right)$$

Podemos colocar as frações entre parênteses sob um único denominador:

$$\boldsymbol{X} = 100.000\,.\frac{2{,}01}{1{,}01^3} = 100.000\,.\,1{,}9508861 = \mathbf{195.088{,}61}\ \boldsymbol{reais}$$

Em uma prova, ao realizar o cálculo $1{,}01^3 = 1{,}0303$, arredondaríamos para 1,03 e assim não seria necessário dividir 2,01 por 1,03, porque perceberíamos que seria um valor um pouco menor que 2, que multiplicado por 100.000, daria um número um pouco menor que 200.000, chegando ao gabarito A. Isso se você estiver com o tempo escasso, claro, porque o ideal é realizar os cálculos até o final, mas sabemos que muitas vezes isso não é possível.

Gabarito: A.

8. (IBADE - Pref Vila Velha/2020) Pedro pegou um empréstimo de R$1.200,00 a juros compostos de 10% ao mês para finalizar a obra de sua casa. Dois meses depois ele pagou R$852,00 e dois meses após esse pagamento ele liquidou o empréstimo. Qual foi o valor do último pagamento, em R$?

a) 600,00 b) 904,00 c) 726,00 d) 420,00 e) 1.756,00

RESOLUÇÃO:

O enunciado informa que o valor presente do empréstimo é de R$1.200,00. Queremos que esse valor seja equivalente à soma da primeira parcela antecipada em dois períodos e da segunda parcela antecipada em quatro períodos, ambas sob uma taxa mensal de 10%. Sabemos que antecipamos um valor em t períodos pela divisão por $(1 + i)^t$. Assim, temos:

$$1.200 = \frac{852}{(1+0,1)^2} + \frac{x}{(1+0,1)^4}$$

Mas, para facilitarmos nossas contas e evitarmos divisões com decimais mais complexas, vamos utilizar como data focal o segundo mês:

$$1.200\,.\,(1+0,1)^2 = 852 + \frac{x}{(1+0,1)^2}$$

$$1.200\,.\,1,21 - 852 = \frac{x}{1,21}$$

$$\boldsymbol{x} = 600\,.\,1,21 = \mathbf{726}\ \boldsymbol{reais}$$

Portanto, concluímos que o último pagamento foi igual a **R$726,00.**

Perceba que podemos escolher qualquer data focal para realizarmos os cálculos quando estamos no regime de juros compostos, então vamos buscar uma DF que nos exija menos cálculos complicados.

Gabarito: C.

9. (FCC - PS/ELETROSUL/2016) Uma dívida deverá ser quitada por meio de duas prestações no valor de R$31.360,00 cada uma, vencendo a primeira prestação daqui a 1 ano e a segunda daqui a 2 anos. Utilizando o critério do desconto racional composto, a uma taxa de juros de 12% ao ano, calculou-se o valor da dívida na data de hoje. O devedor propõe, na data de hoje, liquidar esta dívida com 10% de desconto sobre este valor calculado. Caso o credor concorde, o devedor pagará então o valor, em reais, de

a) 45.900,00 b) 47.700,00 c) 48.600,00 d) 46.800,00 e) 45.000,00

RESOLUÇÃO:

Na equivalência composta de capitais, para trazer uma prestação **P** a valor presente ("data de hoje"), basta dividi-la por $\mathbf{(1 + i)^n}$.

Inicialmente, vamos trazer a primeira prestação a valor presente, com uma taxa de juros de 12% ao ano:

$$\frac{31.360}{(1+0,12)^1} = \frac{31.360}{1,12} = \mathbf{28.000}$$

Em seguida, trazemos a segunda prestação para a data de hoje:

$$\frac{31.360}{(1+0,12)^2} = \frac{31.360}{1,2544} = \mathbf{25.000}$$

Agora somamos as parcelas para obtermos o valor presente da dívida:

$$28.000 + 25.000 = \mathbf{53.000}$$

Assim, resta a ser pago o valor de 53.000 – 5.300 = **47.700 reais.**

Gabarito: B.

10. (FCC/SEFAZ-GO/Auditor-Fiscal/2018) O preço à vista de um apartamento é R$210.000,00. Jorge fez uma proposta ao proprietário para adquirir esse imóvel pagando-o em três parcelas iguais, a primeira à vista, a segunda após 1 ano e a terceira depois de 2 anos. O proprietário aceitou a proposta, desde que fossem cobrados juros compostos de 100% ao ano sobre o saldo devedor após o pagamento de cada parcela. Nas condições impostas pelo proprietário, o valor de cada uma das três parcelas a serem pagas por Jorge, em reais, deverá ser igual a

a) 70.000,00. b) 130.000,00. c) 120.000,00. d) 90.000,00. e) 100.000,00.

RESOLUÇÃO:

O valor presente do apartamento (210.000 reais) deve corresponder ao valor atual (A) das 3 prestações de valor P, uma delas na data inicial, outra após 1 ano e outra após 2 anos.

Como a taxa de juros é de 100% ao ano, podemos trazer as prestações para o seu valor presente, assim:

$$210.000 = P + \frac{P}{1 + 100\%} + \frac{P}{(1 + 100\%)^2}$$

$$210.000 = P + \frac{P}{2} + \frac{P}{4}$$

$$210.000 = 1{,}75P$$

$$P = \frac{210.000}{1{,}75} = \mathbf{120.000\ \mathit{reais}}$$

Gabarito: C.

11. (FCC - Auditor Fiscal/ISS Manaus/2019) Sérgio recebeu um adiantamento e negociou que a devolução seria paga em duas parcelas iguais de R$1.210,00, a primeira, um mês após o recebimento do adiantamento, e a segunda, um mês depois do pagamento da primeira parcela. Sabendo que foram cobrados juros compostos de 10% ao mês, o valor que Sérgio recebeu pelo adiantamento foi de

a) 2.420,00 b) 2.010,00 c) 2.100,00 d) 2.200,00 e) 2.210,00.

RESOLUÇÃO:

O enunciado apresenta duas parcelas de R$1.210,00, uma delas a ser paga em um mês, e a outra em dois meses. Portanto, o valor presente desses dois pagamentos, a uma taxa de juros compostos de 10% ao mês, será dado por:

$$\frac{1210}{(1 + 0{,}1)^1} + \frac{1210}{(1 + 0{,}1)^2} = \frac{1210}{1{,}1^1} + \frac{1210}{1{,}1^2} = 1100 + 1000 = \mathbf{2.100}$$

Gabarito: C.

12. (CESPE – AC/TCE-PR/Administração/2016) Ao estudar uma proposta de negócio com duração de dois anos, um investidor espera o cenário apresentado na tabela seguinte, em que os valores estão em reais.

Valor a ser investido	100.000
Retorno esperado no 1º ano	55.000
Retorno esperado no 2º ano	65.500

Nessa situação, se a taxa anual de juros para desconto do fluxo for de 10% ao ano, e se o investidor desejar um fluxo equivalente ao do cenário apresentado, mas com retornos iguais nos dois anos, o valor de cada retorno será igual a, em R$,

a) 61.000 b) 60.000 c) 64.000 d) 63.000 e) 62.000

RESOLUÇÃO:

Inicialmente, vamos trazer para a data de hoje os dois retornos esperados, com a taxa anual de juros de 10%:

$$\frac{55.000}{(1 + 0{,}1)^1} + \frac{65.500}{(1 + 0{,}1)^2}$$

$$= \frac{55.000}{1{,}1} + \frac{65.500}{1{,}21}$$

No entanto, caso o investidor deseje um resultado equivalente ao do cenário apresentado na tabela, mas **com retornos iguais** no período considerado, teríamos duas anuidades **X** (sim, de <u>mesmo valor</u>):

$$\frac{X}{1{,}1} + \frac{X}{1{,}21}$$

E, visto que o objetivo é chegar a um **fluxo equivalente**, precisamos igualar as duas quantias:

$$\frac{55.000}{1,1}+\frac{65.500}{1,21}=\frac{X}{1,1}+\frac{X}{1,21}$$

Para facilitar as contas, multiplicamos todos os termos por **1,21**:

$$60.500+65.500=1,1X+X$$

$$2,1X=126.000$$

$$X=\frac{126.000}{2,1}=\mathbf{60.000}$$

Portanto, na segunda situação, em que cada uma das anuidades teria o mesmo valor, o investidor teria um retorno de **R$120.000,00**, ao passo que na situação inicial (com anuidades de valores diferentes) alcançaria **R$120.500,00** (55.000 + 65.500).

Gabarito: B.

13. (CESPE – TCDF/Auditor de Controle Externo/2021) Certo produto foi anunciado por um preço P, valor que o vendedor aceita dividir em até três parcelas iguais, mensais e sucessivas, com ou sem entrada, conforme o desejo do cliente. No caso de pagamento à vista, o vendedor aceita entregar o produto por 0,9P.

Se, ao adquirir o produto, o cliente optar por dar uma entrada e pagar o restante do valor do produto no mês seguinte, ele pagará uma taxa de juros efetiva superior a 10% a.m.

RESOLUÇÃO:

O enunciado informa que o cliente pretende adquirir o produto dando uma entrada de **x** e pagar o valor restante de **P – x** um mês depois.

O nosso objetivo consiste em determinar qual a taxa de juros aplicada nessa operação, considerando que o valor à vista do produto é de 0,9P. Para isso, podemos escolher como data focal a data 1 e levar para lá todas as parcelas, multiplicando as que estiverem na data 0 por **1 + i**:

$$(P - x) + x.(1 + i) = 0,9P.(1 + i)$$

$$P - x + x + xi = 0,9P + 0,9Pi$$

$$P - 0,9P = 0,9Pi - xi$$

$$0,1P = 0,9Pi - xi$$

Ao multiplicarmos por 10 toda a equação, obtemos:

$$P = 9Pi - 10xi$$

$$P = i.(9P - 10x)$$

$$i = \frac{P}{9P - 10x}$$

Veja que precisamos saber se a taxa i é ou não superior a 10%a.m. Para que a taxa fosse exatamente **igual** a 10%a.m, deveríamos ter:

$$i = \frac{P}{10P} = \frac{1}{10} = 0{,}1 = 10\%$$

Assim, precisaríamos ter o denominador igual a 10P. Mas, na verdade, chegamos ao denominador de 9P – 10x, o qual necessariamente é **menor** que 10P (pois o valor P está sendo multiplicado por 9, e não por 10, e ainda está sendo subtraído por 10 vezes o valor da entrada). Quando diminuímos o denominador, o valor da fração aumenta, de modo que **a taxa de juros será superior a 10%.**

Gabarito: certo.

14. (CESPE - AUFC/TCU/Controle Externo/2009) Considere que uma instituição financeira ofereça as seguintes opções de empréstimo:

I R$40.000,00- a serem pagos após um mês da contratação do empréstimo em uma parcela de R$40.600,00;

II R$20.000,00- a serem pagos em duas parcelas mensais e iguais, a primeira vencendo 1 mês após a contratação do empréstimo, a uma taxa interna de retorno de 2%.

Com base nessas informações e tomando 0,98 e 0,96 como valores aproximados de $1{,}02^{-1}$ e $1{,}02^{-2}$, respectivamente, julgue o item que se segue.

Na opção II, a prestação mensal é inferior a R$10.400,00.

RESOLUÇÃO:

O enunciado apresenta o caso de uma instituição financeira que oferece aos seus clientes duas opções de empréstimos. Para a resolução da questão, vamos nos concentrar na segunda opção, que consiste no pagamento do crédito obtido em duas parcelas mensais e iguais, sendo que a primeira vence 1 mês após a contratação do empréstimo, a uma taxa de 2%.

Chamando de **X** cada uma das parcelas e sabendo que o valor atual delas é de R$20.000,00, poderíamos trazê-las para a data de hoje:

$$20.000 = \frac{X}{1{,}02^1} + \frac{X}{1{,}02^2}$$

$$20.000 = 0{,}98X + 0{,}96X$$

$$20.000 = 1{,}94X$$

$$X = \frac{20.000}{1{,}94} = \mathbf{10.309{,}27}$$

Portanto, a prestação mensal realmente é **inferior a R$10.400,00.**

Gabarito: Certo.

15. (CESPE - Auditor Fiscal/SEFAZ-DF/2020) Em determinada loja, uma bicicleta é vendida por R$1.720 a vista ou em duas vezes, com uma entrada de R$920 e uma parcela de R$920 com vencimento para o mês seguinte. Caso queira antecipar o crédito correspondente ao valor da parcela, o lojista paga para a financeira uma taxa de antecipação correspondente a 5% do valor da parcela.

Na compra a prazo, o custo efetivo da operação de financiamento pago pelo cliente será inferior a 14% ao mês.

RESOLUÇÃO:

O enunciado informa que o valor à vista da bicicleta é de R$1.720,00.

Por sua vez, na opção parcelada, há uma entrada de R$920,00 e financiamento de 1.720 – 920 = 800 reais.

É dito que esses 800 reais sofrem incidência de uma taxa desconhecida de juros, produzindo o montante de R$920,00 no período seguinte:

$$800 \times (1 + \mathrm{i}) = 920$$

$$1 + i = \frac{920}{800}$$

$$\boldsymbol{i} = 1 - 1{,}15 = 0{,}15 = \mathbf{15\%}$$

Portanto, o item está errado ao afirmar que a taxa é inferior a 14% ao mês.

Gabarito: errado.

7. RESUMO

Dois ou mais conjuntos de capitais, com datas diferentes, são ditos **equivalentes** quando, **transportados para uma** <u>**mesma data**</u>, a uma **mesma taxa de juros**, produzem, nessa data, **valores iguais.**

A essa data de referência para onde os valores são transportados dá-se o nome de **Data Focal (DF)**.

Passos para resolução de questão de equivalência de capitais:

1. Fazer o **desenho** da questão
2. Definir os valores da **SI** e da **SF**
3. Verificar o cumprimento da ***exigência universal***
4. Descobrir o **regime** e a modalidade das operações de **desconto**
5. Determinar onde estará a **DF**
6. **Transportar para a DF** os valores da SI e da SF
7. Aplicar a **Equação da Equivalência de Capitais:**

A **juros simples, dois conjuntos de capitais equivalentes em uma determinada data focal não o serão em outra data focal.** Em outras palavras, no regime de juros simples, a troca de uma data focal por outra **pode alterar** os resultados da questão.

A **juros compostos**, sempre utilizaremos o **desconto racional** e projetaremos as parcelas (C) para a data focal, para **frente** ou para **trás, multiplicando** ou **dividindo** pelo fator **(1 + i)**^{t}, respectivamente. Tanto faz qual é a data focal escolhida. Assim:

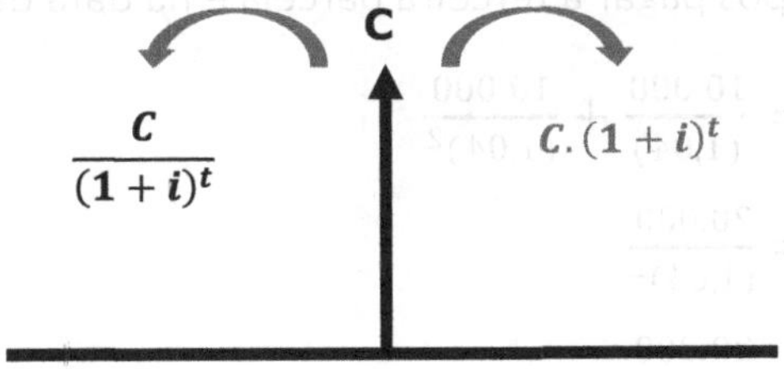

8. MAIS QUESTÕES COMENTADAS

16. (FCC - Auditor Público Externo/TCE-RS/2014) Uma pessoa deve a um credor três parcelas de R$1.000,00 cada, vencíveis daqui a 2 meses, 3 meses e 4 meses. Propõe hoje ao credor substituí-las por um único pagamento, a ser feito daqui a 4 meses. Se nos cálculos forem utilizados juros compostos, à taxa de 3% ao mês, o valor desse pagamento deverá ser de

a) 3.090,90 b) 3.080,30 c) 3.030,00 d) 3.040,20 e) 3.060,00

RESOLUÇÃO:

Na situação inicial, a pessoa deve três parcelas de R$1.000 reais vencíveis daqui a 2 meses, 3 meses e 4 meses, e queremos levá-las para daqui a 4 meses. Basta **avançar** t períodos no tempo, **multiplicando** o capital por $(1+i)^t$:

$$1.000 \times 1,03^2 + 1.000 \times 1,03 + 1.000$$

Em seguida, é proposta uma nova situação em que haverá um único pagamento no valor de X reais, a ser feito também daqui a 4 meses.

Queremos tornar **equivalentes** essas duas formas de pagamento, de modo que igualamos seus valores atuais:

$$1.000 \times 1,03^2 + 1.000 \times 1,03 + 1.000 = X$$

$$\mathbf{X} = 1.060,90 + 1.030 + 1.000 = \mathbf{3.090,90}$$

Gabarito: A.

17. (FCC - Analista Legislativo/ALESE/2018) A Cia. Construtora adquiriu um terreno para ser pago em 5 parcelas iguais de R$10.000,00, vencíveis em 30, 60, 90, 120 e 150 dias, respectivamente. Ao pagar a terceira parcela, a Cia. verificou que possuía condições financeiras para quitar as duas parcelas restantes. Sabendo que a taxa de juros compostos cobrada pela instituição financeira era de 4% ao mês, a equação que indica o valor que a Cia. deveria desembolsar para quitar o terreno, após pagar a terceira parcela e na data de vencimento desta, é

a) $\text{Valor pago} = \dfrac{10.000}{(1{,}04)} + \dfrac{10.000}{(1{,}04)^2}$

b) $\text{Valor pago} = \dfrac{20.000}{(1{,}04)^2}$

c) $\text{Valor pago} = \dfrac{20.000}{(1{,}08)}$

d) $\text{Valor pago} = 10.000 + \dfrac{10.000}{(1.04)}$

e) $\text{Valor pago} = \dfrac{10.000}{(1{,}04)} + \dfrac{10.000}{(1{,}08)}$

RESOLUÇÃO:

Conforme indica o enunciado, o financiamento originalmente contratado tinha a seguinte composição:

Mês	Valor
1	10.000
2	10.000
3	10.000
4	**10.000**
5	**10.000**

É dito que, na data 3, imediatamente após o pagamento da parcela que vencia naquele mês, a empresa decide já antecipar o pagamento das parcelas restantes.

Nesse caso, a parcela 4 deve ser movimentada 1 mês para o passado. Então, basta dividir por 1 + i. E a parcela 5 deve ser movimentada 2 meses para o passado de modo que a divisão será por $(1 + i)^2$. Ou seja:

$$Valor\ pago = \frac{10.000}{(1{,}04)} + \frac{10.000}{(1{,}04)^2}$$

Gabarito: A.

18. (FCC - Analista Previdenciário/SEGEP-MA/2018) Uma empresa obteve um empréstimo no passado à taxa de juros compostos de 3% ao mês e ainda resta uma parcela para sua liquidação. O valor da parcela é R$40.000,00 e vencerá em 90 dias. A empresa pretende alterar a forma de pagamento, mantendo a mesma taxa de juros, e propõe à instituição financeira a liquidação da seguinte forma:

- Uma parcela de R$15.000,00 na data de hoje.
- Uma parcela complementar daqui a 60 dias.

O valor da parcela complementar deve ser, em reais,

a) 21.605,67 b) 25.000,00 c) 26.522,50 d) 22.921,45 e) 22.348,17

RESOLUÇÃO:

Na situação inicial, existe a parcela de R$40.000,00 vencendo em 3 meses, a qual é trazida a valor presente com uma taxa de juros compostos de 3% ao mês da seguinte forma:

$$\frac{40.000}{(1{,}03)^3}$$

Ocorre que o enunciado propõe uma nova forma de pagamento da dívida:

- uma parcela de R$15.000,00, já na data de hoje
- uma parcela complementar de X reais, em 2 meses

Dessa maneira, o valor atual da nova situação é dado por:

$$15.000 + \frac{X}{(1,03)^2}$$

Queremos tornar **equivalentes** essas duas formas de pagamento, de modo que igualamos seus valores atuais:

$$\frac{40.000}{(1,03)^3} = 15.000 + \frac{X}{(1,03)^2}$$

Para facilitar as contas, podemos multiplicar todos os termos por $1,03^2$:

$$\frac{40.000}{1,03} = 15.000 \times 1,03^2 + X$$

$$38.834,95 = 15.913,5 + X$$

$$\mathbf{X = 22.921,45}$$

Gabarito: D.

19. (FCC - Auditor Fiscal/SEFAZ-RJ/2014) Uma dívida deverá ser quitada por meio de 3 prestações anuais e consecutivas. O valor da primeira prestação, que vence daqui a 1 ano, é igual a R$9.240,00, o da segunda é R$12.705,00 e o da terceira é R$16.770,60. Utilizando o critério do desconto racional composto, a uma taxa de 10% ao ano, esta dívida poderá ser quitada por meio de duas prestações de valores iguais, vencíveis a primeira daqui a 1 ano e a segunda daqui a 2 anos. O valor de cada prestação, nesta segunda opção, em R$, é

a) 18.150,00 b) 17.325,00 c) 16.500,00 d) 16.125,00 e) 15.750,00

RESOLUÇÃO:

Na situação inicial, temos três parcelas anuais de valores diferentes que precisam ser trazidas a valor presente a uma taxa de juros **compostos** de 10% ao ano:

$$9.240 + \frac{12.705}{1,1} + \frac{16.770,60}{(1,1)^2}$$

Já na nova situação, temos duas parcelas iguais e anuais, que precisam ser trazidas a valor presente a mesma taxa:

$$X + \frac{X}{1,1}$$

Resolvendo essa soma, fica:

$$\frac{2,1X}{1,1}$$

Sabemos que os dois fluxos de caixa serão equivalentes se tiverem o mesmo valor, na mesma data:

$$9.240 + \frac{12.705}{1,1} + \frac{16.770,60}{(1,1)^2} = \frac{2,1X}{1,1}$$

Para facilitar as contas, multiplicamos todos os termos por 1,1:

$$9.240 \times 1,1 + 12.705 + \frac{16.770,60}{1,1} = 2,1X$$

$$2,1X = 10.264 + 12.705 + 15.246$$

$$2,1X = 38.115$$

$$\boldsymbol{X = 18.150}$$

Gabarito: A.

20. (FCC - Auditor Fiscal/SEFAZ-PE/2014) Uma pessoa tomou emprestada a quantia de R$5.000,00, combinando devolvê-la ao fim de 4 meses, acrescida de seus juros compostos, à taxa de 3% ao mês. Ao completar 3 meses da data do empréstimo, propõe ao credor liquidar a dívida por meio de dois pagamentos iguais, de P reais cada, um a vencer imediatamente e o outro daí a 3 meses. Se, na nova transação, vão utilizar o critério do desconto composto racional, mantendo a taxa de 3% ao mês, o valor de P será igual ao produto de 5000 por

a) $\frac{(1,03)^6}{1+(1,03)^3}$ b) $\frac{(1,03)^3}{2,03}$ c) $\frac{(1,03)^6}{1+(1,03)^2}$ d) $\frac{1+(1,03)^2}{(1,03)^3}$ e) $\frac{1+(1,03)^3}{(1,03)^6}$

RESOLUÇÃO:

Na nova situação, temos duas parcelas iguais (vencíveis em três e seis meses), que precisam ser trazidas a valor presente a mesma taxa:

O enunciado informa que o valor atual deste fluxo de caixa é R$5.000,00, que foi a quantia emprestada.

Agora, precisamos transportar cada valor para a data 0:

$$5.000 = \frac{P}{(1,03)^3} + \frac{P}{(1,03)^6}$$

Multiplicando todos os termos por 1,036:

$$5.000 \times 1{,}03^6 = P \times 1{,}03^3 + P$$

$$5.000 \times 1{,}03^6 = P \times (1{,}03^3 + 1)$$

$$\boldsymbol{P = \frac{5.000 \times 1,03^6}{1,03^3 + 1}}$$

Gabarito: A.

OBS: No gabarito definitivo a questão foi anulada. Muito provavelmente foi devido ao erro de digitação que aparece na letra A, pois o numerador foi digitado com duas vírgulas: 1,,03. A única alternativa que tinha este erro foi justamente a resposta. Azar da FCC e sorte de muitos candidatos.

21. (CESPE - SEFAZ-RS/Técnico Tributário/2018) Um indivíduo que deve a uma instituição financeira R$50.000 com vencimento imediato e mais R$30.000, que deverão ser pagos daqui a um mês, propôs pagar R$20.000 daqui a um mês e o restante, daqui a três meses, sabendo que a instituição pratica o desconto racional composto à taxa de 5% ao mês.

Nessa situação, considerando 1,10 e 1,16 como valores aproximados para $1{,}05^2$ e $1{,}05^3$, respectivamente, o valor restante que o devedor deverá pagar daqui a três meses será igual a

A) 66.000 b) 69.000 c) 79.400 d) 80.000 e) 91.000

RESOLUÇÃO:

O enunciado apresenta a situação inicial de um indivíduo que deve fazer um pagamento de 50.000 reais em t = 0 e um pagamento de 30.000 reais em t = 1.

Porém, ele deseja substituir essa forma de pagamento por outra, em que há um pagamento de 20.000 em t = 1 e um pagamento de X em t = 3.

Veja que duas das parcelas já estão em t = 1, de modo que podemos levar todos os pagamentos para essa data sob a taxa de juros compostos de 5%, igualando o valor presente dos dois cenários:

$$50.000 \times 1{,}05 + 30.000 = 20.000 + \frac{P}{(1{,}05)^2}$$

Como $1{,}05^2$ é igual 1,1025, podemos arredondar para 1,1 sem muito prejuízo para encontrar a resposta, uma vez que as alternativas estão razoavelmente distantes umas das outras:

$$52.500 + 30.000 = 20.000 + \frac{P}{1,1}$$

$$P = 62.500 \times 1,1 = 68.750$$

Note que este valor está bem próximo de **69 mil** reais.

Gabarito: B.

22. (CESPE - Analista/FUNPRESP/2016) O valor atual (VA) de uma anuidade *postecipada* que pague R$200 ao ano, pelo prazo de três anos, à taxa de juros de 5% ao ano, será corretamente calculado pela expressão VA = 200 × (1 + 0,05) + 200 × $(1 + 0,05)^2$ + 200 × $(1 + 0,05)^3$.

RESOLUÇÃO:

O nosso objetivo consiste em calcular o **valor atual** de uma série de pagamentos *postecipada*. Para isso, precisamos descapitalizar determinados montantes, de modo que *dividimos* por $(1+i)^t$, em que "i" é a taxa de juros e "t" é o número de períodos que estamos voltando no tempo.

Note que a questão apresentou multiplicações por $(1+i)^t$. Com isso, concluímos que o item está errado.

Gabarito: errado.

23. (CESPE - Auditor Fiscal de Controle Externo/TCE-SC/2016) João comprou um equipamento, cujo preço à vista era de R$800, em duas prestações mensais, consecutivas e distintas. A primeira prestação, de R$440, foi paga um mês após a compra, e a taxa de juros compostos desse negócio foi de 10% ao mês. Nessa situação, o valor da segunda prestação foi superior a R$480.

RESOLUÇÃO:

Na situação inicial, João teria que pagar duas prestações mensais (a primeira de R$440,00 e a segunda desconhecida, que chamaremos de X).

Trazendo todas as prestações para a data atual a uma taxa de 10% ao mês, temos o valor à vista de R$800,00, que é a segunda opção de pagamento:

$$800 = \frac{440}{1,1} + \frac{X}{(1,1)^2}$$

Multiplicando tudo por $1,1^2 = 1,21$, teremos:

$$800.1,21 = 440.1,1 + X$$

$$X = 968 - 484 = \mathbf{484\ reais}$$

Gabarito: certo.

24. (CESPE - Contador/MTE/2014) Eduardo abriu, em 5/4/2010, uma conta remunerada que paga juros compostos de 10% ao ano. Nos dias 5/4/2010, 5/4/2011 e 5/4/2012, ele depositou, nessa conta, uma mesma quantia, de modo que esses três depósitos foram os únicos feitos na conta. No dia 5/3/2013, Eduardo fez um empréstimo de R$60.000,00, o qual deve ser quitado pelo sistema de amortização francês (SAF) em 20 prestações mensais, iguais e consecutivas de R$3.641,00, com a primeira prestação vencendo um mês após a tomada do empréstimo.

Se, na data do pagamento da primeira prestação, o saldo na conta remunerada for igual ao valor da prestação do empréstimo, então cada uma das 3 quantias depositada por Eduardo foi inferior a R$1.050,00.

RESOLUÇÃO:

Suponhamos que as quantias depositadas por Eduardo fossem realmente de R$1.050,00. Graficamente, a situação descrita no enunciado teria a seguinte composição:

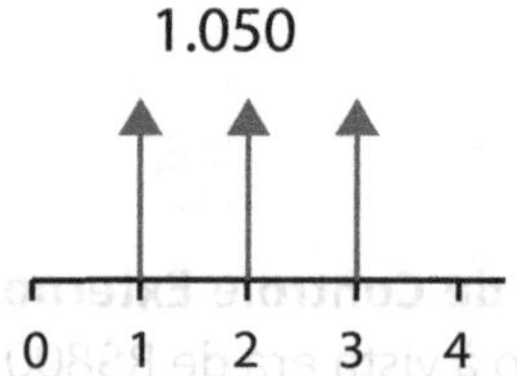

Veja que a data 1 corresponde ao dia 5/4/2010 Já a data 2 corresponde ao dia 5/4/2011. E assim por diante.

O nosso objetivo consiste em transportar todos os valores para a data 4, com uma taxa de 10% ao período. Para isso, multiplicamos cada prestação por $1,1^t$, em que t é o número de períodos que avançamos no tempo. Logo:

$$1.050 \times 1,1^3 + 1.050 \times 1,1^2 + 1.050 \times 1,1$$

$$1.050 \times (1,331 + 1,21 + 1,1) = \mathbf{3.823,05}$$

Assim, percebemos que o valor futuro seria de R$3.823,05. Porém, o enunciado afirma que o valor correto é na verdade de **R$3.641,00**. Então, com o objetivo de reduzir o valor futuro, precisamos diminuir a aplicação anual. Logo, Eduardo realmente aplicou **menos de R$1.050,00**.

Gabarito: certo.

25. (CESPE - Técnico Bancário Novo/CEF/2014) Determinado banco oferece a aplicação financeira X, que remunera a uma taxa de juros compostos de 1% ao mês e tem liquidez imediata.

Para a aquisição de um bem apenas com recursos investidos na aplicação financeira X, Bruno dispõe das seguintes opções de pagamento:

opção A – pagamento à vista, com desconto de 2% do valor de tabela; ou

opção B – pagamento em duas parcelas, cada uma delas igual à metade do valor de tabela do bem, a primeira vencendo no ato da compra e a segunda vencendo 1 mês após a compra.

Nessa situação, a opção B é financeiramente mais vantajosa para Bruno.

RESOLUÇÃO:

Vamos supor que o valor de tabela seja R$100,00.

Na opção A, ele paga com 2% de desconto, resultando num valor de 100 – 2% × 100 = 98 reais.

Na opção B, ele paga em duas parcelas de R$50,00, sendo uma entrada e outra para 30 dias. O valor atual dessa situação, a uma taxa de 1% ao mês, é dado por:

$$50 + \frac{50}{1,01} = 99,50$$

Repare que a segunda opção resulta num valor atual maior, de modo que é a pior opção, pois significa um ônus maior suportado por Bruno.

Gabarito: errado.

26. (ESAF - AFC/STN/2005) Uma pessoa contraiu uma dívida no regime de juros compostos que deverá ser quitada em três parcelas. Uma parcela de R$500,00 vencível no final do terceiro mês; outra de R$1.000,00 vencível no final do oitavo mês e a última, de R$600,00 vencível no final do décimo segundo mês. A taxa de juros cobrada pelo credor é de 5% ao mês. No final do sexto mês o cliente decidiu pagar a dívida em uma única parcela. Assim, desconsiderando os centavos, o valor equivalente a ser pago será igual a, em R$:

Dados: $1,05^3 = 1,157625$ | $1,05^{-2} = 0,90703$ | $1,05^{-6} = 0,74622$

a) 2.535,00 b) 2.100,00 c) 2.153,00 d) 1.957,00 e) 1.933,00

RESOLUÇÃO:

Inicialmente, eram devidos três pagamentos:

– R$500,00, no final do 3º mês;

– R$1.000,00, no final do 8º mês;

– R$600,00, no final do 12º mês.

Acontece que no final do 6º mês o cliente decidiu pagar a dívida em uma única parcela.

O desenho apropriado para a situação descrita no enunciado é o seguinte:

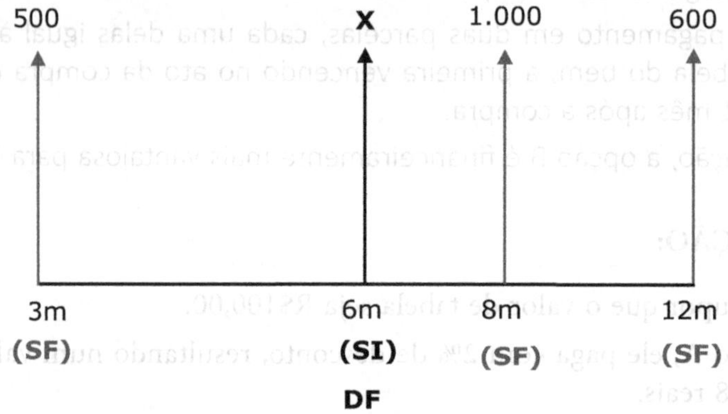

Daí, precisamos transportar esses valores para a Data Focal (6 meses), por meio de operações de Desconto Racional Composto. Logo:

$$X = 500.(1 + 0{,}05)^3 + \frac{1000}{(1 + 0{,}05)^2} + \frac{600}{(1 + 0{,}05)^6}$$

$$X = 500.(1{,}05)^3 + \frac{1000}{(1{,}05)^2} + \frac{600}{(1{,}05)^6}$$

Da tabela fornecida pela questão, temos:

- $1{,}05^3 = 1{,}157625$
- $1{,}05^{-2} = 0{,}90703$
- $1{,}05^{-6} = 0{,}74622$

Substituindo esses valores em nossos cálculos:

$$X = 500.1{,}157625 + 1000.0{,}90703 + 600.0{,}74622$$

$$X = 578{,}8125 + 907{,}03 + 447{,}732 = \mathbf{1.933}$$

Apesar de a ESAF ter sido cruel e colocado uma alternativa com valor próximo a 1.933, a “D”, com 1.957, na prova, pela escassez de tempo, teríamos que arredondar essas 5 ou 6 casas decimais para duas ou três no máximo, que mesmo assim encontraríamos algo mais próximo de 1.933 do que de 1.957. Experimente fazer isso como treino.

Gabarito: E.

27. (ESAF - ERSPE/ANEEL/2004) Carlos contraiu um empréstimo que deverá ser pago da seguinte forma: dois anos após a data do fechamento do negócio, R$20.000,00; três anos após a data do fechamento do negócio, R$30.000,00. Sabendo que o empréstimo foi contraído a uma taxa de juros compostos de 3% ao mês, conclui-se que Carlos tomou emprestada, em reais, a quantia de

a) $20.000/1{,}03^{24}+30.000/1{,}03^{36}$.

b) $20.000/1{,}03^{2}+30.000/1{,}03^{3}$.

c) $1{,}03^{2}\times 20.000+1{,}03^{3}\times 30.000$.

d) $1{,}03\times 20.000+1{,}03\times 30.000$.

e) $2{,}06\times 20.000+3{,}09\times 30.000$.

RESOLUÇÃO:

O nosso objetivo consiste em obter a quantia que Carlos tomou emprestada, a qual é **equivalente** às parcelas de R$20.000,00, dois anos após a data do fechamento do negócio; e R$30.000,00, três anos após a data do fechamento do negócio; a uma taxa de juros compostos de 3% ao mês.

O desenho apropriado para a situação descrita no enunciado é o seguinte:

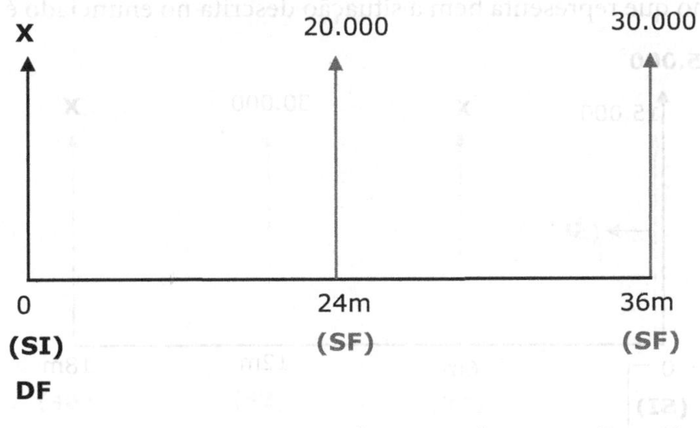

Daí, precisamos transportar essas duas parcelas para a Data Focal (data zero), por meio de operações de desconto racional composto. Logo:

$$\sum (SI)_{DF} = \sum (SF)_{DF}$$

$$X = \frac{20000}{(1+0{,}03)^{24}} + \frac{30000}{(1+0{,}03)^{36}}$$

$$\boldsymbol{X = \frac{20000}{(1,03)^{24}} + \frac{30000}{(1,03)^{36}}}$$

Olhando as opções de resposta, concluímos que a alternativa correta é a **letra A.**

Gabarito: A.

9. QUESTÕES-DESAFIO

28. (ESAF - AFC/STN/2005) Uma imobiliária coloca à venda um apartamento por R$85.000,00 a vista. Como alternativa, um comprador propõe uma entrada de R$15.000,00 e mais três parcelas: duas iguais e uma de R$30.000,00. Cada uma das parcelas vencerá em um prazo a contar do dia da compra. A primeira parcela vencerá no final do sexto mês. A segunda, cujo valor é de R$30.000,00, vencerá no final do décimo segundo mês, e a terceira no final do décimo oitavo mês. A transação será realizada no regime de juros compostos a uma taxa de 4% ao mês. Se a imobiliária aceitar essa proposta, então o valor de cada uma das parcelas iguais, desconsiderando os centavos, será igual a, em R$:

(Dados: $1,04^6 = 1,265319$ | $1,04^{12} = 1,601032$ | $1,04^{18} = 2,025817$)

a) 35.000,00 b) 27.925,00 c) 32.500,00 d) 39.925,00 e) 35.500,00

RESOLUÇÃO:

O desenho que representa bem a situação descrita no enunciado é o seguinte:

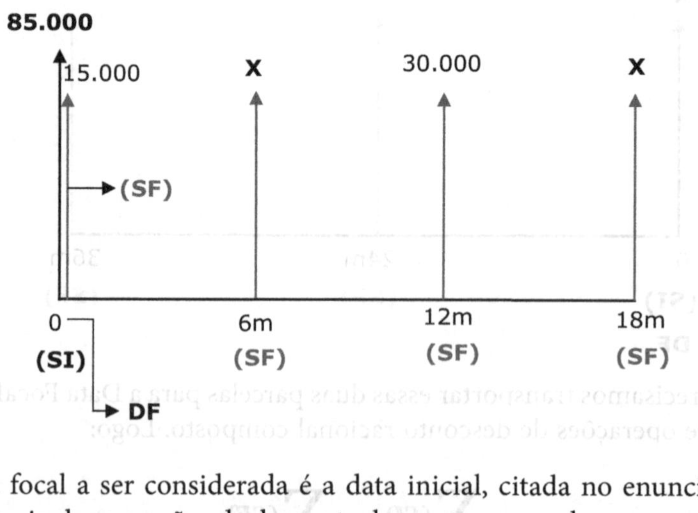

A data focal a ser considerada é a data inicial, citada no enunciado. Dessa forma, por meio de operações de desconto, levamos esses valores para a data focal:

$$85000 = 15000 + \frac{X}{(1+0,04)^6} + \frac{30000}{(1+0,04)^{12}} + \frac{X}{(1+0,04)^{18}}$$

$$70000 = \frac{X}{(1,04)^6} + \frac{30000}{(1,04)^{12}} + \frac{X}{(1,04)^{18}}$$

Multiplicando ambos os lados da equação por **1,04**^{18}, obtemos:

$$70000.1{,}04^{18} = \frac{X}{(1{,}04)^6}.1{,}04^{18} + \frac{30000}{(1{,}04)^{12}}.1{,}04^{18} + \frac{X}{\cancel{(1{,}04)^{18}}}.\cancel{1{,}04^{18}}$$

$$70000.1{,}04^{18} = X.1{,}04^{12} + 30000.1{,}04^6 + X$$

Das tabelas fornecidas pela questão, temos:

- $1{,}04^6 = 1{,}265319$
- $1{,}04^{12} = 1{,}601032$
- $1{,}04^{18} = 2{,}025817$

Substituindo esses valores em nossos cálculos:

$$70000.2{,}025817 = X.1{,}601032 + 30000.1{,}265319 + X$$

$$141807{,}19 = 1{,}601032X + 37959{,}57 + X$$

$$2{,}601032X = 141807{,}19 - 37959{,}57$$

$$X = \frac{103847{,}62}{2{,}601032} = \mathbf{39.925}$$

Mais uma vez, sugerimos em prova que arredonde as casas decimais para duas ou três no máximo, por exemplo:

$2{,}025817 \approx 2{,}026$; $1{,}601032 \approx 1{,}6$ e $1{,}265319 \approx 1{,}265$

Logo,

$$70000.2{,}026 = X.1{,}6 + 30000.1{,}265 + X$$

$$141820 = 1{,}6X + 37950 + X$$

$$2{,}6X = 141820 - 37950 = 103870$$

$$X = \frac{103870}{2{,}6} = \mathbf{39.950}$$

Perceba que 39.950 está muito mais próximo ao gabarito, que de qualquer outra alternativa.

Gabarito: D.

29. (FCC - Auditor Fiscal/SEFAZ-PI/2015) Uma pessoa deve a um credor três parcelas mensais consecutivas de mesmo valor nominal R$1.000,00 cada, a primeira a vencer daqui a 30 dias. Deseja hoje substituí-las por dois pagamentos iguais entre si, um com vencimento para daqui a 2 meses e outro para daqui a 4 meses. Utilizando o critério do desconto racional composto, com taxa de 5% ao mês, o valor X de cada uma dessas duas prestações, em reais, é tal que

a) 1.590 < X < 1.595 b) 1.575 < X < 1.580 c) 1.580 < X < 1.585

d) 1.585 < X < 1.590 e) 1.570 < X < 1.575

RESOLUÇÃO:

O primeiro fluxo de caixa apresentado pelo enunciado tem a seguinte composição:

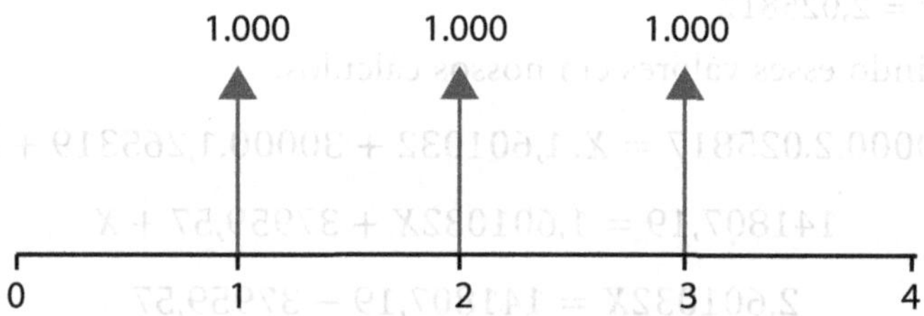

Qual a data focal que escolheremos? Precisamos facilitar a nossa vida especialmente diante dos cálculos, então vamos escolher como data focal a data 4 e transportar para lá todos os pagamentos. Basta **avançar** t períodos no tempo, **multiplicando** o capital por $(1+i)^t$:

$$1.000 \times 1{,}05^3 + 1.000 \times 1{,}05^2 + 1.000 \times 1{,}05$$

Por sua vez, o segundo fluxo de caixa tem a seguinte composição:

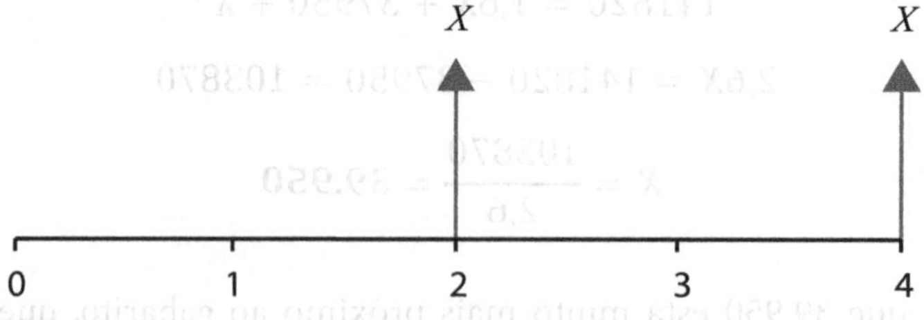

Na mesma data focal 4, o valor deste fluxo de caixa fica:

$$X \times 1{,}05^2 + X$$

Esses dois fluxos de caixa serão equivalentes caso apresentem o mesmo valor quando transportamos suas parcelas para uma data focal fixada, de modo que igualamos os dois:

$$X \,.\, 1{,}05^2 + X = 1.000 \,.\, 1{,}05^3 + 1.000 \,.\, 1{,}05^2 + 1.000 \,.\, 1{,}05$$

$$X \,.\, 1{,}1025 + X = 1.000 \,.\, 1{,}157625 + 1.000 \,.\, 1{,}1025 + 1.000 \,.\, 1{,}05$$

$$2{,}1025X = 1.000 \,.\, (1{,}157625 + 1{,}1025 + 1{,}05)$$

$$2{,}1025X = 1.000 \,.\, 3{,}3110125$$

$$X \approx 1.574$$

Gabarito: E.

CAPÍTULO 7

RENDAS CERTAS

1. INTRODUÇÃO

O QUE VEREMOS

Neste capítulo, iremos estudar algumas sequências particulares de capitais, em que os pagamentos ou recebimentos ocorrem de maneira **uniforme**. Daí este assunto ser conhecido como **Rendas Certas** ou **Anuidades**.

COMO APARECE NOS EDITAIS

A depender da banca organizadora, há várias nomenclaturas possíveis para a exigência do assunto deste capítulo. Veja como já apareceu em alguns editais: "*Rendas Uniformes*"; "*Valor atual*"; "*Rendas diferidas*"; "*Anuidades*", "*Rendas certas*"; "*Rendas perpétuas*".

Para ajudar você nesse sentido, resolveremos várias questões cobradas em concursos, o que trará uma visão prática do assunto.

COMO É COBRADO NAS PROVAS

A questão de Rendas Certas é inconfundível, pois possui algumas **características** bem peculiares: serão apresentadas **parcelas de mesmo valor** e teremos **intervalos de tempo iguais entre as parcelas.**

Daí, o nosso objetivo consistirá em efetuar o cálculo do valor atual de uma série de pagamentos iguais ou o cálculo do montante de uma série de recebimentos iguais.

Também são relativamente frequentes questões deste tópico que cobrem a classificação das rendas.

OBJETIVOS

Os nossos objetivos ao final deste capítulo é que você consiga:

1) entender bem o conceito matemático de renda;
2) diferenciar os diversos tipos de rendas (suas classificações);
3) calcular o valor atual e o montante para uma série de pagamentos ou recebimentos iguais;
4) diferenciar-se em meio a outros candidatos por saber como resolver questões que tratam de aspectos mais específicos do assunto, como renda diferida e rendas perpétuas.

2. ANÁLISE DA COBRANÇA DO ASSUNTO EM PROVAS

Observe a seguir os percentuais de incidência nos últimos anos do assunto deste capítulo em relação ao volume de questões de todos os temas analisados na nossa matéria. Lembramos que quanto maior o percentual de cobrança de um dado assunto, maior sua importância.

ASSUNTO	CEBRASPE	FCC	DEMAIS BANCAS
	% de cobrança	% de cobrança	% de cobrança
Rendas Certas	**8,53%**	**2,60%**	**4,76%**

É possível perceber que, para a banca Cebraspe, o presente tópico possui uma importância **alta**, enquanto para a FCC e as demais organizadoras apresenta uma relevância **média.**

E o que é mais cobrado dentro deste assunto, professores?

Considerando os tópicos que compõem este capítulo, possuímos a seguinte distribuição percentual:

ASSUNTO	CEBRASPE	FCC	DEMAIS BANCAS
	% de cobrança	% de cobrança	% de cobrança
Classificação das rendas	0,00%	0,00%	6,45%
Valor Atual de uma Série de Pagamentos	46,00%	78,57%	53,23%
Valor Futuro de uma Série de Recebimentos	40,00%	14,29%	14,52%
Renda Uniforme no Regime Simples	6,00%	0,00%	1,61%
Rearranjo do Fluxo de Caixa	2,00%	0,00%	3,23%
Rendas perpétuas	6,00%	7,14%	20,97%

Repare que todas as bancas gostam demais de cobrar o tópico **Valor Atual de uma Série de Pagamentos** em suas provas, de modo que você precisará dar uma maior atenção nos seus estudos a ele. Logo na sequência, também possui uma importância bastante considerável o tópico **Valor Futuro de uma Série de Recebimentos.**

3. CONCEITO

Muitos dos acontecimentos relacionados à nossa infância já não lembramos com detalhes depois que nos tornamos adultos. No entanto, algo foi marcante e comum a quase todas as crianças brasileiras: dar boas gargalhadas assistindo a episódios de CHAVES, não é mesmo? Talvez até hoje ainda vejamos as trapalhadas que acontecem na vila mais conhecida de todos os tempos.

Um dos personagens que mais chama a nossa atenção é o do **Seu Barriga**, o dono da vila. Pelo menos uma vez por mês ele aparece para cobrar o **aluguel** de cada morador, o que sempre resulta em muito trabalho para ele, especialmente para conseguir receber o pagamento dos 14 meses de aluguel atrasado por parte do Seu Madruga! Rs.

Bem, há muito tempo que várias pessoas têm no recebimento de aluguéis boa parte dos recursos necessários para a manutenção financeira de suas vidas. Na verdade, trata-se de uma boa fonte de renda. Mas, talvez você se pergunte o que, do ponto de vista da Matemática Financeira, significa o termo "renda". Ora, chamamos de **renda** a **sucessão de valores (termos** ou **parcelas)** usados para constituir um capital (recebimento) ou para pagamento parcelado de uma dívida.

4. CLASSIFICAÇÃO DAS RENDAS

Após entendermos o conceito matemático de renda, é preciso conhecermos a sua **classificação** sob diversos aspectos, os quais passamos a examinar detalhadamente.

1) **Quanto à ocorrência do pagamento/recebimento**:
   a) **Rendas certas**: as datas de pagamento ou de recebimento são previamente estabelecidas, são certas. Por exemplo: salário, aluguel, planos de aposentadoria etc.
   b) **Rendas aleatórias**: quando os pagamentos podem ou não ocorrer, conforme eventos futuros, incertos. Para exemplificar, temos o recebimento de um prêmio de seguro de vida.
2) **Quanto ao número de parcelas:**
   a) **Renda temporária**: os pagamentos/recebimentos possuem um prazo para acabar.
   b) **Renda perpétua**: os pagamentos/recebimentos são infinitos.

3) **Quanto ao valor de cada parcela:**

a) **Renda uniforme**: quando todos os pagamentos ou recebimentos são iguais. É o caso de uma compra de R$1.000,00 parcelada em 10 vezes de R$100,00.

b) **Renda variável**: ocorre quando os pagamentos ou recebimentos não forem iguais. Essa é a situação de quem recebe seu salário com base em comissões, dependendo da quantidade de vendas que consegue realizar.

4) **Quanto à periodicidade das parcelas:**

a) **Renda periódica**: é aquela em que as parcelas são regulares. Para exemplificar temos o aluguel, cujo período é mensal.

b) **Renda aperiódica**: quando o período entre as parcelas não é regular. Esse é o caso de um escritor que recebe os direitos autorais dos seus livros sempre que forem vendidas 100 unidades. Portanto, não se sabe ao certo quando se alcançará a quantidade mínima de vendas para ele ter a sua renda em mãos.

5) **Quanto à data de vencimento da primeira parcela:**

a) **Antecipada**: quando ocorre no início de cada período (data zero). Um exemplo é a mensalidade escolar, em que primeiro você paga, depois seu filho estuda. Assim, você paga antes do período de utilização.

b) **Postecipada** (ou **imediata** ou **sem carência**): é a que ocorre ao fim do primeiro período, a contar da compra ou da assinatura do contrato. Para exemplificar, temos uma compra parcelada em seis vezes, em que o primeiro pagamento deve ser efetuado um mês após a data da compra. Assim, primeiro você usufrui do produto ou serviço, depois você paga.

c) **Diferida** (ou **com carência**): quando ocorre após mais de um período a contar do fato gerador. Dessa forma, a renda diferida equivale a uma renda postecipada que tem um prazo de carência entre o valor atual e o início dos pagamentos. É o caso da compra de um bem financiado em seis prestações mensais, vencendo a primeira parcela três meses após a compra.

Para concursos em geral, o tipo de renda que mais é cobrado, presente na maioria esmagadora das questões, são as **rendas certas**, isto é, são aquelas uniformes, temporária e periódica. É o caso típico do dia a dia.

Veja como esse assunto já foi cobrado!

1. (IESES – Professor/FUNDESJ/2019) São exemplos de Rendas Certas, EXCETO:

a) Rendas Diferidas.

b) Rendas Antecipadas.

c) Rendas Postecipadas.

d) Rendas aleatórias.

RESOLUÇÃO:

Uma renda é **certa** quando as **datas de pagamento são previamente estabelecidas.**

Estão enquadradas nesse conceito as rendas **diferidas, antecipadas ou postecipadas, pois** possuem datas previamente definidas.

Por outro lado, em uma renda **aleatória**, o pagamento pode ou não ocorrer, a depender de eventos futuros. Um exemplo clássico é o prêmio de seguro de vida. Nesse tipo de renda, a data de pagamento **não** é previamente definida, de modo que não é classificada como certa.

Gabarito: D.

2. (SMA-RJ - Agente Fazendário/Pref-RJ/2013) Em um financiamento, a notação 1+4 indica que o pagamento será feito através de cinco prestações, sendo a primeira vencível na data da contratação da operação. Se esse formato for substituído por uma série de pagamentos mensais postecipados, a fim de se manter o prazo total da operação, o financiamento passará a conter:

a) cinco prestações

b) quatro prestações

c) duas prestações

d) uma única prestação

RESOLUÇÃO:

Inicialmente, a questão trata da **renda antecipada**, em que o primeiro pagamento ocorre já no início do primeiro período, na data 0. Nesse caso, o financiamento é realizado em "1 + 4" prestações, nos instantes 0, 1, 2, 3 e 4.

Todavia, o enunciado propõe a substituição dessa modalidade pela **renda postecipada**, em que o primeiro pagamento ocorre apenas ao final do primeiro período, ou seja, na data 1.

Para isso, o prazo total da operação deve permanecer o mesmo, de modo que o último pagamento continue ocorrendo na data 4. Logo, teremos pagamentos nas datas 1, 2, 3, 4, com um total de **quatro prestações.**

Gabarito: B.

5. CARACTERÍSTICAS BÁSICAS DAS QUESTÕES DE RENDAS CERTAS

A questão de Rendas Certas, colega, é inconfundível, pois possui algumas **características** bem peculiares.

O primeiro aspecto é que nos enunciados de Rendas Certas serão apresentadas **parcelas de mesmo valor**. Por exemplo, se for descrito um financiamento imobiliário, será citado o valor de cada parcela, que não será alterado no decorrer dos pagamentos.

Além disso, teremos **intervalos de tempo iguais entre as parcelas**. Logo, caso esteja diante de uma questão que trata de recebimentos de valores, será mencionada a periodicidade que o credor "verá a cor" desse dinheiro, que poderá ser mensal, bimestral, anual etc. O que importa é que essa frequência não será modificada até concluir a negociação previamente acertada.

Ademais, todas as operações apresentadas na questão estarão sujeitas a uma **taxa de juros compostos**.

Por fim, as questões de Rendas Certas podem ser separadas em dois grupos, conforme esteja se tratando de pagamentos ou de recebimento de valores. O primeiro grupo é composto por enunciados que têm por objetivo o **cálculo do valor atual de uma série de pagamentos iguais**. Por sua vez, o segundo grupo corresponde às questões cuja finalidade consiste no **cálculo do montante de uma série de recebimentos iguais**.

Assim, a partir de agora examinaremos detalhadamente cada um dos dois grupos a que pertencem as questões de Rendas Certas, concentrando-nos em entender a metodologia empregada nos respectivos cálculos.

6. CÁLCULO DO VALOR ATUAL DE UMA SÉRIE DE PAGAMENTOS IGUAIS

Imagine que todo dia 10 de cada mês Renato deve depositar na conta do proprietário da casa onde mora R$1.000,00 referentes ao aluguel, cujo contrato é anual, ou seja, 12 parcelas mensais e iguais.

Todavia, um belo dia Renato recebe a boa notícia de que ganhou uma boa quantia por ocasião de um sorteio que nem lembrava que estava participando. Parabéns, Renato!

Mas, o que será que ele fará com essa grana? Bem, uma opção interessante é liquidar imediatamente os doze meses de aluguel, pois poderá pleitear um desconto pelo pagamento total (T) antecipado das parcelas (P). E ele conseguiu isso, já que o dono do imóvel concedeu um desconto de 10% em cada parcela. Maravilha!

Graficamente, a situação em análise pode ser representada por meio do desenho a seguir:

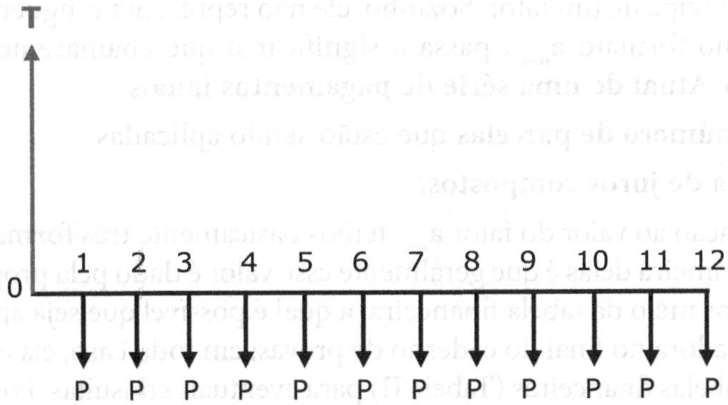

Ok, professores. Mas estou curioso para saber quanto Renato pagará após o desconto obtido!

É verdade, vamos com calma. Note que cada parcela **P** será trazida para o momento do pagamento que é hoje. Logo, a **data focal** está localizada no momento zero. Assim, o movimento das parcelas será para a esquerda, de modo que serão **divididas** por **(1 + i)**^{n}, o que resulta no seguinte **valor total (Valor Atual** ou **Valor Presente)**:

$$T = \frac{P}{1+i} + \frac{P}{(1+i)^2} + \cdots + \frac{P}{(1+i)^n}$$

Colocando **P** em evidência, temos:

$$T = P \times \left[\frac{1}{1+i} + \frac{1}{(1+i)^2} + \cdots + \frac{1}{(1+i)^n}\right]$$

Em seguida, podemos substituir a soma entre colchetes como sendo:

$$a_{n\neg i} = \frac{1}{1+i} + \frac{1}{(1+i)^2} + \cdots + \frac{1}{(1+i)^n}$$

Dessa maneira, chegamos à fórmula seguinte, que é utilizada para o **cálculo do valor atual de uma série de pagamentos iguais**:

$$T = P \times a_{n\neg i}$$

Em que:

- **T:** é o **valor Total**, que corresponde à quantia que será paga após o desconto. Isto é, após calculado, corresponde a todas as parcelas P.

- **P**: é o **valor das Parcelas** (ou prestações), que formam o pagamento de uma dívida ou de um financiamento.
- **a**: participa de um fator. Sozinho, ele não representa ninguém, mas quando está no formato $a_{n\neg i}$, passa a significar o que chamaremos de **Fator de Valor Atual de uma série de pagamentos iguais**.
- **n**: o **número de parcelas** que estão sendo aplicadas.
- **i**: **taxa de juros compostos**.

Com relação ao valor do fator $a_{n\neg i}$, temos basicamente **três formas** de chegar ao seu valor. A primeira delas é que geralmente esse valor é dado pela própria questão. Já a segunda é por meio da tabela financeira, a qual é possível que seja apresentada pela banca examinadora no final do caderno de provas; em todo caso, ela está inserida no apêndice de tabelas financeiras (Tabela II) para eventuais consultas. Por fim, a terceira forma de chegar ao valor do **Fator de Valor Atual** é por meio de sua fórmula:

$$a_{n\neg i} = \frac{(1+i)^n - 1}{i \times (1+i)^n}$$

Dessa forma, temos a seguinte expressão para a **fórmula do valor atual em rendas certas**:

$$T = P \times \frac{(1+i)^n - 1}{i \times (1+i)^n}$$

Fazendo algumas manipulações algébricas, é possível reescrever essa fórmula da seguinte maneira:

$$T = P \times \frac{1 - (1+i)^{-n}}{i}$$

Utilizaremos esta segunda forma quando a questão fornecer potências com expoente negativo.

Quando queremos calcular o valor da prestação em função do valor atual, temos:

$$T = P \times a_{n\neg i}$$

$$P = \frac{T}{a_{n\neg i}}$$

$$P = T \times \frac{1}{a_{n\neg i}}$$

Inclusive, faz-se importante destacar que há bancas examinadoras que costumam fornecer o número $\frac{1}{a_{n\neg i}}$, chamado **fator de recuperação de capital de uma série de pagamentos**, que nada mais é que o inverso do $a_{n\neg i}$.

Outra observação importante é que, para efeito de aplicação da fórmula do Valor Atual e considerando o desenho modelo que vimos, **a primeira parcela deverá estar sempre ao final do primeiro período**! Isso significa que **não poderá existir pagamento de entrada** nas questões de Rendas Certas.

E foi justamente isso o que aconteceu com o sortudo Renato. Substituindo os dados da situação dele na fórmula do Valor Atual, temos:

$$T = 1.000 \times a_{12\neg 10\%}$$

Vamos consultar a **Tabela do Fator de Valor Atual**. Bem, conhecemos dois elementos, que são a quantidade de parcelas (n = 12) e a taxa de juros compostos (i = 10%). Daí, basta procurarmos pela coluna da taxa 10% e pela linha do n = 12:

n/i	1%	2%	3%	4%	5%	6%	7%	8%	9%	10%
1	0,990099	0,980392	0,970874	0,961538	0,952381	0,943396	0,934579	0,925926	0,917431	0,909091
2	1,970395	1,941561	1,913469	1,886094	1,859410	1,833393	1,808018	1,783265	1,759111	1,735537
3	2,940985	2,883883	2,828611	2,775091	2,723248	2,673012	2,624316	2,577097	2,531295	2,486852
4	3,091965	3,807728	3,717098	3,629895	3,545951	3,465105	3,387211	3,312127	3,239720	3,169865
5	4,853431	4,713459	4,579707	4,451822	4,329476	4,212364	4,100197	3,992710	3,889651	3,790787
6	5,795476	5,601431	5,417191	5,242137	5,075692	4,917324	4,766539	4,622879	4,485918	4,355261
7	6,728124	6,471991	6,230283	6,002054	5,786373	5,582381	5,389289	5,206370	5,032953	4,868419
8	7,651678	7,325481	7,019692	6,732745	6,463213	6,209794	5,971298	5,746639	5,534819	5,334926
9	8,566017	8,162237	7,786109	7,435331	7,107821	6,801692	6,515232	6,246888	5,995247	5,759024
10	9,471304	8,982585	8,530203	8,110896	7,721735	7,360087	7,023581	6,710081	6,417657	6,144567
11	10,367628	9,786848	9,252624	8,760477	8,306414	7,886874	7,498674	7,138964	6,805190	6,495061
12	11,255077	10,575341	9,954004	9,385074	8,863251	8,386844	7,942686	7,536078	7,160725	6,813692
13	12,133740	11,348374	10,634955	9,985648	9,393573	8,852683	8,357650	7,903776	7,486904	7,103356
14	13,003703	12,106249	11,296073	10,563123	9,898641	9,294984	8,745468	8,244237	7,786150	7,366687
15	13,003703	12,849263	11,937935	11,118387	10,379658	9,712249	9,107914	8,559478	8,060688	7,606079
16	14,717874	13,577709	12,561102	11,652295	10,837769	10,105895	9,446648	8,851369	8,312558	7,823708
17	15,562251	14,291872	13,166118	12,165669	11,274066	10,477259	9,763223	9,121638	8,543631	8,021553
18	16,398268	14,992031	13,753513	12,659297	11,689587	10,827604	10,059087	9,371887	8,755625	8,201412

Assim, fica claro que $\mathbf{a_{12\text{-}10\%}}$ **= 6,8137**, de modo que:

$$T = 1.000 \times 6{,}8137 = \textbf{\textit{R\$6.813,70}}$$

A que conclusão chegamos? Ora, fica claro que foi uma super vantagem para Renato liquidar antecipadamente os seus doze meses de aluguel, pois inicialmente estava previsto para ele pagar R$12.000,00 (doze parcelas de R$1.000,00). No entanto, com a generosa taxa de desconto ofertada, ele desembolsará quase a metade desse valor. Pense num excelente negócio!

EXEMPLO 01: Quando os fluxos de caixa futuros anuais estimados de um projeto de investimento com duração de 10 anos são constantes, o valor presente desses fluxos de caixa pode ser calculado simplesmente

a) somando-se todos esses fluxos de caixa anuais;

b) dividindo-se qualquer um desses fluxos de caixa anuais pela taxa de desconto;

c) dividindo-se qualquer um desses fluxos de caixa anuais pela taxa interna de retorno do projeto;

d) obtendo-se o período de recuperação do investimento inicial;

e) multiplicando-se um desses fluxos de caixa anuais pelo fator apropriado de valor presente de uma anuidade.

RESOLUÇÃO:

Inicialmente, o enunciado afirma que os fluxos de caixa da operação em análise são **constantes**. O que isso significa? Bem, podemos concluir que estamos diante de uma **série uniforme de pagamentos**, ou simplesmente, trata-se de **Rendas Certas**.

Em seguida, a questão pergunta de que forma podemos calcular o **valor presente** ou **valor atual** de todos esses fluxos de caixa. Ora, conseguimos isso por meio do produto entre a **parcela**, que é igual ou constante em toda a operação, e o **Fator de valor atual para uma série de pagamentos iguais**:

$$T = P \times a_{n \neg i}$$

Gabarito: E.

EXEMPLO 02: Uma pessoa faz uma compra financiada em doze prestações mensais e iguais de R$210,00. Obtenha o valor financiado, em R$, desprezando os centavos, a uma taxa de juros compostos de 4% ao mês, considerando que o financiamento equivale a uma anuidade e que a primeira prestação vence um mês depois de efetuada a compra.

Dados: $a_{12-4\%} = 9,385074$

a) 3.155,00 b) 2.048,00 c) 1.970,00 d) 2.530,00 e) 2.423,00

RESOLUÇÃO:

Primeiramente, vamos representar graficamente a situação exposta no enunciado:

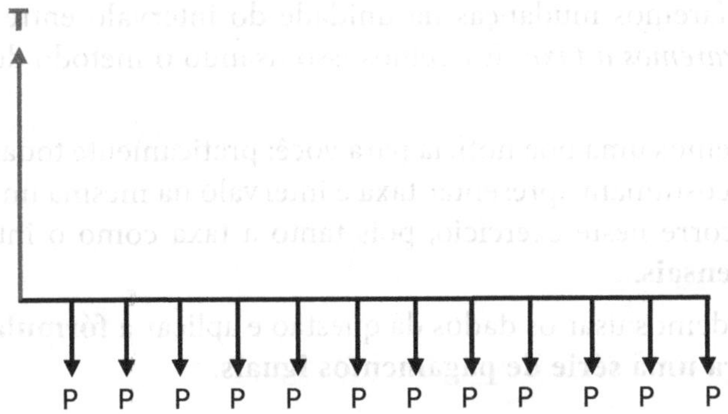

Será que estamos diante de uma questão de Rendas Certas? Para eliminar a dúvida, basta verificar se ela cumpre aquelas **quatro características**:

1ª) Temos parcelas de mesmo valor? Sim, todas são de R$210,00.

2ª) O intervalo entre as parcelas possui tempos iguais? Sim, o período é mensal.

3ª) A taxa é de juros compostos? Com certeza, o enunciado afirmou isso expressamente.

4ª) A questão tem por objetivo o cálculo do valor atual ou do montante dessas parcelas? Exatamente isso, pretendemos determinar o valor financiado ou **valor presente.**

Portanto, certamente **a questão é de Rendas Certas**. No entanto, depois de vencermos essa etapa, é necessário verificarmos se a questão satisfaz dois requisitos essenciais.

O primeiro deles impõe que **a primeira parcela da operação deve estar ao final do primeiro período**. E é exatamente isso o que acontece nesta questão, de acordo com o seguinte trecho do enunciado: "*a primeira prestação vence um mês depois de efetuada a compra*".

Por sua vez, o segundo requisito exige que **a taxa de juros compostos esteja na mesma unidade do intervalo que há entre as parcelas**! Assim, se, por exemplo, estivermos trabalhando com pagamentos mensais, então necessariamente teremos de aplicar uma taxa de juros compostos ao mês.

Professores, e se as unidades da taxa e do intervalo entre as parcelas forem diferentes?

Nesse caso, iremos **alterar a unidade da taxa**, por meio do conceito de **Taxas Equivalentes**, o qual estudamos detalhadamente no capítulo de Juros Compostos. Recomendamos uma breve revisão desse tópico.

Desse modo, caso estejamos diante de uma questão em que o prazo do financiamento é de 12 meses e a taxa de juros compostos é de 3% ao ano. Qual procedimento adotaríamos para deixar as duas variáveis na mesma unidade?

Ora, não faremos mudanças na unidade do intervalo entre as parcelas, de modo que *alteraremos a taxa*. E faremos isso usando o método de Taxas Equivalentes.

Todavia, temos uma boa notícia para você: praticamente todas as questões de Rendas Certas costumam apresentar taxa e intervalo na mesma unidade. Inclusive é isso o que ocorre neste exercício, pois tanto a taxa como o intervalo entre as parcelas são **mensais.**

Agora, podemos usar os dados da questão e aplicar a **fórmula do cálculo do valor atual para uma série de pagamentos iguais**:

$$T = P \times a_{n\neg i}$$

$$T = 210 \times a_{12\neg 4\%}$$

Note que o enunciado forneceu o valor do **Fator A de Rendas Certas** para o caso de uma série de 12 pagamentos, com taxa de 4%. Logo:

$$T = 210 \times 9{,}385074 = \textbf{\textit{R\$1.970,86}}$$

Gabarito: C.

Veja como esse assunto já foi cobrado!

3. (FCC - Analista de Fomento/AFAP/2019) O resultado mais próximo do valor presente de um fluxo de caixa uniforme com 5 termos positivos de R$2.000,00, descontado a uma taxa de 2% ao mês, é de R$

a) 9.400,00. b) 8.900,00. c) 9.700,00. d) 9.600,00. e) 9.000,00.

RESOLUÇÃO:

O enunciado apresenta uma série uniforme de pagamentos, com cada pagamento P igual a R$2.000,00, que deve ser concretizado em um período de tempo de n = 5 meses, a uma taxa i = 2% ao mês. O valor atual T dessa série será dado por

$$T = P \times a_{n\neg i}$$

$$T = 2.000 \times a_{5\neg 2\%}$$

Consultando a tabela do Fator de Valor Atual para o caso de uma série de 5 pagamentos, com taxa de 2%, temos:

$$T = 2.000 \times 4{,}7135 = \textbf{9.427 \textit{reais}}$$

Gabarito: A.

4. (PUC PR - Auditor Fiscal/ISS Campo Grande/2019) Certo contribuinte tem uma dívida junto a Receita Municipal representada por meio do diagrama seguinte, na qual os períodos são mensais, e os valores em reais.

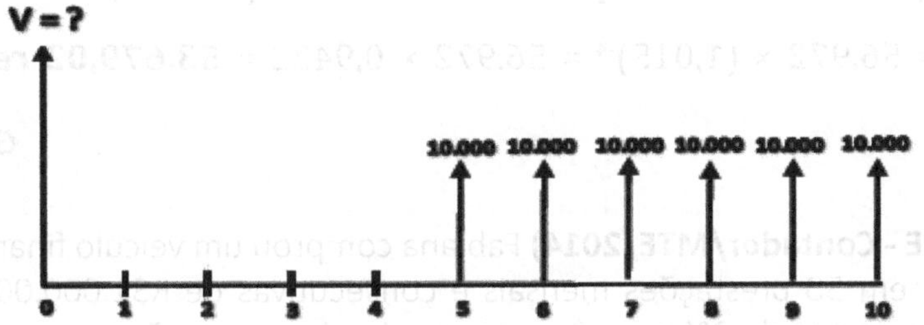

Considere os dados a seguir:

a) O Valor Presente P (ou Valor Atual) de uma Série Uniforme (Modelo Básico de Anuidade) é dado pela expressão seguinte, na qual R é o termo constante:

$$P = R\left[\frac{1-(1+i)^{-n}}{i}\right]$$

b) $\left[\frac{1-(1{,}015)^{-6}}{0{,}015}\right] = 5{,}6972$

c) $(1{,}015)^{-4} = 0{,}9422$

Determine o valor V desta dívida no instante zero, cujo valor o contribuinte pretende saldar imediatamente, desde que seja beneficiado por uma taxa de juros de 1,5% ao mês, capitalização composta. Nessas condições, a dívida no instante zero, em reais, será de.

a) 52.885,74 b) 53.679,02 c) 53.885,73 d) 56.961,21 e) 56.972,00

RESOLUÇÃO:

Precisamos antecipar em 6 períodos as 6 parcelas de R$10.000,00 cada uma, até a data 4. Vamos fazer isso utilizando a expressão apresentada no enunciado:

$$P = R\left[\frac{1-(1+i)^{-n}}{i}\right]$$

$$P_4 = 10.000 \times \left[\frac{1-(1{,}015)^{-6}}{0{,}015}\right] = 10.000 \times 5{,}6972 = 56.972$$

Agora, trazemos o valor futuro de R$56.972,00 (4 períodos) até a data 0. Para isso, dividimos essa quantia pelo parêntese famoso:

$$P = \frac{56.972}{(1{,}015)^4}$$

Veja que dividir R$56.972 por $1{,}015^4$ é o mesmo que multiplicá-lo por $1{,}015^{-4}$:

$$P = 56.972 \times (1{,}015)^{-4} = 56.972 \times 0{,}9422 = \mathbf{53.679{,}02}\ \boldsymbol{reais}$$

Gabarito: B.

5. (CESPE - Contador/MTE/2014) Fabiana comprou um veículo financiado, sem entrada, em 50 prestações mensais e consecutivas de R$1.000,00, à taxa de juros compostos de 2% ao mês, com a primeira prestação vencendo um mês após a compra.

A respeito dessa situação hipotética, julgue o item a seguir, considerando 39,5 e 0,37 valores aproximados, respectivamente, para $\sum_{j=0}^{49} 0{,}99^j$ e $1{,}02^{-50}$.
À vista, o preço do veículo é superior a R$32.000,00.

RESOLUÇÃO:

O nosso objetivo consiste em determinar o valor presente de um financiamento com 50 prestações mensais fixas de R$1.000,00, sob uma taxa mensal de 2%. Podemos fazer isso com a relação de rendas certas:

$$\boldsymbol{T = P \times a_{n\neg i}}$$

Como o enunciado forneceu o valor do parêntese com expoente negativo, aplicamos a expressão a seguir:

$$\boldsymbol{T = P \times \frac{1-(1+i)^{-n}}{i}}$$

$$T = 1.000 \times a_{50\neg 2\%} = 1.000 \times \frac{1-(1{,}02)^{-50}}{0{,}02}$$

$$T = 1.000 \times \frac{1-0{,}37}{0{,}02} = 1.000 \times 0{,}63 \times \frac{1}{0{,}02} = 1.000 \times 0{,}63 \times 50 = \mathbf{31.500}\ \boldsymbol{reais}$$

Portanto, podemos concluir que o valor à vista é de **R$31.500,00.**

Gabarito: errado.

6. (FCC - Auditor Público Externo/TCE-RS/2014) Para responder, considere a tabela abaixo, que fornece, para uma taxa de 3% ao período, os valores de a_n e s_n, sendo $\boldsymbol{a_n = \frac{(1+i)^n-1}{i\times(+i)^n}}$ o fator de valor atual de uma série uniforme de pagamentos e $s_n = \frac{(1+i)^n - 1}{i}$ o fator de acumulação de capital de uma série uniforme de pagamentos.

n	a_n	s_n
1	0,97	1
2	1,91	2,03
3	2,83	3,09
4	3,72	4,18
5	4,58	5,31
6	5,42	6,47
7	6,23	7,66
8	7,02	8,89
9	7,79	10,16
10	8,53	11,46

Desejando comprar um aparelho, uma pessoa pesquisou as condições de pagamento em duas lojas e encontrou o seguinte resultado:

Loja A: R$400,00 de entrada e 10 prestações mensais iguais e consecutivas no valor de R$200,00 cada, a primeira delas a vencer 30 dias após a compra.

Loja B: R$200,00 de entrada e 7 prestações mensais iguais e consecutivas no valor de R$300,00 cada, a primeira delas a vencer 30 dias após a compra.

Fazendo o pagamento à vista e utilizando taxa de juros compostos de 3% ao mês, essa pessoa deve economizar

a) R$37,00 se fizer a compra na loja A.

b) R$163,00 se fizer a compra na loja A.

c) R$194,00 se fizer a compra na loja A.

d) R$37,00 se fizer a compra na loja B.

e) R$163,00 se fizer a compra na loja B.

RESOLUÇÃO:

Vamos chamar de **p** o valor de cada prestação. O valor presente de **n** prestações iguais, de valor **p** cada, sendo a primeira no final de cada período, e usando uma taxa de desconto **i** por período, é dado por

$$VP = p \times a_{n,i}, \text{ em que } a_{n,i} = \frac{(1+i)^n - 1}{i \times (1+i)^n}$$

Comprando à vista na Loja A, tem-se entrada de 400 mais 10 parcelas de 200. O valor à vista é o VP desse fluxo. Logo:

$$VP = 400 + 200a10 = 400 + 200 \cdot 8{,}53 = 2.106$$

Agora, comprando à vista na Loja B, tem-se entrada de 200 mais 7 parcelas de 300. O valor à vista é o VP desse fluxo. Logo:

$$VP = 200 + 300a7 = 200 + 300 \cdot 6{,}23 = 2.069$$

Portanto, o valor à vista na **loja B é menor que na loja A**, no montante de 2.106 – 2.069 = **37 reais**.

Gabarito: D.

7. (FCC - Auditor Público Externo/TCE-RS/2014) Para responder, considere a tabela abaixo, que fornece, para uma taxa de 3% ao período, os valores de a_n e s_n, sendo $a_n = \frac{(1+i)^n-1}{i\times(1+i)^n}$ o fator de valor atual de uma série uniforme de pagamentos e $s_n = \frac{(1+i)^n-1}{i}$ o fator de acumulação de capital de uma série uniforme de pagamentos.

n	a_n	s_n
1	0,97	1
2	1,91	2,03
3	2,83	3,09
4	3,72	4,18
5	4,58	5,31
6	5,42	6,47
7	6,23	7,66
8	7,02	8,89
9	7,79	10,16
10	8,53	11,46

Um aparelho eletrodoméstico, cujo preço à vista é R$813,00, é vendido a prazo com 20% de entrada e o restante em 6 parcelas mensais iguais consecutivas, a primeira delas após 30 dias da data da COMPRA, com juros compostos à taxa de 3% ao mês. O valor de cada uma das prestações é

a) R$118,00 b) R$116,00 c) R$114,00 d) R$112,00 e) R$120,00

RESOLUÇÃO:

Vamos chamar de **p** o valor de cada prestação. O valor presente de **n** prestações iguais, de valor **p** cada uma, sendo a primeira no final de cada período, e usando uma taxa de desconto **i** por período, é dado por

$$VP = p \times a_{n,i}, \text{ em que } a_{n,i} = \frac{(1+i)^n - 1}{i \times (1+i)^n}$$

É dito que 20% do aparelho foram pagos à vista. Assim, foram financiados 80% do valor: 0,8 × 813 = 650,40.

Desse modo, temos:

$$VP = p \times a_{n,i}$$

$$650{,}40 = p \times a_6$$

$$650{,}40 = p \times 5{,}42$$

$$p = 120$$

Gabarito: E.

8. (CESPE - Contador/MTE/2014) Eduardo abriu, em 5/4/2010, uma conta remunerada que paga juros compostos de 10% ao ano. Nos dias 5/4/2010, 5/4/2011 e 5/4/2012, ele depositou, nessa conta, uma mesma quantia, de modo que esses três depósitos foram os únicos feitos na conta. No dia 5/3/2013, Eduardo fez um empréstimo de R$60.000,00, o qual deve ser quitado pelo sistema de amortização francês (SAF) em 20 prestações mensais, iguais e consecutivas de R$3.641,00, com a primeira prestação vencendo um mês após a tomada do empréstimo.

Com base nessas informações, julgue o item subsecutivo, considerando 18 como valor aproximado para, $\frac{1}{1{,}01} + \frac{1}{1{,}01^2} + \cdots + \frac{1}{1{,}01^{20}}$.

A taxa de juros compostos no SAF para o financiamento feito por Eduardo é superior a 1% ao mês.

RESOLUÇÃO:

O nosso objetivo consiste em determinar se a taxa obtida por Eduardo é superior a 1% ao mês. Nesse sentido, podemos verificar como se comportaria o empréstimo caso a taxa fosse de 1% ao mês.

O enunciado informa que o fator de valor atual seria 18, que multiplicando-o pela prestação, encontramos que a quantia financiada seria de 3.641 × 18 = 65.538.

Ocorre que isso está errado, uma vez que o valor financiado foi de apenas 60.000,00. Então, a fim de que o produto seja reduzido de 65.538 para 60.000, precisamos diminuir o fator de valor atual. Conseguimos isso aumentando a taxa de juros, pois a taxa aparece nos denominadores. Portanto, aumentando a taxa diminuímos o fator.

Assim, podemos concluir que realmente **a taxa procurada é maior que 1%.**

Gabarito: certo.

9. (CESPE - Técnico Bancário Novo/CEF/2014) Determinado banco oferece a aplicação financeira X, que remunera a uma taxa de juros compostos de 1% ao mês e tem liquidez imediata.

Para comprar um bem apenas com recursos investidos na aplicação financeira X, Daniel dispõe das seguintes opções de pagamento:

opção A – pagamento à vista, com desconto de 10% do valor de tabela; ou

opção B – pagamento em doze parcelas mensais, cada uma delas igual a 1/12 do valor de tabela do bem, a primeira vencendo 1 mês após a compra.

Para verificar qual dessas opções de pagamento seria financeiramente mais vantajosa para ele, Daniel utilizou 11,26 como valor aproximado para a expressão $\sum_{k=1}^{12} \frac{1}{1{,}01^k}$.

Nessa situação, a opção B é financeiramente mais vantajosa para Daniel.

RESOLUÇÃO:

O enunciado não informa o valor do bem. Então, vamos supor que o bem tenha valor tabelado de R$12,00.

É dito que na opção A ele paga com 10% de desconto, de modo que o valor pago é de 12 – 10% × 12 = **10,8 reais.**

Já na opção B há 12 prestações de R$1,00 cada uma, sendo que a primeira vence em 30 dias. Assim, o valor atual deste fluxo de caixa é dado por:

$$\frac{1}{1{,}01} + \frac{1}{1{,}01^2} + \cdots + \frac{1}{1{,}01^{12}}$$

A questão fornece o valor desse somatório como sendo igual a **11,26 reais.**

A que conclusão chegamos? Ora, podemos verificar que **a opção A fornece o melhor valor atual**, de modo que é a melhor opção.

Gabarito: errado.

7. CÁLCULO DO MONTANTE DE UMA SÉRIE DE RECEBIMENTOS IGUAIS

Suponhamos que José tenha deixado sua família temporariamente na terra natal em busca de melhores condições na cidade grande. Assim que conseguiu um emprego, todo dia 10 de cada mês, além do valor necessário para suprir as necessidades da família, José depositava numa poupança R$50,00 para o seu pequeno filho, o Diego, com rendimento calculado com base numa taxa de 1% ao mês. Que pai amoroso, abnegado e cuidadoso é o José, não é mesmo?.

Bem, passados dez meses, no exato dia em que José fez o 10º depósito de R$50,00, surgiu uma necessidade e foi preciso sacar a quantia que está na conta de Diego. Nesse momento, logo nos perguntamos que valor será encontrado na conta. Graficamente, a situação em análise pode ser representada por meio do desenho a seguir:

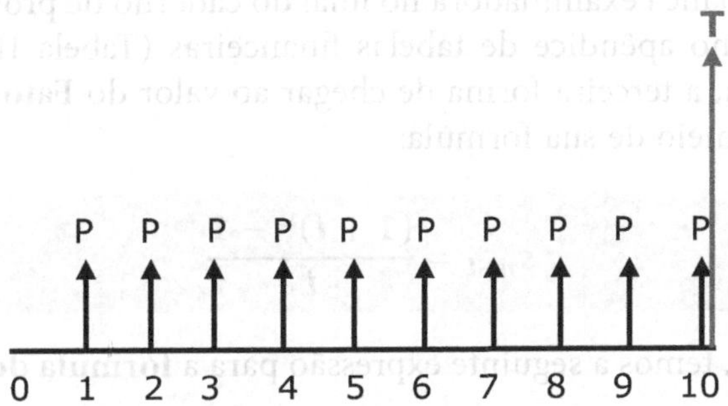

Note que cada parcela **P** será levada para a data do saque ou recebimento, que é daqui a dez meses. Portanto, a **data focal** está localizada no instante 10. Assim, o movimento das parcelas será para a direita, de modo que serão **multiplicadas** por **(1 + i)**ⁿ, o que resulta no seguinte **valor total (Valor Futuro)**:

$$T = P + P \times (1 + i) + P \times (1 + i)^2 + ... + P \times (1 + i)^{n-1}$$

Colocando **P** em evidência, temos:

$$T = P \times [1 + (1 + i) + (1 + i)^2 + ... + (1 + i)^{n-1}]$$

Em seguida, podemos substituir a soma entre colchetes como sendo:

$$s_{n\neg i} = 1 + (1 + i) + (1 + i)^2 + ... + (1 + i)^{n-1}$$

Dessa maneira, chegamos à fórmula seguinte, que é utilizada para o **cálculo do montante de uma série de recebimentos iguais:**

$$T = P \times s_{n\neg i}$$

Em que:

- T: é o **valor Total**, que corresponde à quantia que será recebida após as aplicações. Isto é, após calculado, corresponde a todas as parcelas P.
- P: é o **valor das Parcelas** (ou depósitos) que formam a aplicação.
- s: participa de um fator. Sozinho, ele não representa ninguém, mas quando está no formato $s_{n\neg i}$, passa a significar o que chamaremos de Fator de acumulação de capital para uma série de pagamentos iguais, ou simplesmente **Fator S de Rendas Certas.**
- **n**: o **número de parcelas** que estão sendo aplicadas.
- **i: taxa de juros compostos.**

Com relação ao valor do fator $s_{n\neg i}$, temos basicamente **três formas** de chegar ao seu valor. A primeira delas é que geralmente esse valor é dado pela própria questão. Já a segunda é por meio da tabela financeira, a qual é possível que seja apresentada pela banca examinadora no final do caderno de provas; em todo caso, ela está inserida no apêndice de tabelas financeiras (Tabela III) para eventuais consultas. Por fim, a terceira forma de chegar ao valor do **Fator de Acumulação de Capital** é por meio de sua fórmula:

$$s_{n\neg i} = \frac{(1+i)^n - 1}{i}$$

Dessa forma, temos a seguinte expressão para a **fórmula do valor futuro em rendas certas**:

$$T = P \times \frac{(1+i)^n - 1}{i}$$

Inclusive podemos abrir um breve parêntese para apresentar a **relação entre o Fator de Valor Atual e o Fator de Acumulação de Capital**:

$$s_{n\neg i} = a_{n\neg i} \times (1+i)^n$$

Outra observação importante é que, para efeito de aplicação da fórmula do valor futuro e considerando o desenho modelo que vimos, **a data do resgate terá de coincidir com a data da última aplicação.**

E foi justamente isso o que aconteceu com o saque na conta do jovem Diego. Substituindo os dados da situação dele na fórmula do montante, temos:

$$T = 50 \times s_{10\neg 1\%}$$

Vamos consultar a **Tabela do Fator S de Rendas Certas**. Bem, conhecemos dois elementos, que são a quantidade de parcelas (n = 10) e a taxa de juros compostos (i = 1%). Daí, basta procurarmos pela coluna da taxa 1% e pela linha do n = 10:

n/i	1%	2%	3%	4%	5%	6%	7%	8%	9%	10%
1	1,000000	1,000000	1,000000	1,000000	1,000000	1,000000	1,000000	1,000000	1,000000	1,000000
2	2,010000	2,020000	2,030000	2,040000	2,050000	2,060000	2,070000	2,080000	2,090000	2,100000
3	3,030100	3,060400	3,090900	3,121600	3,152500	3,183600	3,214900	3,246400	3,278100	3,310000
4	4,060401	4,121608	4,183627	4,246464	4,310125	4,374616	4,439943	4,506112	4,573129	4,641000
5	5,101005	5,204040	5,309136	5,416322	5,525631	5,637093	5,750739	5,866601	5,984710	6,105100
6	6,152015	6,308121	6,468410	6,632975	6,801913	6,975318	7,153291	7,335929	7,523334	7,715610
7	7,213535	7,434283	7,662462	7,898294	8,142008	8,393837	8,654021	8,922803	9,200434	9,487171
8	8,285670	8,582969	8,892336	9,214226	9,549109	9,897468	10,259802	10,636627	11,028474	11,435888
9	9,368527	9,754628	10,159106	10,582795	11,026564	11,491316	11,977989	12,487558	13,021036	13,579477
10	10,462212	10,949721	11,463879	12,006107	12,577892	13,180795	13,816448	14,486562	15,192930	15,937424
11	11,566834	12,168715	12,807795	13,486351	14,206787	14,971642	15,783599	16,645487	17,560293	18,531167
12	12,682503	13,412090	14,192029	15,025805	15,917126	16,869941	17,888451	18,977126	20,140720	21,384284
13	13,809328	14,680331	15,617790	16,626837	17,712983	18,882137	20,140643	21,495296	22,953384	24,522712
14	14,947421	15,973938	17,086324	18,291911	19,598632	21,015066	22,550488	24,214920	26,019189	27,974983
15	16,096895	17,293417	18,598914	20,023587	21,578563	23,275970	25,129022	27,152114	29,360916	31,772481
16	17,257864	18,639285	20,156881	21,824531	23,657492	25,672528	27,888053	30,324283	33,003398	35,949730
17	18,430443	20,012071	21,761588	23,697512	25,840366	28,212880	30,840217	33,750225	36,973704	40,544703
18	19,614747	21,412312	23,414435	25,645413	28,132384	30,905652	33,999035	37,450244	41,301338	45,599173

Assim, fica claro que $\mathbf{s}_{10\text{-}1\%}$ = **10,4622**, de modo que:

$$T = 50 \times 10{,}462212 = \mathbf{R\$523{,}11}$$

A que conclusão chegamos? Ora, fica claro que o valor sacado da conta (poupança) do garoto Diego após depósitos mensais e iguais de R$50,00, resultou num montante de R$523,11. Logo, a aplicação da taxa de juros compostos de 1% ao mês rendeu R$23,11...

EXEMPLO 01: Um contrato prevê que aplicações iguais sejam feitas mensalmente em uma conta durante doze meses com o objetivo de atingir o montante de R$100.000,00 ao fim deste prazo. Quanto deve ser aplicado ao fim de cada mês, em R$, considerando rendimentos de juros compostos de 2% ao mês?

Dado: $s_{12\text{-}2\%}$ = 13,412090.

RESOLUÇÃO:

Primeiramente, vamos representar graficamente a situação exposta no enunciado:

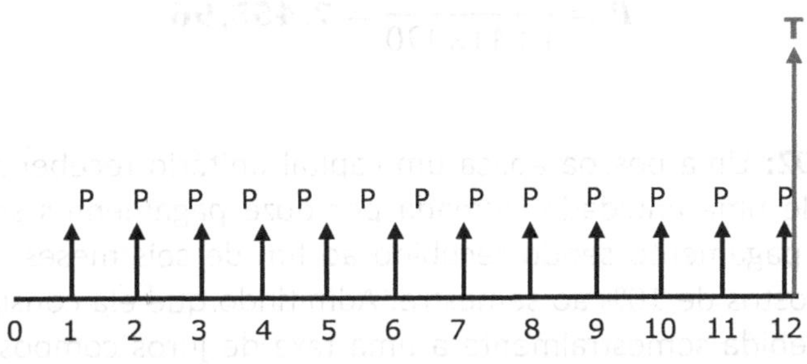

Será que estamos diante de uma questão de Rendas Certas? Para eliminar a dúvida, basta verificar se ela cumpre aquelas **quatro características:**

1ª) Temos parcelas de mesmo valor? Sim.

2ª) O intervalo entre as parcelas possui tempos iguais? Sim, o período é mensal.

3ª) A taxa é de juros compostos? Com certeza, o enunciado afirmou isso expressamente.

4ª) A questão tem por objetivo o cálculo do valor atual ou do montante dessas parcelas? Exatamente isso, o enunciado trata do **montante** de uma série de aplicações.

Portanto, certamente **a questão é de Rendas Certas**. No entanto, depois de vencermos essa etapa, é necessário verificarmos se a questão satisfaz dois requisitos essenciais.

O primeiro deles impõe que **a data do resgate terá de coincidir com a data da última aplicação**. E é exatamente isso o que acontece nesta questão, de acordo com o seguinte trecho do enunciado: *"Quanto deve ser aplicado ao fim de cada mês..."*.

Por sua vez, o segundo requisito é o mesmo presente no enunciado de Valor Atual, exigindo que **a taxa de juros compostos esteja na mesma unidade do intervalo que há entre as parcelas**. E é isso o que ocorre neste exercício, pois tanto a taxa como o intervalo entre as parcelas são **mensais**.

Agora, meu altamente qualificado aluno, podemos usar os dados da questão e aplicar a **fórmula do cálculo do valor do montante para uma série de recebimentos iguais**:

$$\boldsymbol{T = P \times s_{n\neg i}}$$

$$100.000 = P \times s_{12\neg 2\%}$$

$$P = \frac{100.000}{a_{12\neg 2\%}}$$

Note que o enunciado forneceu o valor do **Fator S de Rendas Certas** para o caso de uma série de 12 recebimentos, com taxa de 2%. Logo:

$$\boldsymbol{P} = \frac{100.000}{13{,}412090} = \boldsymbol{7.455{,}96}$$

EXEMPLO 02: Uma pessoa aplica um capital unitário recebendo a devolução por meio de uma anuidade formada por doze pagamentos semestrais, com o primeiro pagamento sendo recebido ao fim de seis meses, a uma taxa de juros compostos de 10% ao semestre. Admitindo que ela consiga aplicar cada parcela recebida semestralmente a uma taxa de juros compostos de 12% ao semestre, qual o valor mais próximo do montante que ela terá disponível ao fim dos doze semestres?

Dados:

- Fator de valor atual de uma série de pagamentos: $a_{12\text{-}10\%} = 6{,}813692$
- Fator de acumulação de capital de uma série de pagamentos: $s_{12\text{-}12\%} = 24{,}133133$

RESOLUÇÃO:

Inicialmente é dito que uma pessoa recebeu uma anuidade formada por doze pagamentos semestrais **X**, como resultado da aplicação de um **capital unitário**, de modo que:

$$X \times a_{12\text{-}10\%} = 1$$

$$X = \frac{1}{a_{12-10\%}} = \frac{1}{6{,}813692}$$

Conforme recebe cada uma das parcelas **X**, a pessoa aplica tal valor numa taxa composta de 12% ao semestre. Assim, ao final dos doze semestres, o **montante** obtido é igual a:

$$\boldsymbol{M} = X \times s_{12-12\%} = \frac{1}{6{,}813692} \times 24{,}133133 \approx \mathbf{3{,}54}$$

Veja como esse assunto já foi cobrado!

10. (CESPE – Professor/Pref São Cristóvão/2019) Sandra possui duas dívidas: uma no valor nominal de R$600, que ela pretende quitar 4 meses antes do vencimento; e outra, no valor nominal de R$1.000, que ela pretende quitar 8 meses antes do vencimento.

Considerando que, nas duas operações de desconto, seja usado o desconto comercial simples de 5% ao mês, julgue o item seguinte.

Se Sandra fizer 5 aplicações mensais, consecutivas e iguais a R$100, à taxa de juros compostos de 10% ao mês, então, considerando-se 1,61 como valor aproximado para 1,15, é correto afirmar que, quando Sandra fizer a 5.ª aplicação, o montante nesse momento será superior ao valor nominal da primeira dívida.

RESOLUÇÃO:

Veja que as aplicações mensais de Sandra constituem uma série uniforme de pagamentos, cujo valor futuro é dado por:

$$T = P \times \frac{(1+i)^n - 1}{i}$$

São dados: P = R$100 | n = 5 meses | i = 10% a.m | $1,1^5 = 1.61$.

Logo,

$$T = 100 \times \frac{(1+0,1)^5 - 1}{0,1} = 100 \times \frac{1,1^5 - 1}{0,1} = 100 \times \frac{1,61 - 1}{0,1} = 100 \times 0,61 \times 10 = \mathbf{610}$$

Portanto, o montante será **superior** ao valor nominal da primeira dívida (R$600,00).

Gabarito: certo.

11. (CESPE - Contador/TJ-RR/2012) Marcos, um assalariado que ganha R$3.000,00 mensais, resolveu começar a poupar um terço de seu salário todo mês e, para tanto, planeja realizar aportes em uma aplicação que paga juros mensais de 0,7%. O objetivo de Marcos é poupar R$25.000,00 para iniciar a operar um novo negócio. Ele espera, com isso, fazer uma retirada mensal fixa de R$2.000,00, a título de pró-labore, e projeta que a empresa tenha um lucro líquido mensal (resultado do confronto entre o faturamento e as despesas e custos, incluídos os salários de todos os funcionários e o seu pró-labore) de R$1.200,00.

Tomando 1,0873 e 24,8609 como valores aproximados para $1,007^{12}$ e $(1,007^{23} - 1)/0,007$, respectivamente, e desconsiderando os efeitos inflacionários e os impostos incidentes sobre a renda, julgue o item seguinte, com base nessas informações.

Se Marcos tiver aderido a uma aplicação com regime de capitalização composto e realizar aportes mensais conforme o planejado, imediatamente após o vigésimo terceiro aporte ele terá acumulado um montante superior ao necessário para iniciar a operar seu negócio.

RESOLUÇÃO:

Precisamos calcular o montante de uma aplicação de 23 parcelas mensais de R$1.000,00 cada uma, a uma taxa de 0,7% ao mês. Logo:

$$T = P \times s_{n\neg i}$$

$$T = 1.000 \times s_{23-0,7\%}$$

Note que o enunciado **não** forneceu o valor do **Fator S de rendas certas**. Na verdade, os dados apresentados indicam que devemos usar a fórmula do cálculo desse fator sem o auxílio da tabela respectiva, isto é:

$$s_{n\neg i} = \frac{(1+i)^n - 1}{i}$$

Vamos aplicar essa fórmula aos nossos cálculos:

$$T = 1.000 \times \frac{(1+0,007)^{23} - 1}{0,007}$$

Agora repare que o enunciado forneceu o valor correspondente à parte destacada. Assim:

$$T = 1.000 \times 24{,}8609 = \mathbf{24.860{,}90}$$

Portanto, já que o montante necessário para Marcos iniciar um novo negócio é de **R$25.000,00**, então o valor acumulado por ele foi **insuficiente**, de modo que o item está **errado**.

Gabarito: Errado.

12. (CESPE - Contador/Polícia Federal/2014) Para adquirir um imóvel, Arnaldo deposita R$2.000,00, mensalmente, em uma conta que remunera os depósitos à taxa de juros compostos mensais i. Considerando que os depósitos sejam realizados sempre na mesma data e assumindo 1,172 como valor aproximado para $1{,}02^8$, julgue o item seguinte.

Se i for igual a 2%, então, no momento do oitavo depósito, o montante na conta será inferior a R$17.000,00.

RESOLUÇÃO:

Arnaldo pretende adquirir um imóvel depositando em cada mês R$2.000,00 sempre na mesma data, de modo que se trata de uma **anuidade** ou **renda certa**.

O nosso objetivo consiste em saber se o **montante** após 8 aplicações, a uma taxa de 2% ao mês, será de R$17.000,00. Logo:

$$T = P \times s_{n\neg i}$$

$$T = 2.000 \times s_{8\text{-}2\%}$$

Mais uma vez o enunciado não forneceu o valor do **Fator S de rendas certas**. Na verdade, os dados apresentados indicam que devemos usar a fórmula do cálculo desse fator sem o auxílio da tabela respectiva, isto é:

$$s_{n\neg i} = \frac{(1+i)^n - 1}{i}$$

Vamos aplicar essa fórmula aos nossos cálculos:

$$T = 2.000 \times \left[\frac{(1+0{,}02)^8 - 1}{0{,}02}\right] = 2.000 \times \left[\frac{(1{,}02)^8 - 1}{0{,}02}\right]$$

Agora repare que o enunciado forneceu o valor correspondente à parte destacada. Assim:

$$\boldsymbol{T} = 2.000 \times \left(\frac{1{,}172 - 1}{0{,}02}\right) = 2.000 \times \frac{0{,}172}{0{,}02} = 100.000 \times 0{,}172 = \mathbf{17.200}$$

Portanto, o item está **errado** ao afirmar que no momento do oitavo depósito o montante na conta será **inferior** a R$17.000,00.

Gabarito: Errado.

13. (ESAF - AFPS/INSS/2002) Obtenha o valor mais próximo da quantia que deve ser depositada ao fim de cada mês, considerando uma taxa de rendimento de 2% ao mês, juros compostos, com o objetivo de se obter R$50.000,00 ao fim de dez meses.

Dado: $s_{10\text{-}2\%}$ = 10,949721 (fator de acumulação de capital para uma série de pagamentos)

a) 5.825,00 b) 5.000,00 c) 4.782,00 d) 4.566,00 e) 3.727,00

RESOLUÇÃO:

Agora precisamos determinar o valor da parcela **X** que deve ser depositada ao final de cada mês para obter um montante de R$50.000,00, a uma taxa composta de 2% ao mês.

Para isso, aplicaremos a **fórmula de rendas certas para uma série de recebimentos iguais:**

$$\boldsymbol{T = P \times s_{n\neg i}}$$

$$50.000 = P \times s_{10\neg 2\%}$$

$$\boldsymbol{P} = \frac{50.000}{a_{10\neg 2\%}}$$

Note que o enunciado forneceu o valor do **Fator S de Rendas Certas** para o caso de uma série de 10 recebimentos, com taxa de 2%. Logo:

$$P = \frac{50.000}{10,949721} \approx \mathbf{4.566}$$

Gabarito: D.

14. (ESAF - AFC/STN/2005) Ana comprou, no regime de juros compostos, um apartamento financiado a uma taxa de 2% ao mês. O apartamento deverá ser pago em 12 prestações mensais iguais a R$8.000,00, vencendo a primeira delas 30 dias após a compra. Após pagar a sétima prestação, Ana resolveu transferir o contrato de compra para Beatriz, que seguirá pagando as prestações restantes. Assim, para assumir a dívida de modo que nenhuma das duas seja prejudicada, Beatriz deverá pagar a Ana, sem considerar os centavos, o valor de:

Dados: $s_{7-2\%}$ = 7,434283

a) 61.474,00 b) 51.775,00 c) 59.474,00 d) 59.775,00 e) 61.775,00

RESOLUÇÃO:

Vamos desenhar o **fluxo de caixa** relativo à operação em análise:

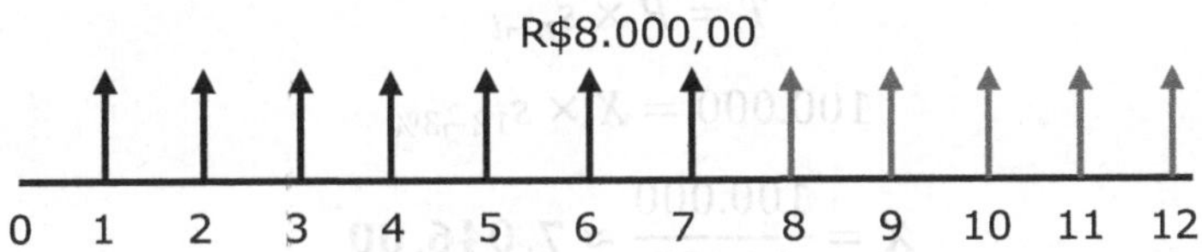

Note que a data zero é o momento em que a compra foi efetuada.

Em seguida, o enunciado afirma que, após pagar a **sétima prestação**, Ana transferiu o contrato de compra para Beatriz, que seguirá pagando as prestações restantes, mas de forma **equivalente** para que nenhuma das duas fique com prejuízo.

Assim, o nosso objetivo consiste em obter o valor do **montante** composto por 7 aplicações de R$8.000,00, a uma taxa mensal de 2%:

$$T = P \times s_{n \neg i}$$

$$T = 8.000 \times s_{7\text{-}2\%} = 8.000 \times 7,434283 \approx \mathbf{59.474,00}$$

Gabarito: C.

15. (ESAF - ERSPE/ANEEL/2004) Uma empresa pretende dispor de R$100 000,00 ao fim de 12 meses e para isso pretende aplicar uma mesma quantia ao fim de cada mês em uma conta remunerada com o objetivo de atingir esse montante ao fim do prazo. Calcule quanto deve ser aplicado ao fim de cada mês, considerando rendimentos brutos de juros compostos de 4% ao mês e uma dedução de 25% de imposto incidente sobre cada recebimento dos juros. (Despreze os centavos).

a) 8.333,00 b) 8.129,00 c) 7.046,00 d) 7.000,00 e) 6.655,00

RESOLUÇÃO:

Esta questão possui um diferencial em relação às demais que temos analisado. Na verdade, a taxa aplicada na operação deve ser **reduzida** em 25% a título de alíquota de imposto incidente sobre cada recebimento dos juros. Logo, a taxa líquida corresponde a 75% da mencionada no enunciado, ou seja:

$$0{,}75 \times 4\% = 3\%$$

Assim, o rendimento líquido da conta remunerada é de 3% ao mês. Ademais, visto que o objetivo da empresa consiste em obter R$100.000,00 livres do imposto, devemos considerar a **taxa líquida mensal de 3%**.

Dessa maneira, serão 12 parcelas mensais de **X** reais, a uma taxa mensal de 3%. Utilizando a **fórmula do montante de uma série de recebimentos iguais**, temos:

$$T = P \times s_{n\neg i}$$

$$100.000 = X \times s_{12\neg 3\%}$$

$$\boldsymbol{X} = \frac{100.000}{14{,}192} \approx \mathbf{7.046,00}$$

Gabarito: C.

8. REARRANJO DO FLUXO DE CAIXA

Até o momento, vínhamos estudando questões que se adequam ao padrão correspondente às rendas certas. Entretanto, por vezes nos deparamos com enunciados que fogem às regras analisadas, de modo que precisamos fazer ajustes no desenho que representa a situação narrada no exercício, ou seja, torna-se necessário elaborar um **rearranjo no fluxo de caixa**.

Nas questões a seguir, serão detalhados os procedimentos que aplicaremos a fim de solucionar esse tipo de questão. Na verdade, será bem simples, principalmente se você repetir várias vezes o caminho da resolução que adotamos. Combinado? Então, vamos lá.

EXEMPLO 01: Calcule o valor mais próximo do montante ao fim de dezoito meses do seguinte fluxo de aplicações realizadas ao fim de cada mês: dos meses 1 a 6, cada aplicação é de R$2.000,00; dos meses 7 a 12, cada aplicação é de R$4.000,00 e dos meses 13 a 18, cada aplicação é de R$6.000,00. Considere juros compostos e que a taxa de remuneração das aplicações é de 3% ao mês.

Dado: fatores de acumulação de capital de uma série de pagamentos: $s_{6-3\%}$ = 6,468410; $s_{12-3\%}$ = 14,192029 ; $s_{18-3\%}$ = 23,414435.

RESOLUÇÃO:

Primeiramente, vamos representar graficamente a situação exposta no enunciado:

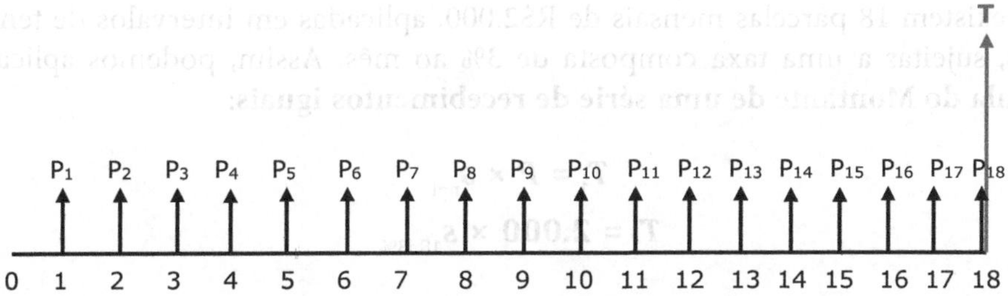

Perceba que o fluxo possui **18 depósitos** realizadas **ao final de cada mês.** Além disso, há um aspecto diferente do que vínhamos lidando: as parcelas **não são de mesmo valor**. Isso mesmo, temos três **grupos de aplicação**:

- Meses 1 a 6: cada aplicação é de R$2.000,00;
- Meses 7 a 12: cada aplicação é de R$4.000,00; e
- Meses 13 a 18: cada aplicação é de R$6.000,00.

Assim, precisamos ajustar o nosso desenho com tais dados:

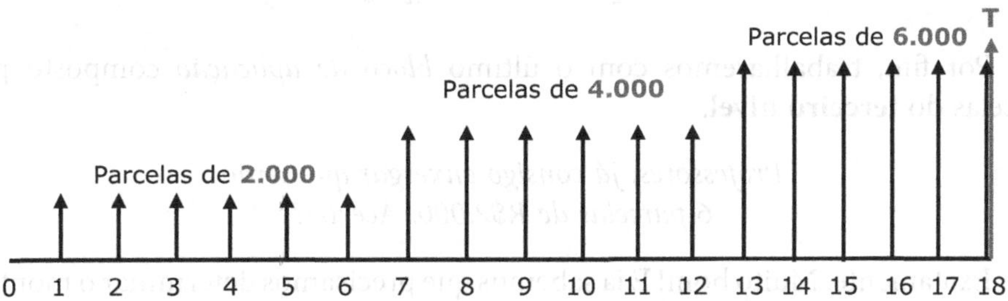

Em seguida, a fim de trabalharmos com **parcelas de mesmo valor**, criaremos **níveis de aplicação**, por meio de **tracejados** no desenho. Como funcionará esse recurso?

Bem, visto que temos parcelas de três valores distintos, então haverá **três níveis de aplicação**, iniciando com os depósitos de menor valor e se estendendo até à data do resgate. Vamos observar no desenho:

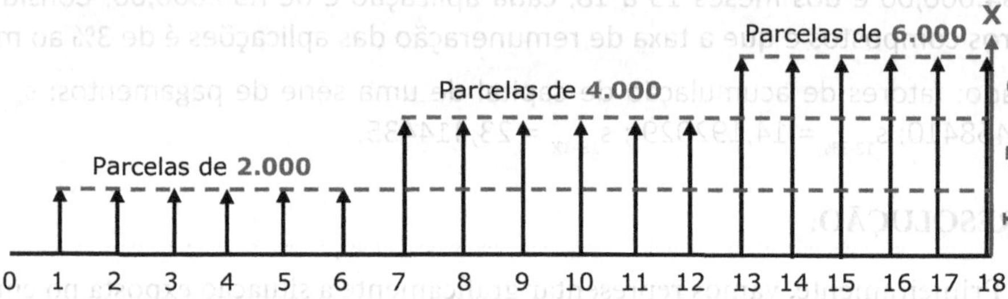

Agora trabalharemos com cada nível separadamente. Note que no **primeiro nível** existem 18 parcelas mensais de R$2.000, aplicadas em intervalos de tempo iguais, sujeitas a uma taxa composta de 3% ao mês. Assim, podemos aplicar a **fórmula do Montante de uma série de recebimentos iguais**:

$$T_1 = P \times s_{n\neg i}$$

$$T_1 = 2.000 \times s_{18\neg 3\%}$$

Pronto, encontramos T_1, que corresponde ao valor que representará todas as parcelas do **primeiro nível**.

Na sequência, focaremos somente no **segundo nível**. Quantas parcelas existem? E qual o valor de cada uma delas? Ora, estão presentes 12 depósitos mensais (meses 7 a 18) de R$2.000 (4.000 – 2.000), aplicadas em intervalos de tempo iguais, sujeitas a uma taxa composta de 3% ao mês. Excelente! Agora podemos calcular T_2, relativo ao valor do montante dessas parcelas:

$$T_2 = P \times s_{n\neg i}$$

$$T_2 = 2.000 \times s_{12\neg 3\%}$$

Por fim, trabalharemos com o último *bloco de aplicação* composto pelas parcelas do **terceiro nível.**

Professores, já consigo enxergar que serão 6 parcelas de R$2.000. Acertei?

Exatamente. Muito bom! E já sabemos que precisamos determinar o montante T_3 de tais depósitos. Para isso, basta aplicarmos a fórmula das rendas certas:

$$T_3 = P \times s_{n\neg i}$$

$$T_3 = 2.000 \times s_{6\neg 3\%}$$

Para finalizar, devemos somar os resultados dos três níveis (T_1, T_2 e T_3), com o objetivo de achar a resposta da questão:

$$X = T_1 + T_2 + T_3$$

$$X = 2.000 \times s_{18\neg 3\%} + 2.000 \times s_{12\neg 3\%} + 2.000 \times s_{6\neg 3\%}$$

$$X = 2.000 \times (s_{18\neg 3\%} + s_{12\neg 3\%} + s_{6\neg 3\%})$$

$$X = 2.000 \times (23{,}414435 + 14{,}192029 + 6{,}468410)$$

$$X = 2.000 \times 44{,}074874 = \mathbf{88.149{,}75}$$

EXEMPLO 02: Calcule o valor mais próximo do valor atual no início do primeiro período da seguinte série de pagamentos, cada um relativo ao fim de cada período, à taxa de juros compostos de 10% ao período.

Período	1	2	3	4	5	6	7	8
Valor	3.000	2.000	2.000	2.000	1.000	1.000	1.000	1.000

Dados (tabela de fator de valor atual de uma série de pagamentos):

i/n	8%	9%	10%
1	0,925926	0,917431	0,909091
2	1,783265	1,759111	1,735537
3	2,577097	2,531295	2,486852
4	3,312127	3,239720	3,169865
5	3,992710	3,889651	3,790787
6	4,622879	4,485918	4,355261
7	5,206370	5,032953	4,868419
8	5,746639	5,534819	5,334926

RESOLUÇÃO:

Inicialmente, percebemos que o fluxo de caixa possui **8 pagamentos** realizadas **ao final de cada período.** Além disso, mais uma vez as parcelas **não são de mesmo valor**. Isso mesmo, temos três **grupos de aplicação**:

- Período 1: o pagamento é de R$3.000,00;
- Períodos 2 a 4: cada pagamento é de R$2.000,00; e
- Períodos 5 a 8: cada pagamento é de R$1.000,00.

Assim, o desenho da situação exposta no enunciado é o seguinte:

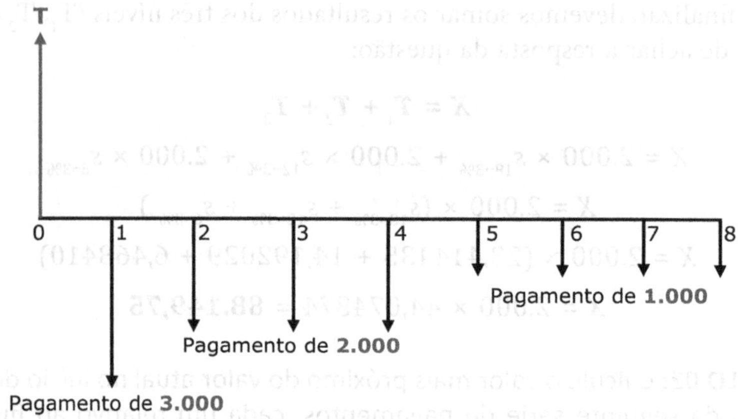

Em seguida, a fim de trabalharmos com **parcelas de mesmo valor**, recorreremos aos **níveis de aplicação**, por meio de **tracejados** no desenho.

Já que temos parcelas de três valores distintos, então haverá **três níveis de aplicação**, iniciando com os pagamentos de menor valor e se estendendo até o início do primeiro período (data 0). Vamos observar no desenho:

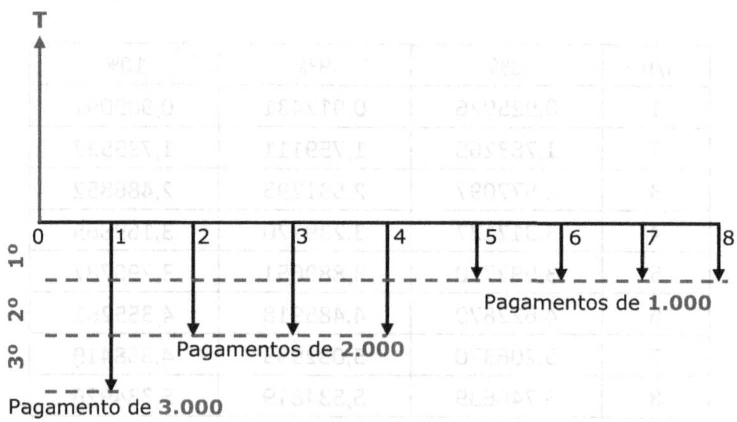

Agora trabalharemos com cada nível separadamente. Note que no **primeiro nível** existem 8 pagamentos de R$1.000, aplicadas em intervalos de tempo iguais, sujeitas a uma taxa composta de 10% ao período. Assim, podemos aplicar a **fórmula do Valor Atual de uma série de pagamentos iguais:**

$$T_1 = P \times a_{n\neg i}$$

$$T_1 = 1.000 \times a_{8\neg 10\%}$$

Pronto, encontramos T_1, que corresponde ao valor que representará todos os pagamentos do **primeiro nível.**

Na sequência, daremos atenção ao **segundo nível**, em que estão presentes 4 pagamentos de R$1.000 (2.000 – 1.000), aplicados em intervalos de tempo iguais, sujeitos a uma taxa composta de 10% ao mês. Excelente! Agora podemos calcular T_2, relativo ao valor atual desses pagamentos:

$$T_2 = P \times a_{n\neg i}$$

$$T_2 = 1.000 \times a_{4\neg 10\%}$$

Por fim, trabalharemos com o último *bloco de aplicação* composto pelas parcelas do **terceiro nível**.

Professores, há apenas um pagamento no último nível. Correto?

Isso mesmo! E já sabemos que precisamos transportá-lo para a data 0, determinando, assim, o valor presente T_3 desse pagamento. Para isso, basta aplicarmos a fórmula das rendas certas:

$$T_3 = P \times a_{n\neg i}$$

$$T_3 = 1.000 \times a_{1\neg 10\%}$$

Para finalizar, devemos somar os resultados dos três níveis (T1, T2 e T3), com o objetivo de achar a resposta da questão:

$$X = T_1 + T_2 + T_3$$

$$X = 1.000 \times a_{8\neg 10\%} + 1.000 \times a_{4\neg 10\%} + 1.000 \times a_{1\neg 10\%}$$

$$X = 1.000 \times (a_{8\neg 10\%} + a_{4\neg 10\%} + a_{1\neg 10\%})$$

$$X = 1.000 \times (5{,}334926 + 3{,}169865 + 0{,}909091)$$

$$X = 1.000 \times 9{,}413882 = \mathbf{9.413{,}8}$$

Veja como esse assunto já foi cobrado

16. (ESAF – Analista/IRB-Brasil Resseguro/2006) Calcule o valor mais próximo do valor presente no início do primeiro ano da série de receitas líquidas abaixo, cada uma relativa ao fim de cada ano, à taxa de juros compostos de 12% ao ano.

Ano	1	2	3	4	5
Receita	5000	3000	3000	3000	3000
Ano	6	7	8	9	10
Receita	1000	1000	1000	1000	1000

Dados: $a_{10-12\%} = 5{,}650223$

$a_{5-12\%} = 3{,}604776$

$a_{1-12\%} = 0{,}892857$

a) 13 275 b) 13 973 c) 14 139 d) 14 645 e) 15 332

RESOLUÇÃO:

Perceba que o fluxo possui 10 receitas obtidas ao final de cada ano. Além disso, tais parcelas não são de mesmo valor. Isso mesmo, temos três grupos de aplicação:

- Ano 1: parcela de 5.000;
- Anos 2 a 5: parcelas de 3.000; e
- Anos 6 a 10: parcelas de 1.000.

Assim, precisamos ajustar o fluxo de caixa com base em tais dados. Podemos quebrar cada receita em receitas de 1.000:

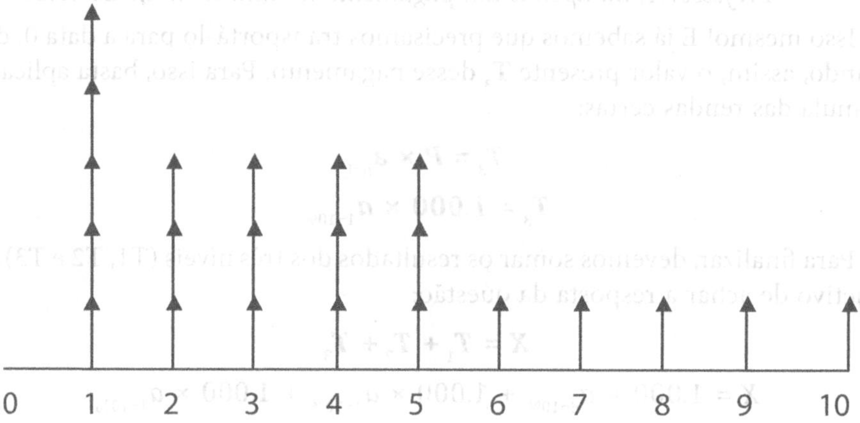

Agora, transportamos para a data 0 os dez pagamentos de 1.000, destacados:

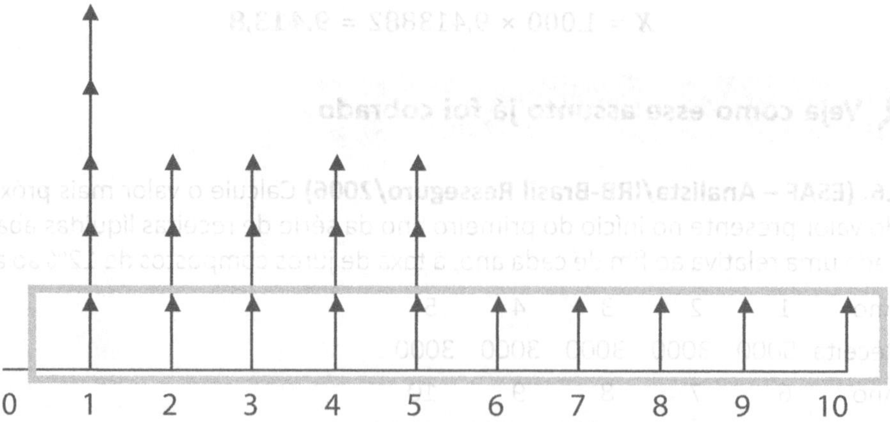

Para isso, multiplicamos a parcela de 1.000 pelo fator de valor atual:

$$1.000 \times a_{10\text{-}12\%}$$

$$= 1.000 \times 5{,}650223 = 5.650{,}223$$

Na sequência, devemos transportar os 5 pagamentos de 2.000,00, destacados a seguir:

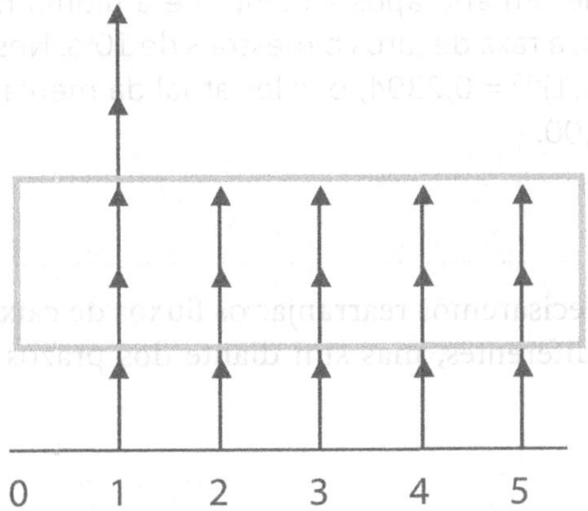

Vamos fazer os cálculos:

$$2.000 \times a_{5\text{-}12\%}$$

$$= 2.000 \times 3{,}604776 = 7.209{,}552$$

Para finalizarmos, transportamos o pagamento de 2.000 restante:

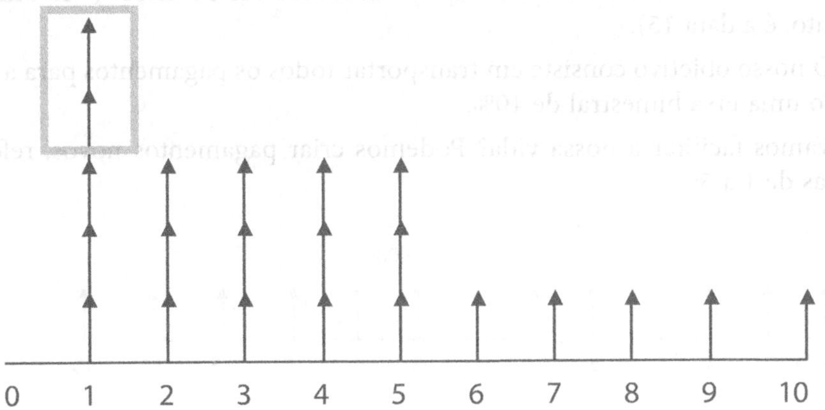

$$2.000 \times a_{1\text{-}12\%}$$

$$= 2.000 \times 0{,}892857 = 1.785{,}714$$

Como transportamos todos os valores para a data 0, basta somar todos eles, para termos o valor presente do fluxo de caixa:

$$5.650 + 7.209 + 1.785 = \mathbf{14.644}$$

Gabarito: D.

17. (CESPE - Perito Criminal Federal/Polícia Federal/2002) Considere que uma mercadoria seja vendida em prestações bimestrais de R$2.000,00, vencendo a primeira no fim de um ano após a compra e a última no fim de dois anos e meio após a compra, à taxa de juros bimestrais de 10%. Nessa situação, supondo $(1,1)^{-5} = 0,6209$ e $(1,1)^{-15} = 0,2394$, o valor atual da mercadoria (valor à vista) é superior a R$7.000,00.

RESOLUÇÃO:

Nesta questão, precisaremos rearranjar os fluxos de caixa não devido às prestações terem valores diferentes, mas sim diante dos prazos envolvidos. Observe o diagrama:

Sabemos que a data da compra é a data 0 e que a unidade de tempo está em bimestres. E um ano após a data da compra é a data 6 (pois 6 bimestres = 1 ano), assim como dois anos e meio após a data zero são 30 meses (=15 bimestres, portanto, é a data 15).

O nosso objetivo consiste em transportar todos os pagamentos para a data 0, usando uma taxa bimestral de 10%.

Vamos facilitar a nossa vida? Podemos criar pagamentos novos, referentes às datas de 1 a 5:

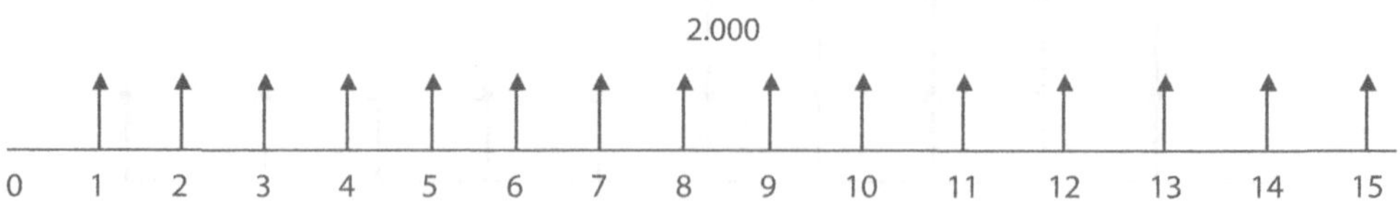

Dessa maneira, ficamos com uma série de 15 pagamentos de 2.000,00. Multiplicando o valor da prestação (2.000) pelo fator de valor atual, temos o valor atual desse fluxo de caixa, na data 0. Mas, como os 5 pagamentos iniciais foram criados, pois **não existiam originalmente**, precisamos retirá-los:

$$2.000 \times a_{15-10\%} - 2.000 \times a_{5-10\%}$$

$$2.000 \times (a_{15-10\%} - a_{5-10\%})$$

Vamos calcular separadamente os dois fatores de valor atual:

$$a_{15-10\%} = (1 - 1{,}1^{-15}) \times \frac{1}{0{,}1}$$

$$\boldsymbol{a_{15-10\%}} = (1 - 0{,}2394) \times 10 = \mathbf{7{,}606}$$

$$a_{5-10\%} = (1 - 1{,}1^{-5}) \times \frac{1}{0{,}1}$$

$$\boldsymbol{a_{5-10\%}} = (1 - 0{,}6209) \times 10 = \mathbf{3{,}791}$$

Para finalizamos, substituímos esses valores no cálculo do valor presente da mercadoria:

$$2.000 \times (7{,}606 - 3{,}791) = \mathbf{7.630}$$

Gabarito: certo.

9. RENDAS DIFERIDAS

O modelo padrão das questões que estudamos foi o de renda temporária, imediata e postecipada. Entretanto, é possível encontrarmos enunciados apresentando uma aplicação ou um **financiamento com carência**. Nessa situação, estaremos diante de uma **Renda Diferida**, em que o pagamento ou recebimento ocorre **após mais de um período a contar do fato gerador**.

Dessa forma, a renda diferida equivale a uma renda postecipada que tem um prazo de carência entre o valor atual e o início dos pagamentos. É o caso da compra de um bem financiado em seis prestações mensais, vencendo a primeira parcela três meses após a compra.

EXEMPLO 01: No dia 10 de setembro, Ana adquiriu um imóvel financiado em 10 parcelas mensais e iguais a R$20.000,00. A primeira parcela vence no dia 10 de novembro do mesmo ano e as demais no dia 10 dos meses subsequentes. A taxa de juros compostos contratada foi de 60,1032% ao ano. Assim, o valor financiado no dia 10 de setembro, sem considerar os centavos, foi de:

Dados: $1{,}04^{12} = 1{,}601032$; $a^{11-4\%} = 8{,}760477$; $a^{1-4\%} = 0{,}961538$

RESOLUÇÃO:

Inicialmente, observamos que a taxa está ao ano e o intervalo entre as parcelas é mensal. O que faremos para que as duas variáveis possuam a mesma unidade de tempo? Ora, teremos de **alterar a unidade da taxa**, por meio do conceito de **Taxas Equivalentes**, o qual estudamos detalhadamente no capítulo de Juros Compostos.

Professores, dá uma mãozinha...
como é feita a conversão da taxa?

Vamos lá! Usaremos a seguinte fórmula:

$$1 + I = (1 + i)^k$$

Em que:

I = Taxa de unidade de tempo maior;

i = Taxa de unidade de tempo menor;

k = Quantidade de vezes que a unidade de tempo menor cabe na maior.

Tudo ficará mais claro por meio da resolução a seguir.

Substituindo os dados apresentados no enunciado, teremos:

$$1 + 0{,}601032 = (1 + i)^{12}$$

$$1{,}601032 = (1 + i)^{12}$$

Note que o enunciado nos informou que $\mathbf{1{,}04^{12} = 1{,}601032}$. Logo:

$$1{,}04^{12} = (1 + i)^{12}$$

$$1{,}04 = 1 + i$$

$$i = 1{,}04 - 1 = 0{,}04 = \mathbf{4\%\ ao\ mês}$$

Agora vamos fazer um **desenho** que represente o financiamento feito por Ana para comprar o seu imóvel:

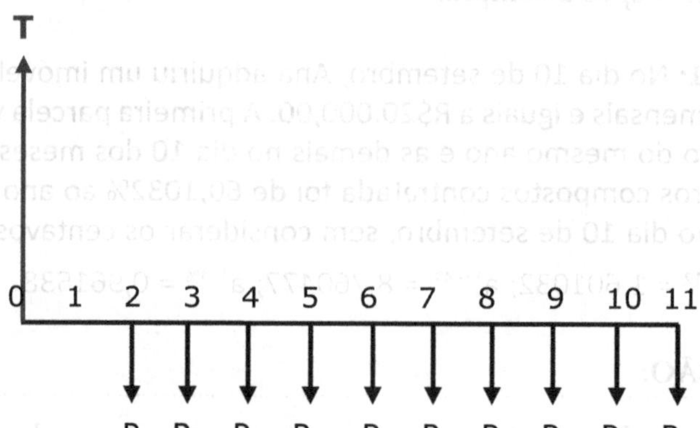

Percebeu no desenho algo diferente do que vínhamos tratando? Bem, colega, a grande diferença diz respeito à composição do fluxo de caixa.

Na verdade, a regra aplicada à **fórmula do Valor Atual de Rendas Certas** estabelece que o valor T deve estar exatamente **um período antes da data da primeira parcela.** E no desenho que estamos analisando esse padrão não está sendo obedecido. O que faremos, então? Simples, criaremos uma **parcela extra** de mesmo valor das existentes, na data 1, que será representado pela **seta azul**:

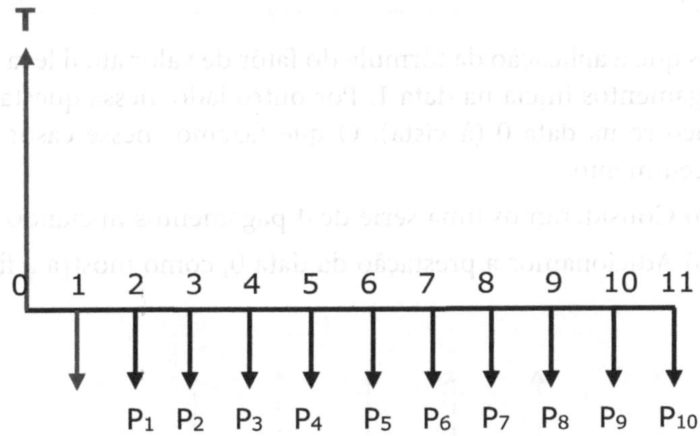

Pronto, agora o desenho da questão ficou igual ao padrão conhecido por nós, de modo que podemos aplicar a **fórmula do Valor Atual de uma Série de Pagamentos Iguais:**

$$T = P \times a_{n\neg i}$$

$$T = 20.000 \times a_{11\neg 4\%} = 20.000 \times 8{,}760477 = \mathbf{175.209{,}54}$$

Terminamos a resolução da questão? Não! Lembra que inserimos uma parcela no financiamento para que o fluxo de caixa ficasse ajustado ao modelo padrão? Então, ainda **precisamos retirar esse pagamento** dos nossos cálculos, para obtermos o valor financiado.

Assim, considerando que a parcela adicional corresponde a uma série de um único pagamento, seu valor atual fica:

$$20.000 \times a_{1\neg 4\%} = 20.000 \times 0{,}961538 = 19.230{,}76$$

Pronto, basta subtrairmos de T o valor presente da parcela criada:

$$T = 175.209{,}54 - 19.230{,}76 = 155.978{,}78$$

Veja como esse assunto já foi cobrado!

18. (IESES – Analista/BAHIAGÁS/2016) Um equipamento foi adquirido por meio do pagamento de uma entrada de R$15.000,00 mais quatro prestações anuais e seguidas do mesmo valor (1+4). Considerando uma taxa de juros composta de 20% ao ano, qual o valor aproximado, à vista, do equipamento adquirido, em R$?

a) 65.890,10 b) 44.859,18 c) 74.815,35 d) 38.840,50 e) 53.831,02

RESOLUÇÃO:

Sabemos que a aplicação da fórmula do fator de valor atual leva em conta que a série de pagamentos inicia na data 1. Por outro lado, nessa questão, o primeiro pagamento ocorre na data 0 (à vista). O que fazemos nesse caso? Utilizamos o seguinte procedimento:

1º passo) Consideramos uma série de 4 pagamentos iniciando na data 1;

2º passo) Adicionamos a prestação da data 0, como mostra a figura:

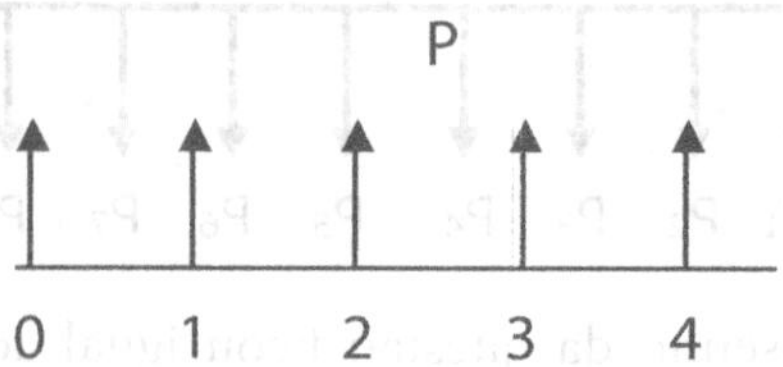

No primeiro passo, transportamos esse fluxo de caixa para a data 0 multiplicando a prestação P = 15.000 por $a_{4-20\%}$:

$$T_4 = 15.000 \times a_{4\text{-}20\%}$$

O fator de valor atual para uma série de 4 pagamentos a uma taxa de 20% vale:

$$a_{n\neg i} = \frac{(1+i)^n - 1}{i \times (1+i)^n}$$

$$a_{n\neg i} = \frac{(1+0{,}2)^4 - 1}{0{,}2 \times (1+0{,}2)^4} = \frac{(1{,}2)^4 - 1}{0{,}2 \times (1{,}2)^4} = 2{,}5887$$

Logo:

$$T_4 = 15.000 \times 2{,}5887 = 38.830{,}50$$

Agora, no segundo passo, adicionamos a prestação da data 0:

$$T = 38.830{,}5 + 15.000 = \mathbf{53.830{,}50}$$

Gabarito: E.

19. (ESAF - AFC/CGU/2008) Sabendo que uma IF- Instituição Financeira oferece aplicações à taxa de juros efetiva de 1% a. m., com capitalizações mensais, por decorrência, se aplicarmos R$1.000,00 (hum mil reais) a cada mês, após 1 ano, teríamos:

(Dado: fator de acumulação de capital para uma série com 12 pagamentos e taxa de 1% ao período: 12,682503)

a) R$11.120,00, independentemente de a aplicação ser no início ou final de cada mês, pois é ao final de 12 meses.

b) R$12.120,00, se as aplicações forem realizadas no início de cada mês.

c) R$12.240,00, se as aplicações forem realizadas no final de cada mês.

d) R$12.809,33, se as aplicações forem realizadas no início de cada mês.

e) R$14.400,00, se as aplicações forem realizadas no final de cada mês.

RESOLUÇÃO:

Aparentemente, trata-se de uma questão bem simples, envolvendo o cálculo do montante de 12 parcelas mensais, no valor de R$1.000,00 cada uma. No entanto, surge uma pergunta crucial: **os depósitos ocorrem no início ou no final de cada mês?**

Ora, essa informação é muito importante, já que um dos requisitos para aplicação da **fórmula de rendas certas para o montante** consiste em que **a data do resgate coincida com a data da última aplicação.**

Todavia, nada a esse respeito é dito na questão. Em todo caso, vamos considerar que as aplicações obedeceram ao padrão que conhecemos, isto é, **ao fim de cada mês.** Logo:

$$M = 1.000 \times s_{12\text{-}1\%} = 1.000 \times 12{,}682503 = \mathbf{12.682{,}5}$$

Note que esse resultado não aparece entre as opções de respostas. O que isso significa? Bem, isso indica que as aplicações ocorreram **no início de cada mês**, sem observar o padrão para aplicação da fórmula de rendas certas. Consequentemente, precisamos fazer um ajuste. Às vezes uma banca faz isso, ela fornece um enunciado dúbio, que nos leva a cálculos adicionais desnecessários, por não encontrarmos a resposta por um dos caminhos.

Desse modo, para calcular o montante no final do décimo segundo mês, após transportarmos o fluxo de caixa para a data do 12º depósito, ainda temos que incidir sobre o montante obtido anteriormente a taxa de 1%, referente a essa última aplicação:

$$M = 12.682{,}5 \times 1{,}01 = \mathbf{12.809{,}33}$$

Gabarito: D.

10. RENDAS PERPÉTUAS (PERPETUIDADES)

Nas **Rendas Perpétuas** (ou **Perpetuidades**), temos um **conjunto de pagamentos cujo número não pode ser determinado exatamente**, pois é muito grande e tende ao infinito, como acontece com os dividendos pagos pelas empresas.

> **TOME NOTA**
>
> Uma renda é dita **perpétua** quando apresenta **infinitos pagamentos**.

Para exemplificar, considere que o funcionário Roberto acaba de se aposentar. A partir de hoje, ele vai receber R$1.000,00 mensais, perpetuamente. Qual é o valor atual desta série de pagamentos, considerando uma taxa de juros de 1% ao mês?

Veja que temos uma sequência infinita de pagamentos, todos valendo 1.000, correspondendo aos infinitos depósitos que Roberto receberá. Queremos substituir todos estes pagamentos por um único, referente à data 0, conforme indicado na figura a seguir:

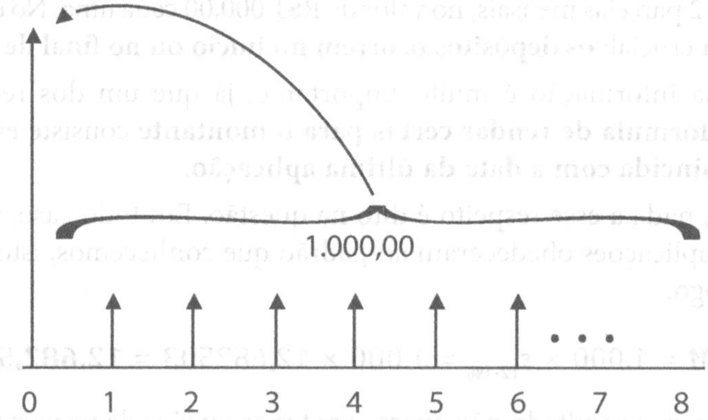

Sabemos que, para n pagamentos, o valor atual é dado por:

$$T = P \times a_{n\text{-}i}$$

Substituindo an−i por sua expressão, temos:

$$T = P \times \frac{1}{i} \times \left(1 - \frac{\mathbf{1}}{\mathbf{(1+i)^n}}\right)$$

Note o trecho destacado. Quando o número de períodos vai ao infinito, (1 + i)n também vai ao infinito. Assim, teremos uma divisão de 1 por infinito. Isso faz com que a fração em destaque vá para 0. Logo:

$$T = P \times \frac{1}{i} \times (1 - 0)$$

$$\boldsymbol{T = \frac{P}{i}}$$

Esta é a fórmula do valor atual de uma renda perpétua. Em que:

T é o valor atual da renda perpétua;

P é o valor da parcela em análise;

i é a taxa de juros aplicada na operação.

Voltando ao caso do Roberto, temos:

$$A = \frac{1.000}{0{,}01} = \mathbf{100.000}$$

Vamos a um caso particular deste assunto, que raramente cai em provas.

Aquela renda perpétua P é sem crescimento, pois todas as prestações são iguais, ou seja, são constantes. Suponha agora que você queira que as prestações, que no caso que acabamos de estudar eram constantes, **cresçam** a uma taxa **g** (*growth* = crescimento).

Nesse sentido, considere que o Roberto está num local em que a taxa de juros é de 1% ao mês (i = 0,01). A partir do mês que vem ele se aposentará, recebendo inicialmente R$1.000,00 no primeiro mês.

Mas agora vem um detalhe novo: esse plano de aposentadoria dele era tão bom que reajustava o valor da aposentadoria pela inflação mensalmente. Assim, todo mês o valor recebido aumenta, de acordo com a inflação. Suponha ainda que a inflação seja fixa, no valor de 0,2% ao mês. Então os valores que Clodoaldo receberá mês a mês serão:

Data	Valor	(memória de cálculo)
1	1.000	-
2	1.002	1.000 x (1 + 0,2%)
3	1.004, 004	1.000 x (1 + 0,2%)^2
4	1.006, 012008	1.000 x (1 + 0,2%)^3
...	...	...

Estamos diante de uma **perpetuidade com crescimento**, porque a parcela aumenta todo mês, segundo uma taxa de crescimento **g**.

Agora, o nosso objetivo consiste em calcular o valor atual desta nova perpetuidade. Para isso, basta pegar cada parcela e trazer para a data 0, usando a taxa de desconto **i**:

$$T = \frac{1.000}{1,01} + \frac{1.000 \times 1,002}{1,01^2} + \frac{1.000 \times 1,002^2}{1,01^2} + \cdots$$

Repare que temos uma PG infinita de razão $\frac{1,002}{1,01}$, em que a soma dos seus termos é dada pela divisão entre o primeiro termo e **1 – q**, em que q é a razão:

$$T = \frac{a_1}{1 - q}$$

$$T = \frac{1.000}{1,01} \div \left(1 - \frac{1,002}{1,01}\right) = \frac{1.000}{1,01} \div \left(\frac{1,01 - 1,002}{1,01}\right) = \frac{1.000}{1,01} \div \left(\frac{0,008}{1,01}\right) = \frac{1.000}{0,008} = \mathbf{125.000}$$

Assim, o valor presente desta nova perpetuidade é de R$125.000,00.

Vamos, então, generalizar esse resultado para qualquer caso. Note que chegamos a:

$$T = \frac{1.000}{0,008}$$

Observe que no numerador temos 1.000, que nada mais é que o valor da primeira parcela. Já no denominador temos 0,8%, que corresponde à diferença entre a taxa de desconto (1%) e taxa de crescimento da série (0,2%).

Dessa forma, podemos afirmar que o **valor atual de uma renda perpétua com crescimento** é dado pela relação:

$$\boldsymbol{T = \frac{P}{i - g}}$$

Logo, basta pegar a primeira parcela e dividir pela diferença entre as taxas. Lembre que sempre a taxa de crescimento tem que ser menor que a taxa de desconto.

EXEMPLO 01: Antônio possui um investimento que dá uma renda líquida de **0,6% ao mês (no sistema de juros compostos) e** deseja dar à sua filha uma renda mensal perpétua de R$450,00. Qual é a quantia que Antônio deve investir para que sua filha tenha essa renda?

RESOLUÇÃO:

Uma **perpetuidade** é um fluxo de caixa constante em intervalos regulares para sempre. O valor presente de uma perpetuidade é dado pela relação:

$$\boldsymbol{T = \frac{P}{i}}$$

Como a parcela P é de R$450,00 e a taxa i é igual a 0,6%a.m, temos:

$$T = \frac{450}{0{,}006} = \boldsymbol{75.000\ reais}$$

Assim, a quantia que Antônio deve investir é o valor presente da perpetuidade, de R$75.000.

> **EXEMPLO 02:** Um indivíduo recebeu como herança um título perpétuo que paga R$2.000 por trimestre. Esse indivíduo quer vender o título. Sabendo que a taxa de juros semestral, juros compostos, é de 44%, calcule o valor presente de venda desse título.

RESOLUÇÃO:

Veja que temos um título perpétuo P = R$2.000, pago a cada trimestre.

Porém, a taxa de juros é de 44% ao semestre. Como a unidade é diferente do período da operação, devemos calcular a taxa trimestral equivalente à taxa semestral de 44%. Já que um semestre é composto por 2 trimestres, temos:

$$(1 + i_t)^2 = (1 + i_s)^1$$

$$(1 + i_t)^2 = 1{,}44$$

$$1 + i_t = 1{,}2$$

$$i_t = 0{,}2\ \boldsymbol{ao\ trimestre}$$

Assim, o valor atual da perpetuidade é dado por:

$$\boldsymbol{T = \frac{P}{i}}$$

$$T = \frac{2.000}{0{,}2} = \boldsymbol{10.000{,}00\ reais}$$

Veja como esse assunto já foi cobrado!

20. (FUNDEP – Analista/ARISB-MG/2019) Considere que uma empresa emprega diversos indicadores para avaliar o retorno de seus investimentos. Os mais utilizados são o Valor presente líquido, a taxa interna de retorno e o tempo de recuperação do capital. Se essa empresa aplicar capital, na data zero, no montante de R$2 000,00 e esse investimento produzir um fluxo de caixa líquido, em perpetuidade, sem crescimento, de R$100,00, com taxa de desconto igual a 10% ao ano, então é correto afirmar que

a) o valor desse investimento será igual a R$1 900,00.

b) o valor presente líquido desse projeto será igual a R$2 000,00.

c) o valor presente do fluxo de caixa em perpetuidade será igual a R$1 000,00.

d) o valor desse fluxo de caixa no infinito será igual a R$4 000,00.

RESOLUÇÃO:

Podemos calcular o **valor atual de uma perpetuidade** dividindo-se o valor de cada parcela pela taxa de desconto:

$$\boldsymbol{T = \frac{P}{i}}$$

$$T = \frac{1.000}{0,1} = \mathbf{1.000,00}\ \boldsymbol{reais}$$

Portanto, o valor presente do fluxo de caixa em perpetuidade será igual a **R$1.000,00.**

OBS: Para determinarmos o valor presente líquido (VPL) do projeto, basta subtrairmos do valor presente do fluxo o investimento inicial:

$$VPL = -2.000 + 1.000 = -1.000\ reais.$$

Gabarito: C.

21. (VUNESP - Auditor Fiscal/ISS Campinas/2019) Uma casa está alugada por R$1.550,00 mensais e um investidor pretende comprá-la, com a condição de que a taxa de retorno com o aluguel seja de pelo menos 0,9% a.m. Para atender essa condição, o máximo que ele deve pagar pela casa é, aproximadamente, em R$:

a) 170.000,00 b) 200.000,00 c) 190.000,00 d) 180.000,00 e) 210.000,00.

RESOLUÇÃO:

Em **rendas perpétuas**, o valor atual pode ser obtido pelo quociente entre o valor de cada prestação e a taxa de juros:

$$\boldsymbol{T = \frac{P}{i}}$$

Como R$1.550,00 é o aluguel da casa (prestação perpétua) e 0,9% (0,009) é a taxa de juros, temos:

$$T = \frac{1.550}{0{,}009} \approx \mathbf{170.000\ \textit{reais}}$$

Considerando esse cenário, podemos concluir que o investidor obterá o retorno esperado pelos aluguéis.

Gabarito: A.

22. (FGV – Analista/BANESTES/2018) Um indivíduo pretende acumular um capital C e aplicá-lo à taxa fixa efetiva de 2% ao mês, de modo a poder fazer saques mensais de R$1.000,00 perpetuamente. Se o primeiro desses saques ocorrerá no momento da aplicação desse capital, então C deve ser igual a, em R$:

a) 60.000,00 b) 59.000,00 c) 51.000,00 d) 50.000,00 e) 49.000,00

RESOLUÇÃO:

Em **rendas perpétuas**, o valor atual pode ser obtido pelo quociente entre o valor de cada prestação e a taxa de juros:

$$\boldsymbol{T = \frac{P}{i}}$$

Para saques mensais de R$1.000,00 a uma taxa mensal de 2%, temos:

$$T = \frac{1.000}{0{,}02} = \mathbf{50.000\ \textit{reais}}$$

Se você fosse direto marcar a alternativa D, **erraria** a questão! Por quê? Observe que o enunciado estabeleceu que o primeiro dos saques ocorrerá no momento da aplicação. Isso significa que essa renda é **antecipada**, e não postecipada, havendo uma retirada de R$1.000,00 na data 0. Assim, o valor de R$50.000,00 deverá ser somado a uma parcela:

$$C = 50.000 + 1.000 = \mathbf{51.000}$$

Gabarito: C.

23. (FGV – Fiscal de Tributos/ISS Niterói/2015) Para usufruir perpetuamente R$2.000,00 por mês, reajustados mensalmente a uma taxa de 6%, o valor da renda um mês antes do primeiro pagamento, supondo taxa de juros de 10% ao mês, é, em reais:

a) 12.500 b) 20.000 c) 22.000 d) 50.000 e) 55.000

RESOLUÇÃO:

Estamos diante do caso da **renda perpétua com crescimento**. Podemos calcular o valor atual pela relação:

$$\boldsymbol{T = \frac{P}{i - g}}$$

$$T = \frac{2.000}{0{,}10 - 0{,}06} = \frac{2.000}{0{,}04} = \mathbf{50.000}\ \boldsymbol{reais}$$

Gabarito: D.

11. RESUMO

Chamamos de **renda** a **sucessão de valores** (**termos** ou **parcelas**) usados para constituir um capital (recebimento) ou para pagamento parcelado de uma dívida.

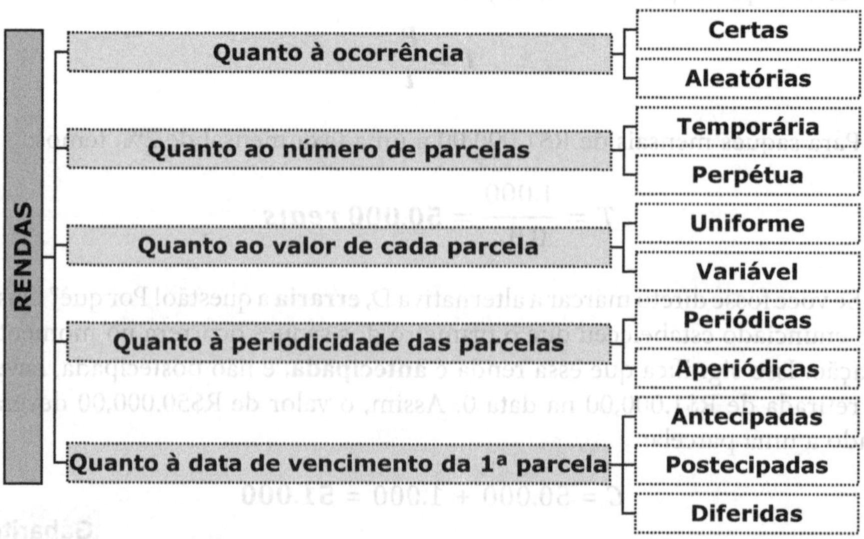

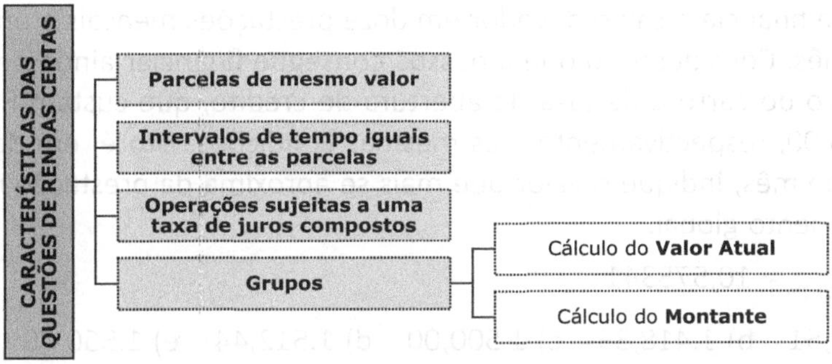

Cálculo do valor atual de uma série de pagamentos iguais:

$$T = P \times a_{n\neg i} = P \times \frac{(1+i)^n - 1}{i \times (1+i)^n} = P \times \frac{1-(1+i)^{-n}}{i}$$

Cálculo do montante de uma série de recebimentos iguais:

$$T = P \times s_{n\neg i} = P \times \frac{(1+i)^n - 1}{i}$$

Relação entre o Fator de Valor Atual e o Fator de Acumulação de Capital:

$$s_{n\neg i} = a_{n\neg i} \times (1+i)^n$$

Uma renda é dita **perpétua** quando apresenta **infinitos pagamentos.**

Valor atual de uma renda perpétua:

$$T = \frac{P}{i}$$

Valor atual de uma renda perpétua com crescimento:

$$T = \frac{P}{i-g}$$

12. MAIS QUESTÕES COMENTADAS

24. (ESAF – Auditor-Fiscal da Receita Federal/2002) Na compra de um carro em uma concessionária no valor de R$25.000,00, uma pessoa dá uma entrada de 50% e financia o saldo devedor em doze prestações mensais a uma taxa de 2% ao mês. Considerando que a pessoa consegue financiar ainda o valor total do seguro do carro e da taxa de abertura de crédito, que custam R$2.300,00 e R$200,00, respectivamente, nas mesmas condições, isto é, em doze meses e a 2% ao mês, indique o valor que mais se aproxima da prestação mensal do financiamento global.

Dado: $a_{12\text{-}2\%} = 10{,}575341$

a) 1.405,51 b) 1.418,39 c) 1.500,00 d) 1.512,44 e) 1.550,00

RESOLUÇÃO:

Note que o **financiamento** do carro é composto pelas seguintes quantias:

- R$12.500,00 (metade do valor do carro);
- R$2.300,00 (seguro);
- R$200,00 (taxa de abertura de crédito).

Somando tudo, chegamos ao valor efetivamente financiado:

$$12.500 + 2.300 + 200 = \boldsymbol{R\$15.000{,}00}$$

O objetivo da questão consiste em obtermos o **valor da parcela**, tendo em mente que serão 12 termos mensais a uma taxa de 2% ao mês. Ora, sabemos que **o valor atual dessa série de pagamentos uniforme deve corresponder (tem que ser equivalente) ao valor financiado**. Logo:

$$15.000 = P \times a_{12\neg 2\%}$$

$$\boldsymbol{P} = \frac{15.000}{a_{12\neg 2\%}} = \frac{15.000}{10{,}575341} = \mathbf{R\$1.418{,}39}$$

Gabarito: B.

25. (ESAF - Analista Técnico/SUSEP/2002) Um consumidor comprou um automóvel no valor de R$25.000,00 pagou uma entrada a vista de R$5.000,00 e financiou o restante em 12 prestações mensais de R$2.009,24, vencendo a primeira ao fim do primeiro mês e assim sucessivamente. Indique a taxa de juros mensal do financiamento.

Dados: tabela de fator de valor atual para uma série de pagamentos:

n / i	1%	2%	3%	4%	5%	6%
11	10,367628	9,786848	9,252624	8,760477	8,306414	7,886874
12	11,255077	10,575341	9,954004	9,385074	8,863251	8,386844
13	12,133740	11,348374	10,634955	9,985648	9,393573	8,852683
14	13,003703	12,106249	11,296073	10,563123	9,898641	9,294984
15	13,003703	12,849263	11,937935	11,118387	10,379658	9,712249

a) 1% b) 2% c) 3% d) 4% e) 5%

RESOLUÇÃO:

Visto que o consumidor deu uma entrada na compra do carro, o **valor efetivamente financiado** foi de 25.000 – 5.000 = **R$20.000,00.**

A nossa meta é determinar o valor da **taxa de juros compostos** a que as 12 parcelas de R$2.009,24 foram sujeitas. Sabendo que o valor atual da série corresponde à quantia financiada, temos:

$$20.000 = 2.009{,}24 \times a_{12\neg i}$$

$$\boldsymbol{a_{12\neg i}} = \frac{20.000}{2.009{,}24} \approx \mathbf{9,9540}$$

Agora consultamos a **tabela do valor atual** apresentada na questão para descobrir qual taxa aplicada sobre 12 parcelas resulta em 9,9540. Portanto, vamos nos posicionar na linha em que **n = 12** e procuraremos qual a coluna em que a intersecção é **9,9540**. Fazendo isso, concluímos que:

$$\boldsymbol{a_{12\neg 3\%}} = 9{,}954004$$

Dessa maneira, encontramos que **i = 3%**, de modo que a alternativa correta é a **letra C**.

Gabarito: C.

26. (ESAF – Auditor-Fiscal da Previdência Social/2002) Um consumidor compra um bem de consumo durável no valor de R$15.000,00 financiado totalmente em dezoito prestações mensais de R$1.184,90, vencendo a primeira prestação ao fim do primeiro mês. Junto com o pagamento da décima segunda prestação o consumidor acerta com o financiador o refinanciamento do saldo devedor em doze prestações mensais à mesma taxa de juros, vencendo a primeira prestação ao fim do primeiro mês seguinte.

Calcule o valor mais próximo da nova prestação mensal.

Dados (tabela de fator de valor atual para uma série de pagamentos):

n/i	1%	2%	3%	4%	5%
1	0,990099	0,980392	0,970874	0,961538	0,952381
2	1,970395	1,941561	1,913469	1,886094	1,859410
3	2,940985	2,883883	2,828611	2,775091	2,723248
4	3,091965	3,807728	3,717098	3,629895	3,545951
5	4,853431	4,713459	4,579707	4,451822	4,329476
6	5,795476	5,601431	5,417191	5,242137	5,075692
7	6,728124	6,471991	6,230283	6,002054	5,786373
8	7,651678	7,325481	7,019692	6,732745	6,463213
9	8,566017	8,162237	7,786109	7,435331	7,107821
10	9,471304	8,982585	8,530203	8,110896	7,721735
11	10,367628	9,786848	9,252624	8,760477	8,306414
12	11,255077	10,575341	9,954004	9,385074	8,863251
13	12,133740	11,348374	10,634955	9,985648	9,393573
14	13,003703	12,106249	11,296073	10,563123	9,898641
15	13,003703	12,849263	11,937935	11,118387	10,379658
16	14,717874	13,577709	12,561102	11,652295	10,837769
17	15,562251	14,291872	13,166118	12,165669	11,274066
18	16,398268	14,992031	13,753513	12,659297	11,689587

a) 504,00 b) 561,00 c) 625,00 d) 662,00 e) 796,00

RESOLUÇÃO:

A questão trata da compra de um bem no valor de R$15.000,00, financiado em 18 prestações mensais de R$1.184,90. Ocorre que, após o pagamento da décima segunda prestação, o consumidor se vê na necessidade de financiar as 6 prestações restantes em doze prestações mensais à mesma taxa de juros. Assim, teremos dois cenários a analisar, sendo que os dados do primeiro serão utilizados para obtermos qual a taxa de juros que está sendo aplicada ao financiamento inicial. Por sua vez, no segundo cenário iremos determinar o que a questão realmente quer, ou seja, o valor da nova parcela.

➤ **Primeira situação**:

O valor atual da série de 18 pagamentos iguais de R$1.184,90 deve corresponder ao valor à vista do bem. Logo:

$$15.000 = 1.184,90 \times a_{18\neg i}$$

$$\boldsymbol{a_{18\neg i}} = \frac{15.000}{1.184,90} \approx \mathbf{12,659296}$$

Consultando a tabela do **Fator A de Rendas Certas** apresentada no enunciado para o caso de N = 18 e resultado igual a 12,659296, temos que:

$$\boldsymbol{i = 4\%}$$

➤ **Segunda situação**:

Na data da décima segunda prestação, quando restam apenas 6 parcelas de R$1.184,90, a dívida é refinanciada. Como resultado, existem agora **mais 12 prestações de X reais.**

No instante 12, o valor atual das prestações de X reais é de:

$$X \times a_{12\neg 4\%}$$

No mesmo instante, o valor das seis prestações restantes de R$1.184,90 é de:

$$1.184{,}90 \times a_{6\neg 4\%}$$

Ora, essas duas opções **devem ser equivalentes.** Para isso, necessitam apresentar o **mesmo valor atual**:

$$X \times a_{12\neg 4\%} = 1.184{,}90 \times a_{6\neg 4\%}$$

$$\boldsymbol{X} = \frac{1.184{,}90 \times a_{6\neg 4\%}}{a_{12\neg 4\%}} = \frac{1.184{,}90 \times 5{,}242137}{9{,}385074} \approx \mathbf{662}$$

Gabarito: D.

27. (ESAF - Analista/BACEN/2001) Um consumidor compra um bem de consumo durável no valor de R$10.000,00 financiado totalmente em dezoito prestações mensais de R$727,09, vencendo a primeira ao fim do primeiro mês. Junto com o pagamento da décima segunda prestação o consumidor acerta com o financiador um pagamento para quitar o resto da dívida. Calcule o valor mais próximo do pagamento do consumidor que quita o saldo devedor, à mesma taxa de juros do financiamento original.

Dados: (tabela de fator de valor atual de uma série de pagamentos):

n/i	1%	2%	3%	4%	5%
1	0,990099	0,980392	0,970874	0,961538	0,952381
2	1,970395	1,941561	1,913469	1,886094	1,859410
3	2,940985	2,883883	2,828611	2,775091	2,723248
4	3,091965	3,807728	3,717098	3,629895	3,545951
5	4,853431	4,713459	4,579707	4,451822	4,329476
6	5,795476	5,601431	5,417191	5,242137	5,075692
7	6,728124	6,471991	6,230283	6,002054	5,786373
8	7,651678	7,325481	7,019692	6,732745	6,463213
9	8,566017	8,162237	7,786109	7,435331	7,107821
10	9,471304	8,982585	8,530203	8,110896	7,721735
11	10,367628	9,786848	9,252624	8,760477	8,306414
12	11,255077	10,575341	9,954004	9,385074	8,863251
13	12,133740	11,348374	10,634955	9,985648	9,393573
14	13,003703	12,106249	11,296073	10,563123	9,898641
15	13,003703	12,849263	11,937935	11,118387	10,379658
16	14,717874	13,577709	12,561102	11,652295	10,837769
17	15,562251	14,291872	13,166118	12,165669	11,274066
18	16,398268	14,992031	13,753513	12,659297	11,689587

a) 3.840,00 b) 3.938,00 c) 4.025,00 d) 4.178,00 e) 4.362,00

RESOLUÇÃO:

A questão trata do financiamento de um bem no valor de R$10.000,00 parcelado em dezoito vezes de R$727,09. Todavia, após o pagamento da décima segunda prestação, o comprador decide quitar por meio de um único pagamento as 6 parcelas restantes, à mesma taxa de juros do financiamento original.

Sabemos que o valor atual das 18 prestações mensais de R$727,09 deve coincidir com o valor financiado. Logo:

$$10.000 = 727{,}09 \times a_{18\neg i}$$

$$\boldsymbol{a_{18\neg i}} = \frac{10.000}{727{,}09} \approx \mathbf{13{,}75}$$

Consultando a tabela fornecida do **fator A de Rendas Certas**, temos:

$$\boldsymbol{i = 3\%}$$

Ora, imediatamente depois da décima segunda prestação, ainda restam seis pagamentos, cujo valor atual na data 12 é de:

$$727{,}09 \times a_{6\neg 3\%} = 727{,}09 \times 5{,}417191 \approx R\$3.938{,}00$$

Gabarito: B.

28. (ESAF - ATI/SEFAZ-CE/2007) Uma pessoa compra um carro usado por R$25 000,00, dá R$5 000,00 de entrada e financia o restante em doze prestações mensais iguais, vencendo a primeira dentro de um mês e assim sucessivamente.

Considerando uma taxa nominal de 24% ao ano com capitalização mensal, calcule o valor mais próximo da prestação.

Dado: $a_{12\text{-}2\%} = 10{,}575341$.

a) 1.667,00 b) 1.700,00 c) 1.822,00 d) 1.891,00 e) 1.915,00

RESOLUÇÃO:

O carro comprado custa R$25.000,00, mas já que foram pagos R$5.000,00 de entrada, então o financiamento foi de R$20.000,00 parcelados em doze prestações mensais.

Ocorre que a taxa é de 24% ao ano com capitalização mensal. Logo, estamos diante de uma **taxa nominal**, de modo que precisamos convertê-la numa **taxa efetiva**. E como faremos isso? Ora, vimos no capítulo de Juros Compostos que essa transformação será realizada de acordo com o conceito de **taxas proporcionais**. Assim, para encontrar a taxa efetiva MENSAL de uma taxa nominal ANUAL, basta dividi-la por 12:

$$\frac{24\%}{12} = \mathbf{2\%}$$

Em seguida, sabemos que o valor atual das 12 prestações mensais de X reais deve coincidir com o valor financiado. Logo:

$$20.000 = X \times a_{12\neg 2\%}$$

$$\boldsymbol{X} = \frac{20.000}{a_{12\neg 2\%}} = \frac{20.000}{10{,}575341} \approx \mathbf{1.892}$$

Gabarito: D.

29. (ESAF - ATI/SEFAZ-CE/2007) Uma anuidade é composta por dezoito pagamentos mensais de R$8 530,20, vencendo o primeiro pagamento ao fim de um mês e uma outra anuidade é composta por dez pagamentos mensais de R$13 753,51, vencendo o primeiro pagamento também ao fim de um mês. Calcule o valor mais próximo da taxa de juros mensal em que estas duas anuidades seriam equivalentes.

Dados: tabela de fator de valor atual

n/i	1%	2%	3%	4%	5%
1	0,990099	0,980392	0,970874	0,961538	0,952381
2	1,970395	1,941561	1,913469	1,886094	1,859410
3	2,940985	2,883883	2,828611	2,775091	2,723248
4	3,091965	3,807728	3,717098	3,629895	3,545951
5	4,853431	4,713459	4,579707	4,451822	4,329476
6	5,795476	5,601431	5,417191	5,242137	5,075692
7	6,728124	6,471991	6,230283	6,002054	5,786373
8	7,651678	7,325481	7,019692	6,732745	6,463213
9	8,566017	8,162237	7,786109	7,435331	7,107821
10	9,471304	8,982585	8,530203	8,110896	7,721735
11	10,367628	9,786848	9,252624	8,760477	8,306414
12	11,255077	10,575341	9,954004	9,385074	8,863251
13	12,133740	11,348374	10,634955	9,985648	9,393573
14	13,003703	12,106249	11,296073	10,563123	9,898641
15	13,003703	12,849263	11,937935	11,118387	10,379658
16	14,717874	13,577709	12,561102	11,652295	10,837769
17	15,562251	14,291872	13,166118	12,165669	11,274066
18	16,398268	14,992031	13,753513	12,659297	11,689587

a) 1% b) 2% c) 3% d) 4% e) 5%

RESOLUÇÃO:

Inicialmente, devemos calcular o **valor atual** de cada um dos financiamentos:

Valor Atual	
Primeiro fluxo	**Segundo fluxo**
$8.530,20 \times a_{18\neg i}$	$13.753,51 \times a_{10\neg i}$

Em seguida, para que as duas opções sejam **equivalentes**, necessitam apresentar o **mesmo valor atual**:

$$8.530,20 \times a_{18\neg i} = 13.753,51 \times a_{10\neg i}$$

$$\frac{a_{18\neg i}}{a_{10\neg i}} = \frac{13.753,51}{8.530,20}$$

Vamos dividir o lado direito da igualdade por 1.000:

$$\frac{a_{18\neg i}}{a_{10\neg i}} = \frac{13,75351}{8,53020}$$

Note que chegamos a múltiplos de dois fatores de valor atual no lado direito da igualdade. Isto é:

$$\frac{a_{18\neg i}}{a_{10\neg i}} = \frac{a_{18\neg 3\%}}{a_{10\neg 3\%}}$$

A que conclusão podemos chegar, ora, que a taxa de juros aplicada nas anuidades é de **3%**.

Gabarito: C.

30. (ESAF - Analista/BACEN/2001) Um contrato de aplicação financeira prevê que depósitos de mesmo valor sejam feitos mensalmente em uma conta de aplicação durante dezoito meses com o objetivo de atingir o montante de R$100.000,00 ao fim desse prazo. Obtenha o valor mais próximo da quantia que deve ser depositada ao final de cada mês, considerando uma taxa de rendimento de 3% ao mês.

(Dados: $s_{18\text{-}3\%} = 23,414435$)

a) 5.555,00 b) 4.900,00 c) 4.782,00 d) 4.270,00 e) 4.000,00

RESOLUÇÃO:

Precisamos determinar o valor da parcela **X** que é depositada por 18 vezes ao fim de cada mês, a uma taxa de 3% ao mês, resultando num montante de R$100.000,00:

$$T = P \times s_{n\neg i}$$
$$100.000 = P \times s_{18\neg 3\%}$$
$$P = \frac{100.000}{a_{18\neg 3\%}}$$

Note que o enunciado forneceu o valor do **Fator S de Rendas Certas** para o caso de uma série de 18 recebimentos, com taxa de 3%. Logo:

$$P = \frac{100.000}{23{,}414435} \approx \mathbf{4.270,87}$$

<u>**Dica:**</u> Este é o tipo de resultado que na prova você deve usar uma das alternativas para conferir o gabarito. A dúvida, olhando para as alternativas, estaria entre C e D. Assim, pegando os 4.270 da D e multiplicando por 23,4, você encontraria algo bem próximo aos 100.000 (99.918), indicando que a resposta é a D. Bem mais rápido que dividir 100.000 por 23,4. Ainda, veja que não precisaria dividir por 23,414435, caso resolvesse ir sem olhar as alternativas, pois como as alternativas estão distantes umas das outras, poderia arredondar para uma casa decimal somente, ou até mesmo nem utilizá-la, ou seja, calculando 100.000/23 simplesmente no cálculo final, encontrando 4.347, cuja alternativa mais próxima seria a D.

Gabarito: D.

31. (ESAF - ACE/MDIC/1998) Um indivíduo deseja obter R$100.000,00 para comprar um apartamento ao fim de um ano e, para isso, faz um contrato com um banco em que se compromete a depositar mensalmente, durante um ano, a quantia de R$3.523,10, com rendimento acertado de 3% ao mês, iniciando o primeiro depósito ao fim do primeiro mês. Transcorrido um ano, o banco se compromete a financiar o saldo restante dos R$100.000,00 à taxa de 4% ao mês, em doze parcelas mensais iguais, vencendo a primeira ao fim de trinta dias. Calcular a prestação mensal desse financiamento, sem considerar centavos.

Dados: $a_{12-4\%} = 9{,}385074$; $s_{12-3\%} = 14{,}19203$

a) 4.436,00 b) 4.728,00 c) 5.014,00 d) 5.023,00 e) 5.327,00

RESOLUÇÃO:

Temos duas operações a analisar. Primeiramente, precisamos calcular o montante obtido ao final dos doze depósitos mensais de R$3.523,10. Nesse sentido, fazemos o produto entre o valor da aplicação mensal pelo **fator de acumulação de capital**:

$$T = P \times s_{n\neg i}$$

$$T = 3.523{,}10 \times s_{12\text{-}3\%} = 3.523{,}10 \times 14{,}19203 \approx \mathbf{50.000}$$

Assim, para que o indivíduo alcance a quantia de R$100.000,00 **ainda faltam mais R$50.000,00**, os quais serão financiados pelo banco. Como funcionará a aplicação oferecida pela instituição financeira?

Bem, serão 12 parcelas de **X** reais, a uma taxa mensal de 4%. Utilizando a **fórmula do valor atual de uma série de pagamentos iguais**, temos:

$$T = P \times a_{n \neg i}$$

$$50.000 = X \times a_{12 \neg 4\%}$$

$$\boldsymbol{X} = \frac{50.000}{9{,}385074} = \mathbf{5.327{,}60}$$

Gabarito: E.

32. (FCC - Auditor Público Externo/TCE-RS/2018) Em 31/12/2017 uma empresa obteve um empréstimo no valor de R$16.000.000,00 com as seguintes características:

– Prazo total: 4 anos

– Taxa de juros compostos: 8% ao ano

– Pagamentos: parcelas iguais e anuais no valor de R$4.830.733, com a primeira parcela vencendo em 31/12/2018

Para a obtenção do empréstimo a empresa incorreu e pagou custos de captação no valor total de R$700.000,00. A equação que indica corretamente o cálculo da taxa de custo efetivo total da operação, ao ano, é

a) $16.000.000 = \frac{4.830.733}{(1+i)} + \frac{4.830.733}{(1+i)^2} + \frac{4.830.733}{(1+i)^3} + \frac{4.830.733}{(1+i)^4}$

b) $15.300.000 = \frac{4 \times 4.830.733}{(1+i)^4}$

c) $16.000.000 = \frac{(4 \times 4.830.733) + 700.000}{(1+i)^4}$

d) $15.300.000 \times (1+i) = 4.830.733 \times (1+i)^3 + 4.830.733 \times (1+i)^2 + 4.830.733 \times (1+i) + 4.830.733$

e) $15.300.000 = \frac{4.830.733}{(1+i)} + \frac{4.830.733}{(1+i)^2} + \frac{4.830.733}{(1+i)^3} + \frac{4.830.733}{(1+i)^4}$

RESOLUÇÃO:

O valor efetivamente emprestado é dado pela diferença entre o nominal e os custos desembolsados:

C = 16.000.000 – 700.000 = 15.300.000

Já o **valor presente** dos pagamentos é dado por:

$$\frac{4.830.733}{(1+i)}+\frac{4.830.733}{(1+i)^2}+\frac{4.830.733}{(1+i)^3}+\frac{4.830.733}{(1+i)^4}$$

O nosso objetivo consiste em calcular a **taxa efetiva** da operação, que corresponde àquela que **traz os pagamentos a valor presente, igualando-os ao capital efetivamente emprestado**:

$$15.300.000=\frac{4.830.733}{(1+i)}+\frac{4.830.733}{(1+i)^2}+\frac{4.830.733}{(1+i)^3}+\frac{4.830.733}{(1+i)^4}$$

Gabarito: E.

33. (FCC - Consultor/CL-DF/2018) A Cia. Expansão necessita comprar uma máquina que será utilizada em seu processo produtivo. Para tanto, realizou uma pesquisa com três fornecedores e obteve as seguintes propostas de financiamento:

- Fornecedor X: Entrada de R$210.000,00 + uma prestação de R$318.270,00 após 60 dias da data da entrada.
- Fornecedor Y: Entrada de R$208.000,00 + duas prestações de R$159.135,00 para 30 e 60 dias após a data da entrada, respectivamente.
- Fornecedor Z: Duas prestações de R$265.225,00 para 30 e 60 dias após a data da compra, respectivamente.

Sabendo-se que o custo de oportunidade da empresa era 3% ao mês (juros compostos), a proposta que a empresa deve escolher é a do Fornecedor

a) X. b) Y. c) Z. d) X ou Y, pois são equivalentes. e) Y ou Z, pois são equivalentes.

RESOLUÇÃO:

O enunciado informa que o fornecedor X propõe uma entrada de R$210.000,00 e uma prestação de R$318.270,00 após 60 dias da data da entrada. Já que 3% ao mês é o custo de oportunidade da empresa, então o **valor presente** desse financiamento será dado por

$$VP_X=210.000+\frac{318.270}{1{,}03^2}$$

$$VP_X=210.000+300.000=510.000$$

Por sua vez, o fornecedor Y propõe uma entrada de R$208.000 e duas prestações de R$159.135,00 cada uma, para 30 e 60 dias após a data da entrada:

$$VP_Y = 208.000 + \frac{159.135}{1{,}03} + \frac{159.135}{1{,}03^2}$$

$$VP_Y = 208.000 + 154.500 + 150.000 = 512.500$$

Já o fornecedor Z propõe uma aquisição sem valor de entrada, mas há duas prestações de R$265.225,00 cada uma, para 30 e 60 dias após a data da compra:

$$VP_Z = \frac{265.225}{1{,}03} + \frac{265.225}{1{,}03^2}$$

$$VP_Z = 257.500 + 250.000 = 507.000$$

Fazendo um comparativo, fica claro que a proposta apresentada pelo fornecedor Z deve ser escolhida pela empresa, pois é a que possui **menor valor atual**.

Gabarito: C.

34. (FCC - Auditor Fiscal/SEFAZ-BA/2019) Uma empresa obteve um financiamento para ser liquidado em cinco parcelas anuais de mesmo valor, com a primeira parcela vencendo um ano após a data da obtenção do financiamento, e as demais parcelas a cada ano considerando a mesma data inicial. O valor de cada parcela é R$10.000,00 e a empresa pagou normalmente as três primeiras parcelas. Na data do vencimento da quarta parcela, a empresa optou por liquidar integralmente o financiamento. Se a taxa de juros compostos negociada para o empréstimo era 10% ao ano, o valor que a empresa desembolsou para liquidar integralmente o financiamento na data de vencimento da quarta parcela foi arredondando o valor para um número inteiro, em reais,

a) 19.091. b) 19.000. c) 20.000. d) 17.355. e) 18.182.

RESOLUÇÃO:

O enunciado apresenta um financiamento composto por 5 prestações anuais. Ao chegar à data do pagamento da 4ª parcela, a empresa resolve liquidar o financiamento. Portanto, ela pagou a quarta e a quinta parcela no mesmo dia.

A quarta parcela está sendo paga no dia combinado. Logo, mantemos o valor original, qual seja, R$10.000,00.

Já a quinta parcela será paga com 1 ano de antecedência, de modo que trazemos a valor presente aplicando o desconto racional referente a 1 período. Seu valor cai para:

$$\frac{10.000}{1+0{,}1}=\frac{10.000}{1{,}1}=9.091$$

Portanto, o valor total a pagar por ocasião da quarta prestação é de 10.000 + 9.091 = **19.091 reais.**

Gabarito: A.

35. (FCC - Consultor/CL-DF/2018) Um investidor obteve um empréstimo à taxa de juros de 2% ao mês e ainda restam três parcelas mensais, iguais e consecutivas para sua liquidação. O valor de cada parcela é R$520.200,00 e a primeira das três parcelas vencerá daqui a 30 dias. O investidor quer alterar a forma de pagamento mantendo a mesma taxa de juros e propõe à instituição financeira a liquidação da seguinte forma:

- Uma parcela de R$200.000,00 hoje.
- Uma parcela (X) daqui a 60 dias.

O valor da parcela (X) que o investidor terá que desembolsar para liquidar o empréstimo é, em reais,

a) 1.352.724 b) 1.360.600 c) 1.300.196,08 d) 1.360.804 e) 1.326.200

RESOLUÇÃO:

Inicialmente, trazemos a valor presente cada uma das três parcelas:

$$\frac{520.200}{1{,}02}+\frac{520.200}{1{,}02^2}+\frac{520.200}{1{,}02^3}$$

$$510.000+500.000+490.196{,}08$$

$$1.500.196{,}08$$

Temos que subtrair desse valor a parcela atual de R$200.000,00, resultando em 1.300.196,08 reais. E, por fim, aplicamos sobre esse valor juros de 2 períodos, uma vez que a parcela única ocorrerá em 60 dias:

$$1.300.196{,}08 \times 1{,}02^2 = 1.300.196{,}08 \times 1{,}0404 = \mathbf{1.352.724{,}00}$$

Dica: Mais uma vez, em uma prova, não precisaria multiplicar 1.300.196,08 x 1,0404, bastaria multiplicar 1.300.200 por 1,04, encontrando 1.352.208, valor mais que suficiente para acertar a questão.

Gabarito: A.

36. (FCC - Auditor Fiscal/SEFAZ-RJ/2014) A tabela abaixo corresponde a uma taxa de juros compostos de 2% ao mês para ser utilizada em um empréstimo no valor de R$100.000,00, que deverá ser quitado por meio de 48 prestações mensais, iguais e consecutivas, vencendo a primeira prestação 1 mês após a data da concessão do empréstimo. Considere também que deve ser utilizado o Sistema Francês de amortização com uma taxa de juros compostos de 2% ao mês

Tabela					
n	**12**	**24**	**36**	**48**	**60**
FAC (U)	1,26824	1,60844	2,03989	2,58707	3,28103
FAC (S)	13,41209	30,42186	51,99437	79,35352	114,05154
FRC	0,09456	0,05287	0,03923	0,03260	0,02877

Observação: $FAC(U) = (1{,}02)^n$; $FAC(S) = \frac{(1{,}02)^n - 1}{0{,}02}$; $FRC = \frac{(1{,}02)^n \times 0{,}02}{(1{,}02)^n - 1}$

sendo que n corresponde ao número de meses, FAC (U) corresponde ao fator de acumulação de capital para um pagamento único, FAC (S) corresponde ao fator de acumulação de capital para uma série de pagamentos iguais e FRC corresponde ao fator de recuperação de capital.

Em 15/10/2013, imediatamente após quitar a 12 a prestação, o devedor conseguiu renegociar a dívida pagando o correspondente saldo devedor com 10% de desconto em 15/10/2013. O valor deste pagamento (P), em reais, é tal que

a) P ≤ 72.000 b) 72.000 < P ≤ 73.000 c) 73.000 < P ≤ 74.000 d) 74.000 < P ≤ 75.000 e) P > 75.000

RESOLUÇÃO:

Na situação inicial, há 48 prestações de X reais, para quitar um financiamento de R$100.000,00. Para obter o valor da prestação, basta multiplicar o fator de recuperação pelos R$100.000,00:

$$X = FRC \times 100.000$$

Conforme estabelece o enunciado, o fator a ser usado é o para 48 prestações, com taxa de 2%. Pela tabela, ele vale 0,0326:

$$X = 0{,}0326 \times 100.000 = 3.260$$

Assim, fica claro que a p restação é de R$3.260,00.

Após pagar 12 prestações, restam 48 - 12 = 36 prestações a serem pagas. Nesse momento, ainda há pela frente uma renda formada por 36 parcelas, e taxa de 2% ao mês. Assim, o fator de recuperação agora vale 0,03923. E o valor atual (A) desta série, na data 12, é desconhecido:

$$A \times FRC = X$$

$$A \times 0{,}03923 = 3.260$$

$$A = \frac{3.260}{0{,}03923} \approx 83.099$$

Se pagarmos este valor com 10% de desconto, o valor pago (P) será de 83.099 × 0,9 ≈ 74.789 reais.

Gabarito: D.

37. (FCC - Auditor Fiscal/SEFAZ-RJ/2014) Uma instituição de ensino receberá R$10.000,00 por ano, como uma doação à perpetuidade. Considerando os juros efetivos de 12,5% ao ano, então o valor atual desta doação será igual a

a) R$77.500,00 caso a doação seja postecipada.

b) R$80.000,00 caso a doação seja antecipada.

c) R$82.500,00 caso a doação seja postecipada.

d) R$87.500,00 caso a doação seja antecipada.

e) R$90.000,00 caso a doação seja antecipada.

RESOLUÇÃO:

Sabemos que a **renda perpétua** típica é a **postecipada**, em que o valor atual (A) é dado por A = P/i. Logo:

$$A = 10.000 \div 0{,}125 = \mathbf{80.000}$$

Esse fluxo de caixa é dado pelo seguinte diagrama:

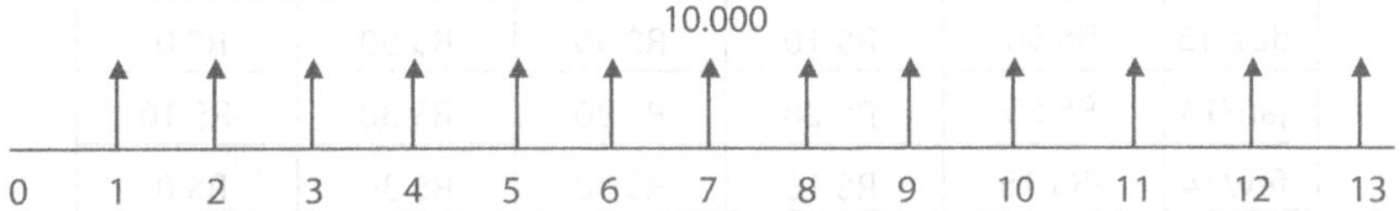

Já na **renda antecipada**, além destes mesmos pagamentos representados, há uma entrada de R$10.000,00, na data 0. Assim, o valor atual será de R$80.000,00 (correspondente ao valor presente da renda postecipada), somado com a entrada de R$10.000,00, totalizando **R$90.000,00.**

Gabarito: E.

13. QUESTÕES-DESAFIO

38. (VUNESP - Teso/CM-SC/2013)

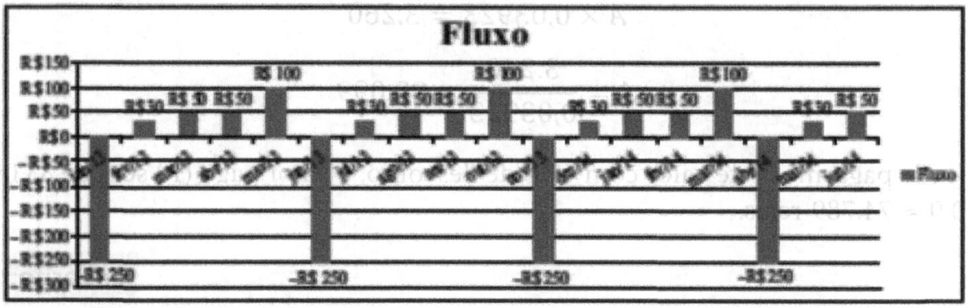

O fluxo proposto seria classificado como uma anuidade caso sofresse os acréscimos temporais propostos por:

Tempo	Acréscimo A	Acréscimo B	Acréscimo C	Acréscimo D	Acréscimo E
jan/13	R$ 330	R$ 260	R$ 330	R$ 260	R$ 260
fev/13	R$ 70	-R$ 10	R$ 50	R$ 50	-R$ 10
mar/13	-R$ 15	-R$ 20	R$ 30	R$ 30	-R$ 20
abr/13	R$ 30	-R$ 10	R$ 30	R$ 30	-R$ 10
mai/13	-R$ 20	-R$ 50	-R$ 20	-R$ 20	-R$ 50
jun/13	R$ 330	R$ 260	R$ 330	R$ 330	R$ 290
jul/13	R$50	-R$ 10	R$ 50	R$ 50	R$ 0
ago/13	R$ 50	-R$ 20	R$ 30	R$ 30	-R$ 30
set/13	-R$ 15	-R$ 10	R$ 30	R$ 30	-R$ 40
out/13	-R$ 20	-R$ 50	-R$ 20	-R$ 20	-R$ 90
nov/13	R$ 330	R$ 260	R$ 330	R$ 330	R$ 270
dez/13	R$ 50	-R$ 10	R$ 50	R$ 50	R$ 0
jan/14	R$ 50	-R$ 20	R$ 30	R$ 30	-R$ 10
fev/14	-R$ 15	-R$ 10	R$ 30	R$ 30	R$ 0
mar/14	-R$ 20	-R$ 50	-R$ 20	-R$ 20	-R$ 60
abr/14	R$ 330	R$ 330	R$ 330	R$ 330	R$ 280
mai/14	R$ 50	R$ 50	R$ 50	R$ 50	-R$ 10
jun/14	R$ 30	R$ 30	R$ 30	R$ 30	-R$ 40

a) Acréscimo A b) Acréscimo B c) Acréscimo C d) Acréscimo D e) Acréscimo E

RESOLUÇÃO:

Com base nas informações do enunciado, podemos montar a seguinte tabela:

Tempo	Real	A	Real + A	B	Real + B	C	Real + C	D	Real + D	E	Real + E
Jan/13	-250	330	80	260	10	330	**80**	260	10	260	10
Fev/13	30	70	100	-10	20	50	**80**	-10	20	-10	20
Mar/13	50	-15	35	-20	30	30	**80**	-20	30	-20	30
Abr/13	50	30	80	-10	40	30	**80**	-10	40	-10	40
Mai/13	100	-20	80	-50	50	-20	**80**	-50	50	-50	50

Note que na montagem da tabela obedecemos à seguinte configuração:

- coluna "**Real**": formada pelos dados do fluxo apresentado;
- colunas "**A**" até "**E**": formadas pelos acréscimos respectivos;
- colunas "**Real + A**", ..., "**Real + E**": formadas pelas duas colunas anteriores.

• Preferimos ir apenas até o mês de maio/2013, porque não há necessidade de fazer os cálculos até o último período dos acréscimos citados; é o suficiente.

O objetivo da questão consiste em determinarmos qual dos acréscimos temporais propostos sofrido pelo fluxo proposto o tornaria uma **anuidade** ou **renda certa**, em que **o valor de cada parcela é uniforme**. Ora, isso acontece apenas em relação ao acréscimo C, pois após a sua adoção, cada entrada do fluxo passou a ter um valor constante (R$80,00), tornando-o uma anuidade.

Gabarito: C.

39. (FCC - Agente Fiscal de Rendas/SEFAZ-SP/2013) O dono de uma empresa deseja adquirir um equipamento e tem duas opções, mostradas na tabela a seguir.

	Opção 1	Opção 2
Vida útil	10 anos	10 anos
Custo inicial	R$ 10.000,00	R$ 7.000,00
Manutenção anual	R$ 1.000,00	R$ 2.000,00
Valor residual	R$ 3.181,20	R$ 2.024,40

Considerando-se a taxa anual de juros compostos de 40% e sendo A1 e A2 os respectivos módulos dos valores atuais das opções 1 e 2, na data de hoje, é verdade que

Dados:

$$(1,4)^{10} = 28,92 \text{ e } \frac{(1,4)^{10} - 1}{0,4 \times (1,4)^{10}} = 2,41$$

a) A1 – A2 = R$550,00

b) A1 – A2 = R$566,80

c) A1 – A2 = R$630,00

d) A2 – A1 = R$960,00

e) as duas opções são equivalentes.

RESOLUÇÃO:

Vamos analisar cada uma das opções disponíveis ao dono da empresa.

OPÇÃO 1

- Custo inicial: 10.000
- Valor presente da manutenção anual: $1.000 \times a_{n-i} = 1.000 \times 2,41 = 2.410$
- Valor presente do residual: $3.181,20 \div 1,4^{10} = 3.181,20 \div 28,92 = 110$

O valor presente desta opção é dado pela soma desses valores, apenas usando sinal negativo para o valor presente do residual, para diferenciar as despesas (custo inicial + manutenção) das receitas (valor residual):

$$AI = 10.000 + 2.410 - 110 = 12.300$$

OPÇÃO 2

- Custo inicial: 7.000
- Valor presente da manutenção anual: $2.000 \times a_{n-i} = 2.000 \times 2,41 = 4.820$
- Valor presente do residual: $2.024,40 \div 1,4^{10} = 2.024,40 \div 28,92 = 70$

O valor presente desta opção é dado pela soma desses valores, usando sinal negativo para o valor presente do residual, de modo a diferenciar as despesas (custo inicial + manutenção) das receitas (valor residual):

$$AII = 7.000 + 4.820 - 70 = 11.750$$

Portanto, a diferença entre os dois valores é de 12.300 – 11.750 = **550 reais.**

Gabarito: A.

CAPÍTULO 8

SISTEMAS DE AMORTIZAÇÃO

1. INTRODUÇÃO

O QUE VEREMOS

Neste capítulo, estudaremos sobre um dos assuntos mais recorrentes em provas, principalmente em certames de alto nível, como as Áreas Fiscal e de Controle: **Sistemas de Amortização.**

COMO APARECE NOS EDITAIS

A depender da banca organizadora, há várias nomenclaturas possíveis para a exigência do assunto deste capítulo, bem como para seus subtópicos. A expressão mais comum que consta nos editais é a seguinte: "*empréstimos, financiamentos ou cálculo financeiro – custo real e efetivo das operações de financiamentos e empréstimos*". Mas, também é frequente a descrição literal do tema: "*Amortizações: sistema francês, sistema de amortização constante, sistema misto.*

Algumas bancas, como o Cebraspe e a FCC, são realmente apaixonadas por questões sobre amortização e, por isso, você precisa dar uma atenção enorme a este capítulo.

COMO É COBRADO NAS PROVAS

Conseguimos identificar a questão deste assunto pelo fato de ela apresentar uma determinada operação de financiamento com alguns dados e pedirá para o candidato calcular uma quantia de acordo com o sistema de amortização indicado no enunciado.

Também é possível aparecerem questões mais sofisticadas cobrando a composição das parcelas do empréstimo.

Por isso, abordaremos o assunto em todas as suas minúcias para que você esteja preparado(a) para certames extremamente rigorosos.

OBJETIVOS

Os nossos objetivos ao final deste capítulo é que você consiga:

1) entender bem a composição de cada parcela de um empréstimo, bem como o seu saldo devedor;
2) diferenciar os sistemas de amortização existentes;
3) calcular o valor atual de um financiamento, cada parcela e o seu saldo devedor.

2. ANÁLISE DA COBRANÇA DO ASSUNTO EM PROVAS

Observe a seguir os percentuais de incidência nos últimos anos do assunto deste capítulo em relação ao volume de questões de todos os temas analisados na nossa matéria. Lembramos que quanto maior o percentual de cobrança de um dado assunto, maior sua importância.

ASSUNTO	CEBRASPE	FCC	DEMAIS BANCAS
	% de cobrança	% de cobrança	% de cobrança
Sistemas de Amortização	**17,06%**	**9,28%**	**10,88%**

É possível perceber que em todas as organizadoras o presente tópico possui uma importância **média ou alta**, especialmente nas provas do **Cebraspe.**

E o que é mais cobrado dentro deste assunto, professores?

Considerando os tópicos que compõem este capítulo, possuímos a seguinte distribuição percentual:

ASSUNTO	CEBRASPE	FCC	DEMAIS BANCAS
	% de cobrança	% de cobrança	% de cobrança
Sistema de amortização constante (SAC)	53,00%	56,00%	44,37%
Sistema de amortização francês (Price)	37,00%	42,00%	45,77%
Sistema de amortização americano	3,00%	0,00%	7,04%
Sistemas mistos de amortização	7,00%	2,00%	2,82%

Repare que todas as bancas gostam demais de cobrar os **Sistemas de Amortização Constante (SAC)** e o **Sistema de Amortização Francês (Price)** em suas provas, de modo que você precisará dar uma maior atenção nos seus estudos a eles.

3. CONCEITO

Você já fez um empréstimo num banco? É possível que sim, talvez tenha realizado um financiamento imobiliário com prestações a perder de vista (Minha Casa, Minha Dívida). Ou se você for servidor(a) público(a), conhece os famigerados empréstimos consignados, com parcelas descontadas diretamente no contracheque.

Quando fazemos um empréstimo, seja ele qual for, sempre teremos que pagar duas coisas nele: os **juros** incorridos e a **amortização**. Basicamente, os juros são a remuneração do crédito que ganhamos. Já a amortização é o pagamento de fato do financiamento.

Dessa forma, podemos dizer que **amortizar** nada mais é do que **diminuir**, aos poucos, uma dívida contraída, de modo que ao final do prazo estipulado o débito seja liquidado. A cada parcela de um empréstimo que é paga, a dívida vai sendo amortizada, por meio de uma **forma** estabelecida pela instituição financeira, fazendo surgir os diferentes **Sistemas de Amortização**:

- SAC – Sistema de Amortização Constante;
- SAF – Sistema de Amortização Francês ou Tabela Price;
- SAM – Sistema de Amortização Misto;
- Sacre – Sistema de Amortização Crescente;
- SAA – Sistema de Amortização Americano.

Seja qual for o sistema de financiamento, cada **prestação** (P) a ser paga é composta de duas partes: os **juros** (J) incorridos no período e a **amortização** (A) do saldo devedor:

$$P = A + J$$

A **parcela da amortização** (A) é a única que **efetivamente reduz o valor da dívida**, isto é, **reduz o saldo devedor** (SD).

Já a **parcela dos juros** serve simplesmente para remunerar a instituição que emprestou o dinheiro. Sobre essa parcela, é essencial lembrar que **os juros de um período são calculados sobre o saldo devedor do início daquele período**. Exemplificando, se estamos devendo SD = 100 reais no início de um mês, e a taxa de juros é de 5% ao mês, então a parcela de juros incorrida naquele mês é de 5% multiplicado por 100, totalizando 5 reais. Se, no mês seguinte, o saldo devedor tiver se reduzido para SD = 90 reais (ou seja, foram amortizados 10 reais), a próxima parcela de juros será de 5% x 90 = 4,50 reais, e não mais 5.

Essa separação do financiamento permite discriminar o que representa a efetiva devolução do principal (amortização) daquilo que representa o serviço da dívida (juros).

APROFUNDANDO

A bem da verdade, além de arcar com o principal e os juros, os tomadores de empréstimos na vida real também sofrem a incidência de **outros encargos**, embora isso não seja tão comum em provas de concursos.

Os outros encargos correspondem a outros preços cobrados pelos bancos para fazer um financiamento. Como exemplos, temos:

- **seguros**: normalmente opcionais, servem para garantir que você poderá quitar a dívida, caso perca suas principais fontes de renda;

- **taxas bancárias**: são cobradas pelos bancos em razão da abertura de uma conta ou mesmo de uma linha de financiamento. Essas taxas são as formas mais simples de esconder um custo elevado de um empréstimo. Por exemplo, estão sempre presentes nos financiamentos de veículos, em torno de R$500,00 a R$1.000,00, quase sempre. Serão mais bem estudadas quando falarmos sobre o cálculo financeiro do custo efetivo total de uma transação;

- **impostos**: em alguns casos, pode haver a incidência de impostos a cargo do tomador, como o IOF, sobre uma operação de financiamento.

4. PERÍODO DE CARÊNCIA

Quando você vai ao banco pedir um financiamento, é comum que eles lhe ofereçam o chamado **período de carência**, que corresponde ao intervalo de tempo em que o empréstimo é pago mediante uma **condição especial de pagamento**.

Por exemplo, é comum encontrarmos anúncios de concessionárias dizendo "compre o seu carro agora e pague a primeira prestação só daqui a 3 meses". Esse período de 3 meses é um período de carência.

ESCLARECENDO

É importante deixar claro que a carência não é nenhuma benesse por parte do ofertante do empréstimo. Durante o período de carência, **os juros continuam se acumulando por meio da dinâmica de juros compostos**.

É muito importante tomar cuidado em financiamentos com períodos de carência. É relativamente fácil você se complicar e ver sua dívida crescer exponencialmente.

Existem duas situações muito importantes:

- **Carência sem pagamento de juros:** durante o período de carência, não é feito nenhum pagamento. Por isso, a dívida cresce normalmente por meio de juros compostos.

- **Carência com pagamento de juros:** durante o período de carência, o tomador do empréstimo paga periodicamente o cupom de juros associado ao empréstimo, de modo a evitar que o seu saldo devedor seja crescente.

Ambas as situações podem ser cobradas em provas de concursos. No entanto, você precisará estudar os sistemas de amortização primeiro para entender como calcular a parcela. Então, vamos a eles?

5. SISTEMA DE AMORTIZAÇÃO FRANCÊS (*PRICE*)

O **Sistema de Amortização Francês** é o mais comum e conhecido, pois é muito utilizado na compra de veículos, roupas, eletrodomésticos e artigos de consumo. Sua denominação de deve ao fato de ter sido utilizado inicialmente na França, no século XIX.

Neste sistema, todas as **parcelas têm o mesmo valor**, são periódicas e sucessivas (**mesmo intervalo** de tempo entre as prestações). Além disso, a taxa de juros a ser praticada é a do regime **composto**.

BIZU!

Falou em **prestação fixa**, lembre-se do **Sistema Francês**.

Professores, acho que já vi esse conjunto de características em outro lugar.

Bem lembrado. Esses são os mesmos aspectos que caracterizavam as **rendas certas**, que estudamos no capítulo anterior. E como iremos diferenciar se uma determinada questão é de amortização ou de rendas certas?

Simples, se as prestações tiverem como objetivo **acumular** recursos para, ao final, efetuar um resgate, será uma aplicação das rendas certas. Por outro lado, caso as parcelas tiverem a finalidade de **distribuir** uma determinada quantia ao longo do tempo, estaremos diante de uma operação de amortização.

Esquematicamente, os pagamentos das prestações no sistema francês ocorrem da seguinte forma:

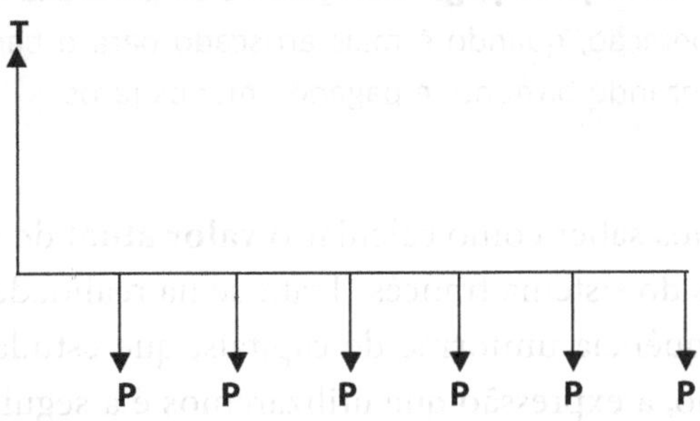

Observe no diagrama que não existe pagamento de entrada, pois a primeira prestação está ao final do primeiro período.

TOME NOTA!

A **primeira parcela deverá estar sempre ao final do primeiro período**! Isso significa que **não poderá existir pagamento de entrada**, para efeito de aplicação da fórmula da amortização.

Já que a prestação é constante, à medida que são pagas as parcelas, a cota de amortização vai aumentando enquanto a cota de juros vai diminuindo. Assim, **os juros são decrescentes**, pois os juros incidem sobre o saldo devedor, que é menor a cada período.

Prestações Constantes

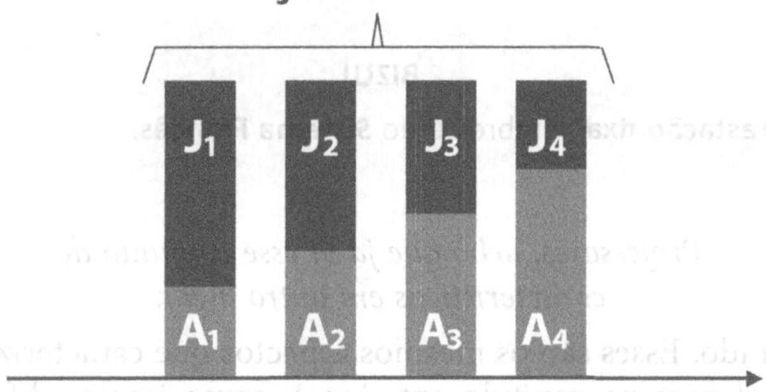

Como as parcelas são iguais e os juros são decrescentes, **o valor amortizado é crescente a cada período**. A amortização cresce em progressão geométrica de razão $(1 + i)^t$, e ela está presente em **todas as parcelas** do financiamento.

APROFUNDANDO!

Por que o banco escolhe esse método? Porque esse se torna mais vantajoso para o banco, pois **no começo se paga mais juros e se amortiza menos**. E depois, lá no final da operação, quando é mais arriscado para o banco não receber, estaremos amortizando bastante e pagando menos juros.

Agora, desejamos saber como calcular o **valor atual** de um empréstimo realizado nas condições do sistema francês. Trata-se na realidade do cálculo do valor presente de uma sequência uniforme de capitais, que estudamos no capítulo de Rendas Certas. Então, a expressão que utilizaremos é a seguinte:

$$T = P \cdot a_{n\neg i}$$

Em que:

- **T**: é o **valor Total** que será amortizado, ou seja, é aquele valor cujo pagamento será diluído em várias prestações.
- **P**: é o **valor das Parcelas** (ou prestações), com as quais amortizaremos um valor anterior.
- **a**: este A0 participa de um fator. Sozinho, ele não representa ninguém, mas quando está no formato **an¬i** , passa a significar o que chamaremos de **Fator de Valor Atual de uma Série de Pagamentos Iguais** ou simplesmente **Fator de Amortização.**
- **n**: o **Número de parcelas.**
- **i: taxa de juros compostos**, a qual deve estar na mesma unidade que o intervalo entre as parcelas.

Com relação ao valor do fator $\mathbf{a}_{n\neg i}$, temos basicamente **três formas** de chegar ao seu valor. A primeira delas é que geralmente esse valor é dado pela própria questão. Já a segunda é por meio da tabela financeira que consta no apêndice de tabelas financeiras (Tabela II), a qual é possível que seja apresentada pela banca examinadora no final do caderno de provas. Por fim, a terceira forma de chegar ao valor do **Fator de Amortização** é por meio de sua fórmula:

$$a_{n\neg i} = \frac{(1+i)^n - 1}{i \times (1+i)^n}$$

Dessa forma, temos a seguinte expressão inicial para a **fórmula da Amortização**:

$$T = P \times \frac{(1+i)^n - 1}{i \times (1+i)^n}$$

Fazendo algumas manipulações algébricas, é possível reescrever essa fórmula da seguinte maneira:

$$T = P \times \frac{1 - (1+i)^{-n}}{i}$$

Utilizaremos esta segunda forma quando a questão fornecer potências com expoente negativo.

Inclusive, faz-se importante destacar que há bancas examinadoras que costumam fornecer o número $\frac{1}{a_{n\neg i}}$, chamado **Fator de Recuperação de Capital de uma Série de Pagamentos**, que nada mais é que o inverso do $a_{n\neg i}$.

EXEMPLO 01: Suponha um financiamento no valor de R$19.908,00, que deve ser amortizado em 12 prestações mensais iguais, vencendo a primeira ao fim de 30 dias, e assim sucessivamente, a uma taxa composta de 3% ao mês. Vamos calcular o valor do saldo devedor do financiamento imediatamente após o pagamento da sexta prestação.

Considere:

- fator de valor atual para 12 pagamentos e taxa de 3%: 9,954
- fator de valor atual para 6 pagamentos e taxa de 3%: 5,417191

RESOLUÇÃO:

Primeiramente, perceba que temos **prestações iguais e periódicas**, cujo objetivo é distribuir o seu valor ao longo do tempo. Além disso, a operação está sujeita ao **regime composto**. Essas são as principais características que compõem a operação como sendo de amortização no **Sistema Francês**.

No **Sistema Francês**, as **prestações são constantes**. Além disso, note que **não há pagamento de uma entrada** e a **primeira parcela está ao final do primeiro** período (30 dias ou 1 mês).

Para achar o valor das prestações, usamos a **Fórmula da Amortização**:

$$\mathbf{T = P.\,a_{n\neg i}}$$

$$19908 = P.\,a_{12\neg 3\%}$$

$$19908 = P.\,9{,}954$$

$$P = \frac{19908}{9{,}954} = \mathbf{2.000}$$

Após o pagamento da 6ª prestação, ainda restam mais seis prestações a pagar no valor de R$2.000,00.

Para determinar o valor atual desta série de seis pagamentos, usamos novamente a **Fórmula da Amortização:**

$$\mathbf{T = P.a_{n\neg i}}$$

$$T = 2000.a_{6\neg 3\%}$$

$$T = 2000.5{,}417191 = \mathbf{10.834{,}38}$$

EXEMPLO 02: Suponha um financiamento que deve ser pago em dezoito prestações mensais de R$1.000,00, vencendo a primeira prestação ao fim de trinta dias e assim sucessivamente. Dado que a taxa de juros do financiamento é de 1% ao mês, vamos calcular o valor mais próximo dos juros pagos na primeira prestação. Considere: $a_{18\text{-}1\%} = 16{,}398268$.

RESOLUÇÃO:

Inicialmente, vamos calcular o valor do financiamento, por meio da **Fórmula da Amortização**:

$$\mathbf{T = P \cdot a_{n\neg i}}$$

$$T = 1000 \cdot a_{18\neg 1\%}$$

$$T = 1000 \cdot 16{,}398268 \approx \mathbf{16.398}$$

Quando for efetuado o pagamento da primeira prestação, juros de 1% incidirão sobre o valor financiado. Daí:

$$J = 0{,}01 \cdot 16398 = 163{,}98 \approx \mathbf{R\$164}$$

5.1. Composição das Prestações

Considere que Roberto adquiriu na data de hoje um apartamento no valor de R$100.000,00 por meio de um financiamento em uma instituição financeira em parcelas mensais iguais (sistema francês), sob uma taxa de juros compostos de 10% ao mês.

Qual será o valor da dívida de Roberto daqui a um mês? Ora, certamente não será de R$100.000,00, pois a obrigação aumentou devido à incidência dos **juros** no período. De fato, como a taxa de juros é de 10% ao mês, então em um mês a dívida aumentou para 100.000 × 1,1 = 110.000 reais.

Vamos adiante. Passou-se um mês e chegou o momento de pagar a primeira prestação. O que ocorrerá se Roberto fizer o pagamento de apenas R$10.000,00? Bem, nesse caso, a parcela afetará somente os juros produzidos no período, de modo que o principal da dívida continuará o mesmo. Assim, se o valor de uma prestação for exatamente igual ao valor dos juros incorridos no período, então ela não servirá para amortizar o valor de uma obrigação, de modo que Roberto permanecerá toda sua vida pagando a prestação de R$10.000,00 e continuará devendo os mesmos R$100.000,00 iniciais. Infelizmente, isso acontece com muitas pessoas que estão superendividadas.

O que podemos concluir do que vimos até aqui? Aprendemos que as parcelas de devolução do empréstimo só reduzirão efetivamente a dívida de R$100.000,00 se tiverem um valor que consiga 1) pagar os juros incorridos no período e 2) amortizar uma parte do principal da dívida.

É nesse sentido que havíamos afirmado que cada parcela (P) de uma operação de amortização é composta por juros (J) e amortização (A):

$$P = A + J$$

Voltando ao financiamento de Roberto, suponhamos que a parcela será de R$15.000,00, qual será a sua composição? Já sabemos que R$10.000,00 servirão para pagar os juros do período, e o restante (apenas R$5.000,00) será destinado a amortizar a dívida.

Daí, surge uma pergunta crucial: qual será o saldo devedor da obrigação de Roberto após o pagamento dessa primeira parcela de 15.000 reais?

Se você respondeu que a dívida de Roberto passou a ser de R$85.000,00, infelizmente errou! Mas, qual é o erro nesse raciocínio? É porque somente uma parte daqueles R$15.000,00 que ele pagou serviu para efetivamente reduzir a dívida.

Na verdade, até o momento Roberto conseguir abater da sua obrigação inicial apenas R$5.000,00, de modo que os outros R$10.000,00 da prestação foram destinados exclusivamente para pagamento de juros. Com isso, Roberto passou a dever 100.000 – 5.000 = 95.000 reais.

Podemos organizar isso numa tabela com as seguintes informações:

Nº da Parcela	Valor da Parcela (P)	Juros (J)	Amortização (A)	Saldo Devedor (SD)
				100.000
P1	15.000	10.000	5.000	95.000

Veja que na primeira linha está indicado que existia um saldo devedor inicial de R$100.000,00, de forma que nada foi pago até aquele momento. Já na segunda linha está representado o pagamento da primeira parcela, de acordo com a composição vista anteriormente.

Bom, mas a vida continua assim como a dívida de Roberto permanece. Passou-se o segundo mês e é chegada a hora de fazer o segundo pagamento do financiamento. Já sabemos que serão produzidos juros de 10% sobre o saldo devedor (nova obrigação). Logo, concluímos que haverá nesse período juros de 95.000 × 0,1 = 9.500 reais.

Sabemos que a dívida de Roberto foi contraída sob o sistema de amortização francês, de modo que todas as parcelas são iguais. Então, como a primeira prestação foi de R$15.000,00, todas as demais terão esse mesmo valor.

Portanto, com a quitação de P2, a amortização efetuada foi de 15.000 – 9.500 = 5.500 reais. Consequentemente, como o saldo devedor era de R$95.000,00 e estamos amortizando mais R$5.500,00, o novo saldo devedor será de 95.000 – 5.500 = 89.500 reais. Vamos registrar isso em nossa tabela:

Nº da Parcela	Valor da Parcela (P)	Juros (J)	Amortização (A)	Saldo Devedor (SD)
				100.000
P1	15.000	10.000	5.000	95.000
P2	15.000	9.500	5.500	89.500

E assim por diante. Acreditamos que o processo feito até aqui foi suficiente para você compreender a composição das parcelas no sistema de amortização francês. As etapas efetuadas por nós foram as seguintes:

1º) Determinamos o valor das prestações, as quais serão todas iguais (sistema francês). Como fazemos isso? Aplicamos a relação:

$$P = \frac{T}{a_{n\neg i}}$$

2º) Calculamos os juros de cada prestação. Como fazemos isso? Utilizamos o produto:

$$J = i \cdot SD_{anterior}$$

3º) Obtemos a amortização efetivada em cada parcela. Como fazemos isso? Simples:

$$A = P - J$$

4º) Calculamos o saldo devedor. Como fazemos isso? Aplicamos a seguinte diferença:

$$SD = SD_{anterior} - A$$

Para deixar isso ainda mais claro, podemos generalizar na seguinte tabela:

	Valor da Parcela (P)	Juros (J)	Amortização (A)	Saldo Devedor (SD)
Como calcular?	$P = \frac{T}{a_{n\neg i}}$	$J = i \cdot SD_{anterior}$	$A = P - J$	$SD = SD_{anterior} - A$

Como o presente tópico é bastante explorado em provas de concursos e considerando sua importância para o bom entendimento do capítulo, vamos aplicar o que estudamos para mais um caso, explorando mais alguns aspectos. Considere que uma dívida de R$30.000,00 vai ser paga no sistema francês com taxa de juros de 1% ao mês. Sabe-se que a parcela a ser paga é de R$1.200,00. Qual o saldo devedor após o primeiro pagamento?

Vamos seguir o passo a passo descrito:

1º Passo: a parcela já foi fornecida pelo problema, que é de R$1.200,00.

2º Passo: calculemos os juros embutidos na primeira parcela:

$$J_1 = i \cdot SD_{anterior} = 0{,}01 \cdot 30000 = 300$$

3º Passo: calculemos a amortização como a diferença entre a parcela total e os juros:

$$A = P - J_1 = 1200 - 300 = 900$$

4º Passo: calculemos o saldo devedor abatendo a cota de amortização do saldo devedor no período anterior:

$$SD = SD_{anterior} - A = 30000 - 900 = 29.100$$

Portanto, concluímos que o saldo devedor após o primeiro pagamento é de R$29.100,00. Observe que esse cálculo pode ser repetido também para calcular o saldo devedor após o segundo pagamento, após o terceiro etc.

Porém, existem questões mais complexas que pedem, por exemplo, o saldo devedor após 15 pagamentos. Nesse caso, seria muito demorado calcular 15 amortizações para fazer essa conta.

Mas, para isso, podemos notar uma propriedade muito interessante do sistema francês. Quando pegamos o saldo devedor depois de alguns pagamentos, esse saldo devedor também corresponde a um sistema francês de amortização (destacado em um quadrado pontilhado):

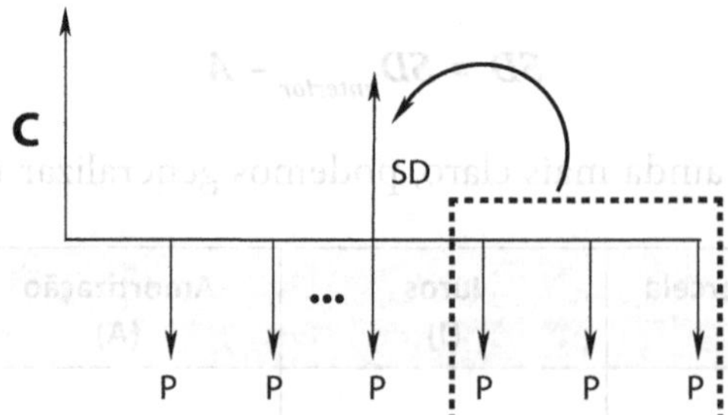

Nessa figura, vemos que o saldo devedor é o valor presente das parcelas que ainda faltam. E ele pode ser calculado pela mesma expressão do sistema francês que já vimos no fator de amortização.

$$SD = P \cdot A$$

Para praticarmos, no caso da dívida anterior, qual seria o saldo devedor quando restarem 4 parcelas a pagar? Dado: $(1{,}01)^{-4} = 0{,}961$.

Nesse caso, como ainda restam 4 parcelas a serem pagas, a situação no final do financiamento será descrita pelo seguinte fluxo de pagamentos:

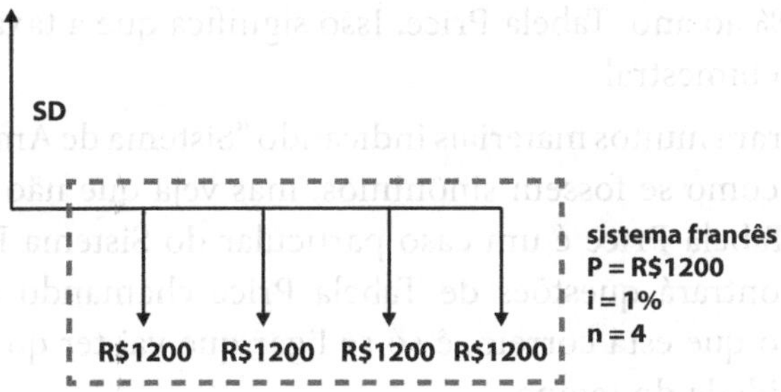

Podemos calcular o fator de amortização:

$$A = \frac{1-(1+i)^{-n}}{i} = \frac{1-(1{,}01)^{-4}}{0{,}01} = \frac{1-0{,}961}{0{,}01} = \frac{0{,}039}{0{,}01} = 3{,}9$$

$$SD = P.A = 1200\,.\,3{,}9 = R\$4.680$$

O saldo devedor de R$4.680 tem uma importante especial: caso a empresa tenha interesse em quitar a dívida antecipada, ela poderá, em vez de pagar 4 parcelas de R$1.200, pagar uma única parcela de R$4.680, economizando R$120 que seriam pagos a título de juros.

5.2. Tabela Price

Sabemos que, para aplicar as fórmulas de Matemática Financeira, a unidade da taxa de juros deve ser a mesma do número de períodos. Se por acaso isso não acontecer, isto é, estivermos trabalhando com taxas nominais, o Sistema Francês será chamado de **Sistema Price** ou **Tabela Price**, em homenagem ao teólogo, filósofo e especialista em finanças e seguros Richard Price, que incorporou a teoria do juro composto às amortizações de empréstimos.

ESCLARECENDO

A Tabela Price é apenas um caso particular do Sistema Francês. Em suma, o Sistema Price tem as mesmas características do Sistema Francês. O único detalhe é que a taxa de juros será dada em termos nominais.

O enunciado da questão será idêntico, a taxa que poderá ser escrita assim:

– 24% ao ano com capitalização mensal

– 24% ao ano, Tabela Price

Ao informar "Tabela Price" já estará indicada que a capitalização será na mesma unidade que o número de parcelas. Por exemplo: 20 parcelas bimestrais, a uma taxa de 24% ao ano, Tabela Price. Isso significa que a taxa será 24% ao ano com capitalização bimestral.

Você encontrará muitos materiais indicando "Sistema de Amortização Francês ou Tabela Price", como se fossem sinônimos, mas veja que não são exatamente a mesma coisa. A Tabela Price é um caso particular do Sistema Francês e por isso mesmo você encontrará questões de Tabela Price chamando a amortização de Sistema Francês, o que está correto, é só se ligar que vai ter que converter a taxa para a mesma unidade do tempo.

Veja como esse assunto já foi cobrado!

1. (FADESP – Técnico/UEPA/2020) O Sistema de Amortização Francês (SAF) de um financiamento tem como principal característica o estabelecimento de prestações iguais, periódicas e sucessivas. A respeito dos juros cobrados e das amortizações a serem pagas, quando não há carência, é correto afirmar que

a) os juros, por incidirem sobre o saldo devedor, são crescentes.

b) as parcelas das amortizações são decrescentes.

c) os juros e as parcelas de amortização são constantes.

d) os juros são decrescentes e as amortizações, crescentes.

RESOLUÇÃO:

O **Sistema de Amortização Francês (SAF)** tem como principal característica o valor das suas prestações serem iguais.

No início desse financiamento, pagamos um valor alto de juros, pois estamos com o saldo devedor alto. Por sua vez, o valor da amortização é mais baixo.

Com o passar do tempo, o saldo devedor vai diminuindo. Consequentemente, o valor dos juros pagos sobre o saldo devedor, também vão ficando menores. E, para manter as prestações constantes, o valor da amortização vai aumentando.

Portanto, concluímos que no Sistema Price os **juros são decrescentes e as amortizações, crescentes.**

Gabarito: D.

2. (FEPESE - Auditor Fiscal/Pref Itajaí/2020) Um empréstimo de R$50.000 deverá ser pago em 12 prestações, pelo sistema de amortização francês (PRICE), com taxa de juros de 1,5% mensais. Logo, o valor dos juros inclusos na primeira prestação é:

a) Maior que R$825.

b) Maior que R$775 e menor que R$825.

c) Maior que R$725 e menor que R$775.

d) Maior que R$675 e menor que R$725.

e) Menor que R$675.

RESOLUÇÃO:

Nos sistemas de financiamento, os juros incidem apenas sobre o saldo devedor do período. Nesse sentido, na primeira prestação, o saldo devedor é justamente o valor do empréstimo: R$50.000,00. Sendo a taxa mensal de 1,5%, os juros incidentes nessa prestação valem 0,015 × 50.000 = **750 reais.**

Gabarito: C.

3. (Instituto AOCP - Auditor Fiscal de Tributos/Novo Hamburgo/2020) Considere um empréstimo bancário realizado no valor de R$100.000,00 para ser liquidado em 100 prestações mensais, iguais e consecutivas, vencendo a primeira ao final do 1º mês. Sabe-se que o empréstimo foi realizado pelo regime do Sistema Francês (Tabela Price) de Amortização, à taxa de juros compostos de 2% ao mês, obtendo-se o valor de R$2.800,00 para cada prestação. Com base nos dados apresentados, o saldo devedor do empréstimo, após o pagamento da 2ª prestação, será de, em R$

a) 99.380,00 b) 99.200,00 c) 98.384,00 d) 98.551,68 e) 98.702,71

RESOLUÇÃO:

O enunciado apresenta um empréstimo bancário de R$100.000,00 a ser liquidado em 100 prestações de R$2.800,00 cada uma, sob uma taxa mensal de 2%. Os juros incidem sempre sobre o saldo devedor do período, de modo que quando do primeiro pagamento terão sido pagos, referente aos juros, 2% de todo o valor do empréstimo:

$$J_1 = 0{,}02 \times 100.000 = 2.000$$

Ao subtrairmos os juros do valor da prestação, obtemos o valor da amortização:

$$A_1 = 2.800 - 2.000 = 800$$

Depois disso, o saldo terá sido amortizado em R$800,00, passando a ser de 100.000 – 800 = 99.200 reais.

Ao repetirmos a operação mais uma vez, calculando os juros da segunda prestação e então a amortização:

$$J_2 = 0,02 \times 99.200 = 1.984$$

$$A_2 = 2.800 - 1.984 = 816$$

Assim, o saldo devedor do empréstimo após o pagamento da 2ª prestação será de 99.200 – 816 = **98.384 reais.**

Gabarito: C.

4. (ESAF - AFC/CGU/2008) Indicando por V a assertiva verdadeira e por F a assertiva falsa, e considerando as três sentenças abaixo, assinale a opção correta. No Sistema Price de Amortização:

I. os juros são constantes em cada parcela.

II. as parcelas de amortização do capital inicial são constantes.

III. as parcelas mensais pagas são constantes.

a) V, V, V b) F, F, V c) V, V, F d) V, F, V e) F, F, F

RESOLUÇÃO:

Vamos fazer a análise de cada assertiva, quanto ao **Sistema Price de Amortização:**

I. **Falsa**. Os **juros são decrescentes** em cada parcela.

II. **Falsa**. As **parcelas de amortização do capital inicial são crescentes.**

III. **Verdadeira**. As **parcelas mensais pagas são constantes.**

Gabarito: B.

5. (CESPE/SEFAZ-RS/Auditor-Fiscal/2019) Um empréstimo, tomado no sistema de amortização francês, foi quitado em 5 prestações mensais, consecutivas e iguais a R$836,00. A primeira prestação vencia em um mês após a tomada do empréstimo, e a taxa de juros nominal do financiamento era de 54% ao ano. Na data de vencimento da quarta prestação, o tomador do empréstimo pagou, juntas, a quarta e a quinta prestações, quitando o empréstimo. Nesse caso, o valor pago nessa data foi igual a, em R$

a) 1.412,55 b) 1.600,00 c) 1.634,38 d) 1.636,00 e) 1.672,00

RESOLUÇÃO:

Repare que é fornecida a taxa e o tempo em unidades diferentes, ou seja, é um caso de Tabela Price, mas o enunciado chamou de Sistema Francês, o que também está certo, como vimos.

A questão apresenta uma taxa de juros nominal de 54% ao ano. Precisamos convertê-la em taxa efetiva, por meio do conceito de taxas proporcionais. Logo, a **taxa efetiva** mensal da operação é de:

$$i = \frac{54\%}{12} = 4{,}5\%\ am$$

No momento da quitação da quarta prestação, pagamos 836 reais e *antecipamos* a quinta prestação.

Para calcular o valor da quinta prestação na data 4, devemos dividir seu valor nominal por $(1 + i)^1$:

$$\frac{836}{(1 + 0{,}045)^1}$$

$$= \frac{836}{1{,}045} = \mathbf{800}$$

Portanto, o total pago foi de 836 + 800 = **1.636 reais**.

Gabarito: D.

6. (FCC – Auditor Fiscal/ISS SJRP/2019) Observando o plano de pagamentos referente a uma dívida no valor de R$44.000,00 que deverá ser quitada por meio de 30 prestações mensais, iguais e consecutivas, verifica-se que:

I. Considerou-se o sistema de amortização francês (tabela Price) a uma taxa mensal positiva de juros i.

II. O valor de cada prestação é igual a R$1.705,00.

III. A data de vencimento da 1ª prestação será 1 mês após a data da realização da dívida.

IV. O valor da amortização, incluído no valor da 1ª prestação, é igual a R$1.265,00.

O valor dos juros incluído no valor da 2ª prestação é de

a) 370,25 b) 427,35 c) 341,00 d) 390,50 e) 440,00

RESOLUÇÃO:

Sendo a dívida calculada pelo sistema francês (*Price*), podemos utilizar a seguinte fórmula para encontrar os juros da primeira prestação:

$$J = P - A$$

Substituindo os valores apresentados, temos:

$$J = 1705 - 1265 = 440{,}00$$

Devemos, agora, encontrar a taxa de juros que incide sobre o empréstimo. Para isso, utilizamos a fórmula:

$$i = \frac{J}{C}$$

Em que C é o capital inicial, dado por R$44.000,00.

Substituindo valores, tem-se:

$$i = \frac{440}{44000} = 0{,}01 = \frac{1}{100} = 1\%\ a.m.$$

Para encontrar o saldo devedor da segunda parcela, podemos utilizar:

$$SD_2 = C - A = 44000 - 1265 = 42.735{,}00$$

Para o sistema francês, os juros incidem sobre o saldo devedor. Por esse motivo, temos que:

$$J_2 = SD_2 \cdot i$$

Substituindo valores:

$$J_2 = 42735 \cdot 0{,}01 = 427{,}35$$

Gabarito: B.

7. (FCC – SEGEP-MA/Ana Exec/2018) Para adquirir um lote de mercadorias, uma empresa obteve um empréstimo para ser pago em 5 parcelas mensais e iguais, cujo valor é R$20.000,00. A primeira parcela venceu 30 dias após a data de obtenção do empréstimo e as parcelas subsequentes a cada 30 dias. Na data de vencimento da terceira parcela, e antes do seu pagamento, a empresa optou pelo pagamento das 3 parcelas que faltavam ser pagas para a liquidação do empréstimo. Se a taxa de juros compostos negociada na data da obtenção do empréstimo foi 2% a.m., o valor que a empresa desembolsou para fazer a liquidação foi, em reais,

a) 58.838,61 b) 60.000,00 c) 58.800,00 d) 58.831,22 e) 56.539,34

RESOLUÇÃO:

O enunciado nos orienta quanto ao sistema utilizado na negociação: sistema francês de amortização. Isso se dá pelo fato de que as parcelas são iguais, independentemente do mês.

O enunciado menciona, também, que cada parcela vale R$20.000,00.

A empresa decidiu quitar P_3, P_4 e P_5 em t = 3, conforme este esquema:

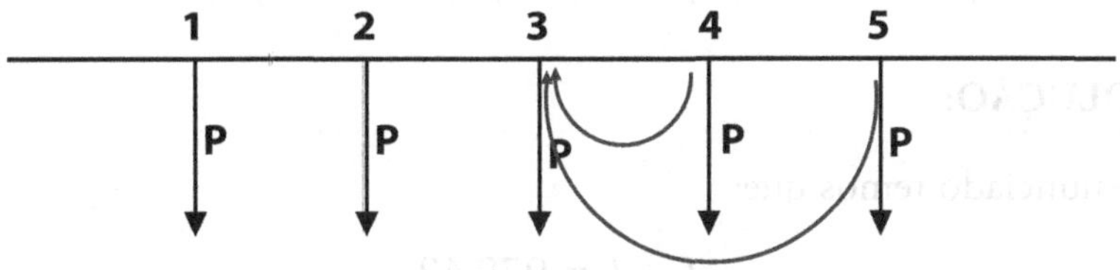

Podemos realizar esse procedimento (antecipação de parcelas) por meio da fórmula:

$$VP = \frac{VF}{(1+i)^n} \quad (II)$$

Em que o valor futuro é sempre P e:

$$i = 0{,}02 \ a.m.$$

$$n = 1 \text{ ou } 2 \text{ (se } P_4 \text{ ou } P_5)$$

Assim, substituindo valores de modo a encontrar VP_{P4} e VP_{P5}:

$$VP_{P4} = \frac{P}{(1+0{,}02)^1} = \frac{P}{1{,}02} = \frac{20000}{1{,}02} = 19.607{,}84$$

$$VP_{P5} = \frac{20000}{(1+0{,}02)^2} = 19.223{,}38$$

Com t = 3 a empresa pagou, também, P_3 = 20.000,00. Assim o total desembolsado nessa data foi de:

$$Total = 20000 + 19607{,}84 + 19223{,}38 = 58.831{,}22$$

Gabarito: D.

8. (FCC – DPE-RS/Analista/2017) Em um Plano de Amortização pelo Sistema da Tabela Price, observa-se que a soma dos valores dos juros incluídos na primeira prestação e na segunda prestação é igual a R$979,42. Este plano refere-se à liquidação de um empréstimo no valor de R$25.000,00 concedido para ser pago por meio de 20 prestações mensais, iguais e consecutivas, a uma taxa de juros positiva i. Observa-se também que a primeira prestação tem o vencimento 1 mês após a data de concessão do empréstimo. Sabendo-se que o saldo devedor da dívida imediatamente após o pagamento da segunda prestação apresenta um valor de R$22.921,42, obtém-se que o Fator de Recuperação de Capital – FRC correspondente é igual a

a) 0,05956 b) 0,05100 c) 0,05608 d) 0,06116 e) 0,05202

RESOLUÇÃO:

Do enunciado temos que:

$$J_1 + J_2 = 979{,}42$$

$$C = 25.000{,}00$$

$$D_3 = 22.921{,}42$$

$$n = 20 \text{ meses}$$

Para encontrar as parcelas, devemos analisar, primeiro, as amortizações ocorridas nos 2 primeiros meses. Se o saldo devedor após n = 2 é de R$22.921,42, a amortização nesse período foi:

$$A_2 = 25000 - 22921{,}42 = 2.078{,}58$$

A soma das duas primeiras prestações é dada por:

$$P = A + J$$

Substituindo valores de juros e amortização somados conhecidos:

$$P_{somado} = 2078{,}58 + 979{,}42 = 3.058{,}00$$

Como na tabela *Price* há igualdade entre as parcelas, cada uma delas vale, então:

$$P = \frac{3058}{2} = 1.529{,}00$$

O fator de recuperação de capital é definido como a razão entre a parcela paga e o total da dívida:

$$FRC = \frac{P}{C} = \frac{1529}{25000} = \mathbf{0{,}06116}$$

Gabarito: D.

9. (FGV – Banestes/Analista/2018) Um financiamento deverá ser quitado em 18 prestações mensais iguais de R$1.600,00 segundo o Sistema de Amortização

Francês (Tabela Price). Haverá um período de carência de dois meses, ou seja, durante esse período, os juros serão capitalizados e incorporados ao principal e a primeira prestação será paga dois meses após a contratação. A taxa de juros nominal é de 96% a.a., com capitalização mensal. O saldo devedor imediatamente após o pagamento da 1ª prestação será:

Dados: $1{,}08^{17} = 3{,}7$ $1{,}08^{18} = 4{,}0$ $1{,}08^{19} = 4{,}3$

a) 13.520,00 b) 13.980,00 c) 14.500,00 d) 14.600,00 e) 14.650,00

RESOLUÇÃO:

Analisando as informações do enunciado, temos que a taxa anual deve ser transformada para mensal pela proporção direta:

$$\frac{96}{x} = \frac{12}{1} \rightarrow x = \frac{96}{12} = 8\% = \frac{8}{100} = 0{,}08\, a.m.$$

Podemos utilizar, para o sistema *Price*, o fator de amortização, dado por:

$$A_{n\neg i} = \frac{(1+i)^n - 1}{i.(1+i)^n}$$

Da expressão, temos os parâmetros:

$$i = 0{,}08\ a.m.$$

$$n = 18\ meses$$

Substituindo valores:

$$A_{n\neg i} = \frac{(1+0{,}08)^{18} - 1}{0{,}08.(1+0{,}08)^{18}} = \frac{4-1}{0{,}08 \cdot 4} = 9{,}375$$

A dívida (capital) é dada por:

$$C = P \cdot A_{n\neg i} \quad (II)$$

Sendo a parcela de R$1.600,00, substituindo-a na fórmula anterior, tem-se:

$$C = 1600 \cdot 9{,}375 = 15.000{,}00$$

Os juros referentes à primeira parcela são calculados da seguinte maneira:

$$J = C \cdot i$$

Substituindo valores:

$$J = 15000 \cdot 0{,}08 = 1.200{,}00$$

A amortização é:

$$A = P - J = 1600 - 1200 = 400{,}00$$

O saldo devedor após o pagamento da primeira parcela é dado pela diferença do capital e da amortização, isto é:

$$D = C - A = 15000 - 400 = 14.600{,}00$$

Gabarito: D.

6. SISTEMA DE AMORTIZAÇÃO CONSTANTE (SAC)

O **sistema de amortização constante (SAC)**, também conhecido como **Hamburguês**, é muito utilizado no financiamento para aquisição de imóveis no âmbito do Sistema Financeiro de Habitação. Então, diferentemente do que ocorre no sistema francês, o qual é bastante popular para empréstimos com prazos menores (bens de consumo, veículos etc.), o SAC é amplamente utilizado em dívidas de longo prazo.

Como o próprio nome indica, neste sistema **o valor da amortização embutido em cada prestação é constante** – ao contrário do que acontece no sistema francês, em que a amortização é crescente.

Esquematicamente, os pagamentos das prestações no SAC ocorrem da seguinte forma:

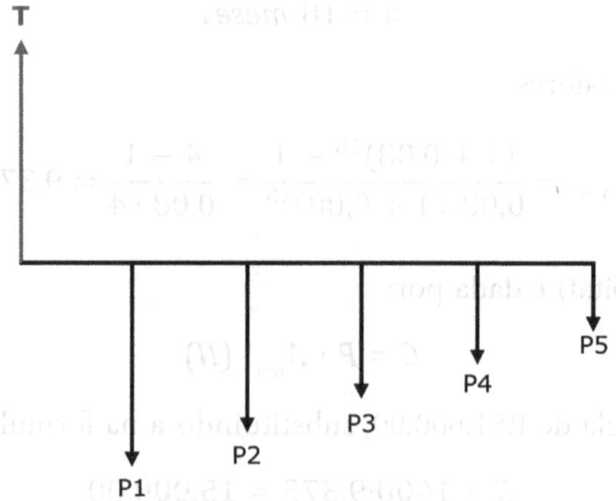

Percebeu como é diferente esse diagrama em comparação com aquele que fizemos para o sistema francês? Isso ocorre porque no SAC as **parcelas têm valor decrescente**. Caso você nunca tenha financiado um imóvel, pergunte a alguém conhecido que financiou, muito provavelmente dirá que as parcelas diminuíram ao longo do tempo.

Além disso, notamos que aqui também não existe pagamento de entrada, pois **a primeira prestação está ao final do primeiro período.**

Por fim, temos que no SAC o valor dos **juros reduz-se a cada mês**, devido à redução do saldo devedor.

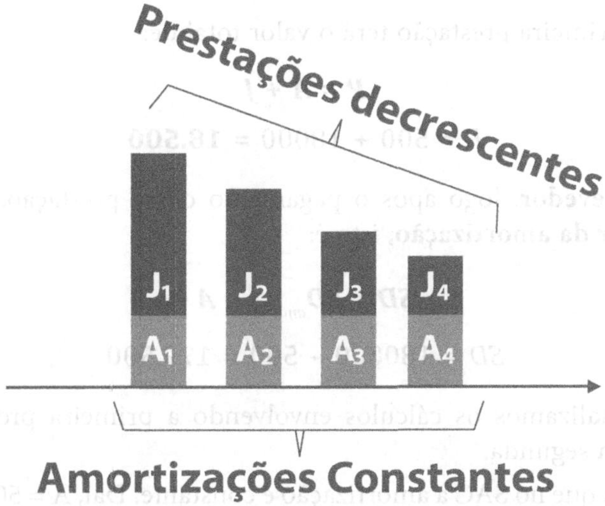

6.1. Composição das Prestações

Considere que uma pessoa deseja adquirir um imóvel, financiando R$180.000,00 em 360 meses (30 anos), com prestações mensais. O valor da amortização embutido em cada parcela é dado por:

$$A = \frac{T}{n}$$

Em que:

A: é a cota de amortização.

T: valor total do financiamento.

n: número de parcelas.

Fazendo os cálculos com os valores do nosso exemplo, teremos:

$$A = \frac{180000}{360} = 500$$

Além dessa quantia, deve ser pago todo mês o valor dos juros incorridos naquele período. Lembre, novamente, que esses **juros sempre serão calculados sobre o saldo devedor no início de cada período.**

No nosso exemplo, para facilitar as contas, vamos considerar a taxa de juros de 10% ao mês. Como o saldo devedor no início do primeiro mês era de R$180.000,00, então os juros devidos ao final do primeiro mês serão de:

$$J = 10\%.180000 = 18.000$$

Assim, a primeira prestação terá o valor total de:

$$\boldsymbol{P = A + J}$$

$$P = 500 + 18000 = \mathbf{18.500}$$

O **saldo devedor**, logo após o pagamento dessa prestação, será **reduzido apenas do valor da amortização**, isto é:

$$\boldsymbol{SD = SD_{anterior} - A}$$

$$SD = 180000 - 500 = 179.500$$

Pronto, finalizamos os cálculos envolvendo a primeira prestação. Vamos, agora, calcular a segunda.

Já sabemos que no SAC a amortização é constante. Daí, A = 500,00 novamente. Por sua vez, os juros devem ser calculados sobre o saldo devedor do início do segundo mês, isto é, sobre 179.500 (e não mais 180.000). Portanto:

$$J = 10\%.179500 = 17.950$$

Logo, a segunda prestação será de:

$$\boldsymbol{P = A + J}$$

$$P = 500 + 17950 = 18.450$$

Repare que o valor da segunda prestação foi menor que o da primeira. Saberia me dizer qual o motivo disto?

Ah, professores. Essa é tranquila: foi devido aos juros.

Excelente, colega. Embora a parcela referente à amortização tenha se mantido constante (500 reais), a parte referente aos juros reduziu-se.

Para finalizar esse exemplo, vamos calcular rapidamente a terceira prestação. Sabemos que A = 500,00, e o saldo devedor no início do terceiro período é de:

$$SD = 179500 - 500 = 179.000$$

A parcela de juros será de:

$$J = 10\%.179000 = 17.900$$

Assim, a terceira prestação terá o valor de:

$$P = A + J = 500 + 17900 = \mathbf{18.400}$$

Podemos representar tudo o que vimos aqui por meio da tabela a seguir, que corresponde justamente ao **plano de amortização** do financiamento:

Nº da Parcela	Valor da Parcela (P)	Juros (J)	Amortização (A)	Saldo Devedor (SD)
				180.000
P1	18.500	18.000	500	179.500
P2	18.450	17.950	500	179.000
P3	18.400	17.900	500	178.500

Note que a redução é de 50 reais a cada mês, que corresponde ao percentual de juros (10%) aplicado sobre o valor da amortização mensal (500), e o chamamos de *constante de redução.* Isso acontece porque no sistema SAC o saldo devedor e as parcelas formam uma **progressão aritmética decrescente** (razão negativa).

Desse modo, se conhecermos o valor da primeira prestação e o valor constante pelo qual se reduz cada parcela, podemos descobrir o valor de qualquer uma das demais prestações de um dado financiamento, aplicando a seguinte fórmula do termo geral de uma PA:

$$P_n = P_1 + (n - 1) . r$$

Em que:

$\mathbf{P_n}$ é a prestação que desejamos calcular;

$\mathbf{P_1}$ é a primeira prestação;

n é o número da prestação que queremos descobrir;

r é a razão da PA (nesse caso, temos uma constante de redução das parcelas).

Inclusive, essa constante de redução (razão da PA) é calculada por meio do produto entre a cota de amortização (A) e a taxa de juros aplicada (i):

$$r = -A . i$$

Conhecendo essa técnica, você tem condições de resolver uma questão de prova pedindo o cálculo de uma prestação muito à frente. No exemplo que estamos considerando, vamos determinar o valor da última prestação.

A razão é dada por:

$$r = -A . i = -500 . 0,1 = -50$$

Logo:

$$P_{360} = 18500 + (360 - 1) \cdot (-50) = 18500 - 359 \cdot 50 = 18500 - 17.950 = 550$$

Interessante, professores. A última prestação coincide com a soma entre a cota de amortização (A) e o módulo da razão (r).

Bem observado, colega. Isso sempre acontecerá nos financiamentos realizados no SAC:

$$P_{última} = A + |r|$$

Portanto, do que estudamos sobre o SAC, é fácil perceber que deveremos aplicar os seguintes **passos na resolução das questões**:

- **1º passo** – •Calcular a cota de amortização ($A = T/n$)
- **2º passo** – •Calcular os juros devidos ($J = i \times SD_{anterior}$)
- **3º passo** – •Calcular o valor da parcela ($P = A + J$)
- **4º passo** – •Calcular o saldo devedor final ($SD = SD_{anterior} - A$)
- **5º passo** – •Calcular as demais parcelas, fazendo-se a subtração entre a parcela anterior e o SD_{final}

Veja como esse assunto foi cobrado!

10. (FAFIPA – Contador/CISPAR/2020) Em relação ao Sistema de Amortização Constante – Sistema SAC, qual das características abaixo corresponde a uma afirmação que pode ser feita a partir da observação periódica mensal dos juros?

a) Os juros decrescem mensalmente de forma constante.

b) Os juros aumentam mensalmente de forma constante.

c) Os juros se mantêm iguais em todos os meses.

d) Não incide juros sobre este empréstimo.

e) Nenhuma das alternativas está correta.

RESOLUÇÃO:

No **sistema de amortização constante (SAC)**, o valor da **amortização** embutido em cada prestação é **constante**. Dessa maneira, conforme ocorrem essas amortizações, o saldo devedor reduz gradualmente, reduzindo também os juros envolvidos em cada prestação, uma vez que os juros são uma porcentagem multiplicada pelo saldo devedor; então, conforme o saldo devedor cai, os juros também caem.

Como os juros são decrescentes, e a amortização é crescente, então a prestação é decrescente com o passar do tempo.

Portanto, o sistema SAC apresenta **amortização constante, juros decrescentes** e **prestações decrescentes.**

Destacamos que os juros e as prestações decrescem constantemente, formando progressões aritméticas.

Gabarito: A.

11. (ESAF - AFC/STN/2008) Se a CM – Correção Monetária for zero e considerando um empréstimo imobiliário, a ser pago em 25 anos com capitalizações mensais, sendo que os juros sobre o saldo devedor de cada mês também serão pagos com (junto) as respectivas parcelas mensais, podemos afirmar que:

I. As parcelas de juros são constantes;

II. As parcelas de amortização são constantes;

III. O saldo devedor é decrescente e linear, financeiramente.

Com base no acima proposto e frente às três sentenças, indicando por V – Verdadeira e por F – Falsa, a opção correta é:

a) V, V, V b) V, V, F c) V, F, F d) F, V, V e) F, F, V

RESOLUÇÃO:

Vimos as seguintes **características do SAC:**

1) o valor da amortização é constante;
2) o saldo devedor reduz-se a cada mês do valor da amortização;
3) o valor dos juros reduz-se a cada mês, devido à redução do saldo devedor;
4) o valor da parcela diminui a cada mês, devido à redução dos juros.

Com isso em mente, vamos fazer a análise de cada assertiva, quanto ao **SAC**, que é o geralmente aplicado em financiamentos de longa duração, como o empréstimo imobiliário mencionado na questão:

I. As parcelas de juros são constantes.

Falsa. Os juros são decrescentes no SAC, pois incidem sobre o saldo devedor.

II. As parcelas de amortização são constantes.

Verdadeiro. Esta é a premissa do SAC.

III. O saldo devedor é decrescente e linear, financeiramente.

Verdadeiro. As parcelas de amortização são constantes; o saldo devedor decresce linearmente.

Gabarito: D.

12. (CESPE/SEFAZ-RS/Auditor-Fiscal/2019) Um banco empresta V reais a uma empresa, que são entregues no ato e sem prazo de carência. O empréstimo deverá ser quitado em n prestações mensais e consecutivas, pelo sistema de amortização constante. A taxa mensal de juros é de 1% = 1/100 = i. Se, no mês k, em que k = 1, 2 , ..., n, P_k for o valor da prestação, A_k for o valor da amortização, e J_k for o valor dos juros pagos, em reais, então $P_k = A_k + J_k$, isto é,

$$P_k = \frac{V}{n} + \frac{V \times i}{n}(n - k + 1), \qquad 1 \leq k \leq n$$

Nesse caso, assinale a opção que mostra o comportamento das amortizações A_k, dos juros J_k e das prestações P_k em cada mês k.

a)

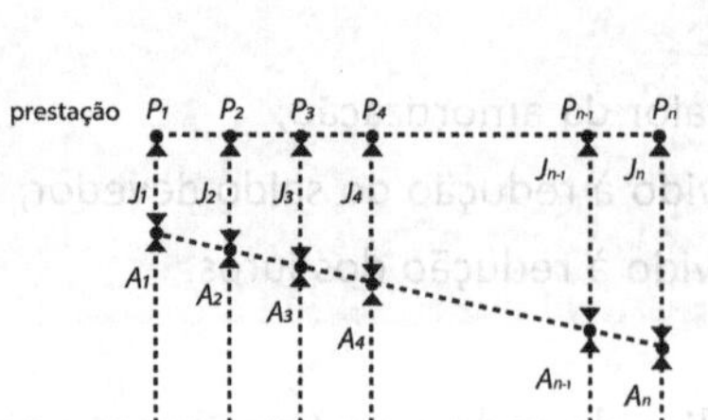

b)

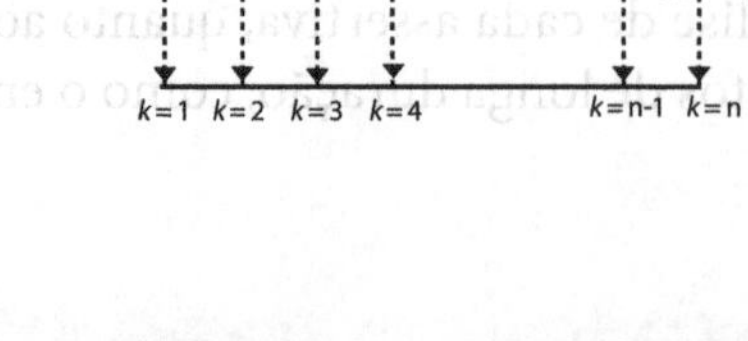

c)

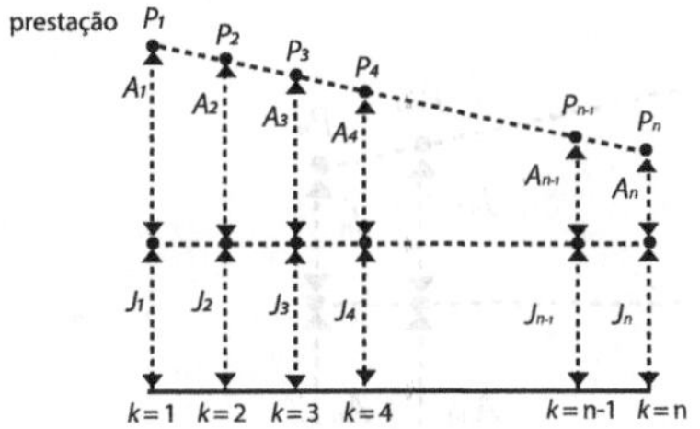

d)

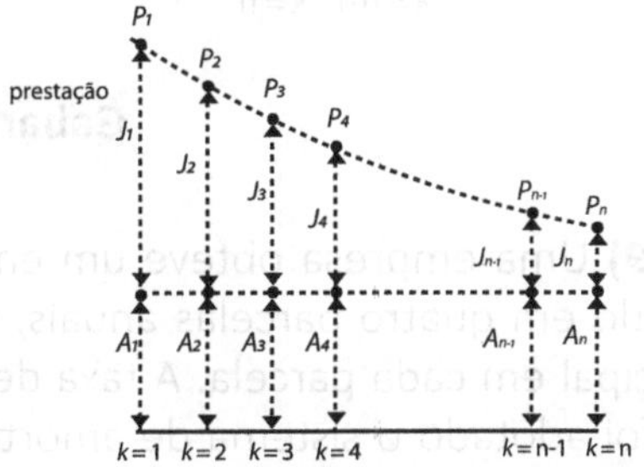

e)

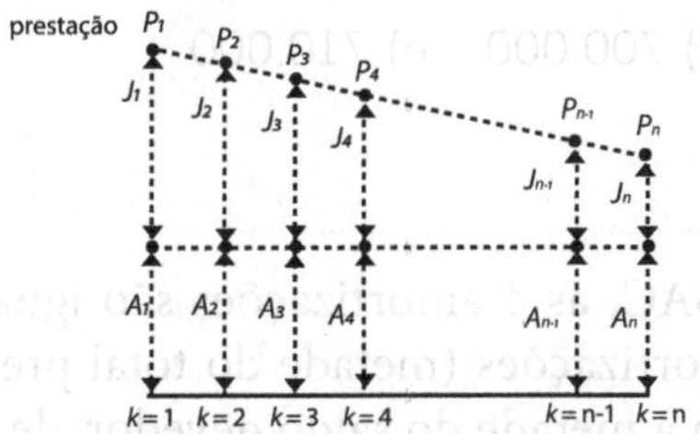

RESOLUÇÃO:

No **Sistema de Amortização Constante (SAC)**, as amortizações são constantes e os juros são decrescentes, já que são calculados em cima do saldo devedor e este cai constantemente (sempre é reduzido o mesmo valor de amortização). Em consequência disso, as prestações também são decrescentes.

Desse modo, a prestação, que é correspondente à soma da amortização e dos juros, deve ser decrescente.

Observe que na alternativa E temos o comportamento esperado para a amortização, os juros e a prestação:

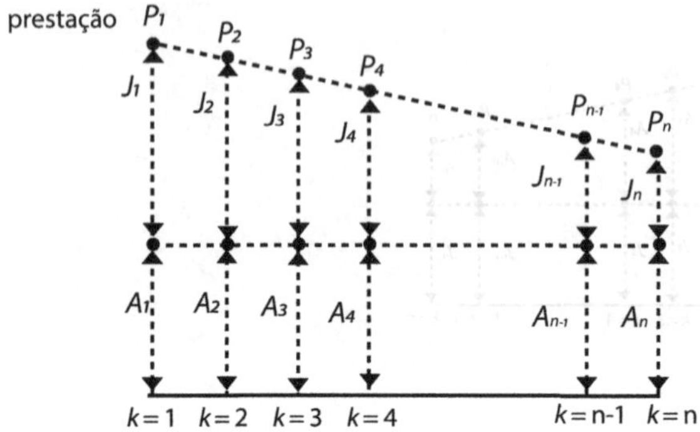

Gabarito: E.

13. (FCC - Auditor Fiscal/SEFAZ-BA/2019) Uma empresa obteve um empréstimo de R$1.000.000,00 para ser liquidado em quatro parcelas anuais, sendo obrigatório o pagamento de juros e principal em cada parcela. A taxa de juros compostos negociada foi 10% ao ano e foi adotado o sistema de amortização constante (SAC). O saldo devedor remanescente do empréstimo no final do segundo ano, após o pagamento da segunda parcela, era, em reais,

a) 685.000 b) 800.000 c) 500.000 d) 700.000 e) 710.000

RESOLUÇÃO:

Como no empréstimo foi adotado o SAC, as 4 amortizações são iguais entre si. Logo, após a empresa pagar duas amortizações (metade do total previsto), evidentemente teremos amortizado também a metade do saldo devedor, de forma que restará a outra metade:

$$12 \times 1.000.000 = \mathbf{500.000}$$

Gabarito: C.

14. (IBFC - Analista Contábil/CGE-RN/2019) João comprou um imóvel cujo valor à vista é de R$150.000,00 da seguinte forma: 30% de entrada e o restante em 60 parcelas no sistema SAC com taxa anual de 6%. Nessas condições, o valor de cada parcela de amortização será igual a:

a) 1.500,00 b) 1.750,00 c) 2.500,00 d) 1.230,00

RESOLUÇÃO:

Como João pagou 30% de R$150.000,00 como valor de entrada, então ele parcelou 150.000 × 0,70 = 105.000,00 reais.

O nosso objetivo consiste em determinar o valor de cada parcela de amortização. Para isso, basta dividirmos o saldo devedor pelo número de parcelas:

$$\frac{105.000}{60} = 1.750$$

Portanto, cada parcela de amortização será igual a **R$1.750,00.**

Gabarito: B.

15. (CESPE - Ana Adm/PGE-PE/2019) Uma instituição bancária concedeu empréstimo de R$30.000, entregues no ato, sem prazo de carência, para ser quitado pelo sistema de amortização constante em 24 prestações mensais. A primeira prestação vencerá um mês após a tomada do empréstimo, sendo de 2% a taxa de juros mensais adotada pela instituição bancária. Nessa situação, as prestações são decrescentes e a diferença entre duas prestações consecutivas é igual a R$50.

RESOLUÇÃO:

O enunciado informa que o valor do empréstimo é de 30.000 reais e deve ser pago em 24 prestações. A amortização de cada uma dessas parcelas é de:

$$A = \frac{T}{n} = \frac{30.000}{24} = 1.250$$

No **Sistema de Amortização Constante**, os juros e as parcelas formam uma **Progressão Aritmética** decrescente cuja razão r (também chamada de constante de redução) é negativa e pode ser determinada pelo produto entre a cota de amortização (A = 1.250) e a taxa de juros aplicada (i = 0,02):

$$r = -i \, . \, A$$

$$r = -0{,}02 \, . \, 1250 = \mathbf{-25} \; \textbf{\textit{reais}}$$

Portanto, o item está errado, pois embora as prestações sejam decrescentes e formam uma PA, a diferença entre duas prestações consecutivas é igual a R$25.

Gabarito: errado.

16. (Cesgranrio – Analista/Casa da Moeda do Brasil/2009) Uma pessoa deve pagar um financiamento de R$1.000,00 em dez prestações calculadas pelo Sistema de Amortização Constante (SAC), com a primeira prestação sendo devida um mês após o financiamento. A taxa de juros compostos usada é de 1% a.m. O valor, em reais, da primeira prestação é de

(A) 90,00 (B) 100,00 (C) 110,00 (D) 120,00 (E) 125,00

RESOLUÇÃO:

No **SAC**, a **cota de amortização é constante**. Assim, um financiamento de R$1.000,00 em 10 prestações tem a seguinte cota de amortização:

$$A = \frac{T}{n}$$

$$A = \frac{1000}{10} = \mathbf{100}$$

Como o saldo devedor no início do primeiro mês era de R$1.000,00, então os juros devidos ao final do primeiro mês serão de:

$$J_1 = 1\% \cdot 1000 = \mathbf{10}$$

Assim, a primeira prestação terá o valor total de:

$$P = A + J$$

$$P = 100 + 10 = \mathbf{110}$$

Gabarito: C.

17. (VUNESP – Tesoureiro/CM Sertãozinho/2019) Considerando um empréstimo de R$10.000 pelo SAC (sistema de amortização constante) em 10 prestações mensais a uma taxa de 5% ao mês, é correto afirmar que a segunda prestação será de

a) 1.000 b) 1.450 c) 1.500 d) 1.950 e) 2.000

RESOLUÇÃO:

No **SAC**, o valor da amortização em cada parcela é obtido dividindo-se o valor total do empréstimo pelo número de prestações. Logo:

$$A = \frac{T}{n}$$

$$A = \frac{10.000}{10} = \mathbf{1.000}$$

Veja, então, que na segunda prestação já terá ocorrido uma amortização de R$1.000,00, e restará como devida uma quantia de R$9.000,00.

Por sua vez, os juros são calculados apenas sobre o saldo devedor, e considerando que a taxa de juros é de 5% ao mês, então na *segunda prestação* serão pagos, a título de juros, o valor de 0,05 × 9.000 = 450 reais.

Ao somarmos a parcela e o valor da amortização, obtemos uma prestação de 450 + 1.000 = **1.450 reais.**

Gabarito: B.

18. (FCC/Caixa Econômica Federal/2004) Uma dívida no valor de R$3.600,00 foi amortizada em 8 parcelas mensais, com taxa de 4% ao mês pelo Sistema de Amortização Constante (SAC) e a primeira prestação foi paga ao completar 30 dias da data do empréstimo. O saldo devedor, logo após o pagamento da quarta prestação, era de

a) 2.260,00 b) 1.350,00 c) 1.500,00 d) 1.750,00 e) 1.800,00

RESOLUÇÃO:

O primeiro passo é calcular a cota de amortização. Basta dividir a dívida pelo número de prestações:

$$\boldsymbol{A = \frac{T}{n}}$$

$$A = \frac{3600}{8} = \mathbf{450}$$

O saldo devedor, logo após o pagamento da <u>quarta prestação</u>, será de:

$$\boldsymbol{S_4 = T - 4.A}$$

$$\boldsymbol{S_4 = 3600 - 4.450 = 3600 - 1800 = 1800}$$

Gabarito: E.

19. (ESAF - Ana Tec/SUSEP/2002) Um financiamento imobiliário no valor de R$120.000,00 é realizado por um sistema de amortizações mensais iguais durante 20 anos. Considerando que a taxa de juros mensal é de 1%, calcule o valor da 13a prestação mensal.

a) 1.700,00 b) 1.640,00 c) 1.635,00 d) 1.605,00 e) 1.600,00

RESOLUÇÃO:

O primeiro passo é calcular a cota de amortização. Basta dividir a dívida pelo número de prestações:

$$A = \frac{T}{n}$$

$$A = \frac{120000}{240} = \mathbf{500}$$

Como no SAC a amortização é constante, o saldo devedor, logo após o pagamento da décima segunda prestação, será de:

$$SD_{12} = T - 12.A$$

$$SD_{12} = 120000 - 12.500 = 120000 - 6000 = 114.000$$

Os juros para a próxima prestação (13ª prestação) incidem sobre o saldo devedor atual, pois aprendemos que os **juros sempre serão calculados sobre o saldo devedor no início de cada período**. Daí:

$$J_{13} = 1\% \ . \ 114.000$$

$$J_{13} = \mathbf{1.140}$$

Assim, a décima terceira prestação vale:

$$P_{13} = A + J_{13}$$

$$P_{13} = 500 + 1140 = \mathbf{1.640}$$

Gabarito: B.

20. (FCC - Auditor Fiscal Tributário Municipal/ISS SJRP/2019) Um empréstimo foi concedido a uma empresa para aquisição de um equipamento. A dívida correspondente deverá ser quitada por meio de 30 prestações mensais e consecutivas, vencendo a 1a prestação 1 mês após a data da concessão do empréstimo. Utilizou-se o sistema de amortização constante (SAC) a uma taxa mensal positiva de juros i e o valor da 10a prestação será igual a R$7.100,00. Dado que, no valor desta prestação, R$5.000,00 correspondem ao valor da amortização incluído no valor de cada prestação e R$2.100,00 correspondem ao valor dos respectivos juros, obtém-se que o valor da 20a prestação será igual a

a) 6.150,00 b) 6.200,00 c) 6.050,00 d) 6.100,00 e) 6.000,00

RESOLUÇÃO:

O enunciado informa que o empréstimo é composto por 30 prestações com amortização de 5.000. Logo, o valor do empréstimo é igual a 30 × 5.000 = 150.000 reais.

E as primeiras 9 parcelas amortizam a dívida em 9 × 5.000 = 45.000 reais. Assim, depois do pagamento da nona parcela, a dívida restante é de 150.000 – 45.000 = 105.000 reais.

Mas, qual é a taxa de juros aplicada nesse empréstimo? Podemos descobrir ao percebermos que no décimo mês há incidência de juros de taxa i sobre esse saldo devedor de 105.000 reais, resultando em juros de 2.100 reais, de modo que:

$$105.000 \times i = 2.100$$

$$i = 2\%$$

Com isso, determinamos que esse empréstimo foi realizado sob uma taxa de juros de 2% ao mês.

O nosso objetivo consiste em determinar o valor da vigésima prestação. Nesse sentido, notamos que as 19 primeiras parcelas amortizam a dívida em 19 × 5.000 = 95.000 reais. Logo após o pagamento da décima nona prestação, restam de dívida 150.000 - 95.000 = 55.000 reais.

Por sua vez, no 20º mês há incidência de juros de 2% sobre esse saldo devedor de 55.000 reais, resultando em juros de 55.000 × = 1.100 reais.

Portanto, concluímos que a prestação do vigésimo mês é igual à amortização de 5.000 reais somada com os juros de 1.100 reais, resultando em 5.000 + 1.100 = **6.100 reais.**

Gabarito: D.

21. (CESPE - Auditor de Contas Públicas/TCE-PB/2018) Um banco emprestou R$200.000, entregues no ato, sem prazo de carência. O empréstimo foi quitado pelo sistema de amortização constante (SAC) em 20 prestações semestrais consecutivas. Nessa situação, se a taxa de juros do empréstimo foi de 1,5% ao semestre, então o valor da quinta prestação, em reais, foi de

a) 12.400 b) 13.000 c) 10.000 d) 11.650 e) 12.250

RESOLUÇÃO:

Vamos resolver esta questão utilizando nossos conhecimentos sobre **Progressão Aritmética**, pois já sabemos que no **Sistema de Amortização Constante** os juros e as parcelas formam uma **PA** decrescente.

Inicialmente, calculamos a cota de Amortização do empréstimo:

$$A = \frac{T}{n} = \frac{200.000}{20} = 10.000$$

Em seguida, determinamos o valor dos juros da primeira prestação:

$$J_1 = 0{,}015.200.000 = 3.000$$

Assim, o valor da *primeira prestação* é de:

$$P_1 = A + J_1 = 10.000 + 3.000 = 13.000$$

As prestações do SAC formam uma progressão aritmética cuja razão é dada pelo produto:

$$r = -i.A = -0{,}015 \;.\; 10.000 = -150$$

Isso significa que as prestações vão diminuindo 150 reais a cada semestre.

Agora que possuímos essas informações, podemos calcular qualquer prestação do financiamento, com a aplicação da fórmula:

$$P_n = P_1 + (n - 1).r$$

Como o nosso objetivo consiste em calcular a *quinta prestação*, temos:

$$P_5 = 13.000 + (5 - 1).(-150) = 13.000 - 600 = \mathbf{12.400}$$

Gabarito: A.

6.2. Valor Total Pago pela Dívida

No **Sistema de Amortização Constante,** os juros e as parcelas formam uma **Progressão Aritmética (PA)** decrescente, com primeiro termo igual aos juros incidentes no primeiro período, último termo igual aos juros do último período e número de termos igual ao número de prestações

Assim, caso uma questão pergunte qual o valor total dos juros incorridos ou a soma das parcelas de um financiamento, podemos obter essas informações aplicando a fórmula da soma de n termos de uma PA:

$$S_n = \frac{(a_1 + a_n).n}{2}$$

Veja como esse assunto já foi cobrado!

22. (FAFIPA – Contador/IPS Dr Ulysses/2019) Pensando em comprar uma casa própria, Pedro efetuou um empréstimo cujas características principais são as seguintes:

Liberação:	\$10.000,00
Taxas de juros	4,00% a.m
N. Mesdes	7
Valor da primeira parcela	R\$ 1.828,57
Método de amortização:	SAC (Sistema de Amortização Constante)

Considerando os dados, responda qual o valor total de juros incidentes em todo o empréstimo:

a) 1028,57 b) 857,14 c) 685,71 d) 1600,00

RESOLUÇÃO:

No **SAC**, o total dos juros equivale à soma dos termos de uma **progressão aritmética** decrescente, com primeiro termo igual aos juros incidentes no primeiro período, último termo igual aos juros do último período e número de termos igual ao número de prestações.

Inicialmente, encontramos a parcela de amortização, dividindo o valor financiado (\$10.000,00) pelo número de meses (7):

$$A = \frac{10.000}{7} = 1.428,57$$

Como a amortização é constante, esse valor será o saldo devedor antes do último pagamento. E já que a taxa de juros é 4% ao mês, então os juros da *sétima prestação* valerão nesse momento:

$$a_7 = 0,04 \times 1.428,57 = 57,14$$

Por sua vez, como o valor financiado é de \$10.000,00, os juros da *primeira prestação* valerão:

$$a_1 = 0,04 \times 10.000 = 400$$

O empréstimo é formado por sete parcelas, logo temos n = 7. Então, a soma dos 7 primeiros termos dessa P.A., fica:

$$\boldsymbol{S_n = \frac{(a_1 + a_n).\,n}{2}}$$

$$S_7 = \frac{(400 + 57,14).\,7}{2} = \mathbf{1.600}$$

Gabarito: D.

7. SISTEMA FRANCÊS *VERSUS* SAC

É importantíssimo saber comparar os Sistemas Francês (Price) e o SAC, que possuem as seguintes diferenças:

Sistema de Amortização Francês (Price)	Sistema de Amortização Crescente (SAC)
Parcelas iguais do começo ao fim	Parcelas de valor decrescente – começam maiores e vão diminuindo
Valor da amortização crescente	Valor da amortização constante
Primeira parcela mais barata	Primeira parcela mais cara
Última parcela mais cara	Última parcela mais barata
Saldo devedor é reduzido mais lentamente	Saldo devedor sofre redução um pouco mais acelerada
Montante de juros é maior ao fim do prazo	Montante de juros tende a ser menor ao fim do prazo
Mais usada para dívidas de curto prazo	Mais comum para dívidas de longo prazo

A seguir, elaboramos uma tabela comparando como ficariam as parcelas, amortizações e juros nos dois sistemas de um empréstimo de R$100.000,00, a juros de 5%a.m., durante um ano, para que você entenda melhor como funcionam esses sistemas na prática:

Sistema de Amortização Francês (SAF) - Tabela Price					Sistema de Amortização Crescente (SAC)				
	Parcelas	Armotizações	Juros	Saldo Devedor		Parcelas	Armotizações	Juros	Saldo Devedor
1	11.282,54	6.282,54	5.000,00	93.717,45	1	13.333,33	8.333,33	5.000,00	91.666,66
2	11.282,54	6.596,66	4.685,87	87.120,79	2	12.916,66	8.333,33	4.583,33	83.333,33
3	11.282,54	6.926,50	4.356,03	80.194,28	3	12.500,00	8.333,33	4.166,66	75.000,00
4	11.282,54	7.272,82	4.009,71	72.921,46	4	12.083,33	8.333,33	3.750,00	66.666,66
5	11.282,54	7.626,46	3.646,07	65.284,99	5	11.666,66	8.333,33	3.333,33	58.333,33
6	11.282,54	8.018,29	3.264,24	57.266,70	6	11.250,00	8.333,33	2.916,66	50.000,00
7	11.282,54	8.419.20	2.863,33	48.847,49	7	10.833,33	8.333,33	2.500,00	41.666,66
8	11.282,54	8.840,16	2.442,37	40.007,33	8	10.416,66	8.333,33	2.083,33	33.333,33
9	11.282,54	9.282,17	2.000,36	30.725,15	9	10.000,00	8.333,33	1.666,66	25.000,00
10	11.282,54	9.746,28	1.536,25	20.978,87	10	9.583,33	8.333,33	1.250,00	16.666,66
11	11.282,54	10.233,59	1.048,94	10.745,27	11	9.166,66	8.333,33	833,33	8.333,33
12	11.282,54	10.745,27	537,26	0	12	8.750,00	8.333,33	416,66	0
	135.390,49	100.000,00	35.390,49	<< TOTAIS		132.500,00	100.000,00	32.500,00	<< TOTAIS

Perceba no SAF as amortizações aumentando e os juros diminuindo ao longo do tempo, enquanto no SAC as amortizações foram constantes, mas os juros foram diminuindo, consequentemente, as parcelas também, afinal P = A + J.

Também note que o total de juros no SAC (R$32.500,00) foram menores que no SAF (R$35.390,49). Agora você entendeu por que o banco oferece uma Tabela

Price para você financiar seu veículo, é porque ele lucra mais, pois recebe mais juros. Mas é vendido que é um financiamento bom porque você sabe quanto vai pagar fixo todo mês, podendo se programar melhor.

Veja como esse assunto foi cobrado!

23. (Cesgranrio/Economista/BNDES/2009) Um investidor está decidindo como vai repagar um financiamento que obteve. Poderá escolher o Sistema Price ou o Sistema de Amortização Constante (SAC), ambos com o mesmo número de prestações, o mesmo prazo total e a mesma taxa de juros. Comparando os dois, o investidor observa que

(A) o valor presente líquido do SAC é menor do que o do Price.

(B) a prestação, pelo SAC, é constante ao longo do tempo.

(C) a prestação, pelo Price, é declinante ao longo do tempo.

(D) a primeira prestação do SAC é maior do que a do Price.

(E) as prestações do SAC são sempre maiores que as do Price.

RESOLUÇÃO:

Vamos fazer a análise de cada alternativa separadamente.

A **alternativa A** fala em valor presente líquido. Valor presente líquido é quando você transporta todas as prestações para a data 0 e calcula o somatório. Não há como dizer qual deles é maior e qual deles é menor. **Falsa**, portanto.

A **alternativa B é falsa**. As prestações, pelo SAC, são decrescentes.

A **alternativa C é falsa**. Pelo *Price*, as prestações são constantes (Sistema Francês).

A **alternativa D é verdadeira**. A primeira prestação sempre é maior no SAC (mantendo a taxa de juros e prazo).

A **alternativa E é falsa**. Já que as prestações do SAC são decrescentes, é possível que elas em algum momento sejam menores que a do sistema francês.

Gabarito: D.

24. (CESPE – FUB – 2018 – Técnico em Contabilidade) Uma das características do sistema de amortização constante (SAC) é que as prestações a serem pagas pelo tomador do empréstimo são todas iguais.

RESOLUÇÃO:

O sistema SAC possui apenas AMORTIZAÇÃO constante. Suas parcelas variam, pois os juros são calculados em cima do valor residual da dívida. Conforme ela se amortiza, se torna menor, e os juros, por consequência, diminuem. As parcelas variam porque os juros variam. O sistema que possui parcela constante é o *Price* (francês).

Gabarito: Errado.

25. (CESPE – BRB – 2010 – Escriturário) Para aquisição de sua casa própria, um cliente de uma instituição financeira com carteira hipotecária necessita financiar R$60.000,00. O financiamento poderá ser feito pelo sistema de amortização constante (SAC) ou pelo sistema de amortização francês (PRICE). Em cada um desses sistemas, a prestação mensal é composta pelo valor determinado pelo sistema e mais R$25,00 a título de seguro de financiamento.

A taxa de juros é de 1% ao mês, o prazo do financiamento é de 10 anos e não há correção monetária. Com relação à situação apresentada, julgue os itens seguintes, considerando 1,1268 e 3,3 como valores aproximados de $1{,}01^{12}$ e $1{,}1268^{10}$, respectivamente, julgue os itens a seguir.

Para que a primeira prestação tenha o menor valor possível, esse cliente deverá optar pelo SAC.

RESOLUÇÃO:

O primeiro ponto é que o sistema SAC serve justamente para que as parcelas se reduzam à medida que passar o prazo do financiamento. Um ponto muito importante sobre esse sistema de amortização.

Por isso, as primeiras parcelas do sistema SAC são maiores que as respectivas parcelas do sistema de amortização francês. No entanto, as últimas parcelas do sistema SAC são menores. Portanto, o item está errado.

Gabarito: Errado.

26. (CESPE – FUNPRESP/2016) No sistema de amortização constante (SAC), o valor das parcelas pagas pelo empréstimo é constante ao longo de todo o tempo de contrato do empréstimo.

RESOLUÇÃO:

No SAC, as prestações são decrescentes e formam uma progressão aritmética de razão $-i \cdot A$, em que A é a quota de amortização.

As prestações são constantes no Sistema Francês de Amortização.

Gabarito: errado.

8. FINANCIAMENTO HABITACIONAL DA CAIXA

A Caixa Econômica Federal (CEF) é uma das principais e mais populares instituições financeiras do Brasil, e realiza boa parte dos financiamentos habitacionais vigentes.

E quais os sistemas de amortização do saldo devedor que a Caixa utiliza em suas operações? Em consulta realizada no site oficial da instituição[1], ela informa que nos seus empréstimos imobiliários "é possível utilizar o Sistema de Amortização Constante (SAC) e o Sistema Francês de Amortização (SFA - Tabela PRICE)".

Na página que a Caixa disponibiliza um simulador para que os clientes analisem a composição e valores dos financiamentos habitacionais[2], a instituição informa as principais diferenças de cada sistema de amortização aplicável. Ela deixa claro que essa escolha afetará o quanto será pago mensalmente do valor da operação a ser contratado na Caixa, e vai definir a velocidade de amortização do saldo devedor, indicando que nos dois sistemas ocorre, em proporções diferentes, a redução do saldo devedor, conforme são pagas as prestações mensais.

Detalhando tais diferenças, a Caixa informa:

> "Quanto mais rápido você amortiza o saldo devedor, menos juros pagará sob este saldo, sendo que no SAC, como as prestações iniciais são um pouco mais altas, o cliente acaba reduzindo mais rápido o saldo devedor, o que resulta em um menor juro a ser pago, comparativamente ao sistema PRICE.
>
> Porém, como as prestações iniciais são maiores no sistema SAC é exigido do cliente uma maior capacidade de pagamento quando da contratação da operação, entretanto neste sistema o mutuário é beneficiado também pela gradativa redução do valor da prestação, notadamente, no final do contrato.
>
> No sistema PRICE, o cliente pode ter prestações iniciais menores, todavia, como a amortização do saldo devedor é feito de forma mais lenta que no Sistema SAC, o montante de juro pago no final acaba sendo maior.
>
> Por decorrência, no Sistema PRICE, como a prestação inicial é mais baixa, no ato da contratação da operação de crédito, é exigida uma capacidade de pagamento menor."

Além de escolher o sistema de amortização, o cliente deve decidir também como se dará a indexação da operação, considerando as seguintes hipóteses:

> "Na simulação você deve decidir também se irá contratar a operação com indexador TR ou com o indexador IPCA.

---

1. Consulta realizada em 08/03/2021 no site: https://www.caixa.gov.br/voce/habitacao/financiamento/perguntas-frequentes/Paginas/default.aspx.
2. Consulta realizada em 08/03/2021 no site: http://www8.caixa.gov.br/siopiinternet-web/simulaOperacaoInternet.do?method=inicializarCasoUso

Além disso, tem também a opção de contratar a operação com taxa de juros fixa, que não tem a aplicação de qualquer indexador e com isto traz a segurança que mudanças no cenário econômico não resultarão na variação do valor das prestações. Destaca-se que a TR é um indexador mais estável que o IPCA, garantindo uma maior previsibilidade no valor do encargo mensal, estando os índices da TR disponibilizados no site do BACEN. O IPCA possui variação mais imprevisível que a TR e como trata-se de uma operação de longo prazo poderá ocorrer, no caso de inflação alta, aumento expressivo do valor dos encargos mensais, inclusive, podendo ser superior ao aumento da renda do tomador."

Até agora, vimos dois sistemas que sempre estarão presentes no seu edital se nele contiver o tema "amortizações". A partir daqui, veremos outros sistemas que podem ou não estar presentes em seu edital, então, antes de estudá-los, recomendamos que veja se constam nele. Se você ainda não tiver seu edital publicado ou algum outro para se basear, sugerimos que os estude logo.

9. SISTEMA DE AMORTIZAÇÃO MISTO (SAM)

A nomenclatura do sistema *misto* se deve ao fato de que ele é uma *mistura* entre o sistema francês e o SAC.

A principal característica do **sistema de amortização misto** (SAM) é que o **valor da parcela** corresponde à **média aritmética entre o valor que a parcela teria no Sistema Francês e o valor que ela teria no sistema SAC**:

$$P_{SAM} = \frac{P_{Francês} + P_{SAC}}{2}$$

BIZU!

Diante de uma questão cobrando o **SAM**, você terá que calcular o valor da parcela em cada um dos outros sistemas (Francês e SAC) e obter sua **média**.

Esse sistema de amortização foi criado aqui no Brasil. Tem por objetivo ser um intermediário entre o sistema francês, em que as prestações ficam constantes, e o sistema SAC, em que as parcelas caem muito rapidamente.

As parcelas do sistema misto também seguem uma progressão aritmética. Porém, essa progressão é mais suave do que a correspondente ao sistema SAC.

Veja como esse assunto foi cobrado!

27. (CESPE - Ana Adm/PGE-PE/2019) Comparando-se os sistemas de amortização constante, o de amortização francês e o de amortização misto, para um mesmo valor de empréstimo com prazo de operação e taxa de juros idênticos, o sistema de amortização misto sempre terá prestações superiores ao de amortização constante.

RESOLUÇÃO:

As prestações do sistema SAC são decrescentes ao longo do tempo. Inicialmente são maiores que a do sistema Price e, a partir de determinado momento, se tornam inferiores às deste sistema, como mostra o gráfico a seguir:

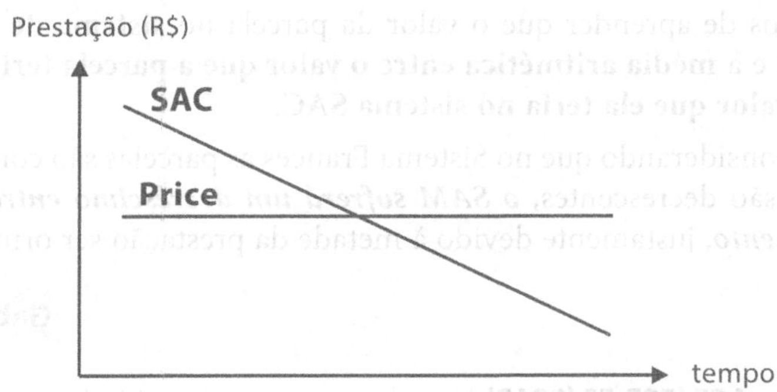

Já no sistema de amortização misto (SAM), as prestações são obtidas calculando a média aritmética da prestação do sistema SAC com a prestação do sistema Price. Portanto, a reta do sistema misto é intermediária às dos sistemas SAC e PRICE:

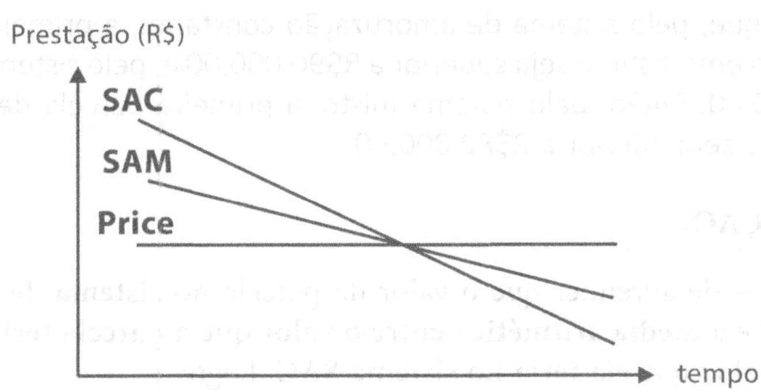

Portanto, o item está errado, pois as primeiras prestações do sistema misto são inferiores às do SAC, como mostra a figura anterior.

Gabarito: errado.

28. (CESPE - ACE/TCE-ES/2012) Uma empresa, com o objetivo de captar recursos financeiros para ampliação de seu mercado de atuação, apresentou projeto ao Banco Alfa, que, após análise, liberou R$1.000.000,00 de empréstimo, que deverá ser quitado em 12 parcelas mensais, a juros nominais de 18% ao ano, capitalizados mensalmente.

Considerando essa situação, julgue o item a seguir.

Se a quitação do empréstimo seguisse o sistema misto de amortização, em que os juros são calculados sobre o saldo devedor remanescente, os valores das prestações seriam decrescentes.

RESOLUÇÃO:

Acabamos de aprender que o valor da parcela no **sistema de amortização misto (SAM)** é a **média aritmética entre o valor que a parcela teria no Sistema Francês e o valor que ela teria no sistema SAC.**

Assim, considerando que no Sistema Francês as parcelas são constantes e que no SAC elas são decrescentes, ***o SAM sofrerá um decréscimo entre as parcelas do financiamento***, justamente devido à metade da prestação ser oriunda do SAC.

Gabarito: Certo.

29. (CESPE - ACE/TCE-ES/2012) Uma empresa, com o objetivo de captar recursos financeiros para ampliação de seu mercado de atuação, apresentou projeto ao Banco Alfa, que, após análise, liberou R$1.000.000,00 de empréstimo, que deverá ser quitado em 12 parcelas mensais, a juros nominais de 18% ao ano, capitalizados mensalmente.

Considerando essa situação, julgue o item a seguir.

Considere que, pelo sistema de amortização constante, a primeira parcela de quitação do empréstimo seja superior a R$90.000,00 e, pelo sistema Price, igual a R$83.000,00. Então, pelo sistema misto, a primeira parcela de quitação do empréstimo será inferior a R$82.000,00.

RESOLUÇÃO:

Acabamos de aprender que o valor da parcela no **sistema de amortização misto (SAM)** é a **média aritmética entre o valor que a parcela teria no Sistema Francês e o valor que ela teria no sistema SAC.** Logo:

$$\boldsymbol{P_{SAM} = \frac{P_{Francês} + P_{SAC}}{2}}$$

$$P_{SAM} = \frac{83000 + 90000}{2} = \geq \mathbf{86.500}$$

Portanto, o item está **errado**, já que, pelo sistema misto, a primeira parcela de quitação do empréstimo **não** será inferior a R$82.000,00, pois será no mínimo de R$86.500, visto que a parcela do SAC poderá ainda ser maior que 90.000, conforme o enunciado, aumentando ainda mais a parcela do SAM.

Gabarito: Errado.

30. (CESPE – TCE/PR – 2016) Um empréstimo de R$240.000 deverá ser quitado, no sistema Price, em 12 parcelas mensais iguais, com a primeira parcela programada para vencer um mês após a contratação do empréstimo. A taxa de juros nominal contratada foi de 12% ao ano e, com isso, cada prestação ficou em R$21.324. Nessa situação, se a pessoa que contratou o empréstimo tivesse optado pelo sistema de amortização misto, com a mesma taxa de juros, a terceira prestação seria igual a:

a) 21.133 b) 22.000 c) 21.815 d) 21.662 e) 21.420

RESOLUÇÃO:

Observe que a questão deu uma taxa nominal de 12% ao ano. Como as prestações são mensais, podemos supor que a capitalização é mensal. Logo, a taxa efetiva é de 12% ÷ 12 = 1% ao mês.

Agora, precisamos calcular as parcelas no correspondente sistema SAC, pois as parcelas no sistema francês já foram fornecidas.

A amortização a ser paga em cada período é calculada por:

$$A = \frac{T}{n} = \frac{240000}{12} = 20.000$$

Os juros que incidem sobre a terceira prestação devem ser calculados sobre o saldo devedor no mês anterior (mês 2). Nesse mês, já ocorreram duas amortizações:

$$SD_2 = 240000 - 2.20000 = 240000 - 40000 = 200.000$$

Agora, calculemos os juros incidentes sobre a terceira prestação:

$$J_3 = SD_2\ i = 200000\ .\ 0{,}01.1 = 2.000$$

Portanto, podemos calcular a terceira prestação somando os juros com a amortização:

$$P_3^{SAC} = J_3 + A = 20000 + 2000 = 22.000$$

Em seguida, podemos calcular a parcela correspondente do sistema misto pela média aritmética:

$$P_3^{SAM} = \frac{P_3^{SAC} + P_3^{SAF}}{2} = \frac{22000 + 21324}{2} = \frac{43324}{2} = \mathbf{21.662}$$

Gabarito: D.

10. SISTEMA DE AMORTIZAÇÃO AMERICANO (SAA)

O **Sistema de Amortização Americano (SAA)** é uma forma de pagamento de empréstimos que se caracteriza pelo **pagamento apenas dos juros da dívida ao longo do financiamento**, deixando o **valor da dívida constante**, que pode ser paga em apenas um **único pagamento na última prestação**, com uma parcela de juros.

Em outras palavras, no sistema americano, o devedor deve pagar mensalmente apenas os juros incidentes sobre o total da dívida. Ao final do período do empréstimo, o devedor paga a última parcela dos juros, somada ao principal da dívida.

O sistema de amortização americano é muito usado por empresas nascentes – que possuem donos arrojados – e pelo governo no pagamento de suas dívidas (os títulos públicos com cupom), uma vez que ele consiste em fazer o pagamento mínimo de juros, de modo a manter o saldo devedor estacionado.

O grande objetivo do sistema americano é evitar que a dívida cresça fazendo o menor pagamento que puder.

Um exemplo é citado pelo empreendedor Flávio Augusto da Silva, dono da Wise Up. Flávio conta que abriu a Wise Up com R$20 mil tomados emprestados de seu cheque especial a juros de 12% ao mês.

Consciente de que essa taxa de juros era muito alta, Flávio sempre se preocupou em pagar os juros mensalmente, de modo a evitar que a dívida crescesse.

Após abrir a segunda turma com sucesso, Flávio quitou sua dívida com o banco. Atualmente, a companhia cresceu e se tornou uma das maiores franqueadoras de escolas de inglês do Brasil, dentre outros empreendimentos, como o time de futebol de Orlando/EUA.

Veja como esse assunto foi cobrado!

31. (FAFIPA – Contador/CM Mandaguari/2019) Um fazendeiro contratou um empréstimo no valor de R$1.000.000,00 para investimento pecuário. A taxa de juros contratada foi de 1% ao mês. O prazo do empréstimo foi de 24 meses. O pagamento dos juros, calculados de forma composta (capitalizados e debitados mensalmente), será feito a cada 6 meses. O principal será liquidado em uma única parcela ao final de 24 meses. Qual o valor do saldo devedor ao final do décimo segundo mês após o pagamento dos juros vencidos naquele mesmo mês?

a) 1.061.520,15 b) 1.060.000,00 c) 1.123.040,30 d) 1.000.000,00

RESOLUÇÃO:

Veja que estamos diante de um empréstimo em que foi adotado o **sistema de amortização americano**. Percebemos isso porque o enunciado menciona que o principal da dívida é liquidado em uma única parcela ao final do contrato.

Além disso, temos a informação de que o pagamento dos juros ocorre semestralmente e com capitalização mensal. Isso significa que o saldo devedor, que inicia em R$1.000.000,00, irá aumentando mês a mês à taxa composta de 1%, e após seis meses voltará ao marco inicial de R$1.000.000,00, pois o valor acumulado corresponderá justamente aos juros, que serão quitados integralmente.

Com isso, ao final do 12º mês, após o pagamento dos juros desse período, o saldo devedor será justamente **R$1.000.000,00**, que é valor contratado.

Gabarito: D.

32. (CESPE - PCF/Polícia Federal/2002) Para um empréstimo de R$100.000,00 a ser pago em 5 parcelas anuais e postecipadas, com juros compostos de 12% a.a., julgue o item a seguir.

Se for adotado o sistema americano de amortização, então o valor total do pagamento, incluindo os juros e o principal, será maior que R$170.000,00.

RESOLUÇÃO:

Acabamos de ver que, no **Sistema de Amortização Americano (SAA), ao longo do financiamento pagamos apenas os juros**.

O enunciado afirma que a cada ano são incorridos 12% de juros sobre o valor financiado. Logo:

$$12\% \cdot 100.000 = \mathbf{12.000}$$

Além disso, sabemos que, no SAA, **ao final do financiamento são pagos a última parcela de juros mais o principal** de R$100.000,00.

Consequentemente, serão 5 parcelas de R$12.000,00 (60.000) somadas à amortização dos R$100.000,00, totalizando **R$160.000,00**.

Portanto, o item está **errado**, já que, pelo sistema americano, o valor total do pagamento, incluindo os juros e o principal, **não** será maior que R$170.000,00.

Gabarito: Errado.

33. (CESPE – Ana Jud/TRE- RJ/2012 – adaptada) Uma jovem pretende construir uma casa em um terreno de sua propriedade, necessitando, para isso, de R$50.000,00. Para obter essa soma de dinheiro, ela dispõe da seguinte opção:

Tomar de empréstimo a quantia necessária com um parente, realizando o pagamento em 40 prestações, mensais e sucessivas, pelo sistema americano de amortização, à taxa mensal igual à da poupança.

É correto afirmar que, na situação hipotética em apreço, o último pagamento consistirá no valor de R$50.350,00?

RESOLUÇÃO:

Acabamos de ver que, no **Sistema de Amortização Americano (SAA), ao longo do financiamento pagamos apenas os juros.**

Para calcularmos os juros incorridos, multiplicamos a taxa efetiva mensal (0,7%) pelo valor total do financiamento:

$$0{,}7\% \; . \; 50000 = \mathbf{350}$$

Além disso, sabemos que, no SAA, **ao final do financiamento são pagos a última parcela de juros mais o principal** de R$50.000,00. Logo:

$$350 + 50000 = \mathbf{50.350}$$

Gabarito: Certo.

34. (CESGRANRIO – Petrobrás – 2015 – Profissional Júnior) As empresas, ao captarem recursos financeiros de terceiros, obrigam-se a respeitar o sistema de amortização financeiro contratado. Sob condições de prazo, taxa de juros e valor emprestado iguais, os sistemas Francês, SAC, Misto e Americano apresentam uma característica comum. Essa característica é a seguinte:

a) a amortização aumenta na mesma velocidade.

b) a primeira parcela contém o mesmo valor de juros.

c) as prestações são constantes.

d) as prestações são decrescentes.

e) o saldo devedor reduz na mesma velocidade.

RESOLUÇÃO:

Questão teórica bem interessante. Em todos os sistemas citados, os juros são sempre calculados em relação ao saldo devedor no mês anterior.

Dessa forma, os juros sobre a primeira parcela são calculados em relação ao total da dívida. Portanto, serão iguais.

Vejamos um exemplo. Você tomou R$100.000 emprestados a uma taxa de juros de 1% ao mês a serem pagos em 10 prestações. Nesse caso, o primeiro cupom de juros será:

$$J_1 = SD_0\ i = 100000.0{,}01 = 1.000$$

Sendo assim, os juros incidentes na primeira parcela serão de R$1.000, independentemente do sistema de amortização utilizado.

O que diferenciará os diferentes sistemas de amortização será justamente o valor da amortização a ser pago em cada parcela.

No sistema americano, não haverá nenhuma amortização na primeira parcela, por isso, o pagamento será de exatamente R$1.000.

No sistema constante, a amortização dependerá apenas da quantidade de prestações. Dessa forma, a amortização a cada parcela será:

$$A = \frac{100.000}{10} = 10.000$$

Sendo assim, no sistema constante (SAC), a primeira parcela será de R$11.000, sendo R$10.000 de amortização e R$1.000 de juros pagos.

No sistema francês, também poderemos calcular a parcela pelo fator A de amortização. Porém, o cupom de juros também será igual a R$1.000.

Portanto, em todos os sistemas citados, a *primeira parcela* conterá o mesmo valor de juros.

Gabarito: B.

35. (FGV – ISS/Cuiabá – 2014 – Auditor Fiscal) Considere um financiamento de quatro anos cujo valor do principal seja de R$100,00 e a taxa de juros, igual a 4% ao ano. Considere quatro planos de amortização para esse financiamento:

- No plano 1, o financiamento é quitado com um único pagamento apenas no final do quarto ano, com capitalização dos juros no final de cada ano;
- No plano 2, no final de cada ano são pagos apenas os juros, com exceção do último ano, no qual, além dos juros, é efetuado o pagamento integral do principal;
- No plano 3, a liquidação do financiamento segue o modelo Price;
- No plano 4, a liquidação do financiamento segue o modelo SAC.

No final do quarto ano, nos planos 1, 2, 3 e 4, os valores da amortização do principal serão (em reais), respectivamente, de:

a) 100, 100, maior do que 25 e 25.

b) maior que 116, 100, maior do que 25 e 25.

c) 100, 100, 25 e menor do que 25.

d) menor do que 100, maior do que 100, maior do que 25 e 25.

e) 100, 100, 25 e maior do que 24.

RESOLUÇÃO:

No plano 1, a dívida se acumula pela dinâmica de juros compostos:

$$M = C(1 + i)^t = 100 \cdot (1 + 0{,}04)^4 = 100 \cdot (1{,}04)^4 \cong 117$$

No momento de quitação da dívida, será amortizado o principal de R$100 e serão pagos os juros de R$17. O pagamento de juros não conta para a amortização.

No plano 2, que corresponde ao sistema americano, o principal é amortizado apenas no final. Portanto, no ano 4, é amortizado o total de R$100.

No plano 4, a amortização é constante, desse modo:

$$A = \frac{100}{4} = 25$$

Por fim, no plano 3, devemos nos lembrar de que a amortização é crescente no sistema francês. Por isso, no último ano, certamente será maior que 25.

Gabarito: A.

11. SISTEMA DE AMORTIZAÇÃO CRESCENTE (SACRE)

Este sistema cai pouco em provas, mesmo estando presente em alguns editais e ser mencionado até mesmo neste parágrafo 3° do artigo 15-B da lei que rege nosso sistema financeiro, a Lei 4.380/1964, que foi incluído pela Lei 11.977/2009:

> *Art. 15-B. Nas operações de empréstimo ou financiamento realizadas por instituições integrantes do Sistema Financeiro da Habitação que prevejam pagamentos por meio de prestações periódicas, os sistemas de amortização do saldo devedor poderão ser livremente pactuados entre as partes. (...)*
>
> *§ 3º Nas operações de empréstimo ou financiamento de que dispõe o caput é obrigatório o oferecimento ao mutuário do Sistema de Amortização Constante - SAC e de, no mínimo, outro sistema de amortização que atenda o disposto nos §§ 1º e 2º, entre eles o Sistema de Amortização Crescente - SACRE e o Sistema Francês de Amortização (Tabela Price).*

Bem, vamos aprender do que se trata este tal de Sacre.

O **Sistema de Amortização Crescente (Sacre)** é um caso particular de sistema *misto*, formado pela **junção entre o sistema francês e o sistema SAC.**

Sua principal característica é o fato de haver **incidência de juros maiores no começo do contrato**, o que faz essa opção de financiamento ser bem interessante para aquelas pessoas que desejam abater um grande percentual da dívida logo no início.

Nesse sistema, as **parcelas são fixas durante certo período, mas a cada período ela sofre uma redução, mantendo-se fixa por um novo período.** Ele proporciona que o cliente tenha, nas primeiras prestações, a quantia do saldo devedor menor, enquanto o montante pago será, em sua maioria, composto por juros.

Assim, quando estiver terminando de pagar o financiamento, será quando o saldo devedor realmente vai diminuir, ou seja, os juros incididos serão menores.

O cálculo do Sacre se repete a cada doze meses, reduzindo os juros do montante que já foi amortizado. A primeira prestação é calculada conforme o SAC. Em seguida, as 11 prestações seguintes são iguais à primeira (prestações fixas). Na 13ª terceira aplicamos novamente o SAC, e as prestações seguem fixas até o final do segundo ano. E assim por diante, sempre em ciclos de 12 meses.

O sistema Sacre tem as seguintes características:

- **Juros**: decrescente;
- **Amortização**: crescente;
- **Parcela**: fixa, sendo recalculada a cada período de 12 meses (normalmente decrescente).

Para entender melhor, vamos supor o financiamento de um imóvel no valor de R$120.000,00 e entrada de R$20.000,00 com um prazo de financiamento de 24 parcelas e juros de 10,6% ao ano, o que dá uma taxa de 0,883% ao mês. O cálculo é feito da seguinte forma:

- **Amortização** = Principal / Período = 100.000 / 24 meses = R$4.166,67
- **Juros** = Taxa x Saldo Devedor = 0,883% x 100.000 = R$883,00
- **Parcela** = Amortização + Juros = 4.166,67 + 883,00 = R$5.049,67

Assim, as 12 primeiras parcelas pelo Sacre terão o valor de R$5.049,67. Para as próximas 12 parcelas, o cálculo é repetido, mas sobre o saldo devedor de R$51.535,22. Teremos então mais 12 parcelas de R$4.749,66. Ao fazer uma tabela para os pagamentos do Sacre, de acordo com esse exemplo, seu saldo devedor no último mês será negativo, ou seja, haverá direito a uma devolução de dinheiro ou desconto na última parcela.

Esquematizando as diferenças entre os principais sistemas, temos:

	FRANCÊS	SAC	SACRE
Juros	Decrescente	Decrescente	Decrescente
Amortização	Crescente	Constante	Crescente
Valor da parcela	Fixa	Decrescentes	Decrescentes

Veja como esse assunto foi cobrado!

36. (PUC PR – Economista/COPEL/2009 - Adaptada) Os sistemas de amortização de empréstimos são constituídos pela tabela SAC, SAM, PRICE e SACRE (este último adotado pela CEF).

RESOLUÇÃO:

Os principais sistemas de amortização conhecidos são, de fato: Sistema de Amortização Constante; Sistema de Amorização Misto; Sistema Price ou Francês; e SACRE - Sistema de Amortização Crescente.

Ocorre que esse último **não é o adotado pela Caixa Econômica Federal.** O SACRE mistura os sistemas SAC e Price, de forma que as prestações são decrescentes, mas as amortizações são crescentes. Na verdade, a CEF utiliza em seus financiamentos habitacionais o sistema SAC ou o Price.

Gabarito: errado.

37. (VUNESP – Tesoureiro/CM Descalvado/2015) Assinale a alternativa que corresponde corretamente ao sistema de amortização de financiamento no qual os juros são decrescentes e as amortizações são crescentes, conforme modelo descrito a seguir.

Períodos (Semestres)	Saldo Devedor - R$	Amortização R$	Juros R$	Prestação R$
0	100.000,00	-	-	-
1	94.833,10	5.166,90	17.017,50	19.184,40
2	88.941,80	5.891,20	13.293,20	19.184,40
3	82.224,80	6.717,00	12.497,40	19.184,40
4	74.566,20	7.658,60	11.525,90	19.184,40

a) Sistema de Amortização Constante – SAC.

b) Sistema Misto de Amortização – SMA.

c) Sistema de Amortização Crescente – SACRE.

d) Sistema de Amortização Francês – SAF.

e) Sistema Americano de Amortização – SAA.

RESOLUÇÃO:

Temos **prestações fixas**, o que é característico do **sistema de amortização francês**, de modo que a opção de resposta correta é a letra D.

Vamos analisar as demais alternativas:

No SAC (letra A) as amortizações (terceira coluna) são todas iguais entre si. Não é o que ocorre nesse financiamento.

No SMA (letra B), as prestações são a média entre as prestações do SAC e do Price. Como no SAC as prestações são decrescentes, então no SMA também são.

No Sacre (letra C), temos um sistema misto (parcelas fixas em determinado período, mas no geral são decrescentes), em que a primeira prestação é calculada conforme o SAC. Em seguida, as 11 prestações seguintes são iguais à primeira (prestações fixas). Na 13ª terceira aplicamos novamente o SAC, e as prestações seguem fixas até o final do segundo ano. E assim por diante, sempre em ciclos de 12 meses.

O sistema americano (letra E) é aquele em que, periodicamente, pagamos apenas os juros, e a amortização é feita toda ao final do último período.

Gabarito: D.

12. RESUMO

Amortizar nada mais é do que **diminuir**, aos poucos, uma dívida contraída, de modo que ao final do prazo estipulado o débito seja liquidado.

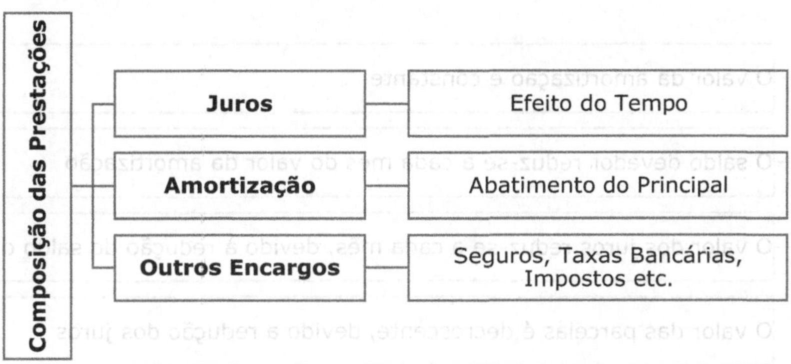

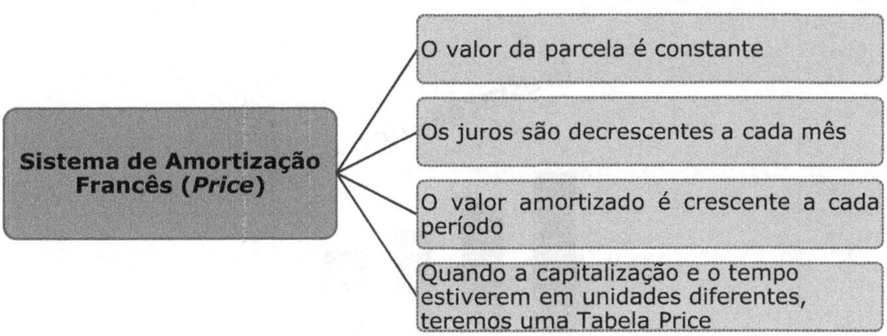

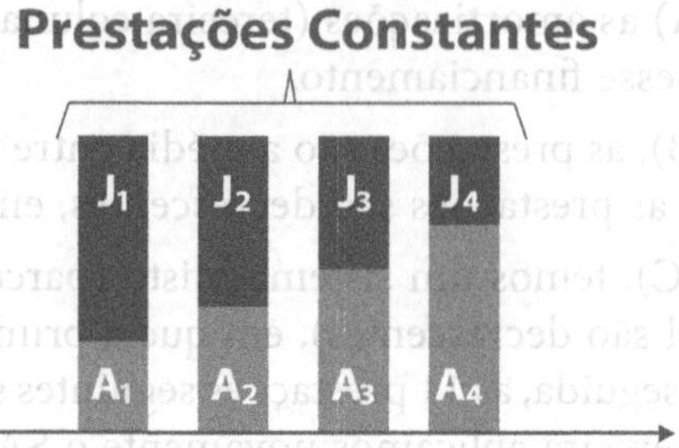

$$T = P \times \frac{1-(1+i)^{-n}}{i}$$

Valor da Parcela (P)	Juros (J)	Amortização (A)	Saldo Devedor (SD)
$P = \frac{T}{a_{n \neg i}}$	$J = i \, . \, SD_{anterior}$	$A = P - J$	$SD = SD_{anterior} - A$

Sistema de Amortização Constante (SAC)

- O valor da amortização é constante
- O saldo devedor reduz-se a cada mês do valor da amortização
- O valor dos juros reduz-se a cada mês, devido à redução do saldo devedor
- O valor das parcelas é decrescente, devido à redução dos juros

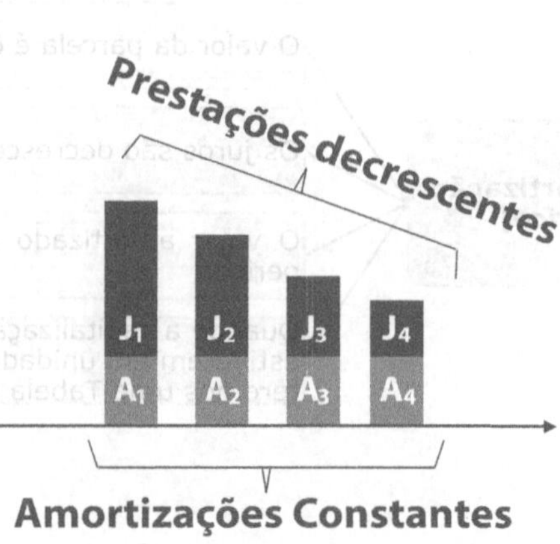

Valor da Parcela (P)	Juros (J)	Amortização (A)	Saldo Devedor (SD)
$P_n = P_1 + (n-1).r$	$J = i\,.SD_{anterior}$	$A = \frac{T}{n}$	$SD = SD_{anterior} - A$

- 1º passo — **•Calcular a cota de amortização (A = T/n)**
- 2º passo — **•Calcular os juros devidos (J = i x $SD_{anterior}$)**
- 3º passo — **•Calcular o valor da parcela (P = A + J)**
- 4º passo — **•Calcular o saldo devedor final (SD = $SD_{anterior}$ - A)**
- 5º passo — **•Calcular as demais parcelas, fazendo-se a subtração entre a parcela anterior e o SD_{final}**

Sistema de Amortização Francês (Price)	Sistema de Amortização Crescente (SAC)
Parcelas iguais do começo ao fim	Parcelas de valor decrescente – começam maiores e vão diminuindo
Valor da amortização crescente	Valor da amortização constante
Primeira parcela mais barata	Primeira parcela mais cara
Última parcela mais cara	Última parcela mais barata
Saldo devedor é reduzido mais lentamente	Saldo devedor sofre redução um pouco mais acelerada
Montante de juros é maior ao fim do prazo	Montante de juros tende a ser menor ao fim do prazo
Mais usada para dívidas de curto prazo	Mais comum para dívidas de longo prazo

Sistema de Amortização Misto (SAM)

- A parcela é a média aritmética das parcelas obtidas pelo SAC e pelo Sistema Francês
- $$P_{SAM} = \frac{P_{Francês} + P_{SAC}}{2}$$

Sistema de Amortização Americano (SAA)

- Ao longo do financiamento pagamos apenas os juros
- O valor da dívida é mantido constante
- Ao final do financiamento são pagos a última parcela de juros mais o principal

Sistema de Amortização Crescente (Sacre)

- É um caso particular de sistema misto entre o sistema francês e o sistema SAC
- Juros decrescentes
- Amortização crescente
- As parcelas são fixas durante certo período, geralmente de 12 meses
- Após o período, a parcela sofre uma redução, mantendo-se fixa por um novo período

13. MAIS QUESTÕES COMENTADAS

38. (CESPE - TCE-SC/2016) Um empréstimo de R$25.000 foi quitado pelo sistema de amortização misto em 10 parcelas mensais e consecutivas à taxa de juros compostos de 4% ao mês. A primeira parcela foi paga um mês após a tomada do empréstimo. Nessa situação, considerando 1,5 como valor aproximado para $1{,}04^{10}$, a amortização correspondente à primeira parcela foi superior a R$2.300.

RESOLUÇÃO:

A parcela do **sistema misto** é a média aritmética entre a parcela do sistema francês e a parcela do SAC.

Vamos primeiro ao **SAC**.

i) Cota de Amortização:

$$A = \frac{25.000}{10} = 2.500 \; reais$$

ii) Juro da primeira parcela:

$$J_1 = 0{,}04 . 25.000 = 1.000 \; reais$$

Dessa maneira, se fosse usado o SAC, a primeira prestação seria de 2.500 + 1.000 = 3.500 reais.

Vamos agora calcular a prestação no **sistema francês.**

$$T = P . \frac{(1+i)^n - 1}{(1+i)^n . i}$$

$$25.000 = P . \frac{(1{,}04)^{10} - 1}{(1{,}04)^{10} . 0{,}04}$$

$$25.000 = P . \frac{0{,}5}{1{,}5 . 0{,}04}$$

$$25.000 = P . \frac{0{,}5}{0{,}06}$$

$$P = 25.000 . \frac{0{,}06}{0{,}5} = 3.000 \; reais$$

Assim, a prestação no **sistema misto** é a média entre R\$3.500 e R\$3.000:

$$P_{SAM} = \frac{3.500 + 3.000}{2} = \mathbf{3.250 \; reais}$$

Sabemos que cada prestação é composta por uma cota de amortização e uma cota de juros. Portanto, como o juro da primeira parcela é de 1.000 reais, então a amortização da primeira parcela é de:

$$A = P_{SAM} - J_1$$

$$A = 3.250 - 1.000 = \mathbf{2.250}$$

Gabarito: Errado.

39. (Cespe – TCE-PA/2016) Um casal deseja adquirir um imóvel e, para tanto, pretende financiar o bem em 10 anos, em prestações mensais e taxa de juros nominal anual de 12%.

A partir dessas informações, julgue o item a seguir.

Se o valor financiado for de R$240.000, então, pelo sistema de amortização constante, a segunda prestação será inferior a R$4.300.

RESOLUÇÃO:

Como as prestações são mensais, fica subentendido que a capitalização é mensal.

Vamos calcular a taxa efetiva mensal:

$$i = \frac{12\%}{12} = 1\% \; ao \; mês$$

Então, temos 10 × 12 = 120 prestações.

A cota de amortização em cada parcela será de:

$$A = \frac{240.000}{120} = 2.000 \; reais$$

O juro da primeira prestação é de:

$$J_1 = 0{,}01.240.000 = 2.400 \; reais$$

Logo, a primeira prestação é de:

$$P_1 = A + J_1$$

$$P_1 = 2.000 + 2.400 = 4.400 \; reais$$

As prestações no SAC formam uma PA decrescente de razão dada por:

$$r = -i \cdot A.$$

$$r = -0{,}01 \cdot 2.000 = -20$$

Portanto, para calcular a segunda prestação, basta subtrair 20 reais da primeira prestação:

$$P_2 = P_1 + r$$

$$P_2 = 4.400 - 20 = 4.380$$

Gabarito: Errado.

40. (CESPE – AC/TCE-PR/2016) Um empréstimo de R$240.000 deverá ser quitado, no sistema Price, em 12 parcelas mensais iguais, com a primeira parcela programada para vencer um mês após a contratação do empréstimo. A taxa de juros nominal contratada foi de 12% ao ano e, com isso, cada prestação ficou em R$21.324. Nessa situação, se a pessoa que contratou o empréstimo tivesse optado pelo sistema de amortização misto, com a mesma taxa de juros, a terceira prestação seria igual a

a) 21.133 b) 22.000 c) 21.815 d) 21.662 e) 21.410

RESOLUÇÃO:

A prestação no Sistema Misto (SAM) é igual à média da prestação no SAC com a prestação no Sistema Price.

No Sistema Price, as prestações são todas iguais. Então, a 3ª prestação também vale R$21.324,00.

Nosso objetivo é calcular a 3ª prestação no SAC e fazer a média.

As amortizações no SAC são iguais e valem:

$$A = \frac{240.000}{12} = R\$20.000{,}00$$

Os juros são sempre calculados em relação ao saldo devedor que foi amortizado duas vezes antes da terceira prestação. Por isso, o saldo devedor antes da 3ª prestação vale:

$$SD = 240.000 - 2 . 20.000 = 200.000$$

A taxa dada no problema é nominal. Como as prestações são mensais, a taxa efetiva vale $\frac{12\%}{12} = 1\%$ a.m. Essa será a taxa que usaremos para calcular os juros. Logo, os juros da 3ª prestação valem:

$$J = 1\%.200.000 = 2.000$$

A 3ª prestação no SAC vale:

$$P = A + J = 20.000 + 2.000 = 22.000$$

Finalmente, podemos encontrar o valor da parcela no Sistema Misto:

$$P_{SAM} = \frac{P_{SAC} + P_{Francês}}{2} = \frac{21.324 + 22.000}{2} = \mathbf{21.662}$$

Gabarito: D.

41. (CESPE 2011/PEFOCE) Acerca dos sistemas de amortização SAC (Sistema de Amortização Constante), Sistema Price e SA (Sistema Americano), julgue o item subsequente.

No Sistema Americano, em nenhuma prestação há valor a ser amortizado.

RESOLUÇÃO:

O item este **errado**, pois no **Sistema de Amortização Americano** ao longo do financiamento pagam-se apenas os juros, de modo que amortiza-se todo o capital na última prestação.

Gabarito: Errado.

42. (FGV - SEFAZ-RJ/Fiscal de Rendas/2010) No Sistema Americano de Amortização, para um empréstimo de R$50.000,00, a ser amortizado em 25 vezes a uma taxa de juros de 5% ao mês, o valor acumulado das três primeiras prestações é de R$7.500,00.

RESOLUÇÃO:

No **Sistema Americano de Amortização,** apenas os juros são pagos durante o período de carência, de forma que a dívida é liquidada de uma vez no último pagamento.

Durante o período de carência, a quota de amortização é 0, de forma que a prestação é composta apenas pelo juro do período. Em cada período, o juro corresponde a 5% da dívida. Logo:

$$J = 0{,}05\ .50.000 = 2.500 \textit{ reais por período}$$

O valor total pago pelas três primeiras prestações é igual a:

$$T = 3 \cdot 2.500 = 7.500 \textit{ reais}$$

Gabarito: Certo.

43. (FCC/Caixa Econômica Federal/2004) Uma dívida no valor de R$3.600,00 foi amortizada em 8 parcelas mensais, com taxa de 4% ao mês pelo Sistema de Amortização Constante (SAC) e a primeira prestação foi paga ao completar 30 dias da data do empréstimo. O saldo devedor, logo após o pagamento da quarta prestação, era de

a) 2.260,00 b) 1.350,00 c) 1.500,00 d) 1.750,00 e) 1.800,00

RESOLUÇÃO:

O primeiro passo é calcular a cota de amortização. Basta dividir a dívida pelo número de prestações:

$$\boldsymbol{A = \frac{T}{n}}$$

$$A = \frac{3600}{8} = \mathbf{450}$$

O saldo devedor, logo após o pagamento da <u>quarta prestação</u> será de:

$$\boldsymbol{S_4 = T - 4 \,.\, A}$$

$$S_4 = 3600 - 4.450 = 3600 - 1800 = 1.800$$

Gabarito: E.

44. (FCC - APE/TCE-RS/2014) Uma dívida no valor de R$3.000,00 foi amortizada pelo Sistema de Amortização Constante – SAC, com taxa de 5% ao mês, em 6 parcelas mensais consecutivas, a primeira delas vencendo ao completar um mês da data do empréstimo. O valor da última prestação foi

a) 515,00 b) 510,00 c) 525,00 d) 550,00 e) 530,00

RESOLUÇÃO:

Em qualquer sistema de amortização, temos que o **saldo devedor após o pagamento da penúltima prestação é igual ao valor da amortização da última prestação.**

Nessa situação, as amortizações são constantes e valem:

$$A = \frac{3.000}{6} = R\$500,00$$

Como devem ser amortizados R$500,00 na última prestação, o saldo devedor após o pagamento da penúltima prestação também vale R$500,00.

Como os juros são calculados em relação ao saldo devedor:

$$J = 5\% \text{ x } 500 = R\$25,00.$$

Então, a última prestação vale $P = A + J = 500 + 25 =$ R$525,00

Gabarito: C.

45. (FCC - AFFE/SEFAZ-PI/2015) Uma pessoa contraiu uma dívida a ser paga pelo Sistema de Amortização Constante – SAC em 40 prestações mensais e consecutivas. Se a primeira prestação, que vence ao completar um mês da data do empréstimo, é de R$3.000,00 e a décima é igual a R$2.550,00, então a última prestação é de

a) 1.000,00 b) 1.050,00 c) 1.100,00 d) 1.150,00 d) 1.200,00

RESOLUÇÃO:

No SAC, as prestações decrescem sob a forma de uma PA, ou seja, as prestações diminuem sempre de um mesmo valor. Chamamos esse valor de **razão**. Nessa questão, no entanto, não poderemos usar a fórmula que aprendemos porque não temos os valores da amortização nem da taxa de juros.

Por isso, devemos pensar da seguinte forma.

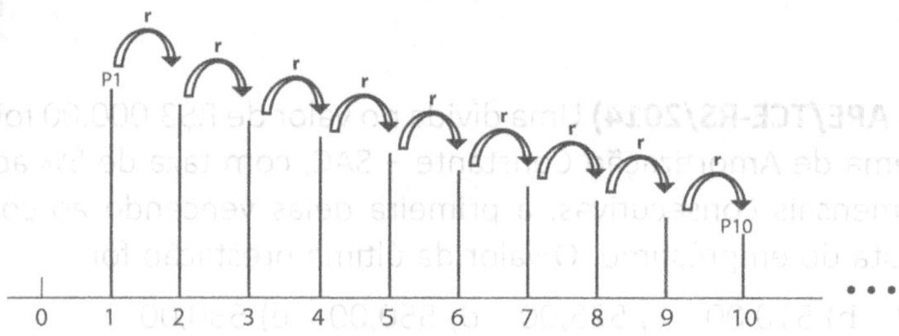

Da 1ª até a 10ª prestação tivemos 9 razões. Então,

$$P_1 + 9r = P_{10}$$

$$9r = P_{10} - P_1$$

$$9r = 2550 - 3000$$

$$9r = -450$$

$$r = -50$$

Assim, de uma prestação para a outra, o valor diminui em 50 reais.

Da 1ª até a 40ª (e última) prestação, teremos 39 razões de 50 reais, logo, a 40ª prestação valerá:

$$P_{40} = P_1 - 39 \times 50$$

$$P_{40} = 3.000 - 1950$$

$$P_{40} = \mathbf{R\$\ 1.050,00}$$

Gabarito: B.

46. (FCC – AP/MANAUSPREV/2015) Uma dívida deverá ser liquidada por meio de 60 prestações mensais e consecutivas, vencendo a primeira prestação 1 mês após a data da contração da dívida. Utilizou-se o sistema de amortização constante a uma taxa de 1,6% ao mês e o valor da décima prestação é igual a R$4.540,00. O valor da vigésima prestação é, em reais, igual a

a) 4.100,00. b) 4.140,00. c) 4.260,00. d) 4.220,00. e) 4.180,00.

RESOLUÇÃO:

Chamando a amortização de A e considerando que são 60 prestações, teremos 60 amortizações no período. Todas elas com o mesmo valor A, já que estamos no SAC.

Então, antes da 10ª prestação, foram pagas 9 amortizações, restando 60 – 9 = 51 amortizações a serem pagas.

Como os juros são calculados com base no saldo devedor, que é igual a essas 51 amortizações que faltam, teremos:

$$J = 1{,}6\%\ .\ 51A = 0{,}016.51A = 0{,}816\ A$$

Logo, a 10ª prestação vale:

$$P_{10} = A + J = A + 0{,}816\ A = 1{,}816\ A$$

Igualando com o valor dado na questão, temos:

$$1{,}816\ A = 4.540 \rightarrow A = R\$\ 2.500{,}00$$

Utilizando o mesmo raciocínio, antes da 20ª prestação foram pagas 19 amortizações. Dessa forma, o saldo devedor será de 60 – 19 = 41 amortizações e os juros valerão:

$$J = 1{,}6\%\ .41\ A = 0{,}016\ .41\ .2500 = 1640$$

Finalmente, a 20ª parcela vale:

$$P_{20} = A + J = 2.500 + 1.640 = 4.140{,}00$$

Gabarito: B.

47. (FCC - Ana/COPERGÁS/2016) Em um plano de pagamento com base no Sistema de Amortização Constante – SAC observa-se que ele corresponde a um empréstimo de um determinado valor a uma taxa de 2% ao mês, a ser liquidado por meio de 60 prestações mensais e consecutivas, vencendo a primeira prestação 1 mês após a data da concessão do empréstimo. Se o valor da penúltima prestação é igual a R$2.600,00, então o valor da 25ª prestação é, em reais, igual a

a) 4.300,00. b) 3.800,00. c) 4.350,00. d) 3.850,00. e) 3.950,00.

RESOLUÇÃO:

Chamando a amortização de A e considerando que são 60 prestações, teremos 60 amortizações no período. Todas elas com o mesmo valor A, já que estamos no SAC.

Antes da penúltima (59ª) prestação, foram pagas 58 amortizações. Com isso, ainda temos 60-58=2 amortizações a pagar. Como os juros são calculados em relação ao saldo devedor, que é igual a essas duas amortizações a pagar, temos:

$$J = 2\% \;.\; 2\,A = 0{,}02 \;.\; 2\,A = 0{,}04\,A$$

Então, a 59ª prestação vale:

$$P_{59} = A + J = A + 0{,}04\,A = 1{,}04\,A$$

Igualando com o valor dado no problema, temos:

$$1{,}04\,A = 2.600 \rightarrow A = R\$\,2.500{,}00$$

Pensando da mesma forma, antes da 25ª prestação, foram pagas 24 amortizações, faltando 60-24=36 amortizações a pagar. Com isso, os juros valerão:

$$J = 2\%\,.36\,A = 0{,}02\,.36\,.2.500 = R\$1800{,}00$$

Finalizando, a 25ª prestação vale:

$$P_{20} = A + J = 2.500 + 1.800 = \mathbf{4.300{,}00}$$

Gabarito: A.

48. (FCC – AFRE-RJ/2014) A tabela a seguir corresponde a uma taxa de juros compostos de 2% ao mês para ser utilizada em um empréstimo no valor de R$100.000,00, que deverá ser quitado por meio de 48 prestações mensais, iguais e consecutivas, vencendo a primeira prestação 1 mês após a data da concessão do empréstimo. Considere também que deve ser utilizado o Sistema Francês de amortização com uma taxa de juros compostos de 2% ao mês.

Tabela					
n	12	24	36	48	60
FAC (U)	1,26824	1,60844	2,03989	2,58707	3,28103
FAC (S)	13,41209	30,42186	51,99437	79,35352	114,05154
FRC	0,09456	0,05287	0,03923	0,03260	0,02877

Observação: $FAC(U) = (1{,}02)^n$; $FAC(S) = \frac{(1{,}02)^n - 1}{0{,}02}$; $FRC = \frac{(1{,}02)^n \times 0{,}02}{(1{,}02)^n - 1}$ sendo que n corresponde ao número de meses, FAC (U) corresponde ao fator de acumulação de capital para um pagamento único, FAC (S) corresponde ao fator de acumulação de capital para uma série de pagamentos iguais e FRC corresponde ao fator de recuperação de capital.

O valor da cota de amortização incluída no valor da 2ª prestação é igual a

a) 1.260,00 b) 1.272,60 c) 1.285,20 d) 1.630,00 e) 1.974,80

RESOLUÇÃO:

Uma forma alternativa de calcular a prestação no Sistema Price é dada pela relação:

$$P = (valor\ da\ dívida)\ .\ FRC$$

$$P = 100.000.0{,}03260 = 3.260{,}00$$

Os juros da 1ª parcela valem:

$$J = 2\%\ .\ 100.000 = R\$\ 2.000{,}00$$

Como , a amortização da primeira parcela vale:

$$3.260 = A_1 + 2.000 \rightarrow A_1 = R\$\ 1.260{,}00$$

Agora, lembre-se de que as amortizações no Sistema Price formam uma PG de razão (1+*i*). Logo, de uma amortização para a outra devemos multiplicar pela razão (1+*i*).

$$A_2 = A_1\ (1 + i) \rightarrow A_2 = 1.260.1{,}02 = \mathbf{1.285{,}20}$$

Gabarito: C.

49. (FCC – ATE/SEFAZ-PI/2015) Uma dívida no valor de R$20.000,00 vai ser paga em 30 prestações mensais, iguais e consecutivas, vencendo a primeira prestação 1 mês após a data de formação da dívida. Utilizou-se o sistema de amortização francês com uma taxa de 2% ao mês. Pelo quadro de amortização, obtém-se que o saldo devedor imediatamente após o pagamento da primeira prestação é de R$19.507,00. O valor da cota de amortização incluído no valor da segunda prestação é de

a) 502,86 b) 512,72 c) 522,58 d) 532,44 e) 542,30

RESOLUÇÃO:

Se o saldo devedor após o pagamento da 1ª prestação é R$ 19.507,00, isso significa que foram amortizados 20.000 - 19.507 = 493 reais da dívida.

Como as prestações são iguais, estamos diante do Sistema Francês e, nesse sistema, as amortizações formam uma PG de razão (1 + *i*).

Então, para achar a 2ª amortização, devemos multiplicar a primeira amortização por (1 + *i*), sendo a taxa de juros informada no problema.

Finalmente, temos:

$$A_2 = A_1\ (1 + i) \rightarrow A_2 = 493 \times 1{,}02 = \mathbf{502{,}86}$$

Gabarito: A.

50. (FCC – AFTE/SEFAZ-PE/2014) No quadro abaixo tem-se o plano de amortização de uma dívida de R$4.800,00, pelo Sistema Francês, com taxa de 4% ao mês. Ela vai ser paga em 7 parcelas mensais consecutivas, vencendo a primeira delas ao completar um mês da data do empréstimo.

Data	Valor da prestação	Valor da cota de juros	Valor da cota de amortização	Saldo devedor
0				4.800,00
1	799,72	W	607,72	4.192,28
2	799,72	167,69	632,03	X
3	799,72	142,41	657,31	2.902,94
4	799,72	Y	Z	2.219,34
5	799,72	88,77	710,95	1.508,39
6	799,72	60,34	739,38	769,02
7	799,72	30,76	768,96	0,06

Na tabela, o saldo devedor não ficou zerado porque os cálculos foram feitos com valores aproximados, usando-se somente duas casas decimais. Nestas condições, é verdade que W + X + Z é igual a

a) 4.042,25 b) 4.324,95 c) 4.294,85 d) 4.102,75 e) 4.435,85

RESOLUÇÃO:

W: Juros da 1ª prestação.

Lembrando que P = A + J, temos que J = P – A. Então, para encontrar o valor dos juros, basta subtrair o valor da prestação pela amortização.

$$W = 799{,}72 - 607{,}72 = 192{,}00$$

X: Saldo devedor após o pagamento da 2ª prestação.

Devemos subtrair o saldo devedor após a 1ª prestação pela amortização da 2ª prestação para achar o saldo devedor após o pagamento da 2ª prestação.

$$X = 4.192{,}28 - 632{,}03 = 3.560{,}25$$

Z: Amortização da 4ª prestação.

Agora, lembre-se de que as amortizações no Sistema Price formam uma PG de razão . Assim, de uma amortização para a outra devemos multiplicar pela razão .

Visto isso, temos que a amortização da 4ª prestação será igual a amortização da 3ª prestação multiplicada pela razão .

$$Z = A_3\ (1 + i) \rightarrow Z = 657{,}31.1{,}04 = 683{,}60$$

Finalmente,

$$W + X + Z = 192 + 3.560{,}25 + 683{,}60 = 4.435{,}85$$

Gabarito: E.

51. (FCC – AP/MANAUSPREV/2015) Uma dívida, no valor de R$100.000,00 na data de hoje, deverá ser liquidada por meio de 26 prestações mensais, iguais e consecutivas, vencendo a primeira prestação daqui a 1 mês. Considerou-se o sistema de amortização francês a uma taxa de 2% ao mês. Pelo quadro de amortização, observa-se que o valor da cota de amortização incluído no valor da segunda prestação é igual a R$3.029,40. O valor do saldo devedor da dívida, imediatamente após o pagamento da segunda prestação, é, em reais, igual a

a) 94.000,60 b) 94.500,40 c) 96.000,00 d) 95.089,40 e) 94.800,00

RESOLUÇÃO:

Como as prestações são iguais, estamos diante do Sistema Francês e, nesse sistema, as amortizações formam uma PG de razão .

Isso significa que de uma amortização para a outra devemos multiplicar por essa razão .

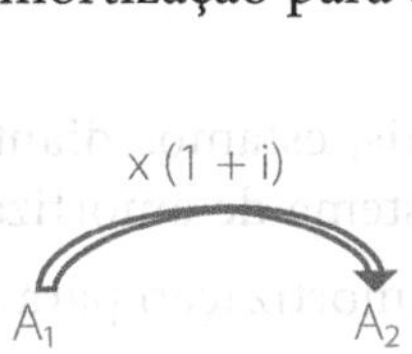

Com isso, temos que:

$$A_2 = A_1(1+i)$$
$$3.029{,}40 = A_1 \,.\, 1{,}02$$
$$A_1 = \frac{3029{,}40}{1{,}02} = 2.970{,}00$$

Então, a dívida de R$100.000,00 foi amortizada R$2.970,00 na 1ª prestação e R$3029,40 na 2ª prestação. Logo, o saldo devedor após o pagamento dessa 2ª prestação vale:

100.000 – 2.970 – 3.029,40 = 94.000,60

Gabarito: A.

52. (FCC – AFRM/ISS Teresina/2016) Uma dívida no valor de R$16.000,00 deverá ser liquidada por meio de 5 prestações mensais, iguais e consecutivas, vencendo a primeira prestação 1 mês após a data da concessão da dívida. Utilizando o sistema de amortização francês, observa-se que os saldos devedores da dívida, imediatamente após o pagamento da primeira e da segunda prestação, são iguais a R$12.956,00 e R$9.835,90, respectivamente. O valor dos juros incluído na segunda prestação é igual a

a) 259,12 b) 388,68 c) 245,90 d) 362,80 e) 323,90

RESOLUÇÃO:

A primeira amortização pode ser obtida subtraindo a dívida de R$16.000,00 por R$12.956,00.

$$A_1 = 16.000 - 12.956 \rightarrow A_1 = 3.044{,}00$$

A segunda amortização pode ser obtida usando o mesmo raciocínio. Para calculá-la, devemos subtrair o saldo devedor após o pagamento da 1ª prestação pelo saldo devedor após a 2ª prestação.

$$A_2 = 12.956 - 9835{,}90 \rightarrow A_2 = 3.120{,}10$$

Como as parcelas são iguais, estamos diante do Sistema Francês. Como já vimos, as amortizações nesse sistema de amortização formam uma PG de razão .

Isso significa que de uma amortização para a outra devemos multiplicar por essa razão .

Com isso, temos que:

$$A_2 = A_1(1+i)$$
$$3.120{,}10 = 3.044\,.\,(1+i)$$
$$(1+i) = \frac{3.120{,}10}{3.044}$$
$$(1+i) = 1{,}025 \rightarrow i = 0{,}025 \rightarrow i = 2{,}5\%$$

A partir dessa taxa, podemos calcular os juros da 2ª prestação aplicando 2,5% sobre o saldo devedor após o pagamento da 1ª prestação.

$$J = 2{,}5\%\,.\,12.956 = \mathbf{323{,}90}$$

Gabarito: E.

53. (FEPESE – AFTE/SEFAZ-SC/2010) Um financiamento de \$10.000,00 foi contratado a juros efetivos de 2% ao mês e será pago em quatro prestações mensais com carência de quatro meses. Assinale a alternativa que indica o Valor da amortização pelo Sistema de Amortização Constante (SAC).

a) 2.653,02 b) 3.653,02 c) 4.653,02 d) 5.653,02 e) 6.543,02

RESOLUÇÃO:

O texto dessa questão não foi muito feliz. A banca, ao informar que seria dada uma "carência de quatro meses", quis dizer que o primeiro pagamento deveria ser feito no 4º mês.

Como a 1ª parcela é calculada com base no saldo devedor do período anterior, devemos atualizar o saldo devedor até o 3º mês.

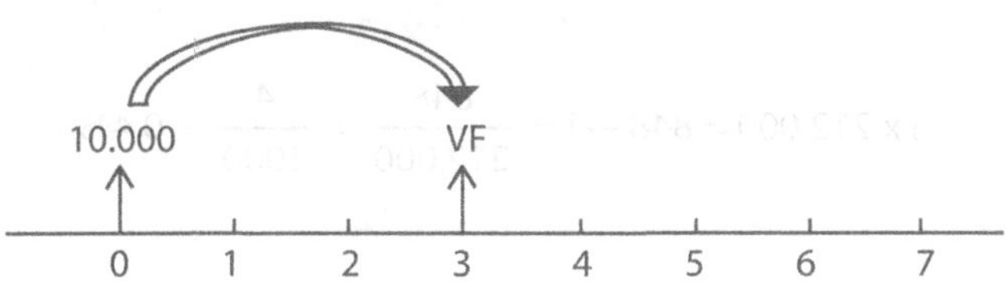

Como sabemos: $VF = VP.(1 + i)^t$, então $VF = 10.000 \text{ x } 1{,}02^3 = 10.612{,}08$.

A amortização será igual ao valor da dívida atualizada dividido pela quantidade de parcelas:

$$A = \frac{10.612{,}08}{4} = \mathbf{2.653{,}02}$$

Gabarito: B

54. (FEPESE – AFTM/ISS Florianópolis/2014) Uma pessoa financiou 100% de um imóvel no valor de R$216.000,00 em 9 anos. O pagamento será em prestações mensais e o sistema de amortização é o sistema de amortização constante (SAC). Sabendo que o valor da terceira prestação é de R$2.848,00, a taxa de juros mensal cobrada é de:

a) 0,2%. b) 0,4%. c) 0,5%. d) 0,6%. e) 0,8%

RESOLUÇÃO:

Como o financiamento será pago em 9 anos em prestações mensais, teremos prestações.

Assim, a amortização de cada mês será dada por:

$$A = \frac{216.000}{108} = 2.000,00$$

Com isso, concluímos que a 3ª parcela é composta por 2.000 reais da amortização e 848 dos juros. Até aqui tudo bem?

Lembre-se de que os **juros são sempre pagos em relação ao saldo devedor**. E o saldo devedor imediatamente antes da terceira parcela será dado pelo total da dívida menos as duas amortizações feitas nas duas primeiras parcelas. Logo:

$$SD = 216.000 - 2\ .2.000 = 212.000$$

Assim, os juros da 3ª parcela serão dados por:

$$J = i\ .\ 212.000$$

Igualando as expressões, temos que:

$$i \times 212.000 = 848 \rightarrow i = \frac{848}{212.000} \underset{:212}{\overset{:212}{=}} \frac{4}{1000} = 0{,}4\%$$

Gabarito: B.

55. (FEPESE – AFCE/TCE-SC/2006) Um financiamento de R$9.000,00 pelo sistema de amortização constante (SAC) deverá ser pago em 12 (doze) prestações mensais e consecutivas, sem carência, a uma taxa de juros compostos de 3% ao mês. O valor total de juros pagos até a metade, inclusive, do financiamento é de:

a) 945,00 b) 1.282,50 c) 1.620,00 d) 2.565,00 e) 3.240,00

RESOLUÇÃO:

Nessa questão, usaremos a fórmula que aprendemos neste capítulo para determinarmos o total dos juros, com base na soma dos termos de uma PA:

$$J_{total} = \frac{(J_{1^a\ parcela} + J_{última\ parcela}) \cdot (\boldsymbol{número\ de\ prestações})}{2}$$

Porém, não exatamente dessa forma, pois a questão pede o total de juros pagos até a metade, incluindo a 6ª prestação. Então, nosso problema será achar os juros da 1ª e da 6ª prestação.

Os juros da 1ª prestação são dados por:

$$J_{1^a\ prestação} = 3\% \cdot 9.000 = 270,00$$

Já para calcular os juros da 6ª, devemos encontrar o saldo devedor após o pagamento da 5ª prestação. Para isso, primeiro calcularemos a amortização:

$$A = \frac{9.000}{12} = 750,00$$

A partir desse valor, concluímos que foram pagas 5 amortizações de 750 reais. Então, o saldo devedor após a 5ª prestação vale:

$$SD = 9.000 - 5.750 = 5.250,00$$

Logo, os juros da 6ª prestação valem:

$$J_{6^a\ prestação} = 3\% \cdot 5250 = 157,50$$

Finalmente,

$$J_{até\ a\ metade} = \frac{(J_{1^a\ parcela} + J_{6^a parcela}) \cdot (número\ de\ prestações)}{2} = \frac{(270 + 157,50) \cdot 6}{2} = \mathbf{1.282,50}$$

Gabarito: B.

56. (FEPESE – ACP/TCE-SC/2014) Quanto aos sistemas de amortização constante (SAC) e Price sem indexação monetária, é correto afirmar:

a) No sistema Price a participação das amortizações na prestação diminui ao longo do tempo.

b) No sistema Price o valor das prestações diminui ao longo do tempo.

c) No sistema Price as prestações se constituem numa progressão aritmética crescente.

d) Tanto no sistema SAC quanto no Price a parcela dos juros na prestação diminui ao longo do tempo.

e) Tanto no sistema SAC quanto no Price as prestações se constituem numa progressão aritmética crescente.

RESOLUÇÃO:

- **Letra a e d:** Pelo contrário, como em todo período é pago uma parte do saldo devedor, os juros irão diminuir. Com isso, concluímos que a letra d está correta.
- **Letra b e c:** No sistema Price, as prestações são constantes.
- **Letra e:** No sistema Price, as prestações são constantes e no SAC as prestações formam uma PA de razão negativa, ou seja, é decrescente.

Gabarito: D.

57. (FEPESE – AFCE/TCE-SC/2006) Um equipamento é vendido pelo preço à vista de R$5.000,00, mas pode ser financiado com 10% de entrada a uma taxa de juros de 48% ao ano, Tabela Price. Sabendo-se que o financiamento deve ser amortizado em 18 meses, a parcela correspondente a amortização na última prestação terá, em reais, um valor de:

Dados: (1,04)17=1,9479 e an¬i=12,6593

a) 250,00 b) 341,80 c) 355,47 d) 394,97 e) 379,78

RESOLUÇÃO:

Nesse exercício, a taxa informada é **nominal**. Como ela diz que serão prestações mensais, devemos entender que:

48% ao ano, **Tabela Price** = 48% ao ano, **com capitalizações mensais**

E assim, a taxa efetiva vale:

$$\frac{48\%}{12} = 4\% \; ao \; mês$$

Como estamos no Sistema Price, a prestação é dada por:

$$P = \frac{valor \; da \; dívida}{a_{i\neg n}}$$

Tome cuidado para não se confundir, a dívida não é de 5.000 reais, porque são pagos 10% de entrada. Como , a dívida na verdade é de 4.500 reais. Então:

$$P = \frac{4.500}{12,6593} = 355,47$$

Essa 1ª prestação de *R$*355,47 é composta de amortização e juros (P = A + J). Os juros são calculados com base no saldo devedor de R$4.500,00. Então:

$$J = 4\%.4500 = 180,00$$

Com isso, temos:

$$A = P - J = 355,47 - 180 = 175,47$$

Agora, precisamos lembrar que **as amortizações no Sistema Price formam uma PG de razão** (1 + *i*). Aplicando a fórmula $A_n = A_1.(1 + i)^{n-1}$ na situação do problema, a 18ª (e última) amortização é igual a:

$$A_{18} = 175,47.(1 + 0,04)^{18-1} \rightarrow A_{18} = 175,47.1,04^{17}$$

$$A_{18} = 175,47.1,9479 = \mathbf{341,80}$$

Gabarito: B.

58. (FUNCAB - Temp NS/ANS/2015) É correto afirmar que, na série de prestações calculadas, usando-se o sistema de amortização francês, a(o):

a) valor da prestação, juros e amortização são fixos.

b) amortização ocorre apenas na última prestação.

c) amortização é constante nas parcelas.

d) amortização é crescente e os juros são decrescentes.

e) amortização é fixa e os juros são decrescentes.

RESOLUÇÃO:

As prestações são todas iguais no Sistema Francês. Essas prestações são compostas pela amortização e pelos juros.

Como há amortização em cada prestação, o saldo devedor diminui a cada pagamento.

Como o saldo devedor diminui e os juros são calculados sobre o saldo devedor, os juros também irão diminuir a cada prestação.

Como os juros diminuem e a prestação se mantem constante, a amortização deve aumentar para que o valor da prestação continue igual.

Resumindo o que falamos, no Sistema Francês:

- as prestações são todas iguais;
- os juros diminuem;
- as amortizações aumentam.

Gabarito: D.

59. (FGV – AB/BNB/2014) Um advogado comprou uma sala para instalar seu escritório por R$120.000,00 utilizando o sistema de amortização constante (SAC). O banco financiou a compra dessa sala em 24 meses com juros de 2% ao mês. A segunda prestação que esse advogado deverá pagar será de:

a) 5.800,00 b) 6.200,00 c) 6.700,00 d) 7.300,00 e) 7.400,00

RESOLUÇÃO:

Como o financiamento é pelo SAC, a amortização vale:

$$A = \frac{120.000}{24} = 5.000$$

A 2ª prestação será composta da amortização de R$5.000,00 e mais os juros do período.

Antes da 2ª prestação, só foi paga uma amortização. Com isso, o saldo devedor vale:

$$SD = 120.000 - 5.000 = 115.000$$

Então, os juros da 2ª prestação valerão:

$$J = 2\% \cdot 115.000 = 2.300$$

Finalmente, a 2ª prestação será de 5.000 + 2.300 = **R$7.300,00.**

Gabarito: D.

60. (FGV – Aud/ALBA/2014) Para comprar uma casa, Marcos faz um financiamento, sem entrada, no valor de R$180.000,00, que será pago em 100 prestações, no Sistema de Amortização Constante (SAC), com taxa de juros de 1% ao mês. O valor da 3ª parcela a ser paga é:

a) 1.854,00 b) 1.966,90 c) 2.340,00 d) 3.582,00 e) 3.564,00

RESOLUÇÃO:

A amortização no SAC será dada por:

$$A = \frac{180.000}{100} = 1.800$$

A 3ª prestação será formada pela amortização de R$1.800,00 e mais os juros do período.

Antes da 3ª prestação, foram pagas duas amortizações. Com isso, o saldo devedor vale:

$$SD = 180.000 - 2 \,.1.800 = 176.400$$

Então, os juros da 3ª prestação valerão:

$$J = 1\% \,.\, 176.400 = 1.764$$

Finalmente, a 3ª prestação será de 1.800 + 1.764 = **R$ 3.564,00.**

Gabarito: E.

61. (FGV – Cont/Niterói/2015) Considere a amortização de uma dívida pelo Sistema francês de amortização- tabela Price em três pagamentos, vencendo a primeira prestação um período após a liberação dos recursos, sendo que as duas primeiras parcelas de amortização são R$5.000,00 e R$5.500,00, respectivamente. O valor de cada prestação, em reais, é:

a) 5.250 b) 5.500 c) 5.516 d) 6.050 e) 6.655

RESOLUÇÃO:

Estudamos que as amortizações no Sistema Price formam uma PG de razão (1+*i*).

A fórmula que relaciona essas amortizações é:

$$A_n = A_1.(1+i)^{n-1}$$

A questão informa a 1ª amortização (A_1 = 5.000) e a 2ª amortização (A_2 = 5.500).

Aplicando a fórmula, a amortização da 3ª parcela valerá $A_3 = A_1.(1+i)^{3-1}$ = $5.000.(1 + i)^2$. Então, precisamos achar o valor de (1+*i*) para determinar A_3.

Para encontrar (1+*i*), vamos relacionar as amortizações A_1 e A_2 por meio da fórmula:

$$A_2 = A_1.(1+i)^{2-1}$$
$$5.500 = 5.000.(1+i)$$

$$\frac{5.500}{5.000} = 1 + i$$

$$1{,}1 = 1 + i$$

$$i = 0{,}1 = 10\%$$

Com isso, temos:

$$A_3 = 5.000.\,1{,}1^2 = 6.050$$

O valor da dívida inicial pode ser encontrado somando todas as amortizações A_1, A_2 e A_3.

Então,

$$SD = A_1 + A_2 + A_3 = 5.000 + 5.500 + 6.050 = 16.550$$

A partir desse saldo devedor, podemos calcular o valor dos juros da 1ª prestação:

$$J = 10\%.16.550 = 1.655$$

O valor da 1ª prestação valerá:

$$P = A + J = 5.000 + 1.655 = 6.655$$

Como estamos no Price, todas as prestações terão esse mesmo valor.

Gabarito: E.

62. (FGV – ATM/Recife/2014) Com relação à equivalência de fluxos de caixa, assinale V para a afirmativa verdadeira e F para a falsa.

( ) No sistema de amortizações constantes, os juros decrescem com o tempo, para taxas de juros não nulas e para um prazo maior do que um período.
( ) As parcelas de um financiamento no sistema Price e SAC são iguais no último período.
( ) No sistema Price, a amortização é crescente com o tempo para taxas de juros não nulas e para um prazo maior do que um período.
As afirmativas são, respectivamente,

a) V, V e V b) V, F e V c) V, F e F d) F, V e V e) F, F e F

RESOLUÇÃO:

(VERDADEIRO) *No sistema de amortizações constantes, os juros decrescem com o tempo, para taxas de juros não nulas e para um prazo maior do que um período.*

Como os juros são calculados em relação ao saldo devedor e esses diminuem a cada período, podemos concluir que os juros diminuem a cada período.

(FALSO) *As parcelas de um financiamento no sistema* Price e SAC são iguais no último período.

A prestação no SAC começa maior que no Price e acaba menor.

(VERDADEIRO) *No sistema Price, a amortização é crescente com o tempo para taxas de juros não nulas e para um prazo maior do que um período.*

No sistema Price, há amortizações a cada pagamento. Com isso, o saldo devedor diminui a cada período, o que faz com que os juros também diminuam. Como a prestação é constante, se os juros diminuem, as amortizações devem aumentar.

Gabarito: B.

63. (FGV – AFTRM/ISS Cuiabá/2014) Considere um financiamento de quatro anos cujo valor do principal seja de R$100,00 e a taxa de juros, igual a 4% ao ano. Considere quatro planos de amortização para esse financiamento:

- No plano 1, o financiamento é quitado com um único pagamento apenas no final do quarto ano, com capitalização dos juros no final de cada ano;
- No plano 2, no final de cada ano são pagos apenas os juros, com exceção do último ano, no qual, além dos juros, é efetuado o pagamento integral do principal;
- No plano 3, a liquidação do financiamento segue o modelo Price;
- No plano 4, a liquidação do financiamento segue o modelo SAC.

No final do quarto ano, nos planos 1, 2, 3 e 4, os valores da amortização do principal serão (em reais), respectivamente, de

a) 100, 100, maior do que 25 e 25.

b) maior que 116, 100, maior do que 25 e 25.

c) 100, 100, 25 e menor do que 25.

d) menor do que 100, maior do que 100, maior do que 25 e 25.

e) 100, 100, 25 e maior do que 24.

RESOLUÇÃO:

Plano 1: Como é feito apenas um pagamento ao final, o saldo devedor de R$100,00 é amortizado nessa prestação.

Plano 2: Nessa situação, a questão diz que "é efetuado o pagamento integral do principal" no último ano, isso significa que todo o saldo devedor de R$100,00 é pago nessa última prestação.

Plano 3: Nesse item não é necessário fazermos o cálculo. Pense no seguinte: Se as amortizações fossem constantes, seriam R$25,00 amortizados por prestação, concorda comigo?

Porém, no Price, as prestações são constantes. Como há amortização de dívida a cada período, o saldo devedor irá diminuir, o que faz com que os juros de cada período diminuam também.

Se os juros diminuem, a amortização deve aumentar a cada período para que a prestação continue sempre igual. Dessa forma, a amortização na 1ª prestação será menor que R$25,00 e na última será maior que R$25,00.

Plano 4: Como estamos diante do SAC, a amortização será constante em cada pagamento e valerá $A = \frac{100}{4} = R\$25{,}00$.

Gabarito: A.

64. (FGV – AFTRM/ISS Cuiabá/2016) Relacione o tipo de plano de amortização de empréstimos à respectiva característica.

1. Pagamento Periódico de Juros.
2. Modelo Price.
3. SAC

( ) No final do prazo do financiamento, além dos juros anuais, é feito o pagamento integral do principal.

( ) As prestações são iguais e divididas em juros do ano e amortização do principal.

( ) As prestações são linearmente decrescentes.

Assinale a opção que indica a relação correta, de cima para baixo.

a) 1 – 2 – 3 b) 1 – 3 – 2 c) 2 – 1 – 3 d) 2 – 3 – 1 e) 3 – 2 – 1

RESOLUÇÃO:

(1) No final do prazo do financiamento, além dos juros anuais, é feito o pagamento integral do principal.

O pagamento integral do principal no final do prazo não é feito no SAC e nem no Modelo Price. Restando apenas a 1 para marcar.

Essa situação mostra o que é feito no Sistema Americano, no qual somente os juros são pagos durante o período de financiamento e na última parcela são pagos a completa amortização do principal e os juros do período.

(2) As prestações são iguais e divididas em juros do ano e amortização do principal.

É no modelo Price que as prestações são constantes.

(3) As prestações são linearmente decrescentes.

Como vimos, as prestações decrescem em PA, ou seja, decrescem sempre um mesmo valor a cada período. Outra maneira de dizer isso é falar que elas são "linearmente decrescentes".

Gabarito: A.

65. (FGV – Cont/Niterói/2015) Um indivíduo pretende comprar um imóvel financiado em 60 meses utilizando o Sistema de Amortização Constante - SAC. Ele procurou uma instituição financeira que opera com vencimento da primeira prestação um mês após a liberação dos recursos, taxa de juros de 5% ao mês, e foi informado que, pela análise dos comprovantes de rendimentos, o limite máximo da prestação teria que ser de R$5.000,00. O valor máximo que ele pode financiar, em reais, é:

a) 75.000 b) 100.000 c) 185.000 d) 225.000 e) 300.000

RESOLUÇÃO:

No SAC, a 1ª prestação é a maior delas. Então, vamos focar apenas nessa prestação.

Chamaremos a **dívida inicial de D.**

A amortização será dada por:

$$A = \frac{D}{60}$$

Já os juros valerão:

$$J = 5\% \,.\, D$$

Transformando 5% em fração, temos que $5\% = \frac{5}{100} = \frac{1}{20}$.

Então, podemos escrever que os juros valem:

$$J = \frac{D}{20}$$

Como cada prestação é dada por P = A + J, temos:

$$P = \frac{D}{60} + \frac{D}{20}$$

A prestação deve ser menor ou igual (≤) a R$5.000,00, então:

$$\frac{D}{60} + \frac{D}{20} \leq 5.000$$

Multiplicando os dois lados por 60, temos:

$$D + 3D \leq 300.000 \rightarrow 4D \leq 300.000 \rightarrow D \leq 75.000$$

Portanto, a dívida inicial no máximo deve ser R$75.000,00.

Gabarito: A.

14. QUESTÕES-DESAFIO

66. (CESGRANRIO – Prof/LIQUIGÁS/2014) Considere a amortização de uma dívida, em 300 meses, com juros de 1% ao mês, pelo Sistema de Amortização Constante. Mantida a taxa mensal de juros de 1%, de quanto aumentará a prestação inicial se o prazo for reduzido pela metade?

a) 25% b) 50% c) 75% d) 100% e) 200%

RESOLUÇÃO:

Como a questão não informa o valor da dívida, podemos supor um valor qualquer que não há problema.

Supondo uma dívida de R$30.000,00, amortização mensal valeria:

$$A = \frac{30.000}{300} = 100$$

E os juros valeriam:

$$J = 1\% \ . \ 30.000 = 300$$

Então, com o prazo de 300 meses, a 1ª prestação valeria:

$$P = A + J = 100 + 300 = 400$$

Vamos usar esse mesmo raciocínio para calcular a prestação se o prazo diminuísse para 150 meses. A amortização valeria:

$$A = \frac{30.000}{150} = 200$$

E os juros:

$$J = 1\% \;.\; 30.000 = 300$$

A prestação com o prazo diminuído pela metade seria de:

$$P = A + J = 200 + 300 = 500$$

Concluímos que a prestação aumentaria de R$400,00 para R$500,00. O que significa um aumento de R$100,00. Esse valor em relação aos R$400,00 equivale a:

$$\overset{:4}{\frac{100}{400}} = \frac{25}{100} = 25\%$$
$$:4$$

Gabarito: A.

67. (IADES – Metrô/DF – 2014 – Contador) Um financiamento no valor de $50.000 foi contratado pelo sistema de amortização francês (SAF) para ser liquidado em 10 parcelas mensais, iguais e consecutivas, no valor de $8.137,27. A taxa de juros da operação foi 10,0% ao mês.

Parcela nº	Saldo Devedor	Amortização	Juros	Prestação
4	35.439,93	4.175,71	3.961,56	8.137,27

Com base nos dados apresentados referentes à 4ª parcela, o valor da amortização na 5ª parcela foi

a) 4.050,00 b) 4.156,98 c) 4.500,00 d) 4.593,28 e) 5.000,00

RESOLUÇÃO:

Apesar dos números quebrados, é uma questão bem interessante para entendermos a lógica de um sistema de amortização.

Temos que o saldo devedor após o pagamento da parcela 4, isto é, D_4, é igual a R$35.439,93. Seguindo a lógica de juros postecipados, os juros são calculados em relação ao saldo devedor no mês anterior.

Portanto, os juros na quinta parcela devem ser calculados em relação ao saldo devedor no mês 4, que foi fornecido no enunciado.

$$J_5 = D_4\, i = 35439{,}93 . 0{,}10 = 3543{,}99$$

Como o sistema de amortização é francês, temos que a prestação é constante. Portanto, a quinta prestação será igual também a R$8.137,27. Dessa forma, temos que a amortização será:

$$P_5 = J_5 + A = 8137,27$$

$$3453,99 + A = 8137,27A = 8137,27 - 3453,99$$

$$\mathbf{A = 4.593,28}$$

Gabarito: D.

68. (FGV – Banestes – 2018 – Técnico Bancário) Um empréstimo deverá ser quitado em 6 prestações mensais iguais de R$670,00, segundo o Sistema de Amortização Francês (Tabela Price), com a primeira prestação vencendo um mês após a contratação. A taxa de juros nominal é de 60% ao ano, com capitalização mensal. O saldo devedor imediatamente após o pagamento da 1ª prestação será:

Dado: $1,05^6 = 1,34$

a) 2.900,00 b) 2.830,00 c) 2.800,00 d) 2.730,00 e) 2.700,00

RESOLUÇÃO:

No sistema francês, as parcelas são constantes.

Como o enunciado forneceu uma taxa nominal, devemos convertê-la para taxa efetiva, por meio da seguinte proporção direta:

$$\frac{60}{x} = \frac{12}{1} \rightarrow x = \frac{60}{12} = 5\%\ a.m.$$

Note que o enunciado forneceu a parcela e a taxa, mas não forneceu o capital inicialmente tomado emprestado. Mas, ele se relaciona com a parcela e o fator de amortização, por meio das seguintes expressões do sistema *Price*:

$$\mathrm{A}_{n\neg i} = \frac{(1+\mathrm{i})^{n} - 1}{\mathrm{i}.(1+\mathrm{i})^{n}}\ (I)$$

$$C = P \cdot \mathrm{A}_{n\neg i}\ (II)$$

Para essas expressões, possuímos os parâmetros:

$$i = 5\% = \frac{5}{100} = 0,05\ a.m.$$

$$n = 6\ meses$$

$$P = 670,00$$

Podemos obter o fator de amortização utilizando a taxa de juros calculada.

$$A_{n\neg i} = \frac{(1+i)^n - 1}{i.(1+i)^n} = \frac{(1+0{,}05)^6 - 1}{0{,}05.(1+0{,}05)^6} = \frac{(1{,}05)^6 - 1}{0{,}05.(1{,}05)^6}$$

$$A_{n\neg i} = \frac{1{,}34 - 1}{0{,}05.1{,}34} = \frac{0{,}34}{0{,}067} = \frac{340}{67}$$

Substituindo na equação (II), temos:

$$A_{n\neg i} = \frac{(1+\text{i})^n - 1}{\text{i}.(1+\text{i})^n} \quad (I)$$

Os juros da primeira parcela são dados pelo produto do capital inicialmente tomado emprestado pela taxa de juros.

$$J_1 = C \cdot i = 3400 \cdot 0{,}05 = 170$$

Uma parcela é composta pelo cupom de juros e a amortização. Então, para calcular a amortização subentendida nas parcelas, usamos a expressão:

$$A = P - J = 670 - 170 = 500$$

O saldo devedor após o primeiro pagamento é calculado subtraindo a amortização do capital inicial, como se segue:

$$D_1 = C - A = 3400 - 500 = 2.900$$

Gabarito: A.

69. (FGV – Banestes – 2018 – Assistente Securitário) Antônia faz um empréstimo bancário de R$10.000,00, que será quitado em 5 prestações mensais antecipadas de R$1.400,00 cada uma e um pagamento final junto com a última prestação. O banco cobra juros efetivos de 7% a.m. sob regime de capitalização composta e estipula um período de carência de dois meses. O valor do pagamento final é:

Dado: 1,075 = 1,40

a) 69,80 b) 72,20 c) 722,00 d) 6.980,00 e) 7.220,00

RESOLUÇÃO:

Tratando-se de um problema com o sistema francês (tabela *Price*), podemos utilizar o fator de amortização, dado por:

$$A_{n\neg i} = \frac{(1+\text{i})^n - 1}{\text{i}.(1+\text{i})^n} \quad (I)$$

Sabe-se que:

$$n = 5\, meses$$

$$i = 7\% = \frac{7}{100} = 0{,}07\, a.m.$$

Substituindo valores em (I):

$$A_{n\neg i} = \frac{(1+0{,}07)^5 - 1}{0{,}07(1+0{,}07)^5} = \frac{1{,}07^5 - 1}{0{,}07(1{,}07)^5} = \frac{1{,}4 - 1}{0{,}07 \cdot 1{,}4} = \frac{0{,}4}{0{,}098} \cong 4{,}0816$$

A carência de 2 meses diz respeito ao tempo que levará para a parcela de R\$1.400,00 ser paga. A primeira parcela será paga 2 meses após o empréstimo e a última, 6 meses após este. Sabendo que valores iguais em datas diferentes não podem ser somados, devemos trazer cada uma das 5 parcelas para t = 1 por meio de $A_{n\neg i}$, calculado anteriormente.

Para o valor presente, podemos utilizar a expressão:

$$VP = P \cdot A_{5\neg 7\%} \quad (II)$$

Em que:

$$P = R\$1.400{,}00\ (constante)$$

$$A_{5\neg 7\%} = 4{,}0816$$

Substituindo-os em (II):

$$VP = 1400 \cdot 4{,}0816 = R\$5.714{,}29$$

Portanto, ao trazer as 5 parcelas para o valor presente t = 1, elas equivalem a R\$5.714,29.

A dívida de R\$10.000,00 foi contraída em t = 0. Em t = 1 ela já terá um acréscimo correspondente aos juros (i = 7%). O capital passa a ser de:

$$C(t = 1) = C + J = C + 0{,}07C = 1{,}07C = 1{,}07 \cdot 10000 = 10.700{,}00$$

O saldo devedor em t=1 (após o pagamento da parcela) vale:

$$SD_n = SD_{n-1} - VP \quad (III)$$

Em que:

$$SD_{n-1} = C\ (t = 1) = 10.700{,}00$$

$$VP = 5.714{,}29$$

Substituindo valores em (III):

$$SD_n = 10700 - 5714{,}29 = 4.985{,}71$$

O valor SD_n calculado só será integralmente pago após 5 meses em t = 6. Devemos levá-lo para o futuro por intermédio da transformação:

$$VF = VP \cdot (1 + i)^n \quad (IV)$$

O valor presente é o saldo devedor SD_n, a taxa é a mesma utilizada anteriormente (7% a.m.) e n é o tempo de quitação: 5 meses.

Substituindo valores em (IV):

$$VF = 4.951{,}71 \cdot (1{,}07)^5 = 4.951{,}71 \cdot 1{,}4 = 6.980{,}00$$

Gabarito: D.

CAPÍTULO 9

ANÁLISE DE INVESTIMENTOS

1. INTRODUÇÃO

O QUE VEREMOS

Neste capítulo, estudaremos um importante tópico para fins de concursos públicos: **Análise de Investimentos.**

COMO APARECE NOS EDITAIS

A depender da banca organizadora, há várias nomenclaturas possíveis para a exigência do assunto deste capítulo, bem como para seus subtópicos. Veja como já apareceu em alguns editais: "*avaliação econômica de projetos*"; "*avaliação de alternativas de investimento*"; "*análise e avaliação financeira*"; "*engenharia econômica*".

Ressaltamos que muitos editais não cobram nada deste assunto ou cobram somente parte dele, principalmente *payback* e taxa interna de retorno. Então cabe a você analisar seu edital alvo e verificar se é para estudar este capítulo por completo, parcialmente ou não estudá-lo.

COMO É COBRADO NAS PROVAS

Em diversas questões, temos que avaliar se um projeto é financeiramente viável ou não. Ou então, temos diversas alternativas de investimento e temos que decidir qual delas é a melhor. Para tomar este tipo de decisão, empregamos ferramentas de Matemática Financeira, como o valor presente líquido e a taxa interna de retorno.

OBJETIVOS

Os nossos objetivos ao final deste capítulo é que você consiga:

1) entender bem a diferenciação entre as diversas ferramentas existentes para analisar investimentos;
2) calcular o Valor Presente Líquido de qualquer operação financeira;
3) avaliar as vantagens e desvantagens da utilização de cada meio para analisar investimentos.

2. ANÁLISE DA COBRANÇA DO ASSUNTO EM PROVAS

Observe a seguir os percentuais de incidência nos últimos anos do assunto deste capítulo em relação ao volume de questões de todos os temas analisados na nossa matéria. Lembramos que quanto maior o percentual de cobrança de um dado assunto, maior sua importância.

ASSUNTO	CESPE	FCC	DEMAIS BANCAS
	% de cobrança	% de cobrança	% de cobrança
Análise de Investimentos	12,29%	11,34%	14,12%

É possível perceber que em todas as organizadoras o presente tópico possui uma importância relativa.

E o que é mais cobrado dentro deste assunto, professores?

Considerando os tópicos que compõem este capítulo, possuímos a seguinte distribuição percentual:

ASSUNTO	CESPE	FCC	DEMAIS BANCAS
	% de cobrança	% de cobrança	% de cobrança
Valor presente líquido (VPL)	26,39%	29,03%	32,80%
Taxa interna de retorno (TIR)	58,33%	45,16%	44,09%
Payback Simples e payback descontado	8,33%	17,74%	19,89%
Índice de Lucratividade e Taxa de Rentabilidade	6,94%	6,45%	2,15%
Método do Custo Anual	0,00%	1,61%	1,08%

Repare que todas as bancas gostam demais de cobrar o **método Valor Presente Líquido** e as **Taxa Interna de Retorno** em suas provas, de modo que você precisará dar uma maior atenção nos seus estudos a eles.

3. CONCEITOS BÁSICOS

São inúmeros os fatores que devem ser considerados na **avaliação de um investimento**: os riscos envolvidos, o estudo comparativo com outros investimentos, o conhecimento do investidor na área e assim por diante.

Para o nosso foco, o interesse está concentrado sobre o aspecto financeiro do investimento, ou seja, sobre o fluxo de caixa.

3.1. Fluxo de Caixa

O **fluxo de caixa** é uma representação de **entradas** e **saídas** de recursos em **diferentes instantes de tempo**. Pode ser apresentado em forma de uma **tabela** ou por meio de uma representação gráfica.

Uma tabela que representa um fluxo de caixa deve conter as datas das movimentações financeiras e os valores das **entradas** e **saídas** correspondentes. **Exemplo:**

Data	Fluxo
01/01/2017	-100,00
01/02/2017	+50,00
01/03/2017	+60,00

A tabela nos mostra que no dia primeiro de janeiro houve um desembolso (**saída**) de 100 reais. Em compensação, em primeiro de fevereiro houve um recebimento (**entrada**) de 50 reais e em primeiro de março outra **entrada** de 60 reais.

A representação gráfica do **fluxo de caixa** utiliza uma linha do tempo, com **setas para cima** indicando **entradas** de recursos e **setas para baixo** indicando **saída** de recursos. O fluxo da tabela apresentada ficaria assim:

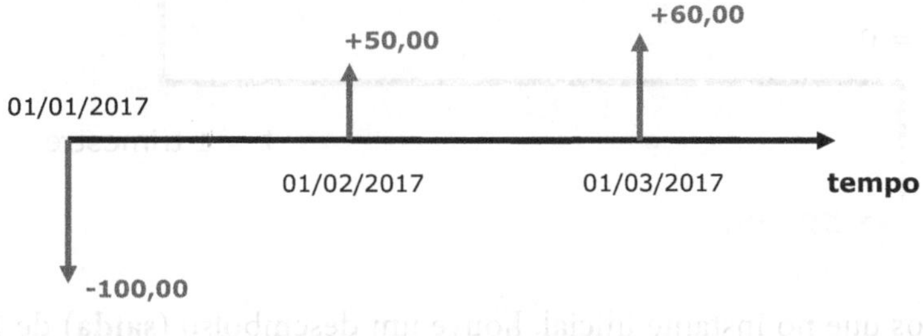

Quando falarmos de equivalência financeira (ou de capitais), séries de pagamentos e análise de investimentos, usaremos bastante essa representação.

Uma operação simples de crédito, em que uma pessoa toma emprestados 1.000 reais e paga ao banco 1.100 reais após 1 ano, pode ser representada pelo seguinte fluxo de caixa:

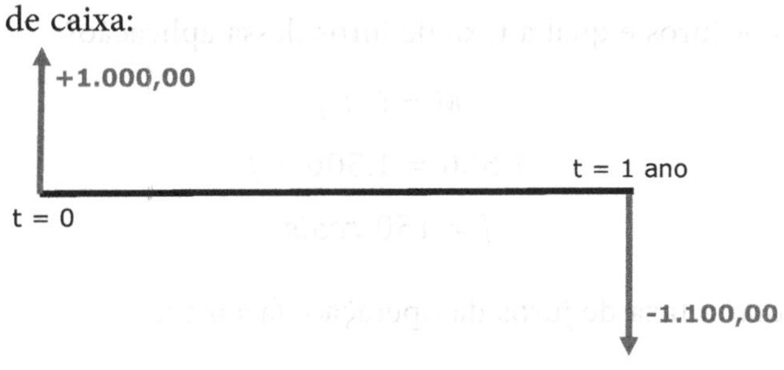

Note que no instante inicial (t=0) a pessoa recebe um capital de 1.000 reais (entrada de 1.000 reais) e ao final da operação, paga o montante de 1.100 reais ao banco para quitar a dívida (saída de 1.100 reais). Qual o valor dos juros pagos? Qual a taxa de juros?

$$M = C + J$$

$$1.100 = 1.000 + J$$

$$J = 100 \text{ } reais$$

Para calcular a taxa de juros da operação, fazemos:

$$i = \frac{J}{C}$$

$$i = \frac{100}{1.000} = 0{,}10 = 10\% \; a.a.$$

Lembre sempre que a taxa de juros precisa fazer referência a um período. Nesse caso, como a operação teve um prazo de 1 ano, a taxa de juros estará expressa ao ano (a.a.).

Analise agora o seguinte fluxo de caixa. O que ele representa, na sua opinião?

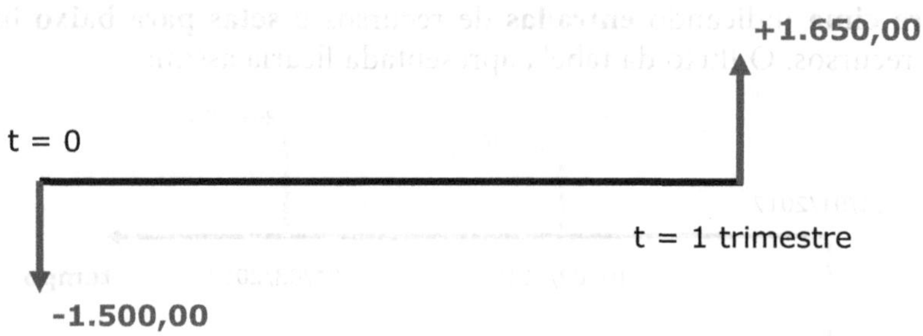

Vemos que no instante inicial, houve um desembolso (**saída**) de 1.500 reais, com um recebimento (**entrada**) de 1.650 reais 3 meses (1 trimestre) depois. Podemos interpretar esse fluxo como uma **aplicação financeira**, na qual o desembolso inicial corresponde ao **capital aplicado** pelo investidor e o recebimento 3 meses depois corresponde ao **montante resgatado** da aplicação.

Quais são os juros e qual a taxa de juros dessa aplicação?

$$M = C + J$$

$$1.650 = 1.500 + J$$

$$J = 150 \text{ } reais$$

Para calcular a taxa de juros da operação, fazemos:

$$i = \frac{J}{C}$$

$$i = \frac{150}{1.500} = 0{,}10 = 10\%\ a.t.$$

Notem que agora a taxa de juros está expressa ao trimestre (a.t.), pois foi esse o prazo da aplicação.

Tanto essa taxa de juros quanto a que calculamos no exemplo anterior são de 10%, porém **são taxas diferentes, pois uma está expressa ao ano e a outra está expressa ao trimestre**.

Vamos a um último exemplo. Analise o seguinte fluxo de caixa:

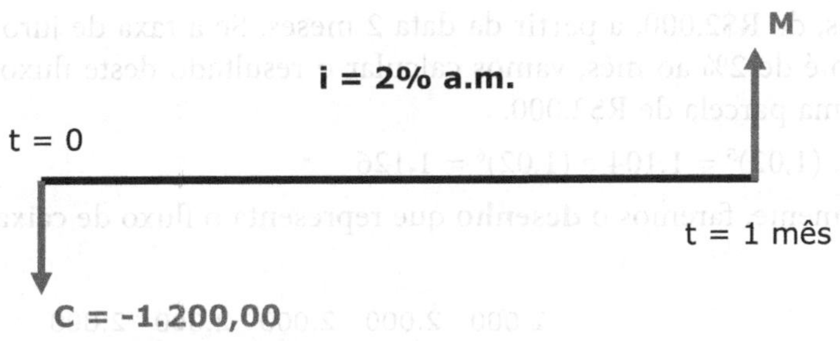

Será que conseguimos calcular o Montante (M) com os dados fornecidos na figura? Sabemos que o Montante (M) é igual à soma do Capital (C) e dos Juros (J). O capital é dado na figura e vale 1.200 reais. Os juros nós podemos calcular, pois conhecemos a taxa de juros (i). Assim, temos:

$$J = C.i.t = 1200 \times 0{,}02 \times 1 = 24$$

Logo,

$$M = C + J$$

$$M = 1.200 + 24 = 1.224\ reais$$

Como geralmente este assunto é cobrado em provas de concursos? O enunciado da questão de fluxo de caixa fornecerá todas as informações sobre as parcelas (positivas e negativas), seus valores e respectivas datas, e dirá também qual é a taxa de juros compostos envolvida. Isso permitirá que você **construa o desenho** representativo do fluxo de caixa.

Em seguida, a própria questão escolherá uma data qualquer, e pedirá que você calcule o resultado do fluxo de caixa naquela data específica. Para isso, **transportaremos para a data indicada todas as parcelas** do desenho.

Por fim, faremos uma simples **subtração** entre as entradas e saídas dos valores contidos no fluxo de caixa.

ESQUEMATIZANDO!

COMO RESOLVER A QUESTÃO DE FLUXO DE CAIXA

1) Fazer o desenho do fluxo de caixa

2) Transportar para a data escolhida pela questão todas as parcelas

3) Fazer a subtração entre as entradas e saídas dos valores

Por exemplo, suponha um fluxo de caixa em que há desembolso de R$1.000 na data zero, uma despesa de R$5.000 na data 1 mês, e cinco receitas mensais e consecutivas, de R$2.000, a partir da data 2 meses. Se a taxa de juros compostos da operação é de 2% ao mês, vamos calcular o resultado deste fluxo de caixa na data da última parcela de R$2.000.

Dados: $(1{,}02)^5 = 1{,}104$ e $(1{,}02)^6 = 1{,}126$

Inicialmente, faremos o **desenho** que representa o fluxo de caixa descrito no enunciado:

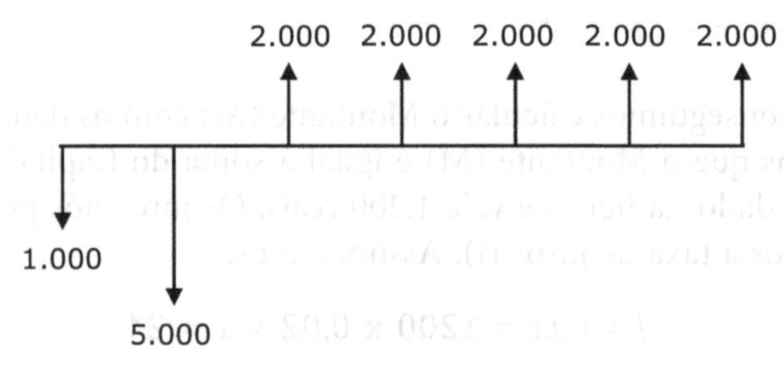

Note que o enunciado chamou as duas parcelas **negativas** de **desembolso** e **despesa**, enquanto as parcelas **positivas**, de **receitas**.

Concluído o desenho, precisamos identificar a **data de referência** que a questão determina para onde projetaremos todas as parcelas. E ela escolheu o resultado do fluxo de caixa na data da última parcela de R$2.000,00. Esta será a nossa data focal.

Agora vamos transportar para esta data focal tanto as parcelas positivas quanto as negativas.

Vamos iniciar pelas negativas. Repare que a parcela negativa de R$1.000 vai avançar 6 períodos, de modo que a multiplicaremos pelo parêntese $(1 + i)^t$:

$$1000 \,.\, (1 + 0{,}02)^6 = 1000 \,.\, 1{,}126 = 1.126{,}00$$

Por sua vez, a parcela negativa de R$5.000 avançará 5 periodos até chegar à data focal:

$$5000 \,.\, (1 + 0{,}02)^5 = 5000 \,.\, 1{,}104 = 5.520{,}00$$

Somando estes dois resultados, teremos o somatório negativo do fluxo de caixa na data focal:

$$1.126 + 5520 = \mathbf{6.646{,}00}$$

Chegou a hora de transportarmos as parcelas positivas. Veja que são 5 parcelas de igual valor, submetidas à mesma taxa de juros compostos, mas que avançarão em períodos diferentes, sendo que a última delas já está na data escolhida. Logo, o somatório de seus valores na data focal fica:

$$2000 \times (1 + 0{,}02)^4 + 2000 \times (1 + 0{,}02)^3 + 2000 \times (1 + 0{,}02)^2 + 2000 \times (1 + 0{,}02) + 2000$$

$$2000 \times [(1{,}02)^4 + (1{,}02)^3 + (1{,}02)^2 + (1{,}02) + 1]$$

$$2000 \times (1{,}0824 + 1{,}0612 + 1{,}0404 + 2{,}02)$$

$$2000 \times 5{,}204 = \mathbf{10.408}$$

Para finalizar, subtraímos as entradas das saídas:

$$10.408 - 6.646 = \mathbf{R\$3.762}$$

Portanto, concluímos que o resultado final deste fluxo de caixa foi **positivo** na data escolhida pela questão.

3.2. Custo de Oportunidade

O conceito de **custo-oportunidade** é mais bem estudado na matéria de Economia. Porém, aqui vamos dar uma breve explicação.

Escolher não tem a ver com dizer "sim" para a oportunidade que você tomou, mas com dizer "não" para todas as outras oportunidades que você poderia ter. Por exemplo, se você resolveu estudar para concursos da Área Fiscal, provavelmente você disse não a concursos da Área de Tribunais. E vice-versa.

O fato de você estar estudando Matemática Financeira agora faz que você não esteja estudando outras matérias, como Direito Constitucional. Se você não estudasse a nossa matéria, certamente você poderia dedicar mais horas a Direito Constitucional.

No mundo de investimentos, o conceito mais citado relacionado ao custo de oportunidade é o **Ativo Livre de Risco**.

No Brasil, consideram-se como livres de risco os títulos públicos que representam a dívida do governo. Em tese, o governo tem o poder da tributação e, por isso, ele tem uma garantia muito forte dos seus empréstimos. Caso ele não tenha dinheiro, o governo pode, simplesmente, aumentar os tributos sobre a população ou imprimir dinheiro para pagar suas dívidas.

A Taxa Selic é um dos principais indicadores utilizados na precificação de títulos públicos. Digamos que a Taxa Selic atual seja de 2% ao ano. Isso significa que você poderia investir seu dinheiro, teoricamente sem correr riscos, a 2% ao ano.

Dessa maneira, um custo importante que você deve avaliar nas suas decisões de investimentos é que você poderia investir, sem correr nenhum risco, ganhando 2% ao ano.

Você há de concordar conosco que abrir uma empresa é bem mais arriscado do que simplesmente investir em títulos públicos. Então, se, por exemplo, você pensa em abrir uma livraria, você quer ganhar mais do que 2% ao ano.

3.3. Taxa Mínima de Atratividade (TMA)

A **taxa mínima de atratividade** é o retorno mínimo exigido pelo investidor para considerar um investimento atrativo.

É importante entender que **a TMA é subjetiva.** Assim, cada investidor possui a sua própria TMA em relação a cada projeto. Não é possível calcular uma TMA geral que vale para todas as pessoas.

A TMA é influenciada por diversos fatores:

- **Custo de Oportunidade**: quanto melhores forem os investimentos à sua disposição, maiores serão os retornos que você exigirá para entrar num projeto.

Por exemplo, hoje com a Taxa Selic a 2% ao ano, é provável que você considere abrir um supermercado com o objetivo de lucrar 10% ao ano.

Porém, se a Taxa Selic passasse a 15% ao ano, você não ia querer mais abrir o supermercado para lucrar 10% ao ano. É natural, por exemplo, que você exigisse retornos de 20% ao ano.

O custo de oportunidade é um fator tão importante que muitas pessoas – e, às vezes, até as bancas – confundem esse conceito com a TMA.

- **Propensão ao Risco**: algumas pessoas têm maior propensão a arriscar.

Por exemplo, quando você é jovem, é normal que você seja mais agressivo. Então, pode fazer sentido abrir uma livraria com o objetivo de lucrar 10% ao ano.

Quando você fica adulto e tem filhos, você diminui bastante a sua propensão ao risco. Por isso, não faria mais sentido para você abrir a livraria lucrando 10% ao ano.

Porém, e se a livraria lucrasse 20% ao ano? Ou 50% ao ano? Ficou bem mais atrativo, não é?

– **Liquidez**: a liquidez é a facilidade de se livrar de um investimento. Em outras palavras, é a facilidade de vender.

Por exemplo, no mercado de ações, você pode vender suas ações a qualquer momento em horário comercial. Por isso, é muito mais fácil investir em ações do que abrir uma empresa.

Até mesmo entre empresas, é notável a importância da liquidez. O que é mais fácil para você: abrir um supermercado ou uma loja de cosméticos?

O supermercado vende produtos comuns. Se seu supermercado falir, será mais fácil vender todos os seus produtos para o seu concorrente. Porém, se você tiver uma loja de cosméticos, você terá que ter produtos próprios, então nenhum concorrente seu se interessará em comprá-los.

Portanto, você só entrará numa loja de cosméticos se esperar um retorno maior do que você poderia obter num supermercado.

Por vezes, essa parte mais teórica da matéria é cobrada. Por isso, é importante trazermos essa explanação mais demorada.

Veja como esse assunto foi cobrado

1. (FGV – AFTM/ISS Cuiabá/2016) Em relação à taxa mínima de atratividade, em um contexto de análise de investimentos, analise as afirmativas a seguir.

I. A taxa mínima de atratividade representa o custo de oportunidade do capital, podendo ser maior ou menor do que a taxa interna de retorno do investimento avaliado.

II. A taxa mínima de atratividade é a taxa que iguala o fluxo líquido presente no projeto analisado a zero.

III. Se a taxa mínima de atratividade for menor do que o ***payback*** descontado bruto, o projeto deve ser executado.

Assinale:

a) se somente a afirmativa I estiver correta.

b) se somente a afirmativa II estiver correta.

c) se somente a afirmativa III estiver correta.

d) se somente as afirmativas I e II estiverem corretas.

e) se todas as afirmativas estiverem corretas.

RESOLUÇÃO:

Vamos analisar cada item.

I – Aqui é descrito o conceito de **custo de oportunidade**. Como vimos, esse conceito não se confunde com a taxa mínima de atratividade. Podemos dizer que o custo de oportunidade influencia a TMA, mas não é a mesma coisa. Apesar disso, a banca deu essa questão como certa.

É bem verdade que a afirmativa I é a menos ruim.

II – Não é possível calcular a TMA por nenhum método, pois ela é subjetiva. O método descrito, como veremos mais adiante, é usado para calcular a TIR (Taxa Interna de Retorno). Portanto, esse item está errado.

III – O payback é uma relação de prazos, conforme estudaremos adiante. Não temos que comparar prazos com taxas. Portanto, esse item está errado.

Gabarito: A.

3.4. Tipos de Projetos de Investimento

É bastante comum que uma empresa tenha a possibilidade de escolher entre duas opções de investimento, por exemplo, dois projetos A e B. Se os dois projetos forem economicamente viáveis, eles podem ser:

- **Independentes**: quando a **aceitação de um projeto não afeta os fluxos de caixa do outro**. Nessa situação, a empresa pode optar por fazer ambos os projetos ou apenas um deles.

Pense, por exemplo, que você está reformando um apartamento. O projeto A seria mudar todas as janelas e o projeto B fazer um *closet*, supondo que haja espaço e dinheiro suficiente para os dois. Você pode alterar todas as janelas sem fazer o *closet*, e vice-versa. Então, são dois projetos independentes.

- **Interdependentes**: quando a **empresa necessita fazer A antes de fazer B**. Ela pode até fazer o projeto A sozinho, mas não pode fazer o projeto B.

No exemplo do apartamento, pense que o projeto A seria montar uma estante de livros e o projeto B seria adquirir livros e itens de decoração para colocar na estante. Note que, para realizar o projeto B, você precisa antes do projeto A. Não é possível colocar livros numa estante que não existe, não é?

- **Mutuamente Exclusivos**: quando a **escolha de um dos projetos implica o abandono do outro**, geralmente por falta de capital, seja ele financeiro seja de outra ordem. Nesse caso, os projetos podem ser chamados de **alternativas de investimento**. Observamos que esse é o padrão nas provas de concursos.

Vale observar que a avaliação de dois projetos mutuamente exclusivos, embora jamais resulte na aceitação de ambos, poderá resultar na rejeição de ambos.

3.5. Métodos de Avaliação de Investimento

Normalmente, os investimentos são avaliados por um destes três critérios:

- **Prazos:** conta-se um prazo para obter um determinado retorno. Os principais exemplos são o Payback Simples e o Payback Descontado.
- **Taxas de Retorno:** considera-se o cálculo de uma taxa de retorno equivalente ao investimento. O principal exemplo é a Taxa Interna de Retorno (TIR).
- **Valores:** consideram-se os valores investido e retirado. O método mais conhecido é o importantíssimo Valor Presente Líquido (VPL).

Além disso, é importante fazer distinção entre duas categorias de métodos de avaliação de investimentos:

- **Métodos Exatos:** levam em conta todo o prazo do investimento. São exemplos a TIR e o VPL.

É importante destacar que os métodos exatos sempre levam à mesma conclusão de investimento. Em outras palavras, na comparação entre os investimentos A e B, não é possível que, pelo método da TIR, o investimento A seja melhor, mas, pelo método do VPL, o investimento B seja melhor. Necessariamente, a TIR e o VPL levam à mesma conclusão.

- **Métodos Não-Exatos:** não levam em conta todo o prazo do investimento. O principal exemplo é o Payback. Como o Payback tem uma natureza diferente da TIR ou do VPL, é possível que eles cheguem a conclusões diferentes.

A partir de agora, estudaremos alguns métodos e critérios para determinar se um investimento deve ser aceito ou rejeitado ou para decidir entre duas ou mais alternativas de investimentos.

4. VALOR PRESENTE LÍQUIDO

O **Valor Presente Líquido** (VPL) é o método de avaliação de investimentos que analisa o **resultado de um fluxo de caixa na data zero**.

> **TOME NOTA**
>
> O **VPL** é o resultado da **diferença entre as entradas e saídas na data zero de um fluxo de caixa.**

Ao interpretar o resultado obtido com o cálculo do VPL de um projeto, surgirão três situações possíveis:

- **VPL NEGATIVO**: o total dos valores presentes das receitas do projeto é inferior ao total dos valores presentes das despesas, indicando que o projeto avaliado geraria uma **perda financeira** (prejuízo) cujo valor, na data zero, é igual ao VPL. Nesse caso, o **investimento deve ser rejeitado.**
- **VPL NULO**: o projeto avaliado não geraria lucro nem prejuízo. Nesse caso, **pode-se tanto aceitar como rejeitar o investimento.**
- **VPL POSITIVO**: o total dos valores presentes das receitas do projeto é superior ao total dos valores presentes das despesas, indicando que o projeto avaliado geraria um **ganho financeiro** (lucro) cujo valor, na data zero, é igual ao VPL. Nesse caso, o **investimento pode ser aceito.**

Fica claro, portanto, que pelo método do VPL a alternativa de investimento é viável financeiramente se o valor atual líquido do fluxo de caixa é positivo. Do contrário, se o VPL for negativo, o investimento deve ser rejeitado.

EXEMPLO 01: Suponha um fluxo de caixa em que há desembolso de R$1.000 na data zero, uma despesa de R$5.000 na data 1 mês, e cinco receitas mensais e consecutivas, de R$2.000, a partir da data 2 meses. Se a taxa de juros compostos da operação é de 2% ao mês, vamos calcular o resultado deste fluxo de caixa na data zero, ou seja, o valor presente líquido.

Dados: $(1,02)^5 = 1,104$ e $(1,02)^6 = 1,126$

Repare que esta operação é bem similar ao exemplo utilizado no tópico de fluxo de caixa, com uma única diferença: a data focal. Logo, é outra a data de referência para a qual teremos que transportar todas as parcelas. A data de interesse da questão agora é a data zero.

Vamos colocar isso no desenho:

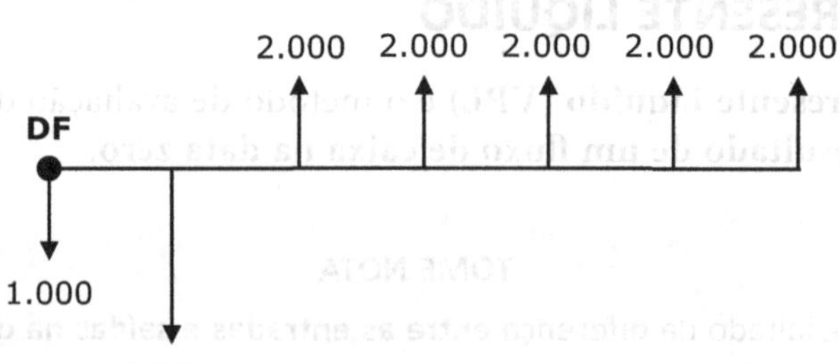

Iniciemos o transporte das parcelas pelas negativas. Repare que a parcela negativa de **R$1.000** já está na data focal, de modo que nada precisamos fazer em relação a ela.

Já a parcela de R$5.000 recuará 1 período para chegar à data zero. Faremos esse transporte por meio da divisão dela pelo parêntese $(1 + i)^t$:

$$\frac{5.000}{(1+0{,}02)^1} = \frac{5.000}{1{,}02} = \mathbf{4.901{,}96}$$

Somando os dois valores, teremos o somatório negativo do fluxo de caixa na data focal:

$$1.000 + 4.901{,}96 = \mathbf{5.901{,}96}$$

Chegou a hora de transportarmos as parcelas positivas. Veja que são 5 parcelas de igual valor, submetidas à mesma taxa de juros compostos. Logo, o somatório de seus valores na data focal fica:

$$\frac{2.000}{(1+0{,}02)^6} + \frac{2.000}{(1+0{,}02)^5} + \frac{2.000}{(1+0{,}02)^4} + \frac{2.000}{(1+0{,}02)^3} + \frac{2.000}{(1+0{,}02)^2}$$

$$2.000 \times \left(\frac{1}{1{,}126} + \frac{1}{1{,}104} + \frac{1}{1{,}082} + \frac{1}{1{,}061} + \frac{1}{1{,}0404}\right)$$

$$2.000 \times (0{,}888 + 0{,}906 + 0{,}924 + 0{,}942 + 0{,}961)$$

$$2.000 \times 4{,}621 = 9.242$$

Para finalizar, subtraímos as entradas das saídas, encontrando o Valor Presente Líquido:

$$VPL = 9.242 - 5.901{,}96 = \mathbf{3.340{,}04}$$

Veja que o resultado do VPL foi **positivo**, de modo que o investimento é financeiramente viável.

EXEMPLO 02: Suponha que a um investidor é oferecida a seguinte possibilidade de investimento: aplicar R$10.000 hoje e mais R$5.000 daqui a 4 meses, devendo receber R$12.000 daqui a 6 meses e mais R$18.000 daqui a 12 meses. Considerando que o custo de oportunidade do capital é de 10% ao mês, vamos analisar, pelo método do Valor Presente Líquido, se o investimento é aceitável ou não.

Vamos fazer o desenho do fluxo de caixa descrito na questão:

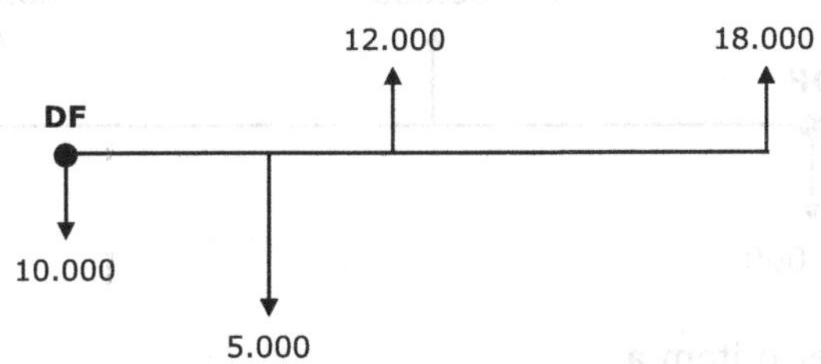

Repare que inserimos a data focal na data zero devido à exigência da questão de a viabilidade do investimento ser analisado pelo método do VPL.

Além disso, o enunciado fala do **custo de oportunidade do capital**, o qual se refere à **remuneração que o investidor poderia obter em outros investimentos disponíveis**, como uma aplicação financeira.

Desse modo, o Valor Presente Líquido é dado por:

$$VPL = Entradas - Saídas$$

$$VPL = \frac{18.000}{(1+0{,}01)^{12}} + \frac{12.000}{(1+0{,}01)^{6}} - \frac{5.000}{(1+0{,}01)^{4}} - 10.000$$

$$VPL = 5.735{,}35 + 6.773{,}69 - 3.415{,}07 - 10.000$$

$$\boldsymbol{VPL = -906{,}03}$$

Assim, o retorno do investimento corresponde a um valor **negativo**, referenciado à data zero e calculado utilizando-se uma taxa de juros igual ao custo de oportunidade do capital. Isso nos permite concluir que o investimento **não é aceitável**.

EXEMPLO 03: Considere que uma empresa tem a opção de investir R$100.000,00 hoje, para receber, nos dois anos seguintes, a quantia de R$60.000,00 por ano.

a) Se a taxa de mercado for de 6% ao ano, o investimento pode ser realizado?

b) E se a taxa de mercado for de 20% ao ano?

Inicialmente poderíamos pensar que, se investimos 100.000,00 e depois recebemos 60.000 + 60.000 = 120.000, o investimento deve ser feito, já que recebemos uma quantia maior que a investida.

Esse raciocínio, contudo, é falho, pois ignora o valor do dinheiro no tempo. Dependendo da taxa de juros, os 100.000 reais que temos hoje podem valer mais que os 120.000 reais em data futura. A análise que **leva em conta o valor do dinheiro no tempo** pode ser feita por meio do **Valor Presente Líquido**.

Esclarecido este aspecto, façamos o desenho da operação, que é o mesmo para os dois itens.

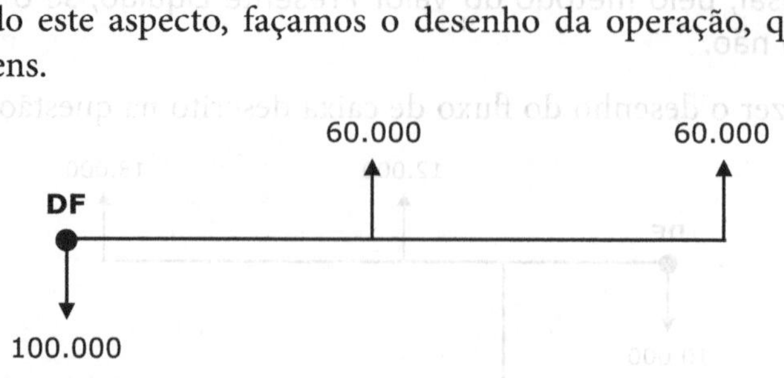

Vamos resolver o item **a**.

Transportando as parcelas positivas para a data focal, com uma taxa de 6% ao ano, obtemos:

$$\frac{60.000}{(1+0{,}06)^2}+\frac{60.000}{(1+0{,}06)^1}$$

$$\frac{60.000}{1{,}06^2}+\frac{60.000}{1{,}06}=\mathbf{110.003{,}56}$$

Em relação à parcela negativa, que corresponde ao investimento feito, (desembolso) já ocorre na data de hoje, então não há nenhuma conta a ser feita. O valor presente dos desembolsos já é de cara **100.000,00.**

Portanto, o valor presente líquido fica:

$$110.003{,}56 - 100.000 = \mathbf{10.003{,}56}$$

Repare que trouxemos todos os valores para uma mesma data, a data de hoje. E vimos que, em termos líquidos, o retorno é positivo, ou seja, o valor presente das receitas supera o valor presente das despesas. Logo, o investimento pode ser feito.

Agora iremos solucionar o item **b**.

Basicamente, mudaremos apenas a taxa utilizada na operação, de modo que o valor presente das parcelas positivas fica:

$$\frac{60.000}{1{,}2^2}+\frac{60.000}{1{,}2}=\mathbf{91.666{,}67}$$

Já sabemos que devido ao fato de a parcela negativa já se encontrar na data zero, não precisamos fazer nada em relação a ela.

Assim, temos:

$$\boldsymbol{VPL} = 91.666{,}67 - 100.000 = \mathbf{-8.333{,}33}$$

Neste cenário, o valor presente das saídas supera o valor presente das entradas. O investimento **não** deve ser realizado.

Também é importante termos em mente que, se estivermos diante de dois projetos mutuamente excludentes, e ambos forem viáveis, ou seja, se ambos apresentarem VPL > 0, devemos escolher aquele que apresentar **maior valor presente líquido**. Obviamente, estamos supondo que a empresa tenha recursos para investir em qualquer um dos projetos disponíveis.

EXEMPLO 04: Considere que uma empresa está diante dos seguintes projetos:

A) VPL de 100.000,00. Investimento inicial: 200.000,00.

B) VPL de 120.000,00. Investimento inicial: 250.000,00

C) VPL de 130.000,00. Investimento inicial: 300.000,00

Se a empresa só tem 280.000,00 disponíveis para investir, o projeto C está fora de cogitação, pois exige investimento inicial de 300.000,00.

Logo, entre A e B, escolhemos o projeto B, que apresenta maior VPL.

TOME NOTA!

Diante de duas ou mais opções de investimento, a **melhor** será aquela que apresentar o **maior VPL**.

Esse uso do VPL para comparar projetos alternativos é comumente chamado de **análise pelo valor atual**, pois no fundo comparamos os valores atuais de cada um dos fluxos de caixa.

Para que a gente possa calcular o VPL, precisamos usar uma determinada taxa de juros que, em geral, é dada pela questão. Esta taxa é geralmente chamada de **taxa mínima de atratividade** ou **custo de oportunidade do capital**, que corresponde à **rentabilidade mínima exigida pelo investidor para que ele possa investir no projeto.**

Veja como esse assunto foi cobrado!

2. (FGV - Assistente Legislativo/ALERO/2018) A análise de viabilidade se realiza em diversos campos e deve considerar vários cenários. A informação utilizada na análise de viabilidade financeira, que leva em consideração o valor do dinheiro no tempo e ainda o volume de investimento em valores absolutos, é denominada

a) Fluxo de Caixa.

b) Custo de Oportunidade.

c) Inflação.

d) Valor Presente Líquido.

e) Risco.

RESOLUÇÃO:

O critério de análise de investimentos que considera o **valor do dinheiro no tempo** e ainda o **volume de investimento em valores absolutos** é o **Valor Presente Líquido**.

Gabarito: D.

3. (CESPE - Auditor de Controle Externo/TCE-PA/2016) O engenheiro de uma empreiteira recebeu a tarefa de, mediante técnicas de análise de investimento, realizar o estudo de viabilidade econômico-financeira de um projeto de construção de uma linha de transmissão. As técnicas selecionadas pelo engenheiro foram a payback simples, o valor presente líquido (VPL) e a taxa interna de retorno (TIR).

Considerando as técnicas usadas pelo engenheiro, julgue o item subsequente, acerca da situação apresentada.

O projeto de construção da linha de transmissão é considerado viável econômica e financeiramente quando o resultado do cálculo do VPL é maior que zero.

RESOLUÇÃO:

Para calcular o VPL de um projeto, primeiro trazemos todas as receitas e todas as despesas para o valor presente.

Em seguida, subtraímos as receitas das despesas. O resultado obtido é o VPL do projeto.

Quando o VPL é **positivo,** significa que, a valor presente, as receitas são maiores que as despesas. Nesse caso, o projeto trará lucros para a empresa e, portanto, **o projeto é viável econômica e financeiramente.**

Gabarito: Certo.

4. (IDECAN – Administrador/MS/2017) Uma empresa transportadora está avaliando a aquisição de mais um caminhão no valor de R$150.000,00 para sua frota. Com base nas estimativas, a utilização desse novo veículo gerará, nos próximos quatro anos, fluxos de caixa anuais de R$22.000,00, R$60.500,00, R$66.550,00 e R$37.205,00. Ao final do quarto ano, espera-se, com a venda do veículo, obter um acréscimo de R$36.000,00 no respectivo fluxo de caixa. Considerando que a transportadora trabalha com uma taxa de retorno de 10% a.a., o Valor Presente Líquido (VPL) desse investimento, em R$, é de:

a) 5.600,00 b) 9.000,00 c) 11.500,00 d) 20.000,00 e) 31.200,00

RESOLUÇÃO:

O cálculo do VPL é realizado trazendo todas as entradas e saídas para valores presentes. Em seguida, somamos as entradas e subtraímos as saídas.

O enunciado informa que, no ano 0, há saída de 150.000 reais para a aquisição da frota.

Depois, nos anos 1, 2, 3 e 4, ocorrem as seguintes entradas: 22.000, 60.500, 66.550 e 37.205 + 36.000 = 73.205.

Na tabela a seguir, constam os fluxos de caixa a valores presentes, de acordo com a taxa apresentada:

Ano	Fluxo de caixa	Valor presente do fluxo de caixa
0	-150.000	-150.000
1	22.000	$\frac{22.000}{1,1} = 20.000$
2	60.500	$\frac{60.500}{1,1^2} = 50.000$
3	66.550	$\frac{66.550}{1,1^3} = 50.000$
4	73.205	$\frac{73.205}{1,1^3} = 50.000$

Assim, o **VPL** é igual a:

$$-150.000 + 20.000 + 50.000 + 50.000 + 50.000 = \mathbf{20.000\ reais}$$

Gabarito: D.

5. (FCC - Ana Jud/TRE-PR/2017) A Cia. Ted está avaliando a alternativa de compra de um novo equipamento por R$480.000,00 à vista. Estima-se que a vida útil do equipamento seja de 3 anos, que o valor residual de revenda no final do terceiro ano seja R$70.000,00 e que os fluxos líquidos de caixa gerados por este equipamento ao final de cada ano sejam R$120.000,00, R$180.000,00 e R$200.000,00, respectivamente. Sabendo que a taxa mínima de atratividade é de 10% a.a., a alternativa

a) apresenta valor presente líquido positivo.

b) apresenta valor presente líquido negativo.

c) apresenta taxa interna de retorno maior que 10% a.a.

d) é economicamente viável à taxa mínima de atratividade de 10% a.a.

e) é economicamente viável à taxa mínima de atratividade de 12% a.a.

RESOLUÇÃO:

O enunciado informa um desembolso inicial de 480.000.

Em seguida, é dito que os fluxos de caixa nos finais de cada ano são positivos e iguais a 120.000, 180.000 e 200.000 reais. Além disso, no final do terceiro ano, há receita de 70.000 com a venda do equipamento pelo valor residual.

Assim, os fluxos de caixa ficam:

Ano	Fluxo de caixa
0	-480.000
1	120.000
2	180.000
3	270.000

Agora calculamos o VPL trazendo todas as entradas e saídas para valores presentes e, em seguida, somamos as entradas e subtraímos as saídas, conforme consta na tabela a seguir:

Ano	Fluxo de caixa	Valor presente do fluxo de caixa
0	-480.000	-480.000
1	12.000	$\frac{12.000}{1,1} \approx$ **109.090**
2	180.000	$\frac{180.000}{1,1^2} \approx$ **148.760**
3	270.000	$\frac{270.000}{1,1^3} \approx$ **202.854**

Em seguida, somamos as entradas e subtraímos as saídas, encontrando o seguinte valor para o VPL:

$$-480.000 + 109.090 + 148.760 + 202.854 = \mathbf{-19.296\ reais}$$

Gabarito: B.

6. (CESPE – Analista/FUNPRESP/2016) Se a avaliação financeira para aceitação de um projeto de investimento inicial de R$1.000 e fluxo de caixa com duas entradas anuais e postecipadas de R$600, a uma taxa mínima de atratividade de 10% ao ano, for feita pelo critério do valor presente líquido (VPL), então o projeto deverá ser aceito.

RESOLUÇÃO:

Na tabela a seguir estão elencados os valores do fluxo de caixa, já trazidos à data zero:

Data	Valor	Valor presente
0	-1.000	-1.000
1	600	$\frac{600}{1,1} \approx$ **545,45**
2	600	$\frac{600}{1,1^2} = \frac{600}{1,21} \approx$ **495,86**
VPL		**41,31**

Note que o **VPL é maior que 0**, portanto, o projeto **deve ser aceito**, de modo que o item está certo.

Gabarito: Certo.

7. (FCC - Auditor Fiscal/SEFAZ-PI/2015) Na tabela abaixo, têm-se os fluxos de caixa de dois projetos, A e B.

Ano	Projeto A (em reais)	Projeto B (em reais)
0	- 8.000	- 6.000
1	+ 4.998	+ 4.020
2	+ 6.192	+ E

Sabe-se que a taxa mínima de atratividade é de 20% e os valores presentes líquidos dos dois projetos são iguais. Nessas condições, o valor de E é, em reais,

a) 4.485,60 b) 4.533,00 c) 4.965,00 d) 5.170,00 e) 5.832,17

RESOLUÇÃO:

Vamos calcular separadamente o **VPL** de cada projeto, pegando cada valor e dividindo por 1,2n, em que "n" é o número de períodos que voltamos no tempo. Fizemos assim porque a taxa informada é de 20% ao período. Logo:

A: $-8.000 + 4.998/1,2 + 6.192/(1,2)^2 = -8.000 + 4.165 + 4.300 = \mathbf{465}$

B: $-6.000 + 4.020/1,2 + E/(1,2)^2 = -6.000 + 3.350 + E/1,44 = -2.650 + E/1,44$

O enunciado informa que os valores presentes líquidos dos dois projetos são iguais:

$$465 = -2.650 + E/1,44$$

$$E/1,44 = 465 + 2.650$$

$$\mathbf{E} = 1,44 \times 3.115 = \mathbf{4.485,60}$$

Gabarito: A.

4.1. Vantagens e Desvantagens do VPL

A principal **vantagem** do método VPL é que ele indica em termos monetários o impacto que a adoção do projeto de investimento estudado causará no valor da empresa, ou seja, indica o montante que seria acrescido (VPL > 0) ou subtraído (VPL < 0) ao valor da empresa na eventualidade da adoção do projeto analisado.

Por outro lado, uma das principais **desvantagens** do método do VPL é a necessidade de se conhecer previamente o custo de oportunidade da empresa (que é utilizado como taxa de juros pela qual é calculado o VPL) porque, geralmente, o custo de oportunidade não pode ser determinado de modo simples (subjetivo).

Adicionalmente, outra desvantagem desse método é que ele apresenta um valor monetário (absoluto), e isso dificulta a avaliação da qualidade do possível retorno do investimento. O ponto crucial aqui é que um VPL igual a R$1.000,00 tanto pode indicar um projeto de investimento altamente lucrativo, desde que esteja associado, por exemplo, a um investimento de R$800,00 por um prazo de seis meses, quanto pode indicar um projeto de investimento acanhado se associado, por exemplo, a um investimento de R$1.000.000,00 por um prazo de dez anos.

Assim, o ideal é que se apresentasse um valor percentual (relativo) a fim de permitir comparações.

5. TAXA INTERNA DE RETORNO

Vamos estudar mais um importante método de avaliação de investimentos, que é utilizado em conjunto com o VPL e é frequentemente cobrado em questões de provas de concurso.

Taxa Interna de Retorno (TIR) é a taxa que **irá anular o fluxo de caixa na data zero.**

Sabemos que num fluxo de caixa há valores positivos (entradas) e negativos (saídas). Ao projetarmos tais parcelas para a data zero, obteremos a seguinte situação:

A TIR é a uma única taxa de juros compostos que, aplicada no transporte das parcelas positivas e negativas para a data zero, irá tornar o somatório final positivo exatamente igual ao somatório final negativo.

TOME NOTA

TIR é a taxa de juros que faz com que o **VPL seja igual a zero**.

Para interpretar o resultado da taxa interna de retorno, é preciso fazer uma comparação com a Taxa Mínima de Atratividade (TMA). Dessa forma, **um inves-**

timento será viável quando a TIR for maior do que a TMA ou custo de oportunidade do capital; se for menor, o investimento deve ser rejeitado.

Em outras palavras, para nós o que importa é o seguinte: se a TIR for maior que a TMA, isso significa que o projeto rende mais do que o investidor estabeleceu como mínimo desejável. Portanto, o projeto é viável. Se a TIR for menor que a TMA, o projeto é inviável.

BIZU

TIR > TMA: projeto é financeiramente **viável**

TIR < TMA: projeto é financeiramente **inviável**

Uma pergunta que surge é: o que fazer quando a TIR for exatamente igual à TMA? O investimento é considerado viável ou não? Há autores que dizem que, nesse cenário, o investimento é considerado "indiferente". Porém, para fins de concursos, nesse cenário, o investimento é sim **viável**.

E como efetuaremos o **cálculo da TIR**? Inicialmente, trazemos todas as receitas e despesas para a data zero utilizando a taxa **i**. Em seguida, somamos os fluxos de caixa e igualamos a zero. Com isso, a taxa **i** encontrada é justamente a TIR.

PASSO A PASSO PARA O CÁLCULO DA TIR

1) Trazer todas as receitas e despesas para a data zero → **2) Somar os fluxos de caixa e igualar a zero** → **3) Considerar a taxa i encontrada como sendo a TIR**

BIZU

Como o valor presente líquido é zero, então o fluxo de caixa será 0 em qualquer outra data. Consequentemente, **você pode escolher qualquer data** como data focal para realizar o cálculo.

Em muitos casos, será mais fácil escolher como data focal a **data mais à direita**, pois é melhor multiplicar do que dividir, não é mesmo?

EXEMPLO 01: Calcule a TIR para os dois projetos a seguir:

1 - Investimos R$100,00 e, depois de um mês, recebemos uma receita de R$200,00;

2 - Investimos R$100,00 e, depois de um mês, recebemos uma receita de R$150,00.

RESOLUÇÃO:

De cara, já concluímos que o primeiro investimento é mais vantajoso. Para confirmar isso, veremos que ele apresenta uma TIR maior.

Vamos determinar a TIR do primeiro fluxo de caixa. Para isso, precisamos fazer com que o VPL seja nulo.

O desembolso de R$100,00 já está na data zero. Logo, temos:

$$-100$$

A receita de R$200,00 precisa ser antecipada em um mês:

$$\frac{200}{(1+i_1)^1}$$

Agora que já transportamos todos os valores para a data atual, podemos somar para obter o valor presente líquido:

$$VPL = -100 + \frac{200}{(1+i_1)^1}$$

Se a taxa i_1 for a **taxa interna de retorno**, então VPL é igual a zero:

$$0 = -100 + \frac{200}{1+TIR_1}$$

$$\frac{200}{1+TIR_1} = 100$$

$$1 + TIR_1 = 2$$

$$TIR_1 = 1 = 100\%$$

Assim, a taxa interna de retorno do primeiro projeto é de **100%**.

Em relação ao segundo fluxo de caixa, temos que o desembolso de R$100,00 também já está na data zero. Logo, temos:

$$-100$$

A receita de R$150,00 precisa ser antecipada em um mês:

$$\frac{150}{(1+i_2)^1}$$

Agora que já transportamos todos os valores para a data atual, podemos somar para obter o valor presente líquido:

$$VPL = -100 + \frac{150}{(1 + i_2)^1}$$

Se a taxa i_2 for a **taxa interna de retorno**, então VPL é igual a zero:

$$0 = -100 + \frac{150}{1 + TIR_2}$$

$$\frac{150}{1 + TIR_2} = 100$$

$$1 + TIR_2 = 1{,}5$$

$$TIR_2 = 0{,}5 = 50\%$$

Assim, a taxa interna de retorno do segundo projeto é de **50%**.

Portanto, verificamos que realmente o projeto com maior TIR é a melhor opção de investimento.

EXEMPLO 02: Considere que um investimento consiste no desembolso inicial de R$ 8.000,00 e no recebimento, após dois anos, de R$10.580,00. Se a taxa mínima de atratividade é de 13% ao ano, vamos analisar a viabilidade do investimento por meio da TIR.

RESOLUÇÃO:

O fluxo de caixa para a situação narrada é o seguinte:

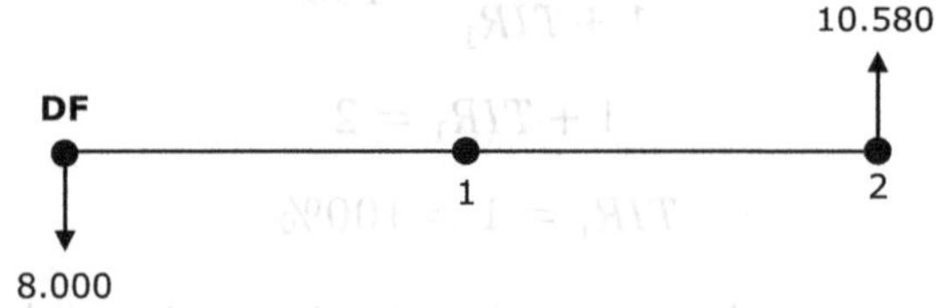

Para achar a TIR, precisamos fazer com que o VPL seja nulo. Logo:

$$0 = -8.000 + \frac{10.580}{(1 + i)^2}$$

$$10.580 = 8.000 \times (1 + i)^2$$

$$(1 + i)^2 = \frac{10.580}{8.000}$$

$$(1 + i)^2 = 1{,}3225$$

$$\boldsymbol{i = 15\%\ a.a}$$

Veja que a **TIR foi maior que a TMA**, de modo que o investimento é **economicamente viável.**

Veja como esse assunto foi cobrado!

8. (IBADE – Analista/Pref Vila Velha/2020) Um investimento de R$100.000,00 é realizado com a previsão de retorno de R$60,000,00 no primeiro ano e R$60,000,00 no segundo ano. Nestas condições a taxa interna de retorno será aproximadamente igual a:

A) 7% b) 20% c) 18% d) 13% e) 5%

RESOLUÇÃO:

Por definição, a **taxa interna de retorno** é aquela que torna o valor presente líquido igual a 0. Se o valor presente líquido é igual a 0, então em qualquer outra data o somatório de entradas e saídas será igual a 0.

Desse modo, para facilitar as contas, adotaremos como data focal a data 2. Sabemos que a fim de avançar um valor para o futuro, multiplicamos por $(1+i)^t$. Temos um desembolso na data 0 no valor de R$100.000,00, uma entrada de R$60.000,00 na data 1 e outra entrada de R$60.000,00 na data 2. Logo:

$$0 = -100.000 \cdot (1 + i)^2 + 60.000 \cdot (1 + i) + 60.000$$

Fazendo $x = 1 + i$, temos:

$$0 = -100.000x^2 + 60.000x + 60.000$$

Dividindo a equação por 20.000 e organizando seus termos, obtemos:

$$5x^2 - 3x - 3 = 0$$

$$\Delta = (-3)^2 - 4 \times 5 \times (-3) = 9 + 60 = 69$$

$$x = \frac{3 \pm \sqrt{69}}{2 \,.\, 5} \approx \frac{3 + 8{,}3}{10} \approx 1{,}13$$

$$(raiz\ negativa\ descartada)$$

Voltando a $x = 1 + i$:

$$i = 1{,}13 - 1 = 0{,}13 = 13\%$$

Gabarito: D.

9. (CESPE – Analista/FUNPRESP/2016) A taxa interna de retorno de um projeto resultante do investimento inicial de R$2.000 e de uma única entrada de caixa, em dois anos, de R$2.420 é de 10% ao ano.

RESOLUÇÃO:

Temos um desembolso na data 0, no valor de R$2.000,00, e uma entrada de R$2.420,00, na data 2.

Ao transportarmos todos os valores para a data 0, obtemos:

$$VPL = -2.000 + \frac{2.420}{(1+i)^2}$$

Se a taxa **i** for a **taxa interna de retorno**, teremos VPL nulo:

$$0 = -2.000 + \frac{2.420}{(1+i)^2}$$

$$2.000 = \frac{2.420}{(1+i)^2}$$

$$(1+i)^2 = \frac{2.420}{2.000}$$

$$(1+i)^2 = 1{,}21$$

$$1 + i = \sqrt{1{,}21}$$

$$1 + i = 1{,}1 \rightarrow i = 0{,}1 = 10\%$$

Portanto, concluímos que a taxa é de **10% ao ano**, de modo que o item estaria **certo**. No entanto, a banca achou por bem **anular** a questão sob o argumento de que sua redação "*prejudicou o julgamento objetivo*".

Gabarito: Anulada.

10. (FCC - Auditor Fiscal/ISS Teresina/2016) A taxa interna de retorno positiva do fluxo de caixa abaixo correspondente a determinado projeto é de 12% ao ano.

Ano	Fluxo de caixa (R$)
0	-39.000,00
1	**X**
2	**2X**

O valor de X é igual a

a) 14.560,00 b) 15.052,80 c) 15.680,00 d) 14.616,00 e) 16.240,00

RESOLUÇÃO:

A **taxa interna de retorno** é aquela que **iguala o desembolso (39.000) ao valor presente dos recebimentos:**

$$39.000 = \frac{X}{1,12} + \frac{2X}{1,12^2}$$

$$39.000 \times 1,12^2 = 1,12X + 2X$$

$$X = \frac{39.000 \times 1,12^2}{3,12}$$

$$X = 15.680$$

Gabarito: C.

11. (FCC - Auditor Fiscal/SEFAZ-PI/2015) No fluxo de caixa abaixo, a taxa interna positiva de retorno é de 20% ao ano.

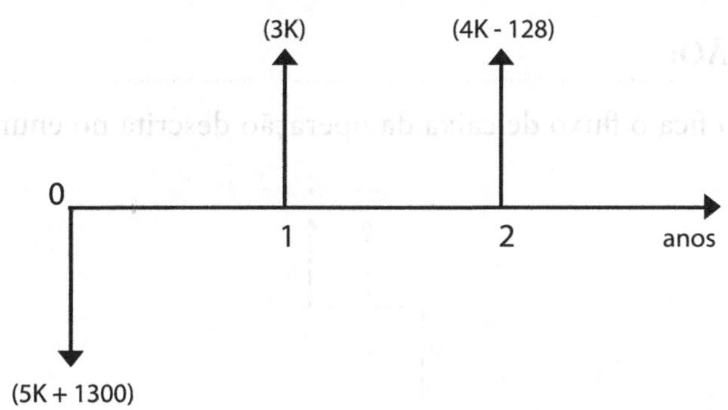

O valor de K é

a) 117,84 b) 260,00 c) 714,00 d) 3.896,00 e) 5.000,00

RESOLUÇÃO:

Primeiramente, devemos transportar todos os valores para a data 0, obtendo o valor presente líquido. Consideramos entradas positivas e saídas negativas e usamos a taxa de 20% ao período:

$$VPL = -(5k + 1300) + \frac{3k}{1,2} + \frac{4k - 128}{1,2^2}$$

Como 20% é a taxa interna de retorno, então o VPL é nulo:

$$0 = -(5k + 1300) + + \frac{3k}{1,2} \quad \frac{4k - 128}{1,2^2}$$

Multiplicando todos os termos por 1,44:

$$0 = -1,44 \times (5k + 1.300) + 1,2 \times 3k + 4k - 128$$

$$0 = -7,2k - 1.872 + 3,6k + 4k - 128$$

$$0 = 0,4k - 2.000$$

$$4k = 20.000$$

$$k = 5.000$$

Gabarito: E.

12. (CESPE – Analista/MPU/2015) Considere que um investimento de R$10,00 produza dois pagamentos mensais sucessivos: o primeiro, pago um mês após a data da aplicação, de R$6,00, e o segundo, de R$5,50. Nessa situação, a TIR para essa aplicação é superior a 9%.

RESOLUÇÃO:

Veja como fica o fluxo de caixa da operação descrita no enunciado:

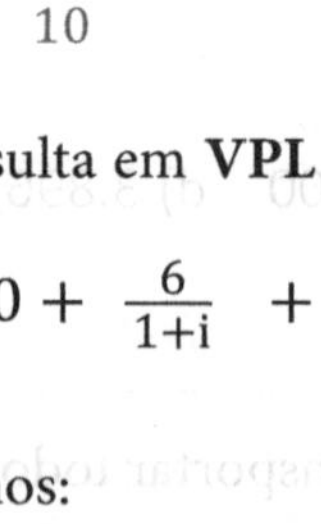

Como a **TIR** é a taxa que resulta em **VPL igual a zero**, temos:

$$0 = -10 + \frac{6}{1+i} + \frac{5,5}{(1+i)^2}$$

Chamando **1 + i** de **x**, obtemos:

$$0 = -10 + \frac{6}{x} + \frac{5,5}{x^2}$$

Multiplicando todos os termos por $\mathbf{x^2}$:

$$0 = -10x^2 + 6x + 5{,}5$$

Agora, aplicamos a fórmula de Bhaskara:

$$\triangle = 6^2 - 4 \times (-10) \times 5{,}5 = 256$$

Assim, as raízes da equação de segundo grau ficam:

$$x = \frac{-6 \pm \sqrt{256}}{2 \times (-10)}$$

$$x = \frac{-6 \pm 16}{-20}$$

$$x' = -0{,}5 \text{ (descartamos, pois é negativo)}$$

$$x'' = 1{,}1 \quad 1 + i = 1{,}1 \rightarrow i = 0{,}1$$

Veja que a TIR é de 10%, de modo que realmente é **superior a 9%.**

Gabarito: Certo.

5.1. Vantagens e Desvantagens da TIR

Como principal **vantagem** da aplicação da TIR como método de avaliação de projetos de investimento, aponta-se o fato de que **a TIR é um número relativo** (porcentagem) que tem interpretação mais imediata que os resultados dados por valores absolutos, como é o caso do VPL.

Por outro lado, são **desvantagens** do método da TIR:

- dificuldade para o seu cálculo em muitos casos;
- possibilidade de múltiplas TIR em um mesmo projeto de investimento, ou mesmo a possibilidade de sua inexistência;
- produz mais de um resultado quando há mais de uma alteração de sinal nos fluxos ao longo do projeto;
- dificuldade da orientação de uma regra de decisão quando tratamos como fluxos de caixa não simples ou incrementais.

Assim, fica claro que o método da TIR possui algumas **limitações.** Para lidar com isso, existe a **Taxa Interna de Retorno Modificada (TIRM)**, que considera os valores futuros das entradas de caixa compostas ao custo de capital. Ela combina fluxos de caixa até que apenas uma alteração de sinal apareça. Tais combinações se dão exatamente levando-se em conta o custo do capital.

5.2 Fluxos de Caixas Incrementais

Quando comparamos dois ou mais projetos de investimentos pelo método da Taxa Interna de Retorno, nem sempre o mais vantajoso entre eles será aquele que apresenta a maior TIR.

Para exemplificar, considere a tabela a seguir, em que são comparados três projetos de investimento mutuamente exclusivos:

Comparação entre projetos de investimento			
	Projeto A	Projeto B	Projeto C
Data 0	-20.000	-30.000	-50.000
Datas 1 a 12	3.689,62	4.843,10	7.338,17
TIR	**15%**	12%	10%
VPL (k=3%)	16.726,45	18.208,28	**23.044,13**

Pelos resultados mostrados na tabela, o projeto A é o que apresenta maior TIR, enquanto o projeto C é o que apresenta maior VPL.

A aparente contradição entre as previsões dadas pela TIR e pelo VPL é resolvida usando-se os **fluxos de caixa incrementais (não simples)** ou **TIR incremental**.

O processo para a construção dos fluxos de caixa incrementais obedece aos seguintes passos:

1º) organizam-se os projetos da esquerda para a direita , em **ordem crescente de investimento**;

2º) calculam-se as **diferenças dos valores monetários entre cada projeto**, a partir do segundo, e o projeto anterior (essas diferenças são os incrementos);

3º) dá-se preferência ao projeto que produzir o **maior incremento em VPL**, desde que seja positivo.

Aplicando essa metodologia ao exemplo que estamos considerando, obtemos:

	Fluxos de Caixa dos Projetos			Fluxos Incrementais	
	Projeto A	Projeto B	Projeto C	B – A	C – B
Data 0	-20.000	-30.000	-50.000	-10.000	-20.000
Datas 1 a 12	3.689,62	4.843,10	7.338,17	1.153,49	2.495,06
TIR	15%	12%	10%	5% < i < 6%	6% < i < 7%
VPL (k=3%)	16.726,45	18.208,28	23.044,13	1.481,13	**4.835,85**

Como o maior VPL dos fluxos incrementais ocorre em C – B, concluímos que deve-se dar preferência ao projeto C.

Veja como esse assunto foi cobrado

13. (FCC - Profissional NS/ELETROSUL/2016) Em um ambiente de avaliação de investimentos, é correto afirmar que

a) são inviáveis os projetos com Valor Presente Líquido – VPL positivo.

b) o cálculo da Taxa Interna de Retorno – TIR fornece o valor presente dos fluxos de caixa futuro do projeto, deduzindo o valor presente do custo do investimento.

c) todos os projetos com TIR positiva devem ser viabilizados.

d) a Taxa Interna de Retorno Modificada – TIRM considera os valores futuros das entradas de caixa compostas ao custo de capital.

e) o método do VPL implica que os fluxos de caixa do projeto podem ser reinvestidos à TIR.

RESOLUÇÃO:

A questão trata de instrumentos para análise de investimentos. Vamos analisar as alternativas:

a) são inviáveis os projetos com Valor Presente Líquido – VPL positivo.

Errado. Se o projeto gerou valor **VPL positivo**, então ele é **viável**. Pois descontando os fluxos futuros a uma determinada taxa mínima de atratividade, o valor líquido do projeto no momento em que se faz o cálculo é positivo.

b) o cálculo da Taxa Interna de Retorno – TIR fornece o valor presente dos fluxos de caixa futuro do projeto, deduzindo o valor presente do custo do investimento.

Errado. Esta é a definição do **Valor Presente Líquido**. Portanto, o examinador inverteu os conceitos de TIR e VPL.

c) todos os projetos com TIR positiva devem ser viabilizados.

Errado. Apenas os projetos em que a TIR seja **superior à taxa mínima de atratividade** devem ser viabilizados.

d) a Taxa Interna de Retorno Modificada – TIRM considera os valores futuros das entradas de caixa compostas ao custo de capital.

Certo. É preciso esclarecer que o método da TIR possui algumas **limitações**.

Entre eles, está o fato de produzir mais de um resultado quando há mais de uma alteração de sinal nos fluxos ao longo do projeto.

O método da **TIRM** busca reparar suas limitações, combinando fluxos de caixa até que apenas uma alteração de sinal apareça. Tais combinações se dão exatamente levando-se em conta o custo do capital.

e) o método do VPL implica que os fluxos de caixa do projeto podem ser reinvestidos à TIR.

Errado. Nada a ver. Essa afirmação não faz nenhum sentido.

Gabarito: D.

14. (CESPE - Auditor de Controle Externo/TCE-PA/2016) Considere que, ao avaliar um projeto, um investidor tenha encontrado dois resultados aparentemente divergentes: a taxa interna de retorno indicava que o projeto não era atrativo, e o valor presente líquido era positivo. Nesse caso, a taxa interna de retorno deverá ser utilizada como norma dominante e, portanto, o projeto deverá ser rejeitado.

RESOLUÇÃO:

Precisamos ter em mente que o **VPL sempre indica o projeto mais atrativo.**

Por sua vez, o método da **TIR** apresenta alguns problemas teóricos e **nem sempre indica o projeto mais lucrativo**.

Para exemplificar, alguns problemas do método TIR são:

- Quando o projeto envolve alternâncias de receitas e despesas, pode aparecer mais de um valor para a taxa interna de retorno.
- A TIR não avalia as diferentes escalas de investimentos. Por exemplo, esse método indica que a aplicação de 1 real na data 0 e o recebimento de 1,5 real na data 1 (TIR: 1,5) é mais vantajoso que a aplicação de 1.000 reais na data 0 e recebimento de 1.400 reais na data 1 (TIR: 1,4).

Dessa forma, **quando há divergência entre os dois métodos, deve ser utilizado o método VPL.**

Gabarito: Errado.

15. (CESGRANRIO – Analista/PETROBRÁS/2012) Uma empresa tem três opções de investimento, chamados de projetos A, B e C, que são mutuamente exclusivos (excludentes), com custos iniciais de 100, 200 e 300 mil reais, respectivamente, e vida útil de 5 anos.

O fluxo de caixa, alguns dados complementares e a taxa interna de retorno, TIR, estão representados na tabela.

Valores em mil reais						
Anos	Projeto A	Projeto B	Projeto C	Projeto diferencial (B - A)	Projeto diferencial (C - B)	Projeto diferencial (C - A)
0	-100,00	-200,00	-300,00	-100,00	-100,00	-200,00
1	33,00	62,00	94,00	29,00	32,00	61,00
2	33,00	62,00	94,00	29,00	32,00	61,00
3	33,00	62,00	94,00	29,00	32,00	61,00
4	33,00	62,00	94,00	29,00	32,00	61,00
5	33,00	62,00	94,00	29,00	32,00	61,00
TR	19,4%	16,6%	17,1%	13,8%	18,0%	15,9%

Considerando-se que a taxa mínima de atratividade da empresa é de 12% ao ano, conclui-se que

A) A é melhor que B, que é melhor que C.

B) A é melhor que C, que é melhor que B.

C) B é melhor que A, que é melhor que C.

D) C é melhor que B, que é melhor que A.

E) C é melhor que A, que é melhor que B.

RESOLUÇÃO:

O enunciado estabelece que os projetos são **mutuamente exclusivos**, de modo que precisamos escolher um só, e desde que sua taxa de retorno seja superior a 12%, a **Taxa Mínima de Atratividade (TMA)** da empresa.

Se analisarmos somente a TIR, somos erroneamente levados a escolher o Projeto A, por ser o de maior TIR.

O problema é que a TIR não lida adequadamente com projetos que apresentam diferença de escala, ou seja, que apresentam investimentos iniciais diferentes. Para tanto, temos que trabalhar com a chamada **TIR incremental**, que consiste em avaliar também a TIR dos fluxos de caixa diferenciais. É para isso que servem as três colunas finais da tabela apresentada.

Observe que, se escolhermos o projeto B, verificamos que ele é equivalente à união de dois projetos: o Projeto A e o Projeto hipotético B - A. Olhando para a tabela, escolhendo B, teremos todos os fluxos de A, e ainda investiremos no B – A, cuja TIR de 13,8% é superior à TMA de 12% da empresa.

Conclusão 1: B é melhor que A.

Aplicando raciocínio semelhante, se escolhermos o projeto C, verificamos que ele é equivalente à união de dois projetos: o Projeto C e o Projeto hipotético C – B. Novamente olhando para a tabela, escolhendo C, teremos todos os fluxos de B, e ainda investiremos no C – B, cuja TIR de 18% é superior à TMA de 12% da empresa.

Conclusão 2: C é melhor que B.

Com base nas conclusões 1 e 2, podemos avaliar que **C é melhor que B, que é melhor que A.**

Gabarito: D.

16. (FGV - Fiscal de Tributos/ISS Niterói/2015) Uma empresa, que trabalha com taxa mínima de atratividade de 20% ao ano, estuda a viabilidade econômica de investir em um dos 3 projetos mutuamente excludentes:

Projeto X: Investir R$60.000,00 e resgatar anualmente R$30.000,00 nos próximos 4 anos.

Projeto Y: Investir R$8.000,00 e resgatar anualmente R$5.000,00 nos próximos 4 anos.

Projeto Z: Investir R$30.000,00 e resgatar anualmente R$17.000,00 nos próximos 4 anos.

	Projeto X	Projeto Y	Projeto Z
TIR	34,9%	50,2%	43,2%
	Projeto incremental Z-Y	Projeto incremental X-Z	Projeto incremental X-Y
TIR	41%	26%	32%

Considerando o quadro acima, os projetos ordenados do melhor para o pior, pelo método da Taxa Interna de Retorno – TIR, são:

a) X, Y, Z b) X, Z, Y c) Y, Z, X d) Y, X, Z e) Z, Y, X

RESOLUÇÃO:

Como o projeto incremental X – Y tem TIR de 32%, maior que os 20% exigidos pelos investidores, concluímos que **X é melhor que Y**. Para isso, basta pensar assim:

$$\text{Projeto X} = \text{Projeto Y} + \text{Projeto (X - Y)}$$

$$X = Y + (X - Y)$$

Portanto, investir em X me dá tudo que Y me dava, e, além disso, mais uma remuneração adicional de 32% ao ano, que é superior à TMA. É como se eu estivesse investindo de fato R$8.000,00 em Y e pegando a diferença (60.000 - 8.000 = 52.000) e aplicando no projeto "X – Y", que dá uma TIR bem interessante.

Portanto, temos que X realmente é melhor que Y.

Seguindo o mesmo raciocínio, concluímos que **X é melhor que Z**, já que o projeto X – Z tem TIR maior que 20%.

Dessa maneira, já podemos eliminar as alternativas C, D e E.

Por fim, **Z é melhor que Y**, já que a TIR do projeto Z – Y é maior que os 20% exigidos.

Gabarito: B.

6. PAYBACK

O Payback é um dos métodos de avaliação de investimentos mais populares. Ele busca responder à seguinte pergunta: *"Em quanto tempo esse investimento vai se pagar?"*

TOME NOTA!

Payback é o tempo que levamos para recuperar o investimento.

Estudaremos nas próximas linhas as suas duas versões: o Payback Simples e o Payback Descontado. Em ambos os casos, é preciso ter em mente que o Payback é um método não exato.

6.1. Payback Simples

Uma programação normal de investimento pressupõe um desembolso inicial e uma série de retornos futuros. Em geral, você investe uma certa quantia no presente para obter um fluxo de caixa positivo, isto é, **lucros** no futuro.

O **Payback Simples** ou **Nominal** corresponde ao **tempo necessário para que a soma dos retornos futuros seja igual ao desembolso inicial**. Em outras palavras, corresponde ao tempo necessário para que a soma do fluxo de caixa do projeto seja igual a zero.

EXEMPLO 01: Uma pessoa investiu R$2.000,00 no ano 0, e recebeu três entradas de R$1.000,00 cada uma, em cada um dos anos seguintes. Vamos determinar o payback desse investimento.

O fluxo de caixa do projeto descrito é o seguinte:

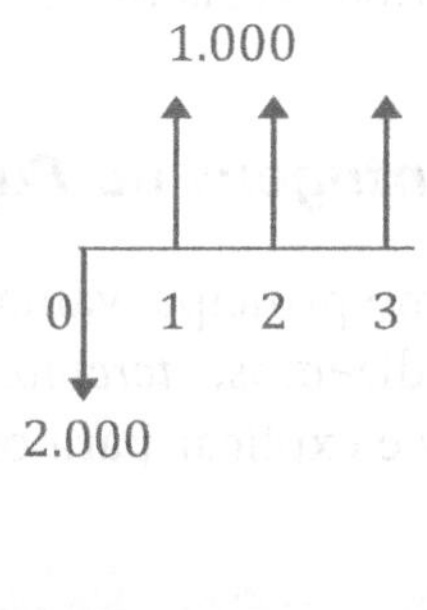

Observamos que, na data 2, já teremos recebido 1.000 + 1.000 = 2.000 reais. Portanto, na data 2 nós recuperamos o investimento inicial. Portanto, podemos concluir que o payback é de 2 anos.

EXEMPLO 02: Considere que uma pessoa fez um investimento de 1.000 reais hoje e receberá 300 reais nos próximos 6 meses. Vamos calcular o payback.

No desenho a seguir, consta o fluxo de caixa do projeto:

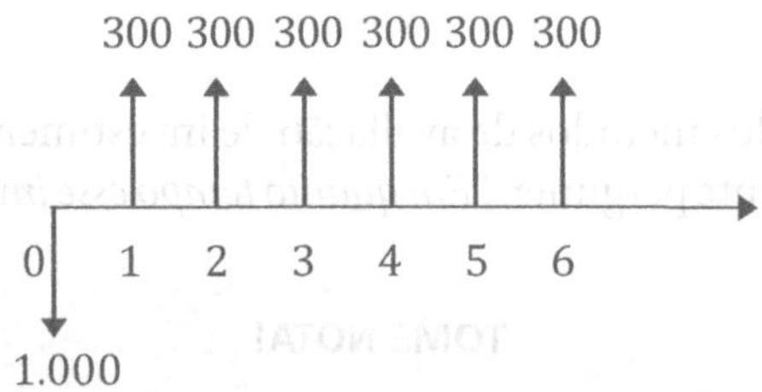

Note que, ao final do terceiro mês, já teremos recuperado 300 + 300 + 300 = 900 reais. Falta pouco para recuperar todo o investimento inicial.

Ao final do quarto mês, teremos recebido mais 300 reais e o total recuperado terá sido 1.200 reais, que é um valor maior que o investimento inicial. Assim, o payback está entre 3 e 4 meses.

Para calcular o valor exato, fazemos uma regra de três. Depois do terceiro mês, precisamos recuperar apenas mais 100 reais. Se fosse um mês completo, teríamos recuperado 300 reais. Queremos saber em quanto tempo vamos recuperar 100 reais. Logo:

Tempo (dias)	Valor recuperado (R$)
30	300
x	100

$$300x = 30 \cdot 100$$

$$x = 10 \ dias$$

Portanto, recuperamos os 1.000 reais investidos em 3 meses e 10 dias.

6.1.1. *Vantagens e Desvantagens do Payback Simples*

O Payback Simples tem como principal vantagem o fato de ser muito **simples** de calcular e entender. Quando dizemos, "*teremos o retorno desse investimento em 4 anos*", é bem fácil de entender e explicar para outras pessoas.

Contudo, podemos notar duas **desvantagens** na aplicação do Payback Simples:

– Não leva em conta os efeitos do dinheiro no tempo.

Se estivermos diante de um mercado com altas taxas de juros, a análise pelo payback pode ser bem enganosa.

Por exemplo, neste método, é irrelevante se o retorno do investimento ocorreu R$10.000 nos três primeiros anos ou se ocorreu R$30.000 no terceiro ano. Em ambos os casos, o Payback será de 3 anos.

– **Ignora** o que acontece após o Payback.

Se o investimento teve um Payback em 3 anos, pouco importa o que aconteceu depois. Se ele se tornou improdutivo e não gerou mais receita ou se o fluxo de caixa triplicou, é irrelevante para esse método de análise.

Veja como esse assunto já foi cobrado

17. (Cespe/TCE-PA/2016) O engenheiro de uma empreiteira recebeu a tarefa de, mediante técnicas de análise de investimento, realizar o estudo de viabilidade econômico-financeira de um projeto de construção de uma linha de transmissão.

Considerando as técnicas usadas pelo engenheiro, julgue o item subsequente, acerca da situação apresentada.

O payback simples tem como objetivo calcular o período (prazo) que a empreiteira irá precisar para recuperar contabilmente o capital investido no projeto de construção da linha de transmissão.

RESOLUÇÃO:

Isso mesmo, o enunciado apresentou a própria definição do **payback simples**: o **tempo para que o investimento inicial seja recuperado**.

E lembre que no payback simples não levamos em consideração o valor do dinheiro no tempo, a taxa de juros e o que acontece após o payback.

Gabarito: Certo.

18. (Cesgranrio – Economista/Petrobras/2018) Ao calcular o payback simples ou nominal de um projeto de investimento, um analista tem um

A) resultado que leva em conta o valor do dinheiro no tempo.

B) resultado maior que o encontrado pelo payback descontado.

C) resultado que considera todos os fluxos de caixa do projeto.

D) dado coerente com a matemática financeira.

E) dado superestimado em termos de velocidade de retorno.

RESOLUÇÃO:

Vamos analisar as alternativas.

a) resultado que leva em conta o valor do dinheiro no tempo.

Errado. Uma das desvantagens do payback simples é que ele NÃO leva em conta o valor do dinheiro no tempo, pois é desconsiderada a influência dos juros, ou seja, considera-se que a taxa de juros é igual a zero.

b) resultado maior que o encontrado pelo payback descontado.

Errado. Considerando projetos com fluxos convencionais de caixa (com desembolso inicial e futuros fluxos positivos de caixa), o Payback Simples é MENOR que o Payback Descontado.

c) resultado que considera todos os fluxos de caixa do projeto.

Errado. Consideram-se os fluxos de caixa até o momento em que o investimento inicial é recuperado. Os posteriores fluxos de caixa não interferem na análise.

d) dado coerente com a matemática financeira.

Errado. A banca considerou esta opção de resposta incorreta, provavelmente pelo fato de o método simples não considerar a influência dos juros.

e) dado superestimado em termos de velocidade de retorno.

Certo. Quando superestimamos uma velocidade de retorno de um investimento, estamos considerando retorno mais rápido que o verdadeiro, ou seja, consideramos um retorno em menor tempo. É exatamente isso que ocorre no Payback Simples para projetos convencionais de caixa, o tempo de recuperação do investimento é inferior ao obtido pelo Payback Descontado.

Gabarito: E.

19. (Cesgranrio – Engenheiro/Petrobras/2018) A Tabela a seguir apresenta as receitas e despesas anuais com a abertura de um novo depósito. O investimento inicial é estimado em R$5 milhões.

Ano	Despesas (R$ mil)	Receitas (R$ mil)
01	1400	2300
02	1600	3200
03	1800	4000
04	2000	4000
05	2000	4000

Em relação à viabilidade do projeto sob o critério do payback simples, verifica-se que ele

A) se paga até o final do período 2.

B) se paga até o final do período 3.

C) se paga até o final do período 4.

D) gera um retorno de R$9,1 milhões.

E) causa um prejuízo de R$8,4 milhões.

RESOLUÇÃO:

O enunciado estabelece que devemos analisar a viabilidade do projeto de acordo com o critério do **Payback Simples**, para o qual é **desconsiderada a influência dos juros**.

Para cada ano, fazemos a subtração entre a receita e a despesa:

Ano	Receita (R$mil)	Despesa (R$mil)	Receita – Despesa (R$mil)
0	0	-5.000	-5.000
1	2.300	-1.400	900
2	3.200	-1.600	1.600
3	4.000	-1.600	2.400
4	4.000	-1.800	2.200
5	4.000	-2.000	2.000

Agora, somamos os fluxos de caixa até o final do terceiro ano:

$$-5.000 + 900 + 1.600 + 2.400 = -100 \textit{ mil reais}$$

Observamos na tabela que, no quarto ano, a receita líquida de despesas foi de 2.200 mil reais. Logo, a soma dos fluxos de caixa até o final do quarto ano foi de:

$$-100 + 2.200 = 2.100 \textit{ mil reais.}$$

Como chegamos a um resultado positivo, concluímos que **o projeto se paga até o final do quarto ano**. Em outras palavras, o Payback Simples está entre 3 e 4 anos.

Gabarito: C.

20. (Cesgranrio - Ana Jr/Transpetro/2018) Considere os dados dos projetos apresentados no Quadro a seguir:

Projeto	Fluxos de caixa ($)		
	Inicial	Ano 1	Ano 2
X	-3.000,00	1.500,00	1.500,00
Y	-3.000,00	900,00	2.700,00
Z	-3.000,00	2.700,00	900,00

Considerando-se um custo de capital de 15% ao ano, segundo o Critério do Payback Simples, com um período limite de 3 anos, qual(is) o(s) projeto(s) que deve(m) ser aceito(s) e por quê?

A) X, pois é aquele cujo retorno total do investimento é igual ao capital investido.

B) Z, pois é aquele em que o retorno do investimento ocorre mais rápido.

C) X e Y, por possuírem Valores Presentes Líquidos (VPL positivos).

D) Y e Z, pois o retorno do investimento é maior nesses projetos.

E) X, Y e Z, pois o período de recuperação é de 2 anos.

RESOLUÇÃO:

O enunciado estabelece que devemos analisar a viabilidade do projeto de acordo com o critério do **Payback Simples**, para o qual deve ser **desconsiderado o custo de capital**. Com isso, a informação apresentada do custo de 15% parece servir apenas para confundir o candidato.

No projeto **X**, os 1.500 + 1.500 = 3.000 reais que entrarão nos dois anos cobrirão exatamente o investimento inicial, de modo que o payback ocorrerá exatamente ao final do ano 2.

Tanto no projeto Y como no projeto Z, o payback ocorrerá no ano 2 com a entrada das duas receitas, e haverá ainda um saldo positivo de R$600,00.

Portanto, **os três projetos devem ser aceitos**, pois apresentam um período de recuperação inferior ao período limite de 3 anos.

Gabarito: E.

21. (Cesgranrio – Administrador Pleno/Petrobrás/2005) Observe os fluxos de caixa de dois projetos de investimento, A e B. Os valores monetários estão em milhares de reais. Considere uma empresa cujo custo de capital seja 10% ao ano e que possa investir em um dos projetos (mas não em ambos).

Época (anos) →	0	1	2	3
Projeto ↓				
A	- 80	30	40	50
B	-160	60	70	90

Taxas internas de Retorno: TIR (A) = 21,25% a.a
TIR (B) = 1650%
Valores Presentes Líquidos (i = 10% a.a): VPL (A) = 17,90
VPL (B) = 20,02

O tempo de retorno (payback) não descontado do projeto A é:

a) 2 anos b) 2,2 anos c) 2,5 anos d) 2,8 anos e) 3 anos

RESOLUÇÃO:

Inicialmente, somamos os retornos associados ao projeto A ao longo do tempo até que eles se igualem ao desembolso:

Ano	Fluxo de Caixa	Soma dos Retornos
0	-80	0
1	30	30
2	40	**70**
3	50	**120**

Como, no ano 2, tivemos uma soma de retornos igual a 70 e, no ano 3, igual a 120, então o payback ocorrerá em um momento intermediário. Calcularemos esse momento usando a interpolação linear.

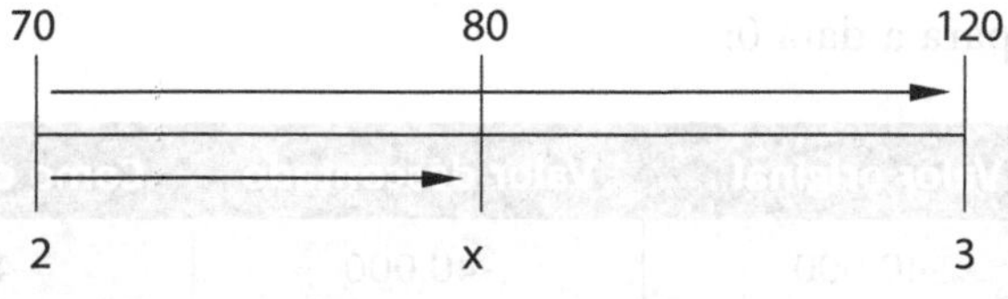

Agora, faremos a proporção entre a seta inferior e a seta superior:

$$\frac{80-70}{x-2} = \frac{120-70}{3-2}$$

$$\frac{10}{x-2} = \frac{50}{1} \therefore x-2 = \frac{10}{50} = 0{,}2$$

$$\therefore x = 2 + 0{,}2 = 2{,}2$$

Gabarito: B.

6.2. Payback Descontado

Estudamos que uma das desvantagens na aplicação do Payback Simples é que não é levado em conta o valor do dinheiro no tempo. Para contornar esse problema, existe o **Payback Descontado**, o qual **busca considerar o efeito do tempo**.

O método é bem parecido com o anterior, mas antes de realizar o cálculo, deveremos determinar o valor presente de cada um dos recebimentos na data 0. Em outras palavras, antes de calcular o tempo de recuperação do dinheiro, descontamos todos os capitais, trazendo-os para a data focal.

É muito comum que as questões utilizem o conceito de Payback Descontado, bem mais do que fazer contas. Infelizmente, quando essas questões de contas aparecem, elas costumam dar muito trabalho braçal ao candidato.

EXEMPLO 01: Uma pessoa investiu R$40.000,00 no ano 0, e recebeu três entradas de R$17.715,61 cada uma, em cada um dos anos seguintes. Dada uma taxa de 10% ao período, vamos calcular o tempo para recuperar o investimento.

O fluxo de caixa do projeto descrito é o seguinte:

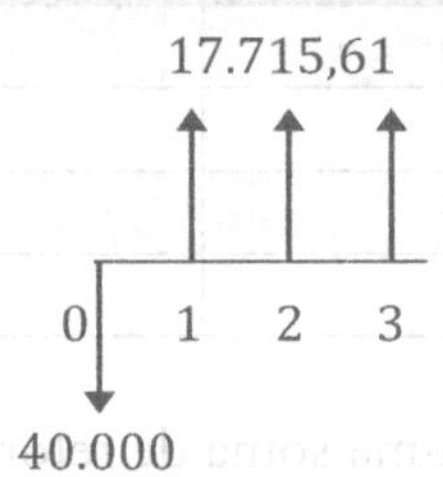

Inicialmente, devemos obter o fluxo de caixa descontado. Para isso, trazemos todos os valores para a data 0:

Ano	Valor original	Valor descontado	Como calculamos
0	-40.000	-40.000	=-40.000
1	17.715,61	16.105,10	
2	17.715,61	14.641,00	
3	17.715,61	13.310,00	

Logo, até o final do segundo ano, já recebemos a quantia de 16.105,10 + 14.641 = 30.746,10 reais.

Então, para recuperar o valor investido (40.000), faltam 40.000 – 30.746,10 = 9.253,90 reais.

Observe que no terceiro ano recebemos R$13.310,00 ao longo de 12 meses. Para receber R$9.253,90, precisamos de x meses:

Tempo (meses)	Valor recuperado (R$)
12	13.310
x	9.253,90

$$13.310\ .\ x = 12\ .9.253,90$$
$$x \approx 8\ meses$$

Portanto, precisaremos de **2 anos e 8 meses** para recuperar o investimento.

Veja como esse assunto foi cobrado

22. (IESES – Economista Jr/GasBrasiliano/2017) O Payback Descontado é uma técnica de análise de investimentos que:

a) Informa o valor líquido de um investimento considerando o valor do dinheiro no tempo.

b) Informa o tempo de retorno de um investimento considerando o valor do dinheiro no tempo.

c) Informa o tempo de retorno de um investimento desconsiderando o valor do dinheiro no tempo.

d) Informa a taxa de rentabilidade de um investimento considerando o valor do dinheiro no tempo.

RESOLUÇÃO:

Como visto, o **Payback Descontado** se relaciona com o prazo de retorno do investimento, com o tempo necessário para que o investimento se pague.

Além disso, ao contrário do Payback Simples, ele **considera o valor do dinheiro no tempo**, por meio da aplicação de um desconto racional.

Gabarito: B.

6.2.1. Vantagens e Desvantagens do Payback Descontado

O payback descontado proporciona a **vantagem** de contornar o problema do Payback Simples de não levar em conta os efeitos do dinheiro no tempo.

Por outro lado, permanece o segundo problema: ele também **ignora** o que acontece após o Payback. Essa é uma **desvantagem.**

Infelizmente, este método traz outra desvantagem: maior complexidade algébrica, pois temos o trabalho extra de descontar todo o fluxo de caixa.

Veja como esse assunto foi cobrado

23. (Quadrix – Contador/CRA-PR/2019) No âmbito da ciência das finanças, o payback é definido como a média dos valores de retorno de cada período do projeto para recuperar o investimento realizado.

RESOLUÇÃO:

O **payback** é o **tempo necessário para se recuperar o valor investido** em determinado projeto.

No payback simples, os recebimentos futuros não são descontados, e seus valores são considerados de modo absoluto, como se estivessem a valor presente.

No payback descontado, desconta-se o fluxo de caixa das receitas futuras, por meio de determinada taxa de desconto, de modo que podemos comparar o valor inicial do investimento com o valor atualizado das entradas de caixa.

Em ambos os casos, o payback corresponde ao tempo que decorrerá para a recuperação do investimento, e **não à média** dos valores de retorno.

Gabarito: errado.

24. (FCC - Ana Adm/SANASA/2019) Uma miniempresa que produz cotonetes está analisando um gasto de capital que exige investimento inicial de R$54.000 e produz entradas de caixa de R$7.714 por ano, durante dez anos. A empresa adota um prazo máximo de recuperação aceitável de oito anos. Diante desse perfil, ela

A) não deve aceitar o projeto, pois, o período de payback é menor que o prazo de recuperação desejado.

B) deve aceitar o projeto, pois, o prazo de recuperação desejado é maior que o período de payback.

C) deve aceitar o projeto, pois, o prazo de recuperação desejado é menor que o período de payback.

D) não deve aceitar o projeto, pois, o período de payback é maior que o prazo de recuperação desejado.

E) não tem informações suficientes para a tomada dessa decisão de investimento, pois, nesse caso, o cálculo do payback é irrelevante.

RESOLUÇÃO:

O enunciado não especificou uma taxa de desconto, então a questão trata do **payback simples.**

Nesse caso, o payback é simplesmente o **tempo necessário para se recuperar o investimento inicial.** Ao dividirmos o valor de R$54.000,00 por R$7.714 (valor de cada parcela anual), obtemos o número de anos para a recuperação do investimento:

$$\frac{54.000}{7.714} \approx 7$$

É dito que a empresa quer recuperar-se em no máximo 8 anos. Logo, o projeto **deverá ser aceito**, pois o prazo de recuperação desejado é maior que o período de payback.

Gabarito: B.

25. (FCC - Analista Desenvolvimento/Metro-SP/2019) Os períodos de payback tratam do tempo necessário para que a empresa recupere seu investimento em um projeto. A análise de payback

A) é calculada considerando-se os lucros contábeis.

B) recomenda a rejeição de um projeto se o período de payback for menor que o período máximo aceitável de recuperação do investimento.

C) considera a duração máxima aceitável de recuperação de cinco anos.

D) considera o período máximo determinado pelos órgãos fiscalizadores governamentais conforme o setor de atividade da empresa.

E) recomenda a aceitação de um projeto se o período de payback for menor que o período máximo aceitável de recuperação do investimento.

RESOLUÇÃO:

Inicialmente, precisamos ter em mente que o **payback** é o **tempo necessário para se recuperar o investimento inicial** em determinado projeto.

Vamos analisar as opções de resposta em busca daquela que melhor descreve o método de análise de payback.

a) é calculada considerando-se os lucros contábeis.

Errado. No cálculo do payback utilizamos o fluxo de caixa da empresa, o que envolve a antecipação, pela Taxa Mínima de Atratividade, das receitas e despesas futuras.

b) recomenda a rejeição de um projeto se o período de payback for menor que o período máximo aceitável de recuperação do investimento.

Errado. Suponhamos que uma pessoa deseja recuperar em no máximo 3 anos seu investimento inicial num determinado projeto. Caso o período de payback for inferior a 3 anos, então o investimento será recuperado dentro do limite estipulado, de modo que o investimento pode ser aceito.

c) considera a duração máxima aceitável de recuperação de cinco anos.

Errado. Não há um limite para a duração máxima aceitável de recuperação de um investimento, pois isso é definido pelos investidores.

d) considera o período máximo determinado pelos órgãos fiscalizadores governamentais conforme o setor de atividade da empresa.

Errado. Não existe um limite máximo determinado por órgãos fiscalizadores governamentais. Na verdade, o payback é definido conforme as necessidades individuais do investidor ou de acordo com as necessidades da empresa.

e) recomenda a aceitação de um projeto se o período de payback for menor que o período máximo aceitável de recuperação do investimento.

Certo. Na alternativa B vimos que paybacks inferiores ao período máximo aceitável implicam na aceitação do projeto.

Gabarito: E.

26. (IBFC – Analista/EMDEC/2019 - Adaptada) Um grupo de empresários resolveu implantar um projeto de investimento que requer um dispêndio de capital, no momento inicial, no valor de R$550.000,00 estimando-se fluxos de caixa líquidos de R$200.000,00 no ano I, R$300.000,00 no ano II e R$100.000,00 no ano III. O custo de capital dos empresários é de 10% a.a. Nesse contexto, analise o item subsequente.

O Pay Back Simples do projeto é de 2,5 anos.

RESOLUÇÃO:

O **payback simples** é o **tempo necessário para se recuperar o investimento inicial**, sem considerar o valor do dinheiro no tempo, isto é, sem que os valores futuros sejam trazidos a termos presentes.

O enunciado informa que, ao final do segundo ano as entradas somam 200.000 + 300.000 = 500.000 reais. Quando somamos essa quantia ao investimento inicial, temos um saldo líquido negativo de R$50.000,00.

Como no terceiro ano a entrada prevista é de R$100.000,00, podemos presumir os recebimentos uniformes ao longo do ano, de modo que a metade desse valor seja recebida na metade do período. Portanto, em **2,5 anos** teremos atingido o payback simples do investimento.

Gabarito: certo.

27. (NC-UFPR – Contador/FPMA/2019 - Adaptada) Os dados a seguir referem-se a um estudo de viabilidade econômica de um projeto de investimento, elaborado por uma empresa industrial com o objetivo de subsidiar a decisão sobre a ampliação de sua capacidade produtiva.

	Períodos de projeção						
	Ano 0	**Ano 1**	**Ano 2**	**Ano 3**	**Ano 4**	**Ano 5**	**Perpetuidade**
Investimento inicial	(100)						
Fluxo de caixa descontado		18	21	23	26	22	220

RESOLUÇÃO:

O fluxo de caixa descontado representa o valor presente das entradas líquidas futuras de caixa estimadas para o projeto de investimento.

Com base no exposto, julgue o item subsequente.

Se o período de payback desejado pela empresa for de 5 anos, o projeto de investimento deve ser rejeitado.

Ao final do quinto ano, a empresa industrial já terá um retorno de 18 + 21 + 23 + 26 + 22 = 110, que é superior ao investimento inicial.

Consequentemente, a empresa precisará de um pouco menos de 5 anos para recuperar o investimento. Logo:

$$Payback < 5\ anos$$

Portanto, concluímos que esse patamar é mais vantajoso do que aquele fixado pela empresa, de modo que **o projeto deve ser aceito.**

Gabarito: certo.

28. (FCC – Especialista/ARTESP/2017 - Adaptada) Julgue a seguinte conceituação sobre métodos de avaliação de orçamento de capital.

A aplicação do Payback Descontado considera os fluxos de caixa descontados pelo custo de capital do projeto.

RESOLUÇÃO:

É isso mesmo, o custo de capital é um dos aspectos que é levado em conta no **Payback Descontado**.

Salientamos que diferentes taxas podem ser utilizadas para trazer os fluxos de caixa para valores presentes, como a taxa mínima de atratividade (TMA).

Gabarito: certo.

29. (FGV – AFTM/ISS Cuiabá/2014) O ponto x, interseção da curva com o eixo horizontal, é denominado:

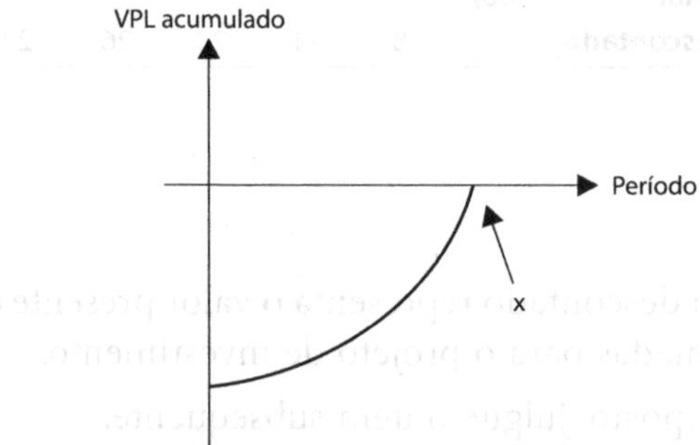

a) Taxa Interna de Retorno

b) Tempo mínimo necessário para a TIR ser nula

c) *Payback* descontado

d) Tempo mínimo necessário para o custo de oportunidade do capital ser nulo

e) *Payback* bruto

RESOLUÇÃO:

Como já vimos anteriormente, o **momento em que os retornos futuros descontados igualam o desembolso inicial** é o **Payback Descontado.**

Gabarito: C.

30. (FCC – Agente Fiscal de Rendas/SEFAZ-SP/2010) A tabela a seguir registra o fluxo de caixa anual de um projeto de investimento com duração de 4 anos. A terceira coluna fornece os respectivos valores atuais (na data 0) em função da taxa mínima requerida de 10% ao ano.

ANOS	**VALOR** (R$ 1.000,00)	**VPL** (R$ 1.000,00)
0	- 2.000,00	- 2.000,00
1	880,00	880,00
2	1.210,00	1.000,00
3	1.331,00	1.000,00
4	1.756,92	1.200,00

Utilizando interpolação linear, obtém-se que, pelo método do Payback descontado, o tempo necessário para recuperar o investimento é

a) 3,2 anos b) 2,8 anos c) 2,6 anos d) 2,4 anos e) 2,2 anos

RESOLUÇÃO:

A questão foi boazinha ao nos fornecer o valor presente líquido de cada uma das receitas.

Observe que, até o segundo ano, os VPLs das receitas é de 800 + 1.000 = 1.800 reais. Como o investimento inicial foi de R$2.000,00 precisamos de 2.000 – 1.800 = 200 reais para recuperar o investimento.

No terceiro ano, recuperamos mais R$1.000,00, de modo que a interpolação linear indica:

Tempo (anos)	Valor recuperado (R$)
1	1.000
x	200

$$1.000 \cdot x = 200$$
$$x = 0{,}2$$

Portanto, o payback descontado é de 2 + 0,2 = **2,2 anos.**

Gabarito: E.

7. ÍNDICE DE LUCRATIVIDADE LÍQUIDA

Estudamos que o Valor Presente Líquido (VPL) é composto por duas partes:

- **Parte Negativa:** corresponde ao desembolso inicial;
- **Parte Positiva:** corresponde aos retornos descontados.

$$VPL = -\ Desembolso + Retornos$$

O **Índice de Lucratividade Líquida (ILL)** é calculado por meio da razão entre a parte positiva (os retornos), descontadas eventuais despesas, e a parte negativa (o desembolso) do VPL:

$$\textbf{Índice de Lucratividade} = \frac{\textbf{Retornos Líquidos}}{\textbf{Desembolso}}$$

Assim, percebemos que o índice de lucratividade fornece o **retorno líquido obtido numa aplicação, em relação ao investimento inicial.**

EXEMPLO 01: Uma pessoa investiu R$100,00 e obteve R$120,00. Qual o índice de lucratividade desse investimento?

O índice de lucratividade é dado por:

$$\frac{120}{100} = \mathbf{1,2}$$

Simples, não é mesmo? Mas há um problema nessa conta.

Para realizar a divisão, só podemos trabalhar com **valores presentes**, ou seja, com capitais referidos à data focal.

Não entendi, professores. Poderia esclarecer melhor?

Claro, para melhor entendimento vamos analisar uma outra situação.

EXEMPLO 02: Considere que uma pessoa fez um investimento inicial de R$2.000 na data de hoje e obteve receitas de R$1.000 em cada um dos três anos seguintes, sendo que em cada um desses períodos houve uma despesa de R$300,00. A taxa é de 1% ao ano. Qual o índice de lucratividade desse investimento?

Repare que foram três anos com receita de 1.000 e despesa de 300. Logo, foram três anos com receita líquida de 1.000 – 300 = 700 reais.

Assim, a receita líquida total foi de 3 × 700 = 2.100 reais, de modo que esse é o valor do retorno que a pessoa obteve no investimento.

O índice de lucratividade ficaria:

$$\frac{2.100}{2.000} = 1,05$$

Ocorre que esse cálculo está errado, pois devemos as receitas líquidas devem ser trazidas a valor presente. Vamos ajustar isso:

$$\frac{700}{1+0,01} + \frac{700}{(1+0,01)^2} + \frac{700}{(1+0,01)^3} \approx \mathbf{2.058\ \mathit{reais}}$$

Prontinho, agora podemos calcular o índice de lucratividade:

$$\frac{2.058}{2.000} = 1,029$$

Em relação à atratividade de investimentos, precisamos que:

- **ILL > 1:** investimento é **atrativo;**

- **ILL < 1:** investimento **não é atrativo;**

A razão para essa relação é simples: quando o índice de lucratividade é maior que 1, os retornos descontados serão maiores que o desembolso. Por isso, o VPL será positivo. Portanto, o investimento será atrativo.

Veja como esse assunto foi cobrado

31. (FGV – Ana Proj/Codemig/2015) Um projeto de investimento de vida útil estimada de 12 (doze) anos e que apresenta um único fluxo de caixa negativo, referente ao seu investimento inicial, passou por uma avaliação intensiva de um grupo de três analistas. Cada um deles ficou responsável por uma das seguintes técnicas de análise: Valor Presente Líquido – VPL; Taxa Interna de Retorno – TIR; Índice de Lucratividade Líquida - ILL. Um dos analistas encontrou VPL negativo, outro encontrou ILL maior que 1 (um), e o terceiro encontrou TIR maior que a taxa de desconto utilizada no cálculo do VPL. Considerando que, de fato, o VPL do projeto é negativo, os cálculos da TIR e do ILL:

a) estão certos e coerentes com o resultado do VPL;

b) estão certos, mas não coerentes com o resultado do VPL;

c) podem estar certos; não estando coerentes com o resultado do VPL;

d) estão errados, mas coerentes com o resultado do VPL;

e) estão errados e não coerentes com o resultado do VPL.

RESOLUÇÃO:

A TIR e o ILL são métodos exatos, são diretamente derivados VPL. Dessa maneira, os três métodos devem apresentar sempre o mesmo resultado.

Sendo assim, se o VPL negativo está correto, a TIR e o ILL foram calculados erradamente, pois não estão coerentes com o VPL negativo. O VPL negativo implica necessariamente em TIR > taxa de desconto e ILL > 1.

Gabarito: E.

32. (FCC – Auditor Fiscal/SEFIN/RO/2010) Considere o fluxo de caixa abaixo referente a um projeto em que o desembolso inicial foi de R$25.000,00. A uma taxa de atratividade de 20% ao ano, o índice de lucratividade do projeto apresenta um valor de 1,176.

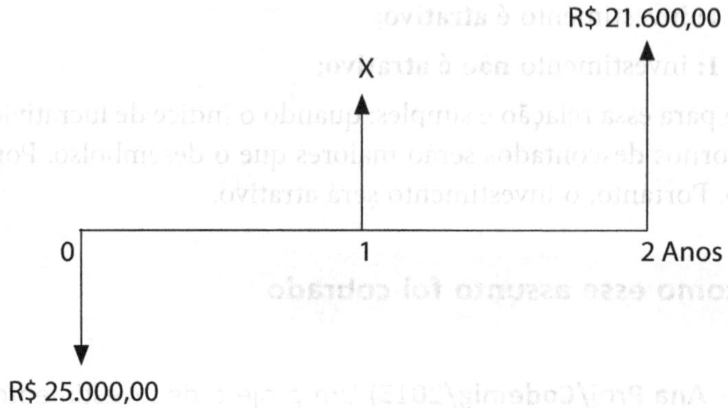

O valor de X é igual a:

a) 12.000 b) 13.200 c) 14.400 d) 15.000 e) 17.280

RESOLUÇÃO:

O índice de lucratividade é calculado pela razão entre a parte positiva e a parte negativa do VPL, portanto:

$$ILL = \frac{Ret}{Des} = \frac{Ret}{25000} = 1{,}176 \therefore Ret = 1{,}176.25000 = 29.400$$

Os retornos descontados são calculados por:

$$Ret = \frac{X}{1{,}2} + \frac{21600}{(1{,}2)^2} = 29.400$$

Em geral, a forma mais fácil de resolver esses problemas é multiplicar por $1{,}2^2$. Porém, a FCC foi bem gentil, de modo que é possível simplificar.

$$Ret = \frac{X}{1{,}2} + \frac{21600}{1{,}44} = 29400 \therefore \frac{X}{1{,}2} + \frac{2160000}{144} = 29.400$$

$$\frac{X}{1{,}2} + 15000 = 29400 \therefore \frac{X}{1{,}2} = 29400 - 15000 = 14.400$$

$$X = 1{,}2.14400 = 17.280$$

Gabarito: E.

8. TAXA DE RENTABILIDADE

A **Taxa de Rentabilidade** é muito similar ao índice de lucratividade. A diferença é que, no numerador da fórmula em vez de trabalharmos com o valor presente das receitas líquidas, trabalhamos com o **VPL** do investimento. Logo:

$$\textbf{Taxa de Rentabilidade} = \frac{\textbf{VPL}}{\textbf{Desembolso}}$$

Para o exemplo acima da pessoa que fez um investimento inicial de R$2.000 na data de hoje e obteve receitas de R$1.000 em cada um dos três anos seguintes, sendo que em cada um desses períodos houve uma despesa de R$300,00, sob uma taxa de 1% ao ano, vamos calcular a taxa de rentabilidade.

Primeiro, determinamos o VPL:

$$VPL = -2.000 + \frac{700}{1{,}01} + \frac{700}{(1{,}01)^2} + \frac{700}{(1{,}01)^3} \approx 58$$

Agora, dividindo o VPL pelo investimento inicial, temos a taxa de rentabilidade:

$$TR = \frac{58}{2.000} = 0{,}029 = \mathbf{2{,}9\%}$$

Notou a relação entre os valores do ILL (1,029) e da TR (0,029)?

É verdade, professores. Esses dois resultados são parecidos.

E não é mero acaso. Na realidade, podemos estabelecer a seguinte regra:

TR = ILL - 1

Isso vale sempre que tivermos um fluxo de caixa tradicional, ou seja, um desembolso inicial, seguido dos recebimentos nos períodos seguintes.

Assim, podemos estabelecer também uma relação entre o ILL e o VPL. Veja:

$$ILL = TR + 1$$

$$\textbf{ILL} = \frac{\textbf{VPL}}{\textbf{Desembolso}} + \mathbf{1}$$

Portanto, caso um projeto contenha VPL > 0, necessariamente teremos ILL > 1. Ambos os resultados indicam projeto viável economicamente.

Veja como esse assunto foi cobrado

33. (CESPE – Analista/FUNPRESP/2016) Se um projeto apresenta valor presente líquido (VPL) de R$3.000 e o investimento inicial requerido é de R$60.000, então, nesse caso, a taxa de rentabilidade do projeto será superior a 6% ao ano.

RESOLUÇÃO:

A **taxa de rentabilidade** é dada pela **divisão entre VPL e investimento inicial**:

$$\frac{3.000}{60.000} = 0{,}05 = \mathbf{5\%}$$

Gabarito: errado.

9. MÉTODO DO CUSTO ANUAL

Suponha que uma empresa tenha duas opções:

- comprar uma máquina A, que custa R$5.000,00 à vista, e acarreta num custo de manutenção anual de R$100,00. Ao final de 5 anos essa máquina se deteriora completamente, perdendo todo seu valor.
- comprar uma máquina B, que custa R$4.000,00 à vista, e acarreta num custo de manutenção anual de R$50,00. Ao final de 3 anos essa máquina se deteriora completamente, perdendo todo seu valor.

As duas máquinas fornecem exatamente a mesma receita anual, e a escolha por uma ou outra deve se dar apenas em função dos custos e despesas acima listados.

Pergunta: qual das máquinas é a melhor opção?

Se usarmos o valor presente líquido (VPL) tenderemos a escolher a máquina B, que é mais barata tanto na hora da compra, quanto na hora da manutenção.

Contudo, tal comparação é injusta, pois a máquina A dura mais tempo. Com a máquina B teremos que ou parar a produção ao final do ano 3, ou que comprar uma máquina nova a cada 3 anos.

Para dar conta de comparar alternativas com prazos de duração diferentes, existe a técnica do **Custo Anual Equivalente.**

A ideia é transformar cada fluxo de caixa em uma renda uniforme.

Máquina A

O fluxo de caixa de tal máquina é o seguinte (todas as setas representam desembolsos):

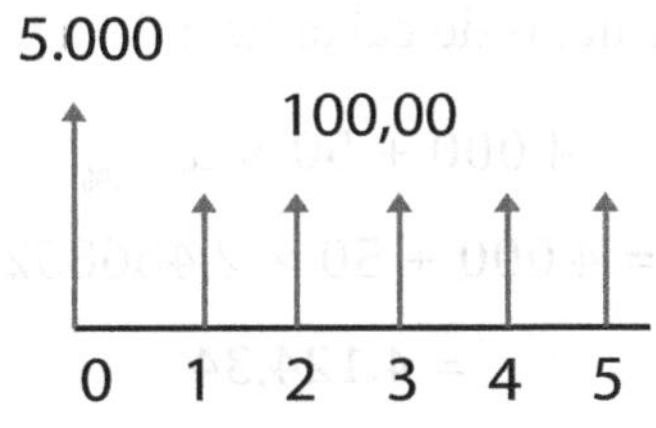

Opção A

O valor presente deste fluxo de caixa fica:

$$5.000 + 100 \times a_{5-10\%}$$
$$= 5.000 + 10 \times 3{,}790787$$
$$= 5.379{,}08$$

Se quiséssemos substituir esse fluxo de caixa por uma série uniforme, **<u>que também durasse 5 anos, teríamos</u>**:

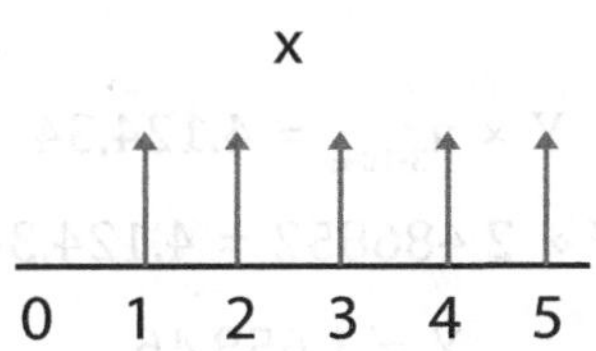

Para que este fluxo de caixa seja equivalente ao original, deve apresentar mesmo valor atual:

$$X \times a_{5-10\%} = 5.379{,}08$$
$$X = 1.418{,}99$$

Desse modo, dizemos que o fluxo de caixa relativo à máquina A é equivalente a uma série uniforme de valor R$1.418,99 ao ano. Ou ainda, o **custo anual equivalente é de R$1.418,99**.

<u>Máquina B</u>

O fluxo de caixa de tal máquina é o seguinte (todas as setas representam desembolsos):

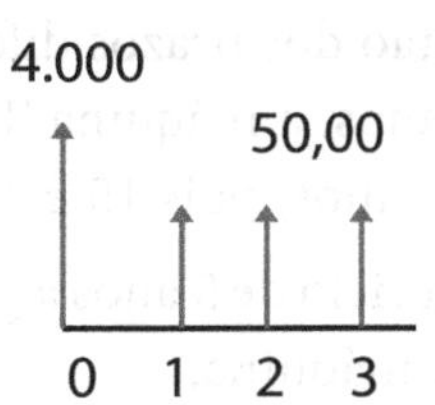

Opção B

O valor presente deste fluxo de caixa fica:

$$4.000 + 50 \times a_{3-10\%}$$

$$= 4.000 + 50 \times 2{,}486852$$

$$= 4.124{,}34$$

Se quiséssemos substituir esse fluxo de caixa por uma série uniforme, **que também durasse 3 anos**, teríamos:

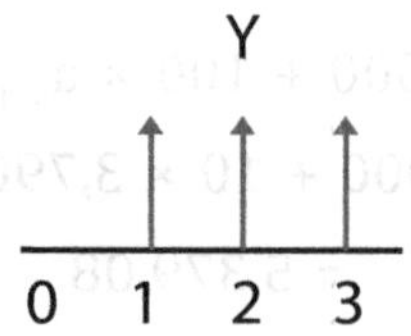

Para que este fluxo de caixa seja equivalente ao original, deve apresentar mesmo valor atual:

$$Y \times a_{3-10\%} = 4.124{,}34$$

$$Y \times 2{,}486852 = 4.124{,}34$$

$$Y = 1.658{,}46$$

O custo anual equivalente para a máquina B é de R$1.658,46.

Assim, a máquina A custa menos por ano do que B, pois seu custo anual equivalente é menor. Desta forma, **a melhor escolha é a da máquina A.**

Nesse momento, você talvez esteja se perguntando:

Mas em momento algum tratamos a questão dos prazos diferentes de duração de A e de B. Não estamos cometendo alguma injustiça?

Aí é que está a vantagem: o custo anual equivalente dá conta de lidar com prazos diferentes sem que a gente nem perceba que ele fez isso.

Vamos pensar da seguinte forma.

Para de fato lidar com a questão dos prazos diferentes, deveríamos trabalhar com ciclos. A máquina 'A' dura 5 anos, a máquina 'B' dura 3 anos. Então bastaria a gente considerar um prazo de 15 anos, pois 15 é múltiplo comum de 5 e 3.

Nesse prazo de 15 anos, a cada ciclo de 5 anos a gente compraria uma máquina A nova, caso a opção fosse por tal máquina.

Do contrário, se a opção fosse pela B, a cada ciclo de 3 anos a gente compraria uma máquina nova.

Com este método, ao calcular os VPLs das duas opções, teríamos uma comparação justa, pois estaríamos considerando um mesmo horizonte de tempo em ambos os casos - 15 anos.

Contudo, todo esse cálculo tem o inconveniente de ser bem trabalhoso, pois teríamos que primeiro compor os fluxos de caixa, formados por prestações anuais, outras espaçadas de 3 anos (compras de máquinas B) e outras espaçadas de 5 anos (compras de máquinas A).

E o fato é que sequer precisamos de todo esse cálculo.

Você concorda que, se para cada novo ciclo de 5 anos para a máquina A, nós encontrarmos o fluxo de caixa uniforme equivalente, ele terá prestações de 1.418,99?

Analogamente, para cada novo ciclo de 3 anos para a máquina B, se fizemos a substituição por um fluxo uniforme, obteremos novamente prestações de 1.658,46.

Assim, o custo anual equivalente será observado **em qualquer quantidade de ciclos com que trabalharmos**. Incluindo a opção de 3 ciclos para a máquina A e de 5 ciclos para a máquina B, que é a situação em que ambas seriam usadas pelo mesmo período. É exatamente por esse motivo que ele se presta a comparar opções com prazo de duração diferente.

Veja como esse assunto foi cobrado

34. (NCE-UFRJ - Profissional Básico/BNDES/2005 - Adaptada) Considere as seguintes informações sobre dois projetos:

	Projeto A	Projeto B
Investimento Inicial ($)	150	200
Despesas Anuais ($)	20	30
Receitas Anuais ($)	35	45
Vida útil (anos)	7	8
Valor Residual ($)	50	55

Ao compararmos duas alternativas mutuamente exclusivas é correto afirmar que é possível utilizar o critério do Custo Anual Equivalente (CAE) para escolher o projeto a ser executado, de modo que o projeto que possuir menor CAE será o escolhido.

RESOLUÇÃO:

O **custo anual equivalente** lida bem com projetos apresentando diferença de vida útil. De fato, quanto menor o custo, melhor o projeto. Assim, o item está **certo**.

Gabarito: certo.

10. RESUMO

A **taxa mínima de atratividade** é o retorno mínimo exigido pelo investidor para considerar um investimento atrativo.

VALOR PRESENTE LÍQUIDO

Valor Presente Líquido (VPL) é o resultado da **diferença entre as entradas e saídas na data zero de um fluxo de caixa.**

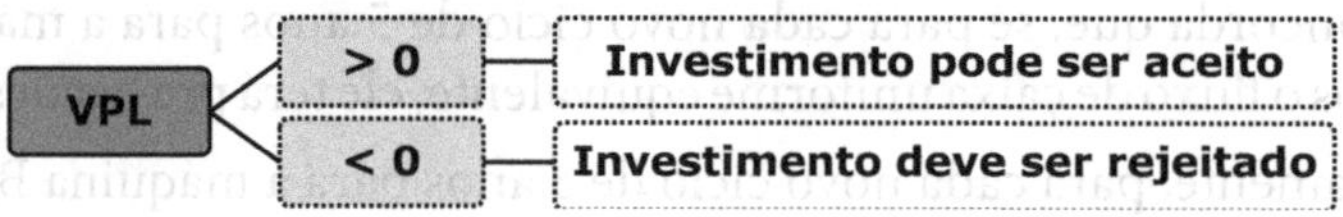

Diante de duas ou mais opções de investimento, a melhor será aquela que apresentar o maior VPL.

TAXA INTERNA DE RETORNO

Taxa Interna de Retorno (TIR) é a taxa que **irá anular o fluxo de caixa na data zero.**

TIR > TMA: projeto é financeiramente **viável**

TIR < TMA: projeto deve ser **rejeitado**

Passo a passo para o cálculo da TIR:

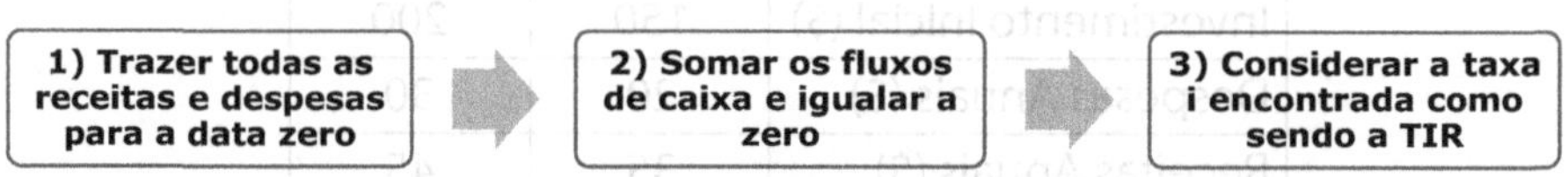

PAYBACK

Payback é o tempo que levamos para recuperar o investimento.

Payback Simples ou **Nominal** corresponde ao **tempo necessário para que a soma dos retornos futuros seja igual ao desembolso inicial**. Em outras palavras, corresponde ao tempo necessário para que a soma do fluxo de caixa do projeto seja igual a zero.

Payback Descontado é similar ao Payback Simples, mas **busca considerar o efeito do tempo**. Assim, antes de realizar o cálculo, deveremos determinar o valor presente de cada um dos recebimentos na data 0. Em outras palavras, antes de calcular o tempo de recuperação do dinheiro, descontamos todos os capitais, trazendo-os para a data focal.

ÍNDICE DE LUCRATIVIDADE LÍQUIDA (ILL)

1º) calculamos o valor presente das receitas líquidas;

2º) dividimos pelo investimento inicial.

$$\text{Índice de Lucratividade} = \frac{\text{Retornos Líquidos}}{\text{Desembolso}}$$

TAXA DE RENTABILIDADE (TR)

1º) calculamos o VPL;

2º) dividimos pelo investimento inicial.

Relação entre ambas as grandezas: $TR = ILL - 1$

$$\text{Taxa de Rentabilidade} = \frac{VPL}{\text{Desembolso}}$$

MÉTODO DO CUSTO ANUAL EQUIVALENTE

- Substituímos cada fluxo de caixa por uma série uniforme.
- O valor da prestação da série uniforme é o custo anual equivalente.
- Indicado para o caso em que os projetos analisados têm prazos de duração diferentes entre si.

11. MAIS QUESTÕES COMENTADAS

35. (FCC - Auditor Público Externo/TCE-RS/2018) A Cia. Industrial deseja comprar um equipamento e realizou uma pesquisa com 3 fornecedores, obtendo as seguintes propostas de financiamento:

- Fornecedor A: Entrada de R$150.000,00 + 1 prestação de R$208.000,00 após 30 dias da data da entrada.

- Fornecedor B: Entrada de R$159.000,00 + 1 prestação de R$208.000,00 após 60 dias da data da entrada.

- Fornecedor C: Entrada de R$146.000,00 + 2 prestações de R$108.160,00 vencendo 30 e 60 dias respectivamente após a data da entrada.

Sabendo que a taxa de juros compostos era 4% ao mês, a melhor proposta para a aquisição do equipamento foi a

a) do fornecedor A, apenas.

b) do fornecedor B, apenas.

c) do fornecedor C, apenas.

d) dos fornecedores A ou C, pois são equivalentes entre si.

e) dos fornecedores B ou A, pois são equivalentes entre si.

RESOLUÇÃO:

Basta trazer todos os fluxos de caixa a valor presente (VPL). Logo:

A: $150.000 + 208.000/1{,}04 = 350.000$

B: $159.000 + 208.000/(1{,}04)^2 = 351.307$

C: $146.000 + 108.160/1{,}04 + 108.160/(1{,}04)^2 = 350.000$

Note que os menores VPLs são para os projetos **A e C**, de modo que constituem a melhor proposta para a aquisição do equipamento.

Gabarito: D.

36. (FCC - Analista Previdenciário/MANAUSPREV/2015) Os dois fluxos de caixa abaixo correspondem a dois projetos, P1 e P2, mutuamente excludentes, em que os valores presentes líquidos são iguais para uma taxa mínima de atratividade de 8% ao ano.

ANO	PROJETO P_1 (R$)	PROJETO P_2 (R$)
0	- 70.000,00	- 50.000,00
1	X	Y
2	29.160,00	26.244,00
3	0,00	31.492,80

O valor de X supera, em reais, o valor de Y em

a) 32.600,00 b) 48.600,00 c) 45.900,00 d) 42.500,00 e) 54.000,00

RESOLUÇÃO:

O enunciado informa que, para a taxa de 8% ao ano, os VPLs dos dois projetos são iguais. Então, vamos calcular cada VPL para a taxa de 8%, e depois igualá-los.

VPL DO PROJETO P_1	VPL DO PROJETO P_2
$-70.000 + \frac{X}{1{,}08} + \frac{29.160}{1{,}08^2} = \frac{X}{1{,}08} - 45.000$	$-50.000 + \frac{Y}{1{,}08} + \frac{26.244}{1{,}08^2} + \frac{31.492{,}80}{1{,}08^3} = \frac{Y}{1{,}08} - 2.500$

Agora igualamos os VPLs:

$$\frac{X}{1,08} - 45.000 = \frac{Y}{1,08} - 2.500$$

$$\frac{X - Y}{1,08} = 45.000 - 2.500$$

$$X - Y = 42.500 \times 1,08 = 45.900$$

Portanto, o valor de X supera o valor de Y em **R$45.900.**

Gabarito: C.

37. (FCC - Ana Jud/TRE-PR/2012) Considere dois projetos X e Y, mutuamente excludentes, representados pelos fluxos de caixa abaixo:

ANO	PROJETO X (R$)	PROJETO Y (R$)
0	- 30.000,00	- 24.500,00
1	18.150,00	15.730,00
2	20.570,00	14.520,00

A taxa mínima de atratividade é de 10% ao ano (capitalização anual). Então, o valor presente líquido do projeto

a) X é igual ao dobro do valor presente líquido do projeto Y.

b) X é igual a R$3.000,00.

c) Y é igual a R$2.000,00.

d) X mais o valor presente líquido do projeto Y é igual a R$5.700,00.

e) X supera o valor presente líquido do projeto Y em R$1.700,00.

RESOLUÇÃO:

O **VPL** é obtido quando trazemos todos os valores do fluxo a valor presente descontados a uma taxa de juros **i**.

Assim, podemos calcular os VPLs dos fluxos de caixa indicados:

$$VPL_X = -30.000 + \frac{18.150}{1,10} + \frac{20.570}{1,10^2} = -30.000 + 16.500 + 17.000 = 3.500$$

$$VPL_Y = -24.500 + \frac{15.730}{1,10} + \frac{14.520}{1,10^2} = -24.500 + 14.300 + 12.000 = 1.800$$

Portanto, fica claro que o VPL de X supera o VPL do projeto Y em 3.500 – 1.800 = **R$1.700,00.**

Gabarito: E.

38. (FCC - Ana Jud/TRT 6ª Região/2012) Uma empresa está avaliando a compra de uma nova máquina por R$320.000,00 à vista. Estima-se que a vida útil da máquina seja de 3 anos, que o valor residual de revenda no final do terceiro ano seja de R$50.578,00 e que os fluxos líquidos de caixa gerados por esta máquina ao final de cada ano sejam de R$99.000,00, R$150.040,00 e R$99.825,00, respectivamente.

Sabendo que a taxa mínima de atratividade é de 10% a.a., a compra da nova máquina

a) apresenta valor presente líquido positivo.

b) apresenta valor presente líquido negativo.

c) apresenta valor presente líquido igual a zero.

d) apresenta taxa interna de retorno igual à taxa mínima de atratividade.

e) é economicamente inviável à taxa mínima de atratividade de 10% a.a..

RESOLUÇÃO:

Para calcular o **VPL**, trazemos todos os valores para a data zero. Para tanto, dividimos cada valor por $(\mathbf{1+i})^n$, em que **i** é a taxa de juros e **n** é o número de períodos de antecipação. Logo:

Ano	Valor	Valor correspondente em X0
X0	-320.000	-320.000
X1	99.000	$99.000 \div 1,1 = 90.000$
X2	150.040	$150.040 \div 1,1^2 = 124.000$
X3	99.825	$99.825 \div 1,1^3 = 75.000$
X3	50.578	$50.578 \div 1,1^3 = 38.000$
Total		7.000

Portanto, fica claro que o **valor presente líquido é positivo**, e vale **R$7.000,00.**

Caso a TIR fosse de 10%, o VPL calculado seria igual a R$0,00, de modo que a letra D está errada.

Além disso, se o projeto fosse inviável, o VPL seria negativo, de forma que a letra E está errada.

Gabarito: A.

39. (FCC - Ana Leg/ALESE/2018) Os Valores Presentes Líquidos (VPL) de quatro projetos de investimento, para diferentes Taxas Mínimas de Atratividade (TMA), são apresentados, em reais, no quadro a seguir:

TMA	Valores Presentes Líquidos (VPL)			
	Projeto A	Projeto B	Projeto C	Projeto D
0%	200,00	200,00	200,00	200,00
10%	60,33	36,66	15,15	5,84
12%	53,51	26,35	2,09	(8,12)
20%	29,17	(9,03)	(40,86)	(52,91)
30%	4,14	(42,97)	(79,21)	(91,33)

De acordo com as informações, é correto afirmar que

a) a taxa interna de retorno do projeto C é maior do que a do projeto A.

b) a taxa interna de retorno do projeto D é maior do que a do projeto B.

c) o projeto B é economicamente viável, para todas as TMA.

d) o projeto C é mais rentável que o projeto B, para qualquer TMA.

e) o projeto A é mais rentável que o projeto B, para qualquer TMA.

RESOLUÇÃO:

Note que em todos os projetos à medida que a taxa de desconto aumenta, o VPL diminui:

TMA	Valores Presentes Líquidos (VPL)			
	Projeto A	Projeto B	Projeto C	Projeto D
0%	200,00	200,00	200,00	200,00
10%	60,33	36,66	15,15	5,84
12%	53,51	26,35	**2,09**	(8,12)
20%	29,17	(9,03)	**(40,86)**	(52,91)
30%	4,14	(42,97)	(79,21)	(91,33)

Vamos exemplificar nossa fala para o projeto C. Note que o VPL vinha sempre positivo: começou em +200, caiu para + 15,15 e caiu para +2,09. Este foi o último valor positivo apresentado. Na sequência, ele já assume um valor negativo: −40,86. Disto resulta que, quando variamos a taxa de 12% para 20%, o VPL passa de positivo para negativo.

Nós não sabemos exatamente qual a taxa que anula o VPL. Mas concluímos que ela obrigatoriamente deve estar entre 12% e 20%. Assim, a TIR do projeto C é tal que: $\mathbf{12\% < i_C < 20\%}$.

Resumindo: no intervalo de taxas em que há a virada (VPL passa de positivo para negativo), temos a TIR.

Com este raciocínio, podemos determinar os intervalos para as demais TIR:

Projeto B: 12% < i_B < 20%

Projeto C: 12% < i_C < 20%

Projeto D: 10% < i_D < 12%

Finalmente, o projeto A não chegou a apresentar a virada de VPL de positivo para negativo. Logo, precisamos aumentar um pouco mais a taxa de desconto para que isso ocorra. Logo: **i_A > 30%.**

Podemos analisar as alternativas:

a) a taxa interna de retorno do projeto C é maior do que a do projeto A.

Errado. A maior TIR de todas é a do projeto A.

b) a taxa interna de retorno do projeto D é maior do que a do projeto B.

Errado. A menor TIR de todas é a do projeto D.

c) o projeto B é economicamente viável, para todas as TMA.

Errado. Para as TMA de 20% e de 30% ele apresenta VPL negativo.

d) o projeto C é mais rentável que o projeto B, para qualquer TMA.

Errado. Por exemplo, para TMA de 10%, o projeto B tem VPL maior que o do projeto C (36,66 > 15,15).

e) o projeto A é mais rentável que o projeto B, para qualquer TMA.

Certo. Em todas as linhas da tabela o VPL do projeto A é maior que do projeto B.

Gabarito: E.

40. (FCC - Auditor Fiscal/ISS São Luís/2018) Sabe-se que os dois fluxos de caixa abaixo referentes a 2 projetos, mutuamente exclusivos, apresentam a mesma taxa interna de retorno semestral positiva, ou seja, igual a 4% ao semestre.

Semestre	Projeto I (R$)	Projeto II (R$)
0	- D_1	- D_2
1	2.600,00	3.244,80
2	2.704,00	3.785,60

A soma dos desembolsos D_1 e D_2, na época 0, dos 2 projetos é igual a

a) 11.760,00 b) 12.030,00 c) 12.000,00 d) 11.240,00 e) 11.620,00

RESOLUÇÃO:

Ao somarmos os dois fluxos de caixa, obtemos:

Semestre	Projeto I (R$)	Projeto II (R$)	Projeto combinado
0	$- D_1$	$- D_2$	$- D_1 - D_2$
1	2.600,00	3.244,80	5.844,80
2	2.704,00	3.785,60	6.489,60

Considerando que a TIR é a taxa que faz com que o VPL seja nulo, basta trazermos todas as quantias a valor presente, somar, e igualar a 0:

$$-D_1 - D_2 + \frac{5.844,80}{1,04} + \frac{6.489,60}{1,04^2} = 0$$

$$D_1 + D_2 = 5.620 + 6.000$$

$$D_1 + D_2 = 11.620$$

Gabarito: E.

41. (FCC – Analista/DPE-RS/2017) Considere que o valor de $10.000,00 possa obter, a partir de hoje, os seguintes montantes, em um determinado produto financeiro: $11.000,00 para um ano; $12.769,00 para dois anos; e $14.162,00 para três anos. A correspondente estrutura a termo de taxas de juros permite afirmar que a taxa

a) interna de retorno para dois anos é maior que a taxa interna de retorno para três anos.

b) correspondente apenas ao período do terceiro ano é maior que a taxa correspondente apenas ao período do segundo ano.

c) interna de retorno para três anos é menor que a taxa interna de retorno para um ano.

d) interna de retorno para três anos é maior que a taxa correspondente apenas ao período do segundo ano.

e) correspondente apenas ao período do terceiro ano é igual à taxa correspondente apenas ao período do primeiro ano.

RESOLUÇÃO:

Quando há apenas uma despesa na data inicial e uma receita, a taxa de juros utilizada é igual à taxa interna de retorno (TIR).

Para exemplificar, considere um investimento de 10.000 reais e taxa de juros de 10% ao ano.

Após um ano, o montante é $M = 10.000 \times (1 + 0,1)^1 = 11.000$ reais. A TIR também será de 10%, pois trazendo o montante de 11.000 reais para valor presente com desconto racional de 10%, obtemos $10.000 \times 1,1/1,1 = 10.000$ reais, mesma quantia investida. Assim, o VPL será nulo e, como o VPL é nulo, a taxa de 10% utilizada é a TIR.

Assim, se utilizarmos uma taxa de 10% ao ano, o investimento de 10.000 reais gera um montante de 11.000 reais, de modo que a opção de obtenção de 11.000 reais em 1 ano tem taxa de juros de 10%, e TIR também de 10%.

Por sua vez, para a opção de obtenção de 12.769 reais em 2 anos, a taxa é superior a 10%, uma vez que a taxa de 10% geraria um montante somente de 11.000 $\times$ 1,1 = 12.100 reais em 2 anos.

Quando testamos a taxa de 13% ao ano, o investimento de 10.000 reais gera, em 2 anos, um montante de $10.000 \times (1 + 0,13)^2 = 12.769$ reais.

Portanto, a opção de obtenção de 12.769 reais em 2 anos tem taxa de juros de 13%, e TIR também de 13%.

Finalizando, para a opção de obtenção de 14.162 reais em 3 anos, a taxa é inferior a 13%, uma vez que um investimento de 10.000 reais com taxa de 13% ao ano geraria, em 3 anos, montante de $12.769 \times 1,13 = 14.428$ reais, valor superior ao montante proposto (14.162 reais).

Dessa forma, a opção de 14.162 reais em 3 anos tem taxa de juros e TIR inferiores a 13%.

Assim, a TIR da opção para 2 anos (13%) é maior que a TIR da opção para 3 anos (inferior a 13%).

Gabarito: A.

42. (FCC - Analista do Tesouro Estadual/SEFAZ-PI/2015) Os dois fluxos de caixa abaixo, referentes aos projetos X e Y, apresentam a mesma taxa interna de retorno positiva anual.

Ano	Projeto X (R$)	Projeto Y (R$)
0	- 2.000,00	- D
1	550,00	275,00
2	1.815,00	968,00
3	0,00	1.197,90

O desembolso inicial (D) do projeto Y é igual a

a) 1.750,00 b) 1.800,00 c) 1.850,00 d) 1.900,00 e) 1.950,00

RESOLUÇÃO:

Vamos analisar cada projeto separadamente.

Projeto X

Primeiro calculamos o VPL, assim:

$$-2.000 + 550/(1 + i) + 1.815/(1 + i)^2$$

Se a taxa **i** for igual à TIR, então o VPL é nulo:

$$-2.000 + 550/(1 + i) + 1.815/(1 + i)^2 = 0$$

Dividindo todos os termos por 5:

$$-400 + 110/(1 + i) + 363/(1 + i)^2 = 0$$

Multiplicando todos os termos por $(1 + i)^2$, obtemos:

$$-400 \times (1 + i)^2 + 110 \times (1 + i) + 363 = 0$$

Vamos chamar **1 + i** de **x**, o que dará origem a uma equação do segundo grau, resolvida por meio da fórmula de Bhaskara:

$$-400x^2 + 110x + 363 = 0$$

$$\Delta = 110^2 - 4 \times (-400) \times 363 = 592.900 = 7^2 \times 10^2 \times 11^2$$

Assim, a raiz de delta será 7 × 10 × 11 = 770. Com isso, as raízes ficam:

$$x = (-110 \pm 770) / 2 \times (-400)$$

$$x' = 660/-800 \text{ (descartamos por ser negativo)}$$

$$x'' = -880/-800 = 1,1$$

Desse modo, ficamos com a solução 1,1.

Agora calculamos a taxa de juros:

$$x = 1 + i$$

$$1,1 = 1 + i$$

$$\mathbf{i = 0,1}$$

Projeto Y

O VPL fica:

$$-D + 275/1,1 + 968/1,1^2 + 1.197,90/1,1^3$$

Como 0,1 é a taxa interna de retorno, o VPL é nulo:

$$-D + 275/1{,}1 + 968/1{,}1^2 + 1.197{,}90/1{,}1^3 = 0$$

$$-D + 250 + 800 + 900 = 0$$

$$\mathbf{D = 1.950}$$

Gabarito: E.

43. (FCC - Ana Prev/MANAUSPREV/2015) O gestor financeiro de uma empresa precisa escolher entre dois projetos para investir. Ambos projetos de investimento tem a duração de apenas 1 ano. O investimento inicial do projeto X é de R$10.000,00. O fluxo de caixa livre ao final do primeiro ano do projeto X é de R$13.000,00. Já o projeto Y tem um investimento inicial de R$1.000,00. O fluxo de caixa livre ao final do primeiro ano do projeto Y é de R$1.400,00. O gestor financeiro escolherá o projeto considerando apenas a taxa interna de retorno – TIR. Considerando essas informações, o projeto a ser escolhido é o

a) Y que apresenta uma TIR de 40% ao ano.

b) X que apresenta uma TIR de 3% ao mês.

c) X que apresenta uma TIR de 13% ao ano.

d) Y que apresenta uma TIR de 14% ao mês.

e) X que apresenta uma TIR de 4% ao mês.

RESOLUÇÃO:

De acordo com o critério da **TIR,** escolhemos o **projeto com maior taxa interna de retorno.**

Neste sentido, a TIR para o projeto X fica:

$$1 + i = 13.000/10.000 = 1{,}3$$

$$i = 0{,}3$$

Assim, a TIR é de **30% a.a.**

Por sua vez, a TIR para o projeto Y será:

$$1 + i = 1.400/1.000 = 1{,}4$$

$$i = 0{,}4$$

Dessa maneira, a TIR é de **40% a.a.**

Portanto, visto que o projeto Y teve maior TIR, ele será o escolhido.

Gabarito: A.

44. (FCC - Ana Prev/MANAUSPREV/2015) Um projeto de um ano que requer um investimento inicial de R$1.000,00 e apresenta um fluxo de caixa livre ao final de um ano no valor de R$1.100,00 tem uma taxa de desconto (taxa mínima de atratividade) de 10% ao ano. O valor presente líquido – VPL e a taxa interna de retorno – TIR serão, respectivamente:

a) R$10,00 e 0% ao ano.

b) R$10,00 e 10% ao ano.

c) R$0,00 e 10% ao ano.

d) R$10,00 e 100% ao ano.

e) R$0,00 e 0% ao ano.

RESOLUÇÃO:

Vamos iniciar pela **TIR**.

Se investirmos 1.000 e depois de um ano tivermos um valor líquido de 1.100, então o rendimento será de 10% ao ano. Esse é o valor da TIR. Podemos eliminar as letras A, D e E.

Com relação ao VPL, sabemos que ele corresponde ao valor do fluxo de caixa, na data atual, considerando a taxa mínima de atratividade (TMA).

Note que a TMA foi fixada em 10%, que coincide exatamente com a TIR. E já sabemos que a TIR é a taxa que faz com que o VPL seja nulo. Portanto, no caso concreto, o VPL calculado à taxa de 10% a.a (= TMA = TIR) será nulo.

Gabarito: C.

45. (FCC - Auditor Público Externo/TCE-RS/2014) Considere o fluxo de caixa a seguir.

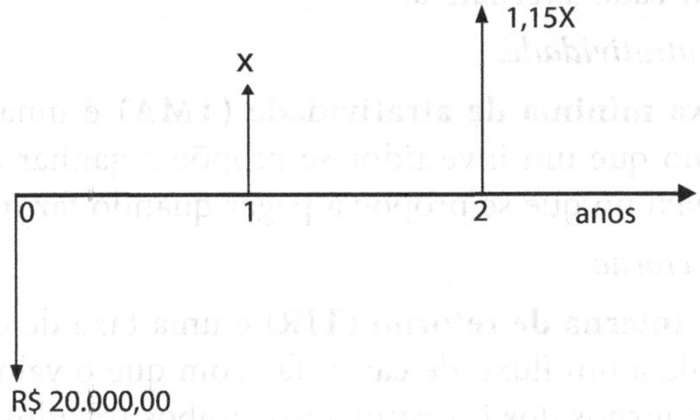

Se a taxa interna de retorno desse fluxo é igual a 15% ao ano, então o valor de X é

a) 11.600,00 b) 11.700,00 c) 11.800,00 d) 12.000,00 e) 11.500,00

RESOLUÇÃO:

A **Taxa Interna de Retorno (TIR)** é a taxa que **iguala o Valor Presente Líquido (VPL) de um fluxo de pagamentos a zero**. Logo:

$$VPL = -20.000 + \frac{X}{1,15} + \frac{1,15X}{1,15^2} = 0$$

$$\frac{X}{1,15} + \frac{X}{1,15} = 20.000$$

$$\frac{X}{1,15} = 10.000$$

$$X = 11.500$$

Gabarito: E.

46. (FCC - Analista/METRÔ-SP/2014) A taxa de desconto adotada para a avaliação de investimentos que anula o valor presente líquido de um determinado fluxo de caixa é denominada de taxa

a) mínima de atratividade.

b) interna de retorno.

c) real de juros.

d) de payback descontado.

e) nominal de juros.

RESOLUÇÃO:

Vamos analisar cada alternativa.

a) mínima de atratividade.

Errado. A **taxa mínima de atratividade** (TMA) é uma taxa de juros que representa o mínimo que um investidor se propõe a ganhar quando faz um investimento, ou o máximo que se propõe a pagar quando faz um financiamento.

b) interna de retorno.

Certo. A **taxa interna de retorno (TIR)** é uma taxa de desconto hipotética que, quando aplicada a um fluxo de caixa, faz com que o valor das despesas seja igual ao valor dos retornos dos investimentos, ambos trazidos ao valor presente.

c) real de juros.

Errado. A **taxa real de juros** leva em consideração a inflação do período.

d) de payback descontado.

Errado. É o período exato necessário para a empresa recuperar o investimento inicial de um projeto.

e) nominal de juros.

Errado. É a taxa obtida quando dividimos os juros pagos pelo valor nominal do empréstimo/investimento.

Gabarito: B.

47. (FGV - Auditor Fiscal/ISS Cuiabá/2016 – adaptada) Suponha dois fluxos de caixa de 3 anos, cujas entradas no primeiro e segundo ano são iguais entre si e que, no terceiro ano, a entrada do primeiro fluxo é de R$1.000,00 e a do segundo é de R$500,00. Se o primeiro fluxo de caixa representa as receitas e o segundo as despesas, o valor presente do lucro a uma taxa de 2%, sob o regime de juros compostos é igual aproximadamente a

a) 530,60 b) 520,60 c) 500,00 d) 471,20 e) 420,60

RESOLUÇÃO:

Os dados apresentados no enunciado estão organizados na tabela a seguir, já trazendo os valores do lucro para a data zero:

Ano	Receita	Despesa	Lucro	Valor presente do lucro
1	a	- a	0	0
2	b	- b	0	0
3	1.000	- 500	500	$\frac{500}{1{,}02^3}$

Para obtermos o valor presente do lucro, basta somarmos a última coluna:

$$0 + 0 + 500/(1{,}02)^3 \approx \mathbf{471{,}20}$$

Na prova, não havia essa resposta, de modo que a questão foi **anulada** pela banca examinadora.

Gabarito: D (originalmente, anulada).

48. (FGV – Analista/COMPESA/2016) Uma empresa investiu R$110.000,00 em um projeto. O projeto dará um retorno de R$121.000,00 em exatos dois anos. O VPL que a empresa receberá, considerando uma taxa de retorno igual a 10% ao ano, será de

a) 110.000,00 b) 100.000,00 c) 21.000,00 d) –21.000,00 e) –10.000,00

RESOLUÇÃO:

Para calcular o VPL, devemos trazer a entrada e a saída para valores presentes. Em seguida, subtraímos a entrada pela saída.

Repare que a saída já está a valor presente e é de R$110.000,00. O enunciado informa que a entrada vale, em 2 anos, R$121.000,00. Daí, trazemos essa quantia para valor presente dividindo por $(1+i)^n$, com "i=10% ao ano" e "n=2 anos":

$$121.000 \ / \ (1+0,1)^2$$

$$1,21 \times 10.000 \ / \ 1,21 = 10.000$$

Assim, na data de hoje, a entrada é de 10.000 reais e a saída vale 110.000 reais, de modo que o **VPL** é igual a 10.000 – 110.000 = **–10.000 reais.**

Gabarito: E.

49. (FGV - Agente de Fiscalização/TCM-SP/2015) Rômulo, presidente da empresa SDFG, está analisando um projeto cujo investimento inicial é de R$2.600,00. Ele sabe que esse projeto vai gerar entradas de caixa no valor de R$1.000,00, durante três anos consecutivos (a primeira entrada seria um ano após o investimento inicial). A empresa tem custo de capital de 10% ao ano. Com base no critério do valor presente líquido do projeto, sabe-se que a empresa SDFG:

a) adotará o projeto, pois seu valor presente líquido é positivo em aproximadamente R$110,00;

b) adotará o projeto, pois seu valor presente líquido é negativo em aproximadamente R$110,00;

c) não adotará o projeto, pois seu valor presente líquido é positivo em aproximadamente R$110,00;

d) não adotará o projeto, pois seu valor presente líquido é negativo em aproximadamente R$110,00;

e) precisa de mais informação para analisar se adotará ou não o projeto com base no critério do valor presente líquido.

RESOLUÇÃO:

O VPL é obtido quando trazemos todos os valores do fluxo a valor presente descontados a uma taxa de juros "i".

Assim, podemos calcular o VPL pedido pela questão da seguinte forma:

$$VPL = -2.600 + \frac{1000}{(1+0,1)^1} + \frac{1000}{(1+0,1)^2} + \frac{1000}{(1+0,1)^3}$$

$$VPL = -2.600 + \frac{1000}{1,1^1} + \frac{1000}{1,1^2} + \frac{1000}{1,1^3}$$

$$VPL = -2.600 + 909,09 + 826,45 + 751,31$$

$$VPL = -113,15$$

Assim, sabemos que a empresa **não** adotará o projeto porque seu valor presente é **negativo** em aproximadamente R$110,00.

Gabarito: D.

50. (FGV - Auditor do Estado/CGE-MA/2014) O projeto J pode ser representado pelo fluxo de caixa a seguir (em Reais) e possui Taxa Mínima de Atratividade de 10% ao ano.

Ano	Fluxo de Caixa
0	- R$ 800.000,00
1	R$ 300.000,00
2	R$ 350.000,00
3	R$ 400.000,00

O Valor Presente Líquido (VPL) do projeto J é de

a) 62.509,00 b) 250.000,00 c) 597.550,00 d) 737.305,00 e) 862.509,00

RESOLUÇÃO:

O **VPL** é obtido quando trazemos todos os valores do fluxo a valor presente descontados a uma taxa de juros **i**.

Assim, podemos calcular o VPL do fluxo de caixa indicado:

$$\boldsymbol{VPL} = -800 + \frac{300}{1,1} + \frac{350}{1,1^2} + \frac{400}{1,1^3} = -800 + 272,7 + 289,26 + 300,53 \approx \mathbf{62,509}$$

Gabarito: A.

51. (FGV - Técnico de Nível Superior/ALBA/2014) Uma empresa estuda participar de uma concorrência para executar uma obra no prazo de dois anos. Em tal empreendimento, ela deverá fazer um investimento inicial e receberá ao final do primeiro ano o valor de 110 mil reais e ao final do segundo ano, o valor de 242 mil reais. Portanto, para ter um retorno de 10% ao ano, o valor a ser investido pela empresa será de

a) 300 mil reais b) 342 mil reais c) 352 mil reais d) 370 mil reais e) 400 mil reais

RESOLUÇÃO:

Conforme a situação apresentada, temos o seguinte fluxo de caixa:

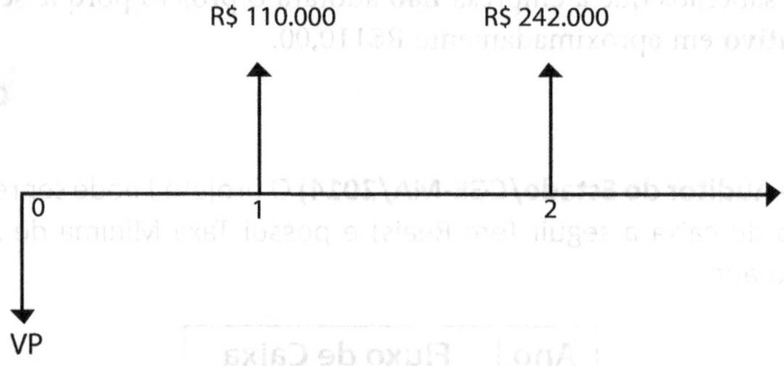

Sendo VP o Valor Presente, ou seja, o valor do investimento inicial, 10% a taxa de juros e R$110.000 e R$242.000 os valores futuros nos anos (n) 1 e 2, precisamos somente transferir os valores futuros (F) para a data inicial e somá-los para obter o investimento inicial. Logo:

$$VP = \frac{F}{(1+i)^n}$$

$$VP = \frac{110.000}{(1+0,1)^1} + \frac{242.000}{(1+0,1)^2}$$

$$VP = 300.000$$

Gabarito: A.

52. (CESPE – Analista/FUNPRESP/2016) Na avaliação de projetos pelo método do valor presente líquido (VPL), o fluxo de caixa do projeto é sempre descontado a valor presente pela taxa interna de retorno (TIR) associada ao projeto.

RESOLUÇÃO:

Na verdade, no método do **VPL** usamos a **taxa mínima de atratividade (TMA)** e não a taxa interna de retorno (TIR), de modo que o item está **errado**.

Para exemplificar, considere dois projetos.

1º Projeto: investimento de R$100,00 e receita de R$150,00, um mês depois.

2º Projeto: investimento de R$100,00 e receita de R$120,00, um mês depois.

Concorda que o primeiro projeto é melhor? Pois bem, vamos comparar os dois VPLs.

Se usássemos a TIR de cada projeto, teríamos:

Projeto 1: TIR = 50%. Usando essa TIR, temos VPL = 0.

Projeto 2: TIR = 20%. Usando essa TIR, temos VPL = 0.

Se essa fosse a técnica do VPL, ela não serviria para nada, pois todo projeto teria VPL nulo, não conseguiríamos escolher o projeto de maior VPL.

A técnica do VPL só faz sentido se usarmos a mesma taxa de juros para comparar diversos projetos. E tal taxa é a TMA, definida pelo investidor, ou seja, a taxa de juros mínima que ele deseja obter com o projeto.

Gabarito: Errado.

53. (CESPE – Analista/Ministério Público da União/2015) Considere que na aquisição de um título a expectativa seja de 5 pagamentos semestrais, postecipados, no valor de R$5.000,00 cada, que, atualmente, o valor de mercado desse papel seja de R$20.000,00 e que a remuneração paga a um investidor deva ser de 10% ao semestre para que ele atinja seu objetivo de poupança. Nessa situação, considerando 0,62 como valor aproximado para $1,1^{-5}$, o valor presente líquido desse investimento é negativo e, portanto, o título em questão não é uma boa alternativa de investimento.

RESOLUÇÃO:

A seguir consta o fluxo de caixa:

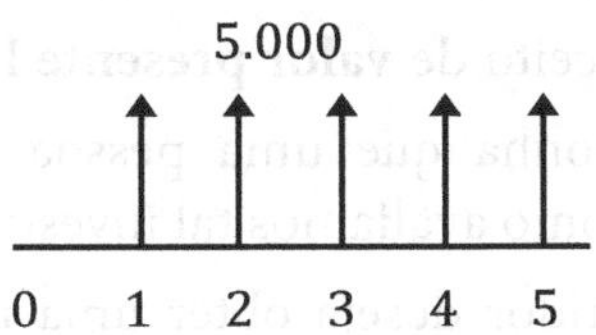

O valor presente de uma renda uniforme é dado pelo produto da prestação (5.000) pelo fator de valor atual (a_{n-i}), de modo que primeiro vamos calcular o fator de valor atual:

$$a_{n-i} = \left(1 - \frac{1}{(1+i)^n}\right) \times \frac{1}{i}$$

$$a_{5\text{-}0,1} = \left(1 - \frac{1}{1,1^5}\right) x \frac{1}{0,1}$$

$$a_{5\text{-}0,1} = (1 - 0,62) \times 10$$

$$a_{5\text{-}0,1} = 3,8$$

Agora calculamos o valor presente do fluxo de caixa a uma taxa de 10%, que é a taxa mínima de atratividade:

5.000 × 3,8 = 19.000

Como o título tem preço de R$20.000,00 e seu valor presente é de R$19.000,00, seu VPL é **negativo**:

19.000 – 20.000 = **–1.000**

Com VPL negativo, o investimento em análise não é uma boa alternativa de investimento.

Gabarito: Certo.

54. (CESPE – Analista/Ministério Público da União/2015) Caso, na análise da viabilidade de um projeto, se constate que, à medida que se aumenta a taxa de desconto mínima aceitável, diminui o valor presente líquido, a decisão favorável à realização desse projeto só se dará se houver uma diferença positiva entre o valor presente dos fluxos futuros de caixa e o valor presente do investimento.

RESOLUÇÃO:

A questão trata do conceito de **valor presente líquido**.

Para exemplificar, suponha que uma pessoa aplique R$100,00 e resgata R$110,00 um mês depois. Como avaliamos tal investimento pelo método do VPL?

Considere que o investidor deseja obter uma rentabilidade de 5% ao mês. Então basta levar todos os valores para a data zero, usando essa taxa, chamada de taxa mínima de atratividade (TMA). Logo:

$$VPL = -100 + 110/1,05 \approx 4,76$$

Veja que o VPL foi **maior que 0**, o que nos permite concluir que o investimento é **recomendável**.

Por outro lado, se a TMA for de 8%, temos:

$$VPL = -100 + 110/1,08 \approx 1,85$$

Portanto, aumentamos a TMA e o VPL diminuiu para 1,85. Assim, nos fluxos de caixa comumente cobrados nas provas de concursos, em que temos um desembolso na data zero, seguido por recebimentos nas datas seguintes, sempre têm essa característica: **aumentar a taxa diminui o VPL**. Por isso a questão disse que:

"*...na análise da viabilidade de um projeto, se constate que, à medida que se aumenta a taxa de desconto mínima aceitável, diminui o valor presente líquido...*",

Dessa forma, a questão está se referindo a fluxos de caixa típicos.

Como vimos, a decisão favorável ao investimento ocorrerá se o VPL for maior que 0. Isso significa que o valor presente dos fluxos de caixa (110/1,05, no primeiro exemplo) é maior que o valor presente do investimento (100,00).

Gabarito: Certo.

55. (CESPE – Engenheiro/FUB/2015) Uma instituição financeira X ofereceu um projeto de investimento a uma empresa para aplicar um capital inicial de R$1.050.000,00, cujos rendimentos auferidos, a cada ano, pelo período de 10 anos — entradas de caixa anuais (receitas líquidas) — produziriam um valor presente líquido (VPL) de R$64.337,08 à taxa de desconto de 18,95% ao ano.

Com base na situação apresentada e considerando que a taxa interna de retorno (TIR) dessa aplicação seja igual a 20,41%, julgue o item seguinte acerca da viabilidade técnico-financeira.

O VPL positivo obtido significa que o retorno do investimento é superior àquele que seria obtido aplicando-se o capital da empresa no mercado (custo de oportunidade).

RESOLUÇÃO:

Partindo do pressuposto de que a taxa de mercado seja igual a **18,95%**, temos o seguinte:

VPL < 0: o projeto X dá um retorno inferior ao que seria obtido no mercado.

VPL = 0: o projeto X dá um retorno igual ao que seria obtido no mercado.

VPL > 0: o projeto X dá um retorno superior ao que seria obtido no mercado.

Já que o **VPL foi maior que 0**, então realmente o retorno do projeto é superior ao que seria obtido aplicando-se o capital no mercado.

Gabarito: Certo.

56. (CESPE - Especialista em Regulação/2014)

projeto	investimento inicial	ano 1	ano 2	ano 3
A	R$ 100	R$ 30	R$ 40	R$ 50
B	R$ 150	R$ 50	R$ 50	R$ 70
C	R$ 200	R$ 10	R$ 100	R$ 120

A tabela acima apresenta dados de fluxos de caixa esperados dos investimentos relativos aos projetos A, B e C. Considerando a taxa de atratividade definida para investimento igual a 5% a.a. e que 1,10 e 1,15 sejam valores aproximados para $1{,}05^2$ e $1{,}05^3$, respectivamente, julgue o próximo item.

De acordo com o método do valor presente líquido, a melhor alternativa de investimento é o projeto A.

RESOLUÇÃO:

O **VPL** é obtido quando trazemos todos os valores do fluxo a valor presente descontados a uma taxa de juros **i**.

Assim, podemos calcular os VPLs dos fluxos de caixa indicados:

$$VPL_A = -100 + \frac{30}{(1+0{,}05)^1} + \frac{30}{(1+0{,}05)^2} + \frac{30}{(1+0{,}05)^3} \Leftrightarrow$$

$$VPL_A = -100 + \frac{30}{1{,}05} + \frac{40}{1{,}10} + \frac{50}{1{,}15}$$

$$VPL_A = -100 + 28{,}57 + 36{,}36 + 43{,}47 \Leftrightarrow$$

$$VPL_A = 8{,}40$$

$$VPL_B = -150 + \frac{50}{(1+0{,}05)^1} + \frac{50}{(1+0{,}05)^2} + \frac{70}{(1+0{,}05)^3} \Leftrightarrow$$

$$VPL_B = -150 + \frac{50}{1{,}05} + \frac{50}{1{,}10} + \frac{70}{1{,}15}$$

$$VPL_B = -150 + 47{,}61 + 45{,}45 + 60{,}87 \Leftrightarrow$$

$$VPL_B = 3{,}93$$

$$VPL_C = -200 + \frac{10}{(1+0,05)^1} + \frac{100}{(1+0,05)^2} + \frac{120}{(1+0,05)^3} \Leftrightarrow$$

$$VPL_c = -200 + \frac{10}{1,05} + \frac{100}{1,10} + \frac{120}{1,15}$$

$$VPL_c = -200 + 9,52 + 90,90 + 104,35 \Leftrightarrow$$

$$VPL_c = 4,77$$

Note que **o maior VPL foi o de A,** de modo que é a **melhor alternativa de investimento**.

Gabarito: Certo.

57. (CESPE – Especialista/FUNPRESP/2016) Uma empresa analisa a viabilidade de um projeto de expansão que apresenta o perfil de valor presente líquido (VPL) listado na tabela a seguir e que tem investimento inicial de R$500.000. Os fluxos de caixa são de R$20.000 no primeiro ano, de R$30.000, no segundo ano e de R$90.000 em cada ano, do terceiro ao décimo segundo ano.

taxa de desconto (em %)	VPL (em R$)
0	450.000
5	177.000
10	0
15	-118.000
20	-200.00

Com base nessas informações, julgue o item que se segue.

A taxa interna de retorno do projeto de expansão é de 10%.

RESOLUÇÃO:

Isso mesmo, **a TIR é a taxa que anula o VPL**. Inclusive, a própria questão já disse isso expressamente. Na tabela apresentada, é dito que, para a taxa de 10%, o VPL vale 0.

Gabarito: Certo.

58. (CESPE - Auditor de Controle Externo/TCE-PA/2016) O engenheiro de uma empreiteira recebeu a tarefa de, mediante técnicas de análise de investimento, realizar o estudo de viabilidade econômico-financeira de um projeto de construção de uma linha de transmissão. As técnicas selecionadas pelo engenheiro foram a payback simples, o valor presente líquido (VPL) e a taxa interna de retorno (TIR).

Considerando as técnicas usadas pelo engenheiro, julgue o item subsequente, acerca da situação apresentada.

Se a taxa de remuneração de mercado for maior que a TIR, o projeto de construção da linha de transmissão será considerado viável econômica e financeiramente.

RESOLUÇÃO:

A **TIR** mede a rentabilidade (taxa de remuneração) do projeto e corresponde à taxa de juros que **faz o VPL ser igual a zero**.

Caso a rentabilidade encontrada no mercado seja maior que a rentabilidade do projeto (TIR), então opta-se pelo investimento no mercado, já que essa opção trará mais lucros, de modo que o projeto **não** é viável econômica e financeiramente.

Gabarito: Errado.

59. (CESPE - Auditor de Controle Externo/TCE-PA/2016) O engenheiro de uma empreiteira recebeu a tarefa de, mediante técnicas de análise de investimento, realizar o estudo de viabilidade econômico-financeira de um projeto de construção de uma linha de transmissão. As técnicas selecionadas pelo engenheiro foram a payback simples, o valor presente líquido (VPL) e a taxa interna de retorno (TIR).

Considerando as técnicas usadas pelo engenheiro, julgue o item subsequente, acerca da situação apresentada.

Para obter a TIR do projeto de construção da linha de transmissão, é necessário calcular a taxa de juros que torna o VPL igual a zero.

RESOLUÇÃO:

A **TIR** corresponde à taxa de juros que **faz o VPL ser igual a zero.**

Para calcular a TIR, trazemos todas as receitas e despesas para valores presentes utilizando a taxa **i**, e somamos os fluxos de caixa e igualamos a zero.

Gabarito: Certo.

60. (CESPE - Auditor de Controle Externo/TCE-PA/2016) No caso de um investidor que necessite avaliar a viabilidade de um novo empreendimento e que considere bom negócio aquele que tem taxa mínima de atratividade de 15%, se o valor presente líquido for positivo, necessariamente a taxa de retorno será superior a 15%.

RESOLUÇÃO:

Quando o VPL é positivo, então o investimento é financeiramente vantajoso. Isso necessariamente implica em TIR maior que a TMA.

Para exemplificar, suponha que o investimento envolva uma aplicação de 100 reais na data 0 e uma receita de 230 reais na data 1. Vamos calcular o VPL. Para isso, trazemos a receita da data 1 para a data 0 dividindo-a por "1+i".

O VPL é dado pela subtração da receita com a despesa, ambas a valor presente:

$$VPL = 230/(1 + i) - 100$$

Geralmente utilizamos a taxa mínima de atratividade (que é de 15%) para o cálculo do VPL:

$$VPL = 230/(1 + 0{,}15) - 100 = 200 - 100 = 100 \text{ reais}$$

Veja que o VPL é positivo. E para esse cálculo, foi utilizada taxa de 15%.

Agora, vamos calcular a taxa interna de retorno (TIR), a qual corresponde à taxa que faz o VPL ser nulo:

$$0 = 230/(1 + i) - 100$$

Já vimos que se a taxa "i" fosse de 15%, a expressão "230/(1 + i) – 100" seria positiva, de 100 reais.

Para reduzirmos o resultado dessa expressão, o denominador "1 + i" deve ser superior a 1,15. Portanto, para que o VPL seja nulo, temos que utilizar uma taxa superior a 15%. Concluímos que a TIR (taxa que faz o VPL ser nulo) é superior a 15%.

Gabarito: Certo.

61. (CESPE - Auditor de Controle Externo/TCE-PA/2016) Para o cálculo da taxa interna de retorno, deve-se adotar o valor presente líquido do projeto igual a zero.

RESOLUÇÃO:

A **TIR** é a taxa de juros que **faz o VPL ser igual a zero**. Para calculá-la, trazemos todas as receitas e despesas para valores presentes utilizando a taxa **i**, e somamos os fluxos de caixa e igualamos a zero.

Gabarito: Certo.

62. (CESPE – Analista/Ministério Público da União/2015) Por gerar múltiplos resultados, a TIR é considerada superior ao valor presente líquido, pois permite ao analista escolher a taxa a ser apresentada ao investidor.

RESOLUÇÃO:

Na verdade, a possibilidade de múltiplos resultados da TIR é um defeito, o que a torna inferior ao VPL.

Para exemplificar, suponha que na avaliação de uma alternativa de investimento descobrimos que, matematicamente, a TIR pode ser 10% ou 20%. Que valor escolhemos? Qual deles é o correto? Ficamos sem uma informação clara para tomar a decisão.

Para contornar esse tipo de problema, existe a chamada **TIRM** (taxa interna de retorno modificada).

Gabarito: Errado.

63. (CS UFG – Analista/SANEAGO/2018) Uma empresa de serviços públicos de abastecimento de água deseja fazer um investimento nos próximos meses e lhe foram apresentadas duas alternativas para o mesmo projeto. Ambas as alternativas apresentam mesmo tempo de maturação, porém diferentes valores de investimento, valor residual e custo de manutenção. Nessas condições, a empresa deve optar pela alternativa que apresentar:

a) menor valor de investimento.

b) menor valor residual.

c) menor valor de manutenção.

d) maior valor presente líquido.

RESOLUÇÃO:

Esta questão trata de **análise de investimentos**.

Inicialmente, precisamos ter em mente que saber se os valores de investimento, residual ou de manutenção são menores de forma isolada não adianta nada.

Veja que o enunciado informa que ambos os projetos possuem o mesmo <u>tempo de maturação</u>, ou seja, têm o mesmo **payback**.

Em relação à análise do valor presente líquido, sabemos que de nada adianta um projeto com menor valor de investimento se o seu retorno for ruim.

O valor presente líquido é o valor que leva em conta valores de investimento, residual, de manutenção e diversos outros, além do custo do capital.

Neste sentido, **aquele que tiver maior valor presente líquido é o projeto pelo qual se deve optar**, independentemente de ter maior ou menor valor residual, de investimento ou de manutenção.

Em outras palavras, quanto maior o valor presente líquido, mais lucrativo é o projeto.

Gabarito: D.

64. (IESES - Ana Jud/TRE-MA/2015) Para estudar a atratividade da concessão de um espaço público, determinado município contratou a elaboração de um projeto. Foi verificado que o empreendimento requer um investimento inicial de R$800.000,00 e que se projeta um fluxo de caixa livre de R$300.000,00, R$450.000,00 e R$610.000, respectivamente ao fim do primeiro, segundo e terceiro ano. Considerando um custo de capital de 10% a.a. (regime de capitalização composto), o valor presente líquido aproximado do projeto é:

a) 560.000,00 b) 385.045,27 c) 302.930,13 d) 411.523,50

RESOLUÇÃO:

Inicialmente, calculamos o valor presente das entradas:

$$+\frac{300.000}{1,1}+\frac{450.000}{1,1^2}+\frac{610.000}{1,1^3}$$

$$\approx 272.727 + 371.900 + 458.302$$

$$= 1.102.929$$

Em seguida, determinamos o valor presente dos desembolsos: 800.000.

Por fim, subtraímos os dois valores para obter o Valor Presente Líquido:

VPL = 1.102.929 – 800.000 = **302.929**

Gabarito: C.

65. (CESGRANRIO - Téc Banc/BASA/2015) Considere duas propostas para a compra de um automóvel que custa R$30.603,00.

Proposta X: 1% de desconto para pagamento à vista.

Proposta Y: pagamento único para daqui a dois meses.

Sejam D a diferença aproximada entre o valor presente líquido da proposta X e o da proposta Y, e um comprador que tem o dinheiro aplicado a juros compostos de 1% ao mês.

Utilizando o método do valor presente líquido para decidir, é preferível, para o comprador considerado, a proposta

a) X, pois D é de menos R$3,00.

b) Y, pois D é de R$882,00.

c) X, pois D é de menos R$612,00.

d) X, pois D é de menos R$921,00.

e) Y, pois D é de R$297,00.

RESOLUÇÃO:

Vamos analisar cada proposta separadamente.

PROPOSTA X

O enunciado informa que no pagamento à vista há desconto de 1%, o qual incide sobre os 30.603,00, resultando em:

$$30.603 \times 0{,}01 = 306{,}03$$

Dessa forma, o valor presente líquido para essa proposta fica:

$$\mathbf{VPL_X} = 30.603 - 306{,}03 = \mathbf{30.296{,}97}$$

PROPOSTA Y

Neste caso, estamos diante de um capital de 30.603,00, referente a uma data no futuro (daqui a dois meses). E precisamos transportar esse valor para a data atual, segundo uma taxa de desconto de 1% ao mês.

Assim, o VPL para o projeto Y fica:

$$\mathbf{VPL_Y} = 30.603{,}00 \div (1{,}01)^2 = \mathbf{30.000}$$

Fica claro que **o projeto X tem maior VPL**. Isso significa que, em valores atuais, ele representa um desembolso maior por parte do comprador. Logo, **o comprador deve optar pelo projeto Y.**

Além disso, a diferença entre os VPLs é de 30.296,97 – 30.000 = **296,97.**

Gabarito: E.

66. (CESGRANRIO – Analista/FINEP/2014) A gerência de uma empresa recebeu dois projetos, com vida útil de três anos, cujos fluxos de caixa estão apresentados no Quadro a seguir:

Ano	Fluxos de caixa (R$) Projeto A	Fluxos de caixa (R$) Projeto B
0	-100.000,00	-100.000,00
1	55.000,00	49.500,00
2	121.000,00	60.500,00
3	66.550,00	133.100,00

A gerência escolherá apenas um dos projetos, ficando somente com aquele que apresentar o maior Valor Presente Líquido (VPL) para uma taxa de 10% ao ano. O VPL do projeto que deve ser selecionado pela gerência, em reais, é igual a

a) 70.170,00 b) 95.000,00 c) 100.000,00 d) 142.550,00 e) 143.100,00

RESOLUÇÃO:

O **VPL** é obtido quando trazemos todos os valores do fluxo a valor presente descontados a uma taxa de juros **i**.

Assim, podemos calcular os VPLs dos fluxos de caixa indicados:

$$VPL_A = -100.000 + \frac{55.000}{1{,}10} + \frac{121.000}{1{,}10^2} + \frac{66.550}{1{,}10^3} = 100.000$$

$$VPL_B = -100.000 + \frac{49.500}{1{,}10} + \frac{60.500}{1{,}10^2} + \frac{133.100}{1{,}10^3} = 95.000$$

Repare que o VPL_A é maior que o VPL_B. Assim, a gerência deve selecionar o **Projeto A**, cujo VPL é de **R$100.000.**

Gabarito: C.

12. QUESTÕES-DESAFIO

67. (FCC - Ana Prev/SEGEP-MA/2018) Uma empresa está analisando dois projetos mutuamente excludentes para definir qual deles deve ser implementado. O investimento inicial necessário para projeto A é R$700.000,00 e para o projeto B é R$1.200.000,00. Ao analisar os fluxos de caixa das duas opções, a empresa identificou que o Valor Presente Líquido do projeto A é R$193.540,93 e o do projeto B é R$211.201,59. A taxa interna de retorno do projeto A é 15,67% ao ano e a do projeto B é 14,41% ao ano. Se a taxa de oportunidade da empresa é 10% ao ano e a empresa pretende maximizar seu lucro a longo prazo,

a) a empresa deve escolher o projeto A porque apresenta maior taxa interna de retorno que o projeto B.

b) a empresa pode escolher qualquer um dos dois projetos porque ambos apresentam taxa interna de retorno superior à taxa de oportunidade da empresa e, portanto, qualquer um vai maximizar seu lucro a longo prazo.

c) a empresa pode escolher qualquer um dos dois projetos porque ambos apresentam Valor Presente Líquido positivo.

d) o problema não tem solução porque as conclusões obtidas pelo método do Valor Presente Líquido são contrárias às conclusões do Método da Taxa Interna de Retorno.

e) independentemente de quais sejam os valores das taxas internas de retorno, a empresa deve escolher o projeto B.

RESOLUÇÃO:

A questão trata da chamada "**intersecção de Fischer**", ou seja, **conflito entre VPL e TIR**.

Veja que o projeto A é mais rentável (TIR de 15,67%, contra apenas 14,41% do projeto B), contudo, no projeto B nós ganhamos mais (ganhamos 211 mil reais, contra apenas 193 mil reais do projeto A).

Esta divergência pode ocorrer por uma série de fatores. O único que vem indicado na questão é a diferença de aporte inicial: o projeto B tem rentabilidade menor, mas possibilita um aporte grande.

Para exemplificar, suponha que lhe são apresentadas duas opções:

1) investir R$1.000,00 num projeto que paga 100% ao mês. Daqui a um mês você terá um lucro de R$1.000,00.

2) investir R$100.000,00 num projeto que paga 10% ao mês. Daqui a um mês você terá um lucro de R$10.000,00.

Note que na primeira opção a taxa é muito grande. Mas a segunda dá mais lucro. Isto porque de nada adianta ter uma taxa alta se a gente investe pouco.

Você poderia perguntar: mas se eu disponho de 10 mil reais, e na opção 1 eu aplico apenas R$1.000,00, o que eu faço com os outros R$9.000,00 que sobraram?

A pergunta é bem pertinente, e as questões de prova deveriam indicar o que pode ser feito com esse valor que sobra em caixa. Deveriam, mas nunca o fazem, então é como se eles ficassem parados no caixa, sem render nada.

Portanto, fica claro que **de nada adianta render muito, se investimos pouco**. Daí que **escolhemos pelo projeto com maior VPL**, ou seja, o projeto B. Aliás, esse é o resumo de todas as questões que tentam contrapor VPL com TIR - **sempre vamos de VPL**.

Agora, podemos analisar as alternativas:

a) a empresa deve escolher o projeto A porque apresenta maior taxa interna de retorno que o projeto B.

Errado. Escolhemos B, que tem maior VPL.

b) a empresa pode escolher qualquer um dos dois projetos porque ambos apresentam taxa interna de retorno superior à taxa de oportunidade da empresa e, portanto, qualquer um vai maximizar seu lucro a longo prazo.

Errado. Escolhemos B, que tem maior VPL.

c) a empresa pode escolher qualquer um dos dois projetos porque ambos apresentam Valor Presente Líquido positivo.

Errado. Escolhemos o projeto de maior VPL, no caso, projeto B.

d) o problema não tem solução porque as conclusões obtidas pelo método do Valor Presente Líquido são contrárias às conclusões do Método da Taxa Interna de Retorno.

Errado. Escolhemos o projeto B, que tem maior VPL.

e) independentemente de quais sejam os valores das taxas internas de retorno, a empresa deve escolher o projeto B.

Certo. No final importa o maior VPL, mesmo que B tenha TIR menor que a de A.

Gabarito: E.

68. (FGV –Ana Proj/Codemig/2016) Um analista de projetos avaliou um projeto de investimento com vida útil de 12 (doze) anos, que apresenta fluxo de caixa convencional, ou seja, projeções futuras líquidas todas positivas. Ele utilizou uma taxa de desconto igual a 20% a.a. para calcular o payback descontado do projeto, que resultou em 8 anos. Dessa maneira, é correto afirmar que o analista também encontrou para o mesmo projeto:

a) *Payback* simples ou nominal > 8 anos; VPL > 0; TIR > 20% a.a.

b) *Payback* simples ou nominal > 8 anos; VPL = 0; TIR = 20% a.a.

c) *Payback* simples ou nominal > 8 anos; VPL < 0; TIR < 20% a.a.

d) *Payback* simples ou nominal < 8 anos; VPL > 0; TIR > 20% a.a.

e) *Payback* simples ou nominal < 8 anos; VPL < 0; TIR < 20% a.a.

RESOLUÇÃO:

Se existe um payback descontado à taxa de 20% ao ano, podemos garantir que o VPL final do projeto será positivo. Na curva superior desenhamos a curva do VPL a essa taxa, mostrando o payback descontado de 8 anos.

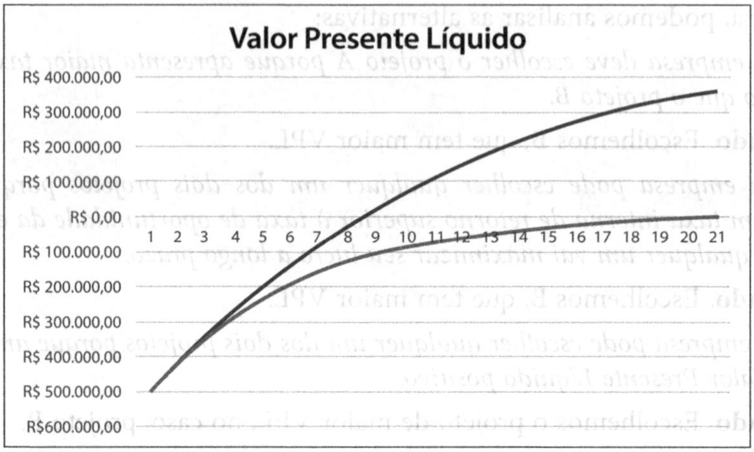

Na curva inferior, mostramos a taxa interna de retorno (TIR), que é a taxa que anula o VPL.

Teremos que TIR > 20%, porque, no gráfico do VPL, as taxas crescem para baixo.

Dessa maneira, nossas conclusões são: VPL > 9, TIR > 20%.

Por outro lado, sabemos que o Payback Simples é sempre mais rápido que o Payback Descontado.

Gabarito: D.

APÊNDICE 1

TABELAS FINANCEIRAS

TABELA I - FATOR DE ACUMULAÇÃO DE CAPITAL

$$a_n = (1 + i)^n$$

n/i	1%	2%	3%	4%	5%	6%	7%	8%	9%	10%	12%	15%	18%
1	1,010000	1,020000	1,030000	1,040000	1,050000	1,060000	1,070000	1,080000	1,090000	1,100000	1,120000	1,150000	1,180000
2	1,020100	1,040400	1,060900	1,081600	1,102500	1,123600	1,144900	1,166400	1,188100	1,210000	1,254400	1,322500	1,392400
3	1,030301	1,061208	1,092727	1,124864	1,157625	1,191016	1,225043	1,259712	1,295029	1,331000	1,404928	1,520875	1,643032
4	1,040604	1,082432	1,125508	1,169858	1,215506	1,262476	1,310796	1,360488	1,411581	1,464100	1,573519	1,749006	1,938777
5	1,051010	1,104081	1,159274	1,216652	1,276281	1,338225	1,402552	1,469329	1,538624	1,610510	1,762341	2,011357	2,287758
6	1,061520	1,126162	1,194052	1,265319	1,340095	1,418519	1,500730	1,586874	1,677100	1,771561	1,973822	2,313061	2,699554
7	1,072135	1,148685	1,229873	1,315931	1,407100	1,503630	1,605781	1,713824	1,828039	1,948717	2,210681	2,660020	3,185474
8	1,082856	1,171659	1,266770	1,368569	1,477455	1,593848	1,718186	1,850930	1,992562	2,143588	2,475963	3,059023	3,758859
9	1,093685	1,195092	1,304773	1,423311	1,551328	1,689478	1,838459	1,999004	2,171893	2,357947	2,773078	3,517876	4,435454
10	1,104622	1,218994	1,343916	1,480244	1,628894	1,790847	1,967151	2,158925	2,367363	2,593742	3,105848	4,045558	5,233835
11	1,115668	1,243374	1,384233	1,539454	1,710339	1,898298	2,104852	2,331639	2,580426	2,853116	3,478549	4,652391	6,175926
12	1,126825	1,268242	1,425760	1,601032	1,795856	2,012196	2,252191	2,518170	2,812665	3,138428	3,895975	5,350250	7,287592
13	1,138093	1,293606	1,468533	1,665073	1,885649	2,132928	2,409845	2,719623	3,065804	3,452271	4,363493	6,152787	8,599359
14	1,149474	1,319479	1,512589	1,731676	1,979931	2,260903	2,578534	2,937193	3,341727	3,797498	4,887112	7,075706	10,147244
15	1,160969	1,345868	1,557967	1,800943	2,078928	2,396558	2,759031	3,172169	3,642482	4,177248	5,473565	8,137061	11,973748
16	1,172578	1,372786	1,604706	1,872981	2,182874	2,540351	2,952164	3,425942	3,970306	4,594972	6,130393	9,357621	14,129022
17	1,184304	1,400241	1,652847	1,947900	2,292018	2,692772	3,158815	3,700018	4,327633	5,054470	6,866040	10,761264	16,672246
18	1,196147	1,428246	1,702433	2,025816	2,406619	2,854339	3,379932	3,996019	4,717120	5,559917	7,689966	12,375453	19,673251

TABELA II - FATOR DE VALOR ATUAL DE UMA SÉRIE DE PAGAMENTOS IGUAIS

$$a_{n\neg i} = \frac{(1+i)^n - 1}{i \times (1+i)^n}$$

n/i	1%	2%	3%	4%	5%	6%	7%	8%	9%	10%	12%	15%	18%
1	0,990099	0,980392	0,970874	0,961538	0,952381	0,943396	0,934579	0,925926	0,917431	0,909091	0,892857	0,869565	0,847457
2	1,970395	1,941561	1,913469	1,886094	1,859410	1,833393	1,808018	1,783265	1,759111	1,735537	1,690051	1,625709	1,565642
3	2,940985	2,883883	2,828611	2,775091	2,723248	2,673012	2,624316	2,577097	2,531295	2,486852	2,401831	2,283225	2,174273
4	3,091965	3,807728	3,717098	3,629895	3,545951	3,465105	3,387211	3,312127	3,239720	3,169865	3,037349	2,854978	2,690062
5	4,853431	4,713459	4,579707	4,451822	4,329476	4,212364	4,100197	3,992710	3,889651	3,790787	3,604776	3,352155	3,127171
6	5,795476	5,601431	5,417191	5,242137	5,075692	4,917324	4,766539	4,622879	4,485918	4,355261	4,111407	3,784482	3,497602
7	6,728194	6,471991	6,230283	6,002054	5,786373	5,582381	5,389289	5,206370	5,032953	4,868419	4,563756	4,160420	3,811527
8	7,651678	7,325481	7,019692	6,732745	6,463213	6,209794	5,971298	5,746639	5,534819	5,334926	4,967640	4,487321	4,077566
9	8,566017	8,162237	7,786109	7,435331	7,107821	6,801692	6,515232	6,246888	5,995247	5,759024	5,328250	4,771584	4,303022
10	9,471304	8,982585	8,530203	8,110896	7,721735	7,360087	7,023581	6,710081	6,417657	6,144567	5,650223	5,018768	4,494086
11	10,367628	9,786848	9,252624	8,760477	8,306414	7,886874	7,498674	7,138964	6,805190	6,495061	5,937699	5,233712	4,656005
12	11,255077	10,575341	9,954004	9,385074	8,863251	8,383844	7,942686	7,536078	7,160725	6,813692	6,194374	5,420619	4,793225
13	12,133740	11,348374	10,634955	9,985648	9,393573	8,852683	8,357650	7,903776	7,486904	7,103356	6,423548	5,583147	4,909513
14	13,003703	12,106249	11,296073	10,563123	9,898641	9,294984	8,745468	8,244237	7,786150	7,366687	6,628168	5,724475	5,008062
15	13,865052	12,849263	11,937935	11,118387	10,379658	9,712249	9,107914	8,559478	8,060688	7,606079	6,810864	5,847370	5,091578
16	14,717874	13,577709	12,561102	11,652295	10,837769	10,105895	9,446648	8,851369	8,312558	7,823708	6,973986	5,954235	5,162354
17	15,562251	14,291872	13,166118	12,165669	11,274066	10,477259	9,763223	9,121638	8,543631	8,021553	7,119630	6,047161	5,222334
18	16,398268	14,992031	13,753513	12,659297	11,689587	10,827604	10,059087	9,371887	8,755625	8,201412	7,249670	6,127966	5,273164

TABELA III - FATOR DE ACUMULAÇÃO DE CAPITAL DE UMA SÉRIE DE PAGAMENTOS IGUAIS

$$S_{n\neg i} = \frac{(1+i)^n - 1}{i}$$

n/i	1%	2%	3%	4%	5%	6%	7%	8%	9%	10%	12%	15%	18%
1	1,000000	1,000000	1,000000	1,000000	1,000000	1,000000	1,000000	1,000000	1,000000	1,000000	1,000000	1,000000	1,000000
2	2,010000	2,020000	2,030000	2,040000	2,050000	2,060000	2,070000	2,080000	2,090000	2,100000	2,120000	2,150000	2,180000
3	3,030100	3,060400	3,090900	3,121600	3,152500	3,183600	3,214900	3,246400	3,278100	3,310000	3,374400	3,472500	3,572400
4	4,060401	4,121608	4,183627	4,246464	4,310125	4,374616	4,439943	4,506112	4,573129	4,641000	4,779328	4,993375	5,215432
5	5,101005	5,204040	5,309136	5,416322	5,525631	5,637093	5,750739	5,866601	5,984710	6,105100	6,352847	6,742381	7,154210
6	6,152015	6,308121	6,468410	6,632975	6,801913	6,975318	7,153291	7,335929	7,523334	7,715610	8,115189	8,753738	9,441968
7	7,213535	7,434283	7,662462	7,898294	8,142008	8,393837	8,654021	8,922803	9,200434	9,487171	10,089012	11,066799	12,141522
8	8,285670	8,582969	8,892336	9,214226	9,549109	9,897468	10,259802	10,636627	11,028474	11,435888	12,299693	13,726819	15,326996
9	9,368527	9,754628	10,159106	10,582795	11,026564	11,491316	11,977989	12,487558	13,021036	13,579477	14,775656	16,785842	19,085855
10	10,462212	10,949721	11,463879	12,006107	12,577892	13,180795	13,816448	14,486562	15,192930	15,937424	17,548735	20,303718	23,521309
11	11,566834	12,168715	12,807795	13,486351	14,206787	14,971642	15,783599	16,645487	17,560293	18,531167	20,654583	24,349276	28,755144
12	12,682503	13,412090	14,192029	15,025805	15,917126	16,869941	17,888451	18,977126	20,140720	21,384284	24,133133	29,001667	34,931070
13	13,809328	14,680331	15,617790	16,626837	17,712983	18,882137	20,140643	21,495296	22,953384	24,522712	28,029109	34,351917	42,218663
14	14,947421	15,973938	17,086324	18,291911	19,598632	21,015066	22,550488	24,214920	26,019189	27,974983	32,392602	40,504705	50,818022
15	16,096895	17,293417	18,598914	20,023587	21,578563	23,275970	25,129022	27,152114	29,360916	31,772481	37,279714	47,580411	60,965266
16	17,257864	18,639285	20,156881	21,824531	23,657492	25,672528	27,888053	30,324283	33,003398	35,949730	42,753280	55,717472	72,939014
17	18,430443	20,012071	21,761588	23,697512	25,840366	28,212880	30,840217	33,750225	36,973704	40,544703	48,883674	65,075093	87,068036
18	19,614747	21,412312	23,414435	25,645413	28,132384	30,905652	33,999035	37,450244	41,301338	45,599173	55,749715	75,836357	103,740283

TABELA IV - FATOR DE ATUALIZAÇÃO DE CAPITAL

$$\frac{1}{a_n} = \frac{1}{(1+i)^n} \quad \therefore \quad a^{-n} = (1+i)^{-n}$$

n/i	1%	2%	3%	4%	5%	6%	7%	8%	9%	10%
1	0,99010	0,98039	0,97087	0,96154	0,95238	0,94340	0,93458	0,92593	0,91743	0,90909
2	0,98030	0,96117	0,94260	0,92456	0,90703	0,89000	0,87344	0,85734	0,84168	0,82645
3	0,97059	0,94232	0,91514	0,88900	0,86384	0,83962	0,81630	0,79383	0,77218	0,75131
4	0,96098	0,92385	0,88849	0,85480	0,82270	0,79209	0,76290	0,73503	0,70843	0,68301
5	0,95147	0,90573	0,86251	0,82193	0,78353	0,74726	0,71299	0,68058	0,64993	0,62092
6	0,94205	0,88797	0,83748	0,79031	0,74622	0,70496	0,66634	0,63017	0,59627	0,56447
7	0,93272	0,87056	0,81309	0,75992	0,71068	0,66506	0,62275	0,55349	0,54703	0,51316
8	0,92348	0,85349	0,78941	0,73069	0,67684	0,62741	0,58201	0,54027	0,50187	0,46651
9	0,91434	0,83676	0,76642	0,70259	0,64461	0,59190	0,54393	0,50025	0,46043	0,42410
10	0,90529	0,82035	0,74409	0,67556	0,61391	0,55839	0,50835	0,46319	0,42241	0,38554
11	0,89632	0,80426	0,72242	0,64958	0,58468	0,52679	0,47509	0,42888	0,38753	0,35049
12	0,88745	0,78849	0,70138	0,62460	0,55684	0,49697	0,44401	0,39711	0,35553	0,31863
13	0,87866	0,77303	0,68095	0,60057	0,53032	0,46884	0,41496	0,36770	0,32618	0,28966
14	0,86996	0,75788	0,66112	0,57748	0,50507	0,44230	0,38782	0,34046	0,29925	0,26333
15	0,86135	0,74301	0,64186	0,55526	0,48102	0,41727	0,36245	0,31524	0,27454	0,23939
16	0,85282	0,72845	0,62317	0,53391	0,45811	0,39365	0,33873	0,29189	0,25187	0,21763
17	0,84438	0,71416	0,60502	0,51337	0,43630	0,37136	0,31657	0,27027	0,23107	0,19784
18	0,83602	0,70016	0,58739	0,49363	0,41552	0,35034	0,29586	0,25025	0,21199	0,17986
19	0,82774	0,68643	0,57029	0,47464	0,39573	0,33051	0,27651	0,23171	0,19449	0,16351
20	0,81954	0,67297	0,55368	0,45639	0,37689	0,31180	0,25842	0,21455	0,17843	0,14864
21	0,81143	0,65978	0,53755	0,43883	0,35894	0,29416	0,24151	0,19866	0,16370	0,13513
22	0,80340	0,64684	0,52189	0,42196	0,34185	0,27751	0,22571	0,18394	0,15018	0,12285
23	0,79544	0,63416	0,50669	0,40573	0,32557	0,26180	0,21095	0,17032	0,13771	0,11168
24	0,78757	0,62172	0,49193	0,39012	0,31007	0,24698	0,19715	0,15770	0,12640	0,10153
25	0,77977	0,60953	0,47761	0,37512	0,29530	0,23300	0,18425	0,14602	0,11597	0,09230
26	0,77205	0,59758	0,46369	0,36069	0,28124	0,21981	0,17220	0,13520	0,10639	0,08391
27	0,76440	0,58586	0,45019	0,34682	0,26785	0,20737	0,16093	0,12519	0,09761	0,07628
28	0,76684	0,57437	0,43708	0,33348	0,25509	0,19563	0,15040	0,11591	0,08955	0,06934

n/i	1%	2%	3%	4%	5%	6%	7%	8%	9%	10%
29	0,74934	0,56311	0,42435	0,32065	0,24295	0,18456	0,14056	0,10733	0,08215	0,06304
30	0,74192	0,55207	0,41199	0,30832	0,23138	0,17411	0,13137	0,09935	0,07537	0,05731
31	0,73458	0,54125	0,39999	0,29646	0,22036	0,16425	0,12277	0,09202	0,06915	0,05210
32	0,72730	0,53063	0,38834	0,28506	0,20987	0,15496	0,11474	0,08520	0,06344	0,04736
33	0,72010	0,52023	0,37703	0,27409	0,19987	0,14619	0,10723	0,07889	0,05820	0,04306
34	0,71297	0,51003	0,36604	0,26355	0,19035	0,13791	0,10022	0,07305	0,05339	0,03914
35	0,70591	0,50003	0,35538	0,25342	0,18129	0,13011	0,09366	0,06763	0,04899	0,03558
36	0,69892	0,49022	0,34503	0,24367	0,17266	0,12274	0,08754	0,06262	0,04494	0,03235
37	0,69200	0,48061	0,33498	0,23430	0,16444	0,11579	0,08181	0,05799	0,04123	0,02941
38	0,68515	0,47119	0,32523	0,22529	0,15661	0,10924	0,07646	0,05369	0,03783	0,02673
39	0,67837	0,46195	0,31575	0,21662	0,14915	0,10306	0,07146	0,04971	0,03470	0,02430
40	0,67165	0,45289	0,30656	0,20829	0,14205	0,09722	0,06678	0,04603	0,03184	0,02209

APÊNDICE 2

COBRANÇA DE CADA ASSUNTO PELAS BANCAS DE CONCURSOS

ASSUNTO	CEBRASPE	FCC	DEMAIS BANCAS
	% de Cobrança	% de Cobrança	% de Cobrança
Juros Simples	**10,41%**	**29,87%**	**27,66%**
Equações de juros simples	83,61%	68,94%	93,07%
Juros exatos, bancários e comerciais	3,28%	0,00%	1,11%
Taxas equivalentes e proporcionais no regime simples	11,48%	30,43%	4,99%
Capital médio, taxa média e prazo médio	1,64%	0,62%	0,83%
Juros Compostos	**27,13%**	**20,41%**	**28,51%**
Equações de juros compostos	40,88%	80,91%	56,99%
Cálculo de montante sem tabela financeira	1,26%	0,00%	6,99%
Taxas efetivas, nominais e equivalentes no regime composto	45,28%	13,64%	25,54%
Convenção linear e convenção exponencial	0,63%	0,00%	1,34%
Comparação entre juros simples e juros compostos	10,69%	3,64%	7,80%
Capitalização contínua	1,26%	1,82%	1,34%
Inflação	**7,85%**	**4,64%**	**3,75%**
Descontos	**10,75%**	**12,06%**	**5,98%**
Desconto racional simples	17,46%	7,69%	6,41%
Desconto comercial simples	36,51%	52,31%	60,26%
Relação entre desconto comercial simples e desconto racional simples	1,59%	13,85%	3,85%
Desconto simples e cálculo de taxa efetiva	20,63%	3,08%	2,56%
Desconto racional composto	15,87%	18,46%	15,38%
Desconto comercial composto	6,35%	3,08%	11,54%
Desconto composto e cálculo da taxa efetiva	1,59%	1,54%	0,00%
Equivalência de Capitais	**5,97%**	**9,65%**	**4,21%**
Rendas Certas	**8,53%**	**2,60%**	**4,75%**
Classificação das rendas	0,00%	0,00%	6,45%

ASSUNTO	CEBRASPE % de Cobrança	FCC % de Cobrança	DEMAIS BANCAS % de Cobrança
Valor Atual de uma Série de Pagamentos	**46,00%**	**78,57%**	**53,23%**
Valor Futuro de uma Série de Pagamentos	**40,00%**	**14,29%**	**14,52%**
Renda Uniforme no Regime Simples	**6,00%**	**0,00%**	**1,61%**
Rearranjo do Fluxo de Caixa	**2,00%**	**0,00%**	**3,23%**
Rendas perpétuas	**6,00%**	**7,14%**	**20,97%**
Sistemas de Amortização	**17,06%**	**9,28%**	**10,88%**
Sistema de Amortização Constante (SAC)	53,00%	56,00%	44,37%
Sistema de Amortização Francês (Price)	37,00%	42,00%	45,77%
Sistema de Amortização Americano	3,00%	0,00%	7,04%
Sistemas Mistos de Amortização	7,00%	2,00%	2,82%
Análise de Investimentos	**12,29%**	**11,50%**	**14,25%**
Valor Presente Líquido (VPL)	26,39%	29,03%	32,80%
Taxa Interna de Retorno (TIR) e Taxa Mínima de Atratividade (TMA)	58,33%	45,16%	44,09%
Payback e payback descontado	8,33%	17,74%	19,89%
Índice de Lucratividade e Taxa de Rentabilidade	6,94%	6,45%	2,15%
Método do Custo Anual	0,00%	1,61%	1,08%

APÊNDICE 3

DICAS PARA AGILIZAR OS CÁLCULOS MATEMÁTICOS

Neste apêndice aprenderemos alguns macetes que agilizam diversos tipos de cálculo. Alguns talvez você já saiba, mas dos que ainda não sabe, perceberá que uns serão fáceis de memorizar e outros que vão requerer uma prática maior para memorizá-los.

Sabemos que muitas provas possuem tempo exíguo para realizá-la, ainda mais quando envolvem disciplinas de exatas. Por isso, recomendamos que memorize algumas dessas dicas e que acostume-se a treinar a realização de cálculos diversos em suas horas vagas. Ter uma agilidade maior na hora de efetuar os cálculos poderá render pontos preciosos em sua prova.

Alguns desses macetes você poderá dispensar por achar complicados, mas tenha por meta saber o máximo possível deles, pois poderá ser relevante em sua nota final do concurso.

SUMÁRIO

1. MULTIPLICAÇÃO OU DIVISÃO POR 10, 100, 1.000 ETC.

Para **multiplicar** ou **dividir** um número por 10, 100, 1.000 etc., basta **deslocar a vírgula**, respectivamente, para **direita** ou para a **esquerda**, tantas casas quantos forem os zeros.

a) 16 x 10 = 160

b 15,567 x 1000 = 15567,0

c) 16 / 10 = 1,6

d) 15,567 / 100 = 0,15567

2. MULTIPLICAR UM NÚMERO POR 11

Basicamente, temos dois macetes para resolver esses cálculos.

O primeiro é somente multiplicar o número por 10 e somar o número inicial. Exemplos:

a) 36 x 11 = 36 x 10 + 36 = 360 + 36 = 396

b) 488 x 11 = 488 x 10 + 488 = 4.880 + 488 = 5.368

O segundo macete que também pode ser utilizado é quando o número a ser multiplicado possui dois algarismos somente. Se for esse o caso, basta **somar esses 2 algarismos e colocar o resultado no meio deles**. Exemplos:

a) 26 x 11. Temos o número 26, somando seus 2 algarismos temos 2+6=**8**. Pronto! Agora é só colocar esse 8 no meio deles: a resposta é **286**.

b) 34 x 11

Somamos os algarismos do número 34: 3+4=**7**. Em seguida, colocamos o resultado no meio deles, resultando em **374**.

c) 37 x 11

Ao somarmos os algarismos do número 37, obtemos 3+7=**10**. Visto que deu um número *maior que 9*, então <u>não</u> podemos colocar todo o número no meio deles. Na verdade, inserimos apenas o **algarismo das unidades** (0) no meio deles, e o **algarismo da dezena (1) é somado ao primeiro algarismo** do número, resultando em **407**.

3. MULTIPLICAR UM NÚMERO POR 9, 99, 999 ETC.

Sabemos que 9 = 10 – 1. Assim, para multiplicar um número por 9, é mais fácil **multiplicá-lo por 10 e depois subtraí-lo do número inicial.**

Logo, se queremos multiplicar 44 por 9, fazemos:

$$44 \times 9 = 44 \times (10 - 1) = 44 \times 10 - 44 = 440 - 44 == 396$$

Analogamente, se queremos multiplicar 562 por 99, basta lembrar que 99 = 100 – 1, de modo que:

$$562 \times 99 = 562 \times (100 - 1) = 562 \times 100 - 562 = 56.200 - 562 = 55.638$$

Outros exemplos:

a) 27 x 9 = 270-27 = **243.**

b) 56 x 99 = 5.600-56 = **5544.**

c) 1.433 x 999 = 1.433.000-1.433 = **1.431.567.**

4. MULTIPLICAR UM NÚMERO POR 0,15, 1,5 E 15

Multiplicar um número qualquer por **1,5** corresponde a **somar o número com a sua metade.**

a) **16 × 1,5** = 16 + 8 = **24**

b) **12,3 × 1,5** = 12,3 + 6,15 = **18,45**

Perceba que podemos estender esse procedimento para casos similares. Por exemplo, para obter o produto entre um número qualquer por **15** nós somamos esse número com a sua metade e <u>multiplicamos por 10</u>.

a) **16 × 15** = (16 + 8) × 10 = 24 × 10 = **240**

b) **12,3 × 15** = (12,3 + 6,15) × 10 = 18,45 × 10 = **184,5**

Similarmente, multiplicar um número por **0,15** se resume a somar o número com a sua metade e <u>dividir por 10</u>.

a) **16 × 0,15** = (16 + 8) ÷ 10 = 24 ÷ 10 = **2,4**

b) **12,3 × 15** = (12,3 + 6,15) ÷ 10 = 18,45 ÷ 10 = **1,845**

5. DIVIDIR QUALQUER NÚMERO POR 5, 50, 500 ETC.

Primeiramente, tenha em mente que:

$$\frac{1}{5} = \frac{2}{10}$$

Dessa maneira, basta **multiplicar o número por 2 e deslocar a vírgula para a esquerda** (que é o mesmo que dividir por 10).

Nesse sentido, perceba como ficaria a divisão de 345 por 5:

$$\frac{345}{5} = 345 \times \frac{2}{10} = \frac{345 \times 2}{10} = \frac{690}{10} = 69$$

Agora, se queremos obter o quociente entre 1.745 e 50, fazemos:

$$\frac{1.745}{50} = 1.745 \times \frac{2}{100} = \frac{1.745 \times 2}{100} = \frac{3.490}{100} = 34,9$$

6. MULTIPLICAR QUALQUER NÚMERO POR 5, 50, 500 ETC.

Inicialmente, precisamos lembrar que:

$$5 = \frac{10}{2}$$

Assim, em vez de fazer a multiplicação direta de um número por 5, geralmente é mais fácil **multiplicar o número por 10 e dividir o resultado por 2.**

Digamos que o nosso objetivo consiste em multiplicar 26 por 5. Logo:

$$26 \times \frac{10}{2} = \frac{260}{2} = 130$$

Similarmente, se queremos multiplicar 375 x 50, normalmente é mais fácil multiplicá-lo por 100 e dividir por 2:

$$375 \times \frac{100}{2} = \frac{37.500}{2} = 18.750$$

7. MULTIPLICAÇÃO POR NÚMEROS TERMINADOS EM 0

Multiplicam-se as partes sem os zeros finais e acrescenta-se a quantidade de zeros finais.

a) 23 x **10** = (23 x 1)**0** = 230

b) 45 x **20** = (45 x 2)**0** = 900

c) 15 x **300** = (15 x 3)**00** = 4500

d) **30** x **90** = (3 x 9)**00** = 2700

8. SUBTRAÇÕES DE 100 OU 1.000 POR QUALQUER NÚMERO

Basta subtrair individualmente cada digito por **9**, com exceção do último, que deverá ser subtraído por **10**.

a) 100 – 37

9 – 3 = **6**

10 – 7 = **3**

Portanto, temos que 100 – 37 = **63**.

b) 1000 – 528

9 – 5 = **4**

9 – 2 = **7**

10 – 8 = **2**

Portanto, temos que 1000 – 528 = **472**.

Em janeiro de 2019, o Alexandre fez um webinário em um curso on-line no qual disse que desde criança tinha uma mania de ficar diminuindo de 1.000 todas as placas de carro que passam por ele todos os dias. Várias pessoas perguntaram como ele fazia isso e não deu tempo dele as responder. Então agora sabe o que ele faz há mais de 40 anos, mas cuidado porque corre o risco de ficar doido igual a um dos autores deste livro.

9. MULTIPLICAR NÚMEROS DE UM ALGARISMO POR 9

Para multiplicar qualquer número entre 1 e 9 por 9 é necessário **estender as duas mãos para a frente**. Baixe um dedo apenas, exatamente o dedo correspondente ao número que você quer multiplicar, a partir do dedo mínimo da mão esquerda.

Por exemplo, se pretender multiplicar 9 por 4, abaixe o 4º dedo. Conte os dedos antes do dedo abaixado (nesse caso o **3**) e depois conte os que estão após do dedo abaixado (nesse caso o **6**).

Assim, 9 x 4 = **36**.

10. ELEVAR UM NÚMERO DO TIPO 1,0X AO QUADRADO

O parêntese do tipo **(1,0X)²**, em que **X varia de 0 a 9**, é muito comum em questões de juros compostos, que não foi objeto deste livro, mas que você poderá vir a estudar em Matemática Financeira um dia. A fim de facilitar e agilizar o seu cálculo, eis uma dica bem legal!

Suponhamos que você precisa chegar ao resultado da potência **(1,03)²**. Bem, ao efetuar a operação, obteremos um número com **quatro casas decimais** no seguinte formato:

1,ABCD

Em que:

- **AB**: **dobro** do número 03 (isto é, 2 x 3 = **06**)
- **CD**: **quadrado** do número 03 (isto é, 3^2 = 3 x 3 = **09**)

Logo, é fácil concluir que **(1,03)²** = **1,0609**.

Da mesma forma, temos que **(1,06)²** = **1,1236** (já que 2 x 6 = **12**, e 6^2 = **36**).

E a boa notícia é que esse "bizu" é aplicável a **qualquer número elevado ao quadrado com 2 casas decimais de 1,00 a 1,09**.

Portanto, não esqueça:

(1,0X)² = 1,dobrodeX_quadradodeX

11. ELEVAR AO QUADRADO NÚMEROS QUE TERMINEM EM 5

Suponha que esteja diante da seguinte operação: **95²**. Ou seja, você precisa **elevar ao quadrado um número que termina em 5**. Como resolveria? Multiplicando 95 por ele mesmo? Bem, essa seria a forma tradicional, mas existe um truque para ganharmos tempo nesse cálculo!

Bem, inicialmente é preciso saber que elevando ao quadrado um número terminado em 5, **os dois últimos dígitos da resposta serão sempre 25** (= 5^2 = 5 x 5).

Depois, para descobrir os demais algarismos, basta pegar o(s) primeiro(s) número(s) da conta (que fica antes do 5) e multiplicar pelo seu **sucessor**.

Assim, no caso de **95²**, temos que os dois últimos dígitos da resposta serão 25:

__25

Para descobrir o restante, basta multiplicar o **9** (número que fica antes do 5) por **10** (sucessor de 9): 9 x 10 = **90**. Dessa forma, concluímos que:

$$95^2 = 9025$$

Vamos apresentar mais alguns exemplos, para não nos esquecermos mais disso:

a) 25^2 = (2.3)25 = 625

b) 45^2 = (4.5)25 = 2025

c) 75^2 = (7.8)25 = 5625.

O mesmo vale para 15^2, 75^2, 105^2 e por aí vai.

12. DIVIDIR QUALQUER NÚMERO POR 0,25

Observe que:

$$0,25 = \frac{1}{4}$$

Assim, se queremos dividir 78 por 0,25, fazemos:

$$\frac{78}{0,25} = \frac{78}{1/4} = 78 \times \frac{4}{1} = 78 \times 4 = 312$$

Portanto, **dividir por 0,25 corresponde a multiplicar por 4**. Que interessante, não é verdade?! Com isso, podemos acelerar o nosso processo ao dividir 350 por 0,25, por exemplo:

$$\frac{350}{0,25} = 350 \times 4 = 1.400$$

13. MULTIPLICAR QUALQUER NÚMERO POR 0,25

Precisamos lembrar que:

$$0,25 = \frac{1}{4}$$

Dessa maneira, se o nosso objetivo consiste em multiplicar 72 por 0,25, fazemos:

$$72 \times 0,25 = 72 \times \frac{1}{4} = \frac{72}{4} = 18$$

Portanto, **multiplicar por 0,25 corresponde a dividir por 4**. Essa informação nos permite ganhar agilidade em obter o produto entre números, como 248 e 0,25:

$$248 \times 0,25 = \frac{248}{4} = 62$$

O princípio aqui utilizado é o mesmo que usamos para multiplicar por 25, pois basta multiplicar por 100 e dividir ao meio duas vezes, afinal, 25 = 100/4. Exemplos:

a) 32 x 25 = 32 x 100 / 2 / 2 = 3200 / 2 / 2 = 1600 / 2 = 800

b) 18 x 25 = 18 x 100 / 2 / 2 = 1800 / 2 / 2 = 900 / 2 = 450

Talvez você nos fale que essa dica não é tão interessante, já que dividir por 4 não é tão simples. Bem, a boa notícia é que o truque seguinte vai ajudá-lo a resolver esse problema!

14. DIVIDIR UM NÚMERO POR 4

Esta é uma das dicas mais simples. Basicamente precisamos ter em mente que **4 = 2 x 2.**

Dessa forma, **dividir um número 4 corresponde a dividi-lo por 2 e, em seguida, dividir por 2 novamente.**

Suponhamos que queiramos obter o quociente entre 180 e 4. Fazemos:

$$\frac{180}{4}=\frac{180}{2\times 2}=\frac{90}{2}=45$$

É claro que podemos acelerar um pouco mais o processo. Veja o caso da divisão de 257 por 4:

$$\frac{257}{2}=128,5$$

$$\frac{128,5}{2}=64,25$$

Perceba que podemos estender esse truque para várias situações. Por exemplo, sabendo que 40 = 2 x 2 x 10, **em vez de dividir um número por 40, será mais fácil dividi-lo por 2, depois dividir novamente por 2 e, por fim, dividir por 10.** Vamos aplicar isso à divisão de 182 por 40:

$$\frac{182}{2}=91$$

$$\frac{91}{2}=45,5$$

$$\frac{45,5}{10}=4,55$$

Assim, o resultado da divisão entre 182 e 40 é **4,55**. Tente resolver pela forma tradicional e chegará à conclusão que este truque que aprendemos é bem eficiente.

15. MULTIPLICAR NÚMEROS USANDO A PROPRIEDADE DISTRIBUTIVA

Os números podem ser representados como uma <u>soma de fatores</u>. Por exemplo, no lugar de 10 podemos utilizar 5 + 5 ou 2 + 8 e assim por diante. E saber disso pode ser de grande ajuda na hora de realizarmos algumas operações.

Nesse sentido, aplica-se à multiplicação a **propriedade distributiva**, que afirma que **quando um dos números é reescrito como a soma de dois fatores, o produto não muda**.

Dessa forma, se queremos multiplicar 8 por 13, é mais fácil reescrever o 13 como uma soma de fatores, e em seguida efetuar a multiplicação somando os resultados obtidos. Logo:

a) $8 \times 13 = 8 \times (10 + 3) = (8 \times 10) + (8 \times 3) = 80 + 24 = 104$

Note que o quão rápido serão os cálculos dependerá dos <u>números escolhidos como a soma de fatores</u>. Assim, as contas seriam um pouco mais complicadas se tivéssemos substituído o 13 por 6 + 7, de modo que é importante dar preferência a números cuja multiplicação por eles seja mais simples.

Veja outros exemplos:

b) **9 × 17** = (9 × 10) + (9 × 7) = 90 + 63 = **153**

c) **45 × 22** = (45 × 20) + (45 × 2) = 900 + 90 = **990**

A grande maioria das pessoas que você conhece que realiza cálculos rapidamente de cabeça utilizam esse macete. É algo que aprendemos no ensino fundamental (antigo primário) e que quase ninguém utiliza. Pratique-o no seu dia a dia, você verá como facilitará sua vida, principalmente na prova.

16. SOMA E SUBTRAÇÃO DE FRAÇÕES SEM MMC

A forma tradicional de resolver a soma e subtração de frações é por meio do uso do **MMC**, a fim de estabelecer um denominador comum entre as frações envolvidas. No entanto, por vezes leva-se um tempo considerável nesse caminho de resolução ou é possível que o aluno não lembre como determinar o MMC entre dois números. Nesse caso, existe um método muito **mais simples, prático e eficiente** para nos ajudar, e <u>sem o uso do MMC</u>.

Para exemplificar, considere que o nosso objetivo consiste em obter a seguinte soma:

$$\frac{1}{6} + \frac{3}{8}$$

Inicialmente, precisamos saber que a soma e a subtração de duas ou mais frações terá como resultado outra fração. Daí, no método que usaremos, **o denominador da fração resultante será formado pelo produto entre os denominadores das frações envolvidas**. No exemplo, teríamos:

$$6 \times 8 = 48$$

Por sua vez, **o numerador resultante será formado por uma soma de duas parcelas**. Quem serão elas? Bem, correspondem aos <u>resultados das multiplicações</u>

diagonais dos numeradores e denominadores das frações envolvidas na operação. Como assim, professores? Vocês querem me convencer que isso vai facilitar minha vida?

Calma, é mais simples do que você imagina. Basicamente, iremos multiplicar o numerador da primeira fração pelo denominador da segunda, obtendo uma das parcelas da soma. Logo em seguida, multiplicamos o numerador da segunda pelo denominador da primeira, tendo como resultado a outra parcela da soma.

Vamos fazer isso na prática? Veja como ficaria no nosso exemplo:

$$\frac{1}{6} \times \frac{3}{8}$$

$$(1 \times 8) + (3 \times 6) = 26$$

Muito bem, acabamos de montar a nossa **fração resultante**:

$$\frac{26}{48}$$

Acho que essa fração pode ser simplificada, professor!

Você tem razão! E o processo de **simplificação de frações** consiste em dividir seus termos por um mesmo número de forma a conseguirmos termos menores que os iniciais. Esse é o chamado **método das divisões sucessivas**.

Fica claro, portanto, que o processo de simplificação de frações corresponde a encontrar uma fração que seja, ao mesmo tempo, **irredutível** e equivalente à primeira!

No nosso caso, vamos dividir numerador e denominador por 2:

$$\frac{26 \div 2}{48 \div 2} = \frac{13}{24}$$

E agora, ainda conseguimos simplificar ou reduzir essa fração, dividindo seus termos por um mesmo número? Não, pois estamos diante de uma fração irredutível. Portanto, temos que, de fato:

$$\frac{1}{6} + \frac{3}{8} = \frac{13}{24}$$

Talvez pareça que se trata de um procedimento longo, mas é porque fizemos calmamente para você entender bem cada etapa. Nesse sentido, é necessário que você pratique esse método que vai acelerar bastante seus cálculos. Para ajudá-lo, preparamos um esquema composto por **4 passos para obter a soma e subtração de frações sem o uso do MMC:**

1º passo: multiplicar os denominadores, formando o novo denominador;

2º passo: multiplicar o numerador da primeira pelo denominador da segunda e multiplicar o numerador da segunda pelo denominador da primeira;

3º passo: efetuar a soma ou subtração dos dois produtos encontrados no passo anterior, obtendo assim o numerador da fração;

4º passo: Dividir o numerador pelo denominador encontrados e simplificar a fração resultante, se necessário.

Vejamos outro exemplo, desta vez calculando uma subtração de frações.

$$\frac{5}{2}-\frac{4}{18}=\frac{5.18-2.4}{2.18}=\frac{90-8}{36}=\frac{82}{36}=\frac{41}{18}$$

17. SOMAR EM GRUPOS COMPLEMENTARES DE DEZ OU CEM

Quando houver vários números para somar, quase sempre dá para mudar a ordem deles para agrupar em números que somados completam múltiplos de dez ou cem.

Você entenderá isso melhor analisando os exemplos abaixo. Os parênteses são para facilitar a demonstração do que deve ser feito, mas não precisa utilizá-los na hora dos cálculos, que muitas vezes podem ser feitos de cabeça mesmo.

a) 7 + 2 + 13 + 9 + 28 = (7+13) + (2+28) + 9 = 20+30+9 = 59

b) 38 + 47 + 16 + 43 + 24 + 22 + 15 = (38+22) + (47+43) + (16+24) + 15 = 60+90+40+15 = (60+40)+90+15 = 100 + 90 + 15 = 205

c) 320 + 75 + 180 + 125 = (320+180) + (75+125) = 500 + 200 = 700

18. EXERCÍCIOS PARA TREINO

Responda a estes exercícios utilizando os macetes vistos anteriormente. Sem o uso de calculadora, obviamente.

1 – Multiplicar por 1,5:

a) 12 b) 26 c) 82 d) 250 e) 4.600

2 – Multiplicar por 10:

a) 12 b) 3,8 c) 45,7 d) 382 e) 3,91

3 – Multiplicar por 10^3:

a) 12 b) 3,8 c) 45,7 d) 382 e) 0,32

4 – Dividir por 10:

a) 12 b) 120 c) 3,8 d) 38,2 e) 0,32

5 – Dividir por 10^3:

a) 1.200 b) 42.564 c) 140.000 d) 38,2 e) 0,32

6 – Multiplicar por 4:

a) 12 b) 2,4 c) 260 d) 15 e) 2.200

7 – Multiplicar por 5:

a) 12 b) 2,4 c) 260 d) 15 e) 6,6

8 – Multiplicar por 50:

a) 12 b) 4,4 c) 260 d) 25 e) 2.200

9 – Multiplicar por 25:

a) 12 b) 2,4 c) 260 d) 15 e) 2.200

10 – Dividir por 5:

a) 12 b) 2,4 c) 260 d) 152 e) 2.200

11 – Dividir por 50:

a) 1.800 b) 240 c) 28 d) 1.250 e) 2.200

12 – Multiplicar por 9:

a) 12 b) 2,4 c) 36 d) 150 e) 220

13 – Multiplicar por 11:

a) 12 b) 2,4 c) 36 d) 150 e) 220

14 – Elevar ao quadrado:

a) 15 b) 35 c) 55 d) 65 e) 95

15 – Multiplicar usando a propriedade distributiva:

a) 12x21 = b) 18x42 = c) 54x15 = d) 125x12 = e) 36x13

16 – Efetuar os cálculos a seguir sem usar o MMC, simplificando ao máximo:

$a)\dfrac{2}{3}+\dfrac{12}{28}=$

$b)\dfrac{7}{12}-\dfrac{3}{4}=$

$c)\dfrac{4}{3}+\dfrac{11}{12}=$

$d)\dfrac{12}{5}-\dfrac{5}{3}=$

$e)\dfrac{14}{5}-\dfrac{4}{3}=$

17 – Somar em grupos de 10 ou 100:

a) 7+8+12 =

b) 7+8+23+12 =

c) 27+18+44+32+113+36 =

d) 41+14+32+36+5+19+28 =

e) 242+164+35+36+28+145+11 =

Gabarito – Apêndice					
1	a) 18	b) 39	c) 123	d) 375	e) 6.900
2	a) 120	b) 38	c) 457	d) 3.820	e) 39,1
3	a) 12.000	b) 3.800	c) 45.700	d) 382.000	e) 320
4	a) 1,2	b) 12	c) 0,38	d) 3,82	e) 0,032
5	a) 1,2	b) 42,564	c) 140	d) 0,0382	e) 0,00032
6	a) 48	b) 9,6	c) 1.040	d) 60	e) 8.800
7	a) 60	b) 12	c) 1.300	d) 75	e) 33
8	a) 600	b) 220	c) 13.000	d) 1.250	e) 110.000
9	a) 300	b) 60	c) 6.500	d) 375	e) 55.000
10	a) 2,4	b) 0,48	c) 52	d) 30,4	e) 440
11	a) 36	b) 4,8	c) 0,56	d) 25	e) 44
12	a) 108	b) 21,6	c) 324	d) 1.350	e) 1.980
13	a) 132	b) 26,4	c) 396	d) 1.650	e) 2.420
14	a) 225	b) 1.225	c) 3.025	d) 4.225	e) 9.025
15	a) 252	b) 756	c) 810	d) 1.500	e) 468
16	a) 5/21	b) -1/6	c) 9/4	d) 11/15	e) 22/15
17	a) 27	b) 50	c) 270	d) 175	e) 661

De primeira, pode parecer estranho usar alguns desses macetes, mas saiba que as pessoas que você conhece que fazem cálculos rapidamente utilizam quase todos esses métodos, dentre outros. É questão de prática. Como expusemos no início deste apêndice, use alguns momentos vagos de seu dia para treinar cálculos diversos.

Sabe quando você está no trabalho e não tem como abrir algum livro para concursos na frente dos seus colegas? Ou quando está no ônibus ou metrô e se esqueceu de levar algo para estudar ou não está com um ambiente propício para estudar ali, por causa do barulho? Você pode pegar um papel qualquer e chutar qualquer cálculo para fazer aleatoriamente, que pode envolver os macetes aqui vistos ou qualquer outro tipo de conta somente para treinar rapidez. Depois confere na calculadora do seu celular se fez certo. Chute qualquer coisa, como 38x12; 3,2x16; 57/4 ou 45^2. Se você fizer esse treino por alguns dias, já verá uma melhora, e isso poderá fazer uma boa diferença em sua prova.

O Alexandre foi treinado pelo seu pai na infância a fazer contas rapidamente, e até hoje ele e seus irmãos são bons nisso. Garanto que fez uma enorme diferença em várias provas desde suas adolescências. E rendeu muito guaraná para ele quando criança, porque o pai dele apostava que o moleque conseguia fazer cálculos mais rapidamente que seus amigos engenheiros. Caso o minialex vencesse, ganhava um guaraná, que naquela época era caro e nunca se bebia fora de festas; já se algum engenheiro vencesse, ganhava uma cerveja. Coitados dos caras, nunca beberam às custas do pai dele.

O concurso para AFR-SP de 2006 ficou conhecido como o concurso mais complicado que teve até hoje em relação a tempo para resolver a primeira prova, pois foram 100 questões para serem resolvidas em quatro horas, sendo 20 de Raciocínio Lógico, 10 de Matemática Financeira e Estatística, 40 de Português, 10 de Inglês etc. A prova tinha 28 páginas. As questões de exatas demandavam muitos cálculos e os textos das provas de línguas eram grandes. O fato de saber fazer contas rapidamente ajudou bastante o Alexandre a ser aprovado, com certeza. Muitos bons candidatos, que sabiam muito mais do que ele, ficaram de fora por se enrolarem nos cálculos de diversas questões.

Por essas e outras que escrevemos este apêndice. Não para ganhar guaraná, porque engorda, e sim para ajudá-lo a passar em seus concursos. Treine cálculos, isso fará diferença em seu desempenho nas provas, garantimos isso a você. E como já dissemos, você pode fazer fora do seu horário de estudo, em qualquer lugar, a qualquer hora, sem nenhum material de estudo por perto, bastam um pedaço de papel e uma caneta.

BIBLIOGRAFIA

ASSAF NETO, Alexandre. *Matemática Financeira e suas Aplicações*. 12. ed. São Paulo: Atlas, 2012.

BARROS, Dimas Monteiro de. *Matemática Financeira Descomplicada*. 5. ed. São Paulo: Rideel, 2014.

CARVALHO, Sérgio. *Matemática Financeira, Teoria e Questões* – Fiscos (Estaduais e Municipais) e Tribunais. 1. ed. Salvador: Juspodivm, 2016.

CARVALHO, Sérgio; CAMPOS, Weber. *Matemática Financeira Simplificada*. 1. ed. Rio de Janeiro: Elsevier, 2007.

CRESPO, Antônio Arnot. *Matemática Comercial e Financeira Fácil*. 13. ed. São Paulo: Saraiva, 2002.

FRANCISCO, Walter de. *Matemática Financeira*. 7. ed. São Paulo: Atlas, 1991.

LIRA, Alex; MEIRELLES, Alexandre. *Matemática Básica Definitiva para Concursos*. 2. ed. Salvador: Juspodivm, 2021.

LIRA, Alex; MEIRELLES, Alexandre. *Raciocínio Lógico Definitivo para Concursos*. 1. ed. Salvador: Juspodivm, 2020.

LOCIKS, Júlio. *Matemática Financeira para Concursos*. 10. ed. Brasília: Vestcon, 2007.

MATHIAS, Washington Franco; GOMES, José Maria. *Matemática Financeira*. 2. ed. São Paulo: Atlas, 1993.

PUCCINI, Abelardo de Lima. *Matemática Financeira Objetiva e Aplicada*. 6. ed. São Paulo: Saraiva, 2000.

RODRIGUES, Luiz Roberto Franco. *Matemática e raciocínio lógico matemático para concursos*. Campinas: Servanda, 2010.

SAMANEZ, Carlos Patrício. *Matemática Financeira: aplicações à análise de investimentos*. 4. ed. São Paulo: Pearson Prentice Hall, 2007.

SÉRATES, Jonofon. *Métodos cuca legal de efetuar as operações no conjunto dos números naturais*. 2. ed. Brasília: Jonofon, 1998.

SPINELLI, Walter; SOUZA; Maria Helena Soares de. *Matemática Comercial e Financeira*. 14. ed. São Paulo: Ática, 2002.

ANOTAÇÕES

ANOTAÇÕES

ANOTAÇÕES

ANOTAÇÕES

ANOTAÇÕES

ANOTAÇÕES

ANOTAÇÕES

ANOTAÇÕES

ANOTAÇÕES

EDITORA JusPODIVM
www.editorajuspodivm.com.br

COLOR system

JUS1561